科学度量 Two

一年四季（下卷）

杨新洪 编著

中国社会科学出版社

下卷目录

跨越12个生肖年轮，回味无穷分析沉香

A. 短平快，简明反映 …………………………………………………………（447）

 2005年第一季度工业产销价格消长，直接影响深圳全市经济
  总量增长7.7% ……………………………………………………………（449）
 深圳市二手房市场较为活跃 ……………………………………………（450）
 2005年上半年深圳市工业品出厂价格运行平稳 ………………………（451）
 2005年上半年深圳市原材料、燃料、动力购进价格涨幅趋缓 ………（453）
 深圳市居民消费价格略有上升 …………………………………………（455）
 深圳市走新型工业化道路面临的矛盾与困难 …………………………（457）
 深圳市工业经济步入量扩张与质提升的新发展轨道 …………………（458）
 美伊战争对深圳工业经济影响：暂无近忧 ……………………………（459）
 "非典"对工业经济渐有影响 ……………………………………………（461）
 深圳市工业经济在抗击"非典"中继续高位增长 ………………………（464）
 深圳市全年工业经济总量可望突破6000亿元大关 ……………………（465）
 深圳市高新技术产业发展须突破三大瓶颈 ……………………………（466）
 2003年1—9月深圳市工业经济呈现"三高"发展态势 ………………（467）
 深圳市获得首个全国"三新"及新经济统计改革试点批文 …………（468）

B. 度量衡，综合描述 …………………………………………………………（469）

 2005年"十一"黄金周，深圳市民出游凸显六大特点 ………………（471）
 2005年上半年深圳居民收支同步增长，生活质量进一步提高 ………（478）

高度重视当回事　积极行动落实效
　　——"数为量、据为质",努力打造"数据质量"这一调查
　　事业的永恒主题 ……………………………………………………（482）
2010年深圳市主要经济指标综合数据情况 …………………………（495）
2012年第一季度深圳经济形势分析 …………………………………（501）
2012年上半年深圳经济运行情况分析 ………………………………（509）
近期深圳市经济运行情况分析 ………………………………………（514）
从"六普"数据看深圳居民的居住状况 ………………………………（519）
2012年6月PMI走势分化,需求收缩堪忧 …………………………（523）
深圳市2012年第二季度企业景气分析 ………………………………（527）
经济下行压力初步释放　结构调整效果逐步显现
砥砺奋进启新篇
　　——深圳市统计局9项国家级统计改革创新试点纪事 …………（538）
坚守"两性"　做好"两者"
　　——有感于吉喆局长讲话和深圳统计那些事儿 …………………（542）
统计·经济与数据支撑决策 …………………………………………（546）
深圳市"五大发展理念"统计评价指标体系 …………………………（554）
夯实统计基础是GDP核算的根本立足点 ……………………………（565）

C. 热难疑，深度分析 …………………………………………（567）

积极探索深圳"党管人才"新路子 ……………………………………（569）
快速的发展·稳进的特点·上扬的趋势
　　——2002年深圳市工业经济回眸与2003年展望 ………………（578）
对由"深圳速度"向"效益深圳"转替战略后的特区经济发展
　　特征与导向力问题研究 …………………………………………（585）
基于空间分异的中国文化力实证考量分析 …………………………（607）
2011年深圳市基本单位分布及变化情况分析 ………………………（624）
深圳市工业前50强2012年上半年统计数据分析 ……………………（632）
2011年深圳消费品及主要专业市场运行情况与2012年展望 ………（644）
闽、粤两省经济发展形态与阶段比较及微策建议 …………………（655）

后数字的文化融合 ································· (676)
　　深圳"三新·两试"统计改革创新发展情况 ················· (680)
　　2016年深圳市"四上"企业入库情况的报告 ················ (687)
　　用人口数据支撑决策 ································ (692)
　　从统计工具与数据角度观察：中国赚钱的方式之变 ············ (696)
　　掀起新一轮诉说华为新故事
　　　　——给马书记华为统计专报之3个月后 ················ (707)
　　再叙产业经济之心：实体与空心之间
　　　　——当华为、中兴都齐开外迁的脚步，深圳是否还来得及
　　　　　幡然改悟 ···································· (709)
　　阅览自己，考量模型引发的应用经济"烦恼"
　　　　——与第二期深圳中青班学员认知共勉 ··············· (716)
　　"六维七角十三力"观测中国和深圳经济增长主引擎 ·········· (720)

D. 新实简，研究报告 ···································· (727)
　　探索深、港在泛珠三角经济力整合中的对接道路和有效途径 ···· (729)
　　对深圳市当前经济基本面变化及受国内外经济环境实质影响与
　　　积极应对的几点看法 ······························ (742)
　　深圳新发展模式：构建包容性增长和低碳转型社会的路径选择与
　　　指标监测方法 ··································· (751)
　　深圳市经济开局总体稳进，华为还是那个华为（创新扩张增长），
　　　可得悉华为深圳终端今年却要全走 ··················· (762)

E. 繁从简，案例分析 ···································· (765)
　　实用统计分析套路与案例解读 ························ (767)
　　国际比较（ICP）：与世界零距离 ······················ (847)

F. 七彩人，青涩统计 ···································· (883)
　　拿什么来"拯救"
　　　　——一年四季 ·································· (885)
　　美在低处
　　　　——低谷爬行与统计轨迹 ························· (891)

《易经》中讲的三个字：上、止、正 …………………………………（894）
做一名"有风骨、有气节、有担当、有肝胆与爱羽毛"之士 …………（896）
一抹阅读：独门独户的精神家园 …………………………………………（901）
执行力不到位，一切等于零 ………………………………………………（910）
安详 ……………………………………………………………………………（913）
风骨是男人的灵魂 ……………………………………………………………（916）

G. 开明开放，与统计同行 ……………………………………………（919）

统中人 …………………………………………………………………………（921）
核损：48小时
　　——刻记一年零三天前的"12·20"难忘时光 ……………………（922）
理学博士、国家统计科研鉴定专家杨新洪受邀参加桂林联合国
　　世界数据论坛全球预备专家研讨 ………………………………………（926）
9月7日，杨新洪博士受邀参加第九届金砖国家统计局局长会 …………（928）
杨新洪参与第八届中国统计开放日活动，解读深圳"三新"统计
　　探索实践 ……………………………………………………………………（931）
第八届中国统计开放日活动圆桌访谈 ……………………………………（933）

H. 承上启下，脚踏实地统计再向前 ………………………………（937）

关于多维视角解构深圳经济增长"四象限"与"五方指标"
　　为"抓手"的几点建议 …………………………………………………（939）
"图·表·树"：深圳市经济运行开局稳健 ………………………………（964）

作为科学的统计（代后记） ……………………………………………（977）

跨越12个生肖年轮，回味无穷分析沉香

生活在这座年轻而又充满活力的南中国城市，时光荏苒。

因经济分析匆匆而过的一轮生肖12年，从2002年伊始至2014年，止于连接上篇2015年，是一个什么样的轮年季节，终于让自己自然而然地变得孩童一点点，留下一丝丝的希冀，作为偶见的记忆札礼。

A. 短平快，简明反映

标题是文章成功的一半。

这话一点儿不假。一个年轮12个年头过来，我深切体会自己不论处长、主任、队长，还是副巡视员、副局长与局长，始终不渝手中的那只秃笔秃指，功夫在短平快，收获也在短平快。

有话不在长，山不在高，有仙则灵。

动脑动手执笔，寓意几个层级能力在转化，常勤精进。

现实版的"豆腐块"，往往一半月儿弯弯，一半太阳高挂，冷暖自知，没有一帆风顺，却有苦尽甘来时。

日积月累，厚积薄发，自有一番不同感受。

2005年第一季度工业产销价格消长，直接影响深圳全市经济总量增长7.7%

据深圳市统计核算表明，今年第一季度全市国民经济在建设"和谐深圳""效益深圳"中继续保持健康协调发展，全市生产总值累计增长13.3%。但从工业价格调查数据显示，由于工业原材料、燃料、动力购进价格在高价运行，总水平上涨8.7%，比去年同期涨幅高出4.1个百分点；而工业品出厂价格总水平却与去年同期基本持平，约在1个百分点徘徊。由此而见，工业成本与成品价格的长消，虽与GDP增长无一致对应关系，但因成本价格的居高，无疑增加了单位工业品的生产成本，多了形成GDP的中间消耗价值，而在工业品出厂价格未能相应提高时，这就相应地减少了GDP总量的形成。这是因价格因素冲抵深圳当前经济总量增长的重头因素，这也是我们在观察深圳当前经济发展速度不可忽视的主因。

深圳市二手房市场较为活跃

据 2005 年上半年深圳房地产价格调查资料显示,深圳房价基本稳定,涨幅有所趋缓。上半年深圳房屋销售价格总水平上升 5.7%,在全国 35 个大中城市中,深圳涨幅居 20 位,高于广州(5.4%),低于上海(15.4%)、北京(6.7%)及全国平均水平(8.4%)。在上半年中,深圳房屋同比销售价格第二季度比第一季度涨幅回落 0.4 个百分点,环比销售价格涨幅回落 0.1 个百分点。与此相应,深圳二手房市场总的交投比较活跃,2005 年上半年二手房交易价格总水平比上年同期上升 7.9%,涨幅高于同期商品房的水平。其中,多层二手房住宅同比价格涨幅为 5.8%,高层二手房住宅同比价格涨幅为 5.1%,非住宅同比价格涨幅为 15.2%,二手非住宅价格上涨幅度高于同期二手住宅的涨幅。

二手高层住宅多数分布在关内的繁华和比较繁华地段,大部分的楼龄比较短,设施配套比较齐全,交通便利,价格高开高走。从上半年分地段的二手高层住宅价格走势看,繁华地段的同比价格涨幅为 6.0%,比较繁华地段的同比价格涨幅为 4.6%;从第二季度比第一季度的环比价格走势看,二手高层住宅价格走势强劲,繁华和比较繁华地段的环比价格涨幅分别为 5.1% 和 3.1%。

二手多层住宅分布比较广泛,分别在关内和关外的不同地段。二手多层住宅同比价格涨幅较高的分别在比较繁华和一般的地段,它们上半年的同比价格涨幅分别为 5.4% 和 5.6%,第二季度比第一季度的环比价格涨幅大的是比较繁华地段,涨幅为 3.1%。

二手非住宅的交易量比较小,从成交的个案看,地段好,楼龄短,卖得好价钱。

2005年上半年深圳市工业品出厂价格运行平稳

今年以来,深圳继续加大工业结构调整力度,宏观调控取得显著成效。1—6月,深圳累计完成工业增加值1107.21亿元,比去年同期增长18.4%。与此同时,反映工业经济运行状况的工业品出厂价格迈入相对平稳阶段,2005年上半年,深圳工业品出厂价格同比轻微下降0.3%。

一 轻、重工业产品价格涨跌不一

在调查的全部轻工产品出厂价格中,虽然以农产品为原料的产品价格1—6月同比上升了0.5%,但是由于受非农产品为原料的产品价格下降1.8%影响,使得整个轻工业产品出厂价格同比下降了1.6%。而在整个重工业产品价格中,由于采掘、原料、加工业的产品价格都有不同程度的上升,特别是采掘业,1—6月上升31.1%,使得重工业产品价格同比上升2.9%。

二 生产、生活资料产品价格升降互见

在调查的全部工业品出厂价格中,虽然采掘工业和原料工业产品价格1—6月同比分别上升了31.1%和1.8%,但是由于受权重较大的加工业产品价格同比下降1.9%的影响,使得整个生产资料工业产品价格下降了0.6%。在生活资料产品价格中,虽然耐用消费品价格1—6月同比下降1.5%,但是由于食品、衣着、一般日用品价格同比都有不同程度的上升,特别是一般日用品价格同比上升了4.0%,使得生活资料产品价格同比轻微上升0.3%。

三 分工业部门产品价格升多跌少

在调查的14个工业部门中,10个工业部门的工业产品价格是上升的,占全部工业部门的71.4%,升幅最大的是石油工业,1—6月同比上升30.4%。其次是冶金工业,1—6月同比上升17.8%。4个工业部门的工业产品价格是下降的,占28.6%,下降最大的是机械工业,1—6月同比下降了2.7%,接着是纺织工业,1—6月同比下降2.6%。

2005年上半年深圳市原材料、燃料、动力购进价格涨幅趋缓

2005年上半年,深圳市原材料、燃料、动力购进价格继续保持上涨势头,但涨幅趋缓。与去年同期比,上半年同比上涨了7.5%,比年初同比涨幅回落了3.43个百分点,比2005年第一季度同比涨幅回落了1.28个百分点。

一 化工原料价格继续上涨,但涨幅有所趋缓

今年上半年国际石油价格延续上年的上涨势头,且在高位振荡,从而影响到化工原料价格也在高位波动。与去年同期比,2005年上半年化工原料类上涨了17.57%,比年初同比涨幅回落了6.79个百分点,比今年第一季度同比涨幅回落了3.27个百分点。其中,酚醛树脂粉上涨35.28%,磷酸盐上涨33.28%。

二 钢材价格出现两极分化

建筑用钢材价格大幅回落,其他钢材价格仍在上涨。一是建筑用钢材,由于国家对投资以及房地产等方面的宏观调控措施的实施,2005年上半年深圳市部分建筑用钢材价格出现回落,与去年同期比,普通中型钢材下降了1.76%,普通小型钢材下降了4.47%。二是其他钢材,受炼钢原材料、运输成本等价格上涨影响,2005年上半年深圳市其他钢材价格仍在大幅上涨。与去年同期比,硅钢片上涨了52.13%,中厚钢板上涨了42.36%,普碳冷带上涨28.63%。

三 铜及铜制品同比价格大幅上涨

受国际有色金属价格持续上涨及需求增加的影响，铜及其制品价格继续上涨。与去年同期比，2005年上半年铜上涨了20.31%，覆铜板上涨了43.46%，无氧铜杆上涨了33.16%，漆包铜线上涨了22.67%。

四 农产品价格升跌互见

去年以来，国家对农业扶持力度在加大，农民种粮积极性得到提高，种植面积增加，粮食供应量稳定提高，使得今年上半年深圳市大部分农产品购进价同比呈平稳或小幅回落的态势。但也有部分农产品同比价格涨跌仍较大。与去年同期比，2005年上半年涨幅较大的有：鸭脖子上涨了20.39%，标准小麦粉上涨了14.89%，白砂糖上涨了10.83%；降幅较大的有：豆粕下降了11.27%，棉籽下降了18.87%，大豆油下降了19.11%。

五 工业用燃气、汽油、柴油价格大幅上涨

今年以来，国际市场石油价格一直在高位运行，拉动了国内成品油和工业用燃气价格的上涨。与去年同期比，2005年上半年工业用燃气上涨了28.18%，汽油上涨了14.27%，柴油上涨了12.87%。

六 农产品价格走势

去年以来，国家加强了对农业的扶持，对主要粮食品种继续实行最低收购价政策，这对今后市场粮价走势有一定的支撑作用。

深圳市居民消费价格略有上升

2005年上半年,深圳市居民消费价格承接上年温和上升的势头,继续在上升通道中平稳运行。与上年同期比,居民消费价格(CPI)累计平均上升1.8%,其中:消费品价格上升2.4%,服务项目微升0.6%,商品零售价格上升1.1%。上半年,深圳市居民消费价格上升1.8%,是同深圳市GDP保持平稳快速增长相适应的,这表明深圳市经济运行良好,CPI处于较为理想的波动区间。

一 食品类价格涨幅较大

上半年深圳市食品类价格比上年同期上升6.1%,拉动价格总水平上升1.8个百分点。这说明上半年深圳市居民消费价格累计平均上升1.8%,基本上是受食品类上升影响所致。如果剔除食品类的升幅,深圳市价格总水平与上年同期比,将是持平。在食品类中,深圳市粮食价格同比仅上升4.4%,升幅比上年同期回落了11.2个百分点,目前粮食价格呈现在上年高价位上保持基本平稳的态势。食油供应充裕,价格比上年同期略降1.8%。干豆、肉禽及其制品、蛋和水产品类受粮食价格居高影响,价格比上年同期仍有一成左右的升幅。鲜活商品中的鲜果价格与上年同期基本持平,但鲜菜类价格有较明显的上升。尤其是5、6月受连续大雨影响,菜价急升,比上年同期分别上升了25.2%和36%。上半年深圳市鲜菜价格同比上升了16.7%,影响食品类价格上升1.6个百分点,影响程度达三成。

二 油料、燃料价格波动大

上半年深圳市成品油价格受国际市场原油价格变动较大的影响,汽油和柴油平均零售价格分别比上年同期上升了14.2%和15.6%。液化石油气和管道燃气价格也分别上升了 7.9% 和 15.3%。由于今年能源供应仍趋紧张,石油、煤炭价格高居不下,油料、燃料价格存在上涨的动力。

三 居住类一直在上升通道中运行

受居住类产品价格持续上涨的影响,上半年深圳市居住类呈上升趋势,升幅达 3.8%,比上年同期升幅高 3.6 个百分点。主要是建房及装修材料中的胶合板、涂料、玻璃、油漆等商品价格有不同程度的上升,自有住房类也上升了 5.5%。受上年 8 月居民用水价格上调的滞后影响,今年上半年深圳市居民用水每吨(含排污费)2.4 元,比上年同期上升 20%。

四 工业消费品价格降价势头有所趋缓

今年上半年深圳市工业消费品市场商品品种繁多,供应充足,价格仍然降多升少,但多数商品降价的幅度有所减缓。例如,衣着类因受棉花收购价格一直较为坚挺的影响,由上年平均价格下降 0.8% 转为今年上半年稳中趋升,比上年同期上升了 4.7%。此外,保健器具及用品、室内装饰品、家庭日用杂品类等商品价格也由上年同期稳中略降转为分别上升了 1.7%、2.1% 和 6.2%。

五 服务项目价格稳中微升

上半年,深圳市价格管理部门对服务项目收费调整较少。服务项目价格比上年同期微升 0.6%,主要是受家庭服务中的保姆工资上升 15.4% 和考取汽车驾驶证学费增加 40.7% 等因素影响。

深圳市走新型工业化道路面临的矛盾与困难

就统计数据的比重分析，深圳工业欲走新型工业化路子，仍面临着几个难题与矛盾。

一是产业结构单一。2002年全市电子信息产业产值2011.90亿元，占了全部工业总产值的72.8%，其中投资类的总额达到1924.8亿元，占电子信息产值的71.07%。而非电子信息技术类的高新技术产业、机械装备等现代先进制造业发展，则相对落后。

二是外向工业增长后劲不足。2002年加工贸易完成进出口总额628.84亿美元，虽然增长了23.65%，占全市外贸进出口的72.09%。但在这一增长后面掩盖着它以从事简单加工和组装贸易为主的落后一面，企业自身营销能力与制造能力之间矛盾日益突出。

三是产业布局不尽合理。在全市限额以上2134家工业企业中，小型企业有1533家，产值占到43.4%，很显然在限额以上深圳工业中，"重型化"程度不够，缺乏上规模、上档次、带动强的重大工业项目。因缺乏合理规划布局，一些主导产业群和主要企业群被不合理分割，原料、物流、市场走向相背，阻碍了产业规模聚集。

深圳市工业经济步入量扩张与质提升的新发展轨道

至2002年10月底最新工业统计数据显示,深圳市工业经济发展不仅创近三年来的新高,而且工业经济综合效益指数全面提升,出口和项目投产是拉动增长的主要引擎,全市工业由此步入了良性量扩张与质提升的发展轨道。其主要表现为:(1)规模以上工业企业达到2395家,1—10月实现工业总产值3838.5亿元,比上年同期增长27.9%,其中重工业3190亿元,增长31.1%,轻工业1197亿元,增长21.5%;(2)以电子及通信为主的设备制造业实现产值3401.2亿元,比上年同期增长34.1%,与此同时,大宗工业品产量成倍增长,移动电话机、微型电子计算机、通信电缆、大规模半导体集成电路分别增长92.8%、46.6%、81%、23.9%;(3)反映工业新创价值的工业增加值,1—10月累计达1074.8亿元,比上年同期增长22.6%;规模以上工业出口产品产值增长强劲,1—10月累计完成2730亿元,比上年同期增长29.7%,高于全市平均增长速度;(4)体现工业发展质量的经济效益指标获得全面增长,1—9月全市工业经济综合指数达到180.6,比上年同期增长15.8%,其中资产贡献率10.5%,增加值全员劳动生产率12.23万元/人年,分别比上年同期提高2.2个和14.5个百分点,工业产品销售率达99.2%,比上年同期提高0.5个百分点;企业实现利润182.83亿元,比上年同期增长41%,其中亏损企业亏损额10.58亿元,比上年同期减亏35.8%。

美伊战争对深圳工业经济影响：暂无近忧

美伊战争半个多月以来，战局对深圳工业经济有无影响，影响多深，已成为深圳市关注的热点与重点。据对全市销售收入500万元以上的2232家限额规模工业企业和部分重点企业统计数据调查分析，美伊战争对深圳工业经济暂无近忧。

最新工业统计数据从四个方面显示了这一状况：一是规模工业继续保持强势增长。2003年1—3月全市限额工业总产值完成925.78亿元，比上年同期增长24.4%，其中3月全市完成335.98亿元，比一、二月分别增加78.38亿元、61.5亿元，增长36.4%和12.3%。其中重工业完成产值619.27亿元，比上年增长27.26%。由于企业增产，也带来全市经济增收，第一季度全市国税收入124.78亿元，同比增长37%，其中划归地方的财政收入增长29%。二是产销衔接良好。1—3月全市实现工业销售产值917.66亿元，产销率达99.12%，其中三月为331.00亿元，占36.09%，超过第一季度总额的1/3，表明美伊战争对深圳工业品市场无多大影响。三是"外"字号工业企业高于平均增长。全市外商及我国港澳台商投资企业在美伊开战的当月产值达256.21亿元，比去年同月增长25.90%，1—3月累计完成产值697.50亿元，比上年同期增长24.67%，也高于全市平均增长。这说明外商企业并未受美伊战争直接影响。四是外销市场亮点依然。全市限额规模以上出口工业企业1543家，实现出口产品产值540.77亿元，占全市规模工业总产值的58.41%，呈现了全市工业高外向度特征。仅3月就完成出口产品产值205.06亿元，占第一季度的近一半总量，达37.92%。与此同时，限额规模工业企业在战争发生的当月完成了出口交货值203.28亿元，比去年同月增加44.7亿元。1—3月累计完成出口交货值534.66亿元，占企业实现出口产品值的98.87%，显现外销产品并未积压。由此带来深圳市东部盐田港首季集装箱吞吐量突破100万箱，同比增长25%，今年前三个月进出盐田港口岸的国际航行船舶达4264航次。

但是美伊打仗，世界紧张。尤其伴随着美伊战事复杂化与僵持局面的出现，如果战事久拖不决，甚至演变成旷日持久的消耗战，那么作为外向度较高的深圳工业经济也必将受累。据对深圳市部分重点骨干工业企业统计调查，海湾战争拖延至三个月以上，将较大地影响到工业企业的产、销、存各个环节，预测对工业经济增长影响可达五个百分点左右。

其影响主要表现为"一降两增"：一是工业企业出口供货与交货值将较大幅度地下降。由于外商对世界美伊战局和经济前景的担忧，不敢下单或减少订货量，出口形势开始变化。据美国沃尔玛商店反映，现去购物的人大大减少，消费力疲弱，降低了购买力的40%。深圳市以生产电子、通信产品为主的华为、桑达、富士康、创维、理光、中兴、友利电等企业均有这一方面的反映。二是增加加工企业生产成本。如若中东局势紧张持久，必定导致化工原材料价格的上涨，无形中增加了企业的生产成本。特别像战争拖长至半年以上，不排除国际市场原油价格突破每桶40美元大关的可能，届时国内的油价上涨幅度必达两位数，由此工业增长率也将因生产成本增加降至2.5%。三是增重工业企业资金周转负荷。若战事持久必然带来对企业外销市场的影响和生产企业成本的提高，也将由此影响资金周转，造成企业额外的资金沉淀。出口产值占总产值95%以上的富士康企业集团，其电子产品主要销往美国等地，美伊开战以来出现"假需求"现象，客户无形中增大订货量，囤积货物。但由于战争带来货物转运、检验等诸多程序的增加，既影响了交货时间，又拖延了资金回笼，减缓了资金周转速度，从而加大了企业资金占用。

美伊战争还在持续升级，深圳市工业企业具有技术含量高、外向度大、关联度强等特点，更应积极面对这一牵动全球政治经济的美伊战局，未雨绸缪，主动应对。既要关注欧美、中东市场的变化发展，更要重视开拓眼前的亚洲市场。以东南亚市场而言，目前贸易逆差很大，新的贸易增长点很多。如韩国每年电子零部件进口达150亿元，而我国对其出口仅15亿美元，像深圳有许多科技发达的工业企业，应加强这方面市场开发，增强对东亚的出口，以提高对美伊战争带来负面影响的应变能力。

"非典"对工业经济渐有影响

2003年4月19—25日，针对"非典"疫情，深圳市组织力量进行全市百家销售收入500万元限额规模以上的工业企业重点调查，其企业数和产值分别占全市规模以上工业企业的5.1%与68%。据统计调查结果显示：在重点调查108家销售收入500万元限额规模以上工业企业中，按受影响程度分，认为未受影响的企业40家，影响轻微的企业36家，影响一般的企业12家，影响严重的企业18家，分别占受调查企业总数的37.8%、33.3%、11.1%、16.7%。影响工业经济增长幅度大小不等，还有2家企业反映由于"非典"带来制药和供水业务的增长。截至4月，预计全市仍可完成工业总产值1281.4亿元（现价），比上年同期增长23.9%；形成增加值364.4亿元，比上年同期增长19.4%。

根据百家限额规模以上工业企业受"非典"影响统计调查分析，目前因为"非典"影响全市工业经济总体还属于轻微程度，推算约影响26个亿，占0.5个百分点。但从"非典"持续时间和从企业生产经营全过程分析，预计"非典"影响工业企业要过一段时间才能显现出来，推测将影响全年工业产值88个亿强，占2—3个百分点。

一　直接影响企业的销售收入

在被调查的108家企业中，33.6%的企业反映企业的营销活动受到影响。部分企业反映由于商场人气下降，购买力降低，大大影响企业销售额。钟表行业的企业说，许多国内大宗买断业务因为广东是疫情地区而纷纷取消来深圳进一步参观考察计划，致使企业买断业务成交下降，由此损失1400万元。

二 明显影响企业的出口量

全市限额规模以上企业有2134家,其中出口供货企业有1500家,占70%多。由于"非典",这些企业在欧洲和美日韩的市场大受影响,像外向业务度高的富士康、科健等企业,均有较为强烈的反映。因为"非典"已蔓延世界27个国家和地区,造成全球恐慌,像瑞士当局已正式下令参加"2003世界钟表珠宝展"的中国香港、中国大陆等闭馆,这对深圳市钟表、珠宝行业的订单影响较大。预测受"非典"的影响,外向企业的接单尤其是下半年的订单,将受到较大的冲击。据对皮革行业部分企业的调查,有的企业预测今年的订单和产量将下降50%以上。

三 波及影响企业生产要素的构成

外商到当地商贸洽谈骤减,国外技术人员也推迟来深。富士康反映美国、日本等客户禁止员工到大陆,使新产品的认证过程无法进行,预计损失2亿美元订单。科健反映公司本年度推出的系列新产品计划4月在北京、上海等八大城市巡回展示,现因客户谨慎出户,该活动大打折扣,前期投入广告费用损失巨大。鸿兴印刷厂担心"非典"涉及员工发病,政府是否会封厂或限制停产。还有一些老客户要求生产企业提供对产品进行消毒处理的相关证明,尤其是玩具、衣帽鞋类产品。企业间的正常交流、访问、培训也受阻,有的已商洽过的商务活动或项目被无限期推延。

四 影响企业的投资活动

"非典"对企业招商引资和项目建设也产生一定影响。科健公司反映其与韩国三星公司合资的CDMA手机项目因韩国驻厂工程师及其家属已全部回国,导致六条SMT流水线无法安装,部分生产线已停工。特发信息公司反映因国外订购设备出现技术质量咨询,国外技术人员不愿前来解决,影响商务合同执行;已进口设备需外方调试,也因"非典"外方均已撤离或拒绝来人,导致巨额进口设备不能正常开工生产。

五　影响企业的经营管理成本增加

为了预防非典型肺炎，许多企业增加了对工厂、员工宿舍的消毒工作，为员工购置口罩、漂白水、消毒液、药品等，无形中加大了企业各项额外费用。如鸿兴印刷厂员工近万人，每天给员工发口罩费用就达万元以上；富士康公司拨出300万元专款用于员工全面体检。

针对"非典"已对深圳市工业企业，尤其是经济外向度和出口依存度很高企业的影响，我们要高度正视，积极采取措施应对。一是增强对企业正面宣传攻势。在媒体定期公布疫情的同时，由各自主管部门会同相关行业协会组织力量召开工业百强、出口大户企业、我国港澳台及重点外资企业通报会，加大政府的信息宣传力度，借助同类企业间的信息传递渠道，扩大正确信息的影响范围。二是加强对企业分类指导力度。对不同行业、不同类型企业制订不同的预防方案，并组织小分队深入具体企业督促检查，切实落实预防工作。三是积极拓展电子商务。鼓励企业主动出击，改变营销方式，克服困难，积极开展电子商务，努力通过网上交易等方式促进企业接单和产品销售。四是优化企业服务环境。进一步减轻企业负担，对企业防治"非典"更加"开绿灯"，主动服务，稳定各类企业专、高级人才。金融外汇部门要延长企业结汇时间，减轻企业经营压力，提高服务质量。

深圳市工业经济在抗击"非典"中继续高位增长

2003年5月，深圳市工业在抗击"非典"中坚持"两手抓""两不误"，继续保持快速健康发展，整体运行态势良好。当月完成限额以上工业企业总产值（现价，下同）363.27亿元，累计完成1644.67亿元，比上年同期增长23.3%，增幅虽比上个月回落了0.6个百分点，但总体上受"非典"影响不大，仍保持高位增长。其增长之特征表现为：一是工业对GDP的贡献增长依然达到两位数，1—5月全市工业实现增加值460.51亿元，比上年同期增长18.9%；二是工业销售产值达到1617.94亿元，比上年同期增长18.3%，工业产品销售率98.4%，其中出口交货完成948.3亿元，比上年同期增长17.9%；三是内源与外源工业增长快速，在深圳市工业分经济类型中，1—5月内源经济的股份企业共完成工业产值446.81亿元，比上年同期增长33.1%，外商及我国港澳台商企业完成工业产值1481.1亿元，比上年同期增长20.1%。但是，在深圳市工业总体快速增长后面仍有值得关注的问题。由于受"非典"的影响，工业出口增幅放缓，尤其是那些与人们吃喝密切相关的行业，如农副食品加工业、食品制造业、饮料制造业出口增速大幅回落。对此，应加以研究。

深圳市全年工业经济总量可望突破 6000 亿元大关

截至 2003 年 11 月底的最新统计，深圳市规模以上工业总产值（1990 年不变价）已达 5320.2 亿元，比上年同期增长 28.5%，依此增长速度，今年最后一个月全市工业总产值将达到 680 亿元，届时全年工业总产值将突破 6000 亿元大关，在全国 16 个大中城市中仅次于上海而位居第二位。分析深圳市工业快速增长特点，从今年尤为下半年开始，"三个新"已成为拉动深圳工业经济快速增长的"三驾马车"：（1）新企业，形成强势的工业生产能力，工业投资已成为全市今年固定资产逾千亿元的热点之一，至 11 月底全市年销售收入 500 万元以上的规模企业已达到 2398 家，比年初增加 684 个企业，新增工业总产值 371 亿元。（2）新技术，成为深圳工业不竭的第一生产力，由新技术带来新产品产值 353.2 亿元，1—11 月全市规模以上工业企业创造的以电子及通信设备制造为主的高新技术产值 2513.1 亿元，比上年同期增长 29.1%。（3）新举措，营造了工业快速发展的好环境。今年市政府开通大企业便利直通车，以及采取大力培育新兴产业、吸引跨国公司来深采购、实施园区带动战略、利用 CEPA 吸港前厂后店北上等措施，使得深圳工业对资本的"磁场效应"在增强，尤其先后两批公布的 216 家大企业及其下属企业、控股公司的工业总量占到全市工业总产值的 70% 以上，成为新政下带动深圳工业发展的一支举足轻重的主力军。

深圳市高新技术产业发展须突破三大瓶颈

第二次全国基本单位普查资料显示，2002年深圳市高新技术企业已达442家，实现高新技术产值1709.92亿元（现价），比上年增长29.4%，占全市限额以上工业总产值47.1%，其中高新技术产品出口156.86亿元，比上年增长37.9%，其占制造业的经济份额已相当于发达国家20世纪90年代末的发展水平，取得了显著成效。但也存在三个不可忽视的问题。

一是增加值率偏低。统计资料表明，占深圳市高新技术比重达90.7%的电子信息产业增加值率仅为21.2%，不仅低于发达国家平均水平14个百分点，而且低于深圳市制造业6.8个百分点。这表明，深圳市的高新技术产业不仅目前不具备"高效益"特征，而且收益有下降趋势。

二是产业关联效应不高。2002年在深圳市高新技术产品出口中，来料加工和进口加工所占的比重为79%，具有自主知识产权的高新技术产品产值达到954.5亿元，其占全部高新技术产品产值仅过半。有些高技术产业虽被认定为高技术产业，但实际从事的只是一些劳动密集型的加工组装工作，许多高技术产业产品生产的关键技术或零部件依赖于进口。这一情况必然造成了一些高技术产业同其他产业关联效应较差，难以实现通过高技术产业装备与改造传统产业。

三是对外资依赖程度高。2002年外商与我国港澳台商资本金占全部企业资本金的56%，比上一年提高了5个百分点。在全部高技术产品出口中，外商与我国港澳台商投资企业出口额占总数的86%。无论从资本金还是对外出口看，深圳市高技术产业对外的依赖程度已到相当高度，值得关注与应策。

2003年1—9月深圳市工业经济呈现"三高"发展态势

"一高":总量增长速度继续攀高。2003年1—9月,全市共完成规模以上工业总产值3337亿元,比上年同期增长26.8%,创今年以来新高。9月当月实现产值424亿元,也创新高,保持了全市"非典"以来工业生产持续攀高增长的繁荣局面。在规模以上企业中,全市大中型企业仍保持高位增长,1—9月共实现产值2602.5亿元,比上年增长21.5%。

"二高":质量与效益不断提高。全市规模以上工业企业1—9月共实现销售产值3312.8亿元,比上年同期增长22.5%,其中出口交货值累计完成1989.3亿元,比上年同期增长22.7%;全市规模以上工业企业实现产品销售率99.3%,比上年同期增加0.6个百分点。1—9月,由全市工业创造的增加值达到934亿元,比上年同期增长21.7%,成为拉动全市GDP增加的主力。

"三高":新增企业数、电子及通信高新产业和主要大宗工业品产量增长进一步升高。到9月底,全市规模以上工业企业已达2395家,比上月增加72家;电子及通信设备制造业1—9月实现产值2946.3亿元,比上年同期增长32.8%;1—9月全市工业在获得质量提升的同时,产量也同步全面增长,尤其大宗工业品产量增长迅猛,电力电缆、家用电热烘烤器具、黑白电视机、中成药增长幅度都在一倍以上,分别达到164.6%、156.8%、103.3%、103.6%,移动电话、金属集装箱、通信电缆、微型电子计算机及半导体集成电路的增幅也高达92.8%、84.3%、81%、46.6%和45.8%。

深圳市获得首个全国"三新"及新经济统计改革试点批文

2016年4月20日,国家统计局办公室印发《关于同意开展"三新"统计改革试点的函》(国统办设管函〔2016〕137号),同意深圳积极探索,在加强名录库维护更新、"双创"调查、完善统计指标体系、优化统计调查内容、创新数据采集手段等方面认真开展试点,及时总结经验,为"三新"(新产业、新业态、新模式)统计调查制度建设、"新经济"统计积极探索,先行先试。

深圳市"三新"经济形态出现较早,在市委、市政府主要领导的大力支持下,相应的统计工作介入得也早,并在全国统计系统内部引发高度关注。去年12月,国家统计局在深圳市召开"三新"统计工作座谈会,马兴瑞书记、徐安良副市长亲自出席并参与交流。今年3月2日,许勤市长在市统计局报送的《关于我局开展"三新"统计改革创新进展情况的汇报》上批示:"很好!深圳应在创新统计指标体系上有重大突破,以为全国的统计创新做出贡献。多年来,我一直呼吁进行统计创新,并要求市统计局率先探索,为全国统计改革做出贡献。"4月22日,徐安良副市长率市统计局杨新洪同志赴国家统计局表达马兴瑞书记、许勤市长将拜访宁吉喆局长意愿,并希望国家统计局继续大力支持深圳市"三新"统计改革创新工作。随后,许勤市长在市统计局上报的情况简报上批示:"很好!成效显著。请继续坚持工作的主动性和开拓性。"

市统计局将以此为契机,积极按照国家统计局要求,结合深圳市"三新"经济形态和前期工作基础,着力施行《深圳市统计局开展"三新"统计改革试点工作方案》,巩固扩大房屋租赁业统计调查、研发支出纳入GDP等2项全国唯一试点项目成果,以期获得国家统计局对加大深圳统计改革创新的充分肯定与大力支持,有效破解深圳市在执行国家统计方法制度下面临的GDP核算问题。

B. 度量衡，综合描述

　　号召变为行动，行动产生效果，效果带来变化，用度衡量表达，用数字反映。

　　在数字经济下，数字素养成为劳动者和消费者都应具备的重要能力。

　　随着数字技术向各领域渗透，劳动者越来越需要具有"双重"的数字与专业技能。

　　数字是数量标志度量衡的直接表现。实现这一过程所需的数字素养，被联合国认为是数字时代的基本人权，可与听、说、读、写并为同等重要的基本能力。所以，提高数字素养既有利于数字消费，也有利于数字生产，是数字经济发展的关键要素和重要基础之一。

　　数字文字化是一种描述，数字会说话更是一种高贵冷艳。进行数字的综合描述，是永远不落后的追求，也是数字的另一种存在感。

2005年"十一"黄金周,深圳市民出游凸显六大特点

为了解和掌握深圳市民在今年"十一"黄金周期间的出游情况,积极引导市民的旅游消费,推动假日旅游健康有序地发展,2005年9月22—25日期间,市假日办与市城调队就深圳市居民"十一"黄金周期间出游意向进行了问卷调查。本次调查显示,今年"十一"黄金周深圳市民出游凸显六大特点。具体如图1所示。

一是旅游收入持续增长。调查显示,今年"十一"黄金周市民出游率为52.92%,比去年"十一"(54.8%)略有下降。但由于人口统计基数的增长,出游市民较去年仍增长近20万,达到316万(按2004年全市年末常住人口597.55万测算)。调查还显示,"十一"期间,市民旅游消费预算达到人均1716元,据此预测旅游总花费将达54亿元,比去年"十一"(47亿元)增长7亿元。

二是出境游客中五成前往我国香港迪士尼乐园。随着我国香港迪士尼开园,迪士尼线已成为毗邻香港的深圳市民在"十一"旅游的新亮点。调查显示,"十一"期间,将有7.5%的出游市民出境旅游,其中55.7%将前往迪士尼乐园游玩。

三是省内中短线出游比例有所增长,选择长线旅游的比例呈现下降趋势。在"十一"有限的时间内,大多数人需要的是在精神和身体上真正放松,但由于长线旅游容易疲劳,达不到身心放松的效果,因此更多的市民(72.5%)将选择在省内周边地区旅游,较去年"十一"(68.9%)增长了近4个百分点。

四是观光游览、探亲访友依然是旅游主题。利用假日到户外观光游览,到郊外与大自然亲密接触,或是阖家欢聚,是许多生活在"水泥森林"中的人们的追求。调查显示,今年"十一"期间,36.6%的出游市民将利用黄金周期间外出观光游览,34.8%的出游市民将探亲访友,较去年比例均有较大增长。

五是自助游继续上扬,旅行社再遭冷落。随着出游观念走向理性和成熟,人们希望旅游能随心所欲地出行,不受时间和线路的限制。调查显示,出游市民中

70.3%选择与亲朋结伴而行,22.5%选择个人自助游方式,个人自助游较去年"十一"(14.9%)增加8个百分点。旅行社组织由于约束性太大,拥挤扎堆带来太多苦恼,加上个性化服务不足以及价格方面的因素,出游市民选择旅行社的比例并不高。

六是自驾车旅游受抑制,出游改乘汽车、火车。自驾车旅游因其自由和便捷性的特点逐渐在国内兴起,成为老百姓近年来出游的新时尚。但由于受今年油荒问题的影响,加上政府出台的相关调控措施,以及景点停车难等,"十一"期间,出游市民自驾车出游比例只占24.7%,相比去年"十一"的36.0%减少10个百分点。此外,随着珠三角区域内高速公路网络的建设,加上航空公司纷纷"搭车"涨价的缘故,游客乘坐飞机的比例下降,乘坐火车和汽车的比例上升。

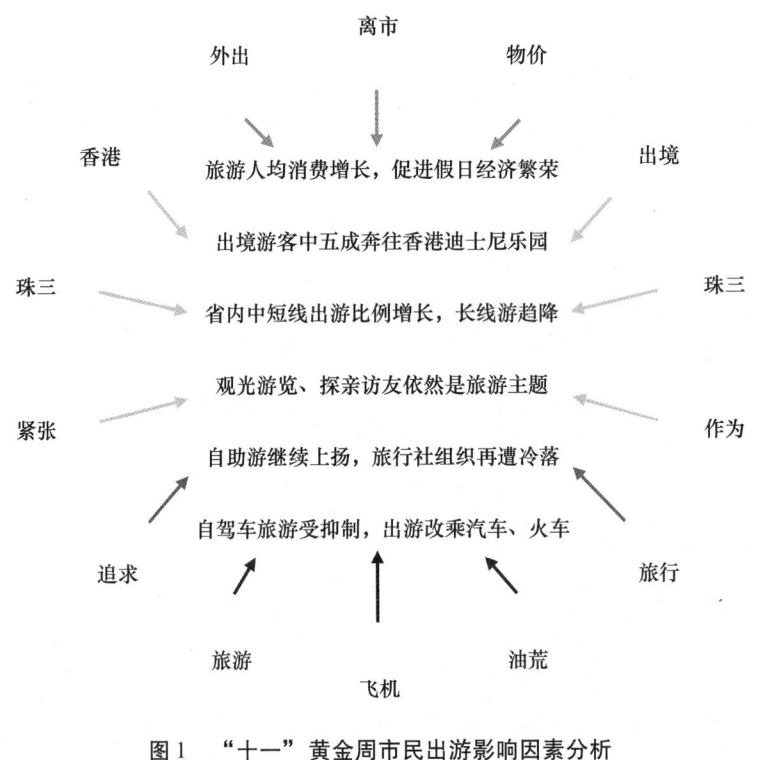

```
                        离市
            外出                 物价
  香港        旅游人均消费增长,促进假日经济繁荣        出境
              出境游客中五成奔往香港迪士尼乐园
  珠三        省内中短线出游比例增长,长线游趋降        珠三
              观光游览、探亲访友依然是旅游主题
  紧张        自助游继续上扬,旅行社组织再遭冷落        作为
              自驾车旅游受抑制,出游改乘汽车、火车
  追求                                              旅行
            旅游            油荒
                  飞机
```

图1 "十一"黄金周市民出游影响因素分析

具体调查结果如下。

一 52.9%的市民打算黄金周期间外出旅游

在本次调查涉及的3445位市民中,表示"十一"黄金周期间有意出游的有1823人,市民出游率为52.9%。其中,户籍人口的出游率为55.8%,比暂住人口的出游率(43.7%)高出12.1个百分点。根据调查结果预计,在"十一"黄金周期间,深圳市预计将有大约316万市民外出旅游。市民的出游率略低于去年"十一"(54.8%)和今年"五一"(54.5%),如表1所示。

表1　　　　　2005年"十一"黄金周深圳市民出游意向　　　　　单位：%

		出游
2005年合计	合计	52.9
	户籍人口	55.8
	暂住人口	43.7
2004年"十一"	合计	54.8
2005年"五一"	合计	54.5

在出游时间的选择上,打算出游的市民的出游时间非常集中,超过九成(92.1%)市民将会在9月30日到10月3日之间出游,其中选择在10月1日当天出游的市民占了48.2%,选择在10月2日或3日出游的市民分别占23.7%及11.3%,还有8.9%的游客选择9月30号出游。预计将有152万市民选择在"十一"黄金周第一天出游。在9月29日前或10月4日之后出游的市民较少,分别只占了3.4%及4.5%。相比于去年"十一",市民在10月1—3日出游的比例(80.3%)上升了3个百分点。

二 市民仍然偏好省内短线游

调查显示,市民在黄金周的出游仍然偏好于短线旅游。打算"十一"黄金周期间出游的市民中,72.5%的市民将会选择省内游,比去年"十一"省内游的比例(68.9%)增长3.6个百分点,比今年"五一"(63.6%)增长9个百分点。选择在市内游的占33.4%,比去年"十一"(35.1%)略微下降,而选择市外省内游的占39.1%，比去年"十一"（33.7%）增长5个百分点。

此外，选择省外游的市民比重为20%，比去年"十一"（23.2%）下降了3个百分点。市民境外游的比例与去年基本持平，为7.5%。在出境游的市民中，去香港迪士尼游乐园的占55.7%。具体见表2。

表2　　"十一"黄金周深圳市民出游线路的选择　　单位：%

调查时间	总计	国内游					出境游
		合计	省内			省外	
			小计	市内	市外省内		
2005年"十一"	100	92.5	72.5	33.4	39.1	20.0	7.5
2004年"十一"	100	92.1	68.9	35.1	33.8	23.2	7.9
2005年"五一"	100	91.9	63.6	31.2	32.4	28.3	8.1

三　观光游览、探亲访友是市民出游的主要目的，而市民度假休闲的比重有所下降

调查显示，市民选择黄金周期间外出观光游览、探亲访友和度假/休闲的比重分别为36.6%、34.8%和25.7%。其中，观光游览和探亲访友的市民比重比去年"十一"均增长了约5个百分点，而度假/休闲游客则下降了10个百分点。与今年"五一"相比，观光游览有所下降，而探亲访友比例则上升13个百分点（见表3）。

表3　　　　市民黄金周的出游目的　　　　单位：%

出游目的	观光游览	探亲访友	商务	公务会议	度假/休闲	宗教/朝拜	文化/教育/科技交流	其他
2005年"十一"	36.6	34.8	0.8	0.1	25.7	0.8	0.4	0.8
2004年"十一"	31.9	29.2	0.4	0.4	36.6	0.4	0.1	1.0
2005年"五一"	40.2	21.9	0.5	0.3	36.0	0.3	0.5	0.3

四　绝大多数市民选择"自助游"

今年"十一"黄金周，深圳市居民出游方式的选择仍以"与亲朋结伴"的出

游方式为主，比重达到70.3%，比去年"十一"黄金周下降了近4个百分点。另外，个人自助游也占有相当比例，为22.5%，相比去年"十一"和今年"五一"均上升了近8个百分点（见表4）。

表4　　　　　　"十一"黄金周深圳市民的出游方式　　　　　　单位：%

调查时间	单位组织	个人	与亲朋结伴	旅行社组织	合计
2005年"十一"	2.4	22.5	70.3	4.8	100
2004年"十一"	3.5	14.9	74.0	7.6	100
2005年"五一"	4.4	14.9	71.2	9.5	100

调查显示，选择"旅行社"的市民所占比重为4.8%，比去年"十一"略微下降。对于不参加旅行社出游的原因，五成（52.5%）的市民认为"没必要"，其次，"探亲访友""安排的线路不能满足自己要求"以及"节省费用"也是主要原因，市民提及率分别有21.5%、20.5%和12.2%（见表5）。

表5　　　　　　　市民不选择旅行社出游的原因　　　　　　　单位：%

不参加旅行社的原因	收费太高	服务质量差	安排的路线不能满足自己的要求	可节省费用	探亲访友	没必要	其他
提及率	5.3	3.3	20.5	12.2	21.5	52.5	3.7

五　出游者大多选择汽车出游

市民出游的交通工具以汽车为主，而且选择汽车（含"自驾车"）的比重上升。市民选择汽车（含"自驾车"）所占比重为72.5%，比去年"十一"（68.8%）增加3.7个百分点。其中，市民选择"客运汽车"出游方式所占比重为47.8%，比去年上升15个百分点。选择"私家车"（含单位的车）出游方式所占比重达24.7%，比去年"十一"下降10个百分点，比今年"五一"下降4个百分点。

此外，打算乘坐飞机或火车出游的市民也占一定比重，分别为9.6%及16.8%。其中，选择飞机的市民比重均低于去年"十一"和今年"五一"，选择火车的比重则有所上升（见表6）。

表6　　　　　　　　黄金周市民出游打算选择的交通工具　　　　　　　单位：%

调查时间	飞机	火车	轮船	汽车	私家车（包括单位的车）	合计
2005年"十一"	9.6	16.8	1.1	47.8	24.7	100
2004年"十一"	16.3	13.4	1.5	32.8	36.0	100
2005年"五一"	17.7	11.7	0.5	41.1	29.0	100

六　出游市民预计人均在外停留3.44天

"十一"黄金周期间出游的市民预计人均外出停留3.44天，比去年"十一"（3.64天）下降0.20天，比今年"五一"（3.53天）下降0.09天。

打算"十一"期间外出旅游的市民将以短时间停留为主，预计外出3天以内的占了60.8%。其中，只外出1天的就占了15.1%，停留2天及3天的分别占20.6%及25.1%。市民外出停留4—5天的比例比去年"十一"和今年"五一"下降了约2个百分点，停留6天以上均下降了约5个百分点（见表7）。

表7　　　　　　　深圳市民黄金周出游在外停留时间分析

| 调查时间 | 外出停留时间段分布（%） ||| 人均出游时间（天） |
	3天以内	4—5天	6天以上	
2005年"十一"	60.8	26.5	12.7	3.44
2004年"十一"	53.1	29.1	17.8	3.64
2005年"五一"	54.5	29.1	16.4	3.53

七　市民人均旅游花费预计为1716元

调查结果显示，今年"十一"黄金周市民外出旅游的人均旅游花费预计为1716元，略高于去年"十一"的1690元，略低于今年"五一"的1752元。

户籍人口与暂住人口的黄金周旅游花费预计有较大差异，户籍人口"十一"黄金周的人均旅游花费预计为1780元，暂住人口的人均旅游花费预计只有1471元（见表8）。

表8　　　　　　"十一"黄金周深圳市民出游的人均花费预算　　　　　单位：%

	合计	户籍	非户籍
500元以下	21.62	20.17	26.88
500—1000元	27.37	27.44	27.59
1000—2000元	25.68	25.35	27.94
2000—3000元	10.11	11.16	5.08
3000—4000元	7.12	7.58	5
4000—6000元	3.35	2.89	5
6000—8000元	2.37	2.89	0.63
8000—10000元	1.26	1.26	1.25
10000元以上	1.12	1.26	0.63

根据本次调查及相关资料测算，深圳市居民今年"十一"黄金周出游将为旅游业带来约54亿元的收入，比去年"十一"（47亿元）黄金周增加7亿元左右。

八　40.9%的市民在"黄金周"接待过市外亲友

由于深圳属于移民城市，每年来深圳市探亲访友的游客较多，在黄金周接待过市外亲朋好友的市民家庭较多。调查显示，在接受访问市民家庭中，40.9%的市民家庭在最近三个黄金周接待过市外亲友。其中，44.1%的户籍人口家庭接待过市外亲友，33.1%的暂住人口接待过市外亲友。

2005年上半年深圳居民收支同步增长，生活质量进一步提高

根据深圳市600户居民（包括户籍与非户籍家庭，下同）抽样调查，今年上半年深圳市居民人均可支配收入10982.40元，同比增长10.4%，剔除物价上涨因素后，实际增长8.4%。居民人均消费性支出8021.76元，同比增长19.9%，剔除物价上涨因素后，实际增长17.8%。

一 收入稳步增长

从构成可支配收入的四项收入来看，今年上半年，深圳市居民家庭各项收入均保持一定的增长速度。人均工薪收入7225.14元，同比增长7.6%，人均经营净收入、人均财产性收入和人均转移性收入分别为2784.3元、425.64元和1063.02元，同比分别增长13.7%、24.6%和35.9%。四大收入项目增长情况如下。

（一）工薪收入稳步增长，非户籍居民工薪收入增幅大于户籍居民

2005年上半年深圳市居民工薪收入仍然是家庭收入的主要来源，人均工薪收入7225.14元，占家庭收入的比重为62.8%，其中非户籍居民工薪收入增长7.9%，户籍居民的增幅为6.0%。一方面，由于市委、市政府加大再就业工程的监管力度，使居民家庭就业人口进一步增加，上半年平均每一就业者负担系数为1.91，同比下降0.05。负担系数下降是居民收入增加的一个重要因素。另一方面，由于深圳一度出现过招工难的问题，使今年部分企业为招到合适人才而提高外来务工人员的薪酬，致使今年深圳市非户籍居民工薪收入增幅大于户籍居民。

(二) 个体经营净收入增长幅度大

上半年深圳市居民人均经营净收入2784.3元，同比增长13.7%。主要原因：首先，是深圳有良好的经营环境，经济形势持续快速发展，市场销售旺盛，个体经营者经营方式灵活。其次，是CEPA的效应逐步显现。CEPA为深圳商场的发展、市场业态的丰富、采购等方面提供了有利条件。香港的许多产品可以零关税直接进入深圳市场，同时也为深圳个体经济发展带来了无限商机，致使个体经营者经营收入迅速提高。

(三) 财产性收入增长较快，出租房屋收入呈强劲增长态势

虽然这些年股票市场不景气，但深圳仍有不少居民有一定的积蓄，居民理财意识强，投资领域宽，尤其是外来人口数量庞大使深圳房屋出租市场极为活跃，促使深圳市居民财产性收入继续保持较快的增长速度。2005年上半年深圳市居民人均财产性收入425.64元，同比增长24.6%，主要是出租房屋收入快速增长所致。调查资料显示，上半年深圳市平均每百户有24套出租房，同比增长50.0%，出租屋使用面积由上年同期平均每户12.13平方米增加为15.91平方米。

(四) 转移性收入大幅增长

2005年上半年深圳市居民人均转移性收入1063.02元，同比增长35.9%，其中养老金或离退休金收入同比增长30.0%，捐赠收入同比增长61.1%，主要是上半年离退休人员增加导致离退休收入增加。另外，成年子女为购买住房接受父母捐赠，使转移性收入进一步增加。

二 居民消费呈继续升级趋势

据深圳市600户抽样调查资料显示，2005年上半年深圳市居民人均消费性支出8021.76元，同比实际增长17.8%。在八大类消费支出中，除医疗保健类下降29.2%（主要是药品费、医疗费支出减少）外，其余各类消费呈继续上升趋势，增长较明显的项目有以下几个方面。

（一）人均食品支出

人均食品支出同比增长 14.9%，其中在外饮食支出增长 22.9%。过上了小康生活的深圳市民在食品消费方面不再是简单的生存消费，而是向着食品多样化、营养均衡、快捷方便的方面发展。上半年，深圳市人均食品支出 2714.34 元，同比增长 14.9%。主要原因是：随着市民生活节奏的加快以及饮食文化的兴起，在单位食堂或餐馆用餐人数日益增多，从而引起在外饮食消费的增加。上半年，人均在外饮食支出 641.28 元，同比增长 22.9%。

（二）衣着类支出

衣着类支出增长 27.2%。随着深圳市居民生活水平的提高，市民越来越讲究自身的服饰档次和品位，各商家设计新颖和富有个性的服装日益受到市民的青睐。上半年深圳市居民人均服装购买量同比增长 24.7%，人均服装消费支出同比增长 29.7%，致使人均衣着类消费支出达 664.92 元，同比增长 27.2%。

（三）交通和通信类支出

交通和通信类支出增幅领先，同比增长 60.6%，其中交通类支出增长幅度达 1.3 倍，拉动相关费用不断增加。今年市场车价稳中有降，深圳市居民由上年持币观望转化为实际购买，使上半年购买家用汽车支出呈上升态势。据深圳市 600 户抽样调查资料显示，上半年在 600 户中购买了 4 辆家用小汽车，比上年同期增加 3 辆，致使人均交通类支出增长 1.3 倍。由于交通工具增加，居民出行更加方便，户外活动活跃，带来了过路费、过桥费、停车费、养路费、汽油费等汽车使用费和有关税费的增加。上半年，人均交通工具服务支出 110.76 元，同比增长 60.5%，人均车辆用燃料及零配件支出 131.88 元，同比增长 49.3%。

（四）文化娱乐和健身活动支出

深圳市居民家庭文娱生活丰富多彩，如参观各类展览、游览景点、观看演出以及各类健身活动等。居民除了参加团体旅游外，居民空余时间更多的是自驾车在省内、市内积极参加健身、游览等活动。多元化的文娱活动极大地丰富了居民的家庭生活，推动了居民的文娱消费。上半年，深圳市居民人均参观游览支出 52.38 元，同比增长 36.2%，人均健身活动支出 6.60 元，同比增长 20.9%，人均其他文娱活动支出 70.56 元，同比增长 62.0%，人均团体旅游 106.38 元，同比下降 24.3%。

（五）居民人均居住类支出

居民人均居住类支出为 1178.82 元，同比增长 22.9%。其中水、液化石油天然气等燃料价格上升，物业管理费和住房装潢支出增加，是导致居住类支出增长的主要原因。人均住房装潢支出 174.24 元，同比增长 4 倍，原因是上半年部分调查户购买了新住房装修住宅。去年下半年，政府针对深圳市居民用水紧张，为使市民节约用水，重新调整居民生活用水定额标准，同时大幅提高居民生活用水价格。今年上半年人均用水量增长 6.3%，人均生活用水支出比去年同期增长 16.1%。由此看来，提高用水价格尚未达到节约用水的目的，建议政府通过电视等媒体播放节约用水的公益性广告。

高度重视当回事　积极行动落实效

——"数为量、据为质",努力打造"数据质量"这一调查事业的永恒主题

2005年以来,深圳市城调队认真贯彻落实国家城调工作会议、广东省队和市统计局有关调查数据质量的统一部署,根据省统计局粤统办字〔2005〕号《关于开展广东省城市住户调查数字质量检查与评估的通知》以及《广东省流通消费价格统计数据质量检查方案》等文件通知要求,围绕我队今年提出的"追求一个'没有落后的调查'永恒目标"的主题要求,针对调查质量这一生命线,高度重视当回事,积极行动落实效,认真细致做好城调数据质量检查工作,发现问题及时整改,严把源头数据质量关,突出"住户与物价"城调工作主题,主打调查数据质量,收到了良好效果。我们的做法和体会主要是"两个突出"。

一　突出控制"样本代表性和记账两个质量关"的住户调查质量

(一) 扩大样本,进一步严格调查制度

为增强样本代表性,提高调查质量,从2004年开始,深圳市住户调查试行"扩大户数,分区调查"模式,2005年正式实行。目前全市住户调查由原来的200户扩大到600户,整体调查呈现良好态势。为了顺利进行扩户,在市统计局领导和上级城调部门直接业务的指导下,我们从加强领导、保证质量入手,严格按照国家和省队制定的方法制度要求,认真贯彻落实《深圳市城市住户调查基础工作规则》,要求各区对照规则内容,把各项基础工作落到实处,实行分级管理,层层把关。今年以来,各区队均严格执行调查制度,调查队员认真履行工作职责,在原始

数据收集的监督管理、健全访户制度、数据审核与汇总上报、数据评估、调查资料的规范化管理（包括定期打印报表、数据备份、归类存档和按规定建立月度、年度和历史资料主要指标等内容的台账）、数据质量检查与按规定公布等方面均比上年有了明显的改观。尤其是除了坚持做好日常访户工作外，我们十分注重发挥市队、区队、街道三级城调力量作用，多次召开各级调查员业务培训会、调查户座谈会、总结会等。通过各种形式、不同渠道，加强全市扩户后的调查质量，从而使深圳市住户调查业务在扩户中继续推进。

（二）考量代表性，对调查总体样本进行评估验证

1. 总体样本分布。深圳市共有50个街道（镇）和391个居委会，现有600户样本分布在47个街道（镇）和101个居委会，抽中居委会个数占全部居委会个数比例为25.8%，比上年增加2.4个百分点。样本分布情况为：福田区140户，罗湖区120户，南山区90户，宝安区100户，龙岗区100户，盐田区50户。因原来国家100户样本只分布在特区内4个区，为保持样本的可比性，目前仍照旧不变，具体分布为：福田区35户，罗湖区35户，南山区20户，盐田区10户。国家100户样本分布在特区内17个街道（镇）和22个居委会。

2. 差异程度分析。调查样本中包括家庭类型成员性别、年龄、文化程度与全面统计资料的差异程度及成因分析（见表1）。

表1　　　　　经常性调查居民家庭基本特征与全面统计资料对比情况

指标	单位	经常性调查样本	基本情况调查资料	差异度	全面统计资料	所占比例（%）
一、户口状况（合计）	人	2045.20	2797.00	—	5975506	
1. 户籍户口	%	31.1	51.0	-19.9	27.6	
2. 非户籍户口	%	68.9	49.0	19.9	72.4	
二、性别（合计）	人	100.0	100.0	0	100.0	
1. 男	%	51.2	50.8	0.4	49.4	
2. 女	%	48.8	49.2	-0.4	50.6	
三、文化程度（合计）	人	100.0	100.0	0	文化程度	100.0
1. 未上过学	%	1.4	8.5	-7.1	15岁以上不识字	0

续表

指标	单位	经常性调查样本	基本情况调查资料	差异度	全面统计资料	所占比例（%）
2. 扫盲班	%	0.5	2.4	-1.9	或识字很少	0.9
3. 小学	%	19.1	13.9	5.2	小学	13.5
4. 初中	%	25.7	18.6	7.1	初中	40.3
5. 高中	%	24.4	22.5	1.9	高中	23.9
6. 中专	%	7.7	7.7	0	中专	10.7
7. 大学专科	%	12.9	13.9	-1.0	大学专科	4.7
8. 大学本科	%	7.8	11.1	-3.3	大学本科	5.3
9. 研究生	%	0.5	1.4	-0.9	研究生及以上	0.7
四、年龄状况	人	100.0	100.0	0	年龄状况	100.0
1. 16 岁以下	%	25.0	21.9	3.1	14 岁以下	12.6
2. 16—20 岁	%	3.8	3.2	0.6	15—19 岁	8.5
3. 20—25 岁	%	4.8	7.2	-2.4	20—24 岁	15.0
4. 25—30 岁	%	9.8	12.4	-2.6	25—29 岁	16.5
5. 30—35 岁	%	15.0	15.5	-0.5	30—34 岁	16.3
6. 35—40 岁	%	15.0	13.8	1.2	35—39 岁	11.5
7. 40—45 岁	%	8.6	6.6	2.0	40—44 岁	7.3
8. 45—50 岁	%	6.1	4.7	1.4	45—49 岁	4.0
9. 50—55 岁	%	4.2	3.5	0.7	50—54 岁	2.5
10. 55—60 岁	%	1.9	3.8	-1.9	55—59 岁	1.3
11. 60 岁以上	%	5.8	7.6	-1.8	60 岁以上	4.5

注：全面统计资料中的性别比例为 2000 年年末人口普查数，其余项目为 2004 年年末数。

差异原因：（1）600 户经常性调查样本中户籍和非户籍居民比例已经过权数调整，与全面统计资料人口特征基本一致，基本情况调查资料中户籍和非户籍居民比例没有经过权数调整；（2）全面统计资料中"文化程度"人口数统计口径为 6 岁及 6 岁以上受教育程度人数，包括集体户中的单身者；（3）全面统计资料的各年龄段人口比例与住户调查统计口径不一致，住户调查不包括集体户中的单身者，这部分人口占 30 岁以下的人口比重较大，表现为这一年龄段的人口比例在住户调查与全面统计资料之间存在较大差异。

3. 新旧口径衔接。由于调查样本口径不一致，导致住户调查样本数据与全面统计资料在就业结构方面存在一定差异，存在不可比因素（见表2）。

表2　　　　经常性调查居民就业结构与相关指标对比差异性评估

行　　业	单位	经常性调查样本	基本情况调查资料	差异度	全面统计资料
一、按单位性质分组就业人数合计	人	1059	1359	—	4636642
1. 国有经济单位职工	%	21.9	26.6	-4.7	6.9
2. 城镇集体经济单位职工	%	5.6	2.5	3.1	0.4
3. 其他各种经济类型单位职工	%	27.2	18.4	8.8	22.3
4. 城镇个体经营者	%	25.3	47.9	-22.6	33.5
5. 城镇个体被雇者	%	14.7	0	14.7	0
6. 其他就业者	%	5.3	4.6	0.7	36.9
二、按行业分组就业人数合计	人	1059	1359	—	4636642
1. 农林牧渔	%	0.5	0	0.5	0.4
2. 采矿	%	0	0.2	-0.2	0
3. 制造	%	10.9	14.5	-3.6	54.7
4. 电力燃气水生产供应	%	1.0	2.4	-1.4	0.3
5. 建筑	%	3.8	5.4	-1.6	2.1
6. 交通运输、仓储邮政	%	3.6	8.6	-5.0	2.3
7. 信息传输计算机服务软件	%	1.6	6.5	-4.9	2.1
8. 批发零售	%	25.6	20.1	5.5	16.4
9. 住宿餐饮	%	3.3	3.7	-0.4	5.2
10. 金融	%	3.1	2.9	0.2	1.0
11. 房地产	%	7.1	2.6	4.5	3.0
12. 租赁商务服务	%	2.9	2.8	0.1	3.7
13. 科研技术服务地勘	%	1.8	1.4	0.4	1.2
14. 水利环境公共设施管理	%	0.6	0.9	-0.3	0.8
15. 居民和其他服务	%	12.6	11.6	1.0	2.1
16. 教育	%	8.1	4.3	3.8	1.7
17. 卫生社保福利	%	3.2	2.8	0.4	0.9
18. 文体娱乐	%	0.8	1.9	-1.1	0.6

续表

行　业	单位	经常性调查样本	基本情况调查资料	差异度	全面统计资料
19. 公共管理	%	9.7	7.4	2.3	1.7
20. 国际组织	%	0	0	0	0

注：2005年第二季度末劳动工资口径"社会从业人员"包括在岗职工（国有、集体、其他单位）、私营企业、个体经营等大类，乡镇从业人员归入"其他就业者"。

相比较而言，就业者工作单位性质和行业指标，2004年基本情况调查数据与600户经常性调查数据比较接近，与全面统计资料相比，600户经常性调查数据有些行业偏差较大，如制造业样本偏少，居民和其他服务业、公共管理社会组织偏多，主要是全面统计资料中劳动者数包括集体户中的单身就业者人数。根据深圳市人口结构的具体情况，这部分劳动者大多属于制造业的职工，而集体户中单身者按制度规定不能列入经常性调查范围。另外，按照国家住户调查方法制度规定，深圳市宝安和龙岗两区的村委没有纳入深圳市经常性抽样调查范围，所以在就业者单位性质中"其他就业者"不存在乡镇从业人员，这与全面统计资料口径不同，存在不可比因素。

4. 调查反映实际。2005年上半年深圳市居民可支配收入增幅与全市经济发展水平基本吻合。详见表3。

表3　　经常性调查及全面统计主要指标对比情况

	单位	2005年上半年	2004年上半年	增减幅度（%）
一、收支情况				
1. 人均可支配收入	元/月	1830.40	1657.32	10.4%
2. 就业者人均工薪收入	元/月	3082.23	3042.48	1.3%
3. 人均消费性支出	元/月	1336.96	1115.08	19.9%
二、全面统计主要指标				
1. GDP总产值	亿元	1894.76	1662.07	14.0%
2. 社会商品零售额	亿元	515.90	447.05	15.4%
3. 平均职工工资	元/月	2666.00	2519.85	5.8%

从以上统计数据可以看出：（1）与往年相比，2005年上半年深圳市居民可支配收入增幅与全市经济发展水平基本吻合。就业者人均工薪收入水平比平均职工工

资高15.6%,增幅低4.5个百分点。主要原因是全面统计资料中就业者包括集体户的就业者。这些集体户中的劳动者许多是较低收入的外来务工人员,而以上人员按制度规定不能列入住户调查范围。另外,今年以来,随着提高外来务工人员生活待遇的系列政策进一步落实,那些不列入住户调查范围的外来务工人员工薪收入明显提高,致使全社会职工平均工资水平增幅比住户调查口径的人均工薪收入增幅高4.5个百分点。(2) 2005年上半年深圳市居民人均消费支出增幅为19.9%,比社会消费品零售额增幅高4.5个百分点,八大类居民消费支出增长趋势与社会商品销售总额的十大类商品销售增长趋势基本一致。受上半年居民新购家用小汽车影响导致住户调查的交通通信类支出增幅较大,也是拉动居民消费支出迅速增长的重要因素,这与目前深圳市家用小汽车增长趋势基本一致。

(三)针对特点,积极应对非正常换户变化

因深圳市人口结构的特殊性,非户籍居民流动性较大,使得非正常换户情况不容乐观。2005年上半年600户样本因举家搬迁不得不退出14户(其中国家点100户共退出3户,均经过严格程序审核确定并及时上报省队批准),换户率为2.3%,同比下降1.2个百分点。虽然我们规定各区必须严格按照制度要求进行换户,各区队员也想方设法留户,但碍于深圳住户流动性大、情况复杂、配合程度不一等许多客观因素,使得控制非正常换户仍是深圳市目前住户调查质量工作中的难点与焦点。

(四)加大力度,开展自查互查记账质量

1. 认真自查。我们按省队要求,专门专题下发通知要求各区组织力量进行自查,把国家方案200户和省方案400户分开检查,并采取对今年1—6月各月尾数不同的10%账本进行详查。

(1)国家细账,共检查137本账本,检查25501笔账,平均每本账本186笔,平均每本记账笔数与上年基本持平,差错笔数共268笔(上年差错笔数共426笔),涉及金额10488.60元(上年涉及金额18610元),总差错率为1.0%,总差错率比上年下降0.8个百分点;细账记账笔数最多的区207笔(上年为187笔),最少的区164笔(上年为149笔)。

(2)省粗账,共检查237本账本,共检查18344笔账,平均每本账本77笔,平均每本记账笔数比上年增加5笔,差错笔数196笔(上年为309笔),涉及金额27036

元（上年为24960元），总差错率为1.1%，总差错率比上年下降0.6个百分点。粗账记账笔数最多的区93笔（上年为92笔），最少的区50笔（上年为54笔）。

从总体评估，2005年上半年深圳市住户调查记账质量比上年有明显提高（见表4）。

表4　　2004年、2005年上半年深圳市600户10%账本自查情况登记

国家方案10%账本											
检查账本数		记账总笔数		平均每本笔数		差错笔数		涉及金额		总差错率	
2004年	2005年	2004年	2005年	2004年	2005年	2004年	2005年	2004年	2005年	2004年	2005年
120	137	22450	25501	187	186	426	268	18610	10488	1.8%	1.0%
省方案10%账本											
检查账本数		记账总笔数		平均每本笔数		差错笔数		涉及金额		总差错率	
2004年	2005年	2004年	2005年	2004年	2005年	2004年	2005年	2004年	2005年	2004年	2005年
240	237	17332	18344	72	77	309	196	24960	27036	1.7%	1.1%

注：因深圳市自行设计的账本没有家庭基本情况、人口、耐用品拥有量等内容，因此粗、细账记账笔数中均不包括以上三大项。

2. 集中互查。8月10日，我们召集6个区队员分成3组，对部分账本（4月和6月账本抽10%）、统计台账、访户记录和各式报表等进行交叉检查，检查之后逐一通报情况。这次各区交叉检查显现，与上年相比，无论是账本质量还是编码水平均有明显提高，以及对资料管理更为规范。在六区中，细账记账笔数最多的区平均每本账本达到225笔，笔数最少的区平均每本账本也达到175笔（上年最少120笔），全市平均笔数为201笔，比上年增加14笔（均不包括耐用品拥有量、家庭人口等基本情况）；粗账记账笔数最多的区平均每本账本达到96笔，笔数最少的区平均每本账本65笔（上年最少53笔），粗账全市平均记账笔数为76笔，平均笔数比上年增加4笔（均不包括耐用品拥有量、家庭人口等基本情况）。在会上我们强调统计数据质量是统计工作的生命，要求各区队采取得力措施确保住户调查数据质量，为市委、市政府提出的"效益深圳"评价指标体系提供真实可靠的调查数据。

通过自查和交叉检查可以看出，深圳市各区队住户调查各项工作质量明显提高，主要表现在：无论是方法制度、调查方案，还是账本记账质量、商品知识、指标归类编码等，都有了很大幅度的提高。尤其是上年相对比较差的区，今年记账质量也较之上年有了显著改进。特别是针对除了食品账外其他开支项目（如成年子

女开支、社会保障支出等）比较容易漏记的现象，各区队均采取得力措施进行跟踪、查缺补漏，使得今年调查户记账质量有了明显提高。同时，各区队员的业务水平和专业技能也上了新台阶，如对调查数据的评估使用、统计分析和重要信息的写作水平均进步较为明显。今年上半年，深圳市六区队共上报统计分析12篇，重要信息共36篇，其中被省队采用的重要信息有7篇。

（五）对外发布，各方对正式使用600户住户调查数据反映平稳

以2004年为基期，从2005年1月起，深圳市600户住户调查数据由市统计局统一定期公布，公布口径为全市600户加权数据（各区只公布本区总户数加权数据），其中的户籍和非户籍调查数据仅供内部使用。为慎重起见，年初我们以市统计局文件下发各区，并明确告知各兄弟省市不能使用深圳市上报国家样本100户的数据，以免与深圳市600户对外公布的数据相冲突。8个多月，从党政决策层至各相关决策执行层以至社会各方，对深圳市600户住户调查数据反映良好，表明深圳市"扩大户数，分区调查"模式进展较顺，运行良好。

通过检查深圳市住户调查质量，我们也发现工作中存在的一些问题，必须继续做好并加以改进：（1）加强领导，进一步抓落实，把质量检查工作贯穿在日常工作中，形成制度，不搞突击检查，坚持每月抽查制度，把质量检查控制在基层；（2）严格执行住户调查方法制度，严格控制非正常换户；（3）狠抓源头数据质量，不定期组织各种形式的座谈会、辅导会等，进一步加强与住户的沟通工作，尤其针对记账中成年子女收支难记等现象，要逐户落实，确保不漏记；（4）定期组织住户业务学习，进一步熟悉住户调查方法制度、指标和编码，减少和避免人为差错；（5）加强学习，进一步提高计算机应用水平和写作水平，切实提高自身业务水平，要求每个队员不仅要熟悉住户调查方案、方法制度，还要熟练掌握和使用住户调查数据应用处理程序，并对调查数据进行分析，写出分析文章，从总体上提高调查队员的综合业务素质。

二 突出加强"代表性、权数和台账三个质量关"的物价调查质量

（一）多管齐下，增强消费价格代表性

1. 及时更替，确保工业消费品具有代表性。深圳市工业消费品是按国家新的

定基价格指数方案的要求，确定代表规格品，并保证大多数代表规格品有两个以上的商场采价（报价）。所选规格品是按销售额比较稳定、价格变动趋势和变动程度有较强的代表性、规格品之间性质相隔较远等条件选取，有较强的代表性。今年年初，我们对一些缺乏代表性的商品规格进行更换，以增强代表性。但由于目前商品更新换代比较快，少部分规格品的采价比较困难，比如电脑、手机等型号、规格更换得比较快，但目前也只能每年换一次规格品。

对工业消费品价格的采集，我们坚持同质可比的原则，即保持产地、重量等级的一致；对于一些牌子、规格经常变化的商品如服装、家具等，我们从商品的质量和价格上进行控制，以保持可比性。采价方式采取"大型商场报价、市城调队员下点核价"为主，对难以掌握的部分品牌商品和零散商品则由调查队员直接下点采价。

2. 顺势采价，确保农副产品价格具有代表性。根据深圳居民消费意向的变化，我们把鲜活商品采价重点放在农贸市场上，并逐步向大型超市转移。2002年，我们已建立了2个大型超市作为鲜活商品采价点。目前我们选择了区域不同而有较强代表性的2个集贸市场另加2个大型超市，作为鲜活商品价格调查点。每月逢五逢十日采价6次，采价方式实行定时、定点和轮换人员直接下市场采价的方法，做到当日采价当日登记价格。

3. 抓住主体，确保服务项目价格具有代表性。对服务项目代表规格的选择，我们以居民经常消费的项目为主；对政府统一调控价格的项目，我们从营业额比较大的单位取得。如电价、燃气等从电力公司、燃气公司取得；有浮动价的如医疗费、学费等主要从医院、学校取得；市场主导价格的洗理、修理等项目价格，则选择营业额较大的单位直接采价。因此，我们所调查出的服务项目价格变化数据，基本反映并代表深圳市服务项目价格实际变动水平。

4. 抓大放小，确保调查点选择具有代表性。深圳市调查市场的选择以零售额大的大中型商场为主，小商店为辅，以保证价格采集的代表性和完整性；在地段分布上以商业区为主，如罗湖的东门、福田的华强北等繁华地段，兼顾其他区域。如果商场的经营情况有变动，如商场关闭、经营变化或大型商场开业等，我们及时更换新的调查点。今年以来，由于个别商场经营的变化，我们增加了8个调查点。目前深圳市商业调查点共140个，其中集贸市场采价点2个、超市2个，保持每个规格品有2—3个价格计算平均价。

5. 科学计算，增强权数的合理性。深圳市目前使用的定基价格指数权数计算资料，是从深圳100户户籍居民抽样调查资料中取得，并经过一定的类别调整计算出来的，在大类结构上是能反映居民消费结构的。商品零售价格指数权数，是从全市商业零售额中取得资料计算得来，并参考消费权数确定，基本能反映商品零售结构。各类权数的确定按照价格统计制度的规定程序进行，且各套报表中大、中、小类及基本分类权数之和等于100。因此，从整套权数来看，目前深圳市使用的权数基本合理。

6. 做细调查，保持原始资料的完整性。深圳市原始采价记录是齐全的，无论是商场、服务项目或集贸市场，价格都有原始价格登记表记录，而且所要求调查的价格项目比较齐全，并且按月装订成册。此外，深圳市台账设置也比较齐全，为满足录入要求，设置了录入台账，对原始价格先过录，然后才上机。同时，打印出平均价格台账，并设置了同比、环比、定基比等的价格指数台账，以及全省及全国各地的指数台账和政府有关部门批准出台的调价项目台账。

7. 措施跟进，及时处理缺价和替换规格品。对出现调查规格品和服务项目缺失或商品换季、打折、清仓现象时，我们严格依照省队《关于消费价格调查统计过程中几个问题的处理意见》的要求，及时加以处理。今年年初，收到省队消费处《转发国家统计局关于印发新一轮流通消费价格统计调查商品（服务）目录和指标解释的通知》后，我们又结合深圳实际，按照《通知》要求，拟定了新增调查规格品61个，其中消费价格32个、零售价格29个。并相应增加调查点8个，其中消费价格6个、零售价格2个。由于深圳市原来在"其他"类中已包含有《通知》要求新增的一些调查规格品，所以深圳市的新增规格品的数量略少于《通知》要求的数量。

8. 查摆问题，积极落实应对措施。一是补缺拾漏，增强代表性。第一，因消费需求变化大，新增商品比较多，在确定代表规格品时，有小部分可能存在代表性不足的问题，如摩托车、自行车、洗浴等调查规格品项目；第二，由于商场经营商品变化较快，常常出现缺货无价现象，虽然采取在附近商场补采等办法补救，但难以完全补齐，而要用相近商品价格代替。二是克服困难，增强代表性。在进行居民消费和商品零售新一轮定基价格指数权数测算时，由于住户资料、商贸统计资料及经普数据不能满足编算需要，尤其是中、小类及商品集团的权数测定，存在比较大的困难。如果通过开展"典型调查"的方式取得资料依据，将遇到很大的阻力和困难：一是由于涉及商业机密和纳税等，多数会被调查商场拒绝，或提供不真实的零售额资料；二是调查需要动用较多的人财物，需要及时提供相应的经费保障。针对存在的问题，我们采取了增加调查点，同时要求调查员一定要补齐相应的商品价格，并按国家和省队规定的办法加以应对，以确保调查数据质量。

（二）过硬措施，增强工业品价格代表性

1. 把握样本特征。到 2005 年 6 月 30 日止，参与计算工业品出厂价格指数的调查企业数有 201 家，比 2004 年 8 月多 16 家，其中有 135 家调查企业是按省调查方案要求抽样的，其余 66 家是为了满足本市计算工业品出厂价格指数而抽选的。调查的产品（不重复计算）有 170 个，比 2004 年 8 月多 19 个；规格品有 221 个，比 2004 年 8 月多 28 个。大部分是本市大、中型企业和支柱行业的主导产品，特别是电子类产品，调查企业有 70 家，调查产品有 58 个。参与计算原材料、燃料、动力购进价格指数的调查企业有 166 家，调查产品有 142 个，规格品有 221 个，比 2004 年 8 月分别多 20 家、11 个和 30 个。调查企业的行业分布，是在按省方案要求的基础上，根据本市的基本情况进行抽样，现有 29 个大类、100 个中类行业参与计算工业品出厂价格指数，基本满足了本市计算工业发展速度的需要。

2. 及时增补样本。在调查企业中，少部分由于停产、转产、转型、合并、搬迁等不能再正常上报报表，我们都能及时查找相同类型的企业，获得各区统计局的大力支持，有针对性地进行增补调查企业。今年上半年，共替换、新增调查企业 28 家。

3. 推进网上直报。从 2004 年 7 月开始，深圳市工业品价格调查表采用网上直报方式，到 2005 年 6 月止，在 206 家调查企业中，有 183 家调查企业可以通过网上直报数字，占全部的 88.8%。由于网上直报系统要求企业上报报表时，表内各项指标均要填写，不能为空，所以企业填报上来的报表是符合要求的。

4. 严格执行要求。我们就企业填报的基层报表问题，无论是新旧调查企业，从建点开始都严格对调查企业进行培训，要求他们从单价的采集、报表的填写、台账的建立、上报时间等按照方案严格执行。每个月的报表期间，我们对调查企业上报基层报表进行严格审核，涨跌超过 10% 的，特别是环比指数和一些比较敏感的数据，我们都要打电话找到统计人员，查问原因，确保数据的真实、准确性。同时，我们要求企业台账每年上报一次到市队。

5. 应对各种变化。由于有部分调查产品是根据市场需求变化而设计的，所有功能、款式上变化很快，特别是电子类产品，更新换代非常迅速，所以使得企业在上报报表时，基期价格很难确定。当我们发现有这种情况出现时，我们就按调查方案的要求等告知他们如何取得基期价格。目前，我们计算全市工业品出厂价格指数的权数，是完全按照市统计局工交处提供的全市年产品销售收入数计算出来的，并提交局工交处、核算处审核，经省队生产处同意后使用，本套权数完全能反映本市工业生产特征。从检查6月基层报表情况看，大部分企业按时按质地报送报表，只是有少部分企业还是出现迟报、催报现象。针对少数企业出现屡次迟报报表的现象，为了更好地做好工业品价格调查，我们通过市统计局法规处发出责令整改通知书3份，通过这一举措，大大减少了企业出现屡次迟报报表的情况。

（三）突出"四性"，增强固定资产投资价格代表性

1. 具备代表性。一是对调查企业的选择，完全符合省方案的要求，具有一定的覆盖面。投资经济活动代表性强，兼顾不同经济类型，包括市属企业、区属企业和省属企业，涵盖了市政工程企业、交通运输企业、水利电力企业、建筑安装企业、特种建筑安装企业和装饰设计企业等。二是样本工程的选择，完全符合省方案的要求。选择重点工程，兼顾不同工程类别，要求各建筑施工调查单位在广东省内抽选2—3个样本工程，优先考虑国家、省及地方重点项目工程和投资额较大、工期较长的年内建设工程。抽选的工程包括石油加工、机械产品制造、电子产品制造、输变电、火电、水利、轻工加工、商业设施建设、公路、港口建设、铁路建设、民用建设、市政建设等13项工程。针对固定资产投资价格调查第一季度上报企业数为31家，49项样本工程，离省队要求有一定差距这一现状，我们于2005年5月20日再次召开固定资产投资价格调查扩点会议，增加单位和样本数。经过努力，第二季度共上报企业53家80项样本工程，均符合省方案规定的数量及要求达到的规模（省方案要求深圳调查企业数40家，样本工程数80项）。

2. 确保时效性。一是固定资产投资价格的调查资料上报时间为季末月26日，依此我们于第一、第二季度末均按省方案规定的时间上报省城调队生产投资价格处；报送资料的传输方式和格式均按省方案规定的要求，执行OPEN-MAIL或FTP，传输文件名和格式也按省方案规定统一上报压缩文件。

3. 达到规范性。一是要求企业填报严格按制度规定填写，规范调查表式填写。针对有些企业存在未按规定填报企业全称、项目名称使用简称、工程类别未分类、城市代码和企业、工程编码未填写等问题，经过与企业统计人员的沟通，均已改正。二是要求企业认真填报所有内容，不准漏报、瞒报。针对今年第一、第二季度存在个别企业认为自己现阶段进行的工程量小，准备下半年较大工程开工后再行上报的问题，我们经过反复说明、解释调查方案，企业都能及时上报；还有针对某些企业存在漏填总计数、未填写基期价格等问题，经过沟通，都能做到及时通过传真、电话补报或重新填报。

4. 落实准确性。经过对固定资产投资价格调查检查，我们看到绝大部分企业的各期报表，内容填报正确，计量单位填报准确，只是个别企业在"台班费""实际日工资"等计量单位上概念不够清晰。而对这些问题，经我们多次讲解后，都能够准确填报；各项指标本期和基期价格填报准确；总计项和分项之间的逻辑关系成立；报告期与基期调查产品同质可比，非价格变动因素剔除，对异常变动的价格情况，企业都能及时做说明。如有些建筑工地水电费因多环节收费偏高的问题，有些企业在建筑装饰工程中所用机械和材料在统计表中未包括，企业都能自行附表填写，把情况说明清楚。

今年以来，通过实践对城调数据质量的控制，我们感到"呼吁调查质量，践行调查质量"，是调查事业生存的第一需要。不用"扬鞭自奋蹄"，若把我们追求"调查质量"比作寒冬里踏雪寻梅的话，可借用元曲薛昂夫《蟾宫曲·雪》里的两句话，头一句是说："天仙碧玉琼瑶，点点杨花，片片鹅毛。"再借一句做结束："一个饮羊羔红炉暖阁，一个冻骑驴野店溪桥。你自评跋，那个清高，那个粗豪？"

2010年深圳市主要经济指标综合数据情况

一 深圳特区成立30年发展综述

(一) 综合经济实力跻身全国大中城市前列

30年来,深圳经济获得巨大发展,取得了举世瞩目的成就。2009年深圳市本地生产总值达到8201.32亿元,比1979年增长979倍,年平均递增25.8%。30年中,1979—1989年第一个10年,GDP总量达115.66亿元,占深圳、珠海、厦门、汕头四个特区GDP总和的比重由10.4%上升为44.5%;到1999年第二个十年结束,深圳GDP达1804.02亿元,占四个特区GDP总和的比重进一步上升为60.7;到2009年年底,深圳经济总量已占四个经济特区总和的68.9%,占广东省GDP比重由1979年的0.9%上升至2009年的21.0%。深圳花了18年时间使生产总值达到1000亿元,用了13年时间实现经济总量从2000亿元到8000亿元的跨越,在全国大中城市中仅次于上海、北京、广州,居第四位。2009年深圳人均GDP为92771元,按现行汇率计算,人均GDP达1.36万美元,达到国际公认中等发达水平,居全国大中城市首位。

回顾30年的发展历程,深圳从铺摊子、进行大规模城市基础设施建设起步,经济建设出现了前所未有的高速度。1985年以前,生产总值年平均递增52.3%,其中工业年均递增87.8%,建筑业年均递增79.8%,第三产业年均递增57.9%,建筑业增加值占GDP比重平均达到19.8%,具有典型的城市建设打基础阶段特征。"七五"时期,通过积极开展外引内联、重点发展外向型工业,初步建立了包括工业、港口、商贸、金融等一大批重点企业,构成特区经济的重要组成部分。这一时期受到全国宏观调控和治理整顿影响,经济调整明显,年均递增22.4%。"八五"期间,深圳经济全面进入经济增长和经济质量同步提高的新阶段,GDP以每年

30.9%的高速度增长，经济效益显著提高，综合经济实力迅速跻身全国大中城市前列。"九五"期间，开展以高新技术产业、金融业、物流业及文化产业为发展重点的经济结构调整，形成了新的发展格局，经济整体素质得到进一步提高。在经受了包括亚洲金融危机及国际国内经济放缓等不利环境的考验后，经济总量不断跃上新台阶，连续实现1000亿元、2000亿元的跨越，年均增速达15.9%。"十五"以来，面对世界经济低迷、贸易保护主义抬头、经营成本上升等复杂的国际国内环境，深圳大力发展新兴产业，着力调整产业结构，积极拓展国内国外两个市场，在国际金融危机的冲击下，深圳经济依然保持了稳定增长。2010年，深圳以创新发展、转型发展、低碳发展、和谐发展为导向，着力推动经济、政治、文化、社会、生态文明建设全面协调发展，努力当好科学发展排头兵，加快推进现代化和国际化先进城市建设进程，进一步发挥在全国发展大局中的重要作用。

1979—2009年，全社会固定资产投资累计达到14243.20亿元，增长了2877.3倍，平均每年增长30.4%。30年来，深圳建成了大批经济、社会发展急需的交通、通信、能源、市政设施工程以及带动全市经济增长的工业项目，城市建设呈现出崭新风貌，社会生产能力、配套能力及文教卫等功能得到提高和增强。

伴随经济发展的进程，深圳财政收入大幅度增长，2009年全市地方财政一般预算收入达到880.82亿元，比1979年增长5121倍，年均递增32.9%，高于同期经济增长速度。深圳地方财力的不断壮大，有力地支持了全市的经济建设和社会各项事业的健康发展。与此同时，深圳对全国做贡献的能力进一步增强，在近年国家财政体制改革的背景下，中央级税收的增长明显加快。

（二）经济结构在调整中优化，现代化城市雏形形成

建立经济特区以来，深圳经济结构在调整中不断优化，三次产业占生产总值的比重由1979年的37.0%、20.5%、42.5%，调整为2009年的0.1%、46.7%和53.2%。从劳动力结构看，第一产业劳动者所占比重持续下降，第二、第三产业比重持续稳定提高。1980年，第一产业劳动者所占比重达到64.1%，第二、第三产业所占比重分别为12.0%和23.9%，到2009年三次产业劳动结构为0.1∶54.0∶46.0。说明从农业中退出的劳动力主要进入第二产业，其次进入第三产业。从对经济增长的贡献看，1980—2009年，第一产业增加值年均递增0.1%，第二产业增加值年均递增33.6%，第三产业增加值年均递增24.9%，第二、第三产业成为经济增长的支撑力量，第二、第三产业的高速增长共同推动整体经济快速发展。

在产业结构变动中，产业内部也在进行着改革和调整。30年来，工业总产值年均增长38.2%，占广东省工业总产值的比重由1979年的0.3%上升至20.9%。工业增加值年均增长35.4%，占全市生产总值比重不断上升，1984年开始超过农业，但次于建筑业和第三产业；2004年工业占GDP比重上升到48.1%，首次高于第三产业；2009年，占GDP比重43.9%，占第二产业比重达到93.9%，居经济的主体地位。

工业在持续高速增长的同时，结构也在不断优化。1990年以来是工业内部转换升级的重要时期，通过积极扶持高新技术产业，推动工业内部结构的改造和升级，高新技术产业迅速崛起。1998年市政府出台《关于进一步扶持高新技术产业发展的若干规定》，开始了新一轮高新技术产业发展热潮。2004年2月出台《关于完善区域创新体系，推动高新技术产业持续快速发展的决定》，高新技术产业进一步壮大，成为工业经济的第一增长点。2009年高新技术产品产值8507.81亿元，占规模以上工业总产值比重55.0%，比1991年的8.1%提高46.9个百分点。

与此同时，工业向适度重型化发展，2009年工业生产中轻重工业结构为25.7:74.3。深圳实现了农业、手工业社会向以高新技术产业为龙头的工业化社会的转变。

伴随着现代化城市建设，第三产业得到快速发展。2009年，交通运输、仓储和邮政业，批发和零售业，住宿和餐饮业，金融业及房地产业占第三产业比重为69.9%。

从特区建立开始，深圳着力在生产、分配、流通、价格和消费等领域建立以市场调节为主的市场机制，通过引入市场竞争，建立开放型流通体制，加强市场管理，极大促进了商品市场和各要素市场的扩大和繁荣。连锁超市、专业市场、货仓式商场、物资配送中心从无到有，越来越多的跨国零售集团在深圳设立采购中心、配送中心。2009年全市社会消费品零售总额达2598.68亿元，在全国大中城市居第四位，比1979年增长1402倍，平均每年递增27.3%，使得深圳日益成为区域性的商贸中心。同时，有价证券市场、房地产市场、租赁市场、技术市场、信息市场、期货市场等逐步建立和发展，对经济结构的调整起到重要的作用。

（三）外向型经济格局形成

深圳经济特区是我国改革开放政策的产物。从一开始，深圳就充分运用国家给予的特殊政策，发挥地缘优势，发展外向型经济，30年来形成了较高层次的全方位开放格局和高度的外向型特征。1979年以来,全市累计吸收外商直接投资456.2亿美元,平均每年递增27.0%,高于同期经济增长速度。其中,2000年以来是利用外资最活跃也是质量最高的时期,最近10年的外商直接投资累计达318.1亿美元,超过前20年的总和。

同时,深圳利用外资方式也由前期的"三来一补"为主逐步转变到以中外合资、合作、外商独资经营为主;利用外资领域不断拓宽,结构不断优化,外资投向从一般的服务项目和加工性生产项目扩展到高新技术产业链的高端项目以及交通、能源、商贸、物流、旅游、房地产等行业;从吸引中小企业设厂到吸纳世界著名大公司、大项目和跨国公司的核心制造环节、研发中心、地区总部、采购中心落户。到2009年,在深圳投资的世界500强跨国公司总数累计达166家。

在积极引进外资的同时,深圳努力开拓国际市场,千方百计扩大外贸出口,拓展对外贸易的深度和广度,外向型经济取得显著成果。2009年,全市进出口总额达到2701.55亿美元,比1979年增长5579倍,30年来平均年递增33.3%。其中,出口总额1619.79亿美元,比1979年增长6339倍,年均递增33.9%,进口总额1081.76亿美元,比1979年增长4752倍,年均递增32.6%。深圳外贸出口总额连续17年居全国大中城市首位,2009年出口总额占全省出口总额的45.1%,占全国的13.5%。深圳已从建立特区初期仅1000多万美元的进出口规模发展为在全国对外贸易中占重要地位的城市。

相应地,对外贸易质量也得到了明显提高。以往"三来一补"简单装配成品出口方式占重要地位,出口市场以香港地区为主,1990年"三来一补"贸易占出口总额的比重为49.9%,到2009年这一比重已降低到8.5%,而进料加工贸易出口由32.7%上升到49.0%。与此同时,"三资"企业、民营企业在出口中发挥越来越重要的作用,2009年"三资"企业和民营、集体企业分别占出口总额的58.8%和26.2%。2009年深圳出口贸易伙伴达到100多个,出口市场由以往的我国香港占绝对地位发展为以中国香港、美国、日本、欧盟、东盟为主,包括俄罗斯、东欧、巴西、阿联酋等新兴市场的多元化出口市场。1991年,深圳产品对我国香港地区的出口占94.4%,到2009年对我国香港出口所占比重下降到37.8%,对美国的出口由1991年的1.2%上升到2004年的16.2%。

出口产品结构也在不断优化。2009年全市机电产品出口达到1243.56亿美元,占出口总额比重由1998年的58.2%提高到2009年的76.8%。高新技术产品出口迅猛增长,2009年全市高新技术产品出口达850.48亿美元,占出口总额比重达到

52.5%，比 2001 年提高了 22.2 个百分点。

（四）人民生活水平和质量全面提高

30 年来，伴随着经济实力的不断增强，人民生活水平发生了重大变化，居民收入水平、消费水平、生活质量全面提高，实现了从温饱到小康的飞跃。根据城镇居民家庭抽样调查资料（下同），深圳城镇居民家庭人均可支配收入由 1985 年的 1915 元提高到 2009 年的 29245 元。居民储蓄存款余额由 1979 年的 0.37 亿元增加到 2009 年的 5723.76 亿元，人均储蓄存款由 118 元提高到 64223 元。随着收入水平的提高，居民消费结构日益改善。日常消费中，在吃、穿、用方面的支出绝对数持续增加的同时，其所占比重逐渐下降。相应地，教育、文化娱乐、医疗保健、交通通信、居住等支出比重明显上升。反映城镇居民食品消费在全部消费支出份额的"恩格尔系数"，1985 年为 47.5%，2009 年下降为 35.0%，而教育、文化、娱乐服务支出所占比重则由 9.5% 提高到 12.4%。

与此同时，居民生活质量也逐渐提高，整体上由量的满足阶段转向质的提高阶段。居民的食品消费讲质量、重营养、求方便；衣着消费多样化、高档化、成衣化、个性化；对耐用品的拥有量，从少到多，从低级到高级，普及度迅速提高。近年来，开始转向手机、空调机、家用电脑、小汽车、商品房等用、住、行方面消费为代表的新的消费热点。到 2009 年，平均每百户城镇居民家庭耐用消费品拥有量为：彩色电视机 126.2 台，电冰箱 97.1 台，移动电话 223 部，组合音响 46.2 套，空调器 210.8 台，家用电脑 102.9 台，家用汽车 32.9 辆。居民居住条件明显改善，2009 年人均住房建筑面积 26.64 平方米。

二 深圳 2010 年 1—8 月主要指标预计情况

根据预计，2010 年 1—8 月深圳市 GDP 总量预计达到 5830 亿元，同比增长 11.8%，增速比上年同期提高 2.8 个百分点，比 1—7 月提高 0.5 个百分点。其中，预计第一产业增加值 4 亿元，与上年同期持平；第二产业增加值 2726 亿元，增长 13.3%；第三产业增加值 3100 亿元，增长 10.2%。

1—8 月工业增加值增长速度比 1—7 月提高了 0.4 个百分点，拉动 GDP 提高 0.3 个百分点；第三产业中 8 月证券市场趋于活跃，金融业增加值增长比前 7 个月有所加快，社会消费品零售总额增长高于 1—7 月 0.3 个百分点，财政一般预算收入预计趋势较好。基于以上原因，拉动第三产业增加值增长加快，拉动 GDP 提高 0.2 个百分点。

工业增速提高，主要因华为等重点企业的生产比上月提高。

全社会固定资产投资额比上月提高 0.9 个百分点，主要是由于基本建设中轨道交通建设的投资完成较好，基本建设所占全社会的投资比重为 68.5%，所以基本建设的增幅大小对全社会投资增幅的影响较大。

其他各项指标波动不大。

指标预计具体情况参见表1。

表1　　　　　　　　深圳2010年1—8月各项指标预计情况

指标名称	本月	本月止累计 本年	本月止累计 上年	累计比上年同期增减（%）
本市生产总值（亿元）	819.45	5830.00	5077.65	11.8
规模以上工业增加值（亿元）	357.00	2480.00	2080.00	13.1
全社会固定资产投资额（亿元）	175.31	1050.61	937.99	12.0
#基本建设投资额（亿元）	120.00	662.91	582.71	13.8
房地产开发投资额（亿元）	33.31	274.34	246.69	11.2
社会消费品零售总额（亿元）	266.00	1910.75	1647.28	16.0
进出口贸易总额（亿美元）	301.00	2044.04	1600.72	27.7
#出口总额（亿美元）	183.00	1198.05	965.49	24.1
#进口总额（亿美元）	118.00	845.99	635.23	33.2
地方财政一般预算收入（亿元）	60.00	732.44	628.65	16.5
居民消费价格总指数（%）	以上年同月为100　103.8	以上年同期累计平均为100　102.8	以上月为100　100.3	

2012年第一季度深圳经济形势分析

2012年第一季度，深圳紧紧围绕科学发展主题和加快转变经济发展方式为主线，以建设深圳质量为中心，努力建立"高新软优"现代产业，致力实现有质量的稳定增长和可持续的全面发展。初步核算，全市生产总值2507.37亿元，比上年同期增长5.8%，经济增速有所回落，但总体经济增长正常。

一 经济运行基本情况

（一）总体经济增速回落

初步核算，2012年第一季度全市生产总值2507.37亿元，比上年同期（下同）增长5.8%，同比回落了5.0个百分点。从趋势看，第一季度GDP增速延续了上年逐渐回落的趋势。全国经济在2010年大幅恢复性增长后，2011年以来已连续五个季度回落。广东和深圳经济在本轮经济反弹的高点后，也逐渐回落（见图1）。因此，今年第一季度深圳市GDP增速回落是在全国全省经济放缓大趋势下的回落。第一季度深圳三次产业比重为0.0∶44.3∶55.7。

（二）工业增速止跌回升

2012年第一季度规模以上工业增加值1124.01亿元，增长3.1%，扭转了前2个月增速下降的趋势，增速环比上升6个百分点，同比仍回落10.2个百分点。第一季度工业生产的主要情况表现为下列方面。

一是外向型工业下降较明显。2012年第一季度工业增速明显回落，与2009年第一季度的回落有些相似（见图2）。它们都是首先在外需减弱的背景下，由工业出口下滑引致工业生产回落。第一季度外商及我国港澳台商投资企业增加值

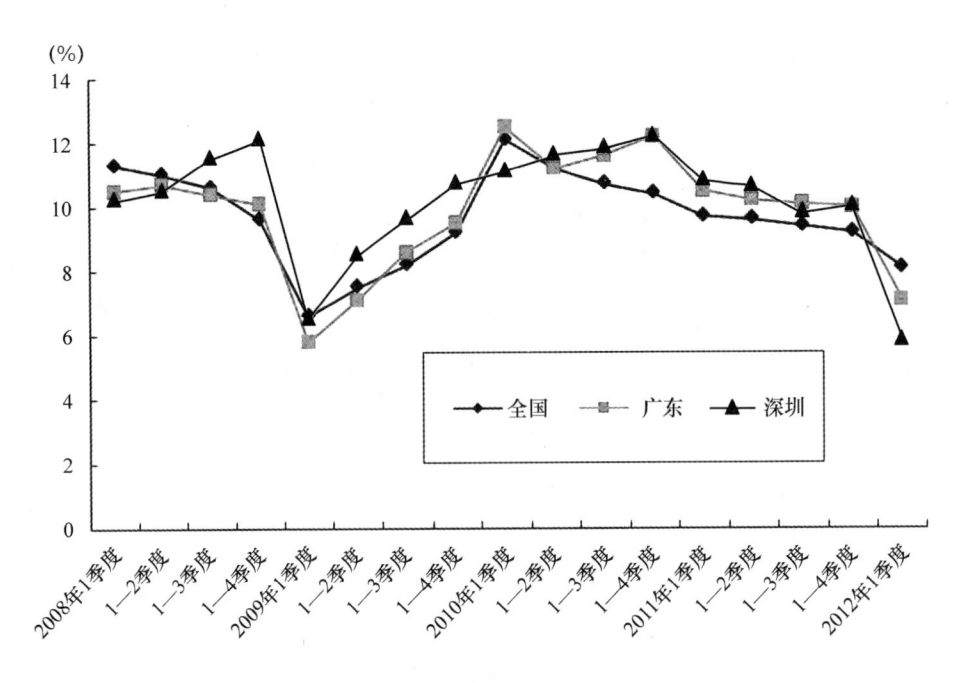

图1 2008年至2012年第一季度全国、广东、深圳GDP分季度累计增长情况

614.08亿元，下降2.8%，这部分工业占规模以上工业增加值54.6%，对整体工业影响较大。

二是股份制企业引领增长，支柱行业表现参差。第一季度股份制企业增加值443.87亿元，增长13.2%，高出整体工业平均水平10.1个百分点，占规模以上工业增加值比重39.5%，成为工业稳定增长的重要支撑。从主要行业看，计算机、通信和其他电子设备制造业增加值573.86亿元，增长6.8%；石油和天然气开采业增加值115.30亿元，下降5.4%，这两个行业增加值占规模以上工业增加值超过六成。

三是工业出口交货值下降。第一季度规模以上工业销售产值4349.90亿元，增长3.1%，其中出口交货值2305.35亿元，下降1.3%，出口交货值率53.0%，同比下降1.2个百分点。

(三) 固定资产投资平稳增长

第一季度全社会完成固定资产投资325.98亿元，增长10.6%，同比提高了3.7个百分点。其中，房地产开发项目投资112.86亿元，增长31.2%；非房地产

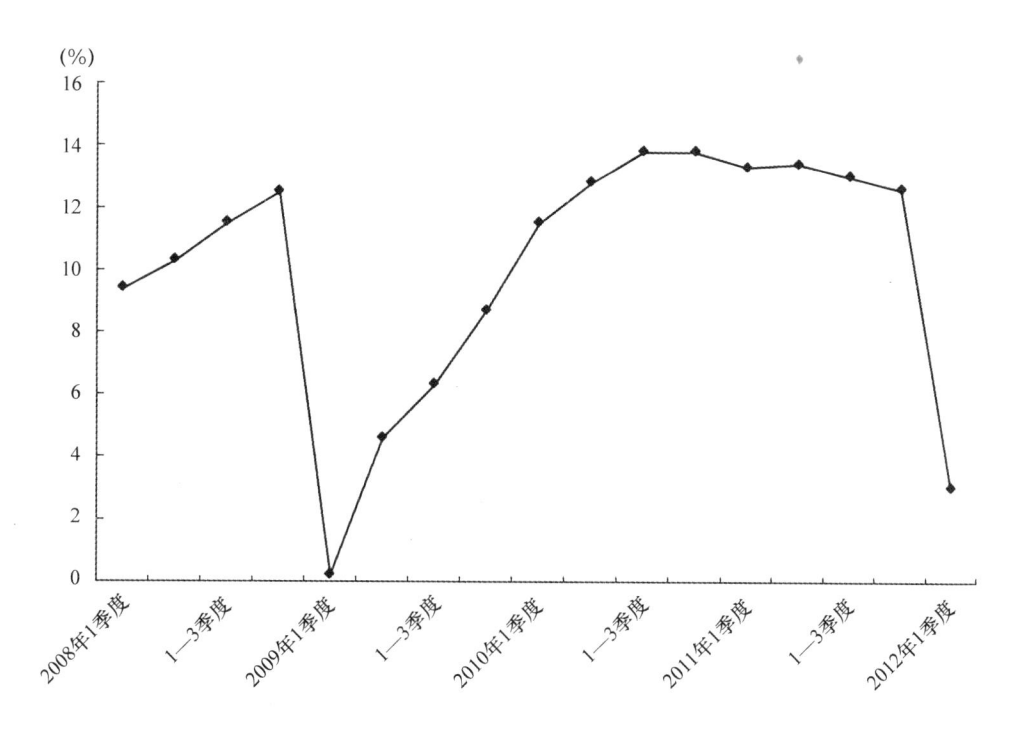

图2 2008年至2012年第一季度规模以上工业增加值增速

开发项目213.13亿元,增长2.1%。从产业看,工业投资增长较快,第一季度工业投资74.98亿元,增长46.1%;第三产业投资250.88亿元,增长3.0%。

(四)消费需求有所放缓

2012年第一季度社会消费品零售总额922.12亿元,增长12.8%,同比回落3.2个百分点。从商品看,十大类商品销售中四降六升,即书报类、汽车类、家用电器类和服装类下降;通信器材类、文化办公用品类大幅增长,分别为43.9%和38.1%,体育娱乐用品类、日用品类、食品烟酒类稳定增长,分别增长19.7%、15.4%和13.7%,金银珠宝类增幅放缓,为6.2%。从零售市场看,品牌企业市场份额提高,第一季度消费市场前10位的品牌企业实现零售额合计为195.00亿元,增长18.2%,市场占有率达34.9%,同比提高1.4个百分点。

(五)外贸出口小幅回升

据海关统计,2012年第一季度全市进出口总额950.20亿美元,增长2.9%。

其中，出口总额550.80亿美元，增长2.4%；进口总额399.40亿美元，增长3.7%。从环比看，3月比上月大幅增长，其中出口总额比上月增长44.4%，进口总额比上月增长18.2%。

（六）财政形势稳定

第一季度全市公共财政预算收入370.05亿元；增长13.3%，公共财政预算支出311.30亿元，增长20.8%。

二 经济运行的基本特征

（一）经济回落较金融危机时相对缓和

2012年第一季度，尽管主要经济指标出现回落，但与2009年相比，总体经济回落情况更缓和。2012年第一季度全市生产总值增速尽管比2009年同期回落0.7个百分点，但比2009年的回落幅度小（即今年第一季度GDP增速在去年全年增长10.0%的基础上回落4.2个百分点，而金融危机时期的2009年第一季度在2008年增长12.1%的基础上回落5.6个百分点）。规模以上工业增加值增速，比2009年同期提高2.9个百分点。社会消费品零售总额增速比2009年同期提高0.5个百分点，出口总额增速比2009年同期提高17.7个百分点，公共财政预算收入增速比2009年同期提高11.0个百分点。

2012年第一季度同2009年同期相比，相似情况是：总体经济明显回落，经济回落主要受出口及工业影响，均是工业和出口两项指标回落幅度相对较大。不同之处在于：一是经济受影响程度不同。与2009年同期相比，2012年第一季度主要经济指标没有一项是负增长，除了GDP和固定资产投资两项指标略逊于2009年，其余主要经济指标均明显好于2009年，特别是出口和公共财政预算收入两项指标比2009年好很多。二是经济受影响面不同。2009年影响最大的是工业和出口，在工业几乎是零增长的情况下，GDP仍增长了6.5%，而2012年在工业增长了3.1%的情况下，GDP仅增长5.8%，说明第三产业也受到较大影响，集中表现在金融和房地产两大行业。三是经济恢复面临的背景明显不同。2009年在大规模投资刺激下，房地产出现58.0%的高增长，金融业也发展迅速，而现在两个行业明显仍受宏观调控的影响较大。比较情况详见表1。

表1　2012年第一季度与2009年同期深圳主要经济指标增速对比情况

单位：亿元，%

主要经济指标	2012年第一季度 产值	2012年第一季度 增速	2009年第一季度 增速	2012年第一季度增幅比2009年第一季度产值
全市生产总值	2507.37	5.8	6.5	回落0.7个百分点
规模以上工业增加值	1124.01	3.1	0.2	提高2.9个百分点
固定资产投资额	325.98	10.6	12.2	回落1.6个百分点
社会消费品零售总额	922.12	12.8	12.3	提高0.5个百分点
进出口贸易总额（亿美元）	950.20	2.9	-19.4	提高22.3个百分点
#出口总额（亿美元）	550.80	2.4	-15.3	提高17.7个百分点
#进口总额（亿美元）	399.40	3.7	-25.4	提高29.1个百分点
公共财政预算收入	370.05	13.3	2.3	提高11.0个百分点

（二）经济结构和质量进一步优化和提升

一是第三产业比重进一步提高。初步核算，2012年第一季度全市三次产业比例达到0.0∶44.3∶55.7。其中，第二产业比重继续降低，第三产业比重比上年第一季度提高1.0个百分点，比去年全年提高2.2个百分点。

二是具有自主知识产权的企业进一步发展壮大。第一季度规模以上工业增加值中，股份制企业增加值占工业增加值比重39.5%，上升了3.2个百分点；国有控股企业增加值占工业增加值比重17.8%，上升了1.2个百分点；外商及我国港澳台商投资企业增加值占工业增加值比重54.6%，下降了2.8个百分点。

三是先进制造业、高技术制造业比重上升。2012年第一季度，先进制造业增加值占规模以上工业增加值的比重为70.3%，比去年同期提高0.7个百分点，比2009年同期提高4.9个百分点。其中，汽车制造业增长44.5%，飞机制造及修理业增长44.7%，石油加工、炼焦及核燃料加工业增长27.9%，船舶制造及修理业增长9.3%。此外，第一季度高技术制造业增加值609.08亿元，占规模以上工业增加值比重为54.2%，比上年同期提高0.5个百分点，比2009年同期提高2.1个百分点。

四是支柱产业支撑作用提升明显。2012年第一季度，四大支柱产业中，金融业增加值310.04亿元，增长8.6%，占经济总量12.4%，比上年同期提高0.4

个百分点；物流业增加值242.05亿元，增长8.8%，占经济总量9.7%，提高了0.5个百分点；文化产业增加值148.43亿元，增长20.2%，占经济总量5.9%，提高了0.6个百分点。

五是战略性新兴产业迅速增长。2012年第一季度，我局现有统计口径中，生物产业增加值45.90亿元，增长29.0%；互联网产业增加值59.49亿元，增长31.6%；新能源产业增加值59.54亿元，增长7.5%。

六是高技术服务业发展强劲。根据对国家服务业重点企业调查的情况反映，深圳市1091家服务业重点企业（其中绝大部分为高技术服务业企业）资产总计9112.08亿元，同比提高26.2%；营业收入565.5亿元，同比提高17.2%；从业人员平均人数为555218人，同比增长8.1%。

七是劳动生产率进一步提升，单位能耗进一步降低。2012年第一季度工业全员劳动生产率13.21万元/人，增长15.1%，预计单位GDP能耗下降至4.25%。

三 对深圳经济走势初步预计

（一）外部环境趋向改善，将带动深圳出口转好和经济回升

一是制造业采购经理指数（PMI）止跌回升。2012年3月深圳市制造业采购经理指数为54.1%，比上月下降2.2个百分点。进入2012年以来，受节假日和国内外多种因素影响，1月深圳市制造业产能大幅收缩，制造业PMI一度跌至枯荣线以下。伴随节后制造业产能的不断恢复，2月PMI大幅跃升到枯荣线以上水平。3月，指数冲高回落至54.1%，落入适度增长区间。

二是进出口增速逐渐提高。与2012年3月深圳外贸出口大幅反弹吻合，单月出口同比增长17.9%，环比增长44.4%。与此同时，进口也进一步回升，2012年第一季度进口总额在前2个月微升0.3%的基础上，再升至3.7%。这说明企业生产不断恢复，也预示着下阶段生产将继续回升。

三是新订单指数提高。2012年3月新订单指数为56.3%，据抽样调查表明，报告期内新订单数量比上月增长的受调查企业达到31.7%，与上月持平的企业为50.8%，说明市场上订单交易仍较为活跃。从指数走势上看，该指数2月曾一度冲高至59%的高位，说明随着节后市场的逐步走稳，企业经营活动逐步趋于平稳。

四是生产指数较为稳定。从生产指数来看，2012年3月生产指数为57.6%，

环比下降 3.3 个百分点。走势上该指数已经连续 5 个月位于枯荣线以上，2 月生产指数一度突破 60% 的高点。本月虽冲高回落，但仍处于加快扩张的区间范围内，说明制造业生产扩张的动力仍较为稳定。

五是对企业展开的景气调查结果显示良好。对企业展开的景气调查结果显示，30% 的企业家对 2012 年第二季度行业发展前景表示乐观，比第一季度提高 2 个百分点。35% 的企业对下季度企业综合经营状况预计趋势良好，比第一季度提高 3 个百分点；只有 8% 的企业认为趋势不佳，比第一季度回落 4 个百分点。这都预示今后几个月企业生产情况将好转。

（二）历年前低后高的走势规律，对观察深圳全年经济发展趋势可以提供有益的参考

受发展水平和产业结构等方面的影响，深圳经济走势的特点和规律是前低后高。一般情况下，2012 年第一季度 GDP 所占比重不足全年的 1/4，如 2007 年所占比重为 20.8%，2008 年为 21.6%，2009 年为 21.4%，2010 年为 21.2%，2011 年为 22.3%，这说明了深圳经济第一季度经济情况普遍弱于后三个季度，同时也说明了深圳经济具有后发优势。按照历年规律，全年深圳经济仍可保持平稳增长。详见表 2。

表 2　　　　　　　　2007—2011 年深圳第一季度 GDP 占全年比重

单位：亿元，%

	2007 年	2008 年	2009 年	2010 年	2011 年
第一季度 GDP	1417.62	1684.17	1754.41	2030.83	2560.10
全年 GDP	6801.57	7786.79	8201.32	9581.51	11502.06
第一季度占比	20.8	21.6	21.4	21.2	22.3

（三）企业生产经营面临较大困难，值得高度重视和警惕

目前，经济运行面临的困难主要是企业生产成本大幅上升，盈利能力明显下降。2011 年以来，企业劳动力、融资、原材料价格上涨，以及人民币汇率升值压力等因素及叠加效应，使企业盈利水平普遍下降。今年以来这种情况还没有明显好转迹象，第一季度工业企业实现利润下降 30.7%，亏损企业亏损额增长 140.2%，工业成本费用利润率下降了 1.9 个百分点。此外，今年以来部分企业出现不但招工难，而且辞工率高的情况，这种情况在劳动密集型企业比较普遍，有些企业辞工率高达50%。这些都将影响经济的平稳发展。

（四）全年经济运行存在较多不确定性，完成全年经济目标需要付出巨大努力

一是世界经济恢复难以太乐观，复苏充满不确定性，欧债危机如何演化仍是未知数。深圳作为一个高度开放性的地区经济体，国际环境对深圳的影响将很大。

二是国内经济下行压力的影响将有所加大。

三是由于外部环境制约，深圳出口较难大幅增长，对工业增长的恢复不能期望过高。

2012年上半年深圳经济运行情况分析

一 经济增速总体缓中趋升

初步核算，2012年上半年全市生产总值5474.10亿元，比上年同期（下同）增长8.0%，整体呈现出逐季稳健、缓步回升的态势。

一是2012年第二季度增速明显加快。虽然上半年GDP增速比金融危机时的2009年上半年低了0.5个百分点，但从趋势看，进入第二季度以来，全市经济增速回升较快，第二季度GDP同比增长9.9%，高于第一季度GDP增速4.1个百分点，与全国经济走势连续六个季度的增速回落开始出现背离。

二是增速从"双低"转向"双高"。2012年上半年深圳市GDP累计增速比第一季度提高2.2个百分点，分别高于全国0.2个和全省0.6个百分点，从第一季度的"双低"即第一季度GDP增速低于全国2.3个百分点和全省1.4个百分点，转为上半年GDP增速高于全国全省的"双高"。

三是在主要城市中，深圳市经济增速仍居中下。据不完全资料，2012年上半年GDP北京增长7.2%，上海增长7%，广州增长8%以上，天津、重庆分别增长14.1%和14.0%。

四是第三产业成为经济增长的主动力。2012年上半年对经济增长贡献最大的是第三产业，初步匡算（下同）第三产业对GDP增长的贡献达71.5%，比上年同期提高28.2个百分点，比金融危机时的2009年上半年仍高0.7个百分点，即GDP增长8%，有5.72个百分点是第三产业产生的。在第三产业中，贡献最大的是金融业，贡献率为22.6%，其次是房地产业，贡献率为15.3%，这两个行业拉动整体经济增长3.03个百分点。工业对经济增长的贡献率仅24.8%，比上年同期减少29.0个百分点，比2009年同期减少1.1个百分点。

从2012年上半年GDP构成看，第一产业增加值2.55亿元，下降5.9%；第二产业增加值2489.55亿元，增长5.0%，其中工业增加值2332.61亿元，增长4.6%，建筑业增加值156.94亿元，增长11.2%；第三产业增加值2982.00亿元，增长10.5%。

五是各区增速有所差异。光明、坪山新区GDP两位数增长，分别是14.6%和13.3%。盐田和宝安（含龙华，不含光明）GDP分别增长6.5%和6.3%，低于全市平均水平；南山GDP增长8.3%，龙岗（含大鹏，不含坪山）增长8.2%，罗湖和福田分别增长8.1%和8.0%。

表1　　　　　　　　2012年上半年深圳各区生产总值增长汇总　　　　　　单位：亿元，%

	绝对值	比重	同比
全市合计	5474.10	—	8.0
福田区	1038.15	19.0	8.0
罗湖区	555.61	10.1	8.1
盐田区	154.44	2.8	6.5
南山区	1223.12	22.3	8.3
宝安区（含光明新区）	1467.22	26.8	7.2
#宝安区（不含光明新区）	1276.92	23.3	6.3
光明新区	190.30	3.5	14.6
龙岗区（含坪山新区）	1035.56	18.9	8.5
#龙岗区（不含坪山新区）	904.26	16.5	8.2
坪山新区	131.30	2.4	13.3

二　产业结构继续优化

一是第三产业比重继续提高。2012年上半年三次产业比重为0.0∶45.5∶54.5。其中，第二产业比重继续降低，第三产业比重比去年同期提高1.3个百分点，比上年全年提高1.0个百分点。

二是支柱产业支撑作用继续提升。2012年上半年四大支柱产业中，预计金融业增加值725.00亿元，增长14.1%，占经济总量的13.2%，比上年同期提高0.4个百分点；物流业增加值493.65亿元，增长9.2%，占GDP比重9.0%，提高了

0.3个百分点；文化产业增加值366.20亿元，增长19.3%，占GDP的6.7%，提高了1.2个百分点；高新技术产业增加值1680.00亿元，增长9.5%，占GDP的30.7%，同比提高0.1个百分点。

三是投资、消费两驾马车对经济拉动力有所增强。2012年上半年社会消费品零售总额1878.25亿元，增长15.5%，为2012年以来最高增速，分别比全国全省增速高1.1个和4.0个百分点。上半年全社会固定资产投资919.13亿元，增长11.1%，比第一季度加快0.5个百分点，比1—5月提高1.3个百分点，位居全省前列，初步克服一般城市大型赛事后固定资产投资增速下滑的负面效应。初步测算，上半年拉动经济增长的三驾马车中，最终消费对经济增长的贡献率为35.2%，资本形成对经济增长贡献率47.5%，净流出（净出口）的贡献率为17.2%。投资、消费分别拉动经济增长3.8个和2.8个百分点。

三 发展质量有所提高

一是单位能耗进一步降低。预计2012年上半年单位GDP能耗下降4.25%，比第一季度降低0.02个百分点，万元GDP电耗下降2.12%，与第一季度基本持平。据深圳供电局统计，上半年全社会用电量增长5.2%，第一产业用电量下降6.2%，第二产业用电量增长0.1%，其中工业用电量增长0.2%，第三产业用电量增长11.2%。

二是先进制造业、高技术制造业比重上升。2012年上半年，先进制造业增加值1677.06亿元，增长5.0%，占规模以上工业增加值的比重为72.2%，比上年同期提高0.6个百分点，比第一季度提高1.9个百分点。上半年高技术制造业增加值1347.39亿元，增长10.2%，占规模以上工业增加值比重为58.0%，比上年同期提高3.4个百分点，比第一季度提高3.8个百分点。

三是战略性新兴产业明显加速。2012年上半年，我局现有统计口径中，生物产业增加值90.18亿元，增长21.4%；互联网产业（发改委口径）增加值150.49亿元，增长62.3%；新能源产业增加值134.70亿元，增长14.4%。初步推算，深圳市新材料产业增加值101.17亿元，增长3.8%；新一代信息技术产业增加值762.90亿元，增长18.3%。

四是高端服务业增长强劲。据国家统计局重点服务业企业抽样调查反映，2012年1—5月深圳市786家高端服务业营业收入增长25.9%，营业利润增长5.7%。

其中，互联网相关服务业增速最快，营业收入增加45.4%，营业利润增长40.7%；其次是科技推广和应用服务业，营业收入增加44.9%，营业利润增长33.4%；再次是商务服务业，营业收入增加11.7%，营业利润增长3.9%。

五是居民收入相应提高。据统计，2012年上半年深圳市人均可支配收入21164.75元，增长13.5%；上半年深圳市在岗职工月平均工资4635元，增长9.4%。

四 当前经济运行中比较突出的问题

一是工业增速低位徘徊。深圳市工业占比较大，在相当一段时期仍是主导性增长动力。尽管深圳市工业增加值由2012年1—2月的-3.0%逐步上升到1—6月的4.6%，但仍低位运行，对深圳市经济持续回升拉动较弱。特别是1—6月，占深圳市工业销售产值一半的工业出口交货值仍表现为负增长（-1.0%），低于工业销售产值（1.8%）2.8个百分点；占深圳市工业增加值近五成的外商及我国港澳台商投资企业增加值下降5.9%，低于整体工业平均水平10.3个百分点。

二是进出口出现起伏波动的迹象。尽管深圳市出口由2012年1—2月的-6.0%逐步上升至1—6月的6.3%，且6月出口同比增长6.2%，但6月深圳市出口环比下降2.8%，1—6月同比增长与1—5月持平（6.3%）。特别值得注意的是，6月进口环比下降8.7%，尤其是占深圳市进口50.6%的进料加工进口环比下降22.0%，同比下降2.0%。进口特别是进料加工进口是深圳市后续出口的重要动力，其环比下降有可能影响到深圳市的后续出口。由于外部环境尤其是国际环境和外需不足问题短期内难有实质性改善，进出口起伏不定可能直接导致工业回升不稳。特别是深圳市经济外向度甚高，须千方百计采取措施保进出口。

三是企业利润下降幅度过大。2012年1—5月，深圳市工业企业亏损面虽呈逐月收窄的趋势，但截至5月仍有1/3强（34.9%）的企业呈亏损状态。企业主营业务收入累计同比增幅在3月由负转正，但增幅较低，1—4月和1—5月仅增1.2个和1.3个百分点。同时，企业管理费用、财务费用等成本费用高企，利润下降严重，1—2月、1—3月、1—4月、1—5月企业利润总额分别下降67.5%、30.7%、42.2%、39.3%。企业利润下降导致企业实现利税总额下降，1—2月、1—3月、1—4月、1—5月企业实现利税总额分别下降28.8%、30.3%、25.6%、25.0%。亏损企业亏损额呈扩大趋势，1—2月、1—3月、1—4月、1—5月亏损企业亏损额同比分别提高188.7%、140.2%、224.4%、197.2%。

五 全年走势预计趋于稳健

一是企业景气指数和企业家信心指数仍显示比较乐观。2012年第二季度深圳企业景气指数为136.4，比第一季度提升5.6个点，高于全国（126.9）9.5个点，说明深圳市企业景气指数趋于上升和改善，特别是深圳市大型企业景气指数为132.79，比第一季度上升5.23个点。第二季度深圳企业家信心指数为117.3，尽管比第一季度回落10.5点，也低于全国（121.2）3.9个点，但指数仍然高于100，反映企业家对深圳市当前宏观经济形势和发展趋势整体上仍持相对乐观态度，特别是深圳市大型企业的企业家信心指数为126.21，还比第一季度上升14.8个点。预计第三季度企业景气指数将会与第二季度持平，企业家信心指数仍有小幅回升。

二是经济先行指数仍在50%的枯荣线之上。2012年6月深圳市制造业采购经理指数（PMI）为51.2%，高于全国1.0个百分点，其中生产指数为53.4%，新订单指数为51.2%，采购量指数为52.9%，出口订单指数为52.0%，均显示深圳市制造业生产仍然呈逐步扩张状态，特别是购进价格持续回落，是一个非常积极有利的信号；6月深圳市非制造业采购经理指数为56.3%，不仅远在50%枯荣线之上，而且比上月上升1.3个百分点，显示深圳市非制造业商务活动仍然活跃。

三是受2011年前高后低经济走势以及2012年下半年经济环境改善影响，深圳市2012年全年前低后高走势有望形成。受深圳市经济发展特点和市场因素等影响，深圳市经济活动一般在下半年发力明显。从历史数据看，自2006年以来，深圳市上半年GDP一般只占全年GDP的四成四左右，下半年占全年GDP的五成六左右，经济总量一般都是前半年偏小，后半年偏大。再加上2012年深圳市经济增速由第一季度的5.8%上升到上半年的8.0%，增长速度提高2.2个百分点，加速力度为近六年之最。如果宏观环境不发生大的逆转，2012年深圳市经济增速前低后高、总量前小后大的局面仍会继续。经过全市上下奋力拼搏，下半年经济继续逐季回升，年初预定增长目标仍然有望实现。

四是与全国以及其他主要城市比较，2012年上半年深圳市回升幅度最大，有助于为实现全年预定目标提振信心。深圳市上半年比第一季度回升2.2个百分点，回升幅度最大。相比较，全省、北京、广州分别回升0.2个、0.2个、0.7个百分点，而全国、重庆、天津分别回落0.3个、0.4个、0.6个百分点，上海与第一季度持平。

近期深圳市经济运行情况分析

2011年以来,深圳市整体经济保持平稳健康发展,但面对复杂多变的国内外经济环境,经济增长面临的困难和风险不容低估。

一 关于今年以来深圳市经济运行的总体判断

(一)总体经济平稳健康

2011年1—3季度,深圳市经济运行总体平稳健康。初步核算全市生产总值8250.16亿元,比上年同期(下同)增长9.8%,增速比第一季度回落1.0个百分点,比上半年回落0.8个百分点。在三次产业中,第一产业增加值4.10亿元,下降18.2%;第二产业增加值4028.70亿元,增长12.5%;第三产业增加值4217.36亿元,增长7.4%。从总量看,1—3季度深圳市GDP反超苏州、天津,由上半年落后苏州、天津转为分别比苏州和天津多204.05亿元和243.90亿元,在全国大中城市中仍居上海、北京、广州后第四位。

从趋势看,经济增速有所回落,这与今年以来国内外复杂多变的经济环境,以及深圳市在经济转型过程中内在发展矛盾的逐渐显现有关。从全国来看,第三季度全国GDP增长9.1%,连续三个季度回落(第一季度为9.7%,第二季度为9.5%),全省1—3季度GDP增长10.1%,也比第一季度和上半年分别回落0.4个和0.1个百分点。尽管深圳市GDP增速有所回落,但处在宏观调控的正常影响之内,经济运行是健康的。

第一,整体结构呈现优化升级趋势。第一、二、三产业增加值占GDP比重分别为0.1%、48.8%和51.1%,继续保持"三二一"产业格局。同时,第二、三产业内部结构有所改善:第二产业中,先进制造业快速发展,2011年1—3季度先进制造业增加值2657.85亿元,增长15.3%;第三产业中,现代服务业发展势头较好,1—3季度现代服务业增加值2742.57亿元,占第三产业比重65.0%。

第二,四大支柱产业发展良好。2011年1—3季度金融业增加值1048.04亿元,增长9.9%;物流业增加值751.82亿元,增长14.7%;文化产业增加值437.41亿元,增长21.7%;高新技术产业增加值2870.00亿元,增长18.1%。

第三,战略性新兴产业增长迅猛。2011年1—3季度生物产业增加值116.28亿元,增长26.0%;全口径互联网产业增加值1024.06亿元,增长21.9%;新能源产业增加值185.30亿元,增长20.5%。

第四,地方财政收入保持快速增长。2011年1—3季度全市地方财政一般预算收入1036.56亿元,增长28.2%。

第五,重点服务业企业增长强劲。2011年1—3季度腾讯科技、腾讯计算机系统、中兴通讯技术服务、金蝶软件等以及科技创新型服务业企业,如东江环保、华强数码电影、迅雷网络技术等企业营业收入均大幅度增长。这都有力促进了第三产业及总体经济的平稳增长。

(二) 工业是总体经济增长的稳定器

今年以来深圳市工业形势整体好于去年,走势相对平稳。2011年1—3季度工业增加值占GDP比重45.7%,比上年同期提高1.4个百分点,有力推动了整体经济增长。1—10月规模以上工业增加值4189.59亿元,增长12.8%,这是在去年快速增长基础上取得的较快增速。1—10月工业增加值增速与全省平均水平持平,这是近几年首次出现的情况,同其他城市比,比苏州高0.9个百分点,比广州高1.5个百分点。在规模以上工业中,1—10月股份制、通信设备、计算机及其他电子设备制造业主导工业增长,其中股份制企业增加值1670.38亿元,增长28.7%;通信设备、计算机及其他电子设备制造业增加值2214.51亿元,增长19.9%,增速比整体工业平均水平分别高15.9个和7.1个百分点。

(三) 固定资产投资增速有所回落

全市固定资产投资进入第三季度以来增速逐渐回落,2011年1—10月全社会固定资产投资1607.48亿元,增长10.6%,比上半年回落3.3个百分点,比1—3季度回落1.0个百分点,这与前期的市政工程、轨道工程等陆续收尾或完工有关。在固定资产投资中,房地产开发投资增长21.7%,比1—3季度上升2.2个百分点,占全社会固定资产投资比重26.8%。非房地产开发投资增长7.1%,比1—3季度回落1.9个百分点。

（四）消费市场比较畅旺

今年以来，社会消费品零售总额增速逐月走高，2011年1—10月社会消费品零售总额2883.53亿元，增长17.8%，增速超过全国水平0.8个百分点，比全省平均水平高1.6个百分点。与其他城市比较，比广州高0.8个百分点，比苏州高0.1个百分点。批发业增速较快，特别是华强北、大芬村、水贝等大个体商业圈活跃，市场批发额持续稳步上升，由此带动了全市批发市场销售总额快速增长。2011年1—10月，在深圳市汽车购置以及家电优惠政策效应弱化导致汽车销售负增长，家电类销售增速同比大幅回落情况下，批发销售总额仍增长24.3%，比整体商品销售增速高1.9个百分点。

在主要商品销售类别中，增长较快的分别是：金银珠宝类增长66.2%；文化办公用品类增长30.4%；通信器材类增长24.0%；食品饮料烟酒类增长21.7%；服装鞋帽针织类增长20.0%。

（五）出口保持较快增长

据海关统计快报，2011年1—10月全市出口总额3371.29亿美元，增长24.2%。其中，出口总额1990.84亿美元，增长26.2%；进口总额1380.45亿美元，增长21.4%。

二 当前经济发展值得关注的问题

（一）内外经济环境对深圳经济的负面影响加大

深圳经济的特点及其所处的发展阶段，使深圳经济受内外经济环境影响较以往以及内地要更大。从生产角度看，工业仍然是推动经济增长的主要力量，由于工业具有的高度外向型特征，使工业经济受国外需求、汇率等外部因素影响较大。在第三产业中，金融业和房地产业所占比重较大（2010年这两大行业占GDP比重超过20%），而这两个行业受国内宏观调控影响也较大。从需求角度看，投资的规模及增速、新开工项目及储备，深圳均远小于内地很多大城市；受深圳特定人口结构影响，最终消费对经济增长的拉动作用，短期也难有较大提高。因此，在目前国内宏观调控、国际经济呈现衰退的双重挤压下，深圳经济受内外环境的冲击较内地以及以往更大。也就是说，一方面，内地经济受国际经济影响本来就小于深圳；另一方面，内地许多省市受投资高增长的支撑，所受国内宏观调控的影响相对小于深圳。这也反映深圳所处的发展阶段已有别于内地。

（二）工业增长后劲堪忧

今年深圳市工业虽然保持了平稳较快增长，但增长动力已显不足。下半年以来，深圳市工业企业特别是外向型企业，受外部市场需求影响已逐渐显现。全球经济增速放缓与出口企业生产、融资、汇率成本提高等因素叠加，使得出口增速呈现放缓态势。今年深圳市出口增速快速下滑，如图1所示。像某台资企业8月单月出口同比下降13.7%，进口从7月的同比增长45.0%回落到8月的下降2.0%。进口回落预示着下一阶段生产有可能下降。某重点科技企业第三季度的生产增速也有所放缓。

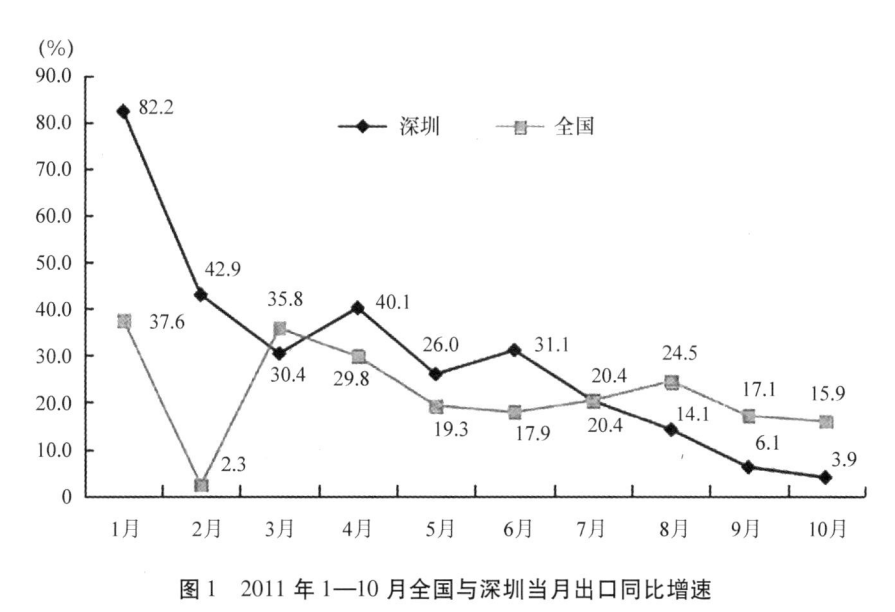

图1　2011年1—10月全国与深圳当月出口同比增速

而且，工业投资增长乏力。2011年1—3季度全市工业投资310.79亿元，增长3.9%，占全社会固定资产投资的22.2%；同期天津工业投资增长33.8%，占全社会固定资产投资的40.7%；苏州工业投资增长23.3%，占44.7%，其中新能源、新材料、生物技术和新医药、集成电路、高端装备制造业五大新兴工业产业投资增长超过五成，占苏州工业投资超过四成。

(三)第三产业发展存在较大不确定性

去年以来,第三产业发展落后于第二产业尤其是工业发展,今年第三产业发展没有大的突破,仅维持个位数增长。这其中除了统计方法制度自身问题外,一个重要原因是第三产业内部发展不平衡,金融和房地产业受宏观政策影响增长放缓,而新兴行业因规模尚小,其快速发展和提升无法抵消金融和房地产业出现的负面影响。1—3季度,在第三产业中,交通运输、仓储和邮政业增长9.1%,批发和零售业增长9.4%,住宿和餐饮业增长1.2%,金融业增长9.9%,房地产业增长1.7%。除了房地产业由于去年负增长基数较低,而使今年有所回升外,其余四个行业增速均比上年同期回落。

(四)企业经营面临的困难加剧

今年以来,企业生产要素成本上升,劳动力、资金成本,原材料价格上涨,以及人民币汇率升值压力等因素及叠加效应,使企业盈利水平普遍下降。1—3季度深圳市工业企业实现利润同比下降14.7%,降幅比1—8月加深8.8个百分点,说明企业经济效益不但没有改善,还有不断恶化的趋势。企业利息支出增长44.4%,成本费用利润率下降1.9个百分点。尤其深圳市出口型劳动密集型企业,利润很微薄,据外商协会进行的调查,深圳市劳动密集型企业的利润率只有1%—3%,单纯人民币升值的影响已使这些企业陷于亏损状态。

从"六普"数据看深圳居民的居住状况

居住水平是衡量一个国家或地区生活质量的指标之一，也是反映社会发展水平和文明程度的重要标志，是全面建设小康社会、建立和谐社会的重要内容。近年来，随着经济的快速发展和人民生活水平的提高，住房问题日益受到各级政府和人民群众的关注。以2010年第六次全国人口普查数据分析深圳市常住家庭户人口居住状况时，有如下特征。

一 受城市化建设影响，人均住房建筑面积增长缓慢

2004年年底原特区外的宝安、龙岗两区全面推进城市化，原有的27万农村人口全部完成从"村里人"到"城里人"的身份转换，深圳成为全国第一个没有农村行政建制和社会体制的城市。随着城市化的不断推进，大批外来人口涌进原来农民的房屋租住，原来农户一家居住的房屋目前能住上十几户，受此影响，深圳市人均住房建筑面积与十年前相比没有太大变化。2010年第六次全国人口普查汇总资料表明，深圳市常住家庭户人口人均住房建筑面积为21.60平方米，同2000年第五次人口普查时21.37平方米相比增长0.23平方米。其中，盐田区、宝安区、光明新区人均住房建筑面积低于全市水平（见图1）。

二 住房困难户仍占一定比例

尽管全市各区住房平均水平有所提高，但仍有一部分无房户及住房困难户。全市无房户占家庭户总数0.05%，人均住房建筑面积在8平方米以下的住房困难户占14.56%。特别是光明新区、盐田区人均住房建筑面积在8平方米以下的住房困难户比重分别高达23.72%、20.50%。此情况应引起重视，要继续加大经济适用

（平方米）

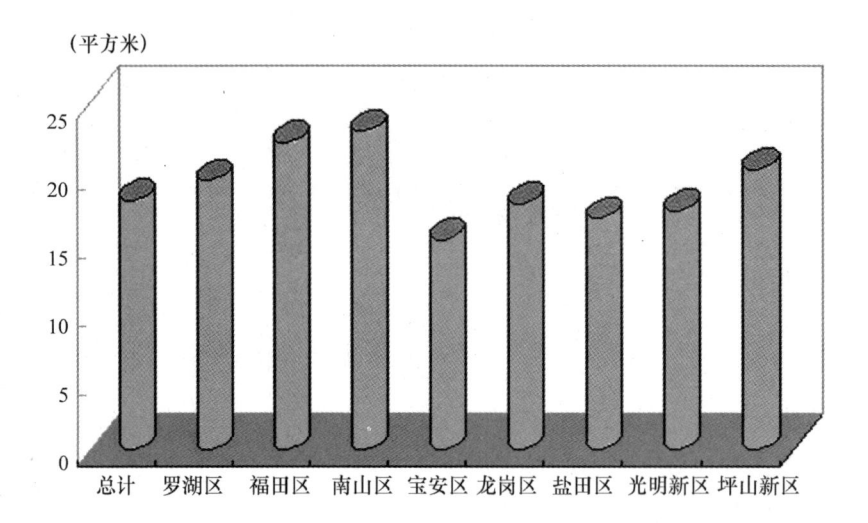

图1　各区家庭户人均住房面积

房建设力度，向低收入家庭提供廉租住房，满足住房困难户的基本居住需求，使之安居乐业仍是当务之急（见表1）。

表1　　　　　深圳市按人均住房建筑面积分的无房户及住房困难户比重　　　　单位：%

地区	无 房 户	8平方米以下户
罗湖区	0.02	10.62
福田区	0	7.47
南山区	0.26	9.39
盐田区	0.10	20.50
宝安区	0.03	17.57
龙岗区	0.01	13.62
光明新区	0.01	23.72
坪山新区	0	17.82
总　计	0.05	14.56

三　五成以上家庭户住房是2000年以后建成的

深圳市是经过30年的发展建设成长起来的年轻城市，全市98.37%的家庭户住房是1980年以后建成的。其中，54.49%的家庭户居住在2000年以后新建的住房中，这部分住房建筑面积约占全市住房建筑面积的52.14%。

分区看，福田区、罗湖区、南山区近50%的家庭户住在20世纪90年代建的住房；南山区、宝安区、光明新区、坪山新区60%以上的家庭户住房是2000年以后建成的；龙岗区40%家庭户住在20世纪90年代建的住房，50%家庭户住在2000年建的住房；盐田区家庭户住房是20世纪80年代、90年代以及21世纪头十年各占1/3。

全市住房质量状况总体良好，钢及钢筋混凝土、混合结构外墙墙体材料的占98.11%。其中，钢及钢筋混凝土结构住房占60.97%。全市家庭户3.53%住在平房中，住在7—9层的家庭户占35.66%，住在10层以上高建筑的家庭户有21.90%。

四 七成以上家庭户居住在租赁房

深圳市从1993年开始进行了公有住房的房改工作，至2000年取消了住房的福利分配，住房已全面走向市场化，市民住房已由公房低租金、福利性使用转向住房商品化，人们的居住理念也随着住房制度改革的深化而改变。以前那种住房所有权与使用权相分离的状况，已被人们拥有自己的住房所有权和使用权所取代。2010年，73.42%的深圳市家庭户无所居住房屋的产权，这意味着大部分家庭住房为租赁房，这与深圳外来流动人口占比较大有着密切关系（见表2）。

表2　　　　　　　　深圳市各区家庭户不同住房来源情况　　　　　　单位：%

地区	租赁廉租住房	租赁其他住房	自建住房	购买商品房	购买二手房	购买经济适用房	购买原公有住房	其他
罗湖区	3.63	53.18	1.46	26.81	3.74	0.99	5.35	4.84
福田区	4.83	47.65	0.90	30.13	4.02	3.94	5.41	3.13
南山区	8.92	49.68	1.54	26.58	3.04	3.05	1.16	6.03
盐田区	6.38	58.25	2.97	21.62	2.52	1.26	1.92	5.08
宝安区	16.25	68.71	2.31	6.60	0.98	0.69	0.15	4.32
龙岗区	12.13	60.69	4.86	12.34	1.99	1.31	0.19	6.49
光明新区	5.21	79.59	4.32	1.93	0.22	0.50	0.33	7.90
坪山新区	7.88	74.01	8.89	0.62	0.20	0.13	0.17	8.10
总　计	11.45	61.97	2.79	13.99	1.93	1.42	1.30	5.15

五　住房租赁费用上升较快

从租房户租房费用来看，2010年全市租房家庭户费用在200元以下的占13.73%，租房户费用在200—500元的占50.44%，租房户费用在500—1000元的占20.08%，租房户费用在1000—2000元的占11.41%，租房户费用在2000元以上的占4.34%。对一些低收入困难户无房户家庭来讲，低住房租金水平有助于解决他们的实际困难。因此，今后既要继续抓好经济适用房建设，又要做好廉租住房建设，积极发展租赁市场，以满足无房户及住房困难户的基本居住需求（见表3）。

表3　　　　　　　　　各区家庭户月租房费用比重　　　　　　　　单位：%

地区	200元以下	200—500元	500—1000元	1000—2000元	2000元以上
罗湖区	1.18	9.70	38.59	37.64	12.88
福田区	0.82	3.91	24.61	45.17	25.49
南山区	1.82	16.64	48.79	23.15	9.61
盐田区	2.10	33.81	40.92	20.28	2.88
宝安区	13.62	66.04	14.92	4.40	1.02
龙岗区	15.87	61.29	16.89	5.08	0.87
光明新区	37.30	56.77	3.84	1.48	0.61
坪山新区	56.52	36.98	4.56	1.61	0.33
总计	13.73	50.44	20.08	11.41	4.34

2012年6月PMI走势分化,需求收缩堪忧

一 2012年6月制造业PMI指数续挫,经济下行风险上升

2012年6月,深圳市制造业PMI为51.2%,与上月相比回落2.5个百分点。从PMI走势来看,指数在3、4月维稳后5月有所下降,本月再次下跌,跌幅较上月扩大,或预示PMI指数开始步入下行通道,制造业整体经济下行风险正上升。

本月深圳市制造业PMI及各分项指数变动主要呈现出四个特点:一是11个分项指数"三升八降",除产成品库存、原材料库存、从业人员指数略有上升外,其余指数均回落。其中,7项指数延续上月回落趋势,4项指数较上月下调幅度超过预期;二是11项指数中5项跌破临界点之下。继5月原材料库存、从业人员、积压订单3项指数跌破至枯荣线以下之后,6月进口指数又跌破50%临界点;三是在5项权重指数中,生产和新订单指数降幅明显,均超过4个百分点,成为本月PMI指数再度下挫的主导力量;四是6项非权重指数中,除产成品库存指数外,其余指数均回落,采购量和出口指数回落趋势明显。

本月PMI指数再次下跌,跌幅较上月扩大。从构成因素看,新订单、出口、积压订单等指数的持续下调势必会对制造业经济走势造成长期性影响,叠加要素成本上升和市场需求紧缩对制造业企业投资活动的双向约束尚未得到有效缓解,未来制造业经济下行的风险加大。不过,当前出现的一个积极变化是购进价格持续回落,通胀压力缓解,预示当前经济运行的主要矛盾正由防通胀向稳增长转变。

2012年6月生产指数为53.4%,较上月显著回落4.4个百分点。本月新订单指数延续上月下降颓势,表明在需求增长相对不足的情况下,工业生产难以保持单边上扬。从指数运行走势来看,与未来生产扩张紧密关联的新订单、采购量指数,本月大幅回落,主要原材料库存指数继续位于临界点以下,表明短期内制造业生产

扩张的动能不足。

2012年6月新订单指数为51.2%，较上月显著下降4.7个百分点。从指数运行趋势上看，本月新订单指数下降至自去年12月以来的最低值。作为PMI指数体系中先导性最强、权重最高的指标，本月新订单指数的大幅下降势必会对生产指数、产成品库存指数等关联性指标造成长期性影响。本月进出口指数双双回落，制造业新订单量增长面临出口市场下滑和内需市场不旺的双重压力。在当前制造业市场需求不旺、企业新接订单明显减缓的背景下，伴随新订单指数对生产指数、产成品库存等关联性指标的时滞效应逐步显现，制造业经济下行的压力势必也会逐步增大。

2012年6月原材料库存指数为49.9%，较上月微升0.3个百分点，几近于临界点。从指数变化趋势上看，本月原材料库存指数与上月基本保持稳定，说明在外部需求走势尚不明朗的背景下，由于生产扩张预期并不强烈，所以企业原材料库存无太大波动。

2012年6月从业人员指数为49.3%，略高于上月0.4个百分点，仍位于枯荣线以下水平。从综合生产、新订单指数等主要权重指数来看，制造业经济扩张放缓情形下，考虑国内外不稳定的市场需求和复杂多变的经营环境，再加之较高的用人成本，企业用工审慎。

2012年6月供应商配送时间指数为51.2%，环比微降0.4个百分点，已连续4个月小幅回落。供应商配送时间指数是反映制造业经济的逆向指标，指标上升说明生产收缩，指标下降说明生产扩张。从指数运行形势来看，自去年9月以来，该指数一直保持小幅波动的态势，说明制造业企业生产配送活动基本保持稳定。

2012年6月采购量指数为52.9%，在5月下滑3.5个百分点之后，本月扩大到4.3个百分点。这表明在未来市场需求疲弱和生产增速减慢的情况下，企业逐步放缓原材料采购步伐。

2012年6月出口订单和进口指数分别为52.0%和49.4%，环比分别回落3.8个和2.2个百分点，其中进口指数在连续4个月位于扩张区间后，本月跌至临界点以下。本月进出口指数结伴下行，表明在内外需增长乏力的情况下，仍须坚持稳出口、扩进口并重的方针。

2012年6月产成品库存指数为45.4%，环比上升1.8个百分点。自去年10月开始，产成品库存指数连续9个月在50%枯荣线及以下徘徊，表明企业整体去库存周期尚未完成。在当前需求有所下降和生产扩张有所放慢的背景下，本月产成品库存指数上升,一定程度上是企业产成品销售不足导致库存积压的市场反应。

二 2012年6月非制造业PMI指数小幅回弹,三大结构性矛盾隐现

2012年6月,深圳市非制造业商务活动指数为56.3%,较上月上升1.3个百分点。其余各分项指数中,除收费价格指数上升外,其他指数均有不同程度的回落。综合6月深圳市非制造业PMI指数的变化情况来看,本月非制造业商务活动指数小幅回弹,显示本月非制造业经济活动较为活跃。但从各分项指数变动情况来看,未来制约深圳非制造业经济发展的结构性矛盾正在积聚,非制造业经济预期走向的不确定性正在增加。

从本月非制造业PMI指数变动情况来看,影响未来非制造业经济走向的结构性矛盾主要体现在三个方面:一是高投入成本与刚性服务价格的矛盾尚未得到根本缓解。自4月以来,非制造业PMI中间投入价格指数始终处于60%以上高位,而收费价格指数尽管6月重拾50%临界点,但始终在50%附近徘徊,显示非制造业投入成本与收费价格矛盾突出,企业利润空间狭小。二是新订单指数和新出口订单指数再次回落,积压订单指数上升动能不足,造成未来非制造业扩张乏力。本月新订单指数和新出口订单指数再创新低,积压订单指数回落1.9个百分点,导致非制造业未来扩张缺乏充足的需求条件。三是非制造业PMI业务活动预期指数下降,制造业PMI回落对非制造业PMI影响的时滞效应逐步显现。本月制造业PMI为51.2%,与上月相比回落2.5个百分点。非制造业务活动预期指数为57.5%,与上月相比回落4个百分点。伴随制造业PMI的回落,与制造业紧密相关的生产性服务业也会受到影响。

2012年6月新订单指数为53.0%,环比下降5.0个百分点。调查显示,本月新出口订单指数为47.0%,较上月回落1.6个百分点。新订单和新出口订单指数连续两月下滑,说明国内外市场需求低迷,企业新订单数量增长缓慢。

2012年6月中间投入价格指数为64.6%,较上月下降4.6个百分点。从指数变化趋势来看,中间投入价值指数仍在60%以上高位运行,显示非制造业通胀压力犹存。从具体行业看,与物流、运输相关的行业中间投入价格受成品油价格下调影响出现了较为明显的下降,一定程度上缓解了企业的成本压力。

2012年6月收费价格指数为50.0%,环比上升1.9个百分点,重拾4月50%

临界点。数据变化反映出原材料价格对下游行业的传导作用开始显现,这种传导作用尤其体现在以批发业、运输业和物流业为主的服务业上。但从指数变动趋势上看,近几个月收费价格指数始终在50%临界点及以下,显示在非制造业领域,由于市场竞争较为充分,服务价格刚性短期内仍难以打破。

2012年6月业务活动预期指数为57.5%,环比下降4.0个百分点。从指数变化趋势上看,该指数在上月下滑5.2个百分点之后,本月再次下滑4.0个百分点,表明在当前国内外经济形势不甚明朗的情形下,企业对未来市场预期不甚乐观。

深圳市 2012 年第二季度企业景气分析

根据深圳市统计局企业景气调查结果显示：2012 年第二季度深圳市企业景气指数为 136.4，比第一季度提升 5.6 个点，高于全国（126.9）9.5 个点，说明企业景气状况有企稳回升的趋势。企业家信心指数为 117.3，虽然与第一季度相比回落 10.5 个点，低于全国（121.2）3.9 个点，但指数仍高于 100。

一 企业家信心有所回落

（一）分行业看

八大行业中，交通运输仓储和邮政业（142.5）以及住宿餐饮业（149.2）上升到 140 以上的高度景气区间；建筑业（124.7）运行于 120 以上的中度景气区间；工业（119.9）、批发和零售业（118.1）、信息传输软件和信息技术服务业（114.3）和社会服务业（116.6）均位于 120 以下的景气区间；八大行业中只有房地产业的企业家信心指数位于 100 临界点以下的不景气区间，指数为 85.6。

与 2012 年第一季度相比，第二季度八大行业呈现"四升四降"格局，建筑业上涨 6.9 个点，交通运输仓储和邮政业和住宿餐饮业分别上涨 21.1 个点和 29.2 个点，房地产业上涨 37.1 个点。工业下降了 10.4 个点，批发和零售业小幅下降 4.6 个点，信息传输软件和信息技术服务业大幅下降 45.7 个点，社会服务业下降 6.9 个点，与去年同期相比下降了 15.8 个点。具体如表 1 所示。

表1　　　　深圳市2012年第二季度八大行业企业家信心指数情况

	全行业	工业	建筑业	交通运输仓储和邮政业	批发和零售业	房地产业	社会服务业	信息传输软件和信息技术服务业	住宿和餐饮业
企业家信心指数	117.3	119.9	124.7	142.5	118.1	85.6	116.6	114.3	149.2
比第一季度	-10.5	-10.4	6.9	21.1	-4.6	37.1	-6.9	-45.7	29.2
比去年同期	-20.1	-19.7	3	0.1	-41.8	3.2	-15.8	-39.8	12.3

（二）分规模看

大型企业的企业家信心指数为126.21，比第一季度上升14.8个点。中型企业的企业家信心指数为113.21，下降6.41个点；小型企业的企业家信心指数为114.73，比第一季度上升8.04个点。

（三）分注册类型看

国有企业信心指数为130.43，比上季度上升17.1个点，这是各主要注册类型企业中信心指数上涨幅度最大的企业类型，股份有限公司（138.74）、私营企业（115.8）、外商投资企业（125.34）分别上升12.6个、2.88个和2.08个点，我国港澳台投资企业（101.27）的企业家信心指数与第一季度相比基本持平，有限责任公司（114.95）比第一季度下滑8.75个点。

二　企业综合景气状况企稳回升

表2　　　　2012年第二季度八大行业企业景气指数情况

	全行业	工业	建筑业	交通运输仓储和邮政业	批发和零售业	房地产业	社会服务业	信息传输软件和信息技术服务业	住宿和餐饮业
企业景气指数	136.4	123	130.5	146.3	139	113.8	117.8	140.1	137
比第一季度	5.6	-14.2	0.5	37	12.4	9.2	-11.6	-24.4	0.3
比去年同期	-12.6	-33.5	-6	2.9	0.7	-38.3	-13.5	5.9	2

（一）全市企业景气指数有所回升

今年第一季度深圳市企业景气指数为130.8，第二季度企业景气指数为136.4，比第一季度上升5.6个点，但是比去年同期下降12.6个点。八大行业主要行业中有五大行业的景气指数运行于130以上景气区间（见表2），部分行业指数下降较明显。

与第一季度相比，第二季度八大行业呈现"三升三降两平"局面，批发和零售业（139）、交通运输仓储和邮政业（146.3）以及房地产业（113.8）分别上涨12.4个、37个和9.2个点；建筑业（130.5）和住宿餐饮业（137）与第一季度基本持平。工业（123）、信息传输软件和信息技术服务业（140.1）以及社会服务业（117.8）分别下降14.2个、24.4个和11.6个点，与去年同期相比，工业、建筑业、房地产业和社会服务业分别下降了33.5个、6个、38.3个和13.5个点，其中景气指数下滑幅度最大的行业是工业和房地产业。

（二）按企业规模来看

第二季度大型企业景气指数为132.79，比第一季度上升5.23点；中型企业景气指数和第一季度基本持平，指数为130.45；小型企业景气指数为111.20，相比上季度下降7.49个点。

（三）从企业注册类型来看

国有企业（135.95）和股份有限公司（153.93）运行于130以上的景气区间，分别比第一季度上涨7.89个和23.16个点。相比第一季度，其他主要注册类型企业景气指数均有下降，有限责任公司（124.57）、私营企业（122.43）、我国港澳台商投资企业（108.93）和外商投资企业（133）分别下降1.69个、3.81个、2.73个和4.85个点。

（四）从主要分项经济指标情况来看

第二季度企业总体盈利水平低于第一季度。八大行业中，批发和零售业、交通运输仓储和邮政业以及房地产业的盈利水平较第一季度有所增加，而建筑业、住宿和餐饮业、信息传输软件和信息技术服务业以及社会服务业的盈利情况比上季度有所下降。从企业融资状况来看，大、中、小型企业的融资状况分别比第一季度有所好转。八大行业中，除了工业企业的融资难度比上季度增大以外，其余行业的企业融资情况均有不同程度改善。

三 影响企业景气走势的因素

虽然本季度企业家景气状况好转，位于120以上的景气区间，比第一季度上升5.6个点，但企业家信心指数为117.3，仍然处于低景气区间，同比分别下降12.6个和20.1个点。出现这样的局面，主要有以下几个方面因素。

世界经济下行风险增大。目前虽然希腊退出欧元区的可能性减小，西班牙却因为国内银行危机被迫提出接受外部援助的请求，欧债危机呈现进一步扩散和恶化的趋势。因此，世界经济面临的不确定性增加，我国经济发展的外围环境依然不太乐观。

消费需求有升有降。交通运输仓储和邮政业的需求不断增大，批发和零售业发展势头迅猛，信息传输软件和信息技术服务业的消费需求有所下降。有分析认为，我国软件业发展已经遭遇瓶颈，工信部此前表示，由于竞争加剧、优惠政策落实较慢等因素影响，今年前4个月我国软件产业收入增幅小幅回落，因此软件业发展的关键还是需要培养大而强的龙头企业。住宿餐饮业与上季度基本持平，社会服务业消费需求也受到经济影响而有所下降。

另外，房地产调控面临两难境地。经过两年多的调控政策，深圳房价过快增长的局面得到初步控制，房地产业的泡沫不断得到挤压。随着存款准备金率以及人民币基准利率下调等措施的出台，房地产市场预期发生较大的改变。尽管国家出台一系列限购政策，并强调房地产调控政策不变，但深圳居民的购房意愿仍有所增强，5月开始住房成交量逐渐上升。一方面，房地产市场需要稳定发展，所以房地产成交量放大有积极意义；另一方面，一旦房地产成交量连续放大有可能带动房价和土地成交价回升，房价反弹将会影响房地产调控政策实施以来所取得的成效。

企业转型升级困难大。深圳工业增速减慢，一方面受到出口减少以及国内需求减少的影响，另一方面是由于企业缺乏新的增长动力。目前，大多数工业企业面临"去库存化"和"去产能化"的压力，企业转型升级缺乏资金和技术支持，而发展科技含量高、附加价值大的战略新兴产业，具有投资大、周期长、见效慢和风险大等特点。

四 对下季度发展的预期

抽样调查的大型企业中，对本行业第三季度运行情况保持"乐观"的占

B. 度量衡，综合描述

39.1%，"不乐观"的占8.7%，"一般"的占52.2%；中型企业经营者认为企业发展前景"乐观"的占29%，"不乐观"的占14.1%；小型企业经营者保持"乐观"的占28.6%，比"不乐观"的高出20.4个百分点（见图1）。

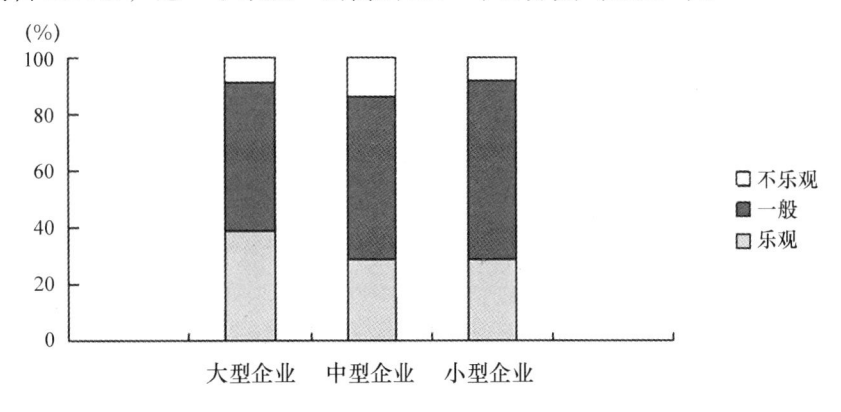

图1 企业经营者对本行业运行情况判断

八大行业中，多数行业经营者对本行业第三季度发展前景比较乐观（见图2），尤其是交通运输仓储和邮政业，认为"乐观"和"一般"的企业各占一半，住宿和餐饮业经营中，61.5%的企业表示"乐观"，其余的表示"一般"；工业和社会服务业分别有32.3%和33.3%的企业对发展表示"乐观"，12%和5.6%的企业认为"不乐观"；只有房地产业经营者对第三季度行业发展前景表现出较大担忧，25%的企业表示"不乐观"，"一般"的占65.6%，"乐观"的仅占该行业企业总数的9.4%。

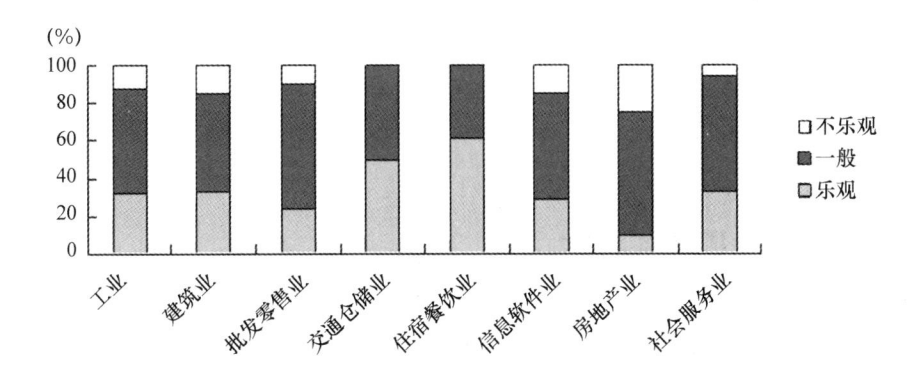

图2 不同行业第三季度运行情况判断

企业劳动力需求情况，工业、批发零售业、交通运输仓储和邮政业、住宿餐饮业和服务业都有明显增加，信息传输软件和信息技术服务业和房地产业用工需求减少。固定资产投资情况，批发零售业、交通仓储业以及信息软件业有较大的增长，工业、建筑业以及房地产业的固定资产投资减少。

预计今年第三季度，企业景气指数将会与第二季度持平，企业家信心指数有小幅回升。

经济下行压力初步释放
结构调整效果逐步显现

2012年以来，受美国经济复苏缓慢、欧洲主权债务危机持续冲击和国内整体宏观经济下行等各种不利因素的影响，全市各级部门在市委、市政府的正确领导下，把稳增长放在更加重要的位置，紧紧围绕"稳增长、调结构"，齐心协力，攻坚克难，在经济下行压力仍然较大的情况下，2012年上半年全市经济社会逐步趋好，实现了经济的趋稳回升。

一 经济运行的总体基本情况及特点

（一）深圳市经济先于全国筑底回升

受国家宏观调控政策和国外复杂的经济形势的影响，今年第一季度经济下行压力加大，深圳市主要经济指标增幅较上年同期有较大的回落。第一季度，全市实现地区生产总值（GDP）2507.37亿元，按可比价格计算同比（下同）增长仅为5.8%，较去年同期（10.8%）回落5个百分点，低于全省第一季度增速（7.2%）1.4个百分点，低于全国第一季度增速（8.1%）2.3个百分点，经济运行进入2009年金融危机后的低位。

进入2012年第二季度以来，深圳市经济运行缓中趋稳，经济形势逐月向好。今年上半年，经广东省统计局核定，全市实现地区生产总值（GDP）5474.10亿元，同比增长8.0%，增速较去年同期（10.6%）回落2.6个百分点，比金融危机爆发的2009年上半年（8.5%）低0.5个百分点，但比第一季度高2.2个百分点，也高于全国和全省同期增速。

从经济增长速度变化情况来看，全国上半年的经济增速要低于第一季度0.3个百分点，处于下行通道，而深圳市经济增速从第一季度的5.8%低位止跌回升至8%，先于全国筑底回升,呈现逐步趋好的势头,表明经济下行压力已得到初步释放。

(二)产业结构进一步优化,结构调整效果显现

今年上半年,深圳市实现第一产业增加值2.55亿元,同比下降5.9%;第二产业增加值2489.55亿元,同比增长5.0%;第三产业增加值2982.00亿元,同比增长10.5%。二、三产业结构由去年同期的46.8∶53.2调整为今年上半年的45.5∶54.5。三次产业结构继续维持"三、二、一"的格局,但第三产业占全市GDP的比重较去年同期提高了1.3个百分点,产业结构进一步优化,结构调整效果渐显。

从产业内部来看,工业占GDP的比重由去年同期的44.1%下降为42.6%,比重下降了1.5个百分点。而第三产业结构内部则是"四升一平两降",金融业、房地产业、批发和零售业和营利性服务业四个行业占GDP的比重达到42%,较去年同期上升了1.6个百分点;住宿和餐饮业占GDP的比重与去年同期持平;而交通运输、仓储和邮政业,非营利性服务业占GDP的比重比去年同期略有下降。具体如表1所示。

表1　　　　　　　2012年上半年三次产业构成及变化情况　　　　　　单位:%

	产业结构 2012年	产业结构 2011年	增减变化情况
地区生产总值	100	100	—
第一产业	—	—	持平
第二产业	45.5	46.8	-1.3
工业	42.6	44.1	-1.5
建筑业	2.9	2.7	0.2
第三产业	54.5	53.2	1.3
交通运输、仓储和邮政业	3.8	4.0	-0.2
批发和零售业	11.4	10.9	0.5
住宿和餐饮业	2.0	2.0	持平
金融业	13.2	12.8	0.4
房地产业	7.5	6.9	0.6
营利性服务业	9.9	9.8	0.1
非营利性服务业	6.7	6.8	-0.1

注:去年同期的产业结构为与年报衔接后的2011年第二季度数据。

（三）第三产业成为经济增长的主要动力

今年上半年，面对占据深圳市经济半壁江山的工业出现增速回落明显的情况，拉动深圳市经济增长的主要动力由第二产业转移到第三产业。

从产业增速来看，今年上半年，受工业增速比去年同期回落的影响，第二产业增加值同比仅增长 5.0%，较去年同期（13.3%）回落了 8.3 个百分点，低于全市上半年 GDP 增速 3 个百分点；第三产业增加值同比增长 10.5%，较去年同期（8.4%）提高 2.1 个百分点，高于全市 GDP 增速 2.5 个百分点，高于第二产业增速 5.5 个百分点。在第二产业增速回落的情况下，第三产业成为稳定全市 GDP 增长的主要动力。

从第二、第三产业对经济增长的贡献率来看，第二、第三产业对全市经济增长的贡献率由去年上半年的 56.8∶43.3 调整为今年上半年的 28.5∶71.5。第二产业对经济增长的贡献率比去年同期降低 28.3 个百分点，其中今年上半年工业对经济增长的贡献率为 24.8%，比去年同期减少了 29.0 个百分点；第三产业对经济增长的贡献率则较去年同期提高了 28.2 个百分点，比金融危机爆发时的 2009 年上半年仍高 0.7 个百分点，表明今年上半年第三产业对经济增长的贡献好于 2009 年上半年。

从第二、第三产业对经济增长的拉动力情况来看，今年上半年第二产业拉动 GDP 增长 2.3 个百分点，其中工业拉动 GDP 增长 2.0 个点；第三产业拉动 GDP 增长 5.7 个百分点，高于第二产业的拉动力 3.4 个百分点。

由此看出，今年上半年对深圳市经济增长贡献最大的产业由第二产业转为第三产业，第三产业成为深圳市经济增长的主要动力。

（四）转型升级步伐加快，现代服务业助推经济回升

在目前经济运行面临较大困难的情况下，市委、市政府充分利用市场倒逼机制，加快转型升级的步伐，着力构建现代产业体系。

从 2012 年上半年各行业的增长情况来看，属于现代服务业范围内的批发业，金融业，房地产业，信息传输、计算机服务和软件业，其他营利性服务业的增速分别为 11.7%、14.1%、16.5%、13.2% 和 11.2%，分别比第三产业的增速（10.5%）高出 1.2 个、3.6 个、6.0 个、2.7 个和 0.7 个百分点。

根据广东省统计局制定的现代服务业核算方案，今年上半年深圳市现代服务业

实现增加值1996.75亿元，同比增长11.0%，高于同期第三产业增速0.5个百分点，占第三产业的比重为67.0%，对第三产业增长的贡献率达69.9%，拉动第三产业增长达到7.4个百分点。①

（五）投资与消费两旺，内外需求有所回升

从消费来看，深圳市居民消费意愿稳定。上半年深圳市社会消费品零售总额达到1878.25亿元，按现行价格计算，同比增长15.5%，分别比全国全省增速高1.1个和3.9个百分点。与此同时，深圳市上半年全社会固定资产投资为919.13亿元，同比增长11.1%，高出全省水平1.0个百分点。根据测算，今年上半年最终消费支出和固定资本形成总额对深圳经济增长的拉动力约为4.6个百分点。

从进出口数据来看，第二季度进出口增速有所加快。今年上半年深圳市累计外贸进出口总值2118.48亿美元，同比增长5.4%，增幅比第一季度提高2.4个百分点。从当季增速来看，第二季度当季增速为7.5%，较第一季度的3%提高了4.5个百分点。

二 全年走势初步判断

从上半年数据来看，深圳市经济运行趋于稳健，但是考虑到国内外复杂多变经济形势尚未有根本性的变化，下半年经济运行走势不容乐观，完成全年预期目标仍有较大的压力。

（一）从对深圳市下半年经济发展的不利因素看

一是国际经济形势未有根本性变化，欧洲主权债务危机持续蔓延，美国经济复苏缓慢反复，各种不利因素和波动因素明显增加，外需不足问题短时间内难有实质性的改变。根据深圳市6月当月进出口数据显示，国际市场仍然处在反复和波动之中。根据深圳海关的数据，6月深圳市外贸进出口值自上月403.60亿美元的历史高位回落至382.00亿美元，增速比5月放缓7个百分点；进出口出现5月上涨、6月回落的现象。同时，作为未来出口风向标的加工贸易进口6月出现今年以来再度负增长，同比下降2.4%。根据2011年深圳市GDP初步核实数据，深圳市外贸依

---

① 批发业和其他营利性服务业部分计入现代服务业。

存度高达233%，深圳作为一个外向型经济结构的城市，外部经济形势的不明朗和不确定性将极大地影响下半年深圳市工业经济回升情况、水运运输周转量、进出口发展状况，从而影响全市整体的经济运行情况。

二是深圳面临着"稳增长"和"调结构"的双重压力，经济运行面临的下行压力未有明显缓解。一方面，主要经济指标增速较年度预期目标尚有一定差距；另一方面，企业受市场需求减少、生产成本增加、生产经营波动性加剧、融资成本难、融资成本高等多重因素影响，出现盈利水平下降、经营效益状况下滑的情况。

（二）从对深圳市下半年经济发展的有利因素看

近几个月，政府在宏观调控的基础上采取了一些经济微调措施，出台了一系列"稳增长"的政策，比如通过降息、降准释放流动性，加大对中小企业的扶持、结构性减税、节能家电补贴和鼓励消费等。预计2012年下半年这些政策效应将逐步显现，有助于整体经济运行的稳定回升。此外，从上半年的数据来看，深圳市固定资产投资增速、社会消费品零售总额增速、企业景气指数和制造业采购经理指数（PMI）、居民消费价格指数第二季度数据均要好于第一季度，经济趋好的迹象较为明显。

砥砺奋进启新篇
——深圳市统计局9项国家级统计改革创新试点纪事

伴随着统计改革的大潮，深圳统计得益于国家统计局的关注和厚望，在9项国家级统计改革创新试点中，迅速做出反应，并联各类资源，针对不同任务渐次推进，取得了一定的工作成效。

一 使命光荣 责任重大

近年来，国家统计局非常重视深圳统计工作，部署了多项试点任务。2011年赋予房屋租赁业调查制度试点任务；2014年赋予研发支出纳入GDP核算试点任务并延续执行至今；2015年赋予服务业生产指数编算试点任务。

2016年开春以来，国家统计局局长宁吉喆对深圳统计改革创新高度关注，多次做出重要批示，"点名"深圳参与国家级会议汇报成果、介绍经验。2016年4月，国家统计局再次赋予深圳"三新"及新经济统计改革试点任务。8月18日，宁吉喆局长等国家局主要领导在京会见深圳市党政主要领导同志一行。9月8日，宁吉喆局长一行莅临深圳调研经济形势和统计调查工作。两次会谈中，他要求深圳统计在巩固、完善、拓展现有统计改革创新成果的基础上，可在方法制度和统计调查类别等方面持续深入开展改革创新，除赋予原有试点任务的内容外，还赋予另外5项改革创新试点任务。5项改革创新试点任务是："五大发展理念"统计评价指标体系、基本单位方法制度改革创新、500万元以下固定资产投资抽样调查、"未观测金融"专项调查、地方资产负债表编制。特准深圳改革创新试点不封口，改革创新在路上。

至此，"深9项"框架定型，目标定性，任务定位。9项任务，绝大部分聚焦统计方法制度改革，但各不相同，既有深化运用，也有长期攻坚，还有破冰点题。

二 九项试点 初见成效

房屋租赁业统计调查。采用市场租金法着手试算，修订并完善调查方案。下一步，还将结合如何有利于房地产长期健康发展加强研究。

研发支出核算方法改革研究。按国家方法积极开展研究、试算，并于10月向国家统计局汇报阶段性进展情况和研究成果。

"三新"及新经济统计改革试点。《深圳市"三新"统计报表制度》试行情况良好，大部分指标已在今年第一季度、半年度、前三季度全市经济形势分析会予以体现，得到深圳市委、市政府主要领导同志高度评价。

服务业生产指数编算试点。初步探索出一套既与国家方法一致，又与深圳实际相结合的服务业生产指数编制方法，对2014年至今的服务业生产指数进行了初步测算，11月已上报试点研究报告。

"五大发展理念"统计评价指标体系。从全面性、代表性、适用性原则出发，设立涵盖创新驱动、结构协调、绿色低碳、开放发展、包容共享五方面内容的37个代表性指标，现已报深圳市政府待批，批准后即依法施行。

基本单位方法制度改革创新试点。年初已在此方面着手探索研究，并形成初步研究成果。目前，已完成试点工作方案起草工作并上报国家统计局。待批复后，将先在区级开展试点，再推广全市。

500万元以下固定资产投资项目抽样调查。于8月底前完成调查方案、调查表、过录表设计和样本单位抽选，组织各区开展调查数据采集及目标量、方差估计，获取各区抽样样本数据后，于9月中旬完成调查报告并上报国家统计局。

"未观测金融"改革创新试点。按照专业、实效、快速、简约和可操作原则，完成调查工作方案和调查表表式起草工作后，于9月底获国家统计局试点批文，目前已形成工作成果。

地方资产负债表编制试点。已启动国有企业股权、中小企业股份转让系统（新三板）和区域性股权交易市场（四板）股权核算方法研究相关工作。

有使命，就须有担当。既要有快速反应能力，还须秉持"工匠精神"精雕细琢，方可取得成果。如500万元以下固定资产投资项目调查，国家统计局8月布置"考题"，9月深圳统计就交出"答卷"，得到宁吉喆局长"动作快、成果已见，向市统计局同志们和杨局长致敬"的批示肯定。"高效、优质"成果的背后，是深圳统计在机制创新上探索发力成效的显现。

三 改革创新 永无止境

统计基础建设破难题。2016年2月，以深圳市政府办公厅名义向各区印发《关于进一步加强统计基层基础建设工作的通知》。文件下发后，引起各区高度重视。目前，行政区中没有设立街道统计机构的两个区中，南山区已完成街道统计机构设置工作，盐田区相关工作也正在促进推进中，全市基本完成街道一级统计机构配置。

统计专业水平大提升。2016年3月，成立统计专业（咨询）委员会，在扁平化管理、内部资源整合共享方面展开积极探索。委员会实行主任负责制，下设委员和专员队伍，建立日常综合与委员牵头的双重业务机制。设不固定执行主任，任何一委员依业务需要动议和发起综合或单一统计业务时，即为该项任务执行主任。依托若干各类专员启动专业工作，执行主任开展工作时，可跨专业跨部门即时调动专员参与。委员会设立以来，全力配合全局中心任务要求开展工作，业务范围覆盖全市综合或单一统计业务，同时积极与上级统计部门对接。迄今已召开43次专业委员会会议，大大缩短了办事流程，提高了办事效率。

统计改革创新方法出实招。在国家局的重视和大力支持下，深圳局积极探索"试点、试行"并联的"两试"统计改革创新方法。获国家局批准开展的试点项目，相应建立试行方案，为国家统计方法制度改革做了有益探索，积累了较为可行的经验。

统计数据质量聚合力。与各区、各部门主要负责人就统准统全统计数据、扎实做好数据上报工作进行沟通交流。与有关部门敲定建立了并联合作统计机制，在处室对接、名录库对比、统计数据共享、企业成果体现、统计培训等方面取得新突破。

上予支持，下固根基；内增效能，外引助力。此为深圳统计改革创新方法机制实打实的做法。在深圳这片充满改革创新因子的沃土上，在深圳人冒险敢闯、快速高效、创新创意、拼搏实干的基因中，深圳统计系统引西点军校22条军规为其所用，无条件执行，不找借口，专注细节，取得了一定的成果与收获。

而国家统计局对深圳实践、深圳经验的推介，也给深圳统计改革创新提供了跃升的平台。受命参加国家统计局常务会、全国统计工作务虚会、联合国世界数据论坛、全国建设领域统计改革创新会和全国2017年方法制度布置会后,已有几十个省市统计部门来深交流、互通有无。兄弟部门输入的宝贵经验,已经成为深圳统计改革创新之补益。

下一步,深圳统计将以"深9项"为改革创新主体内容,持续深入推进,以为国家提供鲜活可用经验为使命,以"科学度量"为己任,更为科学、准确、实事求是地发挥地方统计部门在度量经济社会发展成果方面的作用。

坚守"两性" 做好"两者"
——有感于吉喆局长讲话和深圳统计那些事儿

2016年10月29日,宁吉喆局长在上海调研经济形势和统计重点工作。他在讲话中指出,统计部门是重要的综合性、基础性部门,统计工作者也是经济工作者。在此基础上,他还对统计工作和统计人提出了具体要求。此段内容篇幅不长,但却是整篇新闻报道之核心精华,其重要意义在于为统计工作和统计人定位定性。

部门和人员属性决定了我们的工作须以细致对应纷繁,须以耐心对应寂寞,须以创新前瞻对应《统计法》赋予我们的神圣使命。回首近几年来深圳统计在探索实践路途上的发展脉络,庆幸竟与吉喆局长的要求一脉相承,尤为"十三五"开局以来,我们认真实施"1169"统计发展目标,脚踏实地工作,顶天立地说数,恪守职责,忠于体制,在改革上创新,在干部上激活,在事业上推进,在队伍上历练,努力践行"两性""两者"的新要求。

一说统计部门的"综合性"。《统计法》规定设立的统计机构指政府统计机构,分别是政府综合统计机构和部门统计机构。作为前者,统计部门在各级政府层面组织实施统计工作。综合统计源源不断地汇聚着部门统计成果和各行各业数据信息,其直观体现在于国民经济和社会发展数据的公布。由千头万绪经抽丝剥茧而成子丑寅卯,在统计人的努力下,所公布数据综合呈现了经济社会的发展变化。

就地方统计部门而言,一个能体现"综合性"的无疑便是地方统计指标体系的建立。一如深圳近年来的效益深圳、民生净福利、社会建设统计指标体系,乃至近来受到国家局充分认可的深圳市"五大发展理念"统计评价指标体系,智汇了综合统计和部门统计37项指标,以指数形式对深圳贯彻落实"五大发展理念"进展情况进行评估。虽未正式施行,但因在指数编制上的有效创新,在广东省内也引发广泛关注。近日,按省政府领导批示要求,省局组织局、处主要领导前来调研。

二说统计部门的"基础性"。窃以为其义有二。首先强调的是统计工作的基础性，亦即我们经常向党政决策者提及的统计工作的重要性：既是经济社会健康运转的主要监测手段，也是党政以及社会各界的主要信息来源。落脚点在于基础数据的采集是否应统尽统，我们的工作应在国民经济行业分类和基本单位名录库更新维护上发力。

近年来，深圳"三新"频现，原有的行业分类已不足以涵盖体现新事物。我们及时向上级统计部门反映了这个情况，同时着手研究探索，后在"三新"和新经济统计上获得国家试点批文和国家局肯定、推介。一次在国家局的工作汇报中，国家局领导提及在"深圳经验""深圳做法"的"冲击""碰撞"下，已将《国民经济行业分类》修订时限由10年一次下调至5年一次，以更好适应当前经济发展实际。听完之后既是惭愧又是感动，"三新"不独深圳有，我们仅仅是当了回经济现象的"搬运工"，并在研究上下了点功夫而已。

基本单位名录库更新维护也与应统尽统密切相关。忆及当年统计"四大工程"铺开建设时，我作为企业入（出）库工作带头人，带着业务、技术骨干夙夜不敢懈怠，保证24小时待岗在岗，与各区、街道分管领导和统计负责人电波交互未曾间断，直至取得好开头、好成绩。近两年此项工作，我们更是稳居全省第一，这也在一个方面反映了深圳"三新"的活跃以及我们在应统尽统工作上的认真努力。只有应纳尽纳，方能夯实基础数据来源，做到应统尽统；只有及时归纳，方能及时全面锁定年度经济成果。下半年以来，我们在国家局指导下开展了基本单位方法制度改革创新，目前已取得一定进展，正就相关数据开展测算。

强调统计工作落脚于基层基础。统计基层基础是政府综合统计工作的基石，如无其支撑，万丈高楼如何平地起。在不正视、重视统计基层基础前提下谈工作、论创新、讲发展，都将是镜花水月、纸上谈兵。无他，谈统计实效，说改革创新，品工作变化，落脚点都在基层，这也是深圳逢有统计改革必在基层选取试点试行创新的原因。

今年2月，在我们的大力推动下，深圳以市政府办公厅名义向各区印发《关于进一步加强统计基层基础建设工作的通知》（深府办函〔2016〕31号）。文件下发后，引起各区高度重视。目前，行政区中没有设立街道统计机构的两个区，南山区已完成街道统计机构设置工作，盐田区相关工作也正在促进推进中，全市已基本完成街道一级统计机构配置。目前，我们又在着力争取新设立的龙华、坪山行政区单独设立统计机构。如能成事，又将是深圳统计基层基础建设的又一大"利好"。

三说统计人的"经济"属性。深圳统计每每在向市委、市政府推荐提拔使用乃至对外交流提拔优秀干部时，总是强调统计干部的"可信、可用"。可信，一是我们政治立场坚定、忠于体制、顶天立地说数，二是我们引西点军校22条军规为我所用，强调无条件执行、不找借口、专注细节。可用，强调的恰恰也是我们干部的"经济"属性。局外人看来，统计人案牍劳形的往往只是"大数据"的审核、汇总，基本面上的数据分析。其实大谬不然，就如吉喆局长所讲的，统计还有前瞻性引导和提振各界信心预期的功用。引导和提振，都来自我们长年累月与数据的接触、深入，对国际国内经济以及国情国力的把握论断。吃的是统计饭，干的一半是经济活。我们区局的负责同志，有的都已经交换到发改、财政等岗位上担任"一把手"了，直接参与到辖区宏观决策当中。

2015年以来，深圳统计逐步加强在经济问题上的发声。我们用数据说话，力求有先见、有洞见，多个角度分析经济趋势，多次在经济形势分析会上得到市领导的充分肯定。如针对工业增长相对的稳进趋缓、三次产业结构的变化，我们早早就向市委、市政府递交专报，提出"重视实体经济""固投仍有空间"等观点，也得到地方党政主要负责同志的高度重视，并在施政上有直接体现。

四说在"综合性、基础性"上生发出的"第三性"——技术性。统计是个技术活，不是简单地拼拼凑凑、按按计算器。我们既是阅尽繁华的"工匠"，从严从实、应统尽统采集数据；又是极尽严谨的"外科医师"，精准地在方法制度上适时而变、改革创新。

2016年是深圳统计改革创新"爆发"年，是"技术活"见真章、出成果的关键一年。在8、9月，吉喆局长两次会见深圳党政主要领导。会谈中，国家局高度认可"深圳统计实践"和"深圳改革创新经验"，要求深圳统计在巩固完善拓展现有统计改革创新成果基础上，可在方法制度和统计调查类别等方面持续深入开展改革创新，共赋予9项改革创新试点任务，特准深圳统计改革创新试点不封口，统计制度改革创新在路上。我们依托年初组建的统计专业（咨询）委员会，交由专业骨干组织，各项任务交叉有序迅速开展，多项工作得到国家局认可特别是吉喆局长肯定性批示。目前来看，工作初步成果令人欣喜。

B. 度量衡，综合描述

　　吉喆局长的"两性、两者"说定位精准，内涵深刻，外延丰富，深圳统计要达标仍有一段路要走。执是之故，深圳统计仍将继续以"科学度量"为己任，坚守"两性"，做好"两者"，深入推进9项统计改革创新试点任务，为国家统计方法制度改革探索路子、积累经验，更为科学、准确、实事求是地反映深圳经济社会发展成果。

统计·经济与数据支撑决策[*]

现行统计，与当下经济运行随行如影如歌如泣，恰似一列开往充满期待的春天的火车。

统计是什么，准与不准？

统计：反映过去，描述存在，发现问题，正确导向。

统计数据——泛概念、动态的、相对的。

$$制度的\begin{cases}标准\\口径\\范围\\度量\end{cases} \quad 主观的\begin{cases}开放\\透明\\走进\\心理\end{cases}$$

GDP：变量指标成千上万，最后一个基础指标未出，都是一个谜。

一　认识经济

一定离不开统计

工具、方法与海量

统计学家、专家与经济学人、学家

---

[*] 在新常态下，提升城市质量推进供给侧结构性改革中，来自一份充满党性"台账"的报告。

B. 度量衡，综合描述

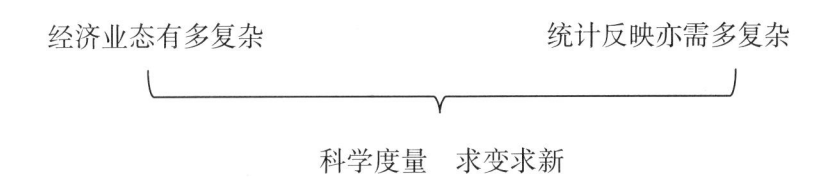

经济业态有多复杂　　　　　　统计反映亦需多复杂

科学度量　求变求新

深圳统计改革创新起于深圳经济复杂多样的土壤与城市特质。

先：较全国先出新个类，如优必选（春晚机器人），涉及机器人、教育、智能三门类，处于爆发式增长当中。

特：较全国更多出现的供应链企业，连着上中下游，贯穿组织"一、二、三"产业链，是"四不像"企业，如朗华、一达通、怡亚通、顺丰。

外：公海上多视觉立体式产业，如哈基斯石油、光汇企业（离岸金融）归属"工、商、服"统计问题，又如"一带一路"上的华为、中兴通讯、比亚迪大企，还如法人在我国港澳台的"三来一补"企业。

新：创新引领，制高点——华为石墨烯、大疆无人机、光启院超导材料、华大基因、梦网科技，大众创业——深港青年创业梦工场，众筹——孵化器、前海微众银行，现代服务业——腾讯科技与计算机。

二　官方统计的度量衡

文字规范：《新华字典》

↓

《国民经济行业分类》：中国经济活动的"新华字典"

《国民经济行业分类》国家标准于1984年首次发布，分别于1994年和2002年进行修订，2011年第三次修订。新版《国民经济行业分类》共把国民经济分为A—T共20个门类，20个门类下面共有96个大类，大类下面有432个中类，中类下面有1094个小类。其中，第一产业包括A（农林牧渔业），第二产业包括B—E（采矿业、制造业、电力热力燃气及水生产和供应业、建筑业），第三产业包括F—T（除一二产业之外的其他行业）。

三　现行统计数据生产方式

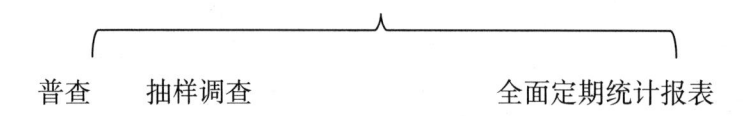

普查　　抽样调查　　　　　　全面定期统计报表

四　统计"四大工程"

基本单位名录库　企业一套表　联网直报　数据采集处理软件系统

"四上"审批范围：（1）规模以上工业
　　　　　　　　（2）资质内建筑业
　　　　　　　　（3）限额以上批发零售业
　　　　　　　　（4）限额以上住宿餐饮业
　　　　　　　　（5）房地产开发经营业
　　　　　　　　（6）规模以上服务业
　　　　　　　　（7）固定资产投资

五　GDP 的现行核算方法

现今，数理分析、统计分析、计量分析几乎挤占经济学研究的大部分空间。正如马克思所说，一种科学只有在成功地运用数学时，才算达到真正完善的地步。从这一点上说，经济学已是一门完善的科学。

可是，地方省以下核算 GDP 的现行方法，在我看来，就是一个操盘概念，只是季度与年度有所不同而已。

六　GDP 的内涵与实际意义

GDP 是按市场价格表示的一个国家（地区）的所有常住单位在一定时期内生产活动的最终成果。

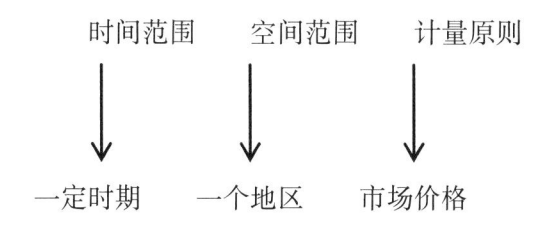

时间范围　　空间范围　　计量原则
↓　　　　　↓　　　　　↓
一定时期　　一个地区　　市场价格

七　2008 SNA（国民经济账户体系）

2009 年 12 月，联合国、联盟、国际货币基金组织（IMF）、经济合作与发展组织、世界银行等联合颁布了 2008 SNA。关键变化集中体现在资产、金融部门、全球化及相关问题、一般政府和公共部门、非正规部门等五大领域。

八　现行核算方法

核算方法：生产法、收入法、支出法
现行季度地区 GDP 核算方法：总量和速度
　　　　　　　　　　　　　　核算时间
　　　　　　　　　　　　　　数据资料来源
　　　　　　　　　　　　　　核算的行业分类
现行年度地区 GDP 核算方式：地区年度 GDP 是先进行收入法核算，待收入法 GDP 数据确定后，再进行支出法 GDP 核算。
以深圳为例，揭示当下 GDP 核算的面纱
……

九　研判经济的爱恨

制度内外　态度善恶　心地好平

对全市经济的几点认识：

第一，对过去一年经济稳进运行的感觉。

第二，对经济消长逻辑的洞见。

第三，对 G20 大树经济的"爱恨"。

第四，对经济结构速变的忐忑。

第五，对 GDP 另一角度的诠释。

第六，对过于强调统计方法使用的思虑。

第七，对经济"绩存在、危变化"的看法。

第八，收官重点工作的"冲刺"。

第九，对今年经济盘子的取向。

十　统计之思虑

过于或过度使用技巧与方法的焦虑思虑像风像雨，不带走一丝云彩。

统计是科学度量的工具，其核心价值为"准确、科学、实事求是"，这也是市委、市政府的一贯要求。在全国国民经济行业分类总体框架下，现行统计制度是一个越来越缜密而又扎紧的"笼子"，就像股票实盘交易的一个电子模块，其基础数据的上报终端在企业，而且是法人企业，接收终端在北京，作为国家以下的各级统计部门，均为中间环节的"操盘手"，可变空间微乎其微。

十一　做好统计，导向经济，找到工作的着力点与突破口

重要的是做大经济蛋糕，而不是更多地如何去切经济蛋糕。

只要静心看清看透这一统计数据背后的逻辑和规程，就会明白若过度使用统计技巧生产经济数据，不仅无法一劳永逸，而且会误导经济发展。就这个意义而言，我们要慎之又慎应用统计方法技巧调整数据，把主要工作的着力点和突破口放在着力做大"经济蛋糕"，而不是过多如何去切"经济蛋糕"。因为"经济蛋糕"一直

都在那儿摆着，统计既带不来也带不走，不留一丝云彩。

就我个人而言，始终秉承"专业职业"操守，一直脚踏实地工作，顶天立地说数，恪守职责，忠于体制，努力为市委、市政府做好统计服务。

十二　大到国家，中为省层，小至地区，不变的是23个核算季度指标，快报重于年报，年报影响快报；变的是GDP大小，心中有数，才能精准发力

守愚知自己

对于经济而言，统计不仅仅是"两量"（度量衡与测量仪），也是"两示"（提示台与指示器）。

对于工作而说，既履行综合性与基础性职能，又为统计与经济工作者双重职责，这是"一票"否决工作。

守静明方向

现实任务中，统计面临"GDP、投资、社会消费品零售总额"

开门红，G23、投工技、社零售

守时在春计

时机、时势是客观的，不是人为的。我们不能创造时机，只能做好我们能做的，等待时机，把握时机。这就是守时，一个守时的人一定会做好充足的准备，不会让机会白白溜走。

守信新一票

数而无信不知其可。

人如信。

而"采、收、出、用"数者，更如此。

执是之故，富统计韵味的"台账式"党建工作法应运而生，也与深统人脚踏实地、砥砺前行之精神相应。

十三　党建台账"六张表"

左手党建、右手业务——学习表

利用理论中心组学习为平台，每个月由一个处（室）、中心结合"两学一做"

教育学习的要求,自选专题,深入浅出地为其他部门的同志授课。这种新的学习形式,目前已受到各个专业人员的高度认可,从原来的党组指派授课到现在各专业踊跃报名,全新的理论中心组学习模式已在单位内生根发芽。

心系基层、夯实基础——基层表

一年多来,以基层为家,以党建工作为抓手,认真履责,赴社区开展"结对"共建各项工作11次,赴基层企业走访调研30次(50家),赴兄弟单位推进部门统计工作11次。

规范管理、踏实履职——议事表

以党建工作为主线,规范全局人、财、物管理,推动各项重点工作顺利完成。累计研究人事机构议题23次;审议规章制度18次,建立24项规章制度;专题研究经费议题17次;召开党建专题学习会13次;推进重点工作63项。

扎根学习、力促创新——创新表

一年多来,狠抓党建学习,推动业务交流,先后主持召开中心组(扩大)理论学习会议20次;赴兄弟城市交流学习10次;主持业务研讨33次。

党组书记挂点党支部"台账"主题活动树

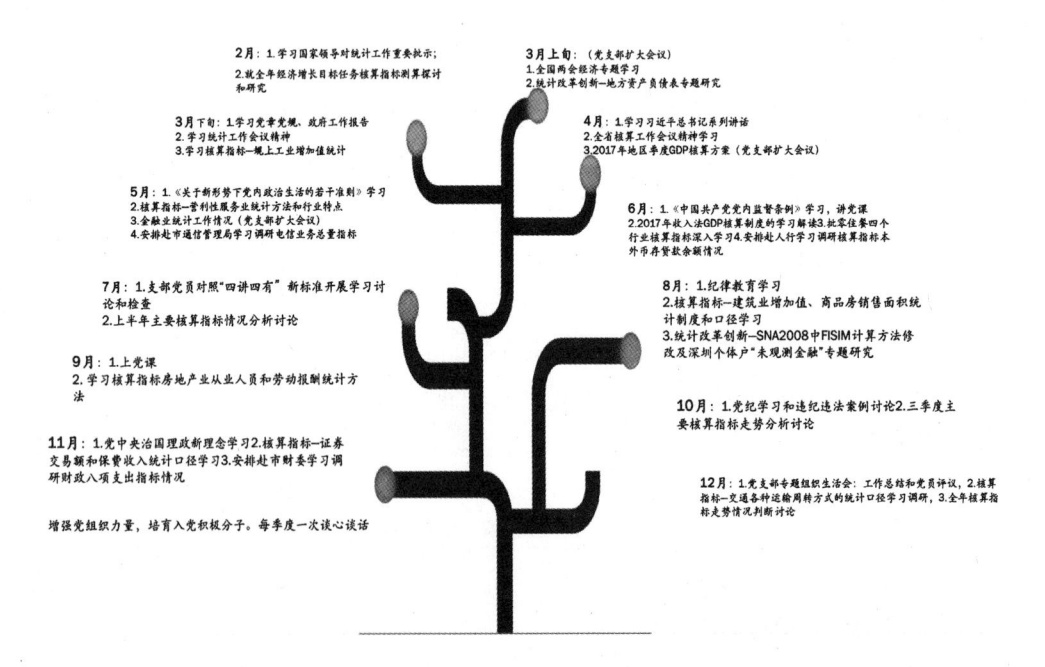

2月:1.学习国家领导时统计工作重要批示;
2.就全年经济增长目标任务核算测算指标探讨和研究

3月下旬:1.学习党章党规、政府工作报告
2.学习统计工作会议精神
3.学习核算指标—规上工业增加值统计

5月:1.《关于新形势下党内政治生活的若干准则》学习
2.核算指标—营利性服务业统计方法和行业特点
3.金融业统计工作情况(党支部扩大会议)
4.安排赴市通信管理局学习调研电信业务总量指标

7月:1.支部党员对照"四讲四有"新标准开展学习讨论和检查
2.上半年主要核算指标情况分析讨论

9月:1.上党课
2.学习核算指标房地产业从业人员和劳动报酬统计方法

11月:1.党中央治国理政新理念学习2.核算指标—证券交易额和保费收入统计口径学习3.安排赴市财委学习调研财政入岀指标情况

增强党组织力量,培育入党积极分子。每季度一次谈心谈话

3月上旬:(党支部扩大会议)
1.全国两会经济专题学习
2.统计改革创新—地方资产负债表专题研究

4月:1.学习习近平总书记系列讲话
2.全省核算工作会议精神学习
3.2017年地区季度GDP核算方案(党支部扩大会议)

6月:1.《中国共产党党内监督条例》学习,讲党课
2.2017年纳入法GDP核算制度的学习解读3.落实非四个行业核算指标深入学习4.安排赴人行学习调研核算本外币存贷款余额情况

8月:1.纪律教育学习
2.核算指标—建筑业增加值、商品房销售面积统计制度和口径学习
3.统计改革创新—SNA2008中FISIM计算方法修改及深圳个体户"未观测金融"专题研究

10月:1.党纪学习和违纪违法案例讨论2.三季度主要核算指标走势分析讨论

12月:1.党支部专题组织生活会:工作总结和党员评议,2.核算指标—交通各种运输周转方式的统计口径学习调研,3.全年核算指标走势情况判断讨论

成绩喜人、备受关注——结果表

通过全局干部职工共同努力，我局在统计改革创新方面取得喜人的成绩，累计获得各级领导肯定性批示批注14次，受到社会各界高度关注达43项内容，国民生产总值（GDP）逐季稳步增长。

履职尽责、夙夜为公——时间表

按时间段梳理，平均每日批阅批示收文15件，批阅批办内部呈报件5件，审示签发文件6件，外出参会1次，内部碰头（班子成员、部门负责人、专业委员会成员不等）6拨，每月批示批办上级督办件4件，审示签发《统计分析》4篇，主持召开局党组会议2次，主持召开局长办公会议2次，主持召开统计专业委员会会议4次，参加党组中心组理论学习（扩大）1次，主持召开副处以上干部会议1次，与来访兄弟城市统计局座谈3次，服务基层企业10次，赴兄弟单位推进部门统计工作2次，每季参加全市经济形势分析会并重点发言、主持举办全市统计局长业务培训、主持召开全局干部职工大会、市党代表进社区、率队赴兄弟城市统计局学习调研各1次。

深圳市"五大发展理念"统计评价指标体系

为进一步贯彻落实党的十八届五中全会和省委十一届五次、六次、七次全会精神，坚持"创新、协调、绿色、开放、共享"发展，结合深圳实际，建立《深圳市"五大发展理念"统计评价指标体系》（以下简称《指标体系》）。

一 建立《指标体系》的意义和指标选取原则

（一）建立《指标体系》的意义

《指标体系》是衡量和监测深圳市贯彻落实"五大发展理念"的评价体系，也是全市各级党政领导干部工作决策的重要参考，既为科学评价"五大发展理念"落实成效提供参考标准，也为及时了解贯彻"五大发展理念"的短板和问题提供指标尺度。制定《指标体系》，是深圳市深入贯彻落实党的十八大和十八届三中、四中、五中全会，习近平总书记系列重要讲话及对深圳工作重要批示精神的具体体现，有利于促进深圳市各级党政领导班子和各职能部门加快形成新的决策导向和政绩观导向，对于推进"五大发展理念"的贯彻落实和努力建成现代化国际化创新型城市具有重要意义。

（二）指标选取原则

1. 全面性

"五大发展理念"内涵丰富，指标选取力求系统全面，又突出前瞻性。

2. 代表性

选取具有高度代表性的指标，以充分反映"五大发展理念"的主要内涵。

3. 适用性

按照指标的准确性、可获得性和可操作性，客观真实地反映全市"五大发展理念"贯彻落实情况。

4. 深圳特色

《指标体系》既紧扣中央提出的"五大发展理念",又紧密结合深圳实际和特色。

二 《指标体系》的主要内容

(一) 指标设置

《指标体系》以统计学、经济学主要理论方法为依据,紧紧围绕"五大发展理念"深刻内涵,立足深圳实际,体现深圳特色,凸显创新发展,共设置37个评价指标,从创新、协调、绿色、开放、共享五个部分构建,其中创新部分共设置7个指标,权重为24%;协调部分共设置6个指标,权重为19%;绿色部分共设置9个指标,权重为19%;开放部分设置9个指标,权重为19%;共享部分共设置6个指标,权重为19%。详见表1。

表1　　　　深圳市"五大发展理念"统计评价指标体系

类别	序号	指标	权重	标准值	指标类型
创新 (24%)	1	R&D经费支出占GDP比重(%)	5	4.05	正向型
	2	万人发明专利拥有量(件)	4	73.73	正向型
	3	PCT国际专利申请量(件)	4	13308	正向型
	4	平均受教育年限(年)	2	11.04	正向型
	5	进入世界500强企业数量(家)	1	4	正向型
	6	国家级高新技术企业数量(家)	3	5524	正向型
	7	新兴产业增加值占GDP比重(%)	5	40.0	正向型
协调 (19%)	8	第三产业增加值占GDP比重(%)	4	58.8	正向型
	9	产业结构与就业结构偏离度(%)	2	10.8	逆向型
	10	现代服务业增加值占服务业增加值比重(%)	4	69.4	正向型
	11	高技术制造业增加值占规模以上工业增加值比重(%)	5	66.2	正向型
	12	东部五区固定资产投资额占全市比重(%)	1	36.5	正向型
	13	居民消费支出占GDP比重(%)	3	43.0	正向型

续表

类别	序号	指标	权重	标准值	指标类型
绿色(19%)	14	万元 GDP 能耗（吨标准煤）	3	0.252	逆向型
	15	万元 GDP 水耗（立方米）	2	11.37	逆向型
	16	万元 GDP 二氧化碳排放量（吨）	2	0.90	逆向型
	17	万元 GDP 污染物排放量（吨）	2	10.38	逆向型
	18	PM2.5 年均浓度（微克/立方米）	2	29.8	逆向型
	19	空气质量优良率（%）	2	99.73	正向型
	20	水环境质量综合指数	3	118	正向型
	21	建成区绿化覆盖率（%）	2	45.1	正向型
	22	生活垃圾资源化利用率（%）	1	61.6	正向型
开放(19%)	23	一般贸易出口额占出口总额比重（%）	3	39.9	正向型
	24	服务贸易进出口额占对外贸易总额比重（%）	3	20.7	正向型
	25	对外经济辐射供应链企业发展速度（%）	3	121.4	正向型
	26	境外游客占旅游游客比重（%）	3	22.7	正向型
	27	外商直接投资发展速度（%）	2	130.0	正向型
	28	对外直接投资发展速度（%）	2	128.9	正向型
	29	国际航线数（条）	1	21	正向型
	30	在深常住外国人（万人）	1	2.79	正向型
	31	在深国际组织（个）	1	2	正向型
共享(19%)	32	居民人均可支配收入（万元）	4	4.46	正向型
	33	新增供应人才住房和保障性住房（套）	3	21417	正向型
	34	城镇登记失业率（%）	3	2.34	逆向型
	35	公共交通占机动化出行分担率（%）	3	56.1	正向型
	36	千人病床数（张）	3	3.40	正向型
	37	亿元 GDP 生产安全事故死亡人数（人）	3	0.032	逆向型

（二）指标标准值的确定

落实"五大发展理念"是一个长期的过程，也是实施深圳"十三五"规划的基本要求。为更好地反映和监测"十三五"规划完成情况，选取2015年（"十三五"规划基期年）指标的实际完成值作为标准值。个别在五年间由于口径变化或者受非经济因素影响而波动较大的指标，对其进行平滑处理，如对"外商直接投资和对外直接投资发展速度"进行发展指数化处理。

（三）综合评价方法

综合评价以总指数和分项指数形式体现"五大发展理念"的总体变化和各部分变化，据此分析深圳市贯彻落实"五大发展理念"的年度总体情况和分项情况。

定基总指数是以各项指标当年数值除以基期数值（逆向型指标的当年数值和上年数值均采用倒数形式）再乘以权重加总后得到。

年度变化评价总指数是以当年定基总指数除以上年定基指数。计算公式如下：

$$DI=DI_1\sum_{K=1}^{37}\left[(A/B)Q+\left(\frac{1/A}{1/B}\right)Q\right]/DI_0\sum_{K=1}^{37}\left[(A/B)Q+\left(\frac{1/A}{1/B}\right)Q\right]$$

上式中：

DI 代表总指数，反映落实"五大发展理念"的总体变化；

DI_1 代表由 37 项指标构成的报告期总指数；

DI_0 代表由 37 项指标构成的基期总指数；

A 代表每项指标报告期实际值，B 代表基期标准值，Q 代表指标的权重；

$1/A$、$1/B$ 代表逆向性指标。指标体系的逆向指标有产业结构与就业结构偏离度、万元 GDP 能耗、万元 GDP 水耗、万元 GDP 二氧化碳排放量、万元 GDP 污染物排放量、PM2.5 年均浓度、城镇登记失业率、亿元 GDP 生产安全事故死亡人数等。

三 《指标体系》的指标解释

（一）创新指标

1. R&D 经费支出占 GDP 比重

是指一定时期科学研究与试验发展（简称 R&D）经费支出占同期 GDP 比重。

研究与试验发展指在科学技术领域，为增加知识总量以及运用这些知识去创造新的应用所进行的系统的创造性活动，包括基础研究、应用研究和试验发展三类活动。计算公式为：

$$R\&D 经费支出占 GDP 比重 = R\&D 经费支出/GDP \times 100\%$$

2. 万人发明专利拥有量

是指每万人拥有经国内知识产权部门授权且在有效期限内的发明专利件数，是衡量一个国家或地区科研产出质量和市场应用水平的综合指标。计算公式为：

$$万人发明专利拥有量 = 年末有效发明专利拥有量/年末常住人口（万人）$$

3. PCT 国际专利申请量

是指通过《专利合作条约》（PCT）途径提交的国际专利申请数量，反映一个国家或地区的创新能力和水平。

4. 平均受教育年限

是指一定时期某地区 15 岁及以上人口人均接受学历教育（包括成人学历教育，不包括各种非学历培训）的年数。计算公式为：

$$平均受教育年限 = \sum_i^P E_i/P$$

上式中 P 为本地区 15 岁及以上人口，P_i 为具有 i 种文化程度的人口数，E_i 为具有 i 种文化程度的人口受教育年数系数，i 根据我国的学制确定。

5. 进入世界 500 强企业数量

是指深圳市进入美国《财富》杂志每年公布的世界 500 强排行榜的本土企业数量。

6. 国家级高新技术企业数量

是指深圳辖区内的国家级高新技术企业（工业和服务业）数量。国家级高新技术企业又称国家高新技术企业，是根据《高新技术企业认定管理办法》规定，在国家重点支持的高新技术领域内，持续进行研究开发与技术成果转化，形成企业核心自主知识产权，并以此为基础开展经营活动，在中国境内（不包括我国港、澳、台地区）注册一年以上的居民企业。

7. 新兴产业增加值占 GDP 比重

是指在 GDP 中，新兴产业增加值所占比重。计算公式为：

新兴产业增加值占 GDP 比重 = 新兴产业增加值/GDP × 100%

（二）协调指标

8. 第三产业增加值占 GDP 比重

是指在 GDP 中，第三产业增加值所占比重。计算公式为：

第三产业增加值占 GDP 比重 = 第三产业增加值/GDP × 100%

9. 产业结构与就业结构偏离度

是指三次产业的 GDP 结构与从业人员结构差距百分点的总和。计算公式为：

产业结构与就业结构偏离度 = ∑｜三次产业 GDP 比重 – 三次产业从业人员比重｜

10. 现代服务业增加值占服务业增加值比重

是指服务业增加值中现代服务业的占比，现代服务业按照广东省统一的统计标准进行汇总。计算公式为：

现代服务业增加值占服务业增加值比重 = 现代服务业增加值/服务业增加值 × 100%

11. 高技术制造业增加值占规模以上工业增加值比重

是指规模以上工业增加值中高技术制造业增加值的占比，高技术制造业按照广东省统一的统计标准进行汇总。计算公式为：

高技术制造业增加值占规模以上工业增加值比重 = 高技术制造业增加值/规模以上工业增加值 × 100%

12. 东部五区固定资产投资额占全市比重

是指深圳罗湖区、盐田区、龙岗区、坪山新区和大鹏新区的固定资产投资额之和占全市固定资产投资总额的比重。计算公式为：

东部五区固定资产投资额占全市比重 =（罗湖区固定资产投资额 + 盐田区固定资产投资额 + 龙岗区固定资产投资额 + 坪山新区固定资产投资额 + 大鹏新区固定资产投资额）/全市固定资产投资总额×100%

13. 居民消费支出占 GDP 比重

也即消费率，是指按支出法核算的 GDP 中，居民消费支出所占的比重。计算公式为：

居民消费支出占 GDP 比重 = 居民消费支出/GDP×100%

（三）绿色指标

14. 万元 GDP 能耗

是指在一定时期内每生产万元生产总值（GDP）所消耗的能源数量。计算公式为：

万元 GDP 能耗 = 能源消耗数量/ GDP×100%

15. 万元 GDP 水耗

是指在一定时期内每生产万元生产总值（GDP）所消耗的水资源量。计算公式为：

万元 GDP 水耗 = 水资源消耗数量/ GDP×100%

16. 万元 GDP 二氧化碳排放量

是指在一定时期内每生产万元生产总值（GDP）所排放的温室气体的二氧化碳当量。计算公式为：

万元 GDP 二氧化碳排放量＝二氧化碳排放当量/GDP×100%

17. 万元 GDP 污染物排放量

是指在一定时期内每生产万元生产总值（GDP）所排放的二氧化硫、氮氧化物、化学需氧量和氨氮四类主要污染物总量。计算公式为：

万元 GDP 污染物排放量＝二氧化硫、氮氧化物、化学需氧量和氨氮四类主要污染物排放总量/GDP×100%

18. PM 2.5 年均浓度

是指直径小于或等于 2.5μm 的尘埃或飘尘在环境空气中的年平均浓度。

19. 空气质量优良率

是指达到《环境空气质量标准》（GB 3095—2012）二级以上标准的天数占全年有效天数的比例。计算公式为：

空气质量优良率＝本年度达到《环境空气质量标准》（GB 3095—2012）二级以上标准的天数相加之和/全年有效天数×100%

20. 水环境质量综合指数

由于深圳市不同区域间的环境功能区划要求、水环境质量状况、水环境治理工作成效等方面均存在差异，为科学评价水环境质量，全面反映深圳市的水环境质量状况和治理工作成效，选取水环境质量状况指数、水环境治理成效指数两个参数综合计算得出水环境质量综合指数。计算公式：

水环境质量综合指数＝水环境质量状况指数＋水环境治理成效指数

其中，水环境质量状况指数反映水环境达标状况，权重占 50%，包含水环境达标状况与水环境质量改善两个参数；水环境治理成效指数反映水环境治理工作的成效，权重占 50%，包含污水处理规模指数、管网增加指数两个参数。

21. 建成区绿化覆盖率

是指城市建成区内绿化植物的垂直投影面积占城市总用地面积的比值。计算公式为：

建成区绿化覆盖率 = 城市建成区内绿化植物垂直投影面积/城市建成区面积×100%

22. 生活垃圾资源化利用率

是指通过再生资源回收、焚烧、生物处理等方式资源化利用的生活垃圾量占全市生活垃圾产生总量的比例。计算公式为：

生活垃圾资源化利用率 = 年度生活垃圾再生资源回收、焚烧、生物处理等方式利用生活垃圾量/年度生活垃圾产生量×100%

（四）开放指标

23. 一般贸易出口额占出口总额比重

是指在一个地区出口总额中，一般贸易出口额所占比重的大小。计算公式为：

一般贸易出口额占总出口额比重 = 一般贸易出口额/出口总额×100%

24. 服务贸易进出口额占对外贸易总额比重

指在对外贸易总额（包含服务贸易和货物贸易）中服务贸易进出口总值的占比。计算公式为：

服务贸易进出口额占对外贸易总额比重 = 服务贸易进出口额/对外贸易总额×100%

25. 对外经济辐射供应链企业发展速度

是指体现经济对外影响和辐射的深圳商业供应链企业销售额和服务业供应链企业营业收入的发展速度。

26. 海外游客占旅游游客比重

是指旅游游客中海外游客的占比。计算公式为：

海外游客占旅游游客比重 = 海外游客/旅游游客×100%

27. 外商直接投资发展速度

是指以上年为100，外商直接投资增长率的指数化。由于注册资本认缴制改革，目前外商投资企业的到资率普遍下降，但新设项目数、合同外资仍在增长，如仅以实际使用外资增长率作为评价指标，不能真实反映外商投资情况，因此取新设项目数、合同外资、实际使用外资平均增长率的加权合计数，其中新设项目数平均增长率占25%权重，合同外资平均增长率占10%权重，实际使用外资增长率占65%权重。计算公式为：

外商直接投资发展速度 = 1 +（新设项目数增长率×25% + 合同外资增长率×10% + 实际使用外资增长率×65%）

28. 对外直接投资发展速度

是指以上年为100，对外直接投资增长率的指数化。

29. 国际航线数

是指深圳与国外的航空运输线，包括客运航线和货运航线。

30. 在深常住外国人

是指持有效半年以上签证或居留许可的在深外国人。

31. 在深国际组织

是指在深设立的国际组织总部及分支机构数量。

（五）共享指标

32. 居民人均可支配收入

是指调查户可用于最终消费支出和其他非义务性支出以及储蓄的总和，即居民家庭可以用来自由支配的收入。它是家庭总收入扣除缴纳的个人所得税、个人缴纳的社会保障支出以及调查户的记账补贴后的收入。计算公式为：

居民可支配收入 = 家庭总收入 – 缴纳个人所得税 – 个人缴纳的社会保障支出 – 记账补贴

33. 新增供应人才住房和保障性住房
是指本年新增供应的人才住房和保障性住房数量。

34. 城镇登记失业率
是指报告期内在劳动保障部门登记的失业人数占期末从业人员与期末实有登记失业人数之和的比。计算公式为：

城镇登记失业率 = 城镇登记失业人口／（城镇登记失业人口 + 城镇就业人口）×100%

35. 公共交通占机动化出行分担率
是指城市居民出行方式中选择公共交通（包括公共汽电车、城市轨道交通、出租车）的出行量占机动化出行总量的比率，这个指标是衡量公共交通发展、城市交通结构合理性的指标。计算公式：

公共交通占机动化出行分担率 = 公共交通出行量／机动化出行总量×100%

36. 千人病床数
是指每千人的卫生机构病床数。计算公式为：

千人病床数 = 卫生机构病床数／年末常住人口（千人）

37. 亿元GDP生产安全事故死亡人数
是指报告期内生产安全事故死亡人数与GDP之比。计算公式为：

亿元GDP生产安全事故死亡人数 = 生产安全事故死亡人数／GDP（亿元）

夯实统计基础是 GDP 核算的根本立足点

一 现行 GDP 核算全部来自基础数据

过去的 2015 年,深圳 GDP 获得 8.9% 增长,鲜亮可信,其重要支撑在于从基础数据统计上来。在季度 GDP 核算中,70% 左右的基础数据来自 "一套表" 法人 "四上" 企业。全市约有 1.7 万家规模以上企业在报数,形成 GDP 重要来源。这是最重要的基石,其余来自部门统计数据。

二 求上不如求下求己

在中国现行高度集权统一统计制度下,不仅需要统计专业人员熟悉现行制度,也需要各级党政领导在一定程度上了解、理解和支持统计制度。制度不论其先进与落后,只要坚守就在一定程度上可比,可见其变化,从而导向管理层决策,产生相应的经济措施。比如,2015 年市几套班子挂点的 100 多家企业,这是马书记对深圳经济细胞重要性的实质把握,也是马书记重视统计基础数据的生动体现。

长时间以来,总以为求上是统计的重要工作,造成市求省、区求市的一定导向,这在一定程度上削弱了对统计基础工作的重视和夯实。

三 统计过程重于结果

一年由 4 个季度 12 个月组成 365 天,统计结果重要,但采集数据过程更为重要，这就是为什么统计很辛苦也很重要。我们逐月、逐季通过统计真实数据，从而导向注意经济重点和薄弱点。对统计方法技巧的使用，只能增加 GDP 0.1%—0.2%，过于重视这个会本末倒置，而且留下后遗症。

鉴上，说到底，还是加强基础进数重于一切。

C. 热难疑，深度分析

很多人说虚拟币没有价值，因为它就是电脑上的一串数字而已，不知道的还以为是乱码。我一时无法反驳，曾看到这样一个故事：一位美国上将对新兵训话，他掏出一张一百美元大票说，这不过是一张纸，成本不过几美分。但全世界必须用100美元的产品来换我们几美分的纸。这样做合理吗？不合理。公道吗？不公道。

可是为什么他们只能接受？是因为强大的美国军人，保护的就是它的价值。

货币的信用说到底来源于这种暴力为后盾的货币体系，会因为政府的利益不断制造通货膨胀，而虚拟货币不会。

这是一种有深度的热点，亦是难疑点的专业分析，需要不断去挖掘、把握、求索，适时纵深介入。

这无不是数据背后的精彩故事，也是满满的收获。

积极探索深圳"党管人才"新路子

人才问题，至关重要。最近，中央站在推进改革开放和社会主义现代化的战略高度，做出了人才资源是第一资源的科学判断，提出了"党管人才"的新要求。作为深圳特区，人才工作一直得到市委的高度重视，制定并实施了加强和改进人才工作的一系列重大方针政策，逐步确立了人才特区基本思路和宏观布局，推动全市人才工作取得了显著的成绩。

但是随着知识经济的到来，经济与人才的竞争越发激烈，处在改革开放最前沿的深圳经济特区，极有必要对自己已形成的人才工作进行深入思考，按"党管干部"的要求应对新的挑战与新的发展。

一 坚持"党管人才"对建设深圳特区具有特别重要的意义

置身于全国，中央决定深圳为改革试验区，为全国追赶发达国家创造经验。中央决策深圳为特区，我理解不仅是"经济特区"，而且是"人才特区"，人才对特区的发展具有极强的智力保证、前瞻推动与全面渗透作用。因此，在深圳特区坚持"党管人才"是贯彻中央实施人才强国战略的生动体现，也是整合特区人才力量、巩固和扩大党的执政基础、提高党的执政能力的必然要求。

深圳特区是各种人才汇聚地，坚持"党管人才"可为深圳技术与经济发展提供后发优势。深圳建立特区以来，社会经济取得了长足发展。从"六五"开始，"七五""八五""九五"四个五年计划发展期间，深圳GDP增长率分别达44%、16%、32%和18%。分析深圳GDP增长的贡献构成，第一个五年计划（"六五"）期间，投资是决定性的因素，其对国内生产总值的贡献率达到65.9%，劳动的贡献率居第二位，为23.9%，而技术进步的贡献率仅为10.7%。这表明深圳经济发展初期主要依靠中央给予优惠政策，发挥区位优势，吸引了港澳和内地的投资，推动经济的发展;"七五"时期,受国家宏观经济调整的影响,投资大幅度下降,投资对国内生产总值的贡献率降为第三位,为12.5%,劳动贡献率跃居第一位,为62.3%,技术进步率达到25.2%,仍低于全国平均水平,这反映了"三来一补"成为当时深圳经济增长的主要动力;"八五"期间,投资得到了显著的回升,对GDP贡献达到39.1%,而劳动的贡献率回到29.7%,技术进步贡献率仍稳步上升,达到31.2%,开始接近全国平均水平,这表明深圳特区的经济结构正处于转型阶段。从"九五"开始至2002年,尽管深圳经济增长的外部环境受到多重冲击,但高新技术产业异军突起,带动整个经济的发展,技术进步成为深圳经济的第一增长点。至2002年,深圳全部实现高新技术产品产值达1709.9亿元,其对限额规模以上工业企业贡献率已达47.1%,开始跨入稳步增长的新阶段。而在这里,人才的引进与技术进步同步增长,有着密不可分的相关线性。深圳各类人才的聚合成了特区技术增长的支柱,成为深圳经济飞跃前进的后发优势。

面对国内外人才的激烈竞争,坚持"党管人才"是深圳保持竞争优势的关键。当前,深圳面临激烈的国内外竞争环境,尤其人才竞争已成为当今所有竞争的重要手段。深圳过去保持试验区的位置优势,但现已成为"追兵就是标兵""对手就是老师"的状况。现今国内外人才的争夺与反争夺,已成为一种世界性的现象,特别是国内地区间人才竞争日益剧烈。自从中央提出"科教兴国"战略以来,各地如雨后春笋般地兴起了发展高新技术产业和引进高科技人才的高新项目。上海于1998年年底正式推出"构筑人才资源高地"的发展战略,计划至2010年把上海建成为全球化的"四个中心":人才信息中心、市场化的人才配置中心、现代化的人才培养中心和社会化的人才管理中心。北京为促进高新技术的发展,也在1999年年初决定为高新技术企业和跨国公司的地区总部及研究开发机构所需人才增长开设"直通车",免除城市增容费等一切费用和限制;广州提出人才可先落户的"绿色通道"。香港在创新科技委员会的倡议下,已于1999年10月正式宣布人才转港计划,放宽引进人才的入境限制,积极吸引涉外中国学者和留学生以及内地博士学历的高层次人才到香港工作。沿海发达地区的一些中小城市也纷纷提出各类优惠政策,吸引人才。人才富裕地区也相继推出了相应措施,南京、西安、合肥、武汉等地陆续推出了各类高级人才培养工程,给予了各种优惠待遇,保证本地人才不流失外地。

综观各地人才发展战略的实施,全面放开本科(香港为博士)以上学历人才的迁入和以高待遇、良好工作条件等留住本地高级人才,已成为人才竞争的显著特点。可见，随着日益激烈的人才争夺战的兴起，深圳原有的吸引人才的物质上的优惠政策，如相对较高的收入、福利住房、优先解决户口、家属子女随迁等，已在全国大中城市普遍推行，现有的政策优势已面临新的挑战。只有在"党管人才"中制定和实施新的"人才特区"发展战略，才能在未来的竞争中保持深圳的优势。

深圳要率先实现现代化，坚持"党管人才"是巩固和扩大特区人才队伍的有力保证。知识就是人才，人才就是生产力。从深圳国民经济发展产业看，汇聚了高技术、高人才的电子信息产业，在2002年深圳全市实现工业总产值2096.1亿元，全年每月平均增幅都在30%以上，占据了全市限额规模以上工业的"半壁江山"，成了深圳经济发展上的一支劲旅，发挥了高级人才与尖端技术的"炼头"作用。根据新经济增长理论，高新技术扩散度（知识传播）快慢决定了该区域经济发展的增长速度。由于模仿与使用先进国（地区）的技术发明成本比自我创新成本低得多，工业化后来者的增长可能超过技术领先国。因此，知识与人才是当代经济发展和社会转型的最重要因素。知识武装人才，人才创造财富。人才知识的创新不仅有利于促进经济持续增长，而且有利于促进人类社会可持续发展。根据中央和省委、省政府对深圳的期望以及深圳经济与社会发展的自身要求，深圳确立了这样的战略目标：建设"创新型高科技城市、物流枢纽城市、重要的金融城市、海滨旅游城市"的现代化中心城市。这些战略目标从深圳角度看，是20年改革与发展的必然要求与趋势，其归根结底还是要依靠人才和科技在经济和社会发展程度上来确保率先实现现代化并赶上世界先进水平。从全国角度看，中央让深圳继续进行先行探索，并为全国追赶发达国家创造经验。因此，深圳要实现上述战略目标，增创新的优势，关键所在就是要坚持"党管人才"，在全国率先实行人才发展战略，把握知识经济时代的机遇，赶上世界先进国家水平。

由上可见，人才发展在深圳特区建设中具有重要的战略地位与作用。当前，坚持"党管人才"，实施人才发展战略，不能仅仅靠一个部门或几个部门来抓，而必须升级为党委、政府来抓，尤其要从执政党总揽发展全局的高度来重视和加强深圳人才工作。

二 实施深圳人才发展战略的"四个不平衡"发展特征

伴随着深圳经济特区的建立与发展，深圳人才发展也经历了从无到有的起步、发展与壮大的过程。尤其是1992年以来,深圳凭借改革优势、区位优势、体制优势和机制优势吸引了一大批人才,初步形成了一支年纪较轻、相当规模、素质较高、开拓性强的人才队伍,为深圳经济持续、快速、健康发展提供了强有力的人才支撑。但是深入思考深圳人才队伍建设状况,不难发现其存在"四个不平衡"的发展特征。

"不平衡"发展特征之一:人才总量持续大幅度增长,但总量结构增长不平衡。至2002年年底,以常住人口468万为基数,深圳具有大专以上学历及中级以上职称的人才总量为50.4万人,其中户籍人才为28.5万人,非户籍人才为22.2万人,显示出具有深圳户口的人才比例大。在户籍人才中,党政机关和事业单位为9.3万人,其余在企业,而非户籍人才几乎全部在企业。自1995年以来,深圳人才数量年均增长率为12.7%,从24.8万人至50.4万人,近七年人才总量翻了一番多,基本上与深圳市的经济发展状况相适应。但是从深圳人才总量结构来观察,仍存在不平衡性,存在"三多三少"和"三高三低"现象。"三多三少"为一般人才数量多,高层次人才数量少;传统专业人才多,高精尖专业人才少;专门性人才多,复合型人才少。"三高三低"为中低学历职称人员比重较高,高学历高职称人才比重偏低;户籍人口中的人才比重较高,非户籍人口中的人才比重偏低;国内人才数量比重较高,国际性人才比重偏低。到2005年和2010年,深圳大专以上人才总量缺口分别为12万和30万。

"不平衡"发展特征之二:人才素质不断提高,但整体结构提高不平衡。经过20年的发展,深圳人才队伍的整体素质有了大幅度提高。全市大专以上学历人才占人才队伍的73%,比1979年提高60个百分点。高层次人才从无到有发展迅速。建立特区时,全市没有一名高级人才,只有2名工程师,20年后,各类专业技术人员达到16.6万人。十几年过去,尽管深圳整体人才素质提高迅猛,但高级人才比例偏少,而且大部分集中在企业和新兴行业。截至2002年,深圳拥有高级人才约4.2万人,占人才总量的8.3%。其中外籍和我国港澳台专家5556人,留学生3800人,国家和省授予有突出贡献的专家15人,享受政府津贴专家533人,获省、部颁发二等奖以上奖励人员169人。高级人才分布在企业的有3.45万人,占82.6%;专业单位有0.5万人,占12.15%;党政机关有0.23万人,占4.9%。同时,高级人才的年龄结构不太合理。据对43家高新企业调查显示,深圳20世纪80年代中后期引进的中高级职称人员呈老龄化趋势,年龄超过50岁的占50%以上。

"不平衡"发展特征之三:人才队伍整体年轻,但其分布特征不平衡。年龄结构轻是深圳人才队伍的一大优势。青年人朝气蓬勃,开拓精神高,保守思想少,精力充沛,是干工作、干事业的黄金时期。全市人才队伍平均年龄为30.8岁,其中35岁以下的大专及以上毕业生占71.8%,36—45岁占17.7%,46—54岁占4.9%,55岁以上的占5.6%。但年轻人才主要集中在第三产业,具有大专以上学历或具有中级以上职称人才,第三产业34.3万人,占60.9%。据2000年第五次人口普查资料统计表明,第三产业拥有高等教育文化程度的年轻劳动者比重为19.3%,而第二产业只占5.2%,第一产业只占1.4%。从三大产业年轻人才比例总的构成来看,深圳各产业升级的余地很大,人才比例不高,这说明行业的技术资金密集度不高。要建设国际化城市,不可能是在产业等级不高的情况下进行,人才先行、重视人才、开发人才已成为深圳当务之急。

"不平衡发展"特征之四:人才管理体制逐步完善,但人才使用不平衡。深圳较早地摈弃了传统的人事计划调配体制,逐步建立了适应市场经济特点的人才管理制度,加强了宏观调控、指导、管理、监督和服务方面的职能,初步建立了新型的政府依法监督、科学分类管理、配套措施完善的人才管理体制。尽管深圳在人才引进上开明开放,但在使用效益上并不同步发展,存在人才使用效益偏低问题。一般来说,国际上遵循的测算人才使用效能的指标是每百万元的GDP与投入人才数量的比值,比值低说明人才的使用效能高,人才创造的价值单位多。反之,则说明人才的使用效能低。国际标准值是5,即创造每百万元的GDP所需人才为5人。深圳2002年的GDP为2239.4亿元,仅为269.8亿美元,2002年的人才总量为50.4万人,因此其效能指标为2.3人,这与发达国家和地区相比,显得深圳的人才使用效能低。人才效能低有两个原因,一是我国人事系统的人才标准太低和太僵硬,将一些不够国际标准的人员算作人才;二是体制或制度因素造成人才能力得不到充分发挥。据一项重点调查,目前深圳市科技人员中专业完全对口的占23%,完全不对口的占13%。可见,有36%的人才其工作与专业不对口,未能做到人尽其才。

三 努力创新"党管人才"新路子

面对新的形势与挑战,作为深圳特区,如何继续保持发展领先的态势,其关键取决于人才的发展。在新形势下要做好深圳的人才工作,就要坚持"党管人才",不断开拓新思路,拿出新举措,创新方法,加强党对人才工作的驾驭与领导。总体来说，努力探索深圳"党管人才"新路子，就必须以"三个代表"重要思想为指导，认真贯彻党的十六大精神，进一步完善人才工作格局，健全人才工作机制，创新人才工作方法，为深圳率先基本实现现代化提供坚强的人才保证。其战略目标就是围绕深圳提出的建设"创新型高科技城市、物流枢纽城市、重要的金融城市、海滨旅游城市"的现代化中心城市的总体要求，以调整和优化人才结构、大力提升人才总量为主线，以人才机制创新为战略重点，努力建设一支与深圳市经济和社会发展相适应的、最具创新活力、最能适应市场机制、国际化程度高的高素质人才队伍，进一步巩固和提升深圳人才集聚中心优势地位，大力实施深圳人才发展战略，成为"最具人才活力的城市"。

围绕战略目标，要努力探索"党管人才"的新路子。

其一，从战略思路入手，树立强烈的深圳人才意识。伟大的实践要用战略的思维推动，要树立强烈的人才意识。"党管人才"应有的意识主要体现在知人善任、广纳群贤上，做到有爱才之心、识才之智、容才之量和用才之道。爱才之心，就是要真正从思想上重视人才，从感情上贴近人才。萧何"月下追韩信"，促成刘邦建汉；刘备"三顾茅庐"，成就三国鼎立伟业，这些都是历史上爱才的佳话。在新的历史条件下，领导干部的爱才之心从哪里来？来自对党和人民事业的忠诚。一个有强烈事业心和责任感的干部，必然会对人才有一种真挚的感谢和满腔的爱心。识才之智，就是要善于发现人才，准确地识别人才。发现和识别人才是一个"剖石为玉、淘沙为金"的过程。领导干部要转变作风，经常深入实际，深入基层，在实践中发现人才。容才之量，就是要以开阔的眼光和宽广的胸怀选才用才。人善于包容、吸纳、凝聚各种各样的人才。选贤任能也是革命，选人用人一定要以事业为重。用才之道，就是要拴心留人，充分调动各类人才的积极性和创造性。最根本的是要用共同的理想、共同的追求、共同的事业团结人、凝聚人，坚持用事业留人，用感情留人，也用适当的待遇留人。

其二，从组织保证入手，形成深圳人才工作新格局。根据深圳发展的目标定位，从"党管人才"的战略高度，把人才的培养、吸引和使用作为战略问题来对待，把人才资源作为第一资源和第一任务来抓，列入重要的工作日程，形成党要统一领导，组织部门牵头抓总，有关部门各司其职、密切配合的人才工作新格局。党要统一领导，就是要进一步加强各级党委对人才工作重大方针政策和工作部署的领导；组织部门牵头抓总，就是明确深圳各级组织部门作为党委领导人才工作的职能部门，指导人才工作政策、法规、规章、制度和措施的制定，协调指导人才培养、吸引、流动、激励等相关工作；研究制定短期和中长期人才队伍建设规划并负责规划的协调落实；有关部门各司其职、密切配合，就是进一步充分发挥组织部门、政府职能部门、人民团体、企事业单位、中介组织的作用，整合资源，协调一致，密切配合，形成合力。目前，深圳已成立市"人才开发领导小组"，由市领导任组长，各有关局、办领导为成员，其职能是及时协调、沟通、处理、完善人才环境中的各种问题。领导小组下设办公室，专门负责对全市人力资源引进、使用、培养等方面的问题进行研究，并及时解决制约人才环境中的有关问题；了解国内外人力资源发展的动态以及最新研究成果，为市委、市政府提出人力资源发展的可行性意见，以及制定有关的政策法规草案。

其三，从健全人才工作机制入手，加快深圳优秀人才的集聚。在努力完善"党管人才"工作格局的基础上，突出深圳特色，建立相应的工作制度与机制来确保"党管人才"目标任务的落实。一是建立人口置换机制。立足深圳人口构成的特点和产业的发展方向，控制人口但不控制人才，力争用10—15年时间，实施人口置换，通过调整现行入户政策，设置素质标准，增大人才引进数量，改善人才结构。加紧研究户籍制度的改革办法，取消购房入户政策，鼓励技术入户、投资入户，对投资、创造性人才要制定切实可行的整套服务政策。二是强化对涉外人才的引进机制。抓住全球经济增长效绩、IT产业调整、国际经济对高素质人才需求相对减少的机遇，通过不同形式，以重点项目、重点工程、高新技术产业的研发机构需求的关键岗位招聘人才。通过与涉外华人社团、猎头公司及其他团体的合作，打开大规模引进涉外高素质人才的局面。与此同时，扩大建设留学生创业园、留学生创业大厦，发挥留学生专职工作部门的作用，增大留学人员回国创业的容量。三是完善人才流动机制。以"柔性管理、柔性流动"为原则，逐步做到按国际惯例运作，研究修订"深圳市人才居住证"的配套措施，对柔性流动的人才在购房、购车、开办企业、短期出国（境）以及办理驾驶证等方面享受本市居民同等待遇。加快建立自由职业制度，引导取得国内执业资格的人才，在本市注册登记并开放专业服务机构，为社会提供各种服务。四是构筑人才载体机制。深圳目前较大、较完备的公共实验室、研究平台比较缺乏。为此，在高新科技园里，依托清华大学等各大高校的研究院进行资源整合，建立一个"工业院"，做到资源共享，为科技发展、创新提供一个持续的动力；引进跨国公司总部、研发中心、采购中心，引进国内大型企业集团总部来深圳作为人才载体；大力引进和组建国家级科研院所和重点实施室，或由深圳出资建造硬件，从内地引进高素质科技人才或兼职研究开发；重点实验室、研究院（所）要摆脱传统的管理和运行方式，鼓励社会多方投入，研究方向由投资主体决定，实施对科学家和研究人员投入产出挂钩的激励措施。五是完善人才激励机制。充分体现知识、技能的价值，对有突出贡献尤其是从事基础研究、高科技产品研制与开发的科技工作者和企业经济效益领先的经营管理者，实行一流人才一流工资的政策；进一步落实事业单位内部工资分配自主权，改革现行以职称等确定工资标准的制度，把实行聘用制与岗位管理结合起来，实行岗位工资制；肯定推行年薪制、持有股权、股票期权等分配方式，鼓励人才技术、专利、成果和知识管理等要素参与收益分配，借鉴国际经验，研究人才的个人收入直接投入社会再生产部分，予以免征或抵扣个人所得税的办法。

其四，从完善人才市场功能入手，创新深圳人才工作方式、方法。"党管人才"不是简单照搬党管干部的方式方法，更不是要将人才管住管死，而是尊重规律，分类指导，整体推进，协调发展。当前深圳"党管人才"要遵循社会主义市场经济规律和人才开发利用规律，充分发挥市场对人才资源配置的基础性作用。一是建立高素质人才专业市场。大力开拓涉外高素质人才市场，鼓励国内外著名人才中介服务机构来深开办业务或建立分支机构。积极开展引进高素质人才的"猎头"业务，为各类高素质人才创造二次配置的机会，提高高素质人才的使用效率。二是加快人才信息网络化建设。充分利用现代信息网络技术，提高人才市场的信息化、社会化程度，建立覆盖全市并与国内外联网的人才信息网络和信息库，建立在全国具有较大影响的人才网站，逐步形成集市型、信息网络型并举的人才市场体系，减少人才交流成本，逐步改变原始的展位招聘形式，提高效率。通过与周边市场及国外的信息交流、沟通合作，增强深圳市人才市场的集聚和指挥功能。同时，建立具有深圳特色的人才政策体系，加强对人才队伍建设的宏观指导和综合协调，把握人才工作方向，加大人才立法力度，不断提高人才工作的法制化程度，用法制手段保障各类人才的合法权益和人才工作的有序进行；树立为人才服务的意识，完善服务措施，创新服务手段，不断提高为人才服务的水平。

其五，从优化人才环境入手，营造人才集聚的良好氛围。一是营造公平竞争的环境。进一步健全竞争择优的人才选拔制度，为优秀人才脱颖而出开辟"快车道"。在已有的基础上，继续有计划地在党政机关、国有企业和事业单位推出一批专业性强、待遇优厚的高级职位，为涉内外高素质人才竞聘提供平台。破除所有制的歧视观念，为不同所有制企业提供公平的竞争环境。加大对民营企业人才政策的引导和扶持力度，创造公平的政策环境。二是建立分级的深圳人才发展基金。该基金由各级财政负责,全年定额拨付,并接受社会捐赠。基金按照国际惯例运作,由使用人提出申请,用于资助参加国际性交流活动,也可作为重点科研项目的启动费用。每个项目的资金使用由专家审查委员会评定后,统一给予拨付。同时,为人才引进和培养提供资金保障,对引进的高素质、高层次人才在配职调动、子女入学、安家补助、出国、赴我国港澳进修培训、科研资金方面给予适当的帮助和扶持。对来深圳工作的外籍和我国港澳台高层人才,按照国家法律和国际惯例,在工作和生活方面给予国民待遇和市民待遇,对高素质人才在就医、出入"二线关"、办理出境签证手续等方面给予高规格待遇。三是建立各类高素质专门人才社区与公寓。从长远看,深圳逐步建立外国专家公寓、国内专家公寓、留学生公寓、博士后公寓,建立配套的设施齐全的社区环境,主要为柔性流动的高素质人才提供便利的生活条件。同时要在这些社区建立国际学校、高水平的医疗机构,并规划必备的商业、服务、文化、体育设备,使高素质人才在深圳有"中关村""上海浦东"的感觉。成立人才服务中心,对人才进行管理,提供服务。四是加强教育培训。加紧实施深圳大学提升计划,以深大技术学院为基础,提升人才队伍整体素质。继续着手改造深大理工学院,参照香港科大的模式,坚持按国际惯例进行组建和管理,并高薪聘请国内外一流学者教授,提高师资水平,整体改造提升深圳的高等教育体系。加大技能型人才培训和引进力度,采取各种措施推进深圳技术技能人才的跨越式发展,培养和造就一支高素质的技能人才队伍。加快人才国际化培训步伐,努力适应经济全球化和加入WTO对人才队伍的新要求,全面提高各类人才队伍的整体素质,培养一批进入国际科技前沿、与国际同行密切的高科技创新人才,培养一批精通国际惯例、善经营会管理的跨国经营人才和国际实务人才,进一步增强深圳人才的综合竞争力。五是提升人才生存人文环境。组织或引导、鼓励社会举办各种形式的高层次学术交流活动,邀请国际著名的科学家、专家学者、产业界的企业家、投资者和法律专家来深进行各类交流和培训活动;鼓励组建各类人才联谊会,逐步营造一个学术气氛浓厚的环境。大力提高和改善深圳教育、卫生、文化、社会治安和城市环境,建设具有国际水准的一流城市综合环境。

概言之,贯彻新时期"党管人才"要求,必须脚踏实地,以一股"闯呀""冒呀"的精神,不断创新深圳人才建设新机制,探索深圳人才发展新路子,开创深圳人才工作新局面。

快速的发展·稳进的特点·上扬的趋势

——2002年深圳市工业经济回眸与2003年展望

一 基本情况：快速的发展

回眸2002年深圳工业经济发展，其基本的、总体的情况是：在高位上继续快增长。至2001年，深圳市已完成工业总产值3934.62亿元（现行价格，下同），比上年增长27.5%，在全国大中城市中位居第二位；2002年继续保居全国大中城市第二位，全年共完成工业总产值3934.62亿元。其中限额以上工业总产值3628.2亿元，比上年增长25.9%；限额以下工业总产值306.1亿元，比上年增长5.9%。在限额以上工业产值中，轻工业产值1226.91亿元，占33.8%；重工业产值2401.6亿元，占66.2%。按登记类型分，内资企业792.14亿元；我国港、澳、台商投资企业1498.25亿元；外商投资企业1338.12亿元。按经济组织类型分，独资企业1901.79亿元；合作合伙企业133.40亿元；股份有限公司437.91亿元；有限责任公司1155.43亿元，这些不同类型企业都获得两位数增长。

逐季上的环比快增长。2002年全市各季度的工业总产值增长速度呈逐月上升趋势。第一季度完成工业总产值622.80亿元，增长19.8%；第二季度完成工业总产值1549.85亿元，增长18.9%；第三季度完成工业产值2497.64亿元，增长19.0%；第四季度完成工业总产值3628.52亿元，增长25.9%。第四季度工业增长率分别比第一、第二、第三季度增加6.1个、7个、6.9个百分点。

产销上的衔接快增长。2002年，全市工业产品产销率一直保持较高水平，第一季度的产销率为100.5%，第二季度的产销率为99.1%，第三季度的产销率为99.5%，第四季度的产销率为99.2%。在2002年，全市工业产品产销关系一直保持良好，在全国名列前茅。分析深圳市工业品产销衔接较好的因素主要有：其一，企业按订单组织生产，严格实行以销定产的策略，生产适销对路的产品，尽量减少库存积压；其二，企业重视品牌建设，实施名牌产品战略，加大产品市场开发力度和促销力度；其三，企业致力提高产品科技含量，加大科研开发力度，不断研发出新产品，满足消费者不断变化的需求。

产业上的协调快增长。2002年，全市工业产业增长特征是轻工业高速增长，重工业平稳增长。全年轻工业实现产值1226.91亿元，占限额工业总产值的33.8%，比上年增长27.2%。高新技术产业继续快速增长的同时，优势传统产业加快运用高新技术和先进适用技术改造升级，焕发出新的活力。服装行业实现产值341.19亿元，增长33.3%，出口40亿美元，增长110%；皮革行业实现产值27.67亿元，出口20亿元，增长5%；珠宝行业实现产值215亿元，增长19.4%，出口8.3亿美元，增长66.7%；机械行业实现产值680亿元，增长16.2%，出口60亿美元，增长15.4%；家具行业实现产值160亿元，增长17%，出口14亿美元，增长16.7%；印刷行业实现产值166亿元，增长15%，出口12亿美元，增长10%；钟表行业实现产值90亿元，与上年大致持平，出口9.3亿美元，增长3.3%。与之对应，全市主要工业产品，包括彩电、电风扇等传统产品，其产量均有不同程度的增长。

二 运行状况：稳进的特点

过去的一年，深圳工业经济运行不仅快速有序，而且呈现健康稳进的增长特征，其在深圳国民经济中所扮演的角色越来越重要。

在全市GDP中，工业主导作用凸显，已成半壁江山。2002年全市全部工业完成增加值1083.89亿元，比上年增长22.3%，其中规模以上工业企业完成工业增加值1019.61亿元，比上年增长21.0%。在深圳国民经济各行业中，工业的增长对国内生产总值的增长贡献最大，不论其总量还是增长率都达到全市GDP的一半，对整个深圳国民经济起着支撑作用。与此同时，深圳工业发展在全省仍然保持领先地位，2002年规模以上工业增加值总量继续在全省位居第一。此外，工业在深圳区域经济发展中正崭露头角，像南山、宝安、龙岗三个区逐步成为深圳市高新技术产业、先进制造业和外向工业的主要发展基地。2002年三个区实现限额规模以上工业总产值2763.88亿元，占全市工业总产值的76.2%。其中，南山区1068.38亿元，占29.3%；宝安区1063.38亿元，占29.3%；龙岗区631.85亿元，占17.4%，这无不显示了工业在区经济发展格局中的主导作用。

在工业总产值中，电子信息产业方兴未艾，高新技术亮点依然。在全球 IT 产业持续调整的背景下，深圳市电子信息产业积极主动发挥产业配套和制造成本优势，仍保持高速增长。全年每月增长速度基本保持增幅 30% 以上，全年实现工业总产值 2096.07 亿元，增长 39.9%，占了全部工业总产值的 57.8%。其中投资类 1924.8 亿元，增长 31.5%；消费类 559.5 亿元，增长 112.07%；元器件类 223.8 亿元，增长 9.2%。而消费类电子产品的成倍增长一枝独秀，成为 2002 年深圳工业电子信息行业耀眼的亮点。由此推动深圳高新技术产业继续快速增长，变成深圳工业发展上的一支劲旅。2002 年全市实现高新技术产品产值 1709.92 亿元，比上年增长 29.4%，占全市限额以上工业总产值的比重达到 47.12%，比上年增加两个百分点；产品销售收入 1646.71 亿元，比上年增长 32.2%，产销率达 96.3%；高新技术产品出口 156.86 亿美元，比上年增长 38.0%，占产品销售收入的比重 79.9%，产品创利税 221.65 亿元，比上年增长 34.4%，销售利税率为 13.5%。

在经济结构中，市场成分多元化，应对能力增强。2002 年，"三资"企业继续成为工业经济增长的"火车头"，全市外资及我国港澳台投资的规模以上工业企业共 1681 家，比上年增加 203 家，共实现工业产值 2836.37 亿元，比上年增长 27.1%，占全市工业总产值的比重 78.2%，对全市工业经济增长的拉动最大。在 2002 年全市工业增长 25.9% 中，20.5 个百分点是"外"字头企业提供的。可见，外商及我国港澳台投资企业的较快较好发展为深圳全市工业和国民经济的稳进发展发挥了不可替代的作用。在加大市场作用力的过程中，深圳工业企业产品产销衔接关系日趋良好，2002 年工业品市场销售顺畅，全市实现销售产值 3598.81 亿元，出口交货值 2125.45 亿元，完全达到工业产品销售与生产同步增长。在拓展市场中尤为加工贸易出口市场增长强劲，全年加工贸易完成进出口总额 628.84 亿美元，增长 23.7%，占全市外贸出口的 72.1%，为深圳市连续第十个年头保持全国大中城市出口首位做出重要贡献。其中，加工贸易出口 376.54 亿美元，增长 20.71%，占外贸出口总额的 80.9%；加工贸易进口走势更是强劲，全年累计进口 252.29 亿美元，比上年增长 28.3%，占外贸进口总额的 62.02%。这一举扭转了 2001 年进口疲软的局面，同时也反映出企业普遍看好未来市场需求，积极备料生产，这对 2003 年全市工业出口增长将起到支撑作用。

在主推动力中，百强带动，支撑工业经济快速增长。2002 年全市工业百强继续发挥主力军和骨干作用，产业带动作用进一步显示威力。全市工业百强全年实现工业总产值（90年不变价）3055.39亿元，增长34.4%，占全市限额以上工业总产值的81.7%，实现工业增加值788.53亿元，增长17.2%，占市工业增加值的72.5%。全年实现产品销售收入2376.23亿元，增长26.5%，占全市限额规模以上工业企业产品销售收入68.6%，其增长速度比全市工业高出6.9个百分点。其中前10名企业销售收入规模均在50亿元以上，共实现销售收入1210.44亿元，增长36.5%，占工业百强企业的52.5%，占全市工业的34.2%。排名第一的鸿富锦实现销售收入387.37亿元，比上年增长118.3%。工业百强实现利润总额168.77亿元，占工业利润总额的75.6%。华为、中兴在国内通信行业市场紧缩的情况下，进一步巩固、扩大了主流产品的市场份额和品牌地位。康佳、创维全年分别生产彩电550万台和697.29万台，比上年增长244.8%和69.3%，其中康佳生产手机超过百万台，创维生产DVD 120万台，比上年均有大幅度增长。伴随着全市经济快速增长，全年深圳电力需求增长迅速，全市供电量（不含蛇口）累计247.34亿千瓦时，增长23.4%。其中省网供电106.44亿千瓦时，增长32.1%；妈湾、西部电厂上网电量70.27亿千瓦时，增长5.7%；地方燃油电厂上网电量69.82亿千瓦时，增长30.8%。

三 新年展望：上扬的趋势

展望新的一年，深圳工业经济在过去一年较快较好发展的基础上，仍可望获得更快更好的发展，总体上是一个继续上扬的发展态势，预测增长速度会在25%左右，比上年提高1—2个百分点。

但是，深圳工业要保持这种上扬的态势仍面临许多困难与矛盾，尤其在全球经济结构调整中，深圳工业的根本出路在于降低企业的创业和经营成本，营造良好综合发展环境，提高综合竞争力，坚定选择走新型工业化之路。

（一）面临的难题与矛盾

就统计数据的比重分析，深圳工业欲走新型工业化路子，仍面临着几个难题与矛盾。

一是产业结构单一。2002年全市电子信息产业产值2096.07亿元，占全部工业总产值的57.8%，其中投资类的总额达到1924.8亿元，占电子信息产值的71.1%。而非电子信息技术类的高新技术产业、机械装备等现代先进制造业发展则相对落后。

二是外向工业增长后劲不足。2002年加工贸易完成进出口总额628.84亿美元，虽然增长了23.7%，占全市外贸进出口的72.1%。但在这增长后面掩盖着它以从事简单加工和组装贸易为主的落后一面，企业自身营销能力与制造能力之间矛盾日益突出。

三是产业布局不尽合理。在全市限额以上2134家工业企业中，小型企业有1733家，产值占到45.8%，很显然在限额以上深圳工业中，"重型化"程度不够，缺乏上规模、上档次、带动强的重大工业项目。因缺乏合理规划布局，一些主导产业群和主要企业群被不合理分割，原料、物流、市场走向相背，阻碍了产业规模聚集。

（二）具备的机遇与条件

从机遇来看，全球经济增长放缓带来的全球产业链的重新分配，为深圳工业的进一步快速发展带来了新的机遇。这一机遇尽管是全球性的，但对深圳这样一个充满活力与生机的开放城市来说，尤为重要。

从条件来看，近年来深圳工业抓住机遇，加快结构调整，产业资源优势逐渐向产业高级方向积聚，工业整体素质不断提高。2002年，深圳工业对全市经济增长的贡献率已达61.3%，即在全市GDP的15%经济增长中，有9.2个百分点是由工业的增长率来的，形成了全市经济快速增长的主导力量。深圳工业的发展规模已居全国大中城市的第二位，尤其是电子信息产业已成为成长性最好、竞争力最强、关联最大的支柱产业，而生物医药、新材料、新能源等产业正逐步成为技术含量高、增长势头猛、辐射拉动力强的新兴产业。与此同时，深圳的传统工业正与高新技术产业逐步融合，随着《中小企业法》的颁布实施，政府更加重视中小企业发展，形成了大中小企业相互关联、相互依存、专业化供给的产业链条锁。这些都为深圳走新型工业化路子提供了良好的条件。

（三）深圳工业走新型化的要求与突破

创新是深圳发展的灵魂，更是深圳工业发展的灵性之魂。我们可以由上分析得出，谋求深圳工业新发展就是要走出一条科技含量高、经济效益好、资源消耗低、环境污染少、人力资源优势得到充分发挥的新型工业化路子，以加快形成以高新技术产业为先导、基础产业和制造业为支撑、服务业全面发展的产业格局。

深圳工业走新型化发展之路,重点要抓住机遇,以产业结构调整为主线,大力发展先进制造设备业,快步实现新型工业化。一是着力打造优势产业,大力发展高新技术产业。高新技术是深圳经济发展的第一增长点、第一推动力。目前有600多家高新技术企业、6万多名高新区人汇聚在占深圳0.6%的土地上,创造了深圳22%的产值,年均增长50%,可称为深圳的"硅谷"。在高新技术产业中,要把IT产业作为工业战略优势产业来发展。对于软件、数字视听、光显示技术等快速增长的产业,要有抢滩意识,争取主动,对于处于平稳增长期的计算机与外围设备等产业,保持稳定发展;对于处于调整收缩期的微电子及基础元器件和通信产业,必须有选择地重点突破。

二是与发展大企业并举,有力推进科技型中小企业发展。中小型企业是深圳工业的有益补充和主要力量,它在拉动经济增长、推进技术创新、增强出口创汇、扩大就业等方面发挥着重要的作用。尤其是那些科技型中小企业具有科技含量高、资本金小、规模小、人员少、组织简单、机制灵活、决策效率高、与技术创新有着必然的联系的特点,是高新技术企业的摇篮。一批知名的大型高新技术企业是从名不见经传的中小企业发展而来的,我们不可小视,必须充分发挥其群星拱月作用。目前深圳拥有中小高新技术企业3000家,总注册资本800亿元,其中民营高科技企业达2000多家,统计表明在最近6年间,民营科技企业所创造的GDP一直保持着年均43%的高速增长态势。因此,健全与完善中小企业的社会服务体系,重点扶持"十佳小巨人企业"和"百强中小企业"的发展,形成与大企业分工协作、优势互补的中小企业产业群体,促进产业结构调整,提高深圳区域产业竞争力。

三是致力培植新兴产业,构建先进制造业和装备型工业。面对新的机遇与挑战,深圳工业应大力发展医药、医疗、器械、生物技术、新材料等处于起步期且具有良好发展前景的新兴产业。同时,下力气发展那些符合环保要求、增值率较高、占地面积不大的产业。比如与惠州大石化相配套的产业、汽车零配件产业,以及数控机床、精密模具、医疗器械、环保成套设备、集装箱等基础装备工业。还要积极改造提升传统产业,整合各方力量资源,充分利用高新技术和先进适用技术,对钟表、家具、纺织服装优势传统制造产业进行改造提升,加快深圳传统工业的升级换代。

四是增创体制新优势,勇于破除国企既有利益格局。当前体制性障碍是影响新型工业化的一大弊端。工业体制创新需要法律至上保证,政府对工业企业的关系,考虑的不应是赚多少钱,拿出多少钱来扶持企业,而是要从监管企业转到从事经济服务、市场监管、社会公共服务上来,变"全能政府"为"责任政府","管理政府"为"服务政府","权力政府"为"责任政府"。深圳目前约有 1639 亿元的市属国有企业总资产,处于一般竞争性领域的市属国有总资产高达 1031 亿元,占整个市属国有企业总资产的 63%,而实现利润仅占全市企业利润的 29%,净资产利润率仅 4.1%。国企在这种极不协调的状态下怎么能做强做大?因此,深圳工业改革的创新在于淡化国企概念,在当前国企工业资本不可能一夜之间退出的情况下,在指导思想上进一步明确市场经济的运行机制只能建立在产权社会化的基础之上,由此大力推行产权主体多元化,尤其是产权主权社会化。这样才能迸发出深圳工业体制的活力与效力,走出一条真正的深圳新型工业化路子。

对由"深圳速度"向"效益深圳"转替战略后的特区经济发展特征与导向力问题研究

一 建设"效益深圳",亮出特区经济发展的新气质

(一) 总体运行特征

深圳自1980年中央批准创建经济特区,25年来创下了举世瞩目的深圳经济社会发展的"深圳速度"。2004年伊始,深圳市委、市政府响亮提出并抉择"效益深圳"新的发展战略。从启动"效益深圳"发展战略后的特区经济运行特征看,全市整体经济在基数不断扩大的基础上,仍保持较高增速;工业经济快速增长,效益全面提高;投资规模扩大,市场消费活跃;交通邮电增长显著,港口民航业绩屡创新高;进出口贸易持续扩大,吸引外资恢复增长;财政金融形势良好;物价走势趋于平稳;企业景气回升,信心指数增强。全年本地生产总值达3422.80亿元,只用两年就实现本地生产总值从2000亿元到3000亿元的历史性跨越。其增速按可比口径计算,比上年增长17.3%,增幅是1996年以来仅次于2003年的又一高位,具体见表1。人均GDP为59271元,居全国大中城市首位。在本地生产总值,第一产业增加值14.18亿元,比上年下降19.8%;第二产业增加值2108.14亿元,增长21.3%;第三产业增加值1300.48亿元,增长11.3%。三次产业比重由上年的0.6∶59.7∶39.7调整为今年的0.4∶61.6∶38.0。

表1 1996—2004年深圳市GDP环比增长速度 单位:%

1996年	1997年	1998年	1999年	2000年	2001年	2002年	2003年	2004年
16.4	16.0	14.5	14.1	14.2	13.2	15.0	19.2	17.3

从2004年GDP各季增幅看，经济总量呈现逐季扩大趋势：第一季度增长19.1%，第二季度累计增长17.4%，第三季度累计增长17.3%，全年增长17.3%，从第一季度到第四季度上下波动1.8个百分点，整体经济持续在高位平稳运行。

深圳特区经济发展，从2002年开始进入第三个经济周期。第一个周期的峰顶是1984年，增速为59.9%，到1986年到达谷底，增速仅为2.7%；第二个周期的峰顶是1991年，增速为36.0%，到2001年到达谷底，增速为13.2%；第三个周期的峰顶是2003年，增速为19.2%，2004年增速为17.3%，有所下降，但还属于高峰区。经过前两个周期的发展，深圳经济已具备相当规模，2000年深圳GDP在全国大中城市中已排第四名，仅列上海、北京、广州之后，由一个边陲小镇发展成为一个具有相当经济实力、颇具竞争优势的强大经济主体。所以，第三个经济周期有两个显著特点。（1）总量大而增幅波动小。第一个周期峰顶与谷底相差57.2个百分点；第二个周期峰顶与谷底相差22.8个百分点，波幅较第一周期减小，且持续时间长，相隔10年；第一个周期的峰顶与谷底只隔1年。从第二个周期的谷底到第三个周期的峰顶增幅只差6个百分点，从经济周期变化上推论，其高峰区还没完。（2）稳健而呈周期性变化。表现为"持续下降、持续上升"，中间近乎无波动，反映出经济走势的稳健性。

2000年以后，引起深圳经济周期变化的主导因素是：（1）1995年深圳市委、市政府提出大力发展高新技术产业、适当控制加工贸易的战略，引起部分加工贸易企业外迁，妨碍了深圳短期经济的增势。发展高新技术产业是个长期的积累过程，其培育成功和走向成熟后，必然给后期经济发展带来强大的、稳健的基础。从高新技术产品产值占规模以上工业总产值的比重变化来看，1995年为21.42%，1998年达到40.25%，而2004年达到50.18%，由此带来的是经济增长势头越来越稳，这说明实施高新技术战略具有远见卓识，下面应向纵深和自我研发发展。（2）始发于1997年下半年的东南亚金融危机，引发了全球经济的动荡，促使了全球货币体系的调整。在这个动荡中，由于汇率的大幅波动，全球贸易减少，1998年全球货物进出口贸易总额比上年下降1.24%。2001年，由于美国发生"9·11"事件，导致全球货物进出口总额较上年下降3.8%。市场的萎缩导致了生产疲软，这一年世界经济遭遇了近20年来前所未有的困难而明显放缓。深圳是个外向型特征非常明显的经济主体，必然受此影响，使经济增势回调。（3）我国经过15年谈判于2001年11月加入WTO，这给我国经济带来了新的机遇，同时也带来了挑战。由于深圳经济的外向格局，而引发人们更多的疑惑。然而，深圳经济运行的实际结果为：2002年GDP增长15%，经济开始回升，这无疑展示了深圳特区经济的稳健与活力。

（二）结构变化特征

从深圳三次产业运行轨迹看，由于受第二、第三产业快速发展影响，以土地为基本生产资料的第一产业增加值占GDP的比重已降至0.4%，分季度的累计增速是负数越来越大，依次为-7.3%、-12.9%、-13.7%和-19.8%，这表明其绝对量也在不断萎缩，具体见表2。

表2　　　　　　深圳市2004年各季累计GDP结构及增长速度　　　　　　单位：%

	三产比重				增长速度			
	第一季度	第二季度	第三季度	第四季度	第一季度	第二季度	第三季度	第四季度
第一产业	0.5	0.5	0.4	0.4	-7.3	-12.9	-13.7	-19.8
第二产业	62.0	61.4	61.9	61.6	23.0	21.3	21.3	21.3
工业	56.7	55.6	56.0	55.9	24.1	24.1	23.8	23.8
建筑业	5.3	5.8	6.0	5.7	10.3	-3.1	0.3	-1.2
第三产业	37.5	38.1	37.7	38.0	13.4	12.0	11.4	11.3
运输邮电业	7.4	6.6	6.9	7.6	15.5	17.4	17.7	22.8
批零业饮食业	8.2	7.6	7.2	7.1	13.1	12	11.3	10.5
金融保险业	7.8	6.7	7.2	7.5	9.5	0.3	-0.2	1.2
房地产业	3.4	7.5	7.3	7.0	14.9	23.6	23.1	17.7
其他服务业	10.7	9.7	9.1	8.8	14.4	9.6	8.8	7.6
合计	100	100	100	100	19.1	17.4	17.3	17.3

2004年，第二产业增加值按季累计增速依次为23.0%、21.3%、21.3%和21.3%，除第一季度受2003年同期基数较低影响外，基本上保持稳定的高速增长。其中，工业增加值增速依次为：24.1%、24.1%、23.8%和23.8%，也在稳定地高速增长。由于工业增加值占第二产业增加值比重高达90%强，因此，第二产业的发展主要受工业的支配。

第二产业中的建筑业增加值按季累计增幅依次为：10.3%、-3.1%、0.3%和-1.2%，总体上是下降趋势。这其中有建筑材料价格上涨的因素影响。而且，由于建筑业增加值与固定资产投资中建筑安装工程密切相关，因此，建筑业增加值的这种表现，除了与固定资产投资增幅平缓有关外，更主要的是受固定资产投资中建筑安装工程比重下降的影响（相对应的设备购置比重上升）。这充分反映了2004年固定资产投资中的工程结构，说明2004年固定资产投资项目中，收尾工程或后期工程比重较大，预示着今后几年要保持固定资产投资的快速增长，必须准备和加快新项目的开工步伐。

第三产业增加值按季累计增速依次为13.4%、12.0%、11.4%和11.3%。总量在两位数的增幅上，亦属高速增长，但增速在平稳中趋缓。在第三产业中，增速最快的是运输邮电业，其增加值按季累计增幅依次为15.5%、17.4%、17.7%和22.8%，表现为在高位增速的基础上快速攀升。究其原因：一是2003年"非典"引起客运等基数偏低，导致了基数低、增速快；二是港口、航空运输近几年来的快速增长，展示了深圳区域性运输中心地位的确立，也说明建立物流中心战略在运输业方面已取得显著成效。在第三产业中，增速最慢的是金融保险业，其增加值按季累计增幅依次为9.5%、0.3%、-0.2%和1.2%，有下滑趋势并在第三季度的累计增幅出现负数，表明累计至第三季度金融保险业增加值的绝对数较2003年同期减少。这也使得金融保险业增加值占GDP的比重由1999年的13.2%下降为2004年的7.5%，5年内下降了5.7个百分点。在第三产业中，商业饮食业增加值虽然增速在两位数以上，但增幅呈逐渐减缓之势，按季累计增幅依次为13.1%、12.0%、11.3%和10.5%。从资料看，主要受其他服务业影响。根据国家核算制度规定，其他服务业增加值核算主要依据全社会劳动者报酬的发展，而2004年其他服务业按季累计增速依次为14.4%、9.6%、8.8%和7.6%，增速也逐渐下滑。据测算，两个发展速度的相关系数达0.95，属于高度相关。收入走势不坚挺，必然导致商业饮食业受影响，也说明收入预期不高，必然导致消费心理趋冷。在第三产业中，房地产业在高速中增长，但波动较大，其增加值按季累计增速依次为14.9%、23.6%、23.1%和17.7%，高低相差8.7个百分点。第二、第三季度房地产业较旺。综合第三产业中各行业看，除了运输邮电业高速增长又不断攀升外，占第三产业增加值比重达80%的商业饮食业、金融保险业、房地产业和其他服务业，尽管有的表现为高速增长，但都呈增速下滑趋势，所以导致第三产业按季累计增速呈缓慢下降之势。因此，在发展运输邮电业的同时，促进其他四个行业的发展是提高第三产业增加值在全市GDP中比重的关键。

综上所述，2004年GDP的增长主要受占GDP比重达61.6%的第二产业增加值的影响，而其中又受占 GDP 比重高达 55.9% 的工业增加值的影响。GDP 的发展速度与第二产业增加值发展速度的相关系数达 0.9986，快达到完全相关。与工业增加值发展速度的相关系数达 0.62，属显著相关。

（三）增压特征

1. 总量比较降位。2004 年全国各大中城市的经济都得到了较快的发展，经济总量超 2000 亿元的城市由 2003 年的 8 个增加到 12 个，其中经济总量超 3000 亿元的城市由 2003 年的 3 个增加到 5 个，它们依次是上海市（7450.27 亿元）、北京市（4283.30 亿元）、广州市（4115.81 亿元）、苏州市（3450.00 亿元）和深圳市（3422.80 亿元）。与上年相比，深圳市的排位下降了一位，列至第五位，苏州市的排位则上升了一位，升至第四位，打破了深圳市经济总量连续 4 年位居全国大中城市第四位的局面，这是自 1998 年深圳市经济总量连续 6 年超过苏州市后，再次被苏州市反超。不仅如此，深圳市的经济总量与北京市、广州市相比，其差距分别由 2003 年的 751.43 亿元、606.12 亿元扩大到 2004 年的 860.50 亿元、693.01 亿元，与第一位的上海相比，经济总量的差距继续由 2003 年的 3390.30 亿元扩大到 2004 年的 4027.47 亿元。这从一个侧面也反映出国内其他大中城市的后发优势。

2. 增速比较减缓。2004 年深圳市的经济增长速度达到 17.3%，增幅是 1996 年以来仅次于 2003 年的又一高位，在 5 个城市中增速仅次于苏州市的 17.6%，位居第二位。居第 3—5 位的分别是广州市（15.0%）、上海市（13.6%）和北京市（13.2%）。从近两年的情况来看，深圳市与苏州市的经济增长速度均有所加快。2003—2004 年，深圳市的经济增长速度分别比 2002 年加快了 4.2 个、2.3 个百分点，苏州市则分别加快了 3.5 个和 3.1 个百分点。

从改革开放 20 多年的历史看，深圳市以年均增长 28.0% 的速度稳居五城市的首位（见表 3），分别比上海市、北京市、广州市、苏州市高出 18.0 个、17.9 个、13.8 个和 13.2 个百分点，反映出深圳市的速度优势依然存在，但从"六五"到"十五"（2001—2004 年）各期的年均递增速度来看，深圳市经济发展的波动也是最大的，波动的幅度高达 35.3 个百分点，经济发展最为平稳的是北京市与上海市，波幅仅为 3.6 个和 7.6 个百分点。深圳市高速发展的时期主要集中在"六五""七五"和"八五"三个时期，增幅比同时期的其他 4 个城市平均高出 20 个百分点左右，但从"九五"开始，深圳市的发展趋于平稳，平均增速保持在15.5%，也就是从"九五"时期开始苏州市与深圳市的增长速度趋于接近。"八五"时期苏州市与深圳市的差距为9.1个百分点，到了"九五"和"十五"时期，两者的差距缩小到3.4个和0.6个百分点。2004年苏州市的经济增长速度反超深圳市0.3个百分点，致使苏州市的经济总量跃居深圳市的前位（见图1）。

表3　　　　　　　　"五城市"生产总值年均增长速度比较　　　　　　单位：%

地区	"六五"时期	"七五"时期	"八五"时期	"九五"时期	"十五"时期	1980—2004年	最高与最低年均增速差额（百分点）
上海市	9.1	5.7	13.0	11.4	11.6	10.0	7.3
北京市	9.3	8.2	11.8	10.0	11.4	10.1	3.6
广州市	12.7	10.8	20.2	13.1	14.0	14.2	9.4
苏州市	16.1	9.8	21.3	11.6	15.6	14.8	11.5
深圳市	50.3	22.4	30.4	15.0	16.2	28.0	35.3

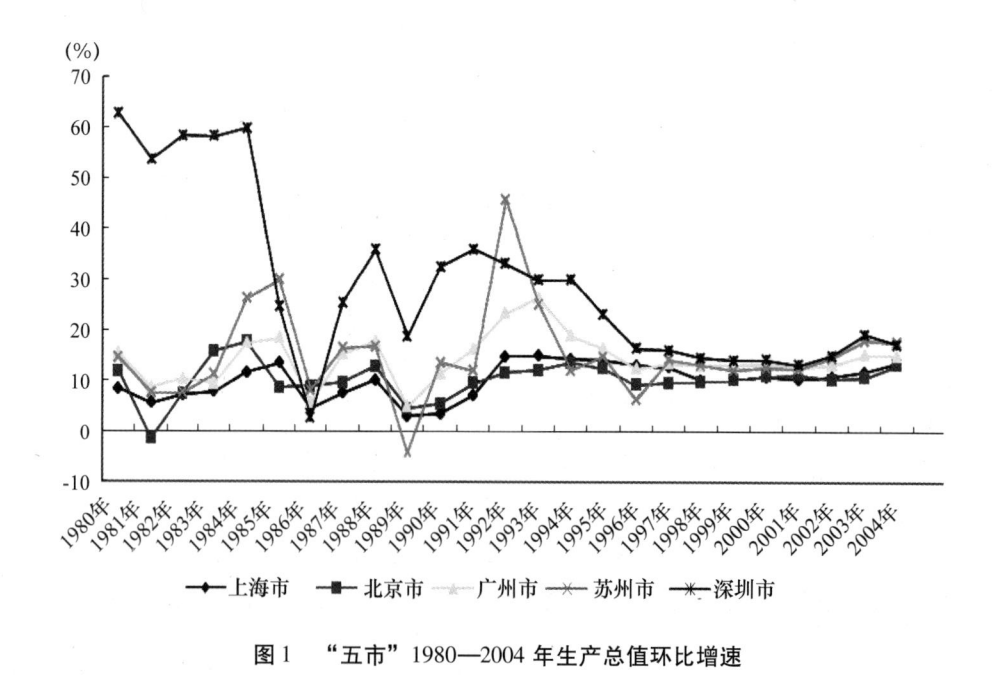

图1　"五市"1980—2004年生产总值环比增速

3. 结构比较单一。从5个城市的经济结构来看，苏州市、深圳市和上海市的第二产业占据主要地位，比重均超过50%，其中第二产业比重最高的是苏州市，占65.7%，其次是深圳市和上海市，分别达到61.6%和50.9%，比重最低的是北京市，仅为37.6%，比深圳市低24个百分点，比苏州市低28.1个百分点。在5个城市中，第三产业比重超过50%的有北京、广州两个城市，分别达到60.0%和53.0%。深圳市第三产业的比重为38.0%，在5个城市仅高于苏州市，居五城市的第四位（见表4）。

表4　　2004年GDP超"3000亿元城市"的产业对比

城市名称	本市生产总值（亿元）	第一产业 绝对值（亿元）	第一产业 占比重（%）	第二产业 绝对值（亿元）	第二产业 占比重（%）	第三产业 绝对值（亿元）	第三产业 占比重（%）
上海	7450.27	96.71	1.3	3788.22	50.9	3565.34	47.9
北京	4283.30	102.90	2.4	1610.40	37.6	2570.00	60.0
广州	4115.81	115.50	2.8	1817.71	44.2	2182.60	53.0
苏州	3450.00	77.00	2.2	2268.00	65.7	1105.00	32.1
深圳	3422.80	14.18	0.4	2108.14	61.6	1300.48	38.0

从绝对值来看，深圳市生产总值低于北京市、广州市的主要原因是第三产业增加值低于两市。2004年深圳市第二产业增加值分别比北京、广州高出497.74亿元、290.43亿元，而第三产业增加值则分别比北京市、广州市低1269.52亿元、882.12亿元，造成深圳市生产总值分别比两市低860.50亿元、693.01亿元。与排位第四的苏州市相比，深圳市第二产业增加值比苏州市低159.86亿元，但第三产业增加值却比苏州市高出195.48亿元。但应当看到，深圳市与苏州市在第二产业增加值上的差距比2003年扩大了77.23亿元，而在第三产业增加值上的差距却缩小了6.5亿元。

从近几年三次产业结构变化的趋势来看，5个城市均存在第二产业比重增加、第三产业比重下降的趋势。深圳市的这种变化趋势始于1998年，是5个城市最早的，其次是苏州市，始于1999年，上海市、北京市和广州市则均始于2003年，实际上这与全球产业链的转移是密切相关的。1997年亚洲金融危机后，东南亚的部分生产订单被转移到中国，深圳市是此次转移的受惠者，直接表现在1998年工业增加值占生产总值的比重由连续3年的下降变为上升,第二产业比重上升、第三产业比重下降,此后几年也一直维持这种状态。2003年全球产业链加速向发展中国家转移,中国的大部分城市成为此次转移的受惠者,中国成为名副其实的"世界工厂",致使2003年部分城市的工业得到加快发展,生产总值超3000亿元的5个城市的工业都实现了跳跃式的发展。这主要表现在与2002年相比,2003年各市工业增加值占生产总值的比重都有较大幅度的提高,如上海市提高了3个百分点,北京市提高了1个百分点,广州市提高了2.7个百分点,深圳市提高了5.5个百分点。由于工业在第二产业中的主导地位直接导致了第二产业比重的上升,相应地,5个城市第三产业的比重均有所下降(见表5)。

表5　　　　　　"五城市"第二、第三产业产值占生产总值的比重　　　　　单位:%

年份	上海市 二次产业	上海市 三次产业	北京市 二次产业	北京市 三次产业	广州市 二次产业	广州市 三次产业	苏州市 二次产业	苏州市 三次产业	深圳市 二次产业	深圳市 三次产业
1997	52.2	45.5	37.6	58.6	46.5	48.3	56.2	36.0	49.3	49.3
1998	50.1	47.8	39.1	56.6	44.9	50.3	56.2	36.8	50.0	48.7
2002	47.4	51.0	34.8	62.2	40.9	55.7	58.2	37.4	54.7	44.5
2003	50.1	48.4	35.8	61.6	43.1	53.9	63.2	34.1	59.5	39.9
2004	50.9	47.9	37.6	60.0	44.2	53.0	65.7	32.1	61.6	38.0

从第二产业中的工业来看,在5个城市中,2004年工业增加值占生产总值比重最高的是苏州市,达59.9%,其次是深圳市,为55.9%;最低为北京市,仅为30.1%。2004年深圳市规模以上工业总产值首次超过6000亿元,达到6509.27亿元,同比增长24.8%,在5个城市中位于上海市(12885.01亿元)、苏州市(7307.54亿元)之后居第三位,排位比2003年下降1位。与第一位的上海相比,深圳工业总产值仅为上海的50.5%。从增长速度来看,深圳工业的增速位于苏州市(37.1%)、北京市(26.0%)之后居第三位。

(四)潜力波动特征

1. 投资显现了不足性。2004年"五市"的投资规模继续扩大,其中深圳市的投资规模首次突破1000亿元大关，达到1090.14亿元，投资规模位于上海市（3084.66亿元）、北京市（2528.30亿元）、苏州市（1554.80亿元）、广州市（1321.96亿元）之后居第五位，但深圳市与其他四个城市的差距呈扩大之势（见表6）。

表6　　　　　　　深圳市与"四城市"投资规模的差距　　　　　　单位：亿元

地区	2003年	2004年
上海市	1505.62	1994.52
北京市	1210.61	1438.16
苏州市	462.44	464.66
广州市	211.28	231.82

从投资的产业投向上看，上海市、广州市、深圳市主要投向第三产业，其中广州市投向第三产业的比重高达75.9%，其次是深圳市达73.7%，上海市为67.1%，苏州市则主要投向第二产业，比重达到56.1%。

从投资的增幅来看，深圳市为14.9%，在五市中居第三位，最高为上海市，达到25.8%，最低为苏州市，仅为10.3%。受宏观调控政策的影响，与上年相比，除上海市外，其余四市的增长速度均有所放缓，其中下降幅度最大的当数苏州市，下降了63个百分点。

2004年实际利用外资中，深圳市的外商直接投资金额达23.50亿美元，排位由2003年的第三位下降至第五位，引进外资金额仅为上海市的35.9%、苏州市的46.7%，与排位第一的差距继续扩大（2002年为18.39亿美元、2003年为31.82亿美元、2004年为41.91亿美元）。从增幅来看，深圳引进外资的增幅在五城市中也位居最后一位。

2. 出口表现了拉动性。2004年深圳市的外贸进出口总额达到1472.82亿美元，位居上海市（1600.19亿美元）之后居第二位，位次比上年下降一位。其中出口总额达到778.46亿美元，已连续12年位居首位，比第二位的上海市多出43.39亿美元，差距比2003年缩小101.65亿美元。从增速来看，在五市中，深圳市的外贸进出口居第五位、出口总额居第四位、进口总额居第五位。其中，苏州的外贸进口、出口、进口的增幅均超过55.0%，上海的出口增幅亦超过50.0%（见表7）。

表7　　　　　　　　　深圳市与"四城市"外贸增幅比较　　　　　　　　单位：%

指标名称	深圳市	广州市	北京市	上海市	苏州市
外贸进出口总额	25.5	28.2	38.2	42.4	57.2
#出口	23.6	27.1	21.8	51.7	55.4
#进口	27.6	29.2	43.5	35.4	58.9

从外贸依存度来看，深圳市外贸进出口依存度、外贸出口依存度分别达到355.9%和188.1%，在5个城市中居首位（见表8）。与2003年相比，深圳市、苏州市的外贸进出口依存度、出口依存度有所提高，而上海市、北京市和广州市则有所下降，反映深圳市、苏州市与世界经济的联系进一步加强。

表8　　　　　　　　　2004年"五城市"外贸依存度　　　　　　　　单位：%

城市	外贸进出口依存度	外贸出口依存度
上海	177.6	81.6
北京	182.8	39.7
广州	90.0	43.1
深圳	355.9	188.1
苏州	247.2	121.5

3. 消费出现了徘徊性。2004年深圳市的社会消费品零售总额达到915.45亿元，在5个城市中位于上海市（2454.61亿元）、北京市（2191.81亿元）、广州市（1675.05亿元）之后居第四位，排位与2003年相同，增幅为14.2%，居苏州市（18.8%）、北京市（14.4%）之后的第三位。

4. 创新凸显了增强性。从创新能力来看，2004年深圳市的高新技术产品产值占规模以上工业总产值的比重达到50.2%，比2003年提高5个百分点，在5个城市中最高，比第二位苏州市的38.7%还高出11.5个百分点；第三位的是北京市，占35.9%，上海市和广州市分居第4—5位，分别达到30.6%和16.2%。深圳市的高新技术产品产值占规模以上工业总产值的比重虽然远远高于其他4个城市，比第二位的北京市高出14.3个百分点，但研发支出占GDP比重却仅为北京市的23.9%。2004年深圳市的研发支出占GDP的比重为1.70%，在五城市中位居第三位，北京市以7.10%高居第一位，上海市以2.29%位居第二位，广州市和苏州市分别以1.65%和1.04%分列第四、第五位。

（五）效益强势特征

1. 人均效率。2004年深圳市的人均生产总值为7161美元，居五市之首，居第2—5位的依次是苏州市（7006美元）、广州市（6800美元）、上海市（5215美元）和北京市（3513美元）。2004年深圳市居民人均可支配收入27596元，比上年增长6.4%，扣除物价上涨因素后实际增长5.0%，绝对额位居五市之首位，居第2—5位的城市分别是广州市（16884元）、上海市（16683元）、北京市（15638元）和苏州市（14451元）。但从增幅来看，在5个城市中，深圳市的增速最低，居最后一位，其余各市的增幅均超过了12%，其中最高为苏州市，达到16.9%，高出深圳市10.5个百分点。

2. 地方财力。2004年深圳市地方财政一般预算收入为321.75亿元，位居上海市（1119.72亿元）、北京市（744.49亿元）之后居第三位，这已是深圳市连续7年位居第三了，但与位居第一的上海相比，其差距继续逐年扩大（见表9）。而与位居第四的广州市的差距继续缩小至2004年的18.93亿元。从增速来看，深圳市地方财政一般预算收入的增幅在五市中以20.2%位居第四。从地方财政一般预算收入占生产总值的比重来看，深圳市以9.4%位居"五市"中的第三位，比2003年下降了0.8个百分点。前两位分别为北京市（17.4%）、上海市（15.0%），第四至第五位的分别是广州市（7.4%）和苏州市（6.4%）。

表9　　　　　深圳市与上海市地方财政一般预算收入比较　　　　单位：亿元

年份 地区	1997	1998	1999	2000	2001	2002	2003	2004
深圳市	144.77	164.91	184.80	221.90	262.49	265.85	290.46	321.75
上海市	352.33	392.22	431.85	497.96	620.24	719.79	899.28	1119.72
深圳与上海的差距	207.56	227.31	247.05	276.06	357.75	453.94	608.82	797.97

3. 劳动生产率。2004年深圳市的全社会劳动生产率为77934元，在"五市"

中居第二位，上海市位居第一位，达到90311元，比深圳市高出15.9%。居第三位的是广州市为77579元，与深圳市仅差355元。2004年深圳市的工业全员劳动生产率达到12.7万元，居五市的第二位，第一位为上海市，达到14.7万元，比深圳市高出2万元。苏州市、北京市和广州市分列第3—5位，其工业全员劳动生产率分别为12.25万元、11.24万元和10.71万元。

4. 投资效果系数。固定资产投资效果系数是一定时期内国内生产总值增加额与固定资产投资额的比值，它反映了每亿元的固定资产投资所提供的国内生产总值增加额。也就是说，在一定时期内，单位投资量产生的GDP增量越大，表明投资的宏观效率越高；反之，单位投资量产生的GDP增量越小，表明投资的宏观效率越低。从1996—2004年的情况来看，深圳的投资效果系数不仅高于全国、广东全省的平均水平，而且也高于上海、北京、广州和苏州（见表10）。这反映出深圳投资的宏观效率远高于全国、广东省及其他城市。但我们应当看到，深圳市的投资效果系数在2002—2004年的波动比较大，由2002年的0.40提高到2003年的0.64，提高了0.24，但到了2004年又下降到0.48，下降了0.16。同期的苏州市也存在同样的情况，而其他3个城市包括全国和广东省都呈上升的趋势，反映深圳市、苏州市投资的宏观效率有所下降。

表10　　　　　深圳与全国、全省及"四城市"投资效果系数比较

地区 \ 年份	1996	1997	1998	1999	2000	2001	2002	2003	2004
深　圳	0.47	0.46	0.33	0.26	0.37	0.43	0.40	0.64	0.48
全　国	0.41	0.26	0.14	0.12	0.22	0.21	0.17	0.21	0.28
广东省	0.34	0.35	0.23	0.18	0.37	0.28	0.28	0.34	0.43
上　海	0.23	0.17	0.18	0.28	0.21	0.20	0.21	0.34	0.38
北　京	—	—	—	—	0.23	0.24	0.20	0.19	0.24
广　州	0.32	0.31	0.26	0.24	0.35	0.32	0.31	0.40	0.47
苏　州	0.26	0.32	0.26	0.23	0.35	0.39	0.39	0.51	0.42

5. 单位能耗。从占生产总值主要地位的工业的能源消耗来看，深圳市万元工业增加值电耗在"五市"中最低。2004年，深圳市的万元工业增加值电耗为1168千瓦时；最高的是北京市，达到1854千瓦时；其次是上海市，为1589千瓦时；苏

州市与广州市分列第3—4位，分别为1471千瓦时和1232千瓦时。与最高的北京市相比，深圳市工业的电耗低37.0%；与上海市相比，则低26.5%，这与深圳市缺乏重型工业有关，反映在万元GDP综合能耗上，深圳市约为上海市和北京市的40%—50%。与全国万元GDP能耗1.58吨标准煤相比，深圳市仅为全国的32.9%。

6. 环保质量。2004年，深圳市的空气质量、人均公共绿地面积在5个城市中均居首位，但环保投资却并不是最多的。2004年，在5个城市中，深圳市的空气污染指数最低，仅为2.06，表明深圳市的空气质量在5个城市中最好。空气污染指数最高的是北京市，达到3.30，其次为广州市的3.18，上海市和苏州市分列第3—4位，分别达到2.69和2.45。2004年深圳市的人均公共绿地面积达到16.01平方米，为五市中最高的，其次为北京市和上海市，分别达到11.45和10.11平方米，苏州市最低，为8.64平方米。从环保投资占GDP的比重来看，2004年5个城市中北京市最高，达到3.29%；其次为上海市的3.03%；苏州市、深圳市和广州市分列第3—5位，分别达到2.85%、2.32%和2.30%。

二 在建设"效益深圳"中，凸显工商经济与外贸出口对特区经济发展的导向力

（一）从GDP总量看，以工业为主的第二产业在绝对量上主导了深圳经济发展

在深圳全市GDP中，以工业为主的第二产业已达五成以上，占了总量上的绝对优势。以2004年为例，全市GDP为3422.8亿元，其中规模以上工业增加值1813.48亿元，占了53%。全年运行呈现逐渐走高趋势，自2月以来工业增加值累计增幅均在20.0%以上，单月绝对量在12月达到187.75亿元，创出年内单月新高。

分轻重工业看，全年重工业增加值1339.93亿元，轻工业增加值473.55亿元，分别增长24.7%和16.1%。其中重工业快于轻工业8.6个百分点，显示重工业化的步伐进一步加快。从工业行业看，通信设备、计算机及其他设备制造业增加值896.28亿元，比上年增长36.7%，高出整体工业增速12.9个百分点，占规模以上工业增加值比重从2003年的45.6%提高到49.4%。分企业类型看，全市大中型工业企业增加值1435.24亿元，增长24.1%，高于整体工业增速0.3个百分点，占规

模以上工业比重79.1%，比上年提高0.2个百分点。这显示了工业骨干行业、企业的主导作用进一步加强。

（二）从产业关联度看，工业产业在高关联度上影响着深圳经济发展

1994年以前，深圳GDP的发展速度与第二次产业增加值的增长相关程度偏弱，相关系数为0.6903，属显著弱相关；其中与工业增加值发展速度的相关度更低，其相关系数仅为0.4482，为低度相关。而那时的深圳GDP，与第三产业增加值的增长高度相关，相关系数达0.9113，主要依托第三产业的发展。其中又以1986年为界，分为两个阶段。

一是1980年至1985年阶段。GDP发展速度与第二次产业增加值发展速度的相关系数仅为0.0909，视为不相关；而与工业增加值发展速度的相关系数更为-0.2928，从量上断为不相关，从质上断为负相关，说明两者具有不协调性。而GDP发展速度与第三产业增加值的发展速度的相关系数为0.8491，属于高度弱相关。说明深圳从建市到1985年期间，GDP的增长主要受第三产业发展的影响。从另一角度看，这期间第三产业增加值占GDP的平均比重为46%，其中1985年高达51.4%，也说明总量上第三产业对GDP的支撑和贡献在一半左右。

二是1986年到1994年阶段。GDP的发展速度与第二产业增加值发展速度的相关系数为0.8346，相关程度明显增强，已达到高度相关。其中与工业增加值相关系数也提高到0.5945，已显著相关，但低于第二产业增加值与GDP的相关程度，这说明第二次产业中的建筑业在这一时期有较快的发展，与GDP的发展速度有较高的相关程度。此外，GDP的发展速度与第三产业增加值的相关程度也有所提高，相关系数达0.9018，完全属于高度相关。说明这一时期第二、第三产业共同快速发展，同时支撑着深圳经济总量的扩张。这一时期GDP的平均增速为26.7%，其中第二、第三产业增加值的平均增速分别为34.7%和21.7%，均属超高速增长。由于发展速度第二产业大大快于第三产业，所以第二产业增加值占GDP的比重也由1985年的41.9%增加到1994年的54.7%，而相应的第三产业增加值占GDP的比重由51.4%下降到43.1%，第二产业升居整个经济的主导地位。

再看1995年到2004年这个时期的GDP发展速度，与第二产业增加值的相关系数为0.7638，比1986年到1994年相应的相关系数0.8346有所减小，相关程度有所减弱。但这其中GDP与工业增加值的相关系数达到0.7280，比1986年到1994年相应的相关系数的0.5945大大提高，相关程度大大增强，而且已接近第二

产业增加值与GDP发展速度的相关程度，说明工业在第二产业中的地位显著增强，几乎左右了第二产业的发展，也左右了整个经济的发展。从这一时期的结构来看，第二产业增加值占GDP的比重从1994年的54.7%发展为2004年的61.6%；工业增加值占GDP的比重由1994年的43.1%发展为55.9%；工业增加值占第二产业增加值的比重由1994年的80%变化为91.0%。而第三产业增加值占GDP的比重由1994年的43.1%下降到2004年的38.0%，第三产业对整个经济的支撑作用在不断减弱。可见，工业经济在整个深圳特区发展中的地位显著突出。

（三）从效益持续增长看，工业企业在主导地位上引导了"效益深圳"发展

工业企业在成为深圳经济发展生力军的同时，也全面引领了"效益深圳"发展。主要体现在：（1）效益综合指数提高。至2004年年底，深圳市规模以上工业企业经济效益综合指数为187.5%，比上年提高8.2个百分点。其中，全员劳动生产率为127367元/人，增长11.8%；工业总资产贡献率为11.9%，提高0.7个百分点；工业产品销售率为97.8%，提高1.7个百分点。全市规模以上工业企业完成产品销售收入6333.49亿元，增长25.3%；工业企业利税总额519.39亿元，增长25.4%；工业企业利润总额为400.04亿元，增长19.8%。在利润水平不断提高的情况下，亏损企业的亏损面有所降低，规模以上工业企业的亏损面降低0.2个百分点。（2）产销衔接良好。2004年，全市规模以上工业实现销售产值6363.54亿元，增长27.0%；产品产销率达97.8%，同比增加1.7个百分点。从全年各月工业产品产销情况看，产销率始终在96.6%到101.4%，最高为2月的101.4%，最低为11月的96.6%；从经济类型看，集体企业和外资及我国港澳台商投资企业的产销率分别高出全市平均数的3.8个和0.9个百分点；从产品销售情况看，手机、显示器、彩色显像管、彩电、微型电脑销量等均比上年有不同的增长，其中康佳集团股份有限公司手机和彩电销售双双大幅增长。

（四）从产业链接关键点看，工业在"适度加重"发展和骨干企业"绿色通道"方向上导向着深圳经济

在建设"效益深圳"中，深圳市因势引导，有针对性地提出"适度重型化"的产业结构调整方略。近年来全市在加快产业升级、提升核心技术水平、提升装备制造水平等方面，取得了明显的成效。在2004年规模以上工业增加值中，轻重工业比重的差距逐月扩大，全年重工业完成增加值1339.93亿元，占规模以上工业增加值的比重由上年的72.0%增加到本年的73.9%，提升了1.9个百分点；轻工业完成工业增加值473.55亿元，所占比重为26.1%。从增长速度看，重工业各月均以高于全市平均水平的增长速度运行，对深圳工业增长的拉动作用明显加大。到12月底增速达24.7%，高出全市平均水平0.9个百分点，高出轻工业增速8.6个百分点。

在实施"效益深圳"战略上，深圳市抓强优大工业企业，致力增强它们的拉动作用和行业主力军作用。截至2004年年底，全市共拥有大中型工业企业651家，占全市规模以上工业企业的27.6%，实现工业增加值1435.24亿元，占工业企业增加值79.1%，同比增长24.1%。651家大中型工业企业的新增增加值为273.14亿元，对全市工业增长的贡献率高达80.2%，拉动全市工业增加值增加19.1个百分点；全市规模以上工业企业有43家年产品销售收入超过20亿元，实现产品销售收入3849.15亿元，占规模以上工业企业销售收入的60.8%，比上年同期增长33.7%；实现利税总额为366.80亿元，占规模以上工业企业的70.6%，增长30.8%。其中产品销售收入超百亿的工业企业有10家，表现为鸿富锦精密工业（深圳）有限公司等一批企业生产规模继续增大，中集集团连续8年蝉联全球集装箱销量第一。2004年，全市通信设备、计算机及其他电子设备制造业全年累计完成工业增加值896.28亿元，占全市规模以上工业企业增加值的49.4%，比上年增长36.7%，高出全市工业增长12.9个百分点，拉动全市工业经济增长16.8个百分点。特别是华为技术有限公司、深圳市中兴通讯股份有限公司等企业在我国电信业的快速增长和全球信息与通信市场逐步复苏的市场环境下，积极采取稳健而适度的可持续发展策略，实现销售和利润迅速上升，带动深圳工业效益大幅增长。

（五）从消费热点迭起看，商业企业也导向了"效益深圳"经济增长

近年来，深圳社会经济持续发展，人口快速增加，市场规模扩大，居民购买力提高，消费升级加快，消费对经济增长的拉动作用进一步增强。2004年，深圳消费市场持续畅旺，全社会商品销售总额2055.40亿元，比上年增长15.3%；全社会消费品零售总额915.45亿元，比上年增长14.2%。从各月表现来看，社会消费品零售总额累计增幅始终保持在14.2%至16.1%，反映市场消费增长稳中带旺。从商业构成看，全年限额以上商业企业完成社会消费品零售总额453.39亿元，比上年增长24.4%，高出整体增幅10.2个百分点；限额以下和个体户增幅2.9%。这说明在全市商业活动中，大企业的发展速度要快于小企业。餐饮业全年完成156.58亿元，增长16.9%，高出社会消费品零售总额平均增速2.7个百分点。与此同时,近几年的汽车消费热在2004年第三季度以后则快速降温,从汽车类销售总额看,1—3季度平均单月汽车类销售总额在8亿元以上,到第四季度,平均单月汽车类销售总额不足5亿元。从汽车类销售总额增速看,2004年第一、第二、第三季度的汽车类销售累计分别比上年同期增长330.0%、114.9%和39.1%,到年底,全市汽车类销售总额累计增幅8.4%,明显回落。

(六)从进出口扩大看,外贸出口进一步导向了"效益深圳"经济结构

到2004年,深圳外贸出口总额已连续12年在全国大中城市中位居第一。在保持"领头羊"位置的同时,深圳也受到了"长三角"主力城市的深度挑战。从全年走势看,全年外贸进出口增幅较平稳,但因受上年基数逐月提高的影响,自7月开始,累计增速有所回落。为此,市政府及时采取各项积极措施,使下半年出口增速明显回升。至2004年年底,全市外贸出口进一步扩大,全年进出口总额1472.83亿美元,比上年增长25.5%。其中,出口总额778.46亿美元,增长23.6%;进口总额694.37亿美元,增长27.6%。从4月起,深圳外贸进出口总额累计由逆差转为顺差,外贸顺差的幅度也不断扩大(见表11)。

表11　　　　　　　深圳市2004年4—12月进出口累计差额

单位:亿美元

4月	5月	6月	7月	8月	9月	10月	11月	12月
0.78	5.78	9.15	10.48	21.58	28.51	32.24	51.36	84.09

注:差额=出口额累计-进口额累计。

从经济类型看,全年"三资"企业完成出口总额509.79亿美元,增长26.3%,占全部出口额的65.5%;国有企业完成197.35亿美元,增长8.7%,占25.4%;民营和集体企业完成71.32亿美元,增长60.6%,占9.2%。虽然民营和集体企业的出口额小于国有和"三资"企业,但增速分别快于国有和"三资"企业51.9个和34.3个百分点。

从贸易方式看,全年一般贸易出口105.65亿美元,增长32.2%,比重比上年提高0.9个百分点;"三来一补"出口完成137.31亿美元,增长9.7%;进料加工出口完成460.50亿美元,增长23.5%;其他贸易出口完成75.00亿美元,增长45.3%。

从产品结构看，全年机电产品出口590.47亿美元，占出口总额的75.9%，比重比上年提高2.6个百分点。全市高新技术产品出口额350.57亿美元，占出口总额的45.0%，高于上年5.0个百分点。可见，机电、高新技术产品出口数量与比重的提高，是深圳保持全市进出口贸易高速增长的重头要素，对提升全市出口产品档次、改善出口产品结构起到向导作用。

这里不能不指出的是，加工贸易出口对于作为外向度很高的深圳工业经济来说，始终是工业快速增长的重要推力。2004年，出口交货值占工业销售产值的比重高达63.7%，尽管当年受到出口退税政策调整及2003年出口基数较高等诸多因素的影响，工业出口依然保持强劲增长。全年工业出口交货值达4052.56亿元，同比增长28.5%。在全市32个工业行业大类中，通信设备、计算机及其他电子设备制造业实现出口交货值2641.97亿元，同比增长33.3%，其出口交货值居各行业之首，占全市工业出口总量的比重为65.2%，对全市工业出口交货值增长的贡献份额高达74.8%。各出口大户仍保持了持续高速发展的势头，出口交货值超亿元的企业有417家；20亿元以上的有31家；50亿元以上的有11家：鸿富锦精密工业（深圳）有限公司、长城国际信息产品（深圳）有限公司、恩斯迈电子（深圳）有限公司、富泰宏精密工业有限公司、华为技术有限公司、鑫茂科技（深圳）有限公司、深圳开发科技股份有限公司、深圳南方中集集装箱制造有限公司、爱普生技术深圳有限公司、中海石油（中国）有限公司深圳分公司和环旭电子（深圳）有限公司。上述超50亿企业共累计完成出口交货值达1760.53亿元，占全市的比重为43.4%，比上年增长40.8%。作为计算机、通信网络、消费电子产业生产企业的富士康集团深圳公司，在继2002年、2003年连续两年夺得中国出口企业第一后，2004年出口业绩又一次实现飞跃，全年出口突破百亿元大关。其中鸿富锦精密工业（深圳）有限公司已经发展成为全球最大的计算机准系统生产基地，也是国内最大的计算机游戏机、服务器、网络配件等的综合生产基地。

三 在建设"效益深圳"中，值得关注的问题与应策

（一）值得关注的矛盾与问题

1. 建设"效益深圳"所面临的能源紧缺凸显。深圳经历20多年尤其是"九五"以来的快速发展，其经济总量和经济结构发生了深刻变化。2004年深圳本地生产总值又突破3000亿元，由此基本形成了以高新技术产业为主导的工业格局，

并参与全球产业分工而走进新的增长轨道。1996—2003年,全市经济年均递增15.3%,高于同期上海、广州、苏州等城市的增长速度。最近两年,随着国际国内经济进入新一轮增长周期,深圳经济又获得高速高效增长,其中2003年生产总值增长19.2%,居全国大中城市榜首,2004年经济增长17.3%,是1996年以来的又一高位增长,由此所带来的资源消耗量增长也必是大量的。但是,国家对能源市场实行强制政策,这也导致深圳的煤、电、油等基础原材料日趋紧张。同时,深圳是一个资源短缺的城市,尤以能源问题为最突出。2004年,就电力而言,深圳用电超过一半是由南方电网分配,现已由季节性缺电向全年性和电源性缺电转变;在燃煤、燃油方面,由于国际石油价格上涨及国内供应严重不足而日趋紧张;随着枯水期持续,全市尤其是特区关外的宝安、龙岗区用水紧缺更为加剧。

2. 建设"效益深圳"所遇的结构问题突出。随着深圳经济的快速发展,宏观经济运行中出现的问题主要不是总量约束,而是结构问题。从生产角度看,深圳第三产业发展没有与整体经济同步增长,"九五"时期开始出现这一趋势,"十五"时期逐渐加剧。2001—2004年深圳本地生产总值年增长速度分别为13.2%、15.0%、19.2%、17.3%,但第三产业增速则基本逐年下降,分别为13.2%、11.9%、10.3%、11.3%,使第三产业增加值占GDP比重呈逐年下降趋势。随着经济基数的不断扩大,深圳进一步发展不仅受燃料、动力等的制约,还面临土地这一基本生产要素的约束,经济的外延性扩张将受到一定的影响。因此,产业的发展应表现为生产结构向为物质生产服务及以提高居民生活质量为代表的服务业转移,这是世界经济发展的必然趋势。从需求角度看,消费对经济增长的拉动作用并未充分发挥,根据近年深圳城镇居民家庭抽样调查结果,深圳人均消费性支出持续在低位徘徊,2004年出现负增长。而且,总体经济快速增长,劳动力价格并未同步提高,深圳职工年平均货币工资增长近年来不但低于GDP,而且出现增幅下降趋势。深圳居民银行储蓄存款持续快速增加,深圳的消费经济出现高储蓄、低消费状况,这包含着人们对未来预期收入不确定的心理因素。可见,致力于开拓和发展深圳本地消费领域,尤其是旅游、教育、文化等产业,也是拉动"效益深圳"经济增长的重要因素。

由上分析可得,深圳特区经济在快速增长中必将面临水电供应成为经济增长的重要制约瓶颈,以及制造业过于偏向外向型和加工型,而会导致经济结构一旦遇到外部环境偏紧存在较大挑战风险等问题。与此同时,深圳还面临着进一步发展,国内城市之间竞争出现对消费与生产进行重新市场划定分工分割。这两个方面的变化挑战，必将深刻影响建设"效益深圳"这一经济主题。对此，要求"效益深圳"建设者要有清醒的经济忧患意识和积极应对准备。

（二）主要应策结论

纵观深圳特区今后经济发展，建设"效益深圳"不是一蹴而就的事，更非纸上谈兵，能由"蹩脚"的写手纵横驰骋。这需要深圳特区自上而下建设者把握良机，脚踏实地地在"落实科学发展观"上真做真干，咬住"效益深圳"战略不放口，加大改革力度，调整经济结构，转变经济增长模式，让"效益深圳"真正在南中国生根结果。当前，在实施"效益深圳"战略上应深度把握，采取扎实应策措施。

1. 着力提升产业链的技术层次。（1）从教育根本入手，切实提高人力素质。发展的事实表明，不能占据国际产业技术链的上游，经济发展就会受限。而要提高技术层次，孤立研发不行，研发需要全部生产要素（资本、劳动）和经济制度的配合，而其中最基础的就是要提高全体劳动者素质，以营造素质环境，打好技术基础。就近200多年的世界史看，全球经济中心的转移，实际上是教育和基础研究的转移，由英国转到欧洲多国，再转到美国至今。实际上，美国由于教育和基础研究的长盛不衰，一直成为世界经济领导力量。这对于外来务工人员占主要经济发展人力来源的深圳来说，显得更为明显和重要。（2）从消化和创新入手有选择性地引进基础性、前沿性、长远性和有辐射力的应用技术。有资料表明，日、韩引进技术的资金和用于对引进技术消化创新的投入之比为1∶5左右，而我国的这一比例仅为1∶0.07。引进技术的最终目的是为了开发技术，在经济发展到今天的深圳，引进技术的目的应该是为了开发技术，以促进生产在国际技术产业链中不断上移。（3）鼓励自主研发包括产品研发和技术研发。引进并消化别人技术是为了借鉴，必须研发创新，树立自我，占据上游，使产业经济长久不衰。

2. 坚定不移加快工业适度重型化步伐。从生产角度看，深圳规模以上工业增加值中，有68.0%是通过我国港澳台和外商投资企业实现的。我国港澳台和外商投资企业提供的68.0%的工业生产，基本上是两头在外的加工贸易。"两头在外"是指技术和市场都由外方控制或提供，本地实际上就是一个加工厂，机械化地完成生产程序。虽然有很多企业生产的产品属于高新技术产品，产品本身的技术含量较高，但属于自己的技术含量和技术层次不高，自身劳动在垂直的产业分工链中，居于下游。从出口看，深圳的"三来一补"及进料加工贸易出口额占全市出口总额的76.8%，也说明居于国际产业链的下游。由此可见，建设"效益深圳"必须加快适度重型化步伐，加快产业升级，提高核心技术水平，增强工业经济去带动"效益深圳"中的综合效应。

3. "效益深圳"离不开夯实基础设施建设。在建设"效益深圳"中，特别要加快疏港通道的建设进度，适度超前规划港口物流方面建设。实施"东进东出、西进西出"战略，切实落实"有轨运能"发展规划实施；全面实施"两港起飞""以港强市"战略，积极推进物流发展；进一步推进深港航运业在经营、管理、建设等方面交流与合作，积极培育离岸业务与临港附加值高的产业协调发展，以区港联动为契机，落实各项优惠政策；增强机场的区域竞争能力，提高机场空域和航路的使用效率，加快机场二跑道建设，积极拓展国际客货航运线。

4. 树立"消费经济"新观念。事实上，现今深圳经济特区已具备大力发展"消费经济"的良好条件，必须把"消费经济"摆在建设"效益深圳"的突出位置，研制出台一系列鼓励和扶持成长政策，包括税收政策、劳动人事政策、人口政策等；突破现代服务业，鼓励以消费为导向抓投资，提高投资效益；充分认识中等收入群体是消费经济的主体和中坚，从国民经济二次分配的政策调整入手，不断加大对社会收入的协调力度，努力扩大中等收入群体的数量，提高他们的收入，包括加大力度努力增加个人消费信贷的比重；积极拓展消费领域，发展信息、教育、文化、旅游、健身休闲等"消费经济"；积极构建城市商圈体系，扩大连锁经营规模；抓住内地居民港澳游机遇，吸引更多境外人士、内地居民来深旅游消费；培育新的消费增长点，制定鼓励个人住房、汽车、教育等消费政策，尽快扭转深圳房改、车改及体制创新等方面的落后面貌；强化对房地产业的调控机制，抑制房价过快增长，力保中低收入居民家庭得到合理的住房，降低物业收费标准，确保房地产业能持续、健康发展；改变传统消费观念，进一步发展消费信贷，推动深圳以私人住房、私人小轿车及教育为特征的消费升级，促进居民储蓄向消费转化。

5. 加快城市化为"效益深圳"营造新环境。城市是区域经济的龙头，城市化进程的加快，会带来产业层次、科技水平、生活质量、人文素质的全面提高。加快城市化进程，推进特区内外协调发展是加快深圳市结构调整、促进消费发展、早日实现国际化城市的重要举措。为此，我们必须要加强全市的规划，对重要基础设施和公共服务设施布局、资源配置、区域环境保护等进行综合平衡；加快全市特别是宝安、龙岗公共交通、水利、供水、供电、供热和信息等基础设施建设；加快改革财政、税收、户籍、教育和就业制度；实施"内优外拓"的产业导向政策，特区内以功能转换为重点，统筹推进旧城区改造和功能置换，特区外以强化组团式集中开发为重点；为扩大居民消费创造有利条件，发挥消费对经济的巨大拉动作用。

6. 切实增强"效益深圳"后劲。（1）围绕产业调整与优化升级，致力加快各产业群、产业聚集地的建设，制定实行鼓励跨国公司在深设立采购中心、配送中心、地区性总部、投资控股公司以及外商投资服务业的具体规定，努力促使现有外资企业不断扩大投资，吸引为现有外资企业配套的上下游企业前来深圳投资；加大传统产业集聚基地和产业园区建设力度，增强产业配套能力和招商引资吸引力，对技术领先、产业集聚效应重大的项目"量身定做"优惠政策和制定扶持措施，在提供个性化服务等方面做进一步安排；深圳高新技术产业已具备相当研发能力和较强产业配套优势，要吸引一大批产业关联度高的企业落户深圳，加长"效益深圳"产业链条，进一步提升深圳产业竞争力。（2）抓住新一轮全球生产要素优化重组和产业转移正在加速，且正从单一的制造环节向研发、采购、销售和售后服务的一体化方向转变的有利时机，将招商引资的重点转移到实业项目、产业项目上；重点要抓规模大、技术含量高、产业带动明显的项目，争取实现汽车、石化等重化工业招商外资的突破，特别是吸引欧、美、日、韩跨国公司和世界500强企业来深建立制造基地，鼓励国际著名跨国公司来深建立地区总部、研发机构、生产基地和采购配送中心等。（3）进一步优化外商投资的产业结构，把利用外资与推动经济结构调整、推进企业技术创新结合起来，着力提高利用外资的质量；继续扩大外商投资领域，逐步推进商业、外贸、金融、保险、证券、电信、旅游服务等领域的对外开放。吸引外商投资商业、分销服务、教育服务、运输服务、医疗及社会服务、文体娱乐、环境服务等领域。（4）加强土地管理，克服深圳土地空间不足问题，实现土地的集约利用，向土地二次开发要空间，切实规划好、布局好、协调好土地资源，更快更简便地办理项目用地。（5）加强对国际资本市场、风险投资的研究。利用深圳临近香港的区位优势，以及中小企业创业板设在深圳的优势，积极推动具有高成长性的中小企业进入深圳、中国香港以及诸如美国纳斯达克创业板等资本市场，积极开展融资；探索利用中外合资合作产业基金、风险投资基金、BOT等引资方式。（6）深圳拥有较为发达的金融、信息、旅游、商贸、房地产、仓储、港口运输等服务业，同时又具有比较完整的现代产业体系、产业结构和产业链条，以及较为完善的城市基础设施和生活配套环境，这是一时难得的基础与条件。在当前全国经济发展"万马奔腾"和招商引资"百舸争流"的情形下，建设"效益深圳"应立足特区现有基础条件，善用深圳区位优势，立特区之"特"，为特区之"为"，使引资成为"效益深圳"的不竭动力。

基于空间分异的中国文化力实证考量分析

本文以 GDP 和文化产业增加值作为衡量中国国力与地区文化力的主要代表指标，按照文化力指标体系及考量范围划分，采集与归类了大量的相关文化力原始数据，列出"2004—2008 年全国及主要城市文化力及相关指标总表"（见表1），借以展开基于空间分异的中国文化力实证考量分析。

一　中国大陆文化力空间分布状况

在文化力空间分布实证中，本文选择中国大陆宏观层面为一个总体单位。在这一总体单位中，列举了中国4个直辖市、4个副省级计划单列市、4个副省级省会城市及3个有典型意义的地级市，作为中国东、南、西、北、中及环渤海等6个文化区域的代表城市，以实证分析文化力的空间分布状况为主，分别对与文化力紧密相关的文化增加值、GDP、人口总量及其人均水平，也做了相应的空间分布比较分析。

（一）采集文化力主要相关指标数据

在人文地理时空中研究文化力的变化发展规律，除了涉及文化力产业业态的主体指标——文化增加值外，离不开反映在地理环境中产生的财富指标——生产总值，更离不开在人地作用中创造财富的人。因此，在进行一系列文化力空间实证前，必须通过应用可比的统计方法分别获得全国及15个主要代表城市的生产总值、常住人口及文化产业增加值的数据（见表1）。

科学度量 Two

表1　2004—2008年全国及主要城市文化力及相关指标数据

城市	2004年 常住人口（万人）	2004年 生产总值（亿元）	2004年 文化产业增加值（亿元）	2005年 常住人口（万人）	2005年 生产总值（亿元）	2005年 文化产业增加值（亿元）	2006年 常住人口（万人）	2006年 生产总值（亿元）	2006年 文化产业增加值（亿元）	2007年 常住人口（万人）	2007年 生产总值（亿元）	2007年 文化产业增加值（亿元）	2008年 常住人口（万人）	2008年 生产总值（亿元）	2008年 文化产业增加值（亿元）
全国	129988	159878	3439	130756	183217	4375	131448	211924	5123	132129	249530	6412	132802	300670	7600
北京	1493	6060	616	1538	6886	700	1581	7870	812	1633	9353	993	1695	10488	1086
深圳	801	4282	247	828	4951	300	846	5684	382	862	6802	466	877	7807	538
长沙	629	1297	118	639	1520	147	647	1799	172	653	2190	224	659	3001	293
厦门	219	888	79	225	1007	86	233	1168	97	243	1388	102	249	1560	103
上海	1352	7450	446	1778	9154	509	1815	10297	581	1858	12189	683	1888	13698	780
广州	966	4451	251	950	5154	270	975	6068	301	1005	7109	334	1018	8216	376
沈阳	737	1773	67	740	2084	76	704	2520	96	710	3221	128	776	3861	172
大连	602	1850	50	602	2152	61	603	2570	76	608	3131	96	613	3858	126
武汉	845	1956	121	858	2238	137	875	2590	159	891	3142	167	897	3960	179
宁波	659	2109	83	667	2449	91	672	2874	114	690	3435	133	707	3964	136
郑州	708	1335	47	716	1661	63	724	2002	83	736	2421	102	744	3004	129
苏州	729	3450	77	758	4027	87	810	4820	107	882	5701	116	913	6701	136
西安	725	1102	54	807	1270	65	823	1450	75	831	1764	93	838	2190	117
天津	1024	7541	67	1043	3698	80	1075	4359	103	1115	5050	116	1176	6354	136
重庆	2793	2693	45	2798	3070	67	2808	3486	89	2816	4123	114	2839	5097	136

· 608 ·

（二）全国及各文化区 GDP 总量分布

各文化区生产总值在全国 GDP 的总量中的比重分布（按大小排序）分别为：上海 4.6%、北京 3.5%、广州 2.7%、深圳 2.6%、武汉 2.2%、天津 2.1%、重庆 1.79%；沈阳、大连、宁波、武汉均为 1.3%；占 1% 及其以下的有长沙、郑州、西安、厦门。

（三）各文化区人口总量分布

15 个城市人口总量的空间分布与 GDP 的总量空间分布大小，不完全一致。也就是说，人口多必然发展实力强，反之一样。由其可观察到，人口占全国 1% 或接近 1% 的城市，其发展实力未必能达到相应的比重。

（四）各文化区人口与文化力增加值总量分布比较

与 GDP 的 15 个城市空间分布大致一样，文化力增加值的分布也不与常住人口占全国的比重分布一致，存在人口多、文化力比重小，而文化力比重大、人口比重却相对不高的文化力不平衡发展现象（见表 1）。

（五）各文化区人均 GDP 与文化力人均水平分布比较

如果说上文不能完全说明文化力空间分布变化规律的话，那么，表 2 则进一步清晰地描述出文化力在中国各文化区中的不平衡发展表现。从总体上看，中国 15 个文化区代表城市的文化力表现都较为强劲，共有 13 个城市的人均文化增加值占人均生产总值的比重高于全国 2.5% 的水平，相比只有 2 个城市低于全国平均水平。

表 2　　　　　　　　　2008 年全国主要城市文化力指标占比　　　　　　　单位：%

城市	北京	长沙	深圳	厦门	上海	西安	广州	沈阳	武汉	郑州	宁波	大连	重庆	天津	苏州
常住人口占全国比重	1.3	0.5	0.7	0.2	1.4	0.6	0.8	0.6	0.7	0.6	0.5	0.5	2.1	0.3	0.7
文化增加值占全国比重	14.3	3.9	7.1	1.4	10.3	1.5	4.9	2.3	2.4	1.7	1.8	1.7	1.8	1.8	1.8

续表

城市	北京	长沙	深圳	厦门	上海	西安	广州	沈阳	武汉	郑州	宁波	大连	重庆	天津	苏州
人均文化增加值占人均生产总值比重	10.4	9.8	6.9	6.6	5.7	5.3	4.6	4.5	4.5	4.3	3.4	3.3	2.7	2.1	2.8

二 中国大陆文化力的趋势相关分析

在当今全球各国尤其是发达国家，其经济发展越来越需要文化力发展的支撑。从近年来全球金融危机的经济发展状况看，一个国家的国力增长已十分依赖核心价值的重塑与推动，而文化力是国力的内生原动力。发展中的中国，更不例外。

（一）文化力与国力的变化趋势

2004—2008年，不管是GDP还是文化产业增加值都呈现较快增长趋势，而且文化产业增加值增速还高于GDP增速（见图1）：2004—2008年，GDP年均增长17.1%，文化产业增加值年均增长21.9%（以上速度均不考虑价格因素）。

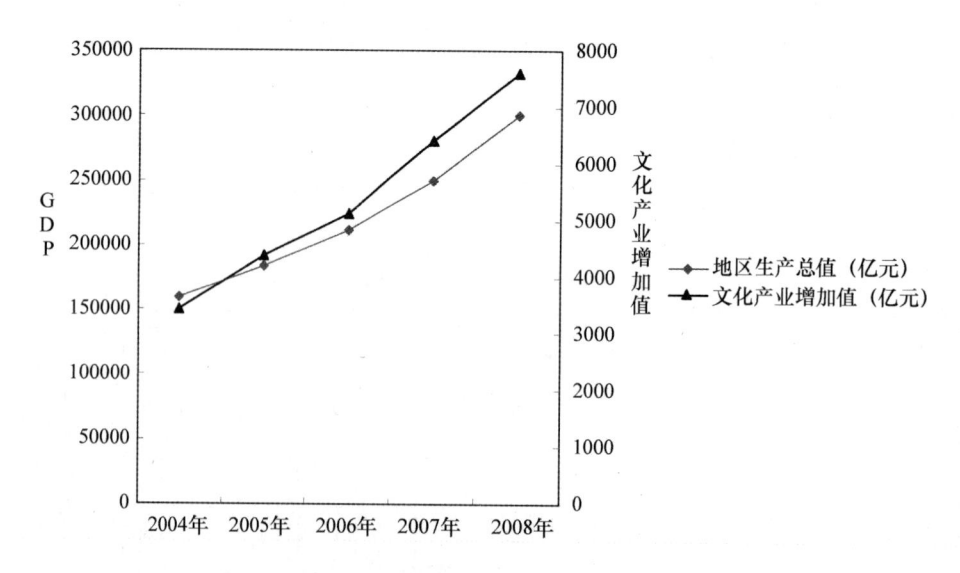

图1 2004—2008年中国GDP与文化产业增加值趋势

（二）考量文化力对国力需求弹性的贡献

从图 2 可以看出，2004—2007 年，文化产业增加值占 GDP 的比重是逐年提高的；而 2008 年受金融危机影响，比重略有下降。但总体来看，文化产业增加值占 GDP 的比重是呈现上升趋势的。

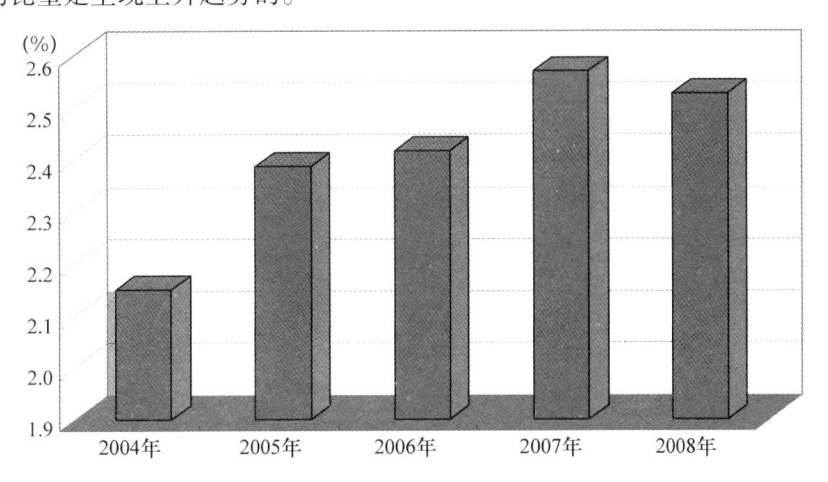

图 2 2004—2008 年文化产业增加值占 GDP 比重

文化力贡献率，即当年文化力增量与当年 GDP 增量之比。就全国观察，文化力弹性系数越高，说明文化力对国民经济增长的贡献率越大，是影响国民经济增长的主要因素（见表 3）。

表 3 文化力弹性系数与贡献率

	2004 年	2005 年	2006 年	2007 年	2008 年
文化力弹性系数	—	1.86	1.09	1.42	0.90
文化力贡献率（%）	—	4.01	2.61	3.43	2.32

文化力弹性系数大于 1，说明文化力增长对 GDP 增长有拉动作用；等于 1，说明两者是同步作用；小于 1，说明文化力增长不如 GDP 增长。从表 2 可以看出，2005 年文化力对 GDP 的拉动作用最明显，贡献率达到 4.01%，这与当时文化产业处于较快发展时期有关；2008 年文化力弹性系数小于 1，主要是受价格因素影响。

（三）人均文化力变化与人均国力变化呈正相关

表4　　　　　　　　　　人均文化力与人均国力比较

	2004年	2005年	2006年	2007年	2008年	年均增长速度（%）
人均文化力（元/人）	264.56	334.59	389.74	485.28	572.28	21.3
人均GDP（元/人）	12299.47	14012.16	16122.23	18885.32	22640.47	16.5

从表4可以看到，2004—2008年，我国人均文化力是不断增加的。2004年，我国人均文化力为264.56元/人；2008年，我国人均文化力为572.28元/人，年均增长21.3%，高于人均GDP增速5.8个百分点。也就是说，人均文化力的提高拉动了人均GDP的提高。如果人均文化力保持不变，2008年我国GDP减少4086.58亿元，占2008年GDP的1.4%；如果人口保持不变，2008年我国GDP减少161.04亿元，仅占2008年GDP的0.1%（见图3）。可见人均文化力的提高，对我国GDP的提高具有较大的影响。

以上分析表明，近年来，中国国力与文化力趋同一个方向的快速增长，而文化力比重与人均文化力的提高，对国力需求弹性的增长贡献，完全符合文化力"三大内核规律"变化要求。具体见图3、图4。

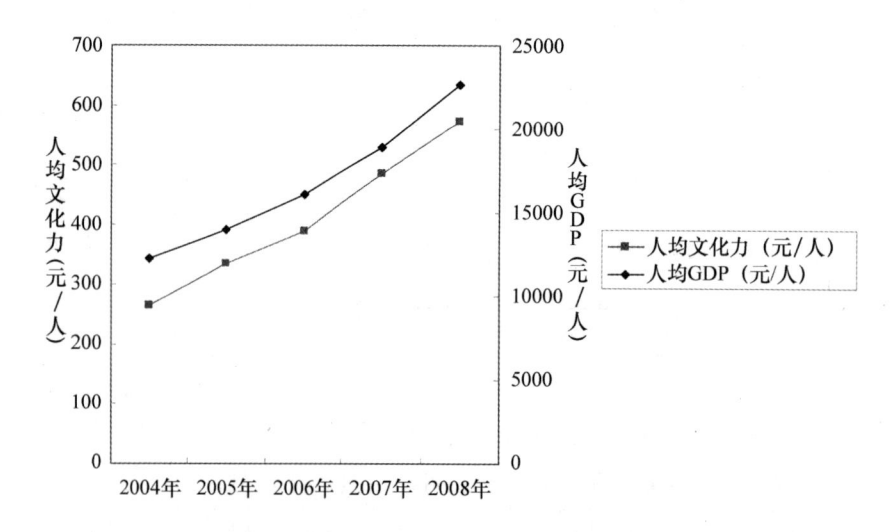

图3　2004—2008年人均文化力和人均GDP增长趋势

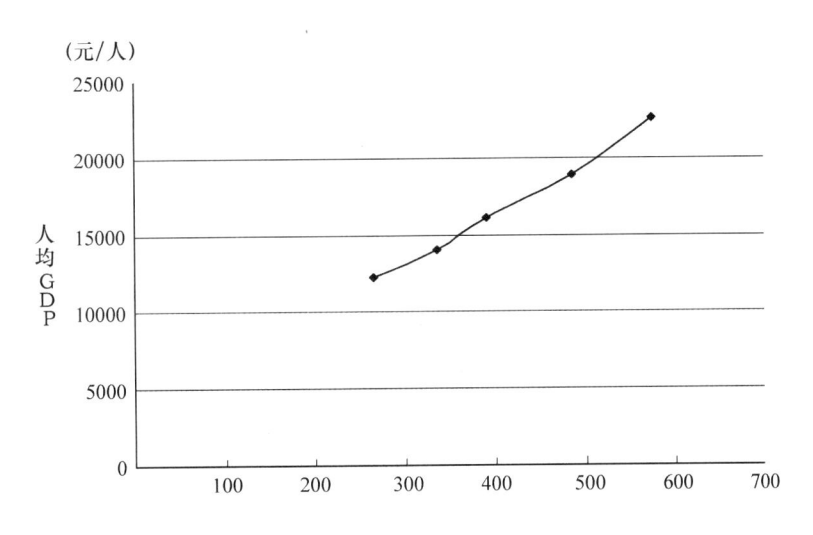

图 4　人均文化力与人均 GDP 间的正相关趋势

三　中国大陆文化力的城市空间分异分析

我国地域辽阔，文化表现多样，积淀不一。中原、东北、西部比东南的文化积淀要丰厚得多，但其文化力的表现未必如此，恰恰相反，呈递减状分布。

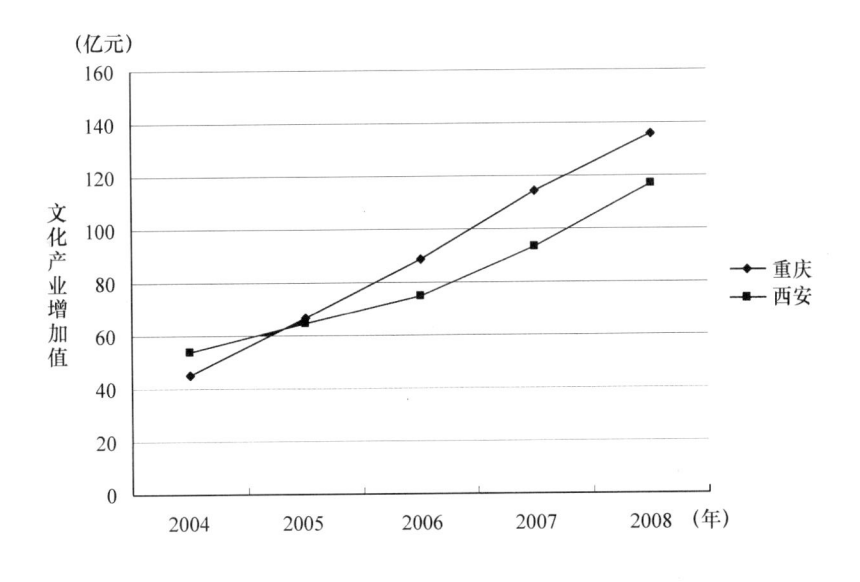

图 5　2004—2008 年重庆和西安文化力发展情况

(一) 西部重庆、西安两市文化力发展与文化积淀的差异

从图5直观可看出,重庆的文化力发展快于西安。2004年,重庆的文化产业增加值为45亿元,比西安少9亿元;但到了2008年,重庆的文化产业增加值达到了136亿元,比西安多了19亿元。2004—2008年,重庆文化力年均增长速度为31.9%,西安的文化力年均增长速度为21.5%,重庆年均增长速度比西安高了10.4个百分点。虽然西安的文化积淀比重庆要丰厚,但其文化力的发展却不如重庆。

(二) 中部郑州、武汉、长沙市文化力发展与总量的差异

表5　　　　　　2004—2008年中部代表城市文化力发展情况

城市	2004年（亿元）	2005年（亿元）	2006年（亿元）	2007年（亿元）	2008年（亿元）	年均增长速度（%）
郑州	47	63	83	102	129	28.6
长沙	118	147	172	224	293	25.6
武汉	121	137	159	167	179	10.3

为考察我国中部地区的文化力发展情况,选取了长沙、郑州和武汉等代表城市进行说明。从表5可以看到,中部地区文化力的发展相当不错。其中郑州的发展势头最好,从2004年的47亿元发展到2008年的129亿元,年均增长28.6%;长沙次之,但总量是中部地区最高,2008年文化力达到293亿元,年均增长25.6%;武汉在2004年的文化力总量是中部地区最高,为121亿元,但近年来发展不如其他城市,2004—2008年,年均增长速度仅为10.3%,排在中部三市最后。中部地区文化力的直观变化见图6。

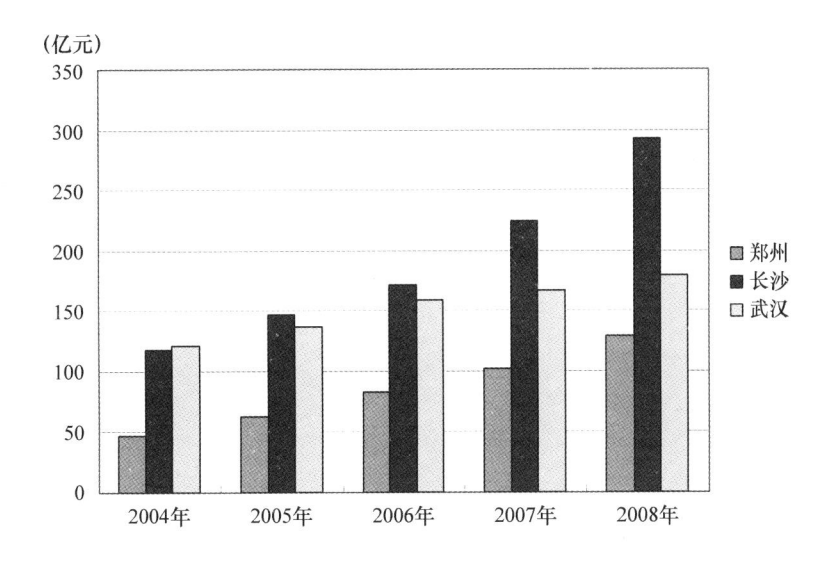

图 6　2004—2008 年中部代表城市文化力发展情况

（三）东北沈阳、大连市文化力的均衡发展

表 6　　2004—2008 年东北地区代表城市文化力发展情况

城市	2004 年（亿元）	2005 年（亿元）	2006 年（亿元）	2007 年（亿元）	2008 年（亿元）	年均增长速度（％）
沈阳	67	76	96	128	172	26.6
大连	50	61	76	96	126	26.0

东北地区的文化力发展，选取沈阳和大连作为代表城市进行考察。从表 6 可以看到，东北地区文化力发展比较均衡，处于较快发展阶段。2004—2008 年间，沈阳的文化力从 67 亿元发展到 172 亿元，年均增长 26.6％；大连的文化力从 50 亿元发展到 126 亿元，年均增长 26.0％，两者增速相差仅为 0.6 个百分点。东北地区的文化力直观变化情况，具体见图 7。

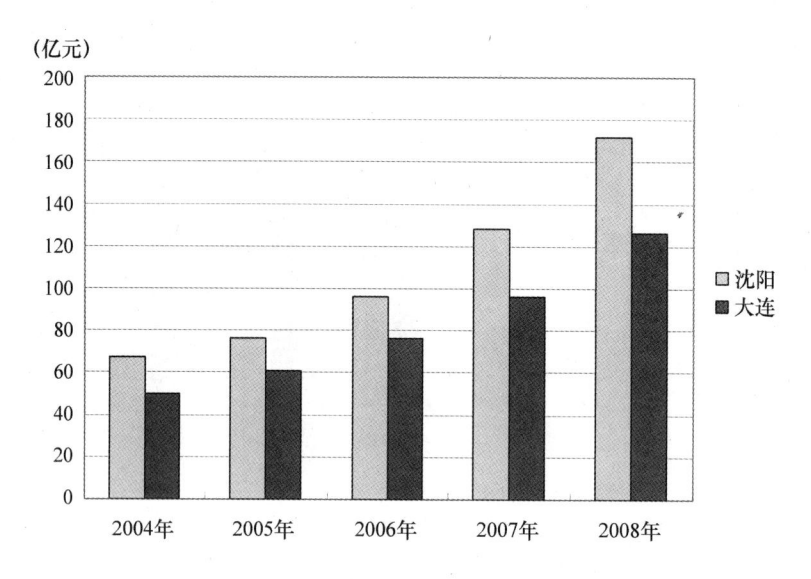

图 7　2004—2008 年东北地区代表城市文化力发展情况

（四）环渤海北京、天津市文化力发展的较大差距

表 7　　　　　　　2004—2008 年环渤海地区代表城市文化力发展情况

城市	2004 年（亿元）	2005 年（亿元）	2006 年（亿元）	2007 年（亿元）	2008 年（亿元）	年均增长速度（%）
北京	616	700	812	993	1086	15.2
天津	67	80	103	116	136	19.4

环渤海地区是我国重要经济区域，选取了北京和天津两个非常有代表性的城市进行考察。北京作为我国的政治中心和文化中心，不仅文化积淀深厚，其文化力发展同样举足轻重。从表 7 看出，2008 年北京文化产业增加值为 1086 亿元，占全国文化力的 14.3%，居各大城市之首；而且 2004—2008 年，其文化力年均增长速度为 15.2%，显示了较强的持续的生命力。天津也是我国一个非常重要的经济城市，但其文化力的发展相对较慢，这主要体现在其总量偏小。2008 年，天津文化产业增加为 136 亿元，占其 GDP 比重仅为 2.1%，这个比重在我国重要大中城市中是严重偏小的（同为环渤海地区的北京，其文化产业增加值占其 GDP 比重为 10.4%，比天津高 8.3 个百分点）。环渤海文化区的文化力区域变化，具体见图 8。

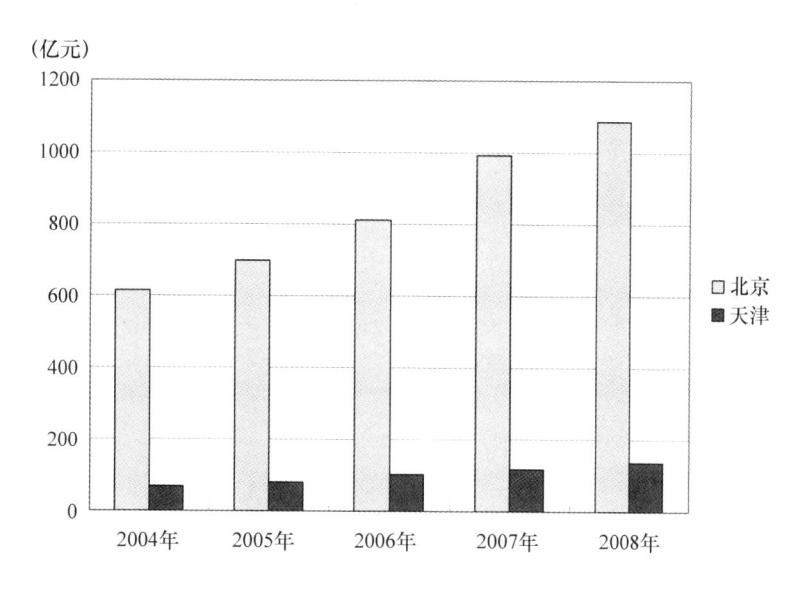

图 8　2004—2008 年环渤海地区代表城市文化力发展情况

（五）华东上海、宁波、苏州、厦门市文化力发展的不平衡

表 8　　　　　　　2004—2008 年华东地区代表城市文化力发展情况

城市	2004 年（亿元）	2005 年（亿元）	2006 年（亿元）	2007 年（亿元）	2008 年（亿元）	年均增长速度（％）
上海	446	509	581	683	780	15.0
苏州	77	87	107	116	136	15.3
宁波	83	91	114	133	136	13.1
厦门	79	86	97	102	103	6.9

　　华东地区是我国经济较发达区域，涉及省市地区较多，选取了上海、苏州、宁波以及厦门四市作为代表城市进行考察。上海作为深圳市重要经济金融中心，其文化力发展已经有相当水平了。2004—2008 年，从表 8 可看出，上海文化产业年均增长 15.0%，到 2008 年其增加值为 780 亿元，占全国文化产业增加值的 10.3%，在全国各大中城市中排在第二位，占其 GDP 的比重为 5.7%，文化力的发展对上海有重要作用。厦门的文化产业发展，相对于华东地区来说是比较落后的。2004—2008 年，该城市文化力年均仅增长 6.9%，为华东地区最低。苏州的文化力发展与

其经济实力有点"不符",2008年苏州文化产业增加值为136亿元,占其GDP比重仅为2.0%,为这次所有考察城市最低。与其形成鲜明对比的就是宁波,2008年宁波文化产业也实现增加值136亿元,但占其GDP比重却有3.4%。华东地区文化力的直观变化,具体见图9。

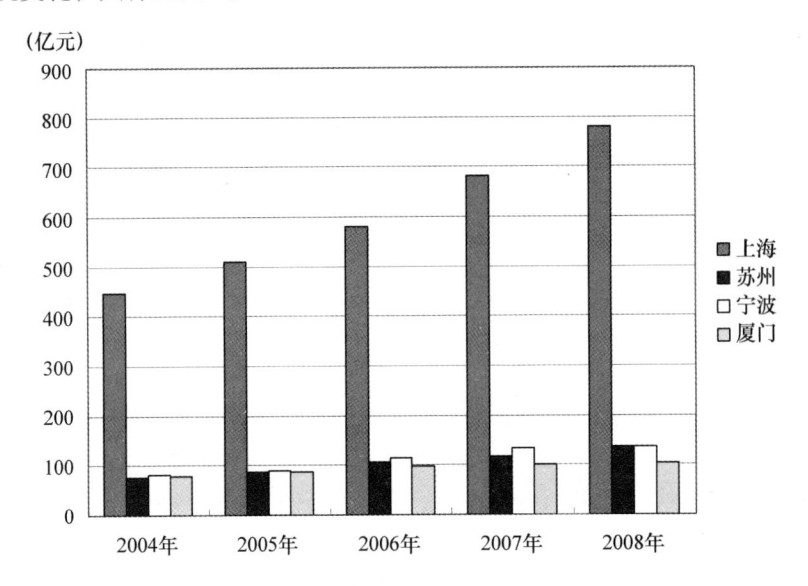

图9 2004—2008年华东地区代表城市文化力发展情况

(六)华南广州、深圳市文化力发展与文化积淀的差异

表9　　　　　2004—2008年华南地区代表城市文化力发展情况

城市	2004年（亿元）	2005年（亿元）	2006年（亿元）	2007年（亿元）	2008年（亿元）	年均增长速度（%）
广州	251	270	301	334	376	10.6
深圳	247	300	382	466	538	21.5

在华南地区的文化力发展分布状况中,广州和深圳这两座副省级城市文化力表现有着典型的意义。深圳近年来不断推广文化产业,其文化产业发展居华南地区首位。由表9可以看出,2008年深圳文化产业实现增加值538亿元,占全国文化产业增加值的6.9%,居全国大中城市的第三位;广州文化产业增加值为376亿元,占全国的4.6%,排在全国第四位。从年均发展速度来看,2004—

2008年间，深圳的文化力年均增长速度为21.5%，比广州高了10.9个百分点。广州和深圳虽属华南地区，但两者在文化方面还是有一定差距的。广州传统文化氛围比深圳浓得多，文化积淀也比深圳丰厚得多；但深圳毗邻香港，移民文化占据主导地位，在文化理念挖掘和机制执行方面要优于广州，这使得深圳文化力对生产力的推动作用要比广州明显得多。华南地区文化力的直观变化，具体见图10。

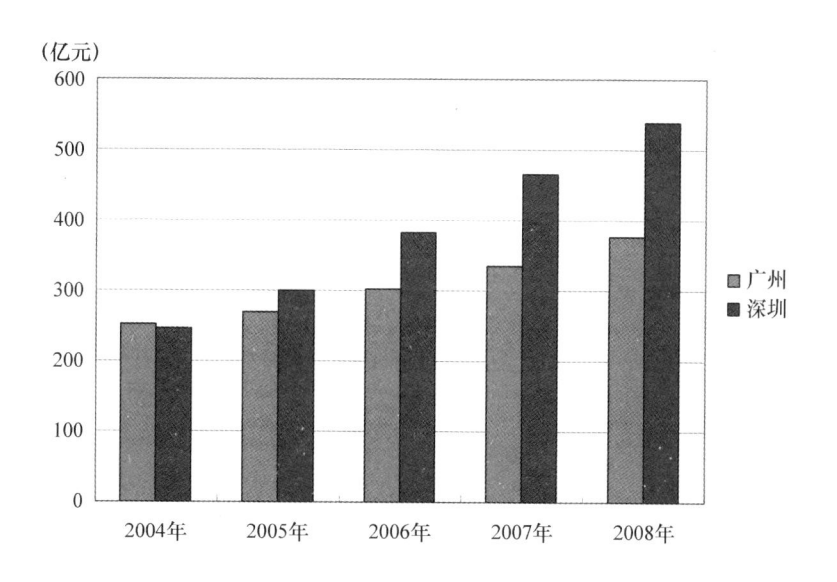

图10　2004—2008年华南地区代表城市文化力发展情况

（七）各地区文化力发展与文化积淀的差异

以上比较了中国东、南、西、北、中以及环渤海各个文化区文化与文化力空间发展不平衡性。如果把各个文化区域的文化力增加值相加，也可描出一个"文化力不平衡发展趋势性规律图"。从图11中可以清楚地看到，各个文化区文化力直观变化的不平衡。

从图11可以看到，虽然中原、东北、西部比东南的文化积淀要丰厚得多，但在将文化积淀转化为文化力方面却不如生产力发达或者较发达地区。这一点也可以从各地区的人均文化力水平看出：2008年，华南地区人均文化力为4823.14元/人，居各地区之首；其次为环渤海地区，其人均文化力为4256.36元/人；再次为华东地区的3074.18元/人；中部地区排在第四位，其人均文化力为2613.13元/

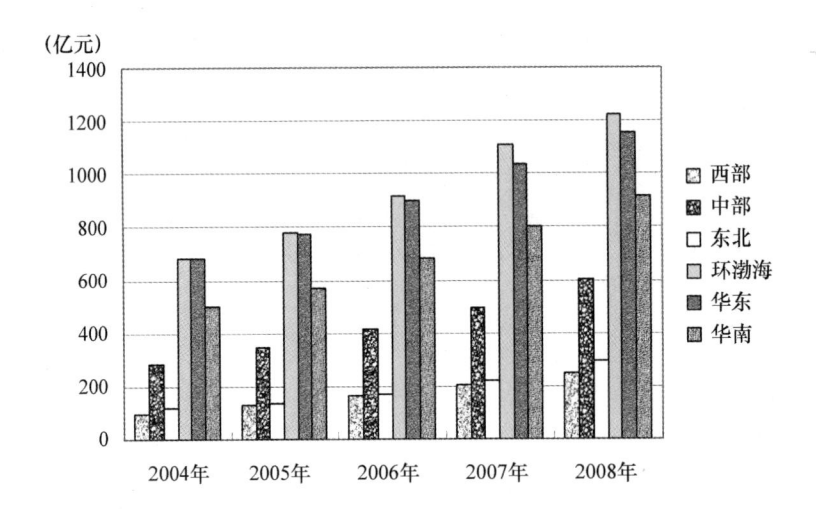

图11 2004—2008年我国各地区文化力发展情况

人；第五位为东北地区，其人均文化力为2145.43元/人；西部地区最低，其人均文化力仅为688.15元/人。

以上分析表明，地理区域不同，形成了文化地理差异，遗存不同的文化积淀，构成了文化发展的基本条件。但文化相对深厚的地方，并不代表文化力发达，它与人们的文化挖掘理念和执行机制紧密相关。而恰恰是生产力发达、较发达地区比不发达、欠发达地区开发利用与引进文化来得早，使文化力对生产力的推动更为显著，呈递增状况。这正是文化与文化力不平衡规律在发挥作用。

这些研究表明，文化积淀深厚的城市和地区，文化力发展的潜力很大，应当充分重视文化力的作用，充分发挥历史文化优势，并与当代文化相结合，促进地域生产力的发展，而文化积淀不太深厚的城市和地区，也可以大力发展文化力，但要注意文化资源的积累和创造，形成自己的文化特色，持续推动文化力的发展，不断拓展"第三地理发展空间"。

四 中国大陆文化力差异的机制分析

以上6个文化区域的文化力变化都有着内在的机制构成。为减少重复实证工作，这里选择深圳市为例，对其文化力差异的机制进行相关分析，得到了"人均文化消费支出与文化增加值正相关，户籍与非户籍负相关"的实证结论，这充分反映了文化内生原动力的变化作用。

(一)人均文化消费支出与文化增加值总量同向关系

通过对深圳市2004—2008年人均文化消费支出与文化增加值增长比较分析,看出这两者是一种正相关关系,产生同方向变化,可把它们绘成"正相关曲线图"。

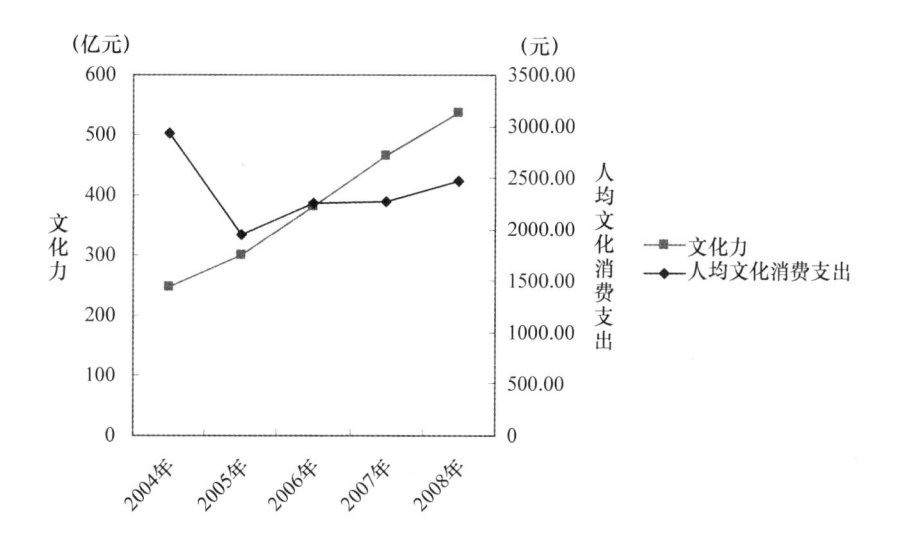

图12 2004年—2008年深圳文化力及人均文化消费支出

从图12可以看出,深圳市的人均文化消费支出逐年不断提高,从2005年的人均1953.72元提高到2008年的2463.92元,年均增长8.0%;深圳人均文化消费支出不断提高,需求不断增大,必然会促进深圳文化产业不断发展,它们是同向发展变化的关系。统计数据表明,深圳的文化产业增加值也是从2005年的247亿元发展到2008年的538亿元,年均增长21.4%。

(二)文化力增强对人均文化消费支出的弹性需求

反过来,深圳文化产业的不断发展,可以为深圳人们提供更加丰富的文化类物质和文化类服务,拉高深圳人们在文化方面的支出。

表10　　　　　深圳市2004—2008年"人均文化消费支出"情况

项　目	2004年	2005年	2006年	2007年	2008年
消费性支出（元/人）	19569.60	15911.88	16628.16	18474.49	19779.09
人均文化消费支出（元）	2939.04	1953.72	2263.80	2272.91	2463.92
人均文化消费支出/消费性支出（%）	15.0	12.3	13.6	12.3	12.5

从表10可以看出，2005年深圳的人均文化消费支出为1953.72元，占人均消费性支出的12.3%；到了2008年，人均文化消费支出为2463.92元，占人均消费性支出的12.5%，比2005年高了0.2个百分点。若深圳的文化产业不发展，即人均文化消费支出保持不变，那么2008年深圳的人均文化消费支出将减少475.12元，整个深圳的消费支出将减少41.67亿元左右（2008年深圳常住人口为877万人）；或者人均文化消费支出占消费性支出的比重保持不变，那么2008年深圳的人均文化消费支出将减少31.09元，整个深圳的消费支出将减少2.8亿元左右。换句话说，深圳文化产业的发展至少拉高了深圳的文化消费支出2.8亿元。其具体的直观变化见图13。

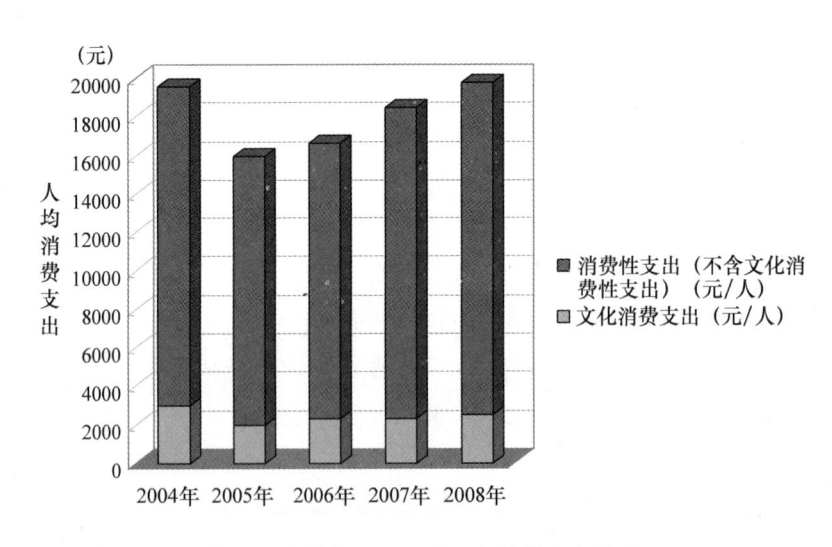

图13　深圳市2004—2008年消费支出情况

以上分析表明，曾被喻为"文化沙漠"的深圳，其自身更重视文化的重塑与"拿来",表明深圳外来多是文化与文化力衍生共进,同时互动,互相作用。这不仅把文化力的内在原动力演绎得淋漓尽致,而且使文化边生成、边转化为强劲的文化力,再衍化为现实物质生产力,不断导向当代文化力增长的动态平衡规律。

2011年深圳市基本单位分布及变化情况分析

基本单位是构成整个社会经济活动的最基本的社会单元。基本单位的总体状况，能反映一个地区的社会经济发展水平和结构特点；而单位的增减变动，则能从侧面反映该地区社会经济的活跃程度和发展方向。本文根据基本单位统计2011年年报结果对深圳市基本单位总体及变动情况进行分析。

一 基本单位的构成和变化特点

（一）单位总量增加较快，结构更趋合理

全市基本单位年报数据显示，截至2011年年末，全市共有各级、各类法人单位及所属产业活动单位263469家。其中，从事第二产业活动的单位61388家，占23.3%；从事第三产业活动的单位202081家，占76.7%。和2010年年末相比，产业活动单位增加51464家，增长了24.3%。其中法人单位224071家，和2010年年末的176015家相比，增加了48056家，增长27.3%。单位总量增加较为迅速。

从法人单位的三次产业单位比重来看（见表1），2011年年末全市法人单位三次产业的比重分别是0.1:26.8:73.1，而对应的2010年年末三次产业比重分别为0.1:25.1:74.8。第二产业比重下降1.7个百分点，第三产业比重上升1.7个百分点。从三次产业单位增速来看，第三产业单位增长速度比第二产业快10.9个百分点。从三次产业的就业人数来看，2011年第三产业就业人数所占比重为38.3%，比2010年上升了0.6个百分点，增速则比第二产业高3.1个百分点。

表1　深圳市法人单位及从业人员分布情况

	2011年				2010年				2011年比2010年增长（%）	
	法人单位数（个）	比重（%）	从业人数（万人）	比重（%）	法人单位数（个）	比重（%）	从业人数（万人）	比重（%）	单位	从业人数
第二产业	56298	26.8	544.38	61.6	47200	25.1	510.62	62.3	19.3	6.6
第三产业	167546	73.1	338.91	38.3	128681	74.8	308.89	37.7	30.2	9.7
合计	224071	100	884.01	100	176015	100	819.93	100	27.3	7.8

注：第二、第三产业无法覆盖所有法人。

（二）企业仍然是法人单位增长的主体，社团和民办非企业单位数量有所增加

从机构类型看，2011年全市企业法人215788个，事业法人1825个，机关法人672个，社团法人2093个，民办非企业1836个，其他组织机构1867个，所占比重分别为96.29%、0.81%、0.30%、0.93%、0.82%、0.83%（见表2）。企业是深圳市法人单位的主体，也是深圳市单位增长的主体，其他类型如机关、事业、社会团体等单位所占比重均不足1%。从单位增加的数量看，除企业之外，社会团体和民办非企业也有一定数量的增加。

表2　2011年、2010年深圳市法人单位构成比较

项目	2011年		2010年		2011年比2010年增加单位（个）
	法人单位数（个）	比重（%）	法人单位数（个）	比重（%）	
企业	215788	96.29	168296	95.61	47492
事业单位	1825	0.81	1782	1.01	43
机关	672	0.30	656	0.37	16
社会团体	2093	0.93	1906	1.08	187
民办非企业	1836	0.82	1659	0.94	177
其他组织机构	1867	0.83	1716	0.97	151
总计	224071	100.00	176015	100.00	48056

（三）传统产业单位比重大，新兴产业和现代服务业单位增长快

从法人单位的行业分布看（见表3），2011年深圳法人单位数量最多的行业是批发和零售业，达到了86891个，占全市法人单位的38.8%；其次是制造业，

有52583个,占23.5%。这两个行业单位数占了全市单位的一半以上。其他依次是租赁和商务服务业,科学研究、技术服务和地质勘查业和交通运输、仓储和邮政业,所占比重分别是11.1%、5.8%和3.6%。和2010年相比,2011年单位增长幅度较大的行业有金融业,批发和零售业,租赁和商务服务业,信息传输、计算机服务和软件业以及文化、体育和娱乐业,增加幅度分别是49.8%、36.2%、34.4%、33.8%和30.7%。金融、信息、商务和文化娱乐业等新兴产业和现代服务业的单位数快速增加,说明深圳市经济转型取得一定成效,产业结构得到进一步优化。

表3　　　　　　　　　2011年、2010年全市法人单位分行业情况

项目	2011年法人单位数（个）	比重（%）	2010年法人单位数（个）	比重（%）	2011年比2010年增长%
农林牧渔业	170	0.1	134	0.1	26.87
采矿业	19	0	16	0	18.75
制造业	52583	23.5	44369	25.2	18.51
电力、燃气及水的生产和供应业	96	0	81	0	18.52
建筑业	3600	1.6	2734	1.6	31.68
交通运输、仓储和邮政业	8162	3.6	6765	3.8	20.65
信息传输、计算机服务和软件业	7501	3.3	5605	3.2	33.83
批发和零售业	86891	38.8	63784	36.2	36.23
住宿和餐饮业	3502	1.6	2991	1.7	17.08
金融业	1152	0.5	769	0.4	49.80
房地产业	8033	3.6	7003	4.0	14.71
租赁和商务服务业	24959	11.1	18569	10.5	34.41
科学研究、技术服务和地质勘查业	13060	5.8	10610	6.0	23.09
水利、环境和公共设施管理业	605	0.3	521	0.3	16.12
居民服务和其他服务业	4375	2.0	3656	2.1	19.67
教育	2783	1.2	2507	1.4	11.01
卫生、社会保障和社会福利业	1041	0.5	934	0.5	11.46
文化、体育和娱乐业	1444	0.6	1105	0.6	30.68
公共管理和社会组织	4095	1.8	3862	2.2	6.03
总计	224071	100.0	176015	100.0	27.30

(四）宝安区和龙岗区是单位增长幅度较大的区域

从法人单位的地区分布来看（见表4），宝安区和福田区是单位数量较多的区，分别有72769个和50858个，所占比重为32.47%和22.70%，两区单位总量超过了50%。

从近两年分地区的单位变化情况来看，龙岗区和宝安区仍然是单位增长幅度较大的区域，2011年单位增速分别为35.89%和35.15%；其次是光明新区、坪山新区和南山区，增速分别为28.17%、27.45%和26.16%；福田区、罗湖区和盐田区单位增长幅度则均为20%以下，低于全市的平均水平。这说明龙岗区和宝安区的经济最为活跃，光明和坪山两个新区紧随其后。

表4　　　　　　　全市法人单位分区情况（2010—2011年）

地区	2011年 法人单位数（个）	比重（%）	2010年 法人单位数（个）	比重（%）	2011年增速（%）
深圳市	224071	100.00	176015	100.00	27.31
罗湖区	24358	10.87	21246	12.07	14.65
福田区	50858	22.70	42452	24.12	19.80
南山区	27845	12.43	22072	12.54	26.16
宝安区	72769	32.47	53844	30.59	35.15
龙岗区	35433	15.81	26074	14.81	35.89
盐田区	2393	1.07	2172	1.23	10.17
光明新区	7175	3.20	5598	3.18	28.17
坪山新区	3259	1.45	2557	1.45	27.45

（五）民营企业发展迅速，所占比重进一步提高

从法人单位的登记注册类型上看（见表5），2011年深圳市民营企业继续呈现良好发展势头，特别是私营企业。2011年年末私营企业法人单位达到18.16万个，占全部企业的比重高达84.18%，单位数比2010年增长31.14%；有限责任公司和股份有限公司也均有约16.9%的增长。我国港澳台商投资企业和外商投资企业发展相对平稳，分别有法人单位11691个和4521个，分别比2010年增长13.76%和

13.91%。深圳市民营经济的比重和规模继续增大，对充分调动社会各方面的积极性、加快生产力发展具有重要作用。

表5　　　　　　　　2010年按登记注册类型分组的基本单位情况

	2011年 企业法人数（个）	比重（%）	2010年 企业法人数（个）	比重（%）	2011年比2010年增长（%）
内资	199570	92.50	154050	91.54	29.55
国有	1028	0.48	1001	0.59	2.70
集体	476	0.22	476	0.28	0
股份合作	1183	0.55	1072	0.64	10.35
联营	438	0.20	443	0.26	-1.13
有限责任公司	11085	5.14	9481	5.63	16.92
股份有限公司	2154	1.00	1842	1.09	16.94
私营企业	181626	84.18	138497	82.29	31.14
其他内资	1580	0.73	1238	0.74	27.63
港澳台商投资	11691	5.42	10277	6.11	13.76
外商投资	4521	2.10	3969	2.36	13.91
合计	215788	100.00	168296	100.00	28.20

（六）中小微企业是企业的主体，数量增长较快

深圳企业法人单位数目前在全省各地市排第一位，从企业的资产总额、全年营业收入和从业人数分组的单位数量来看，中小微企业占了全市企业的一半以上的份额。其中，资产总额在50万元以下的企业占54.6%，全年营业收入在50万元以下的企业占62.3%，从业人数在7人以下的也有51.8%的比例。相对于2010年，中小微企业的比重均有上升。一方面，说明中小微企业是全市单位增长变动的主要推动力量；另一方面，也说明深圳市企业总体规模较小，抗风险能力较弱。另外，2011年企业总资产在5000万元以上的单位数量减少了130家，须引起注意。具体如表6所示。

表6　按企业资产、全年营业收入和从业人数分组的企业法人单位数

	2011年		2010年		增加量（个）	增长（%）
	法人单位数（个）	比重（%）	法人单位数（个）	比重（%）		
总计	215788		168292		47496	2.42
一、按资产总额分组						
50万元以下	116646	54.6	82012	48.73	34634	42.23
50万—100万元	31867	14.77	25206	14.98	6661	26.43
100万—500万元	34964	16.20	31278	18.59	3686	11.78
500万—1000万元	10707	4.96	9562	5.68	1145	11.97
1000万—5000万元	13599	6.30	12643	7.51	956	7.56
5000万元以上	7465	3.46	7595	4.51	-130	-1.71
二、按全年营业收入分组						
50万元以下	134497	62.33	96239	57.19	38258	39.75
50万—100万元	21858	10.13	17397	10.34	4461	25.64
100万—500万元	31601	14.64	28281	16.80	3320	11.74
500万—1000万元	8730	4.05	8104	4.82	626	7.72
1000万—5000万元	12614	5.85	11970	7.11	644	5.38
5000万元以上	6488	3.01	6305	3.75	183	2.90
三、按从业人数分组						
7人及以下	111748	51.79	79391	47.17	32357	40.76
8—19人	52891	24.51	43263	25.71	9628	22.25
20—49人	28506	13.21	24835	14.76	3671	14.78
50—99人	10711	4.96	9748	5.79	963	9.88
100—299人	8112	3.76	7459	4.43	653	8.75
300—499人	1632	0.76	1508	0.90	124	8.22
500—999人	1178	0.55	1106	0.66	72	6.51

二　基本单位反映的主要问题

（一）第三产业单位数量虽多，但吸纳就业人员的能力相对较弱

从表1可以看出，2011年深圳市第三产业法人单位数量达到了16.75万个，占全市法人单位数的73.1%，但吸纳的就业人员只占全市单位就业人员的38.3%。

第三产业平均每个单位仅有从业人员20人。第三产业单位数量虽多，但吸纳就业人员的能力并不强，产业的竞争力也须加强。

（二）大中型企业数量相对较少且增长较慢，后劲稍显乏力

深圳市大中型企业数量相对较少，以2011年专业年报字典库为例：深圳市有工业企业52698个，但年营业收入超过2000万的只有5692个，占工业企业的比重为10.80%；全市批发零售企业有86891个，但达到限额以上标准（批发业年营业收入2000万，零售业年营业收入500万）的单位仅有1769个，占该行业企业的比重仅为2.04%，行业总体规模较小（见表7）。

表7　　深圳市部分行业法人单位及三上单位情况（2011年）

类别	法人单位数（个）	2011年报"三上"单位数（个）	比重（%）	2011年报"三上"单位审批单位（个）		
				增加	减少	实增
工业	52698	5692	10.80	572	355	217
建筑业	3600	823	22.86	7	5	2
房地产业	8033	400	4.98	5	16	-11
批发零售业	86891	1769	2.04	228	101	127
住宿餐饮业	3502	683	19.50	43	50	-7
合计	154724	9367	6.05	855	527	328

从2011年报"三上"审批结果来看，2011年规模以上工业企业新增572家，退出355家，实增217家，仅占规模以上工业的4.3%，规模以上单位数量增加较少。住宿餐饮业（不包括个体户）还出现了限额以上单位减少的现象（房地产业和建筑业因涉及工程具体项目，不便于比较）。可见，深圳市的大中型企业增长后劲乏力。

三　对策建议

（一）采取措施，加大对中小微企业各方面的扶持力度

中小微企业在数量上占全市企业的绝大多数，也是经济活力的源泉所在。正是有众多的中小企业的蓬勃发展，深圳市信息产业链才得以完善，产业竞争力得以加

强,才有华为、中兴、腾讯、富士康等大型企业的产生。重视中小微企业的发展,是深圳市经济健康平稳可持续发展的重要基础。因此,深圳要认真贯彻落实国务院、广东省以及市委、市政府关于扶持中小企业特别是小型微型企业发展的部署,加大对中小微企业的扶持力度,进一步减轻企业负担,促进全市经济平稳健康可持续发展。

(二)进一步做好大中型企业和重点企业的跟踪服务工作

大中型企业是行业经济发展的支柱,对所在行业的上下游企业具有较深的辐射影响。当前形势下,深圳各部门要采取措施进一步做好大中型企业和重点行业重点企业的全方位服务支持工作。具体到统计部门,就是要及时了解企业的经营情况,对重点产业和重点企业要保持经常联系,动态跟踪,并将企业的情况及时向市委、市政府及有关部门反映,共同帮助企业做大做强。

(三)加快新兴产业和现代服务业发展,落实产业结构调整相关政策措施

转变经济发展方式是深圳自身发展的内在需要,是其刻不容缓的任务。而加快新兴产业和现代服务业发展,对于经济结构调整、加快产业优化升级、全面提升产业素质、扩大就业、增强竞争力,具有重要作用。为此,继续落实市委、市政府关于产业结构调整相关政策措施,优化内部结构,促进协调发展。一方面,壮大物流交通、旅游、房地产、金融、批发和零售等具有比较优势的服务业;另一方面,鼓励发展文化、信息、科技、商务服务等新兴服务业。同时,加强服务业发展的政策导向,引导社会资金投向现代服务业。

深圳市工业前50强2012年上半年统计数据分析

根据许勤市长对《关于当前我市若干重点工业企业统计数据问题的报告》(深统字〔2012〕18号)的批示精神,本文对深圳工业50强的情况做了简要的数据分析。

一 总体情况和分布特点

工业50强企业是深圳工业经济发展的主要力量。数据显示,2011年工业50强企业实现主营业务收入10548.20亿元,占全市规模以上工业企业主营业务收入的51.3%;实现工业总产值10331.20亿元,占全市规模以上工业总产值的50.6%;实现工业增加值2695.14亿元,占全市规模以上工业增加值的56.5%;实现利润总额758.90亿元,占全市规模以上工业企业利润的57.6%。

(一)重工业化特征突出,电子行业占主要地位

工业50强中重工业突出,占有36席,其中通信设备、计算机及其他电子设备制造业23家,电力、热力的生产和供应业4家,有色金属冶炼及压延加工业2家,石油和天然气开采业、塑料制品业、非金属矿物制品业、金属制品业、交通运输设备制造业、电气机械及器材制造业和燃气生产和供应业各1家。轻工业有14席,工业品及其他制造业5家,通信设备、计算机及其他电子设备制造业3家,仪器仪表及文化、办公用机械制造业2家,农副食品加工业、烟草制造业、专用设备制造业和电气机械及器材制造业各1家。重工业企业的主营业务收入、利润总额、工业总产值和增加值占50强的比重均超过89%,重工业化特征明显。具体见表1。

表1　　　　　　　　2011年深圳50强重工业和轻工业比较

	主营业务收入		利润总额		工业总产值		增加值	
	总量（亿元）	比重（%）	总量（亿元）	比重（%）	总量（亿元）	比重（%）	总量（亿元）	比重（%）
轻工业	1133.63	10.7	82.67	10.9	1117.9	10.8	170.16	6.3
重工业	9414.57	89.3	676.23	89.1	9213.3	89.2	2524.99	93.7
总计	10548.2	100	758.9	100	10331.2	100	2695.15	100

工业50强分布在15个行业，其中从事通信设备、计算机及其他电子设备制造业的有26家，电子行业的主营业务收入占50强主营业务收入的77.4%，工业总产值占50强工业总产值的78.5%，增加值占50强工业增加值的69.8%，明显占据主要地位。石油和天然气开采业虽然主营业务收入和工业总产值占50强的比重分别仅为5.4%和4.1%，但工业增加值占50强增加值的比重为14.6%，利润总额占50强利润总额的比重更高达36.4%，占据重要地位。具体见表2。

表2　　　　　　　　2011年深圳市工业50强行业比较

行业	主营业务收入		利润总额		工业总产值		增加值	
	总量（亿元）	比重（%）	总量（亿元）	比重（%）	总量（亿元）	比重（%）	总量（亿元）	比重（%）
农副食品加工业	67.42	0.6	2.05	0.3	66.77	0.6	12.47	0.5
烟草制造业	48.59	0.5	7.07	0.9	48.73	0.5	40.7	1.5
塑料制品业	51.73	0.5	3.71	0.5	45.66	0.4	18.72	0.7
非金属矿物制品业	46.1	0.4	1.33	0.2	45.35	0.4	15.24	0.6
有色金属冶炼及压延加工业	124.65	1.2	13.61	1.8	124.19	1.2	20.13	0.7
金属制品业	53.42	0.5	8.5	1.1	54.39	0.5	12.15	0.5
专用设备制造业	45.54	0.4	12.72	1.7	46.13	0.4	17.06	0.6
交通运输设备制造业	87.27	0.8	8.81	1.2	103.95	1.0	31.79	1.2
电气机械及器材制造业	108.69	1.0	34.37	4.5	109.28	1.1	15.69	0.6
通信设备、计算机及其他电子设备制造业	8160.42	77.4	292.3	38.5	8108.67	78.5	1880.31	69.8
仪器仪表及文化、办公用机械制造业	109.67	1.0	1.82	0.2	101.92	1.0	6.15	0.2

续表

行业	主营业务收入 总量(亿元)	主营业务收入 比重(%)	利润总额 总量(亿元)	利润总额 比重(%)	工业总产值 总量(亿元)	工业总产值 比重(%)	增加值 总量(亿元)	增加值 比重(%)
工业品及其他制造业	414.15	3.9	13.41	1.8	384.49	3.7	24.38	0.9
电力、热力的生产和供应业	595.87	5.6	67.86	8.9	596.46	5.8	183.8	6.8
燃气生产和供应业	62.79	0.6	15.29	2.0	68.01	0.7	23.57	0.9
石油和天然气开采业	571.87	5.4	276.05	36.4	427.2	4.1	392.99	14.6
总计	10548.2	100	758.9	100.0	10331.2	100.0	2695.15	100.0

(二) 产值以外资企业为主，增加值靠股份制支撑

工业50强中国有企业有3家，其主营业务收入、利润总额、工业总产值和增加值占50强的比重分别为5.1%、5.3%、5.2%和6.2%。股份制企业有13家，其主营业务收入、利润总额和工业总产值占50强的比重分别为34.3%、29.1%和33.9%，但增加值占50强的比重却高达50.5%，占据重要地位，对深圳市工业增加值率的发展起着重要支撑作用（2011年深圳工业50强的平均增加值率为26.1%，其中股份制企业的增加值率就达38.8%，高出50强的平均水平12.7个百分点）。外资企业有18家，其主营业务收入和工业总产值占50强的比重都超过41%，分别为41.6%和42.6%，但其实现利润的比重却仅占50强的11.7%，增加值占50强的比重也仅为18.5%，远低于其收入比重。外资企业盈利水平明显偏低（其单企业平均利润总额为4.94亿元，远低于50强单企业平均利润总额15.18亿元的水平），拖累了全市增加值率的提高（50强中外资企业的增加值率仅为11.4%，比50强的平均水平低14.7个百分点）。具体见表3。

表3　　　　　　　　2011年深圳市工业50强登记注册类型比较

登记注册类型	主营业务收入 总量(亿元)	主营业务收入 比重(%)	利润总额 总量(亿元)	利润总额 比重(%)	工业总产值 总量(亿元)	工业总产值 比重(%)	工业增加值 总量(亿元)	工业增加值 比重(%)
国有企业	534.91	5.1	40.08	5.3	535.06	5.2	166.59	6.2
股份制企业	3614.76	34.3	220.6	29.1	3507.38	33.9	1360.03	50.5

续表

登记注册类型	主营业务收入 总量（亿元）	比重（%）	利润总额 总量（亿元）	比重（%）	工业总产值 总量（亿元）	比重（%）	工业增加值 总量（亿元）	比重（%）
与中国港澳台商合资经营企业	536.93	5.1	85.74	11.3	595.55	5.8	138.97	5.2
中国港澳台商独资企业	1314.76	12.5	295.38	38.9	1131.07	10.9	486.1	18.0
中外合资经营企业	158.36	1.5	28.13	3.7	163.03	1.6	44.11	1.6
外资企业	4388.49	41.6	88.97	11.7	4399.11	42.6	499.35	18.5
总计	10548.21	100.0	758.9	100.0	10331.2	100.0	2695.15	100.0

（三）以大型企业为主，中型企业为辅

2011年深圳工业50强的入围门槛为主营业务收入43.58亿元，其中超千亿（且超两千亿）的企业有2家，分别为富泰华工业（深圳）有限公司和华为技术有限公司，500亿—1000亿元有3家，200亿—500亿元有5家，100亿—200亿元有6家，可谓"两超多强百舸争流"。"千亿俱乐部"的华为技术有限公司更是多年位居全国电子信息百强企业之首。

工业50强中大型企业有33家，其主营业务收入、工业总产值和增加值占50强的比重分别为83.3%、84.8%和76.5%，但利润总额占50强的比重却仅为48.9%，利润总额比重偏低。工业50强无小型企业，整体上是以大型企业为主、中型企业为辅的分布格局。具体见表4。

表4　　　　　　　　　　2011年工业50强企业规模比较

企业规模	主营业务收入 总量（亿元）	比重（%）	利润总额 总量（亿元）	比重（%）	工业总产值 总量（亿元）	比重（%）	增加值 总量（亿元）	比重（%）
大型	8786.73	83.3	371.32	48.9	8756.57	84.8	2061.84	76.5
中型	1761.48	16.7	387.58	51.1	1574.63	15.2	633.31	23.5
总计	10548.21	100.0	758.9	100.0	10331.2	100.0	2695.15	100.0

（四）产业结构优化，现代产业占比高

工业50强中以电子及通信设备制造业和电子计算机及办公设备制造业为代表的高技术制造业占据了主要地位（50强中的高技术制造业增加值达1903.52亿元，占50强工业增加值的比重超过70.6%），对全市高技术制造业起到主要支撑作用（50强中的高技术制造业增加值占全市高技术制造业增加值的比重高达71.4%）；50强中以石油及化学制造业和装备制造业为代表的先进制造业，对全市先进制造业的发展起着举足轻重的作用（50强中的先进制造业增加值占全市先进制造业增加值的比重达66.9%）；50强中以烟草制造和农副食品加工业为代表的优势传统产业在全市优势传统产业中占据重要地位，50强中的优势传统产业增加值占全市优势传统产业增加值的比重达18.9%。深圳50强产业结构优化，现代产业占比高，对全市现代产业的发展起着非常关键的作用。

二 2012年上半年情况

（一）生产情况：50强企业拉动全市增长

2012年1—6月，工业50强企业实现工业总产值4760.86亿元（占全市规模以上工业总产值的比重为50.0%），同比增长6.0%，高出全市平均水平1.6个百分点，对全市工业总产值的贡献率为68.0%，拉动率为3.0%；实现增加值1324.77亿元（占全市规模以上工业增加值的比重为57.0%），同比增长7.1%，高出全市平均水平2.7个百分点，对全市工业增加值的贡献率为88.2%，拉动率为3.9%，拉动了全市工业增长。

（二）财务状况：收入、税收和用工水平高于全市，但盈利能力大大低于全市平均水平

2012年1—5月，工业50强实现主营业务收入3800.76亿元（占全市规模以上工业主营业务收入的比重为50%），同比增长（现价）2.8%，高出全市平均水平1.5个百分点；实现利润总额88.96亿元（占全市规模以上工业利润总额的37.3%），同比下降60.7%，比全市平均水平低21.4个百分点；上缴税收（这里指的是主营业务税金及附加和应交增值税）112.34亿元（占全市规模以上工业税收的65.9%），同比增长（现价）4.0%，高出全市平均水平3个百分点；拥有从

业人员 81 万人（占全市规模以上工业从业人员的 25.1%），同比下降 0.4%，高出全市平均水平 4.5 个百分点。可见，50 强企业在收入和税收方面占据重要地位，用工水平高于全市，但在实现利润方面却大大拖累了全市增长。

（三）出口情况：占据重要地位，形势不容乐观

据海关数据显示，2012 年 1—5 月工业 50 强实现外贸出口总额 301.64 亿美元，占全市外贸出口总额的 29.6%，虽然比重比 2011 年同期下降了 4.1 个百分点，但仍占据重要地位；外贸出口速度同比下降 6.4%（若考虑汇率影响，这个速度还将更低，可能低于 -8.0%），比全市平均水平低 12.7 个百分点，出口形势不容乐观。

（四）用电情况：用电依然低迷

数据显示，2012 年 1—6 月深圳 50 强的工业生产电力消费为 24.71 亿千瓦时，比 2011 年同期下降 5.6%，用电依然低迷。供电局数据显示，2012 年 1—6 月深圳制造业用电量为 170.44 亿千瓦时，比 2011 年同期下降 3.0%。所以不论从 50 强的工业生产电力消费还是供电局的制造业用电情况显示，深圳市制造业依然是比较低迷的。

三 2012 年全年预计及影响分析

（一）上半年：中兴、华为拉动强，富士康、中海石油拖累重

从 1—6 月的数据来看，中兴通讯股份有限公司和华为技术有限公司依然是拉动深圳市工业增长的主动力，这两家企业对全市工业增长的拉动率为 5.9%；宇龙计算机通信科技（深圳）有限公司对全市工业增长的拉动率为 0.4%，也拉动了全市工业增长；比亚迪集团有 3 家企业（分别为深圳市比亚迪汽车有限公司、比亚迪精密制造有限公司和比亚迪股份有限公司）进入 50 强名单。受比亚迪汽车生产好转影响，这 3 家企业合计对全市工业增长的拉动率为 0.3%。

富士康集团有 6 家企业进入 50 强名单，分别为富泰华工业（深圳）有限公司、富华杰工业（深圳）有限公司、鹏智科技（深圳）有限公司、群康科技（深圳）有限公司、深圳富泰宏精密工业有限公司和鸿富锦精密工业（深圳）有限公司），受外部需求下降和低端产能转移影响，这些企业对全市工业增长的拉动率为 -2.2%，严重拖累了全市工业增长。此外，中海石油（中国）有限公司深圳分公

司6月受台风和油价下跌影响,对全市工业增长的拉动率为-1.4%,也大大拖累了全市工业增长(见表5)。

表5　　　　　2012年上半年50强企业对深圳工业增长拉动率

企业名称	工业增加值			
	总量（亿元）	比重（%）	贡献率（%）	拉动率（%）
全市	2323.34	100	100	4.4
其中：50强	1324.77	57.0	88.2	3.9
中兴通讯股份有限公司	219.21	9.4	77.8	3.4
华为技术有限公司	313.28	13.5	55.9	2.5
深圳市比亚迪汽车有限公司	20.47	0.9	10.0	0.4
宇龙计算机通信科技（深圳）有限公司	19.13	0.8	9.6	0.4
康佳集团股份有限公司	7.57	0.3	2.6	0.1
深圳烟草工业有限责任公司	24.26	1.0	2.5	0.1
富士施乐高科技（深圳）有限公司	8.34	0.4	2.3	0.1
周大福珠宝金行（深圳）有限公司	4.42	0.2	2.2	0.1
深圳创维-RGB电子有限公司	12.36	0.5	2.2	0.1
深圳市兆驰股份有限公司	3.68	0.2	2.1	0.1
冲电气实业（深圳）有限公司	3.47	0.1	1.7	0.1
日立环球存储产品（深圳）有限公司	6.22	0.3	1.7	0.1
广电集团深圳供电分公司	50.33	2.2	1.7	0.1
富泰华工业（深圳）有限公司	205.45	8.8	1.5	0.1
住友电工电子制品（深圳）有限公司	3.86	0.2	1.2	0.1
高先电子（深圳）有限公司	7.31	0.3	1.1	0
深圳迈瑞生物医疗电子股份有限公司	9.08	0.4	1.0	0
深圳海量存储设备有限公司	3.37	0.1	0.9	0
深圳市意大隆珠宝首饰有限公司	2.23	0.1	0.8	0
比亚迪精密制造有限公司	5.78	0.2	0.8	0
爱普生技术（深圳）有限公司	5.8	0.2	0.7	0
伯恩光学（深圳）有限公司	6.96	0.3	0.6	0
深圳市众恒隆实业有限公司	2.8	0.1	0.6	0
联想信息产品（深圳）有限公司	15.16	0.7	0.5	0

续表

企业名称	工业增加值			
	总量（亿元）	比重（%）	贡献率（%）	拉动率（%）
深圳市金百泰珠宝首饰有限公司	2.05	0.1	0.4	0
深圳妈湾电力有限公司	10.53	0.5	0.4	0
天马微电子股份有限公司	4.47	0.2	0.3	0
恩斯迈电子（深圳）有限公司	6.04	0.3	0.3	0
深圳三星视界有限公司	3.47	0.1	0.2	0
深圳市福麒珠宝首饰有限公司	0.88	0	0	0
深圳长城开发科技股份有限公司	3.51	0.2	0.1	0
理光（深圳）工业发展有限公司	3.53	0.2	0	0
艾默生网络能源有限公司	4.53	0.2	0	0
岭澳核电有限公司	11.9	0.5	0	0
深圳市粤豪珠宝有限公司	1.3	0.1	-0.1	0
深圳市诚威电线有限公司	2.61	0.1	-0.1	0
兄弟高科技（深圳）有限公司	2.5	0.1	-0.2	0
广东大鹏液化天然气有限公司	11.09	0.5	-0.4	0
南海油脂工业（赤湾）有限公司	4.42	0.2	-0.7	0
深圳市普联技术有限公司	3.47	0.1	-1.2	-0.1
比亚迪股份有限公司	2.94	0.1	-1.2	-0.1
兴英科技（深圳）有限公司	3.97	0.2	-1.3	-0.1
广东核电合营有限公司	11.58	0.5	-2.5	-0.1
深圳南方中集东部物流装备制造有限公司	4.02	0.2	-3.4	-0.2
富华杰工业（深圳）有限公司	8.95	0.4	-4.5	-0.2
鹏智科技（深圳）有限公司	1.69	0.1	-5.7	-0.3
群康科技（深圳）有限公司	11.83	0.5	-5.8	-0.3
深圳富泰宏精密工业有限公司	7.57	0.3	-15.6	-0.7
鸿富锦精密工业（深圳）有限公司	38.39	1.7	-20.5	-0.9
中海石油（中国）有限公司深圳分公司	197	8.5	-32.4	-1.4

（二）全年预计：中兴、华为预计增速缓，寄望富士康、中海石油降幅窄，情况不容乐观

从全年预计来看，富士康集团预计下降15%，降幅比上半年收窄1.6个百分点；中海石油预计全年持平，增速比上半年收窄15.1个百分点，这有利于深圳市工业增速的提高；但华为技术有限公司和中兴通讯股份有限公司均预计增长10%左右，分别比上半年放缓了7.4个和37个百分点。作为目前深圳市工业经济的重要拉动力，华为技术有限公司和中兴通讯股份有限公司的增速放缓必将给深圳市工业带来很大影响。

预计2012年全年50强企业实现工业总产值可能会达10600亿元，比2011年增加300亿元左右，增加值约增加80亿元。具体见表6。

表6　　深圳工业50强2012年上半年及全年预计产值增速对比

单位名称	上半年增速（%）	全年预计增速（%）	增速变化幅度（%）
鹏智科技（深圳）有限公司	-74.8	-15.0	59.8
深圳富泰宏精密工业有限公司	-67.0	-15.0	52.0
比亚迪股份有限公司	-27.8	10.0	37.8
兴英科技（深圳）有限公司	-23.2	1.0	24.2
富华杰工业（深圳）有限公司	-36.3	-15.0	21.3
群康科技（深圳）有限公司	-34.3	-15.0	19.3
鸿富锦精密工业（深圳）有限公司	-34.2	-15.0	19.2
中海石油（中国）有限公司深圳分公司	-15.1	0	15.1
理光（深圳）工业发展有限公司	1.8	9.6	7.8
深圳南方中集东部物流装备制造有限公司	-43.4	-35.6	7.7
伯恩光学（深圳）有限公司	4.8	10.3	5.5
艾默生网络能源有限公司	-0.6	2.0	2.6
深圳市诚威电线有限公司	-4.5	-4.5	0
广东大鹏液化天然气有限公司	-2.1	-2.1	0
广电集团深圳供电分公司	5.2	5.2	0
周大福珠宝金行（深圳）有限公司	62.8	62.8	0
富士施乐高科技（深圳）有限公司	36.9	36.9	0
康佳集团股份有限公司	18.8	18.8	0
宇龙计算机通信科技（深圳）有限公司	86.5	86.5	0
日立环球存储产品（深圳）有限公司	37.2	37.2	0
深圳市意大隆珠宝首饰有限公司	31.6	31.6	0
深圳市金百泰珠宝首饰有限公司	7.8	7.8	0

续表

单位名称	上半年增速（%）	全年预计增速（%）	增速变化幅度（%）
深圳市众恒隆实业有限公司	25.4	25.4	0
深圳烟草工业有限责任公司	17.2	17.2	0
深圳长城开发科技股份有限公司	4.6	4.6	0
深圳市普联技术有限公司	43.5	43.5	0
冲电气实业（深圳）有限公司	94.3	94.3	0
天马微电子股份有限公司	3.7	3.7	0
住友电工电子制品（深圳）有限公司	54.5	54.5	0
深圳海量存储设备有限公司	36.2	36.2	0
深圳市兆驰股份有限公司	60.4	60.4	0
广东核电合营有限公司	-17.5	-17.5	0
深圳迈瑞生物医疗电子股份有限公司	18.7	18.7	0
深圳市粤豪珠宝有限公司	15.0	15.0	0
深圳妈湾电力有限公司	3.6	3.6	0
深圳市福麒珠宝首饰有限公司	-36.8	-36.8	0
南海油脂工业（赤湾）有限公司	-6.1	-6.1	0
岭澳核电有限公司	-0.2	-0.2	0
深圳创维-RGB电子有限公司	0.1	0	-0.1
深圳三星视界有限公司	3.3	3.0	-0.3
爱普生技术（深圳）有限公司	15.1	12.0	-3.1
联想信息产品（深圳）有限公司	3.7	0	-3.7
华为技术有限公司	17.4	10.0	-7.4
比亚迪精密制造有限公司	18.2	10.0	-8.2
兄弟高科技（深圳）有限公司	-5.0	-17.8	-12.8
高先电子（深圳）有限公司	21.6	4.9	-16.7
富泰华工业（深圳）有限公司	1.9	-15.0	-16.9
恩斯迈电子（深圳）有限公司	1.6	-20.0	-21.6
中兴通讯股份有限公司	47.0	10.0	-37.0
深圳市比亚迪汽车有限公司	84.7	10.0	-74.7

注：（1）以上速度，除中海石油是可比价增长外，其余均为现价增长；（2）增长速度变化幅度为0的企业，除中海石油和创维-RGB电子有限公司外，表示按1—6月的增长速度来作为全年的预计速度。

做一个简单推算：2011年规模以上工业增加值基数定为4900亿元，50强的增加值约为2770亿元（2011年占全市规模以上工业增加值的比重为56.6%），剩余企业的增加值约为2130亿元。如果今年的规模以上工业增加值增长率为10%，深圳50强按上述预计发展，其2012年的工业增加值总量约为2850亿元。这样剩余企业的增加值要达到2540亿元，比去年增加410亿元，才能满足全年增长10%的目的，这就意味着剩余企业的发展速度要为2540/2130 = 1.192才能达成。换个角度，如果深圳50强按上述预计发展，其2012年的工业增加值总量约为2850亿元；剩余企业按目前仅增长1%的情况发展，那么全年预计实现增加值5000亿元，预计增速仅有2.0%左右，情况不容乐观。

附　　　　　　　　　　2011年深圳工业50强名单

序号	组织机构代码	单位详细名称
1	799229243	富泰华工业（深圳）有限公司
2	192203821	华为技术有限公司
3	27939873X	中兴通讯股份有限公司
4	708430743	鸿富锦精密工业（深圳）有限公司
5	708594625	中海石油（中国）有限公司深圳分公司
6	619290822	广电集团深圳供电分公司
7	761967961	群康科技（深圳）有限公司
8	779886043	联想信息产品（深圳）有限公司
9	618810099	深圳创维-RGB电子有限公司
10	799229745	富华杰工业（深圳）有限公司
11	734184152	周大福珠宝金行（深圳）有限公司
12	618815578	康佳集团股份有限公司
13	748899482	高先电子（深圳）有限公司
14	799206957	鹏智科技（深圳）有限公司
15	618893891	富士施乐高科技（深圳）有限公司
16	738817535	深圳富泰宏精密工业有限公司
17	715277353	恩斯迈电子（深圳）有限公司
18	791738553	深圳市比亚迪汽车有限公司

续表

序号	组织机构代码	单位详细名称
19	743242625	兴英科技（深圳）有限公司
20	761985211	日立环球存储产品（深圳）有限公司
21	618869808	爱普生技术（深圳）有限公司
22	777174800	深圳市金百泰珠宝首饰有限公司
23	618817282	南海油脂工业（赤湾）有限公司
24	192317458	比亚迪股份有限公司
25	618839457	理光（深圳）工业发展有限公司
26	618926569	深圳市众恒隆实业有限公司
27	717850563	广东大鹏液化天然气有限公司
28	734147589	深圳市诚威电线有限公司
29	715281416	艾默生网络能源有限公司
30	618845558	宇龙计算机通信科技（深圳）有限公司
31	618830559	广东核电合营有限公司
32	618873567	深圳长城开发科技股份有限公司
33	100018216	岭澳核电有限公司
34	769168750	深圳南方中集东部物流装备制造有限公司
35	74662942X	深圳市粤豪珠宝有限公司
36	745160041	比亚迪精密制造有限公司
37	618816706	深圳妈湾电力有限公司
38	785275636	兄弟高科技（深圳）有限公司
39	192199332	深圳烟草工业有限责任公司
40	70847720X	深圳市意大隆珠宝首饰有限公司
41	727161606	深圳市福麒珠宝首饰有限公司
42	728588054	冲电气实业（深圳）有限公司
43	733084686	伯恩光学（深圳）有限公司
44	708467837	深圳迈瑞生物医疗电子股份有限公司
45	192183445	天马微电子股份有限公司
46	715297653	深圳市普联技术有限公司
47	77272966X	深圳市兆驰股份有限公司
48	618909697	深圳三星视界有限公司
49	61891594X	深圳海量存储设备有限公司
50	550306880	住友电工电子制品（深圳）有限公司

2011年深圳消费品及主要专业市场运行情况与2012年展望

2011年是"十二五"规划开局之年。在纷繁复杂的国内外形势下,深圳市消费品市场整体向好。据快报数据显示,2011年全市社会消费品零售总额总量再上新台阶,达到3520.87亿元,同比增长17.8%,比2010年增速高出0.6个百分点,是近十年来的次高点(仅次于2008年的增速17.9%)。其中,批发和零售业实现零售额3159.24亿元,同比增长17.9%;住宿和餐饮业实现零售额361.64亿元,同比增长16.2%。

一 消费品及主要专业市场运行情况

(一)消费品市场

1. 从运行趋势看,全年呈前低后高、平稳向上的走势

2011年1月由于同期低基数较高的影响,增速较低;2月春节的节日因素使增速迅速回升,到3月滑落至全年的最低点;4月开始进入反弹的轨道;5—12月,始终保持17%以上的增速。具体走势如图1所示。

2. 从月环比走势来看,全市社会消费品零售总额环比呈波浪形增长趋势

2011年全年中只有3月、6月和11月环比是负增长的,其中3月为全年最低增速,从4月开始出现明显的反弹走势并一直持续到年底。具体如图2所示。

3. 从规模上看,限额以上企业和个体户(以下简称限上单位)增长迅猛,占比近六成

随着限上单位规模的不断扩大,对深圳市消费品市场的繁荣稳定起着重要支撑作用。2011年,全市限上单位实现零售额2060.54亿元,比上年同期增长21.5%。限上单位实现零售额占全市社会消费品零售总额的比重大幅提升,从2010年的

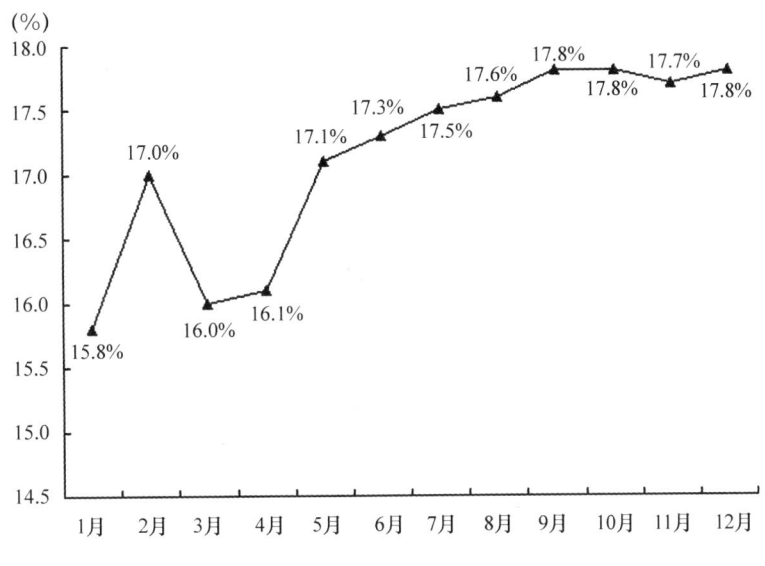

图1　2011年社会消费品零售总额增速分月走势

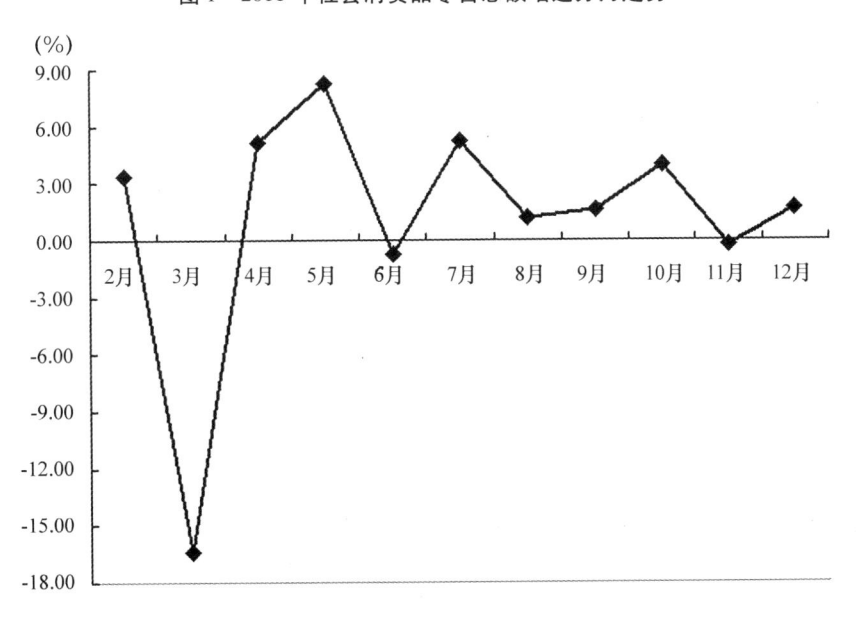

图2　2011年全市社会消费品零售总额环比增速

50.4%上升到2011年的58.5%,上升了8.1个百分点。其中,限额以上批发业实现零售额345.38亿元,增长56.6%;限额以上零售业实现零售额1504.0亿元,增长16.0%;限额以上住宿和餐饮业实现零售额211.15亿元,同比增长18.5%。具体如图3所示。

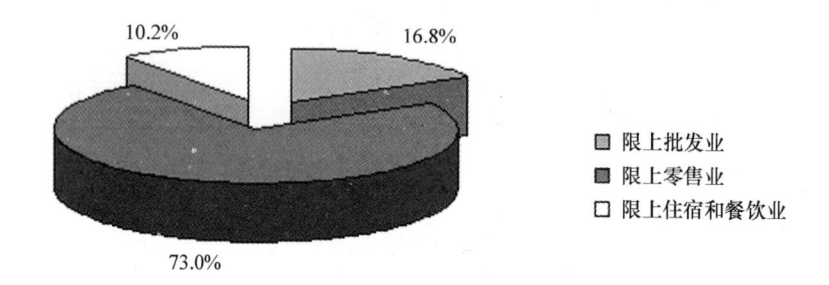

图3 2011年全市限额以上单位零售额分行业比重

限额以下企业及个体户零售额保持平稳增长。2011年，全市限额以下企业和个体户实现零售额1460.34亿元，占社会消费品零售总额的41.5%，同比增长12.8%，增速比2010年提高1.4个百分点，增幅比限上单位增幅低了8.7个百分点。其中，限额以下批发和零售业实现零售额1309.85亿元，比2010年同期增长12.8%；限额以下住宿和餐饮业实现零售额151.23亿元，同比增长13.1%。具体如图4所示。

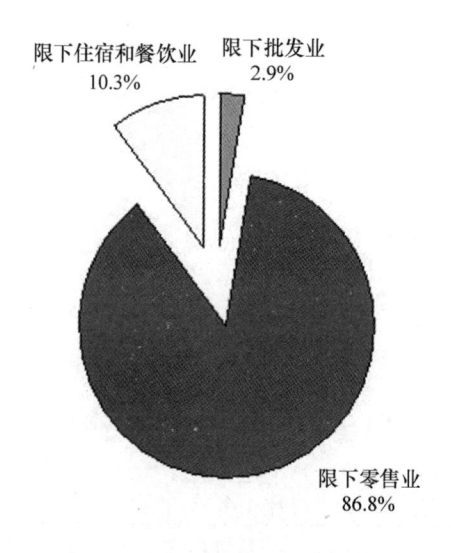

图4 2011年全市限额以下单位零售额分行业比重

(二) 专业市场情况

深圳市专业市场个体户经济活动大而活，有些个体户的经营规模甚至超过一些国家重点企业，销售额大大超过限额标准，在社会消费品零售总额中占有相当大的比重，一定程度上是反映深圳市专业市场发展状况的"晴雨表"。

依托深圳市电子行业协会、电子商会、手机行业协会、黄金珠宝首饰行业协会、大芬美术产业协会、饭店业协会、皮革业协会等十几个行业协会的力量，创新采用"协会+大个体"的统计调查方式。从2011年5月开始，先后有11家行业协会进行摸底统计调查，全年实现商品销售额1746.69亿元，占限额以上商品销售额的比重为18.9%；实现营业额30.13亿元，占限额以上住宿餐饮业营业额的比重为11.4%。其主要专业市场的亮点：华强北电子专业市场累计实现销售额1517.61亿元，对限额以上商品销售额的贡献率为37.4%；水贝黄金珠宝首饰专业市场累计实现销售额100.65亿元，对限额以上商品销售额的贡献率为2.5%；饭店业协会统计对象累计实现营业额30.13亿元，对限额以上住宿餐饮业的贡献率高达24.2%。

1. 大个体分行业基本情况

2011年全市依托各行业协会将1845家大个体户纳入限额以上进行统计，占限额以上企业数量的比重为43.1%。按行业进行分类，其中批发业1013家，占"新方式"企业数量的比重为54.9%；零售业567家，占"新方式"企业数量的比重为30.7%；餐饮业265家，占"新方式"企业数量的比重14.4%。具体如图5所示。

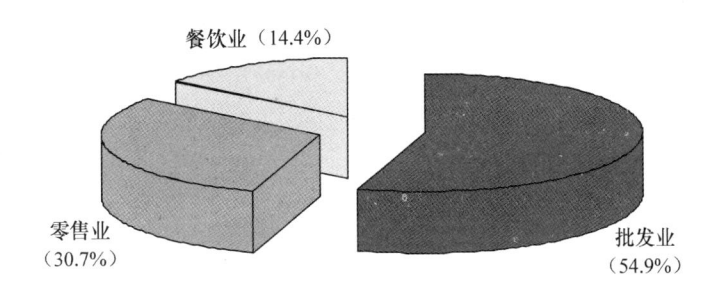

图5 "新方式"分行业个体户数量

2. 分行业销售额符合"二八定律"

从不同行业销售额的绝对值来看,其他机械设备及电子产品批发,计算机、软件及辅助设备批发,通信及广播电视设备批发,通信设备零售四个行业2011年分别实现销售额567.34亿元、373.56亿元、324.48亿元、156.80亿元,共1422.18亿元,占"新方式"销售额的比重为81.4%。而这四个行业的企业数量分别为128家、85家、45家、15家,共273家,占"新方式"企业数量的比重为17.3%。以17.3%的企业数量创造了81.4%的销售额,符合"二八定律"。

从单个行业的销售额绝对值来看,其他机械设备及电子产品批发占主要领导地位,2011年全年实现销售额567.34亿元,同比增长98.9%,对限额以上商品销售额贡献率为14.9%。以8.10%的企业数量,创造了32.48%的销售额。

3. "新方式"批发业人均销售额呈"两极分化"

2011年限额以上批发业人均销售额为622万元,"新方式"批发业人均销售额高达1374.8万元,高出全市批发业人均销售额752万元。分行业来看,"新方式"批发业共有13个行业,人均销售额呈"两极分化",有5个行业人均销售额高于限额以上批发业人均销售额,有8个行业人均销售额低于限额以上批发业人均销售额。

家用电器批发,其他机械设备及电子产品批发,计算机、软件及辅助设备批发,通信及广播电视设备批发,首饰、工艺品及收藏品批发人均销售额分别为13520万元、4556万元、2171万元、1987万元、1153万元,分别为全市限额以上批发业人均销售额的21.7倍、7.3倍、3.5倍、3.2倍、1.9倍;饮料及茶叶批发,其他日用品批发,其他未列明的批发,服装批发,鞋帽批发,纺织品、针织品及原料批发,其他食品批发,中药材及中成药批发8个行业人均销售额均在限额以上批发业人均销售额水平线以下,其中其他食品批发、中药材及中成药批发人均销售额分别为70万元、51万元,为限额以上批发业人均销售额的一成左右。

4. 各行业协会统计状况

截至2011年12月,水贝黄金珠宝首饰行业协会、电子商会、手机协会、电子行业协会分别将以批发为主的110家、100家、60家、100家大个体纳入限额以上进行统计,共370家大个体,占"新方式"企业数量的比重为20.05%,实现商品销售额分别为100.65亿元、563.09亿元、481.28亿元、473.24亿元,共1618.26亿元,占"新方式"销售额的比重为92.7%,同比增长分别为86.5%、147.5%、78.1%、51.6%,分别高出全市商品销售总额增速62.5、123.5、54.1、27.6个百分点,对限额以上商品销售额的贡献率分别为2.5%、17.7%、11.1%、8.5%。

水贝黄金珠宝首饰行业协会的统计对象为水贝黄金珠宝首饰专业市场,电子商会、手机协会、电子行业协会的统计对象为华强北电子专业市场,可以看出两大专业市场不仅规模大,而且成长性较强,对全市商品销售额的拉动作用明显。

以零售为主的龙岗文化产业,包括大芬油画村、三联水晶玉石、东方茶都三个专业市场,从6月开始借助龙岗大芬美术产业协会、龙岗三联水晶玉石文化协会、龙岗区文化产业协会的力量分别将320家、63家、140家大个体纳入限额以上进行统计,累计实现零售额分别为33.46亿元、9.46亿元、8.54亿元,同比增长分别为34.81%、16.02%、33.01%。

保健协会、钟表协会、皮革协会从10月开始分别将全市各区257家、103家、327家达到限额标准的大个体纳入统计,累计实现销售额分别为26.15亿元、25.03亿元、25.79亿元,同比增长分别为33.9%、31.0%、31.0%,对全市限额以上商品销售额的贡献率分别为0.4%、0.3%、0.3%。

饭店业协会从2011年10月开始将全市各区达到限额标准的265家餐饮大个体纳入规模以上进行统计,10—12月累计实现营业额30.13亿元,同比增长46.8%,纯增量9.60亿元,对全市限额以上餐饮业营业额贡献率高达24.2%。具体如表1所示。

表1　2011年各协会统计调查数据

协会名称	企业量（家）	累计销额/营业额（亿元）	同比（%）	纯增量（亿元）	贡献率（%）
水贝黄金珠宝首饰协会	110	100.65	86.54	46.69	2.5
电子商会	100	563.09	147.49	335.58	17.7
手机协会	60	481.28	78.05	210.97	11.1
电子行业协会	100	473.24	51.64	161.16	8.5
大芬美术产业协会	320	33.46	34.81	8.64	0.5
三联水晶玉石文化协会	63	9.46	16.02	1.31	0.07
龙岗区文化产业协会	140	8.54	33.01	2.12	0.1
保健协会	257	26.15	33.86	6.61	0.4
钟表协会	103	25.03	30.97	5.92	0.3
皮革协会	327	25.79	30.90	6.09	0.3
饭店业协会	265	30.13	46.78	9.60	24.2

5. 华强北电子专业市场"一枝独秀"

华强北商业街集中了赛格电子市场、华强电子世界、深圳通信市场、都会电子城、国际电子城、远望数码商城、万商电器城、太平洋安防通讯市场、通天地通信市场、新亚洲电子商城、佳和电子配套市场、赛博宏大数码广场、明通数码城等十几家专业市场,是由多个电子元器件市场、数码产品市场、手机批发市场共同组成的综合性电子专业市场,在国内制造业分工和制造业产业链中处于不可或缺的独特地位。经过多年的发展,华强北拥有众多的电子市场商户,有一批成熟的电子产品经销商,有一个巨大的电子产品营销网络,它们构成了华强北电子专业市场的中坚力量。

依托电子商会、手机协会、电子行业协会将华强北专业市场260家大个体纳入统计,主要从事家用电器批发,计算机、软件及辅助设备批发,通讯及广播电视设备批发,其他机械设备及电子产品批发,2011年实现商品销售额1517.61亿元,占限额以上商品销售的比重为16.4%,同比增长87.4%,高于全市商品销售额增速63.4个百分点,纯增量707.71亿元,对限额以上商品销售额的贡献率为37.4%。华强北电子专业市场不仅经营规模大,而且成长快速,对深圳电子信息产业的发展乃至对全市社会消费品零售市场的发展有着举足轻重的作用。

从2011年5月开始,华强北电子专业市场260家大个体进入限额以上进行统计,随着"新方式"的不断改善和运行趋于成熟,除了5月、6月当月销售额为115.08亿元、128.52亿元外,其他月份当月销售额都稳定维持在200亿元左右,12月当月实现销售额238.94亿元达到最高点,同比增长144.0%,纯增量141.02亿元。具体如图6所示。

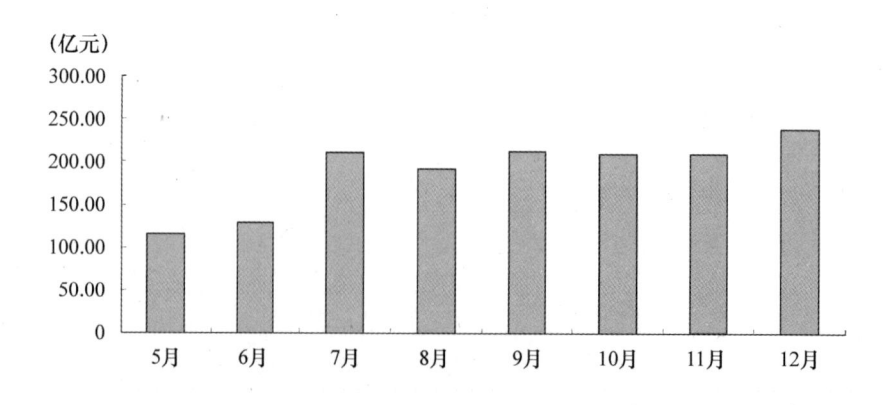

图6 华强北电子专业市场2011年5—12月运行状况

二 消费品市场的主要特点与需要关注的问题

(一)主要特点

1. 分行业看,批发业的零售额增长速度最为惊人

2011年全年,批发业实现零售额387.46亿元,同比增长50.1%,比全市社会消费品零售总额增速高出32.3%,创下近年新高,拉动社会消费品零售总额增长24.4个百分点。其中,批发业"大个体"的拉动作用功不可没。2011年批发业"大个体"实现零售额122.07亿元,增长170.7%,占批发业零售额的31.5%,拉动批发业零售额增长59.5%。具体如图7所示。

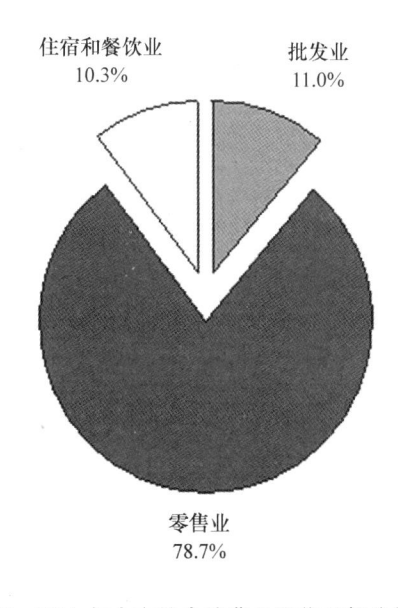

图7 2011年全市社会消费品零售总额分行业构成

2. 分区域来看,福田区的"商贸老大"的地位日益稳固

作为深圳市的行政、经济和商务中心的福田区,限额以上批发和零售业企业最多,发展最快,所占的市场份额也最大。2011年全年,福田区社会消费品零售总额突破1000亿元,达到1086.09亿元,占全市的比重为30.8%,在全省21个地级市中亦能排名第五,商贸强区的地位可见一斑。罗湖区作为深圳的老商业区,商业发展平稳，市场机制比较成熟，社会消费品总额总量位列福田之后排名全市第二。宝安区作为全市人口最多的一个区，随着深圳特区一体化进程的加快，宝安区的消费能力不容小觑。2011年全年宝安区（不含光明新区）实现社会消费品零售总额703.23亿元，稍稍落后于罗湖区。南山、龙岗两区凭借大运会的春风，商贸发展逐步加快，渐成齐头并进之势。光明、坪山两个新区活力最足，势头最猛，增速分别比全市平均增速高出7.4个和7.2个百分点。八个辖区社会消费品零售总额的排位由高到低依次为：福田区、罗湖区、宝安区（不含光明新区）、南山区、龙岗区（不含坪山新区）、光明新区、坪山新区和盐田区。具体如表2所示。

表2　　　　　　　　　2011年全市社会消费品零售总额分区数据

项目	社零总额（亿元）	同比增长（%）	占全市比重（%）
全市合计	3521	17.8	100.0
罗湖区	707.9	17.5	20.1
福田区	1086.1	17.0	30.8
南山区	457.3	19.7	13.0
宝安区	703.2	16.9	20.0
光明新区	61.2	25.2	1.7
龙岗区	421.6	17.9	12.0
坪山新区	42.0	25.0	1.2
盐田区	41.7	16.9	1.2

3. 从限额以上分类商品销售情况来看，十大类商品销售全部实现增长

2011年，其中汽车类销售由第一季度下降10.7%，到上半年降幅8.5%，再到第三季度继续收窄为3.0%，最终在12月实现"扭亏为盈"，全年销售额比去年增长0.02%。其他增长较快的主要有：金银珠宝类增长52.1%，文化办公用品类增长45.9%，通信器材类增长28.4%，粮油、食品、饮料、烟酒类增长21.5%，日用品类增长20.3%。

4. 从限额以上分类商品零售情况来看，重要商品消费起支柱作用

2011年全市限额以上批发零售业零售额超过100亿元的有五类商品，分别是：汽车类，零售额490.61亿元；石油及制品类，零售额284.58亿元；服装、鞋帽、针纺织品类，零售额238.12亿元；粮油、食品、饮料、烟酒类，零售额221.74亿

元；家电和音像器材类，零售额117.18亿元。这五类商品合计实现零售额1352.23亿元，占全市限上批发零售业商品零售额的比重达到73.1%。

5. 专业市场贡献突出，对消费增长的拉动作用显著

从2011年5月开始陆续纳入限额以上统计的六大专业市场"大个体"，商品销售表现强劲，对全市消费市场增长的贡献突出。截至2011年12月，六大专业市场累计实现销售额1746.69亿元，同比增长81.6%，对限额以上商品销售额增长的贡献率达41.4%。另外，2011年10月纳入限额以上统计的餐饮业"大个体"，累计实现营业额30.13亿元，同比增长46.8%，对限额以上住宿餐饮业营业额增长的贡献率达24.2%。具体如表3所示。

表3　　　　　　　　　　　2011年全市各专业市场经营情况

专业市场	个体（户）数	累计销售额（亿元）	增速（%）	贡献率（%）
华强北电子专业市场	260	1517.61	87.4	37.4
水贝黄金珠宝首饰专业市场	110	100.65	86.5	2.5
龙岗文化产业专业市场	523	51.46	30.6	0.6
保健品专业市场	257	26.15	33.0	0.3
钟表专业市场	103	25.03	31.0	0.3
皮革专业市场	327	25.79	30.9	0.3
合计	1580	1746.69	81.6	41.4

（二）需要关注的问题

1. 物价持续高位运行影响居民的消费意愿

截至2011年11月，深圳市居民消费价格指数累计平均为5.5%，价格指数的持续高位运行，特别是食品类价格的大幅度上涨，一方面短期内对社会消费品零售总额有一定的拉动作用，另一方面也降低了居民尤其是中低收入家庭的消费欲望，进而影响消费需求的持续增长。

2. 车市消费的拉动作用减弱

2010年深圳市汽车销售增势强劲，全年限额以上批发零售业汽车零售额408.32亿元，同比增长40.5%，成为全市消费品市场的一大亮点，汽车类消费较大程度地拉动了全市消费增长。2011年由于汽车行业受小排量汽车购置税优惠政策取消、燃油价格上涨、行业景气等市场因素影响，汽车消费增长明显放缓，全年

限额以上企业汽车类零售额增长12.5%，增幅回落28个百分点，汽车消费的拉动作用大大减弱。

3. 楼市萧条致使相关商品消费增长放缓

高企的商品房价格，国家宏观调控政策对楼市的打压，致使楼市成交量严重萎缩，进而影响到建筑及装潢材料、家具和家电等相关商品零售放缓。限额以上分类商品销售情况统计显示，2011年建筑及装潢材料类、家具类、家用电器及音像器材类零售额增速分别为：-13.4%、4.6%、6.1%，均远远低于全市社会消费品零售总额增长水平。

4. 商品质量和食品安全等问题导致部分购买力流失

近年来，由于商品质量、价差以及食品安全问题等因素，致使本地消费人群不辞辛劳远赴我国香港和海外购物。同时，国外代购风潮盛行，导致部分购买力流失到境外。

三　2012年走势展望及预测

2012年，国内外经济环境较为复杂。一方面，国际上欧债危机悬而未决，美国失业率高企，世界经济复苏的不稳定性和不确定性上升；另一方面，国内经济增长下行压力和物价上涨压力并存，影响市场平稳运行的不确定性因素也在增多，家电以旧换新、家电下乡等刺激消费政策到期退出或效应减弱，加之近期食品安全和产品质量问题多发。所有这些都将在一定程度上影响深圳市消费品市场的发展。

但是也应看到积极的因素，国家"十二五"规划明确提出要加快转变经济发展方式，从以外需为主向内需转变，构建扩大内需的长效机制。中央经济工作会议再次提出扩内需是今年经济工作的重点，消费增长成为关键因素之一。市委、市政府也把扩大内需作为实现经济转型的一个重要举措。

综上多种因素，预计2012年深圳市消费品市场总体将保持平稳发展趋势，全市社会消费品零售总额名义增长将在16.5%左右，增幅比2011年小幅收窄。

随着深圳市主要专业市场数据统计质量的不断提高，预计2012年将实现销售额2520亿元，其中华强北电子专业实现销售额2000亿元，水贝黄金珠宝首饰专业市场实现销售额120亿元，龙岗文化产业实现销售额100亿元，保健协会、钟表协会、皮革协会统计对象实现销售额300亿元，饭店业协会统计对象实现营业额100亿元。

闽、粤两省经济发展形态与阶段比较及微策建议

一 对闽、粤两省经济发展不同阶段主形态的基本研判

（一）闽、粤两省经济发展处于不同阶段，达到同量（GDP）发展水平的时间相差8年左右，但福建正在不断追赶加快

观察近年来福建经济发展整体状况，与广东省对比总的研判是：两省经济发展处于不同阶段，福建发展逐步加快，与广东的差距逐渐缩小。2006—2012年的6年间，福建省的经济总量从7583.85亿元达到19701.78亿元。与此同时，广东省经济总量从26587.76亿元达到57067.92亿元。从两省的经济总量比重来看，2006年福建省的经济总量为广东省的28.5%，到2012年福建省的总量已相当于广东省的34.5%，6年间比重提升了6个百分点。这表明福建省在这6年间经济发展逐步加快，与广东省的差距在逐渐缩小。

从经济总量比较，福建省2006—2012年间的经济总量大致与广东省1997—2004年间相当，而福建省的经济总量差距从滞后广东省9年的水平到目前只滞后不到8年。从相同经济总量时期的发展来看，1997年广东省经济总量为7774.53亿元，2004年广东省的总量达到18864.62亿元，2005年达到22557.37亿元。可见，广东省经济总量从7000亿到超过2万亿，用了8年。而依据福建省2012年的实际经济总量预判，2013年福建省经济总量将超过2万亿元，福建省只用7年的时间。这表明，在相同的经济总量时期，福建省的经济增速要快于广东省，福建正在加快步伐追赶广东省，差距在逐渐缩小。具体见图1和图2。

（二）闽、粤两省同处于泛珠三角，经济发展走势高度协同，协同度高达78.1%

从两省经济走势的协同性来看，广东省、福建省同为泛珠三角区域东南沿海相

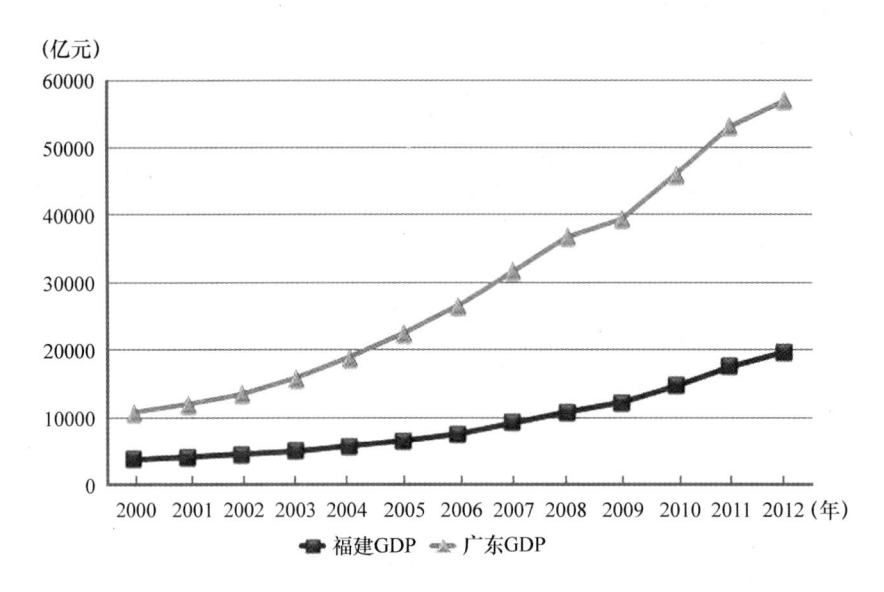

图1 闽、粤两省经济总量对比（2000—2012年）

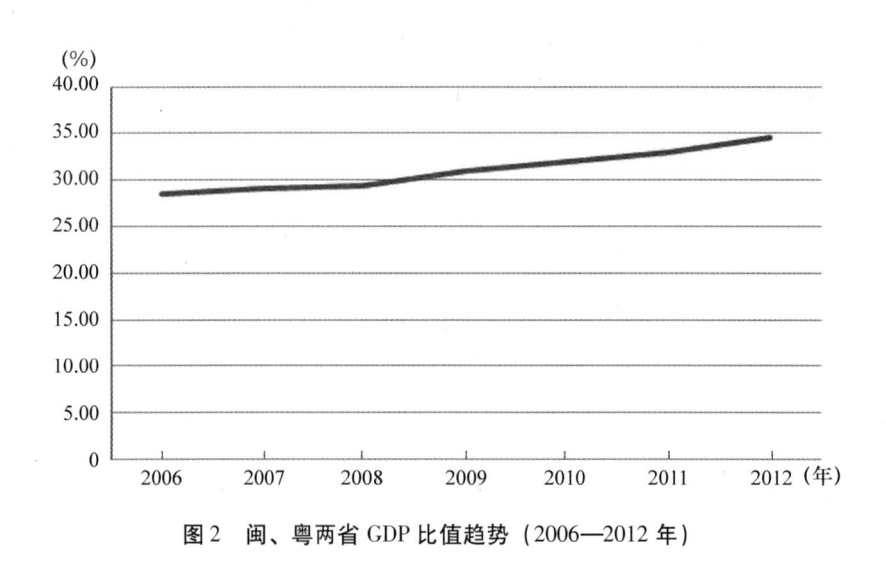

图2 闽、粤两省GDP比值趋势（2006—2012年）

临的两个省份，虽然两省在同一时间经济规模、经济结构等方面存在很大的不同，但从历年经济走势来看，两省的经济走势表现极为相似。从1980—2012年的32年间，两省经济增速同为上升或同为下降的有25年，其协同度占比为78.1%。若考虑2000—2012年的12年间走势，两省的经济走势协同度高达91.7%。也就是说，随着全球经济一体化进程的加快，在面对同样的国内外经济环境形势下，同为东南沿海的省级地区之间经济联系密切度在不断加深,表现出两省的经济走势一致性趋强。具体见图3。

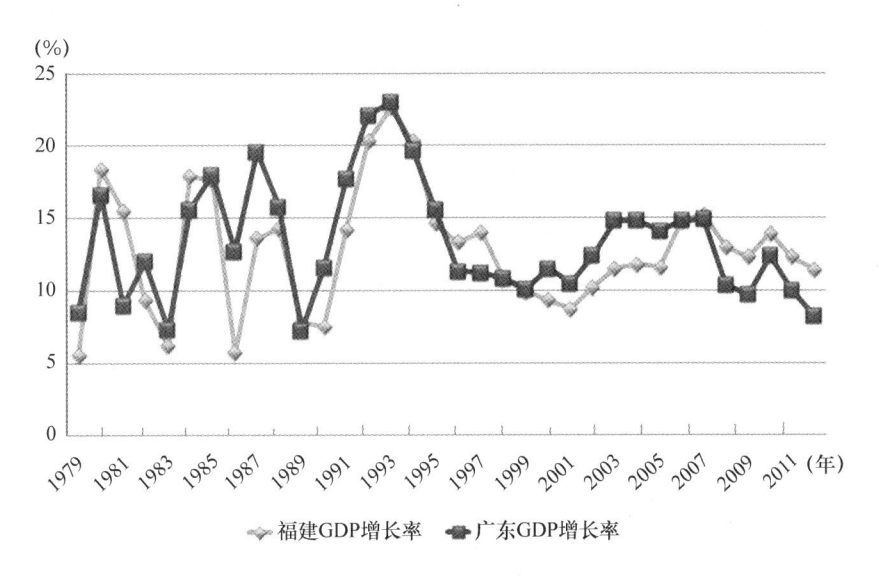

图3 闽、粤两省经济发展走势高度协同

(三)闽、粤两省经济增速变化以2006年为转折点,福建经济显示后发优势,经济波动系数较低,经济运行更为稳健快速

从年平均增速来观察,1998—2012的14年间,闽、粤两省的经济增速均以2006年为转折点,两省在近似相同的经济走势下,表现出两个阶段不同的经济增速形态。第一阶段,在1998—2005年的7个年头里,福建省的年平均增速为10.4%,广东省为12.6%,相差2.2个百分点,这7年广东省经济增速高于福建省;第二阶段,在2005—2012年的另7个年头中,福建省的年平均增速达到13.3%,同期广东省为11.5%,反超广东省,高出1.8个百分点。具体见图4。

从经济波动系数(标准差与均值比率)分析,在第一阶段1998—2005年期间,福建省的波动系数为0.109,广东省的波动系数则为0.158;在第二阶段(2005—2012年),福建省的波动系数为0.106,广东省的波动系数则上升到0.228,即表现为广东省的经济走势波动性较强,起伏区间更大,而福建省的经济是稳健发展。在第二阶段的2005—2012年期间,经济运行既受到2008年世界金融危机的冲击,又经历着2011年世界主要经济体经济环境低迷的影响,而福建省的

| 科学度量 Two |

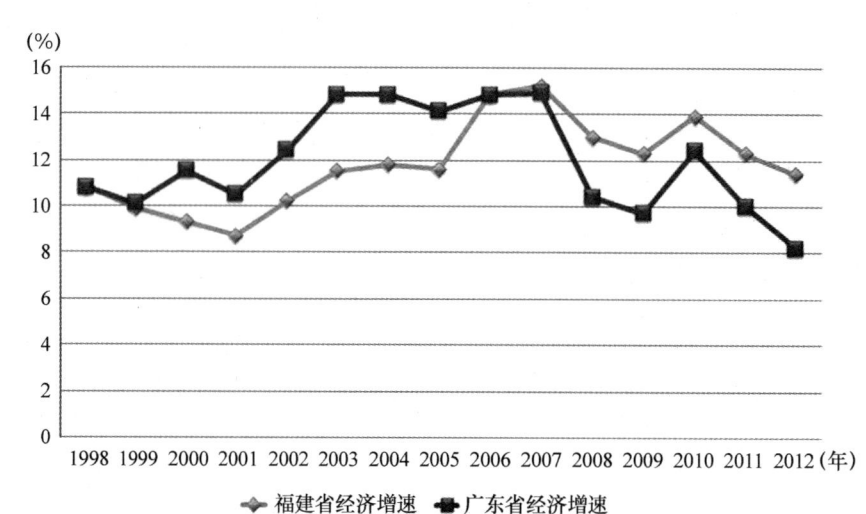

```
(%)
16
14
12
10
 8
 6
 4
 2
 0
   1998 1999 2000 2001 2002 2003 2004 2005 2006 2007 2008 2009 2010 2011 2012(年)
        ◆ 福建省经济增速    ■ 广东省经济增速
```

图4　闽、粤两省经济增速比较

经济走势从增速和波动性上都表现出较广东省更强的抗风险的能力，经济运行相对稳健。这与两省的经济外向度的高低差异有一定的关联，广东省外向型经济特征明显，而相对而言福建省的出口依存度要远低于广东省。具体见图5。

广东 0.158　　　　　　　　　广东 0.228

1998—2005年间两省经济波动率　　　2005—2012年间两省经济波动率

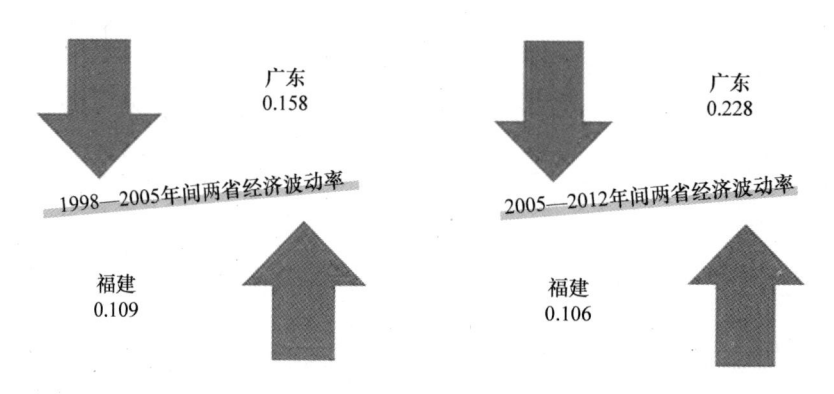

福建 0.109　　　　　　　　　福建 0.106

图5　闽、粤两省经济波动比较

一般来说，一定时期或一个地方的经济发展会经历起步、粗放发展、快速扩张、集约与转型升级发展阶段。从上述分析可看出，广东经济发展已经历快速扩张阶段，进入经济转型升级发展的相对稳定增长期，而福建经济发展则处于经济快速扩张期。在这一经济周期中，其经济总量极有可能大幅度增加。进一步廓清这一基本判断，十分有利于经济决策层在福建经济发展周期里，做出与经济发展阶段相应的适度加速发展的安排和举措。

二 解析闽、粤两省经济结构内在差异性与发展动力比较

(一) 处于较快扩张期的福建经济,产业结构正向工业主导型的经济发展阶段转变

改革开放初期,福建经济发展一、二产业并重,1978年福建经济三次产业结构为36.0∶42.5∶21.5,其中工业增加值仅占GDP的35.9%。随着二、三产业尤其是工业的快速发展,第一产业比重持续下降,二产和三产比重稳步上升。1988年工业比重上升到31.4%,工业首次超过第一产业,开始成为全省经济的主导行业。无独有偶,也正是1988年,第三产业比重上升到32.2%,首次超过一产。从1988年开始,产业结构演变为"二三一",朝着产业结构发展变化规律趋向合理。具体见图6。

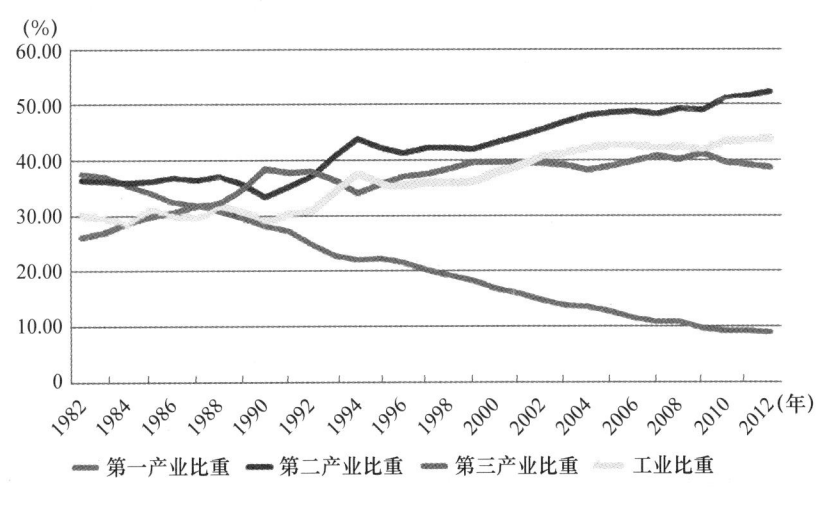

图6 福建三次产业比重

近几年来,福建工业对经济增长的支撑作用凸显,产业结构向工业主导型转变。进入21世纪,工业比重持续攀升,2000年工业占比为37.8%,至2012年工业占比达到43.9%,工业比重提高了6.1个百分点。在工业快速发展下,二产比重持续上升,2010年第二产业比重首次超过50%。至2012年,福建经济三次产业

结构为9.0:52.2:38.8。从贡献率角度来看，2000—2011年间，三次产业对经济增长的年均贡献率为3.9:58.7:39.4，其中工业的年均贡献率达到52.8%。具体见图7。

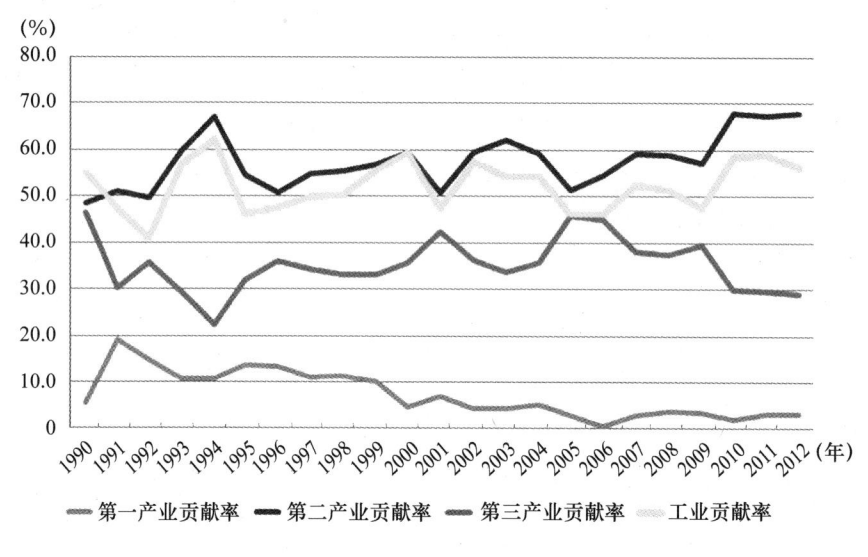

图7 福建三次产业对经济增长的贡献率

(二) 闽、粤两省因进入经济发展周期不同，导致经济内部结构变化产生差异

如前所析，闽、粤两省经济发展周期处在不同的阶段。广东省目前已先进入后工业化时代，产业结构开始调整升级，第三产业占国民经济的比重越来越大，经济增长从生产拉动向服务拉动的方向转变，在经济增速上表现为GDP增速的放缓。而目前福建经济还处在工业化加速时期，在工业强省的战略选择下，资本、资源、要素进一步向工业集聚，结合投资驱动为主的经济增长模式，使得第二产业发展速度一枝独秀。福建省第三产业的快速增长在第二产业更快增长的态势下掩盖，导致三产占比徘徊不前，与福建省的工业化进程密切相关。这主要表现在两个方面。

一是从产业结构数据来看，近年来福建第二产业在GDP的比重逐渐上升。福建第二产业的比重由2006年的48.7%上升到2012年的52.2%，6年间上升了3.5个百分点；而第三产业占GDP的比重却处在上升再下降的徘徊阶段，2006年为39.9%，2009年上升到41.2%，此后逐年下降，2012年下降到38.8%，见图6。广东省第二产业占国内生产总值的比重表现为缓慢地逐年下降，由2006年的

50.6%下降到2012年的48.8%,5年间下降了1.8个百分点;第三产业占比则逐年缓步上升,由2006年的43.6%上升到2012年的46.2%,5年间上升了2.6个百分点。具体见图8。

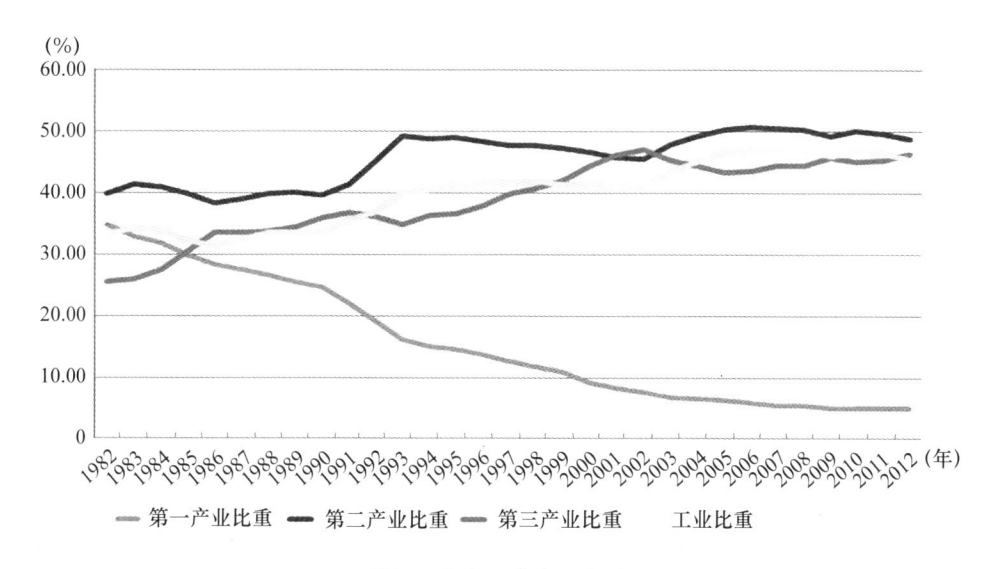

图8 广东三次产业比重

二是闽、粤两省的贡献率相比,进一步印证了这一点。以2006—2012年为例,从三次产业贡献率情况看,2012年福建省第一产业贡献率为3.2%;第二产业贡献率为67.9%,比2006年(54.4%)提高了13.5个百分点,其中工业对经济增长的贡献率为56.2%,比2006年(46.1%)提高了10.1个百分点;第三产业贡献率为28.9%,比2006年(45%)下降了16.1个百分点,见图7。而广东省三次产业在国民经济贡献率方面,第二产业贡献率在逐步下降。2012年,第二产业对国民经济的贡献率为47.1%,比2006年(58%)下降10.9个百分点,其中工业贡献率为45.8%,比2006年(55.6%)下降9.8个百分点。第三产业的贡献率达50.7%,比2006年(40.2%)上升10.5个百分点。具体见图9。

(三)相比经济增长的"三驾马车",闽、粤两省经济发展动力的着力点在"轮子"的不同处

投资、消费和净出口是拉动经济增长的"三驾马车"。对2000年以来福建经济发展的观察,其消费的拉动力持续减弱,而投资的拉动力继续增强,表明福建经

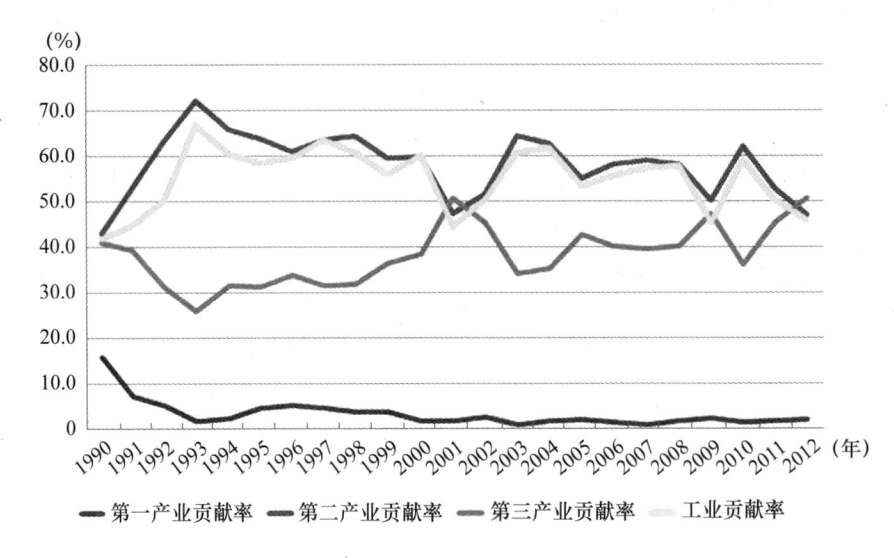

图9 广东三次产业对经济增长的贡献率

济的需求结构由消费驱动型向投资驱动型转变。这一时期，福建的投资率从2000年的42.5%上升到2011年的56.2%，提升了13.7个百分点，而其对经济增长的贡献率增长更为迅猛，从2000年的31.7%提升到了2011年的74.2%；消费率从2000年的54.4%下降到40.7%，最终消费的贡献率从54.4%下降到22.5%，经济增长方式从消费驱动型转变为投资驱动型。具体见图10。

而同一时期，广东经济消费拉动逐渐增强。2000—2012年间，广东投资率缓步下降了4.2个百分点，消费率上升了3.1个百分点。从贡献率来看，2011年资本形成的贡献率为48.9%，最终消费的贡献率为49.2%，消费的贡献率比2000年提高了15.4个百分点。在后工业化时期，广东面对调结构转方式的经济发展要求，经济增长模式从投资拉动逐渐向消费拉动转变。而消费对服务业的拉动程度要高于投资对服务业的拉动程度，同时也拓宽了服务业的发展空间，对服务业发展形成正效应，反映出三产比重的上升和贡献率的提高。福建消费率的走低，投资率的大幅上升，呈现出二产比重的上升和三产比重徘徊不前的情况。具体见图11。

分析闽、粤两省经济发展"三驾马车"拉动形态，其差异主要表现在以下几个方面。

一是闽、粤两省投资规模均不断扩大，但福建的投资步伐加速追近。2006—2012年，两省的投资规模不断扩大，其中广东省的投资规模在2008年突破10000亿元大关，2010年突破15000亿元，此后规模扩张的步伐有所放缓。与广东相比，

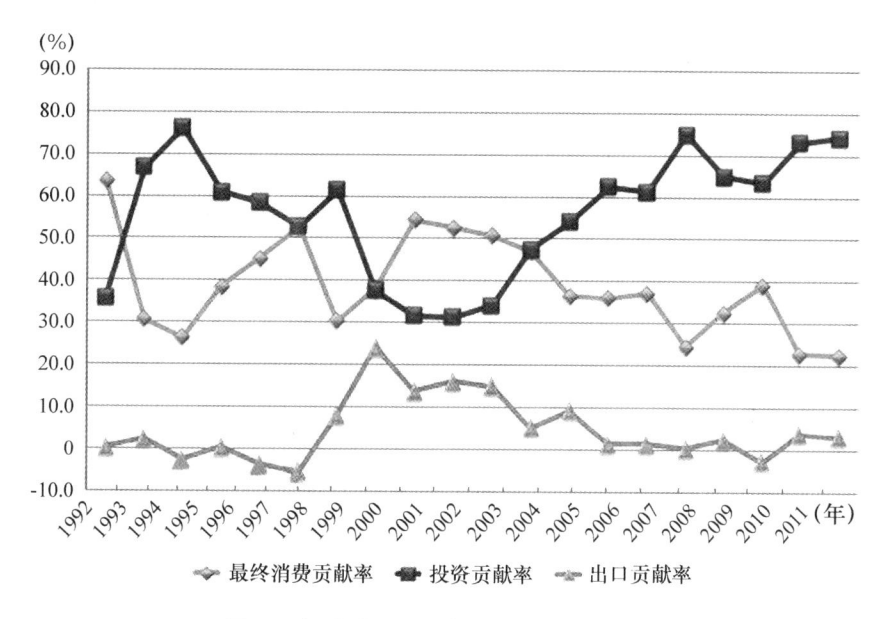

图 10　福建"三驾马车"对经济的贡献率

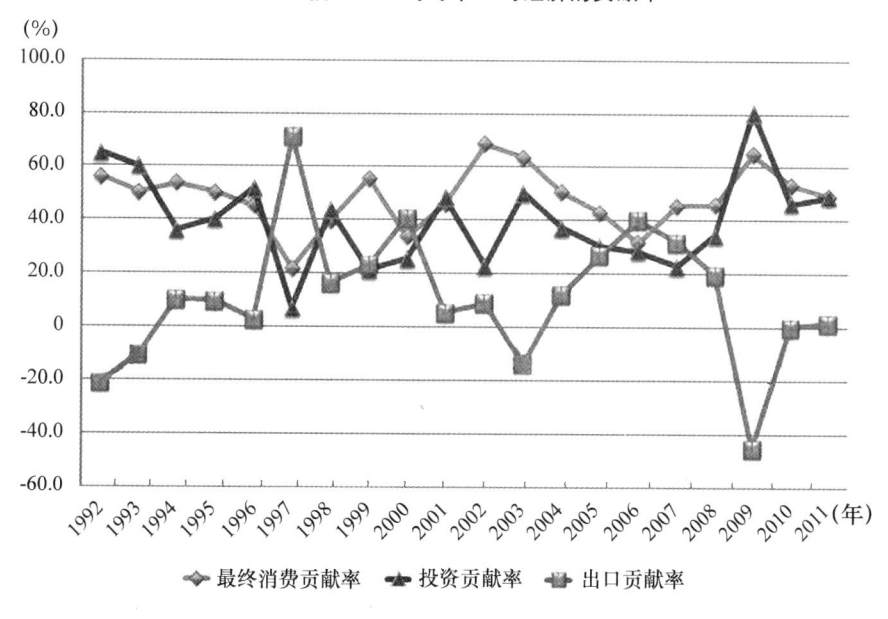

图 11　广东"三驾马车"对经济的贡献率

目前福建的总投资规模虽低于广东，2011年投资规模才突破10000亿元大关，相当于2008年广东的总投资规模，但福建投资的扩张步伐逐年加快扩大，迅速拉近与广东的差距。例如，2006年福建的投资规模仅为广东省的38.3%，2008年为

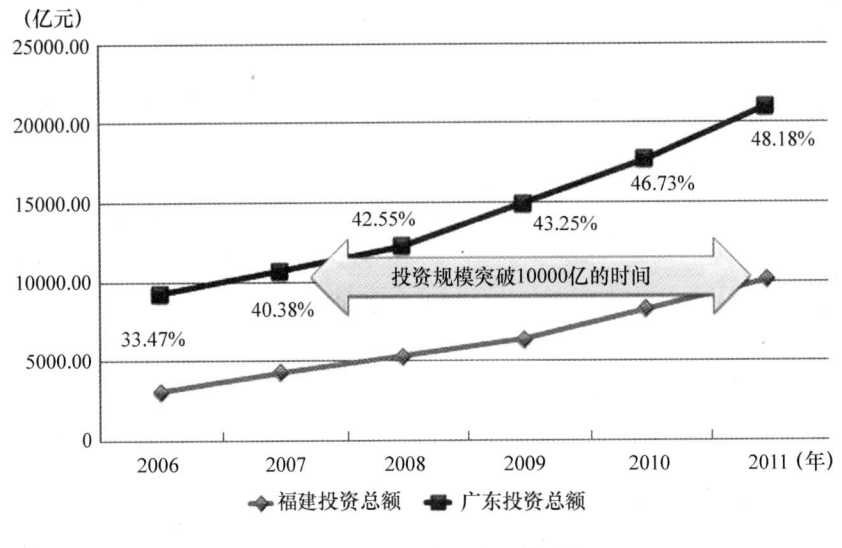

47.5%，2009—2012年依次为47.6%、51.3%、60.1%和65.8%。具体见图12。

图12　闽、粤两省投资规模对比

从投资的增幅来看，2006—2012年，广东的年均增速为15.5%，而福建则高达26.4%，比广东高出10.9个百分点，反映出福建投资规模的扩张速度远远高于广东。这从另一个方面印证投资对福建经济增长的驱动和贡献。而扩大投资是一个地方加速工业化、城市化进程中，推动经济较快增长的重要手段。

二是闽、粤两省经济外向依存度均较高，但福建外向型经济发展迅速，出口依存度不断提升。2000年以来，福建的出口贸易增长迅猛，年均增长15.5%。除了2008—2009年因全球金融危机出口的增长出现明显的回落外，随着国际经济形势的逐步改善，福建外向经济发展的增速在2010—2011年出现大幅的反弹，出口增长超过20%。这一时期，出口依存度具体表现为先提高再回落的过程，但是总体而言出口对经济增长的贡献在加大，表现出福建省的出口依存度（出口总额与GDP的比值）在不断提高，由2000年的28.4%提高到2011年的34.1%，提高了5.7个百分点。具体见图13。

尽管福建外向经济依存度表现抢眼，但从闽、粤两省比较来看，广东的出口依存度要远高于福建。2000年广东省的出口依存度为70.8%，高出福建省42.4个百分点，到2011年广东省出口依存度下降到64.6%。虽然出口依存度有所下降，但仍然超过福建的60%。从趋势来看，目前福建省的出口依存度稳步上升，外向

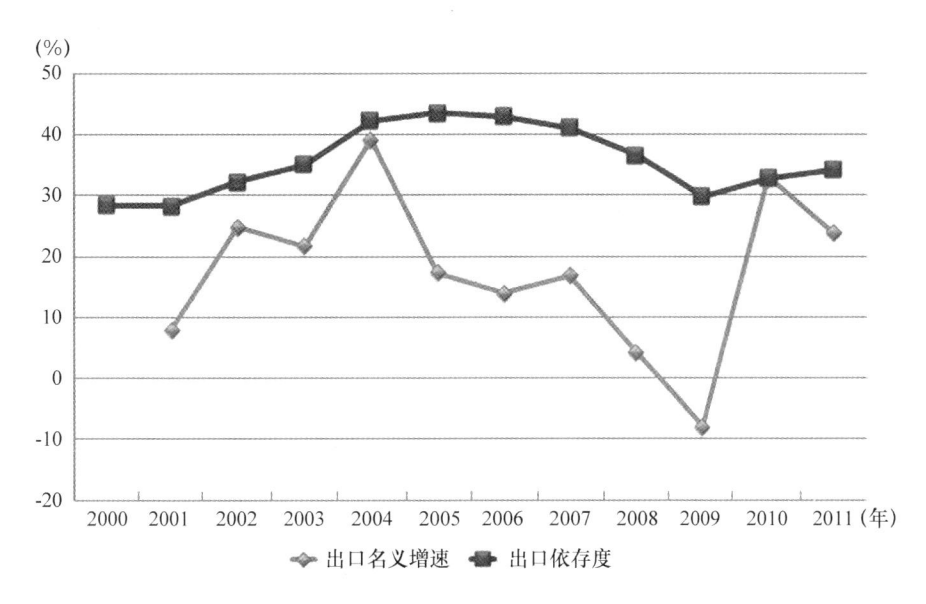

图13 福建出口情况

型的经济规模有所扩张，表明国际经济环境的变化对福建的影响程度有着正面的提高。眼下随着广东经济发展的转型升级，其经济发展的出口依存度有所下降。闽、粤两省的出口对比，具体见图14。

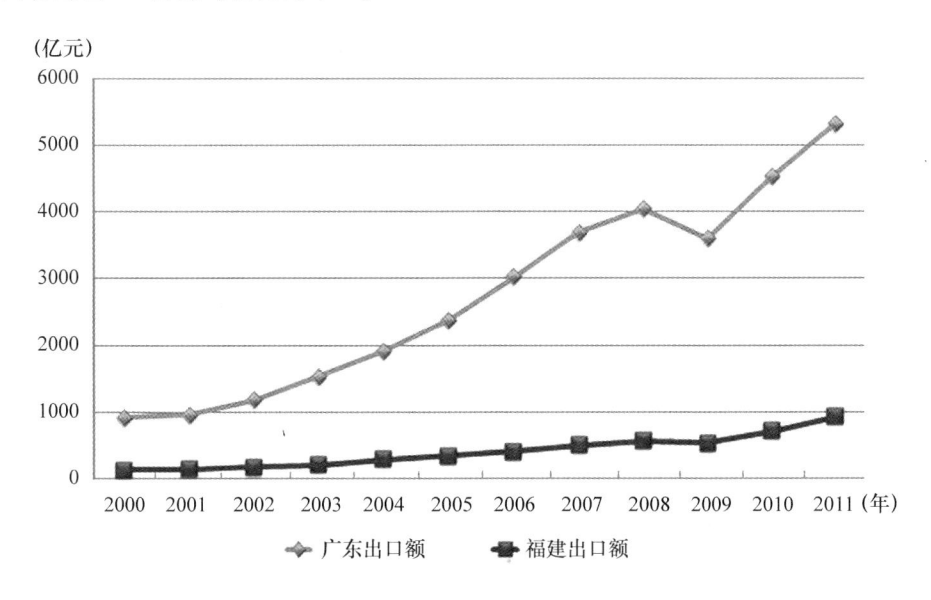

图14 闽、粤两省出口对比

三是闽、粤两省经济在消费拉动上，福建方面的消费拉动力表现持续减弱，而同一时期的广东经济消费拉动则逐渐增强。2006年福建的社会消费品零售总额为2717.62亿元，到2012年已达7149.54亿元，2006—2012年的年均递增速度达到17.5%；2006年广东的社会消费品零售总额为9194.29亿元，到2012年为22677.11亿元，年均递增速16.2%。从总量来看，福建的社会消费品零售总额是广东的31.5%左右，而年均增长速度则是福建比广东略高出1.3个百分点，这表明福建消费拉动的追赶速度，明显小于其经济和投资方面追赶广东的水平，见图15。

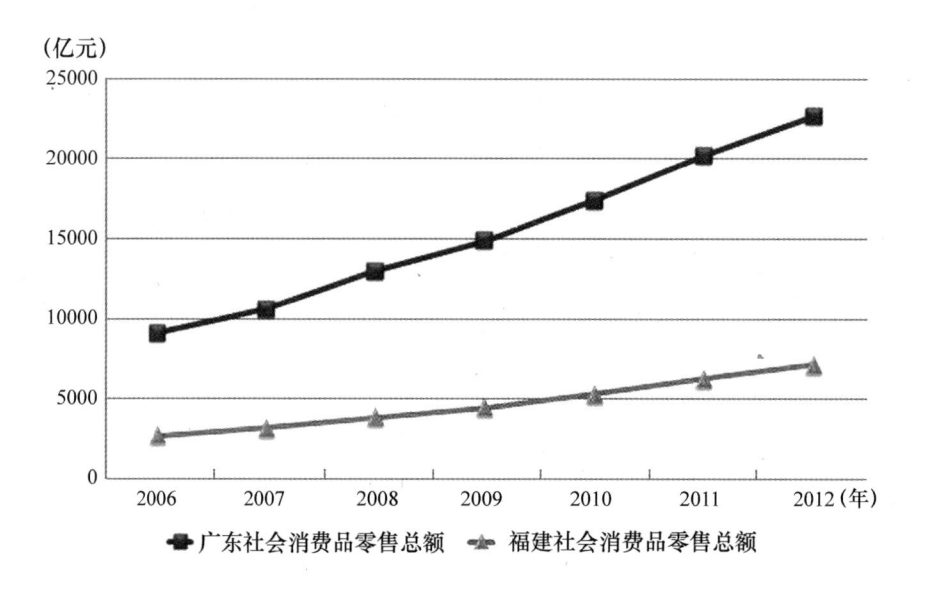

图15 闽、粤两省社会消费品零售总额对比

同一时期，广东经济消费拉动逐渐增强。2000—2012年间，广东投资率缓步下降了4.2个百分点，消费率上升了3.1个百分点；从贡献率来看，2011年资本形成的贡献率为48.9%，最终消费的贡献率为49.2%，消费的贡献率比2000年提高了15.4个百分点。广东省在后工业化时期，面对调结构转方式的经济发展要求，经济增长模式从投资拉动逐渐向消费拉动转变，而消费对服务业的拉动程度要高于投资对服务业的拉动程度，同时拓宽了服务业的发展空间，对服务业发展形成正效应，反映出三产比重的上升和贡献率的提高。而福建省消费率的走低，投资率的大幅上升，呈现出二产比重的上升和三产比重徘徊不前的情况。

从闽、粤两省的经济结果构成看，可以比较深刻观察闽、粤两省的经济在不同发展阶段的差异表现，具体见表1。

表1   2000—2011年闽、粤两省支出法生产总值构成情况

年份	资本形成率（投资率）(%)		最终消费率（消费率）(%)	
	闽	粤	闽	粤
2000	42.5	53.2	54.4	35.9
2005	44.8	50.8	50.2	36.5
2010	53.7	48.9	43.1	38.5
2011	56.2	49.0	40.7	39.0

由上分析，大致可形成这样的基本判断：因闽、粤两省经济发展周期所处的阶段不同，导致闽、粤两省需求结构和三大需求对经济增长贡献的差异，以形成目前闽、粤两省经济发展的"角力"不同。对这一比较结论的认知认同也很重要，可以使宏观经济工作者清醒清楚地知道如何与何时把握微观经济变化，以踏准经济节奏，施以正确的经济方略与"药方"。

三 考量闽、粤两省经济质量与人均水平差距变化

（一）闽、粤两省财力总量相差悬殊，占GDP的比重差距较大，显示福建经济增长不如广东，但福建显示其后发力，总财力或地方财力的年均递增速度接近或超过广东水平

财政收入是衡量地方政府财力的重要指标，政府在社会经济活动中提供公共物品和服务的范围和数量，在很大程度上取决于财政收入的充裕状况。近年来随着经济的快速发展，福建省财政收入同步保持着较快增长。从闽、粤两省的财政总财力看，2006年广东财政总收入为5117.01亿元，占GDP比重19.2%；福建为1012.77亿元，约为广东省的19.8%，占GDP比重13.4%，低于广东5.8个百分点。到2011年，广东的财政总收入达13668.49亿元，占GDP比重提高至25.7%；福建为2597.01亿元，约为广东省的19.0%，占GDP比重也相应提高至14.8%，

但比广东低 10.9 个百分点,这一现象表明,广东的经济增长质量高于福建。2006—2012 年广东财政总收入的年均名义增速为 21.7%,福建则为 20.7%,增速比广东低 1 个百分点。具体见表 2 及图 16。

表2　　　　　　　　　　　广东与福建财政总收入比较

地区	年份	2006	2010	2011
广东省	财政总收入(亿元)	5117.01	11841.99	13668.49
	占 GDP 比重(%)	19.2	25.7	25.7
福建省	财政总收入(亿元)	1012.77	2056.01	2597.01
	占 GDP 比重(%)	13.4	14.0	14.8

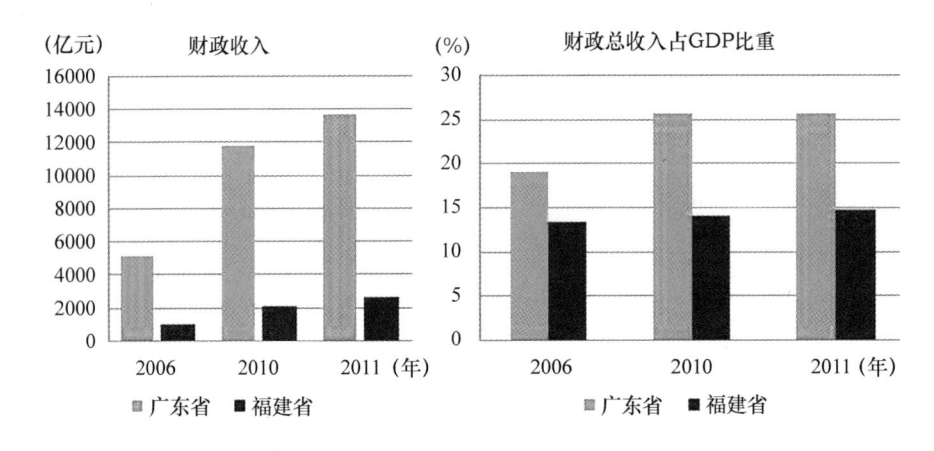

图16　闽、粤两省财政总收入比较

从近 5 年地方财政一般预算收入看,2007 年广东是 2785.80 亿元,福建为 699.46 亿元,约是广东的 25.1%。到 2012 年,广东的地方财政一般预算收入达 6228.20 亿元,福建则为 1776.21 亿元,约是广东的 28.5%。2007—2012 年广东省地方财政一般预算收入的年均递增速度为 19.1%,福建则为 21.9%,增速比广东高出 2.8 个百分点。具体见表 3 及图 17。

表3　　　　　　　　　　广东省与福建省地方财政一般预算收入比较　　　　　　　单位：亿元

年份 地区	2007	2008	2009	2010	20111	2012
广　东	2785.80	3310.32	3649.81	4517.04	5514.84	6228.20
福　建	699.46	833.40	932.43	1151.49	1501.51	1776.21
广东与福建的差距	2086.34	2476.92	2717.38	3365.55	4013.33	4451.99

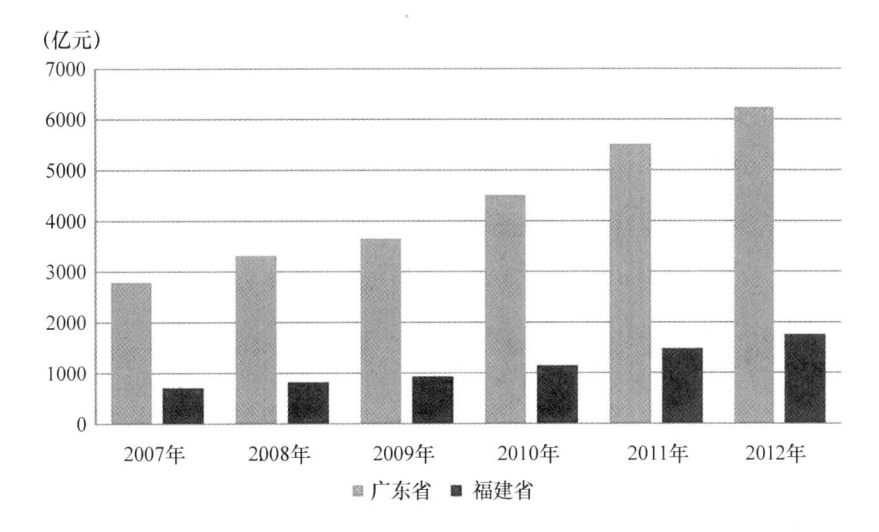

图17　闽、粤两省地方财政一般预算收入比较

（二）闽、粤两省经济强度和人均水平不一，总体广东明显高于福建，但两省差距显著拉近

观察两省现阶段经济强度，广东明显高于福建，2012年广东每平方公里土地产出GDP 0.32亿元，福建为0.15亿元，广东省比福建高出0.17亿元，产出效益高出一倍。但从人均GDP的差距变化看，近几年福建人均GDP追赶的速度远大于其在总量上的追赶程度，在人均GDP这个反映居民生活水平的民生指标中，福建的发展更快，两省差距显著拉近。2006年福建人均GDP 21105元，是同期广东的74.0%；到2011年，福建的人均GDP达到47377元，是同期广东的93.2%。5年间比重上升了19.3个百分点，人均GDP的差距在显著地拉近。从增速来看，2006—2011年的人均GDP增速中，福建为12.6%，广东为8.7%，福建比广东高3.9个百分点。具体见图18及图19。

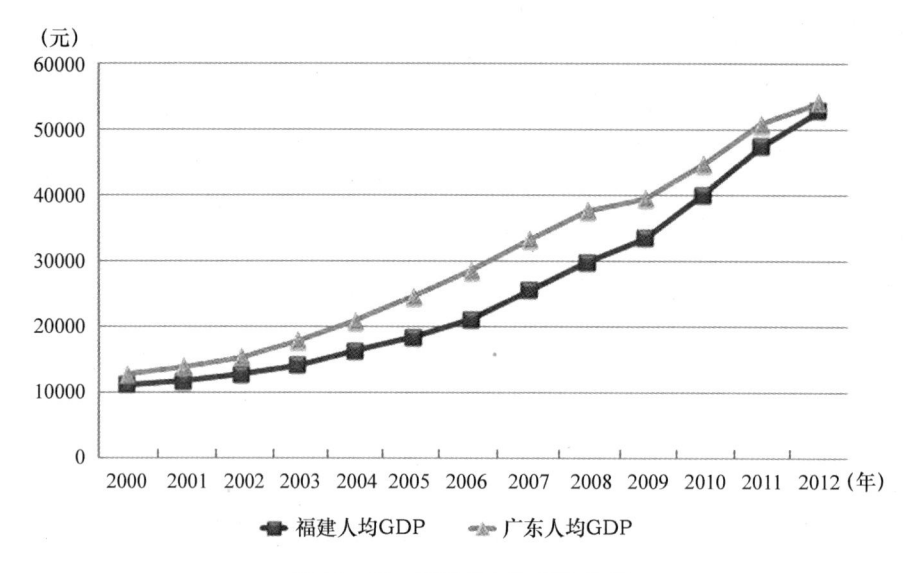

图 18　闽、粤两省人均 GDP 比较

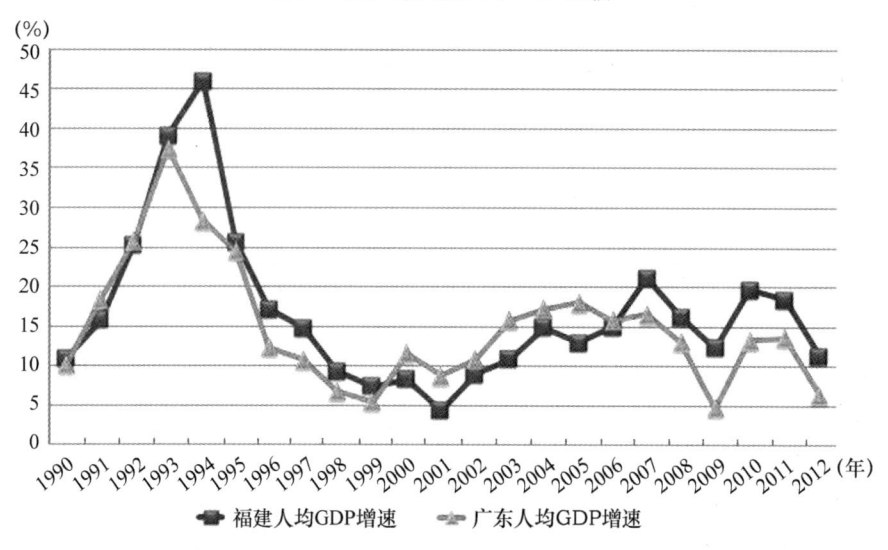

图 19　闽、粤两省人均 GDP 增速比较

再从反映人民生活质量指标的城镇居民人均可支配收入和农民人均纯收入情况来看：

第一，城镇居民人均可支配收入两省差距在不断缩小。福建城镇居民人均可支配收入 2006—2011 年间年均增长 9.7%（扣除价格因素后的实际增速，下同），而同期广东城镇居民人均可支配收入年均增长 7.7%，福建年均增速高出广东 2.0 个百分点。从绝对数的变化情况来看，具体表现为福建城镇居民人均可支配收入占广东的份额（％）从2006年的85.9%提升到2011年的92.6%，5年间提高了6.7个百分点。具体见图20。

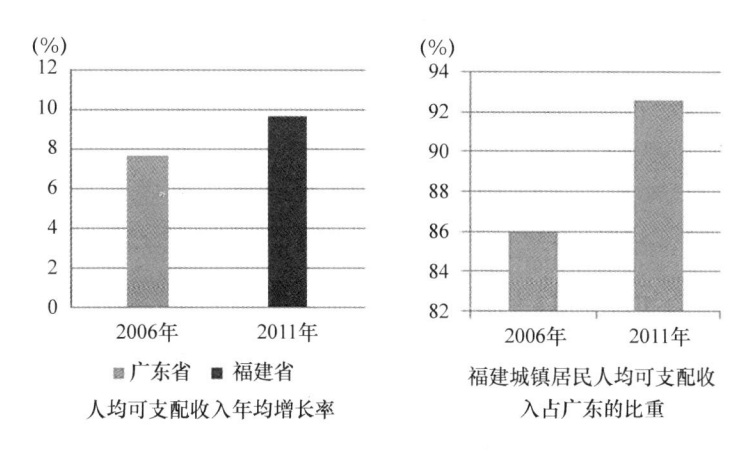

图20 闽、粤两省城镇居民人均可支配收入比较

第二，农民人均纯收入两省差距不大。广东农民人均纯收入发展较快。2011年福建农民人均纯收入为8779元，同期广东的农民人均纯收入为9372元。2006—2011年间福建农民人均纯收入年均增长9.1%，比城镇居民人均可支配收入年均增速高出1.4个百分点；而广东同期5年间农民人均纯收入平均增长达9.4%，福建的年均增速低于广东0.3个百分点，具体表现为福建农民人均纯收入占广东的比重小幅下降，由2006年的95.2%下降到2011年的93.7%。具体见图21。

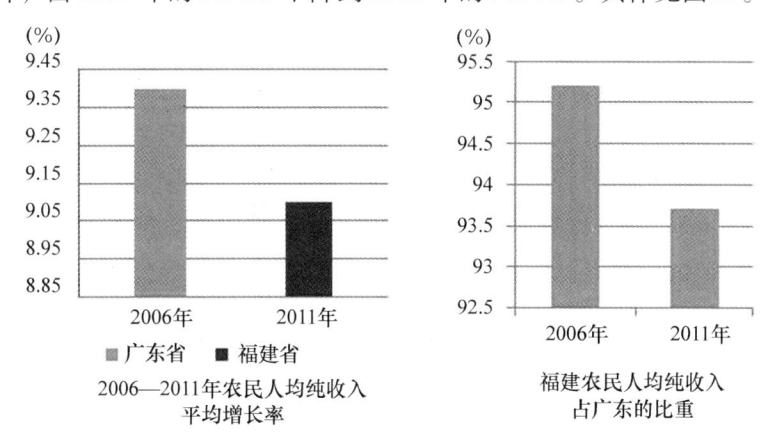

图21 闽、粤两省农民人均纯收入比较

(三) 闽、粤两省经济发展分布均呈现不平衡性，但广东经济波动系数更大，经济不平衡发展比福建更为突出

福建下辖9个地级市，处于福建东部沿海地区的泉州、福州、厦门、漳州等4个市，其2011年的经济总量分别排在全省前四位，这4个市的GDP占福建GDP总量的比重达69.8%。而广东下辖21个地级市，其珠三角9个市的GDP占广东GDP总量的比重达79.3%，比福建东部沿海地区高出9.5个百分点，显示其经济增长密集度较高，具体见图22。

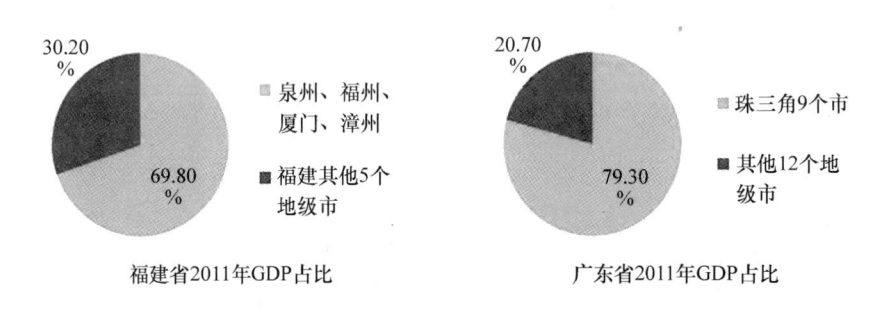

图22 闽、粤两省沿海发达城市GDP占比比较

从2011年人均GDP水平来看，福建人均GDP最高的城市人均GDP是最低的1.6倍，福建人均GDP的各市波动系数（标准差/均值）为0.27；而广东省人均GDP最高的城市则是最低的6.4倍，波动系数达到0.64。与福建相比，这显示广东经济区域发展较不平衡，集中反映出处于粤东南的珠三角地区的城市经济要比粤西北城市强大。具体见图23。

综上福建与广东相比可见，闽、粤两省经济发展处在不同阶段，两省经济的总量、规模和结构均存在较大差距，但近年来福建经济的增长速度却超过广东，人均GDP、人均可支配收入等方面与广东的差距并不大，且呈现追赶的态势。闽、粤两省差距不断缩减将成为一个趋势。

四 微策建议

当前，福建正处在科学发展、跨越发展的关键时期，在比较与邻近较发达省份经济发展的差距与优势基础上，确实值得认真静思一下当下福建经济状况，切实厘

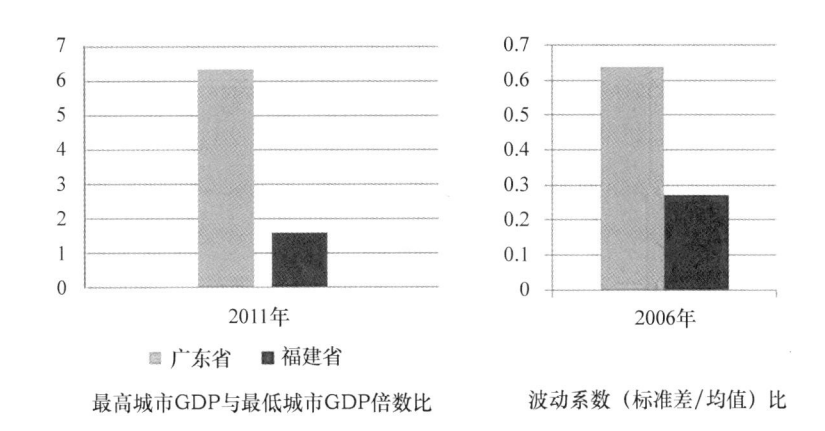

图 23　闽、粤两省区域发展平衡性比较

清福建经济所处的发展阶段与追赶跨越发展的切入点和突破口。依上对闽、粤两省主要经济数据比较分析,这里提几点微策建议。

(一)同处于泛珠三角经济板块的福建经济,与广东相似度高,可适当借鉴先行崛起的广东经济发展模式与经验,以增强经济发展的针对性、可行性和有效性,避免走弯路与增加施策成本

综观闽、粤两省经济发展,只因各种历史原因和综合因素,广东先行一步,抢占先机进入经济发展周期的新阶段。但是,闽、粤两省经济发展面临的环境和政策相似度极高,处于中国改革开放前沿的闽粤大陆地区,与泛珠三角地区形成经济开发开放的"犄角",均有中央和省里赋予地方各项先行先试改革发展的灵活经济政策,如改革开放之初闽、粤两省的深圳、珠海、汕头和厦门作为全国首批的经济特区,在经济发展大局中具有举足轻重的地位。中央领导都对这四个经济特区的经济发展予以厚望和充分肯定,30多年来已积淀了许多经验与创新做法,值得互相借鉴。又如近年来中央赋予闽、粤两省的经济特区全面扩容以及海峡西岸经济区、平潭综合实验区、前海深港现代服务业合作区、横琴经济开发区等一大批经济政策,进一步深化了闽、粤两省的各项综合配套改革,寄望闽、粤两省在经济发展先行先试上有更大作为,一大批实力强、投资大、效率高、质量好、后劲足的发展项目相继布局闽、粤两省开放前沿地带。此时,闽粤邻近两省互为泛珠三角的"经济犄角",更应互动互补,互相借鉴,共同构筑推动泛珠三角地区经济后续发展的新动力，成为泛珠三角地区经济新跨越发展的重要"盟军"与生力军。

（二）准确研判目前福建经济所处的发展阶段，实施积极的先进制造业与现代服务业"双轮驱动"经济发展与扩张增长模式战略，以期在经济总量扩张发展阶段，同步实现经济结构与质量的优化

就前述闽、粤两省经济处在不同发展阶段相比而言，目前福建省仍处在工业化加速时期，福建在选择工业强省的发展方略下，资本、资源、要素进一步向工业集聚，结合投资驱动为主的经济增长模式，使得第二产业发展速度一枝独秀，福建第三产业的快速增长在第二产业更快增长的态势下被掩盖，三产占比徘徊不前与福建省的工业化进程密切相关。

而经济发展先行一步的广东及国内外发展实践都表明，服务业特别是生产性服务业在制造业迅速发展的基础上相随而起，密不可分。从需求角度看，在制造业高速发展的过程中，分工的精细化和专业化带动了对服务的中间需求，服务的个性化特征形成定制化趋势，使得产业链上的价值和利润逐渐向研发设计、技术服务、咨询服务、金融服务等环节转向集聚，推动了面向生产的服务业发展。从供给角度看，生产的规模化、产业的集群化、技术的高端化，使得服务业生产率显著上升，服务供给能力极大增强，加速了服务经济的发育和成熟。从企业运行实践看，在产品同质化的压力下，在利润最大化的驱动下，制造业企业为保持和提升核心竞争力，逐渐将非核心业务外包，催生了服务业向多元化、专业化和全球化方向发展。因此，当福建制造业发展到一定阶段，其产业增值链的加粗延长和核心竞争力的提升，须更多依赖生产性服务业时，相关产业的快速发展将成为必然选择。

（三）福建在致力加快缩小与中国经济发达省份差距，实现经济跨越发展中，须注重加强经济布局和重点产业引导安排，加快推进新型城市化进程，以此作为福建经济较快增长的新动力引擎

就现阶段发展状况而言，闽、粤两省不仅经济总量、质量差距较大，而且城市化水平也存在较大差距。因此，福建在当下推进城市经济发展中有很大的拓展空间，可以此作为快速发展福建经济的新动力引擎。除了积极推动海峡西岸经济区建设、平潭综合实验区建设和发展蓝色经济外，还应注意紧紧把握以下两点：一是积极培育中心城市经济辐射力。中心城市在市场贸易、交通运输、电子信息、科技教育、金融服务等方面，具有区域经济网络的枢纽性作用，是地区经济发展的重要增长极。而福建城市体系总体特点是中心城市经济实力较弱,集聚效应不强;中等城市数量少,经济规模偏小;小城镇数量多,经济布局分散。针对这一实际情况,加快发展福建经济应重点培育福州、厦门、泉州等中心城市,通过建立优势互补的产业经济分工合作机制,以推进福建中心城市的经济带动。二是构建沿海城市带推动非均衡城市化。因区位、交通、历史等影响,福建闽东南沿海地区和闽西北山区的经济社会发展水平差距较大,可将经济发展水平高的沿海城市确立为优先发展区域,通过实施非均衡城市化推动战略,以实现中心城市呈网络状或圈层状的经济辐射效应,达到先在沿海地区形成层级化的城市经济群,并逐步向闽西北山区城市经济梯度推进。

(四)借鉴广东发展外向型经济经验,既要做到提高福建经济外向度,又积极实施腹地拓展经济战略,实行陆海并进,延伸港口腹地经济,全面推进福建经济整体量与质的发展跨越

对比闽、粤两省经济发展差异,改革开放30多年来广东经济快速发展的重要原因之一,无不得益于广东经济外向度的长时期保持高位。以此借鉴广东发展经验,福建经济发展还应进一步实施外向带动战略,不断提高总体经济对外开放水平。注意侧重三个方面的加强:一是注意平衡对外贸易区域方向。首先巩固美国、日本和欧盟等传统市场,再努力开拓俄罗斯、东盟等新兴市场,不断提高其在福建对外贸易的地位。二是注意继续充分发挥福建对台的"五缘"(地缘、血缘、文缘、商缘、法缘)优势。在对台经济贸易交流合作中,赋予其更加开放开明的先行先试政策,创造良好的台资长期发展环境与机制,着力提高对台贸易规模,继续保持在全国对台贸易的"领头羊"地位。三是注意拓展内陆地区外贸经济。在不断提高厦门、福州、泉州等沿海地区的对外贸易总量的同时,还应积极拓展福建内陆地区,为全面发展对外贸易提供更为广阔的平台,鼓励内陆地区的企业发展对外贸易业务,培育对外贸易的龙头企业,发挥"走出去,引进来"的示范效应。同时,继续实施"请进来,走出去"腹地拓展战略,实行陆海并进,鼓励省内港口、物流企业到内陆承接大宗散货运输业务,大力拓展"铁海联运"业务,加大跨省(区)区域通关协作力度,延伸港口腹地经济。

后数字的文化融合

就像后工业时代刚到来那样,后数字时代的到来也让人应接不暇,使得世界变得更小与神秘。究其原因,文化的融合提升了数字,把数字逐步导入新时代。

后数字的定义:本质上是跨时空的数字文化

数字原本是个量化,表明事物在一定时空的变化,它所达到的水平、规模与总量。可是,进入 20 世纪 90 年代,以国际互联网为代表的新兴通信技术出现了爆炸式的增长,为原概念数字提供了新的平台,使原数字的含义发生质的变化。

其一,从静态到动态。诸如过去涉猎国计民生的 GDP、人均 GDP 数字只不过是一个地域、一个层面的量化,但自从有了互联网,GDP 数字就不再限于原有量化内容,而增添了量化的载体,使得 GDP 的收集、加工、整理与传递变得便捷和有实效,由此数字变得动感十足。

其二,从单一到分散。在过去工业时代,其思想的构架是要求存在一个中心、一个序列。可到了数字化时代,其人文精神的已有经验建构迥异于农业时代、工业时代,经验论与实证论、规范论与应该论愈加显示其局限性。数字化的行为方式、思维方式的变化与特点必然打破已有的人文建构,其数字存在的最突出特点是没有任何人可以真正拥有数字垄断与权威受到的考验,任何人和任何组织对数字的控制都将变得十分艰难。

其三,从传统到异化。与机器工业时代相比,数字更普遍、更强烈地侵入生产、生活领域,生活世界被"数字化殖民"的特征愈加明显。人文精神在数字化境遇中变得岌岌可危,其合法性受到挑战,而数字化主体消解为"数字人""信息人"。

其四,从形式到灵魂。数字化是人类生存实践方式的革命,它不同于农业社会、工业社会的经验，是一种人性化的科技形式和力量。数字化的灵魂是人文精神，说到底数字人文是作为传统科技与人文断裂的超越形式和内容，是新时代科技与人文的一次新的综合。

可见，后数字化的本质是文化融合，是先进文化的最重要载体，也是现代文化的本质特征。后数字化作为人文精神的新平台，将使人类的未来更加美好。

后数字的特征：表现上是超越的数字丛林

对数字丛林中的人文思考，就在于探索穿越丛林、认识丛林、塑造新的丛林景观的各种可能性。数字丛林导致人文意义的更新和丰富化，它所具有的自由与约束的双重特性意味着人文价值的原初性意义：经济、技术浅滩昭示着一望无际的人文世界，在浅滩行走的人们不断地经受各种风险的考验。信息日益复杂，数字生产、接收和使用的过程充满各种偶然性，有效的生活与充分、安全地利用数字和体验例如数字密切相关。整个21世纪最令人瞩目的社会加速现象无疑是数字信息，而信息的无序、不肯定性对每个"信息人"将产生深刻的影响，它赋予每个人更多的自由、更多的责任心、更多的参与意识。与此同时，先锋主义与先锋话语的广告化、信息化，使更多人处于半催眠状态。信息的短期兴奋和麻木相结合，成为考察当代人文性的新方式和新力量。

以全球化为视野分析与观察，其特征主要表现在以下方面。

一是数字化为人文精神提供新的语境，呼唤人文精神的更新。人文精神已成为普遍数字化不可回避和忽视的问题，自从20世纪80年代由经济增长、社会转型引发的关于人文精神的讨论，到了21世纪则通过数字化将其进一步结合起来。因为数字化产生和发展的两大根本动力就是资本与技术，前者是后者的表现与结果。在这里，数字化是对人的功能的合成，把原本属于人的功能变为"人化功能"，从而数字变成了"人文数字"。"数字人文"是主体的系统表达，是为人所知的，是具有同步性、可经验性、以人为主体的世界"再造"。

二是数字化为人文精神提供新的平台，人文精神可尽情地"自由"。随着平等、公正交往的平台——互联网的建立，个人的归属越来越强，数字空间的无限性、无极性，给予个人和组织极大的自由选择空间和机会。但是，在无限数字丛林中，任何人都有可能迷途，外在影响的弥漫性侵入直接化为内在的心理感受，数字有使人们丧失自我的危险。许多人在数字信息生活中，思维能力和情感能力都双重下降。

三是数字化为人文精神打造新的标准，人文精神变成了双重性。一方面，数字化是由人创造和控制的，它可以而且应该从属于人类发展的"文明向度"，受到人文性的驾驭；另一方面，伴随着数字化时代电脑资讯网络的迅速发展，人和物的存在被虚拟化、机器化、数字化，导致网络一族忽略他人的存在，把他人当成符号看待，无视他人的尊严等，导致基本人文和伦理道德的丧失。

四是数字化为人文精神开创隐蔽的纬度，人文精神有了微观场域。各种形象的符号、声音在数字时空实现实体景观的结合，人的意识、观念、经验与兴趣直接依存和表达的机会发生彻底的改变，个人属性的情感、意志和知识的存在及其构成形式随之发生变化。数字信息时空的这种特征的弥漫和聚合，形成或塑造出许许多多的信息泡沫，更多的人受到"类象"的控制而不自知。维特莫在《透明社会》中认为，数字媒体塑造出的社会不是更加清楚、更有自我意识的社会，相反更复杂、更混沌，因为在数字中不再存在大写的历史、大写的现实和大写的真理。数字知识表象、意义功能和象征系统反映出整个世界与人类存在的嬗变可能与现实，让操作返回到原始被给予的意义。从某种程度上说，在我们全面建设小康社会中，数字化的人文精神贯穿于物质文明、精神文明和政治文明，其最后归属是促进人的全面发展和提升。

后数字的张力：内涵上是打造新的数字人文

面对后数字时代的到来，数字在改变世界，同时也在改造人们的生活，我们如何面对，如何迎接机遇和挑战，构建人文精神至关重要。在数字化影响物质与精神过程中，物质本体正向功能本体转化，我们应该从整体的数字化运动来构建价值与事实的统一，着力于数字化解构话语霸权、社会霸权的功能，突破反映论，从整体的、能动的、智慧的、自由的角度加以建构，始终贯穿创新的人文精神。

其一，在于理念上的创新。重视数字技术与人文精神的高度融合，用新的思维、新的视野，超越网络技术本身来看待信息网络化。网络信息技术不仅是非一般的技术工具，而且远远超出媒体手段的意义，是一种新的生存方式，一种崭新的社会文化形态，它意味着对世纪人类的生存方式、发展方式、思维方式将由此产生深刻的变化。对此，人文社会科学者应及时更新观念，积极探寻和解决数字化社会一系列时代性课题。

其二，在于方法上的创新。重视技术、人文与制度的互动，众所周知，迄今为止的三次技术革命完全符合托夫热关于三次生产力革命浪潮的描述：第一次技术革命带来农业革命浪潮；第二次技术革命带来工业革命浪潮；第三次技术革命带来信息革命浪潮。从20世纪开始的第三次科技与生产力革命来势更猛，影响更猛烈，对文化与核技术、量子论与信息技术、基因理论与生物技术，每一项科学的发展和技术的发明都极大地推动了生产力的发展，从而极大地改变了世界。技术的发展正在逼近自然的极限。现在人类掌握的，不仅仅是能够推动生产力发展的某种技术，而且是能够无数次毁灭自身的科学技术。因此，彰显人文精神，尊崇科学理论，对非理性的技术行为进行约束，给科学技术以包括伦理规范在内的必要的规范限定，使科学技术朝着为人类造福的方向运行。21世纪人类应该建立起与此相应的体制或制度，实现技术、人文与制度的互动。

其三，在于实践创新。重视提高数字化边缘地区的网络化水平。目前全球数字化水平不一，出现"数字鸿沟"，既表现出南北差异，也表现出发达国家或发展中国家内部区域之间、城乡之间以及不同教育程度阶层和不同收入水平阶层之间的巨大差异。以美国为首的发达国家，把"数字鸿沟"问题列为首要的经济问题。这些国家正通过行之有效的手段普及互联网以全面提高在21世纪的国家竞争力。对中国这样一个农业人口占多数的发展中国家来说，网络普及刻不容缓，在实践中必须勇于创新，逐步提高社区、公共机构、农村及边缘地区的网络普及，缩小数字鸿沟，实现网络经济、网络社会的资源共享。

其四，在于融合创新。重视数字人文精神的现代性与科学性，数字化为人们提供了超越现实的各种可能。人的数字化浪潮或数字化生存中，不会丧失"自我"、失去"主体"，人们只有借助数字化技术，才能不断提高人追求世界真善美的能力与水平，应该承认数字化对人文精神的双重作用，正视数字化、E化对人类的正负面影响。但只要我们把握好数字化与人文精神的融合，不断创新制度与方法，就可以避免个人失去作为类存在的E化，通过积极人文精神来警惕、预防和减少数字化产生的负效，切实创新科学精神与人文精神的融合方式，强调把握数字与人文的分离和张力。

最终，我们也可以从人们探求数字化的本意中考究出数字化的人文精神的起点，那就是人类不停追求的美好憧憬。所以，从这个意义上说，后数字化的文化融合真谛就在于：人在数字化时代锲而不舍地追求真善美精神。所以，恪守终极关怀，执着探求超越现实的美好世界和理想人格，是后数字化时代义不容辞的己任。

深圳"三新·两试"统计改革创新发展情况

深圳处于我国改革开放前沿，市场化程度高，经济发展活跃。尤其是近年深圳实施创新驱动发展战略，大力发展质量型经济，着力完善集科技创新与金融创新、产业创新、商业模式创新等为一体的综合创新生态体系，新产业、新业态、新模式蓬勃发展。"三新"经济日益成为推动深圳经济有质量的稳定增长和可持续全面发展的重要力量。

一 深圳"三新"主要表现及开展"两试"情况

为顺应经济发展新常态及市领导对统计改革创新的新要求，在国家统计局的重视和大力支持下，我局针对深圳较早出现的"新产业、新业态、新模式"等"三新"经济形态，积极探索出"试点、试行"的"两试"统计改革创新方法。

从2012年起，我局选取福田区作为统计改革创新综合试点，先后对总部经济、楼宇经济、战略性新兴产业、电子商务、会展经济、"大个体"经济和房屋租赁业等七个方面进行调查研究，探索新兴经济业态的统计方法和手段，为全市推广提供可行经验。与此同时，获得国家局批准开展"房屋租赁业统计调查"和"研发支出纳入GDP核算"两个国家试点项目。其中，"房屋租赁业统计调查"已进行了五个年头的改革试点，相应建立房屋租赁业统计调查制度以及租赁业增加值核算试行方案，为房屋租赁业统计方法制度改革积累了较为扎实的经验；率先在全国开展R&D支出纳入GDP核算研究的试点试算工作，为完善国民经济核算体系做了有益探索，摸索出较为可行的试行操作办法。

（一）新产业统计起步较早

深圳战略性新兴产业统计工作始于2011年年底，在国家统计局公布《战略性新兴产业分类（2012）》（试行）之前，积极进行相关专题统计方法研究和数据测算工作，获得市委、市政府年度课题研究一等奖。到2015年，已形成新一代信息技术、互联网、新材料、生物、新能源、节能环保、文化创意七大战略性新兴产业统计方法制度。2015年6月，首次对航空航天、生命健康、机器人、可穿戴设备和智能装备、海洋等未来产业进行试统试算。2015年，全市七大战略性新兴产业增加值达到7003.48亿元，同比增长16.1%，占全市GDP比重40%。四大未来产业增加值2894.66亿元，同比增长12.1%。

深圳新兴产业统计经历了产业由少到多、统计口径由"四上"到全口径的过程，统计方法制度不断完善，其主要做法有以下三种。

（1）在标准认定和范围界定上，由相关经济职能部门提供。深圳战略性新兴产业范围根据本市相关发展规划的产业定义来确定，主要采用企业法。即由市发展改革委联合市科技创新委、市经贸信息委、市委宣传部等职能主管部门共同认定符合政策条件的法人单位，形成涵盖工业、商业、服务业和建筑业四个行业的战略性新兴产业单位名录库。在此基础上，按照企业一套表制度，对企业进行规模认定，筛选出符合一套表平台统计范围的"四上"企业，生成战略性新兴产业常规统计调查单位库。目前，深圳市七大战略性新兴产业在统的"四上"企业共有3415家。

（2）在数据来源上，立足现有"四上"一套表企业数据库提取。以国家联网直报系统为依托，直接从一套表平台上采集企业数据，实现由间接采集转为直接采集，从而提高数据处理效率和数据生成过程的透明度和可控性。对"四上"企业，采取全面定期统计报表调查方法测算相关统计指标，按照企业行业归属，采集对应行业报表数据，分行业测算企业增加值。对"四下"企业，利用第三次全国经济普查数据及抽样调查推算相关统计指标。

（3）在质量控制上，与相关部门指标比对修订调整。加强与地税局、国税局等相关部门联系，对新兴产业企业相关指标数据进行比对和验证，修正、补充、完善我局的统计数据，提高数据质量。

（二）新业态统计进行一系列探索研究

1. 电子商务统计情况

按照国家统计制度，2014年深圳市规模以上电子商务交易总额9419亿元，同比增长29.7%，占全省电子商务交易额的43%。但目前深圳市经贸信息委电子商务中心也按平台统计电子商务，由于统计制度不尽相同，我们就平台统计工作中存在的问题，与市经贸信息委电商中心进行探讨，在原有《深圳市推进电子商务统计工作方案》（深经贸〔2014〕29号）（电子商务联席会议制度）基础上就新制度、新指标、新统计方法等进行协商约定。主要协商内容如下。

（1）电子商务受很多不可控因素影响，如光棍节、"双十二"等电子商务统计数据波动较大，统计周期越短，越能反映其发展变化情况。因此，我们发挥统计专业优势，就电商中心月报的指标设置等提出相关建议并修改。

（2）电商中心以全市法人单位为统计对象，比较全面反映全市电子商务情况。我们按电子商务联席制度，由市经贸信息委牵头联合发布全市电子商务半年报和年报。

（3）电商中心设有"通过第三方电子商务平台"交易额指标。我局参考此指标推算相关指标数据，以补充新制度中深圳数据的不足。

（4）借鉴市经贸信息委平台，多方面了解全市电子商务数据。如市经贸信息委将与阿里巴巴达成合作关系，可以通过合作了解深圳市淘宝、天猫以及支付宝等相关数据。

2. 供应链企业统计情况

近年来，深圳供应链企业呈现出"四不像"特征：既不像工业、商业企业，又具有工商特征；既不像金融、物流企业，又具备融资、供应功能。此类企业主要是以电子商务为工具，为中小企业提供外贸综合服务，其利润来源主要依靠两个方面：一是为客户提供贸易执行、综合物流服务，根据客户交易额的一定比例收取服务费；二是为资金紧张、贷款难的中小企业提供垫款、融资服务获得利息收入。供应链企业服务收费平均水平按报关金额的千分之五至百分之一的比例进行收取，如果有期票和垫付货款等业务，费率会有所提高，但整体而言，企业利润率稳定在2%—3%的水平。我们按照现行统计制度，分别在规模以上服务业、批发和零售业报表制度中对供应链企业进行统计。2015年，纳入全市服务业一套表联网直报的规模以上供应链企业69家，销售营业额2121.04亿元。

（三）新商业模式试统取得一定成效

1. 城市商业综合体统计情况

根据《国家统计局关于开展城市商业综合体统计专项调查的通知》（国统字〔2015〕109号），我局已正式启动城市商业综合体统计专项调查，获得初步数据。

从目前企业试填情况看,存在个别统计指标不易理解、设置不够准确、不够完整,数据较难取得等问题。其主要表现在以下几个方面。

(1) 租赁经营部分,商户销售额(营业额)指标不易取得。大部分综合体管理者只出租铺位收取租金,没有统一收银或者部分统一收银,不能掌握商户销售额(营业额)全部数据。

(2) 全年总客流量指标只有少数综合体有统计,大部分只能估算。

(3) 全部可出租(使用)面积指标后,可加上一个出租率指标;经营情况部分各商户营业面积指标不包括办公面积、仓库及加工场地的面积,不易统计,因管理者只负责出租,至于商户有多少面积用于办公、仓库等难以一一统计。

(4) 自营、联营零售业业态中,百货店与专业、专卖店并列设置不太合适。百货店里可能就包含了专业、专卖店这两种业态。

(5) 商户数中要区分法人、分支机构和个体户,需要比较专业的人员才能区分。

2. "大个体"统计情况

深圳各种专业市场发达,针对现行统计制度反映不了经济发展多样性的实际情况,我们加大了专业市场统计工作力度,把具有一定规模的个体商业户纳入限额以上商业统计。从2011年开始,探索建立"大个体+协会"统计调查新模式,对深圳华强北电子市场、水贝珠宝市场、大芬村油画市场等专业市场的大个体户开展统计创新试点,逐步填补各类专业市场统计调查上存在的空白。通过创新机制,向保健协会、大芬美术产业协会、电子行业协会、茶叶流通协会等16家行业协会(事务所)购买统计服务,制定并试行《深圳市统计局关于加强专业市场"大个体"统计数据质量工作业务指引》,确保"大个体"上报数据质量。2015年"大个体"3107户,商品销售(营业)额5136亿元,同比增长16.1%。

二 "三新·两试"统计面临的问题

(一)统计标准认定与统计分类界定难度较大

1. "全产业链"企业

"三新"企业往往从事多种行业经营活动,形成对产品设计、原料采购、生产制造、物流配送,以及批发、零售整个产品生命周期垂直整合的"全产业链"模式。深圳很多规模较大的连锁经营企业形成了全产业链的综合业态。从组织结构看，这些企业设立子公司或分公司，均有连锁经营店或专柜，网上销售比重也在逐年上升，企业内设有研发、生产、销售、物流等部门。从经营模式看，企业经营产品单一，经营行为从研发到物流涉及国民经济行业第二、第三产业。分公司、连锁经营店、展厅及各个部门所有业务往来均纳入法人企业统一结算、统一纳税。

在实际统计中，由于按不同专业填报不同统计报表制度，对经营多元化企业来说，存在很大的局限性。比如全产业链经营模式企业，目前大多只填报工业报表，没有填报商业报表，其商品流转情况没能在商业统计数据中反映出来，由此对统计分类及相关数据会造成影响。一是对行业划分造成影响。单位的产出已经不能简单用一个标准行业来区分，很难界定企业的行业属性。二是对名录库造成影响。需要根据企业当期经营或服务的实际情况，在不同时期纳入不同的行业名录库中，造成名录库的不确定性。三是对行业增加值核算造成影响。一张财务报表中的经济指标并不是单一行业生产活动实现的，如果全部推算到一个行业中，显然不合理，使用这种结果来推算某个行业增加值，会产生较大误差。

2. 供应链企业

对于供应链企业行业界定，目前国民经济行业分类标准尚未细分到供应链管理，且由于企业自身定位及企业经营模式不断调整等综合因素影响，深圳市供应链企业在贸易和规模以上服务业中均有统计，对供应链企业的行业归属存在争议。即使在规模以上服务业统计中，供应链管理企业应归属哪个行业，也存在争议。一种意见认为应归属租赁和商务服务业的7299（其他未列明商务服务业），一种意见倾向于归属交通运输业中的5829（运输代理服务）。在实际操作中，如深圳的创捷、商贸通等企业归属商务服务业，进入GDP核算，而朗华、飞马、信利康等归属运输代理服务业，属于交通运输门类，其数据则未能在季度GDP核算中得到使用。

深圳飞马是典型新型供应链的代表企业，主要为客户提供基础服务（通关、外汇、退税）和增值服务（物流、金融）。像飞马这样的企业，深圳还有郎华、易道物流等多家。这类企业商流、资金流、信息流和增值流合一，是一种混合型经营业态。它们不是销售公司，因为没有销售指标，也不管终端销售；不是金融机构，因为资金流是与银行合作，由银行对供应链给予信贷支持；不是物流公司，因为无车无船，物流外包；不是软件公司，因为IT平台仅仅是提高效率、规范管理的手段。

（二）电子商务、网络购物、跨境电商、供应链管理等新业态快速发展，尚未在商业、外贸等统计指标中全面予以体现

随着互联网和电子商务发展，新商业模式也在不断更新和发展。通过"互联网+"进行的经济活动，特别是依托互联网平台由自然人之间产生的市场交易行为，在现行统计制度下，没有得到完全体现，使新业态经济尚未全部反映到社会消费品零售总额、外贸等统计指标中，也未纳入GDP核算。

此外，深圳经过多年试点、试行的房屋租赁业增加值尚未全部纳入统计，R&D支出也有待加快纳入GDP核算。

三 下一步工作设想与建议

（一）制订工作方案，进一步推进"三新"统计开展

随着国家统计局2016年6号文的下发，对全国"三新"统计做出总体部署和安排，重点将在"三新"统计的方法制度和分类标准顶层设计获得突破。我们将积极配合国家局的统一安排，进一步加强与国家局"三新"统计对接。同时，在国家统计局"三新"统计综合报表制度以及专项调查制度下发实施前，不停推进深圳市"三新"统计改革创新工作。近期，我们制订了《深圳市统计局开展"三新"统计改革试点工作方案》，成立了"三新"统计工作领导小组及专业委员会，具体负责"三新"工作的组织和实施。目前，"三新"统计工作小组在现有专业统计制度基础上，分类提取出"三新"统计主要指标及相应统计制度，在新产业、新业态、新商业模式方面初步收集如下指标。

新产业：包括七大战略性新兴产业、四大未来产业、现代服务业和先进制造业的增加值统计。

新业态：包括电子商业交易额、供应链企业的企业个数、供应链企业销售营业额（营业收入）、新兴服务业营业收入、其他营利性服务业增加值的统计。

新商业模式：包括城市商业综合体的商户数、商户营业额以及"大个体"的个数、销售额统计。

（二）相关建议

1. 尽快建立健全"三新"统计标准及分类目录

（1）调整统计调查单位的颗粒度。在互联网信息化技术前提下，企业经营模

式变化快，融合度高。一家法人单位往往包含相对单一经营特征的分公司或更小的产业活动单位，或者跨同城各区，或者跨省市。调查单位越小，同质性越好，反之，异质性强，容易导致部分新业态"漏统"。

（2）修订国民经济行业分类。目前执行的《国民经济行业分类2011》中包含1094个小类。从小类细分看，第一产业和制造业小类比较全面详细，而服务业的小类细分迫切需要调整。随着制造业服务化趋势，第二产业行业分类需要因时制宜加以合并融合，而服务业中的行业小类却需要以业态活跃度高的地区为根据，进一步合理细分类别，使得行业分类的指导性和代表性都更切合实际需要。

（3）改革统计调查方式。探索抽样调查方法与大型企业全面统计相结合的做法；充分根据调查目的设计统计指标，提升统计指标的可获得性和准确性。建议"三新"统计重点在于统计方法、指标设计的细化，可以按照行业大类来设计调查问卷，而不要轻易增加调查表式，并开发国家一套表平台对"派生"产业统计的功能。

2. 充分考虑地区"三新"发展状况，调整地区核算制度

（1）地区发展差异对核算制度的影响。国家对地区的季度GDP核算基本上采用统一的方案、核算方法。统一的制度方法在一定程度上具有了全国范围的可比性，但是我国地区经济发展程度差异特征明显，特别是在第三产业，部分行业东西中部地区发展差异性较为突出。采用一样的方法、核算指标，可能低估了新兴产业较为活跃的地区部分行业实际发展情况，在反映行业实时变化或特点方面存在不足。建议国家在第三产业部分行业考虑地区差异性实行分地区（如东部、中部、西部）的行业核算方法。比如，房屋租赁中的自有住房租赁，当前各地区居民自有住房服务均采用成本法（包括住房租赁部分），但是东南沿海尤其是一线城市，其房屋租赁活动活跃，而目前采用成本法严重低估了经济活动产生的增加值。是否可以考虑对房屋租赁活动活跃地区（如四大一线城市）实行市场租金法，而其他地区继续采用成本法测算。

（2）部分核算指标对新兴行业的发展代表性不足，可能低估行业发展状况。在季度GDP核算中，有部分指标取自部门传统统计指标，用这些指标推算行业发展状况时，因这些传统指标的发展较为平稳，对于一些新兴业态的发展反映不足，可能会低估行业发展状况。

2016年深圳市"四上"企业入库情况的报告

2016年全市"四上"企业入库审核工作现已结束,深圳市取得了突破性的好成绩,入库单位量多质优,改革创新和转型升级成果得到初步展现。

一 入库单位数继续居全省首位,在库单位总量增加净增数超过前两年

2016年全市由于企业规模扩大、新增项目等纳入"四上"调查单位库的企业有3522个(年度审核纳入3250个,月度审核纳入272个);由于破产、不符合"三上"统计标准等退出调查单位库的企业有872个;组织机构代码或名称改变的企业有319个。其中,2016年度审核入库企业数超过广州(2500)700多个,连续两年居全省首位。

2014—2016年,全市"四上"企业入库单位数分别是1833个、2010个和3522个,退库企业数分别是1313个、1100个和872个。从图1可以看出,2016年入库单位数达到爆发式增长,全年新纳入"四上"单位库的企业数量比2015年增加了1520个,增长75.9%;全年净增单位数(纳入单位-退出单位)达到2650个,超过2014年和2015年净增单位的总和。

2016年度和月度进(退)库单位审核后,2016年年报全市一套表调查单位数达到19077个(不含投资),比2015年年报调查单位数增长一成半左右。

二 新入库企业工业比重下降,批零贸易比重上升

2016年新增入库单位中,工业949个,占27.7%;建筑业100个,占2.8%;批发零售业1291个,占37.6%;住餐业92个,占2.7%;房地产经营企业80个,

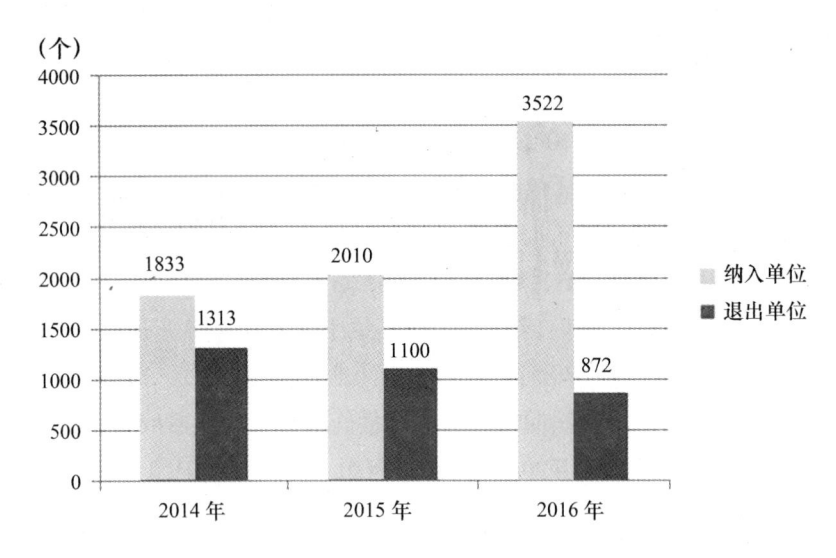

图1 2014—2016年"四上"企业进退库数

占2.3%；重点服务业920个，占26.8%，投资90个，占2.6%。工业、批零、重点服务业是入库企业的主要行业（见表1）。

表1　　　　　　　　2015—2016年入库企业分行业情况

专业	2016年审核新增企业（个）	比重（%）	2015年审核新增企业（个）	比重（%）
合计	3522	100	2010	100
工业	949	27.7	717	35.7
建筑业	100	2.8	10	0.5
批发零售业	1291	37.6	611	30.4
住宿餐饮业	92	2.7	75	3.7
房地产业	80	2.3	65	3.2
重点服务业	920	26.8	499	24.8
投资	90	2.6	33	1.6

和2015年新增入库企业行业分布相比，2016年工业比重下降8个百分点，批零及服务业比重上升7.2个百分点，服务业上升2个百分点。

2016年全市共有989个企业退库，其中工业退库440个，占退库企业总数的44.5%；批发零售业退出190个，占19.2%；重点服务业退出270个，占27.3%。

经过2016全年的进（退）库审核，"四上"单位库在库企业行业分布也有所调整。在库企业工业下降3个百分点，批零贸易上升4个百分点，具体见图2。

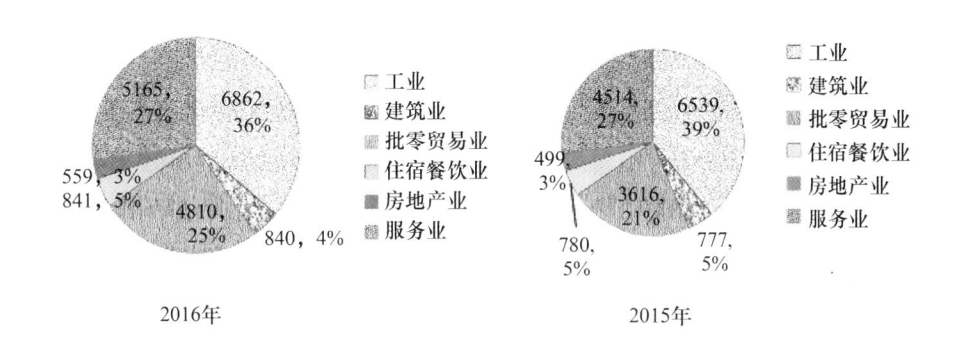

图2 在库企业行业分布情况（2015—2016）

三 各区入库企业数呈阶梯分布，南山区表现抢眼

从各区2016年入库企业数量来看，南山区全年入库企业数达到了1092个，占全市入库企业的31.0%，排在全市首位。其次是福田区和宝安区，分别有641个、610个企业入库，处在第二阶梯区间；罗湖、龙岗、龙华三区入库企业数分别是339个、321个和305个，处在第三阶梯区间。从近三年的入库企业数量看，南山、福田、宝安、罗湖、龙岗和龙华六个区呈稳定增长的趋势，盐田、坪山、大鹏三区入库数量保持平衡，光明新区2016年入库数量略有下降（见图3）。

四 前海注册企业成长快质量好，入库企业增长迅速

2016年，全市入库企业中，前海注册企业有244家企业纳入全市一套表调查单位库。而2015年，这一数据还仅为51家。从入库企业数看，这说明前海地区改革创新措施有效，吸引了众多优质企业入驻，企业成长快、质量高。由于"四上"单位库不包括金融和类金融企业，全市纳入"四上"单位库的前海注册企业中，批零贸易业145个，2016年预计营业收入1243亿元；服务业84个，预计营业收入163亿元；工业6个，预计营业收入25亿元；投资7个。这244家入库企业分布在全市8个区，其中南山最多，有218个，福田14个。除金融业外，批零贸易和服

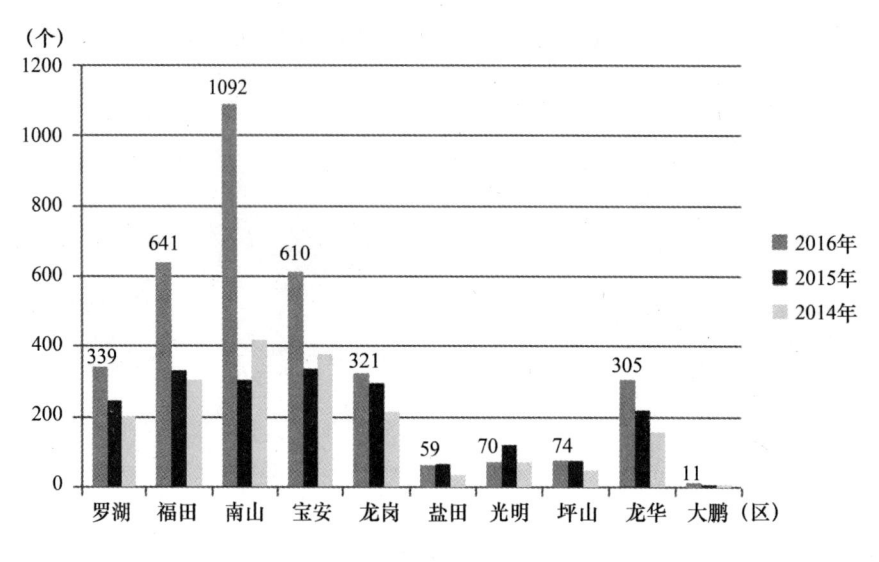

图 3 各区入库企业数量分布（2014—2016）

务业成为前海注册企业的重要行业。

五 高技术产业是入库企业的重要组成部分

高新技术产业仍然是入库企业的主要力量。2016年计算机、通信和其他设备制造业新增入库的企业达到365个，占工业入库企业的38.5%；电气机械和器材制造业入库企业有151个，占15.9%。这两个行业占所有新入库工业企业的比重为54.4%，是入库企业的重要组成部分，也是深圳市产业升级调整的主要推动力量。

六 新经济企业纳入"四上"单位库助力经济转型升级

2016年年度审批中，一大批具有新产业、新业态、新商业模式特征的"三新"企业被纳入"四上"单位库，为深圳反映和描述经济改革创新成果带来新的载体。其中，供应链公司有95家，年主营业务收入超过880亿元；互联网平台下的电子商务企业新增35家企业，年主营业务收入超过40亿元；网游及软件服务入库企业多达348家，年主营业务收入超过330亿元。

七 一些高成长明星企业被纳入"四上"单位库

快速发展是深圳企业的另一特点。2016年入库的企业中，不少企业成立时间短，但发展速度快。如深圳市优必选科技有限公司，该公司生产的机器人2015年在春晚亮相，2016年营业收入过亿被纳入"四上"单位库。又如深圳市光汇石油电子商务公司，成立不到两年时间，2016年营业收入突破10亿，年度审核被审核入库。这些企业迅速发展成为行业的佼佼者，代表着深圳经济转型升级的方向，也体现了改革创新的成果。

用人口数据支撑决策

在十几年的政府统计履历中,笔者一直有过人口统计难上加难的感受。

它不仅普查量大,是一项关乎国情国力的调查,而且中间年份统计出的人口数据,一头是人均的分母,另一头是人力资源配置的常项。

曾几何时,南国一隅的小城已站在千万级人口的大都市,其人口数据更为敏感。

2016年晚秋时,是深圳经济特区36岁的生日。我们可以在朋友圈看到许多人自发撰写的抒情文章,有些微信群甚至以发红包的形式为深圳庆生,俨然有一种浓浓的节日氛围。听说很多深圳人会选在每年的这一天外出吃大餐,以示庆祝。

一位在深圳做规划的朋友说,深圳可能是中国唯一一个能过生日的城市。其实,深圳更可能是唯一一个能被那么多市民记住生日的城市。

早在10年前,深圳市委、市政府就清醒地认识到深圳发展面临的四个"难以为继":一是土地、空间难以为继;二是能源、水资源难以为继;三是实现万亿GDP需要更多劳动力投入,而城市已经不堪人口重负,难以为继;四是环境承载力难以为继。

所以,若论资源的"难以为继",深圳肯定是四个一线城市中最"难以为继"的那一个,但它却能够在人口政策上逆势松动,松开一道缝隙,殊为可贵。

如果获悉深圳的人口新政,不知道上海市民会不会有所感觉?上海近日向社会公示了最新的《上海市城市总体规划(2016—2040)》,笔者对这份总体规划给出诚意满满的称赞,唯独不敢苟同其在人口设定上的目标。

根据此次总体规划以及此前公布的《长三角城市群规划》,上海到2020年仅有85万的人口增长空间,而从2020年到2040年,上海的人口增长空间被设定为0。这是因为,2020年与2030年的人口规划都是2500万。

这几乎是中国城市中最严苛的人口控制目标。根据此前公布的各地"十三五"

规划纲要,到2020年,北、上、广、深分别给自己设定的人口目标是2300万人、2500万人、1550万人、1480万人。如果用这个目标数据减去2015年的常住人口数量,会发现北、上、广、深到2020年的人口增量指标分别是129.5万人、84.73万人、199.89万人、342.11万人。这四个城市中,上海竟然最少(见图1)。

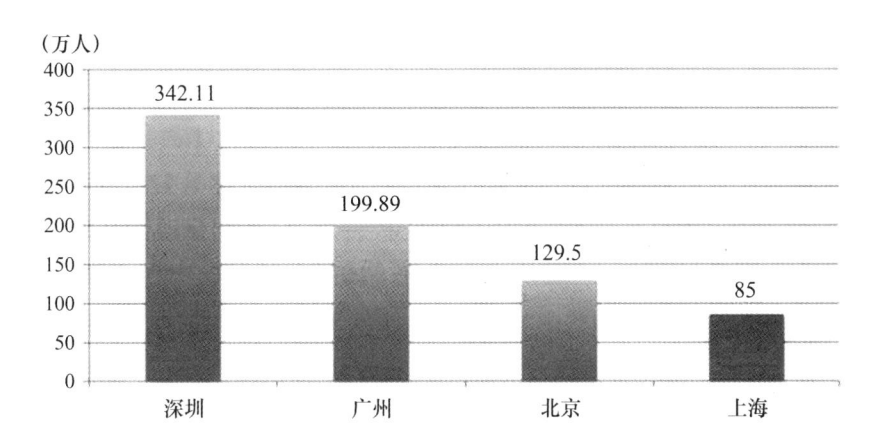

图1 北、上、广、深未来五年人口增量指标

上海的人口结构面临很大的问题,其中的突出表现就是人口老龄化。上海的人口老龄化到了什么程度?2014年的数据显示,上海的户籍人口中,60岁以上老年人达到413.98万人,占到全部户籍人口的28.8%。

国际上一般认为,超过10%就算老龄化社会了。按照城市战争简单的方法来比较才知道。由于各地统计年鉴只公布了户籍人口的年龄结构,没有公布常住人口的年龄结构,所以下面数据均按照户籍人口来统计(2014年数据)。

深圳的情况比较特殊,户籍人口占比较低(不到30%),所以要分两个数据:如果只统计户籍人口,60岁以上的占比是7%。如果统计常住人口,深圳常住人口中的60岁以上老龄人占比是6.6%。

如果以国家来算,超过退休年龄的老龄人,中国老龄人口占比是15.5%,日本是25.9%,德国是21%,美国是12.5%。

上海的人口老龄化程度在四个一线城市中最高,而且超出后者一大截。如果只统计户籍人口,上海的人口老龄化程度比中国香港还要严重。具体见图2。

当然,有人可能会说,刚才的统计没有考虑到上海庞大的外来人口。没错,上海有庞大的外来人口,的确可以为这座城市承担巨大的福利成本。问题是,相比同

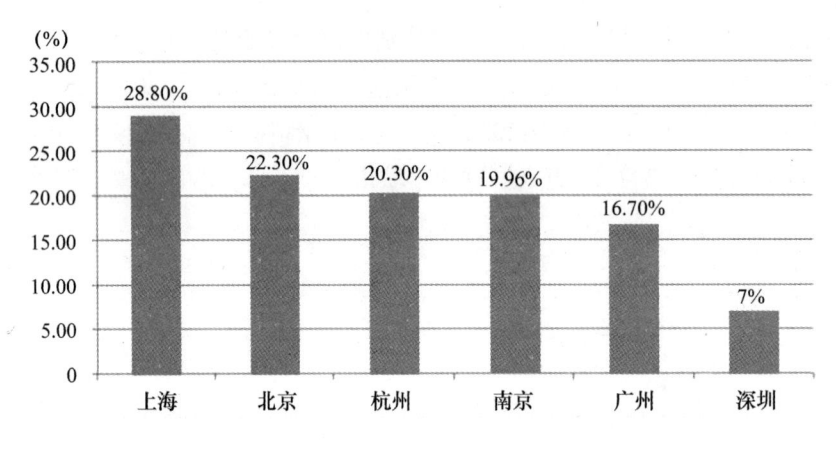

图2 各城市60岁以上人口占比（均按户籍人口计算）

上海：28.80%
北京：22.30%
杭州：20.30%
南京：19.96%
广州：16.70%
深圳：7%

类城市，上海外来人口占常住人口的比重并没有什么明显的优势（见图3）。

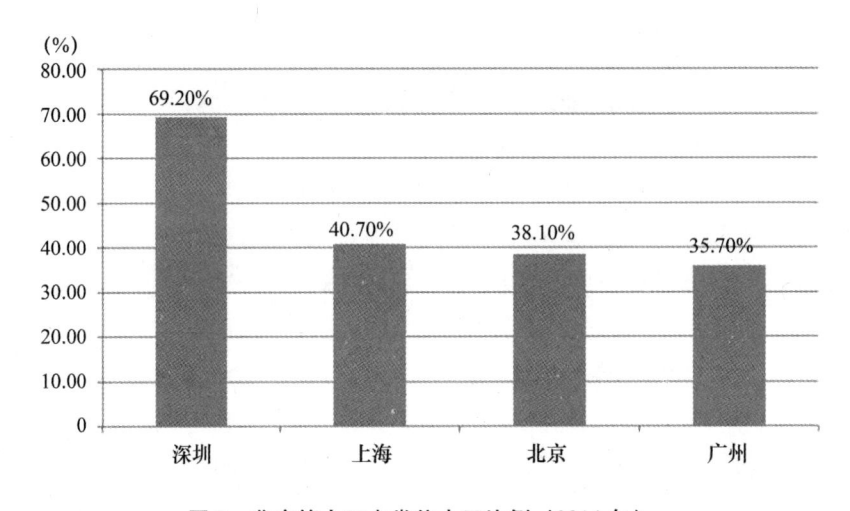

图3 非户籍人口占常住人口比例（2014年）

深圳：69.20%
上海：40.70%
北京：38.10%
广州：35.70%

人口老龄化到底意味着什么？就业人口越来越少，领取养老金的人越来越多，这直接影响了城市的竞争力。上海虽然是中国第一大人口城市，但由于老龄化程度最高，论实际的就业人口也许很快会被北京和深圳超过，进而导致GDP被后者超过，这不是不可能的事情。

上海的社保亏空一直是公众关心的话题，真实数据无从得知，媒体报道的口径是每年亏空百亿元，说明这座城市的福利开支压力已经不小了。如果再对外来人口设限,上海要如何解决开支庞大的福利成本呢?

在这个成本上,深圳几乎等于没有。有关深圳各项社保基金的累积余额,媒体有过多次报道,但没有统一口径,比较一致的说法是超过2000亿元。2015年,深圳清点了一下财政存量资金,就多统计出了1000多亿元。媒体报道说,别的城市是缺钱花,深圳财政是有钱不知道怎么用。

这说明深圳城市几乎没有福利开支的负担,整座城市几乎不养闲人,几乎每个人都是创造财富、拉动GDP增长的发动机。这样的人口年龄结构,上海拿什么来比?

深圳大学的魏达志先生认为上海不是深圳的对手,其论据是上海的所有制结构不如深圳,因为上海是一个以国资与外资为底色的所有制结构,而深圳的底色则是活力四射的民营经济。现在,魏先生这个语惊四座的观点,可能还要多一个新的论据,那就是在人口年龄结构上,深圳完胜上海。而且在人口政策的取态上,上海仍然在收紧,深圳却已在放宽。

沪深竞赛,谁能跑到更快?归根结底还是要体现在人口争夺战上。二者谁胜谁负,大家拭目以待。

而以人口数据支撑党政各项决策,服务社会公众,更是统计义不容辞的责任与担当。

从统计工具与数据角度观察：
中国赚钱的方式之变

进入 2016 年，很多人发现钱比以前难赚了，实际上是赚钱的逻辑变化了。

以统计工具为视角，从数据变化观察宏观经济变化。

以前的中国，经历计划经济、市场经济，而如今的中国，将进入更高层次的资本经济时代。

一 什么是资本经济时代与资本思维

简而言之，它就是在市场经济的基础上加了一根"杠杆"。在物理学上，"杠杆"的作用是利用"力臂"将"力量"放大，从而可以翘起更大质量物体。经济上多了这一根杠杆，其活动空间和灵活性都大大增强，这也叫"资本思维"。今后，中国人必须深刻理解和运用"资本思维"这个工具。

要想学会"资本思维"，必须先来深刻理解一下什么是"资本"。"资本"仅仅是指钱吗？不是。资本是对资源的"支配权"，通过资源支配带来更多的支配权叫"资本运作"，通过"资本运作"优化和配置社会财富，实现社会效率的最大化就是"资本运作"的社会价值。

资本有趋利性和增值性，追求利润最大化，这就会促使社会资源的配置朝着效率、效益最大化的方向上行。社会资源将依次流入最有效率的国家和地区、最有效率的产业、最有效率的企业、最有效率的项目、最有效率的个人。资本的逐利促进资源的优化，资源的优化顺势产生新的资本，并且不断产生新的机会，如此一边循环一边膨胀。比如在物理学上，石墨和金刚石是同素异形体，它们都属于碳元素形成的单质，但是物理性质大不相同，价值也天壤之别，就是因为它们的组成结构不同。

所以，资本思维的精髓是结构重组，即对资源的分子进行时空和结构上的调整，从而产生由"石墨"到"金刚石"的增值效果。宏观方面的资本运作是对全社会的资源重组，比如中国的国企重组，将大大改变中国经济的结构，提升整个社会的运作效率。而当一个社会经济依靠"资本运作"来运转时，就步入了资本经济时代。

从经济层面上讲，今后社会上只有三类人。

第一，资源者。他们是资源的最直接拥有者，依靠出卖自己的资源生存，比如农民靠耕地、工人靠体力、医生靠技能、作家靠写作，还有教师、律师等。

第二，配置者。资源是谁的不重要，关键要有资源配置权。这类人依靠配置资源挣钱，从事资源的投入—整合—运营—产出工作，以企业家为主，创业者也属于此类。

第三，资本家。他们离资源最远，但是所有资源却统统归他们掌控，而他们只躲在幕后玩操作游戏。风险投资者就属于此类人，比如孙正义投资马云，阿里巴巴上市使他大获成功。资本家无国界，他们可以控制全球资源流向，可以通过金融体系支配大量别人的资产。

所以，资源名义上都是资源者的，实际上都是资本家的。看一个人能量有多大，关键是看他能配置多少资源。

按照这三种不同性质的角色扮演，今后的个人如何获得财富，无非只有三条渠道：出售资源、配置资源、掌握资本。

（一）资源者（普通人）

资源者通过出售自己的资源生存，也就是资源者的技能，即时间＋体力，这是社会上分布最多的人群。所以，一般普通人只能找一家企业工作，出售自己本身换来财富。然而，普通人的时间、体力都是相差无几的，他们能够出售的资源都是差不多的，于是为了让自己的资源卖上好价钱，只能提升自己的技能水平和熟练水平。

这时一个普遍的做法就是读书，这就是为什么父母都希望自己的孩子好好读书，清华、北大的毕业生一般会比没有文化的人起薪高一些。

但是现在文凭带来的技能差距越来越小。一个普通的一本学生与二本学生已经没有什么本质的差别，反而不如蓝翔挖掘机学得好的人附加价值高。这是因为前者数量多，后者数量少，而且后者更加注重实践，供需关系决定了资源的价格，因此

"读书无用论"早就开始流行。

所以，如果你只是一个普通人，要么通过读书获得更高、更稀罕的技能价值，要么通过爱思考、会做人、大量实践提高自己的实践能力。

另外，对于资源者来说，还有天生稀罕资源，比如外貌。长得好看的普通人，可以在日常的婚配、工作、生活中获得很多额外的财富；如果长得好看再加上运气好就可以进入演艺圈，成为明星之后自己的资源就成了稀缺资源，资源的价格远远高于一般人。

但是，外貌在一般情况下难以改变资源者的本质处境，只能略微提升。王宝强就算是"健身＋保养＋专业造型设计"，也是无法从外貌上超越刘德华，所以他是傻根，华仔是神偷。而且，外貌这种资源不一定是越漂亮越好，王宝强和黄渤的外貌特质也是他们成功不可或缺的一部分。

所有的普通工人、白领、职业经理人，甚至当年的"打工皇帝"唐骏、各大明星，都属于资源者。这种人的特点是，其获得财富是有限的。他们有时辛苦了一辈子，但是遇到家人生一场大病几乎就会崩溃，有的为了供养孩子、病人需要打三份工，这是非常心酸的。职业经理人赚得再多也是有数的，过气的明星过得不如普通人。

当然，有的人天生就拥有稀缺资源。比如富二代，生下来就可以继承一笔遗产这种稀缺资源。再如明星的孩子，天生就获得了媒体关注的稀缺资源。又如某人住在市中心的破院子里，只要拆迁就可以获得一大笔财富。天生获得了位置的稀缺资源，或者运气非常好，买彩票中了奖，也是享受到了"好运"的稀缺资源。

这类财富，可遇而不可求，只能靠运气。而且，这些好运的资源者往往不懂如何经营资源，他们的财富不具可持续性，不能增值扩张，甚至往往是被浪费的。明星和富二代寂寞了会吸毒，遗产会坐吃山空，大奖也会挥霍完毕，拆迁款往往用于赌博。

（二）配置者（企业主）

这种人不是资源的直接拥有者，他们往往通过脑力去设计资源的配置，通过优化资源去赚钱，企业家就属于这一类。

奴隶社会最重要的生产力要素是"人力"（即奴隶），封建时代最重要的生产力要素是"土地"，而资本时代最重要的生产力要素是"资本"，资本的本质就是资源的配置。

从定义上讲，企业家是从事资源的组织、管理并承担经营风险的人。企业家的收入跟他配置的效率成正比，上不设限。但同时要为自己的资源配置承担风险，下限就是破产。

为什么很多人想去创业？就是因为他们想从第一类人努力攀爬到第二类人。一旦从资源者升级到配置者，就意味着不用再出卖自己的技能，而是开始经营自己的思想和智慧，人身和经济都实现了自由，从而实现人格上的自由。

但是，并不是所有的资源者都适合去创业，他们要具备一定的文化、眼光、魄力、创新力、机遇和资本。配置者是一个社会最重要的群体，他们的素质和数量决定了一个社会的资源配置效率，代表了生产力水平。配置者非常需要创新精神，所谓创新就是他们对新产品、新市场、新生产方式、新组织的开拓以及新原材料来源的控制调配。

这里我们需要提到中国企业家的更新换代。30多年前，中国开始第一次改革开放，那时整个中国百废俱兴，当时的大环境就是最好的机遇。只要大胆出来闯荡的人，即使没有文化、没有见识，都成了企业家，这是当时的环境造成的。

如今中国改革开放进一步深化，中国已经发生了天翻地覆的变化，此时也对企业家的素质提出更高的要求。比如在欧美和日本，企业家始终是社会的精英阶层才可以担任。而接下来的中国，如果没有一定的文化素养、理想追求，以及对创新的深刻理解，人们很难再成为社会的配置者。因此，中国的企业家正在更新换代，一些"90后"创业者纷纷走进我们视野，很多老的企业家也自愿退出历史舞台，这是时代的发展，也是一种必然。

当然，这些素养是可以后天创造的，比尔·盖茨在发家之前已经做了7年的程序员。所有后天的努力，资源者完全可以转换到配置者。不过，获取财富只是他们成功的标志之一，对事业的忠诚和对社会的责任，才是企业家的"顶峰体验"和不竭动力。

（三）资本家（幕后掌握）

这个社会的财富，看似属于分散的资源者，实际上却是归配置者享用。但在本质上，全部是属于资本家的。

资本家的定义是：以资本运作为业的人。第二次工业革命后，掌握了科技与运用的企业家，能迅速地积累起巨额的财富，他们的企业对一个国家产生极大的影响，这些企业组成这个国家的经济命脉。企业为了获得高额利润，通过相互协议或联合，对一个或几个部门商品的生产、销售和价格进行操纵和控制，于是形成垄断。而这时的"企业家"开始坐在幕后操纵这一切，演变成"资本家"。

"资本家"跟"企业家"的最大区别是：资本家不直接参与企业的经营和管理，而是在幕后操纵企业宏观思路，企业的产品是各类快消品，而资本家的产品就是各个企业。通过投资、入股、并购、重组的方式，将一个企业的未来把控到自己手中。孙正义投资了马云，成全了阿里巴巴，马云就是企业家，而孙正义就是资本家。孙正义手里有 N 个马云，成了日本首富。再如，巴菲特专门坐在老家做投资操纵他的布局，他也是资本家。

某公司曾经说过，自己从不做研发，让市场上那些小公司去研发，如果一旦成功，就花钱买过来，如果不卖，就花钱把这个公司的几个核心挖过来。这就是资本主义。当然，无视知识产权是有问题的，正确的做法是花钱买过来。

如果你有了 1 亿元的资本，你可以花 1000 万元雇用这个国家最聪明的一批人，把你的资本从 1 亿元变成 2 亿元，你躺在床上就赚了 9000 万元。而这一切，只因为你在从事资本运作，只需要你够聪明和有魄力，不需要有力气，不需要花时间，更不需要长得漂亮。我们需要明白的是：第三种人赚的钱就比第二种人多，第二种人赚的钱比第一种人多。因此，第一种人在努力进化到第二种人，而第二种人在拼命进化到第三种人。每个人都在尽力探索的方法，有的人成功了，有的人失败了，原因只有两点：你的头脑有多聪明，或者你积累的资本有多少？

你想到了一个可以改进手机的 idea，而且觉得这个 idea 可以赚很多钱，那你要问自己，你有没有这个资金去运作这个 idea？同样的 idea，三星、华为都可以支配更多的资金，去雇用更好的工程师，做更好的推广，你确定不是去给这些资本拥有者蹚雷？或者是正在走向一条已经无数人走过的死胡同？举个例子，你做软件开发，天使投资人会不会问你一句话："如果某讯山寨你怎么办？"你想开一个淘宝店铺，你有没有资本去宣传？去压货？如果你在淘宝上卖一件，在阿里巴巴上买一件，要么是根本卖不出去，如果你能卖出去，那些更有实力的卖家分分钟用同样的产品就能把你淘汰掉。

同时，这也回答了另一个问题：赚钱的方法千百样，为何偏偏选择"打工"这一种？答案是：你不打工能干啥？你以为出来干别的就能赚钱？几年前网上疯传送快递赚得多，笔者就嗤之以鼻，这种没有门槛的行业是不可能赚得多的。你愿意赚 1 万元干这个，我分分钟找一个赚 9000 元就干的，再找一个赚 8000 元的你信不信。最后，无论你是送快递还是摆摊，无论你是卖肉夹馍还是搞 IT，你都会被拉到一个门槛平均收入。因为 IT 需要学习，赚得多一些；快递比较辛苦，赚得比 IT 少，可还是比打扫卫生的多一些，就是这样。

二 怎样从第一种人进化到第三种人

第一步，你要进行资本积累，愿意打工也好，愿意自己做产品也好（有的人自认为在创业了），先完成资本积累。这一步最重要，也是发挥大家的想象力和实力的时候。摆地摊、开淘宝、做网站、做 App、炒股票、海外代购、开设计工作室、卖肉夹馍、给幼儿园摄影等，没有最好，只有更好。一句话，这步就是出卖你的个人资源，就看你卖不卖得上价了，多学习，即使不是为了文凭；多辛苦，只要不是出卖健康。

第二步，善用资本，用资本赚钱。怎么用资本赚钱？问你个问题就明白了。如果你家开了个小饭店，每个月能赚 1 万元，但是需要厨师。你自己炒菜水平很高，如果自己当厨师，饭店每月净赚 1 万元；如果雇用一个厨师，每月花 8000 元，饭店净赚 2000 元。你怎么选择？

答案：雇一个厨师！这样你只要能用每月 1000 元利息的贷款，再盘下一个饭店，那个饭店也能净赚 1000 元了。这个饭店赚 2000 元，还利息 1000 元，净赚 1000 元，数学不好的不要再给我留言了，知乎跟微博一个水平吗？而你，只需要这样盘下 100 个饭店，每个月就能净赚 10 万，而你这时却在国外旅游，成了第三种人。

很多人一直在打工，他们没有成为第三种人，这很好理解。但是改革开放之后做买卖的，也有很多人还是没有钱，就是因为他们自己做厨师，自己的妹妹做服务员，自己的老妈管收银，仅此而已。

所以，以后问自己怎么成为第三种人，就是一句话："不要自己炒菜，雇一个厨师。"如果能用资本去赚 1 块钱，也比用出售自己的体力赚 100 块钱更符合金融思维。

另外，聪明和资本，如果你只具有其中一点，记得要找只有另一点的人去合作，他们也在等着你。

生命中的下一个 7 年，下一个 10000 小时，你打算怎样度过？

资本思维对每一个人都有助益。普通人就算成不了坐拥巨富的资本家，也可以成为优秀的个人投资者，从而实现逆袭。未来，人均财富不断增加，每一个人都应该成为投资人。

三 资产轮动新逻辑

2012年经济有趋势性下行压力以来，经济破不破不再依从其自身周期，而是完全取决于稳增长的力度。经济周期被人为熨平拉长，流动性加速泛滥，形成资产端收益率迅速走低、负债端成本下降较缓、预期不明朗的形势，必然导致投资者行为短期化与杠杆化。在这种情况下，流动性在各类资产中的无序轮换，投资时钟的经验失效，取而代之的是资产轮动的新逻辑：流动性洪水将流向所有价值洼地，并迅速将其湮没，筹码要疯抢。下一个泡沫化、杠杆化的领域，很可能是无形资产的资本化。

历史总是惊人的相似，却又永远不会简单重复，10年前的黄金时代难重来。眼下经济不得不让人联想到2002年，当时也是内外交困，但随后却迎来了5年平均11%的高增速。我们不禁要问，当年的黄金时代还会再来吗？哪些因素发生了改变？

当下与2002年拐点处有诸多相似。

一是经济增长皆位于10年底部，GDP增速目前为6.8%，过去10年均值为9.56%，2002年为8.7%，当时10年均值为10.37%。

二是价格皆以上游通缩为主，但边际改善，目前PPI已经连续50个月为负，1月起跌幅收窄至−4.9%，2002年时PPI跌幅收窄，共计21个月为负。

三是长端利率皆位于历史低位，目前长端利率2.84%左右，当时低至2.4%左右。

四是海外经济政治皆阴云密布，目前发达国家放水灌出来的复苏弱不禁风，新兴市场资源卖出来的货币一再出事，民粹主义抬头，暴恐频频；当时美国互联网泡沫破灭，新兴市场受亚洲金融危机重创，"9·11"暴恐，全球金融市场风险偏好急剧下降。

五是美元边际紧缩搭配低油价，目前是美元加息落地后阶段性见顶，指数冲高100后走弱，原油价格位于38美元左右，当时为美元降息周期结束与加息周期开启的中间时点，指数冲高120左右回落，原油价格28美元左右。

六是对于外围的预期比较悲观，对于CPI过度关注。目前，对于发达市场用水灌出来的复苏普遍心存疑虑，美国加息节奏普遍预期放缓，过度关注CPI的上行，甚至开始过度担心滞胀。2002年时,对于海外经济也是偏悲观,特别是"9·11"袭击后甚至升级为担忧世界性衰退。同时由于CPI下行,也引发了市场的不理性关注,进而引起对于长端利率的过度追逐。

四 逝去的青春难重来,高增速变为最熟悉的陌生人

2002—2007年的高速增长是依托"地产+出口+基建"三轮驱动的,危机后在经济政策刺激下勉强转为"地产+基建"两轮驱动,眼下仅剩"基建"一轮踽踽。

一是人口红利不再来,地产挥别黄金时代。20—29岁刚需人口自2013年开始下降,68亿量级的库存即便按照2013年13亿平方米的天量销售来估算,也要消化5年,更何况新开工一直高于销售面积,所谓的去库存并未实质性开始,当年轰轰烈烈的房产时代难再来。

二是入世红利不再来,出口再难堪以大任。2002—2008年,WTO推开了外需这扇门,打通了增量市场,出口平均增速高达28.5%,对GDP增长贡献峰值达到14%左右。眼下,金融危机三波涟漪冲击叠加全球贸易再平衡压力,过去12个月出口增速-8%,未来不拉GDP后腿已经实属不易。

三是政府杠杆红利不再来,基建可托底难上拉。过去地方融资平台软约束+官员考核GDP为纲的行为激励+土地增值带来的财政收入无忧,眼下来看,43号文叠加地方债管理做了硬约束,反腐浪潮基本拍断了官员激励链条,房产时代的衰落拖着财政苦不堪言。虽然今年以来迫于稳增长的压力,以上三个方面边际上都有所松动与改善,但难以形成反转。过去的野蛮扩张时代一去不复返,基建只能是不可或缺的拐杖,无法成为万能的通天梯。

(一) 那些年被流动性玩坏的资产

2012年经济有趋势性下行压力以来,经济破不破不再依从其自身周期,而是完全取决于稳增长的力度,经济周期被人为熨平拉长,同时流动性以快于经济一倍多的速度加速泛滥,"预期不明朗+政策波动"导致投资者行为"短期化+杠杆化"。由于杠杆资金天然具有内生不稳定性,一旦资产价格上涨预期改变,加杠杆迅速转为去杠杆,随即带来流动性在各类资产中的快速轮换。投资时钟的经验失效,取而代之的是资产轮动的新逻辑:流动性洪水将流向所有价值洼地,并迅速将

其湮没，筹码要疯抢，不然不仅赶不上增值，甚至会被套在高点。

2012—2013年信托市场异常火爆。2013年年底信托资产余额达到约11万亿，较2011年年底增长了126.69%，两年间年均增长50.56%。

2014年后信托增长速度迅速下降，取而代之的是一轮股票市场的大牛市。信托资产总规模虽然依然在增长，但是增长速度迅速下降，2015年四季度仅同比增长16.62%。与此同时，股票市场行情开始启动。创业板指从2013年年底的1302.67点上升到2015年6月盘中最高4037.96点，增长了209.98%；沪深300从2013年年底的2330.03点上升到6月盘中最高5288.34点，增长了126.96%。2015年年中股市异常波动后之后，股市去杠杆，伴随着债市加杠杆。10年期国债收益率从2015年6月的3.5814%迅速下降到2016年1月13日的2.7237%，下降了0.86%。2015年开始，一线城市房价扶摇而上。百城住宅平均价格从2015年1月的10564元，上升到2016年3月的11303元，增长了7%。其中，一线城市则从2015年1月的28283元，上升到了2016年3月的35200元，增长了24.46%。在这其中的深圳房价截至2月，房价指数同比增长57%。

（二）财富管理大时代

财富管理大时代，旧池子有阻力，难以承载。

目前私人可投资产约100万亿元，并且预计将以每年12%—15%的速度扩张，但旧的资产池子难以承载如此泛滥的流动性。从房地产来看，资产存量大约在200万亿，整体体量虽然够大，但是现在已经黄昏之后，人口拐点＋库存高企，未来单靠一线城市承载量有限。

从股票市场来看，目前中国上市公司市值为40.3万亿元。我国目前证券化率仅为60%，相比美国（132%）、日本（121%）还有空间，但是从具体板块来看，沪深300市盈率为11.31倍，中小板和创业板市盈率分别为62.86倍和75.08倍，市盈率分位数分别为89.4%和75.2%。即使经历几轮股灾调整，代表未来经济发展方向的成长板块估值高企的情况依旧未能缓解。

从债券市场来看，地方债5.8万亿元余额，城投5.6万亿元，信用债9.8万亿元，总体债券市场容量不够，同时债券市场从去年的股市异常波动以来主要靠短久期加杠杆攫取收益，10年期国债已破3%，叠加去年至今的稳增长效果持续发酵，CPI第二季度仍维持高位，未来债券风险大于机会。

从新三板市场来看，未来三到五年新三板作为中国股权投资最大的增量可以吸纳一部分流动性。第一，新三板目前标的资产基本不存在泡沫，PE只有29倍，是创业板的40%。第二，新三板政策红利空间很大，创新层将成为中国注册制的试验田，灵活的转板与退出机制有助于吸引更多的优秀企业和投资人选择新三板。但考虑新三板的总市值仅1.8万亿元，资产池规模不足A股的4%，池子空间有限。

从PPP来看，2016年6.5%这一增长底线，基建投资至少需15.7万亿元，对应投资增速为18.7%。根据2016年政府工作报告，今年5000亿元的基建投资预算内资金仅比2015年增长了4.7%，未来基建更多依靠社会资本以PPP方式参与，截至2015年年底，已示范、推介的项目合计金额至少为5万亿元，而签约规模为1.7万亿元，仅占34%，未来随着PPP相关法律机制的捋顺、运营透明化、退出机制的完善化，PPP可作为长期稳定收益的良好去处，但目前承载量有限。

从艺术品市场来看，截至2015年上半年成交额244亿元，绝对规模较小，且艺术品市场标准化不够，门槛较高，流动性流入的阻力较大。

（三）下一个泡沫在哪里

下一个泡沫在哪里？无形资产的资本化。

传统大类资产由于杠杆高、泡沫高或承载空间小，流动性已经开始显露流入无形资本的苗头，既包括专利、商誉等传统无形资产，也包括IP、智力、颜值等新兴无形资产。根据目前的市场形态和热点，当前IP资本化、颜值资本化市场、商誉资本化等热度较高，导致部分资产产生泡沫溢价，而智力资本化由于尚未形成成熟变现模式，仍处于估值洼地。

从商誉资本化来看，A股的高估值以及实体盈利下滑增加了上市公司高价收购的动力，被并购资产的估值明显超过其账面价值，造成A股市场商誉占比净资产比例自2013年起快速提升。从全部A股来看，商誉/净资产比例已经从2013年的1.1%升至2015年第三季度的2%，创业板商誉/净资产从3.46%已经飙升至13.35%，具体到如传媒互联网及信息服务行业，其商誉占净资产比例高达20%左右，未来商誉的减值将会对公司盈利造成较大的风险。

从IP资本化来看，IP概念涵盖范围较广，市场上较普遍的IP包括小说、游戏等具备情节内容的故事类IP、艺人明星等形象类IP、歌曲音乐IP、短语短句类IP等。IP资本化在2015年进入白热化，IP资产价格直线走高。以IP资本化较为纯粹的标的，盗墓文学掌门人南派三叔所拥有的公司南派投资为例，2015年9月，南派投资获得小米、顺为资本和乐视的A轮投资，融资金额达到1亿元。今年1

月，南派投资再次获得小咖投资的1亿元资金，估值达到15亿元人民币。

从"颜值"资本化来看，颜值资本相较艺人IP资本更为纯粹，走偶像系路线，其特点是"颜值"偶像或个人拥有符合当代审美的高颜值，代表范例包括女团、男团、网红、偶像、视频直播等。其中，颜值资本化的代表女团组合SNH48的对应A股标的——富春通信当前估值2015年PE 150，2016年预计PE 26。

智力资本是指人所拥有的知识和技能，由于目前尚未产生成熟变现模式，目前还处于相对市场认知洼地和估值洼地。其代表标的是以"智力共享经济"而知名的网站"知乎"，目前已获得C轮5500万美元的融资，引入战略投资者腾讯和搜狗，估值在3亿—4亿美元，也包括一些智库、研究机构的资本化，未来会掀起一波浪潮。

（四）除了泡沫还有什么

除了泡沫还有什么？现在经济的问题就是未来的潜力。

长期来看，中国经济存在诸多结构性问题，但是这些问题恰恰是未来的巨大潜力，面对经济危机，"This time is different"是大部分研究者常犯的错误。但如果可以释放如下红利，我们一定可以迎来一轮不一样的高质量繁荣。

一是"差距"带来的补短板红利：我国目前仍存在多角度的差距，东西部地区经济发展差距、城乡经济发展差距、国内国外的科技创新及高端制造差距等，这些差距的追赶就能释放出很大的空间。

二是放松管制的制度红利：目前很多增长动力还在笼子里，如影视、文化与传媒等行业，需要进一步简政放权，活力释放。

三是单一体制下的改革红利：充分发挥单一体制的优势，可以不被利益集团左右，更有效率地推行深入改革。

四是供给侧改革的红利：从全球各大经济体来看，我国目前供给侧改革的空间最大。一方面，货币政策还未陷入零利率，有进一步宽松润滑的空间；另一方面，我国经济绝对增速较高，有较高的缓冲垫，回旋余地大。

掀起新一轮诉说华为新故事

——给马书记华为统计专报之3个月后

任正非时代崛起。

大家有没有觉得,这两天在各位的朋友圈中,出现了越来越多有关任正非的消息,他的存在感极强,今天甚至被这篇新闻疯狂刷屏了。

华为的深莞之争,意味着地方政府的抢商大战正在升级。地方政府到底需要什么?任正非给的是小学生式的指标:低成本、法治、不干预。其他的交给企业去做。与其挽留一个不爱你的人,不如做最好的自己。

对地方政府来说,明白这点有多难?

在深圳,哪家企业敢如此跟深圳政府叫板?也就只有华为这一家。华为大了、强了、狠了,政府拿它没招了。要是一般的企业,一个小动作就被弄死了。

更何况,华为是中国绝无仅有的纳税大户。以2014年为例,华为同BAT的营收对比:华为2882亿元,腾讯789亿元,阿里708亿元,百度490.5亿元;华为超过BAT的总和800亿元;在纳税方面,华为纳税337亿元,阿里纳税109亿元,百度22亿元,腾讯70多亿元,华为超过BAT的总和130亿元;华为累积利润、累积纳税均超过2000亿元。

这样的财神爷,谁敢得罪?谁敢不爱?

超越苹果,不只是市场。

前段时间,华为中国市场占有率遥遥领先苹果,但华为超越苹果的不仅仅是市场,不仅仅是销量。过去,我们说到科技创新,一定会想到苹果,但今天一定会想到华为。

iphone6s推出科技创新3D touch,而华为抢在了苹果的前面。这次被传言iphone7会推出双摄像头,而华为也已经拿下,并在苹果之前发布了支持无线充电和双面玻璃。

这背后的原因是什么,给大家看一组数据。2015年苹果收入15000亿元,投入研发的费用仅有 550 亿元，占比约 3.6%。而华为去年收入 3950 亿元，投入研发的费用则高达 600 亿元，占比高达 15%，是苹果的近 5 倍。

更加值得骄傲的是，华为已累计申请 52550 件国内专利和 30613 件外国专利，去年中国申请 6200 件，境外申请 2800 件，专利申请总量全球第一。正是这样，苹果开始向华为支付专利费用，一年高达数亿美元。

"创新驱动、质量为先！"中国制造业的发展路上，我们希望多一点华为这样的企业，希望更多国企领导能像任正非一样自己排队打车，少一些错误投资，少一些算盘，中国经济自会欣欣向荣。

任正非说："再不可以忽悠中国消费者了。什么'物美价廉'，什么'让消费者享受低价'等。这些东西都是靠不住的。提升产品品质，需要巨大的投入和决心，需要几十年厚积薄发。你一味低价，就没有好产品。而消费者根上的需求是好产品，是高品质的产品。企业满足不了他们的需求，就把他们逼出中国，到日本等国去狂购。"

这个世界只有时间才是最公正的法官。今天，任正非这句话狠狠地打了雷军一个巴掌，一味追求低价、以营销擅长的雷军，最终被我们遗忘，实践证明：风口上的猪早晚都会摔下来。

在环球经济紧缩，中国开始"脱虚向实"的大背景下，包括小米、京东等这些过高估值企业将逐渐衰落，而华为、联想、格力这些有积淀的公司正在悄无声息崛起。

再叙产业经济之心：实体与空心之间

——当华为、中兴都齐开外迁的脚步，深圳是否还来得及幡然改悟

从30多年前的小渔村，到如今的现代化大都市，深圳发展凭靠的不是天时（从历史角度看，深圳一直是蛮荒之地，不被重视），也不是地利（无良港、无沃野），唯有靠人和之利。从五湖四海前来的人，在这里聚集，最终诞生出华为、中兴、腾讯这些震惊世界的名字。

但是你有没有想过，有一天这些名字将和深圳脱离关系？这不是危言耸听。据《广州日报》4月24日报道，中兴通讯研发生产培训项目将于今年7月启动整体搬迁工作，届时中兴的深圳生产基地将陆续搬迁至河源，投资总额达到100亿元。

这已不是第一次有巨擘企业搬离深圳。2012年，华为总裁任正非正式宣布，将华为终端公司迁移至东莞松山湖，具体位置为松山湖旁。2016年1月华为旗下公司又以1亿元拿下松山湖南部地块，准备筹建员工宿舍。

一直以高新技术产业基地为目标的深圳，如今却发现这些我们为之骄傲的企业，如今却在渐渐"逃离"，前往曾经被众人"嗤之以鼻"的东莞、河源等地。曾经是华为，现在是中兴，下一个又是谁？它们都撤离了，深圳还剩下什么？

一 华为、中兴搬迁早有预兆？这次真不是"狼来了"

设立公司，拿下地块：华为正在向东莞转移！

早在2005年，华为公司就在松山湖设立了华为机器有限公司（聚信科技有限公司），建设网络通信产品的生产、制造及华南配送基地。

2010年，聚信公司产值约为103.6亿元，税收约为2.2亿元。

2012年，由东莞相关政府部门进行公示的《华为终端总部落户松山湖选址规

划》显示，华为终端总部初步选址位于松山湖南部环湖路以北，占地面积126.7公顷（1900亩），将分4个地块分期建设项目用地，整体包括终端公司研发办公中心和高端培训中心两个模块。

2013年度华为机器有限公司（聚信科技有限公司）营收170.7亿元，分列东莞民企营收榜单第一及民营制造业纳税第二。有华为终端员工声称内部管报已全刊说明华为新基地，终端内部员工纳税以及社保等已全部切换到东莞。

2014年8月，时任东莞市国税局办公室主任刘霞透露，华为终端已转至东莞设立实体公司，并已产生纳税行为。

2015年9月8日，华为通过旗下绿苑实业公司在东莞又拿下一块近10万平方米的土地，耗资6.57亿元。

早早布局惠州河源，中兴搬迁已不再是新鲜事！

早在2011年12月，中兴已经在惠州市惠阳区淡水街道洋纳工业区内成立惠州中兴新通讯设备有限公司，2012年就投资建设中兴新通讯生产研发基地项目。

2015年，根据《河源日报》报道，中兴通讯河源生产研发培训基地正在建设，项目总投资100亿元，分三期进行建设，一期项目将于2016年建成。项目全部建成后可实现年工业总产值1000亿元以上，税收超过10亿元，提供4万个就业岗位。

甚至还有传言称，中兴先搬制造，再搬研发，最后整体都会搬去河源。

二 华为、中兴搬迁之谜：高房价带来高成本

（一）高房价吸血实体经济，用工成本成难以承受之重

各方面的数据不必再次列举，如今在调控政策下，深圳房价虽然有所下降，然而依然处在历史高峰。试问如此高的房价，即便是在华为、中兴这些名企中工作的中高层管理人员，也未必能在深圳买得起房，更何况基层员工了。

房价飙高，物价升高，生活成本上去了，企业开给员工的工资就要相应增加，用工成本大大增加。如今这个房价，就算企业工资开再高都不一定能招得到人。长此以往，还有哪个企业能受得了？

人居成本及居住品质差距太大。华为终端公司董事长余承东曾说，"东莞松山湖离深圳较近，开车约50分钟，未来深圳中心北移则更近，周边环境很优美，房子便宜很多，员工安居乐业的好地方！"

这是不可否认的事实。从安居乐业的角度出发，松山湖的房价太诱人了。如果搬迁至松山湖，对于华为人来说，更加凸显出更小的生活成本和更高的生活品质。

（二）周边城市大力支持：你要什么我都给

以松山湖为例。2009年，时任东莞副市长冷晓明就表示，东莞将在项目建设、生产运营、交通和后勤等方面全力支持华为公司在莞发展。2012年，东莞市政府在松山湖核心区南部环湖路以北划分出1900亩环湖生态建设用地指标，用于深圳华为技术有限公司终端总部的建设。

不得不提的是，为了安置华为终端总部在松山湖的落地，松山湖还为此"腾出"约606亩的生态保护用地。

不仅如此，东莞一直致力于将松山湖区域打造成高端电子信息产业、生物医药产业和现代服务业三大产业聚集区，完全契合华为的属性。这和龙岗一直对区域定位举棋不定形成明显的对比。

（三）企业周边配套全面落后，深圳有点心不在焉

如今深圳经过了以前的狂飙突进式发展，现在面临着"四个难以为继"——土地、空间、资源、环境方面的瓶颈。虽然有相关法规支持，但对于华为而言，貌似只是一纸空文。

还以华为为例。目前华为坂田总部基地人员有数万人，可以想见未来会越来越多，对空间、资源和环境的要求也更高。而和华为关联最近的地铁10号线，今年才开始动工建设，等建成也得要三四年以后了。

华为总部的旁边除了有樟坑径燃气基地外，白鸽湖垃圾焚烧厂和华为的直线距离也不足5千米。如此种种，深圳似乎对华为这类大企业，更多的是一种心不在焉，是心有余而力不足。

三 华为、中兴搬迁后猜想：东莞GDP或超越深圳？

（一）纳税大户撤离，地方收入或将减少

毫无疑问，像华为、中兴这些企业一直以来都是地方的纳税大户。全国工商联2012年发布的中国民营企业500强调研分析报告显示，华为以230亿元位居首位。深圳国税统计显示，2012年度华为的综合纳税和增值纳税分别排列第二位和第一

位。华为所创造的产值和出口分别约占到龙岗区工业产值的40%和35%。由于华为、中兴这些企业的强大和对区域的贡献，因此也有这样的说辞："它们一咳嗽，深圳就开始打摆子。"如果这些企业真的不仅仅是一个部门搬过去，而是大规模的搬迁，业务中心也全部搬离，对于深圳而言，必定意味着收入的减少。

（二）东莞GDP或超越深圳

东莞惠州不再是以前的东莞惠州了，优越的环境加上低廉的人工成本让它们如今更能吸引大企业的"加盟"。如果华为真的撤离深圳，投入松山湖建设，势必成为东莞移动产业的引擎，带动城市产业发展。同时，松山湖区域聚集了正大集团、生命人寿、中集集团、漫步者以及华为等跨国集团或科研总部都有意在此，可能带动东莞GDP的激增。

近年来，除北、上、广之外，苏州、天津、重庆等地均有超过深圳GDP的记录，那么在华为这些周边企业的联合带动下，东莞GDP赶上甚至超越深圳并不是没有可能的。

（三）企业搬离并不可怕，可怕的是产业链都没了

或许有人说，企业搬走就搬走了，深圳这么大城市害怕一两个企业走吗？但实际上，像华为、中兴这样巨大体量的企业，表面上搬迁的是一个公司，但实际上搬迁的是一个产业链。搬迁一个华为、中兴，其实至少会带动搬迁数十家企业。

像这样的行业龙头，产业链很庞大，涉及开发、研究、生产等各个领域。华为、中兴一撤离，一部分以它们作为主要客户服务的中小企业还会留在深圳吗？甚至有人这样计算：带走的资金就乘以50倍，就业人数乘以10倍，附带家属乘以5倍。想一想，搬走的是一座三线城市！

（四）华为、中兴带来示范效应，不少公司或将尾随其后

华为、中兴的"出走"，不仅带走了产业链上的各个中小公司，所带来的示范破窗效应可能在未来"震动深圳"。据东莞有关部门统计，华为项目落户松山湖后，吸引上下游配套项目30多个，带动100多家企业。如今华为、中兴开始动了，那么其他公司呢？

举例腾讯。它的大部分业务已在北京开始办公，而微信团队则在广州发展，留在深圳的又还剩下多少？华为、中兴现在离开了，那么下一个驶离深圳的企业航母

又会是哪一艘呢？还是会有很多艘呢？

（五）受到刺激或思变？企业搬迁或许不是坏事

很多人说华为所在的坂田配不上它。诚然，坂田街道成立时间短，历史欠账多，城市更新项目推进速度较慢，"坂田速度"甚至成为片区居民调侃的对象。而近些年，华为与东莞的微妙关系仿佛刺激了坂田。

交通方面，地铁10号线（坂田段）9个站点已全面进场施工，其中包括华为站，居里夫人大道（环城北路至五号路段）及北延段建成通车，坂李大道（坂田段）建成通车，坂银通道已动工；在建项目方面，天安云谷一期已竣工验收，招商完成约85%；银湖山郊野公园部分景区建成并投入使用；吉华医院已经动工，2019年一期将建成1000多张床位；而华为杨美荔枝园宿舍项目也有所进展，第一批员工已经入住。

也有专家认为，除去华为，坂田本身就具备很好的区位优势。以2017年上半年将要开通的坂银通道为例，开通后坂田到福田只需要12分钟。

如果华为真的大规模搬迁，短期来看坂田的购买力将丧失一大部分。但不用太担心，坂田不只是华为的坂田，随着坂田区域的发展，越来越多深圳人认可坂田，坂田也将是深圳人的坂田。形势真的有这么乐观吗？

四 名企搬离后的深圳还剩下什么？"空心化"可能就在明天

2015年，深圳的高新技术、金融、物流和文化"四大支柱产业"增加值达11137.9亿元，占GDP比重达63.6%。其中，金融和高新技术更像深圳的两张最闪亮的名片。

深圳的优势在于人。高新技术创业的人很多，政府补贴政策也很多。然而随着房价的上涨，像华为、中兴的搬迁，我们可以看到高新技术产业明显会受到挤压，目前业已形成的手中的这份科技产业化优势很可能会被削弱。

金融业和高新产业不可兼得。深圳如今在不到2000平方公里的土地上，既要建金融中心和科技产业中心，还要都作为支柱产业，必然会发生冲突，因为两者的发展路径完全不同。不少地方的历史经验告诉我们：要成为金融贸易中心，地区生活成本都很高；而高新技术产业往往始自于"车库企业"，需要低成本来配合，创业门槛一定要很低，硅谷的很多科技巨头正是这样诞生的。生产和研发持续脱离，深圳"前店后厂"无法持久。有人说华为、中兴搬离深圳不必担心，因为它们的核心部门和总部还在深圳。但是在世界范围内，却很少有仅靠研究立足的企业或者城市。

五 中国港台是前车之鉴，深圳后来居上却也不能不察

深圳要汲取中国台湾新竹科技园的教训。2000年以前，新竹科技园是科技产业发展最好的地方，曾经在3平方公里的土地面积上，创造了超过当时整个深圳的高新技术产品产值。但现在不管是科技创新，还是产业化，我们几乎已经不再提及新竹。

大量核心生产环节的外迁，看似占领了市场，扩大了规模，但自身却被弱化了，最终也没有维持持续创新的过程。现在的深圳，千万不能重蹈当年新竹的覆辙。如今地产业似乎成为这座城市的主要行业。人人都在炒房，企业也在炒房，一年创业所得还不如几个月炒房的收益。房价高企，物价水平升高，实体经济必然受到打击。再进一步说，失去了实体产业的支撑，金融业为谁服务？这也是中国香港的一个教训。

如今中国香港经济构成几乎是第三产业，主要集中在几大板块，如金融、地产、进出口贸易和旅游等。这四大板块的产值占了中国香港GDP的半壁江山。根据媒体的公开资料显示，中国香港科研领域投入明显不足，如今的研发强度仅为0.7%，是新加坡的1/3。大部分的制造业企业已经外迁至东莞惠州，一旦外部金融环境转差，整体经济就会萎靡不振。

而中国香港特首梁振英近日来频频出访深圳和惠州考察，渴望推动中国香港"再工业化"，也说明了它亟须摆脱如今的经济空心化。

14年前，一篇万字长文《深圳，你被谁抛弃？》震惊鹏城。作者就曾担忧中兴、华为、平安保险以及招商银行都会将核心业务部门甚至总部都迁往上海。后来，这一波"撤退潮"最终没有成真。这些巨擘企业依然挺立在深圳。然而在14年后的今天，中兴确定搬去河源，华为与东莞越靠越近，当年的预言现在似乎真的要成为现实了。

但愿这只是一种企业布局的微调，但愿这只是一种企业实力的外溢，但愿这只

是腾笼换鸟战略的计划,但愿这一切的危机都只是杞人忧天,但愿深圳能够超脱出过往的盛衰规律,但愿沉舟侧畔千帆过尽终将迎来柳暗花明又一境界。

但愿所有的担忧都是多余的,不过任何担忧都是有必要的。

毫无疑问,华为中兴是深圳长久以来的旗帜。它们的撤离对龙岗对南山甚至深圳,无疑有着举足轻重的影响。华为、中兴搬走以后,深圳还剩下什么?

我们应该争取留住这样的优质企业,配套建设再快一点,服务档次再高一点,真的不要等到烦恼缠身的企业"用脚投票"之后,再去反思和追悔,那就什么都来不及了。

阅览自己，考量模型引发的
应用经济"烦恼"

——与第二期深圳中青班学员认知共勉

首先想同大家分享一个观点：不确定世界背景下，接受变化，放下我执，让心安住，了解并能够与环境互动，并从利他行为中获得真正的升华。

近期，新任世界银行首席经济学家保罗·罗默（P. Romer）在其最新论文《宏观经济学的麻烦》中，对当前主流宏观经济学盛行的 DSGE 模型进行了猛烈批判。DSGE 模型是在 RBC 模型的基础上发展而来，它保留了理性预期、技术冲击等新古典宏观经济学的基本假设，同时引入价格黏性、不完全竞争等凯恩斯主义的元素。目前，DSGE 模型已广泛运用于宏观经济学理论研究和政策分析中，更是宏观经济学期刊竞相推崇的研究范式。

然而罗默认为，正是这一广泛运用的模型使宏观经济学研究遭遇了脱离现实的巨大麻烦，他批判的依据主要有三个方面：第一，DSGE 模型将经济波动归因于某些脱离现实的外生冲击，使模型对现实的解释力不足。一个重要的表现是，DSGE 模型大多忽略或低估了货币政策对于宏观经济的重要作用。例如，沃尔克（P. Volcker）就任美联储主席时期采取的紧缩性货币政策使美国的实际利率高于二战后任何时期，导致美国经济在此期间经历了两次萧条，这一案例表明货币政策具有 DSGE 模型难以解释的巨大作用。第二，DSGE 模型至今无法解决模型参数识别难题。罗默指出，DSGE 模型引入了众多待估参数，加剧了参数识别难题。目前主流宏观经济学采用的校准或贝叶斯估计等方法不仅无法真正解决识别问题，反而使研究者可以通过调整参数取值或先验分布来达到自身预想的结果。这导致研究结果具有更大的人为操控性，所构建的模型进一步脱离了现实。第三，主流宏观经济学家在面对他们所提出的理论存在的缺陷时，采取了相互支持和包容的态度。罗默在文中抨击了卢卡斯（R. Lucas）、普雷斯科特（E. Prescott）和萨金特（T. Sargent）

三位著名经济学家。他尖锐地指出,卢卡斯为了支持普雷斯科特提出的"货币经济学是琐屑"的观点,不惜发表与他本人在 1995 年领取诺贝尔奖时不一致的言论。而当萨金特在研究中得到与卢卡斯不同的结论时,也选择对卢卡斯的观点持赞成态度。罗默认为,此类行为是少数宏观经济学家对理论的垄断,阻碍了宏观经济学研究的突破性进展。

客观地说,目前 DSGE 模型的确存在罗默所说的脱离现实以及参数识别困难等问题,其观点具有一定的合理性。但不论是从罗默批判的对象、批判的标准,还是从宏观经济学自身的发展历程来看,宏观经济学目前并未遭遇他所谓的大麻烦。

其一,罗默在文中所批判的只是宏观经济学的一部分,并不能就此认为整个宏观经济学遭遇麻烦。罗默列举了 RBC 模型以及斯梅茨(F. Smets)和伍特斯(R. Wouters)在 2007 年提出的 DSGE 模型的缺陷,进而说明 DSGE 模型和宏观经济学遭遇麻烦。但 RBC 模型形成于 30 多年前,斯梅茨和伍特斯模型的提出也早在 10 年之前。近年来,DSGE 模型在不断改进和拓展,而且它只是众多宏观经济学研究方法的一种。比如,Bewley 模型等异质性定量宏观模型在刻画贫富差距等异质性因素时具有较好的表现。又如,以威廉姆森(S. Williamson)为代表的新货币主义经济学家至今仍使用完全定性化的研究方法,他们以数学形式刻画经济理论,并推导经济理论在定性角度的解释力。因此,罗默所批判的事实上只是 RBC 模型和某些 DSGE 模型,并非整个宏观经济学。

其二,罗默批判宏观经济学的标准过于苛刻。罗默认为宏观经济学遭遇麻烦主要基于两大标准:一是 DSGE 模型对现实的解释力不足,二是 DSGE 模型无法解决甚至加重了参数识别问题。对于第一个标准,就经济学理论发展的一般规律而言,理论滞后于现实是常态,不能苛求经济理论能够立即解释当下的现实。例如,世界上最早的奴隶拍卖起源于古罗马时代,但直到 1961 年维克里(W. Vickrey)才正式提出了拍卖理论。同样,"不要把鸡蛋放在同一个篮子里"的投资理念古已有之,但直到 1952 年马科维茨(H. Markowitz)才将其模型化,并成为现代金融理论的基础。

对于第二个标准,和参数识别问题类似的是,在微观计量经济学领域,内生性问题同样是长期存在的重大难题。对此,计量经济学家相继提出了工具变量法、面板固定效应模型以及随机实验等方法试图克服内生性的干扰,但这些方法在实践中仍面临较多困难。以研究中使用最广泛的工具变量法为例,合适的工具变量需要同时满足相关性和外生性要求。但由于工具变量外生性检验的适用范围和假设前提均存在局限性，因此在实践中几乎无法找到完全外生的工具变量。所谓完美的工具变量大多只是研究者通过已有的数据构造并用文字加以论证，内生性问题仍然没有真正得到解决。同样，金融学理论发展至今，业已形成系统完善的资本资产定价模型，但这些模型在现实中依然无法预测股票价格的剧烈变动。因此，如果宏观经济学确如罗默所言陷入了大麻烦，那么计量经济学、金融学等其他经济学分支乃至整个经济学研究可能都将陷入更大的麻烦。

其三，每一次重大事件后，宏观经济学均能在总结现实教训的基础上取得重大理论进步，使理论对现实的解释力不断增强。宏观经济学在近几十年的发展历程中先后经历了大萧条、大通胀、大缓和以及 2008 年金融危机等四次具有里程碑意义的重大事件。大萧条之后，凯恩斯主义取代了早期盛行的市场清算主义，宏观经济学开始重视短期内政府宏观政策尤其是财政政策对熨平经济波动的重要作用。20 世纪 70 年代大通胀时期，货币主义和理性预期革命又对早期凯恩斯主义进行了批判和改造，在此基础上形成了新凯恩斯主义，使货币政策、预期和通胀目标制对宏观经济的作用逐渐得到重视，货币政策也取代财政政策成为宏观调控的主要手段。20 世纪 80 年代中期之后，随着美国经济进入"高就业、低通胀"的大缓和时期，宏观经济学开始意识到政策可信度和通胀目标制对于经济稳定的意义，为日后对预期管理的研究奠定了基础。2008 年全球金融危机以来，宏观经济学更加重视金融摩擦对经济危机的加速和放大作用，从而使金融稳定和经济稳定一起成为各国宏观调控的长期目标，而宏观审慎政策则是实现金融稳定目标的政策工具。

经过早期凯恩斯主义、货币主义、理性预期革命、泰勒原理、伯南克金融加速器理论等的发展，现代宏观经济学理论已能解释以上重大事件，这些解释均被写入现代宏观经济学教科书。罗默所举"沃尔克通缩"的例子，只是某些 DSGE 模型中的冲击无法精确模拟出货币政策的强大作用而已，并不足以说明宏观经济学理论的本质性错误。当然，解决罗默所说的问题是未来宏观经济学可以进一步发展的重要方向。宏观经济学研究应秉持"大宏观"理念，将产业、金融以及异质性等更加贴近现实的元素纳入宏观经济学模型，提高宏观经济学对现实问题的解释能力，破解宏观经济理论与现实问题脱节的时代性难题。

这里，你我都请回到开始时的那个观点，我们要应变，适应变化，自觉重视统计数据规律与经济定律。

你给别人的一切，都会回到你身上。

不论你伤害谁，就长远来看，你都会伤害到你自己，或许你现在并没有觉知，但它一定会绕回来。凡你对别人所做的,就是对自己做,这是历来最伟大的教诲。不管你对别人做了什么,那个真正接收的人,并不是别人,而是你自己。同理,当你给予他人,当你为别人付出,那个真正获利的也不是别人,而是你自己。你给别人的,其实是给自己。

有一个农夫的玉米品种,每年都荣获最佳产品奖,而他也总是将自己的冠军种籽,毫不吝惜地分赠给其他农友。

有人问他为什么这么大方。

他说:"我对别人好,其实是为自己好。风吹着花粉四处飞散,如果邻家播种的是次等的种子,在传粉的过程中,自然会影响我的玉米质量。因此,我很乐意其他农友都播种同一优良品种。"

他的话看似简单却深富哲理,凡你对别人所做的,就是对自己所做的。所以,凡是你希望自己得到的,你必须先让别人得到。就像那个农夫一样,如果你想要得到冠军的品种,就要给别人冠军的种子。

你若想被爱,就要先去爱人;你期望被人关心,就要先去关心别人;你要想别人对你好,就要先对别人好。

这是一个保证有效的秘方,可以适用在任何情况。

如果你希望交到真心的朋友,你就必须先对朋友真心,然后你会发现朋友也开始对你真心;如果你希望快乐,那就去带给别人快乐,不久你就会发现自己越来越快乐。

我们所能为自己做得最好的事情,就是去为他人多做点好事。

别想太多功和利,用最本真的慈悲心去看待终生,善待每一位前世的朋友,只问自心,莫问得失,你自然会获得最通透的安乐。

施人与善,广种福田。都是自己种下的,当然也是自己收获的。

你所给予的,都会回到你的身上。

这也是经济学的轮回现象,无法用考量模型去测度,只是另一种烦恼的表现而已。

"六维七角十三力"观测中国和深圳经济增长主引擎

一 "六个维度"透析2017年中国经济

从外部环境、人口、投资、货币、收入和政策六个维度的统计数据对中国经济进行分析，人口、投资、货币和收入四个维度存在很强的因果关系，而外部环境和政策两个维度分别是外生和内生变量，作为短期因素对当期经济走势影响较大。

（一）第一维度（制动力）：外生变量——因特朗普新政而放大

"六个维度"的第一个维度：外生变量，也就是我们通常所说的外部环境，从特朗普到"十九大"的内外生政策是相契合的。2017年外部的最大变量就是特朗普新政，而"十九大"则是我们的内生变量，也是我国最大的政治经济事件，决定了我国未来五年经济、政治等整个社会发展方向。

2017年，欧、美、日经济均处于复苏之中，这对中国借助外需是有利的。

（二）第二维度（全动力）：人口——老龄化与流动性下降不可逆

经济增长从某种意义上讲，就是一个人口现象，人口平均年龄与经济增速之间存在一定的相关性：日本人口的平均年龄为47岁，对应的是极低的经济增速；中国人口的平均年龄为37岁，对应的是中国GDP从高速增长变为中速增长；印度人口的平均年龄只有27岁，对应的是经济高增长。

这些年来，中国区域经济发展的分化和人口流向的深度变化，两者相互促进，互为因果，如东北经济的回落伴随着人口的大量流失。以农业人口转移为特征的城镇化已到后期，但是大城市化方兴未艾。目前，中国百万以上人口的城市占总人口的比重只有美国的一半左右,比日本、欧盟等也低很多。

据统计,2016年全球房价涨幅第一的是合肥,第二的是厦门。研究这两座城市的人口流入数据,可以发现在过去15年中,厦门的人口增加了90%,合肥增逾60%,远超其他城市。

(三)第三维度(加动力):投资——人口红利消减下的资本推动型经济模式得到强化

中国经济稳增长仍然靠投资拉动,资本深化。由于人口红利的减少,资本推动型经济模式得到强化。

中国全社会固定资产投资额占GDP的比重在不断上升,从1992年的不到30%提升到2006年的50%,2015—2016年该比例高居80%,其中非民间(政府和国企)投资额占固定资产投资额的近40%,占GDP的30%;美国及欧元区的固定资产投资额占GDP的比重只有20%,其中美国政府投资占比GDP为4%,欧元区不到3%,日本的占比分别是23%和不到5%。

2014—2016年,虽然固定资产投资增速持续回落,其中制造业的投资增速从2014年的13.5%降到2015年的8.1%,再降到2016年的4.2%,但基建投资增速维持了17%—20%的高增长。制造业投资减速,不少原材料行业投资负增长,而基建投资超高速增长,这就很容易解释中游产业商品价格崛起的原因。

(四)第四维度(催动力):货币膨胀——既是果又是因

中国的货币创造经历了引进外资、出口导向、"商业银行+企业"三个阶段。截至2016年年末,中国M2总量为22.34万亿美元,超过美国和日本的13.28万亿美元、8.19万亿美元之和。

通胀水平可以用名义GDP与实际GDP的增速之差来表示。2000年年初至今,中国实际GDP增长了360%,名义GDP增加了720%,美国则分别是:实际增长36%,名义增长92%,由此估算出人民币的"合理汇率"(若以2000年年初的8.28作为基准)。

在人民币升值阶段,加工贸易的毛利率水平变得很高;在贬值阶段,毛利率水平一下子会降很多。这说明由于经常账户的可自由兑换,使得目前为止外汇流出的渠道依然还是存在的。

由于货币的超发,经济逐步脱实向虚,金融的同业业务发展非常迅猛。银行、保险、信托、券商间的同业的资金链,多层次高杠杆的形式依然还是存在。

(五)第五维度(侧动力):居民收入结构——对资本品与消费品价格影响

尽管居民可支配收入存在低估,但可支配收入的增速下降却是不争的事实,同时居民的消费增速也在下降。靠投资拉动经济增长的模式最终要考验中低收入群体的消费增速能否上升,最终消费在 GDP 中的比重若难以上升,经济结构扭曲问题就难以解决。

需要引起重视的是,这两年居民购房杠杆率水平明显上升,也就是过去买房的主要是高收入群体,如今中等收入群体的购房比例开始上升。例如 2016 年居民中长期贷款占商品销售额的比重已经接近 50%。

中美 PPI 之间的裂口是在 2012 年发生的,之前它的波动非常一致,裂口出现的原因是中国出现了产能过剩和需求下降。

如果把 CPI 划分为消费用品和服务,那么从 2012 年至今,剔除服务因素的消费物品并没有涨价。这几年的基本趋势是走平,而服务价格的攀升更为显著,反映了货币供应膨胀背景下的人工、房租、流通等成本提升。这其中,货币超发的影响固然不可低估,但不可贸易部门对货币的过度吸纳是更为重要的原因。在可贸易部门,原料成本与成品价格都要被动接受国际定价,套利空间不充分,那么货币超发主要进入非可贸易部门并推动价格飙升。也就是说,大量的资金还是集中在资本领域,而没有在消费品领域。

(六)第六维度(助动力):政策——2017 年稳中求进下的底线思维

中央经济工作会议将稳中求进工作总基调从经济领域提升到治国理政重要原则的高度,这是值得关注的。稳中求进作为经济政策的总基调,早在 2011 年就已经提出,已经连续提了 6 年。

稳中求进意味着有两条底线一定要守住,一条是稳增长底线,另一条是不发生系统性金融风险的底线,只有在经济和金融相对稳定的前提下,才能推进改革。

二 "七角"洞见深圳新经济增长

(一)One(面动力):中国正在对接 SNA 2008 版统计核算体系角度下的深圳 GDP 产业与行业构解

以市场需求为导向的创新,是深圳赶超的不竭底气与动力。

深圳 GDP 赶超中国香港，名义人均 GDP 接近韩国，购买力平价（PPP）人均 GDP 接近首尔，购买力平价 GDP 相当于哈佛和麻省理工学院所在的波士顿。

深圳是中国最年轻的一线城市，也是最受年轻人欢迎的城市。

37 年前，1979 年的深圳常住人口刚过 30 万人，GDP 也才 7 亿多元，按当时汇率相当于 5 亿多美金。如今常住人口已近 1200 万人，2016 年 GDP 为 1.95 万亿元，同比增长 9%，超过 8%—8.5% 的预期目标，总额和增速都显现了"新深圳速度"的魅力。

根据深圳"十三五"规划，到 2020 年深圳 GDP 总量将达到 2.6 万亿元，比 2015 年增长近 1 万亿元。令人关注的是，在不少城市备受空气质量困扰的情况下，作为新兴的特大型城市，深圳 2016 年 PM 2.5 平均浓度下降至 25 微克/立方米，继续处于内地特大以上城市的最低水平。

这一增一降充分说明了深圳以更少的资源能源消耗、更低的环境资本实现了超常规发展，保持了有质量、有效益、可持续的发展态势。

（二）Two（主动力）：从产业角度揭开 GDP 现代构成面纱

深圳正在发生着这样的创新：

截至 2016 年，深圳市累计实有商事主体 261 万余户。按最新公布的常住人口计算，深圳每千人拥有商事主体近 230 户，每千人拥有企业近 130 户，创业密度最高，居全国首位。

深圳中小企业数量突破 140 万家，在中小企业和创业板上市的企业数达 154 家，居全国大中城市首位。

2016 年，深圳的国家级高新技术企业总数将突破 8000 家，以华为、比亚迪、华大基因、研祥智能、大疆科技、超多维为代表的一批具有国际竞争力的创新型企业迅速崛起，成为我国企业参与国际竞争的先锋队。

（三）Three（量动力）：深圳速度角度描画一座特质城市 30 年（1980—2010）两位数增长繁荣局面

1996 年，沃尔玛在深圳开设中国第一家沃尔玛购物广场和山姆会员商店，IBM 公司中国采购中心在深圳成立。

2016 年以来，美国苹果华南运营中心、美国高通深圳创新中心、美国微软物联网实验室等世界 500 强企业项目相继落户深圳。截至 12 月，全球 500 强企业在深圳设立总部的数量创下新高，达 275 家。

2017 年 1 月 5 日，一年一度的 CES 展在美国拉斯维加斯拉开帷幕，来自深圳的大疆创新、柔宇科技、优必选、Insta360 等企业都已亮相。

在深圳，大疆、光启、柔宇等企业天生就具有"全球化"基因，在全球范围内配置优势资源。

2012 年，29 岁的斯坦福大学博士刘自鸿，离开纽约 IBM 全球研发中心后，在中国深圳、香港及美国硅谷同步创立柔宇科技。如今，柔宇新型产品和技术已销售至全球 15 个国家和地区，估值已超过 30 亿美元，成为全球成长最快的公司之一，不足 3 年就跻身独角兽企业俱乐部。

大疆创新 CEO 汪滔曾公开说："按道理来说，'会飞的照相机'要么是美国公司生产出来，要么是日本公司生产出来，为什么让一家中国公司捷足先登？答案就是深圳的产业环境。这里拥有当今世界上最好的智能硬件产业链，让我们有底气赶超西方同行，通过 10 年奋斗迅速成长起来。"

（四）Four（质动力）：深圳质量角度引领深圳效益（财政收入）膨胀式新增长

依托浓厚的创新创业氛围，丰富完整的创新产业链条，36 岁的深圳正在吸引世界各地"聪明的脑袋"。

　　完善的产业链
　　移民城市的包容
　　鼓励创新创业的氛围
　　高效法治的政府
　　透明的政策
　　……

让全球年轻人的理想和先进技术更加高效地转化为产品，形成一批具有国际竞争力的活跃企业，构成了整个城市发展源源不断的内生动力。

深圳靠近市场，以市场需求为土壤的创新，基础更加坚实，可获得启发因素更多，常年积累就会发挥无可比拟的优势。

可见，以市场需求为导向的创新，是深圳赶超硅谷的底气。

（五）Five（因动力）："R&D、人口、结构、资本"新要素角度多轮驱动GDP

经国家批准，作为R&D纳入GDP改革试点城市，2015年深圳公布的1.75万亿元GDP中，未纳入核算的R&D总量有498.80亿元。

2016年深圳全市年末常住人口1190.84万人，全市人均生产总值16.74万元，按2016年平均汇率折算为2.52万美元，继续居于全国内地副省级以上城市首位。

2016年，深圳全市二、三次产业结构由上年的41.2∶58.8调整为39.5∶60.5，三产占GDP比重比上年提高1.7个百分点，首次突破六成。第二产业中，工业7190.86亿元，增长6.8%；建筑业525.32亿元，增长9.0%。第三产业中，批零住餐业2462.41亿元，增长6.5%；交通物流594.81亿元，增长10.0%；金融业2876.89亿元，增长14.6%；房地产业1866.18亿元，下降0.5%；营利与非营利服务业3969.46亿元，增长17.2%。

（六）Six（原动力）：由"三驾马车"与支出法另一个角度看到深圳经济增长空间的另一面

消费率偏低。

（七）Seven（新动力）：未来创新时间角度将持续引领深圳当代城市经济在比较发展史诗中的新时尚与潮流

1. 最年轻城市

新近QQ大数据显示，深圳的年轻人口新增率、年轻人口净增率分别为47.39%、22.53%，远超北、上、广。大量年轻人慕名而来，全国"六人普"显示深圳常住人口平均年龄为29.8岁，2016年年底平均年龄为32.5岁，使得深圳成为"最年轻城市"。

2. 创业密度最高

2016年，深圳市累计实有商事主体261万余户。按深圳统计局最新公布的深圳常住人口1190.8万人计算，深圳每千人拥有商事主体近230户，每千人拥有企业近130户，创业密度最高，居全国首位。

3. PCT专利申请量最高

2016年，深圳的PCT国际专利申请量超1.8万件，连续13年居全国首位，占全国"半壁江山"。

4. 最大"海归潮"

深圳市人社局数据显示，深圳 2000 年时引进的海归尚不足 1000 人，如今已突破 7 万人，仅次于北京、上海，位列全国第三。其中，2016 年的引进数量将达 8000 人，迎来深圳史上最大的"海归潮"。

5. 风险投资积极性最强

深圳风险投资活跃，创投机构数量超过 5 万家，境内外上市企业超过 340 家，其中中小板、创业板上市企业数连续 9 年居于全国大中城市首位。

6. PM 2.5 平均浓度处于内地特大以上城市最低

深圳经济晴好，却也与中国、世界经济紧密相连，融为一体。深圳处于这个分不开理不清的大经济体中，你中有我，我中有你。当下，全球化与逆全球化交织，世界经济充满不确定性，由此引发了复杂性、多样性与选择性的世界格局，这也让深圳经济增长如初恋中的女孩心情一样，充满青涩难猜与无限想象。像阳光、像风、像雨，如此地与深圳这座魅力四射的城市品质相近。

> 雨巷的春天，
> 有花折伞在走来走去，
> 芭蕉叶子的雨滴声响，
> 唤醒了往日时光里的遇见邂逅，
> 没有忧愁，
> 有的，
> 是从远方飘来的泥土芳草味和一声声春歌。
> 明媚的春天，你好！

D. 新实简，研究报告

文风来自需要。

对于一个新兴出现又复杂多变的经济现象，必须着眼于发现与观察，从中去发现一般性规律。

尽管多少问题有多少切入法，但万法归宗新实简，这是多少年来未曾改变的道理。

新实简，多快好省。

犹如我爱我1系列。春天，风儿轻轻，裙裾摇摆，油盐酱醋，衣食住行，你的钱袋CPI；夏天，风雨雷电，阳光曝晒，我穿过车间工厂，煤机油钢，价格高矮PPI；秋天，谷穗金黄，果香飘来我奔跑，市场阴晴，盘点盈亏，信心兴衰PMI。

春华秋实，均离不开持之以恒的研究报告。

探索深、港在泛珠三角经济力整合中的对接道路和有效途径

泛珠三角区域合作构想，自 2003 年 7 月由中共中央政治局委员、广东省委书记张德江破题后，这一合作构想便引起广泛思索。它不仅击中了区域协调发展的鼓点，顺应了历史发展的潮流，而且触及了区域经济协调发展的普遍规律，得到了南中国地区的积极回应，随之上升为国家层面的发展战略。2004 年 6 月 1—3 日，"泛珠三角区域合作与发展论坛"在港澳穗三地拉开，并最终"9＋2"省区签署了《泛珠三角区域合作框架协议》，为推进区域合作建立了制度保证和多展次的合作机制。

由此，通常意义上的珠三角区域泛指"两广（广东、广西）、三南（湖南、云南、海南）、江西、四川、贵州和两个特别行政区（香港、澳门）"，而深圳、香港作为泛珠三角区域的动感地带，两地经济发展的"一颦一笑"都会牵动人心，举足轻重。尤为 2004 年 6 月泛珠论坛才落下帷幕，深圳市政府李鸿忠市长就率代表团访问香港特首，并同工商界、科技教育界高层人士认真研讨和宽广切磋，旋即签署了一系列利好的分工与合作文本和忘备录，迈开了深、港合作的框架性步伐。可见，从深、港区域互补互动经济发展的必然规律和生动实践这两个层面来探索求证在南中国泛珠三角区域经济力整合问题，具有很强的现实性和创新性，使我们能从中站在更大的全局上，既从理性的高度，又从新兴崛起的环渤海湾、长三角、泛珠三角的中国板块位置，廓清区域发展的重大意义与全新价值。

一 "对接"眸谋深、港合作，体现完全遵循市场运作规律

探究深、港合作发展，必须放眼全局，置位泛珠三角，立足深、港实际凝眸发展，在竞赛中磨合定位与分工，整合新的经济爆发力。

（一）看全局

世界经济面对局部战争和美国一极化发展而引发的不确定因素依然存在；中国加入 WTO 所承诺的各项更加开放的条款不断践诺，中国经济与世界经济更为一体，逐次建立互动互为格局。在这一过程中，泛珠三角所要扮演的经济角色和任务只增不减，而深、港谋求更大的发展更是首当其冲。

（二）观"三角"

从全国来看，中国经济从 1992 年开始以来，成功运用信贷、投资、产业布局、价格等各种宏观措施，避开世界经济低迷、局部经济振荡带来的负面影响，不断克服国内经济发展道路上面临的经济市场化、结构优化、平衡发展、能源"瓶颈"、自然灾害危机等尖刻矛盾和问题，"过热"时既适时"软着陆"，"过冷"时又不失时机起飞，这种较强的经济发展驾驭力，最终赢得中国政府每年在总结全国经济状况时，都会喜悦地用"保持国民经济持续快速健康发展"来概括。2004 年 6 月底，上半年中国经济增长 9.7%，GDP 为 58773 亿元，这是自 1997 年以来同期经济最高增速。在这种全国经济利好形势下，中国经济发展在前进道路上又出现了"新三角"板块状崛起的好势头，亦即正在兴起的环渤海湾、长三角、泛珠三角的经济圈，它们左右并支撑中国经济全局。仅泛珠三角的版图面积就占全国 200 万平方公里的广袤国土，占全国面积的 20.8%；具有 4.5 亿多的巨大人口，占全国的 34.8%。2003 年 GDP 总量达到 38826 亿元，占全国的 33.3%；进出口贸易 3400 亿美元，占全国的 39.9%；外商直接投资 246 亿美元，占全国 45.9%；零售总额 14715 亿美元，占全国的 32.1%。不仅如此，泛珠三角地区还覆盖两种不同的社会制度，从而令泛珠三角的合作具有融会东西、沟通中外的优势。在泛珠三角合作推进中，香港、深圳的经济与体制创新从某种程度上观察，可在泛珠三角经济圈中从客观上起到"领头羊"作用，前者为服务业楷模，后者为高科技精英。

（三）掂深、港

合作为"双赢"且必然。地缘位置是唇齿相依，一衣带水；经济链接是"前店后厂"，互为依托；行政高层是清明开放，互访频繁，天人合一。纵观各方，进一步的对接整合天时、地利、人和。

事实上，用"对接"一词，其实际意义早已不在字义，而为深、港经济合作做了最好的注脚和诠释，完全遵循市场经济规律。

其一，"对接"体现平等主体性。后现代经济发展的趋势不是施舍经济，更不是辐射经济，而是法人经济，对等是永恒的主流。

其二，"对接"展示空间无限性。"对接"是一个整体性的概念，必然要全面地吻合，这样才符合经济规律的本质和内在要求。所以，用"对接"指导经济合作思想和思路，落实到每一个经济行为的必定是全方位的协同与整合，必将规定合作发展空间的无限宽广。

其三，"对接"预示合作可持续性。立足当前看长远，只要深、港在真正意义对接上了，其经济战略影响远超当前，而在根本长远上。合作整合成功后，可大胆构架"一港两都市"，奠定永不可分割的经济基础，进而倒逼深、港在合作发展中下决心革除不合时宜、束缚生产力发展的陈旧体制和机制，有利于两地进一步建立充满生机活力的经济体制。

二 面对深、港经济发展实际，廓清"对接"条件与机遇

细心考察，深入思考，深、港"对接"具备良好的条件和较为夯实的合作实力。

（一）具备良好的市场发育基础

尤其是香港，回归之前即接受西方经济的价值观与思维植入，经过100年的洗礼与发展，打造了一座具有现代经济气质、成熟经济环境和独立负责经济人的具备世界顶级水平的现代经济之都和世人为之认可的发达经济良港，其经济运作完全进入市场化轨道。市场对经济作用力和影响力完全按既定秩序到位，所提供的市场经济经验是丰富而完备的。而深圳虽年轻，但它伴随"经济特区"而成长，是南中国最早应用市场手段而发展全市经济的城市，具有显著的市场经济体验和特征。2003年在深圳工商经济总量中，规模以上工业总产值（现价）5073亿元，而国有、集体企业份额仅为107亿元，只占2%，至2004年6月底，国有、集体的比重又下降为0.9%；相比之中的2003年限额以上全社会消费品零售总额为802亿元，国有、集体份额也只有344亿元，占4.5%，而至2004年6月底，同口径的国有、

集体总额为176亿元，比重下降为3.9%。香港经济总额中的非公分量更高更大，2002年在本地生产总值12059亿港元中，其采矿及采石业、制造业、建造业的增加值为1081亿元，占8.9%；批发、零售、进出口贸易、饮食、金融、保险、地产等服务业的增加值为10194亿元，占84.5%。它们对GDP贡献率极高，市场经济的成分近乎100%。

（二）具有极强的互补产业特征

深、港两地都属经济发达城市，其经济发展除共具市场和外向特征外，还有两地经济的本质区别和产业特征。抛开本质，就产业个性而言，深圳经济以高科技制造业为支撑点；而香港则以优质成型成熟的第三产业盘踞经济龙头。两地以农林渔为主的第一产业，都展现了工业化推进城市化后的近乎无农业的显著特征，由表1可见两地第一产业微乎其微的份额。但是，如若把以一桥相毗邻的深、港第二、第三产业这两只长腿捆绑起来使用，就会互补互动，像一只鸵鸟一样，劲跑如飞，力大无比。由此，深、港将启动新的经济航母。

表1　　2003年深、港本地生产总值构成（GDP）比较

城市名称	本市生产总值（亿元）	第一产业中的农业及渔业 数额（亿元）	第一产业中的农业及渔业 占GDP比重（%）	第二产业中的制造业 数额（亿元）	第二产业中的制造业 占GDP比重（%）	第三产业中的商贸、金融、保险、地产、社区、楼宇业权 数额（亿元）	第三产业中的商贸、金融、保险、地产、社区、楼宇业权 占GDP比重（%）
深圳（人民币）	2861	16	0.6	1295	44.7	661	22.5
香港（港币）	12349	982	0.08	537	4.55	9993	84.53

注：（1）本数据引自香港特别行政区政府统计处2004年3月发布的《2003年本地生产总值》和深圳市人民政府统计局2004年5月印制的《深圳统计手册》；（2）2003年香港GDP总额是按2002年开支组成部分法与按经济活动划分法两者的统计差率4.46%推导算出，其中第一、第二、第三产业的其中数据也同比，使之具备同方法同口径可比；（3）本文以下引用数据来源相同。

（三）具有强强联手的整合优势

2003年香港按主要开支组成部分划分的本地生产总值12349亿港币，若按1:1.06兑现人民币可占全国GDP 116694亿元的11.2%，可谓一个能权重全国总量的特别行政区。深圳经济总量对全国的影响虽远不及香港在中央政府中的政治与经

济意义，但它也是中央政府关注的一个"经济晴雨表"和亮点。2003年，深圳在全国23个大中城市中的位置仍居前茅，化"非典"不利为机遇，经济增长创1996年以来的最高，全市生产总值达2861亿元，位于上海（6251亿元）、北京（3612亿元）、广州（3467亿元）之后居第4位，与北京、广州的总量差距分别由2002年的956亿元、745亿元缩小了差距205亿元和139亿元。而对深圳GDP凸显主导作用的规模以上工业总产值在2003年首次突破5000亿元，达到5073亿元，同比增速29.1%，总量仅次于上海（10342亿元），而排行全国23个大中城市的第2位。如若把深圳与香港GDP总和为15951亿元人民币（仍按港币与人民币1:1.06兑算），相当于2003年GDP超2000亿元的上海、北京、广州、苏州、天津、重庆、杭州七大城市总量22862亿元的69.8%，这可是一个巨无霸比例，从中可窥见深、港合作实为强强整合（见表2）。

表2　　　　　　　2003年香港、深圳与内地GDP超2000亿元城市比较　　　　单位：亿元

城市名称	香港	深圳	小计	上海	北京	广州	苏州	天津	重庆	杭州	小计
GDP	13090	2861	15951	6251	3612	3467	2802	2387	2250	2092	22862

注：港币按1:1.06兑换。

（四）负有紧紧把握21世纪20年重要战略机遇期的重大历史责任

2003年是中国经济里程碑，国内生产总值116694亿元，比上年增长9.1%，宏观调控目标完成得很漂亮，人均国内生产总值首次超过1000美元，达到1090美元，进入一个新的增长周期和重要战略机遇期。而港深"两地"2003年以常住人口计算的人均GDP分别达181527港元和51318元，为全国人均GDP水平的18倍与5倍多。经济专家有一个比较一致的看法是，进入人均1000美元的阶段，社会的消费结构将会向发展型、享受型升级，汽车、电脑、高档电器进入家庭，住房需求尤其是对住房条件改善的需求更为势不可当，这无疑为21世纪头20年房地产业和汽车业的强劲增长提供了很好的注脚。因此，处于中国改革开放的最前沿阵地的深、港，在进入21世纪前20年的经济发展重要战略期中继续具有抢滩的优势和机遇，同时负有打头阵的作用与重任，这更是深、港经济走向合作与发展所必然存在的最高理由。

表3　　　　　1993—2003年10年间深、港在中国总经济发展中的状况

单位：亿元人民币，亿港元，%（速度按可比价计算）

年份	中国GDP 总量（亿元人民币）	中国GDP 增速（%）	香港GDP 总量（亿港元）	香港GDP 增速（%）	深圳GDP 总量（亿元人民币）	深圳GDP 增速（%）
1993	31380	13.4	9128	15.4	449	41.6
1994	43800	11.8	10298	12.8	615	36.9
1995	57733	10.2	10963	6.5	796	29.1
1996	67795	9.7	12109	10.5	950	19.3
1997	74772	8.8	13445	11	1130	18.9
1998	78345	7.8	12799	-4.8	1289	14.1
1999	82067	7.1	12461	-2.6	1436	11.4
2000	89442	8	12883	3.4	1665	15.9
2001	95933	7.3	12699	-1.4	1955	17.4
2002	102398	8	12598	-0.8	2257	15.5
2003	116694	9.1	12349	-2	2861	17.3

三　在新一轮宏观调控下，抉择"对接"方略、道路与领域

新形势下，中央政府对中国经济"过热"的一头进行了有效宏观调控，同时治政高层保持对调控的高度警惕，在调控的大盘中悄然有压有保，这对经济仁者而言，应该是个天机，稍纵即逝。而国际上，随着中国加入WTO后各项进程的推进，新的国际贸易摩擦逼近。据国家商务部统计，从进入WTO以来至2004年7月底，已有34个国家和地区发起637宗涉及我国出口产品的反倾销、反补贴和保障措施调查，涉及4000多种商品，影响了超过180亿美元的出口贸易。美国商务部开始对我国出口美国的30类产品进行实时监测，中国外贸促进政策被盯上。这几年尤其是2004年上半年以来，虽伴随着世界经济加快复苏，我国进出口贸易都出现两位数大幅度增长，但仍面临进出口贸易逆差，仅2004年上半年就达68.2亿美元。面对这一情况，南国最具活力的深、港这两大经济板块如何联袂把握机遇，降低风阻，攻克国际贸易壁垒，成为泛珠三角地区最迫切紧要的实践课题。

(一)"对接"方略

自古由来,"和为兴、战为寇"已是永不颠扑的真理。以"合作发展,共创未来"为主题的魅力"9+2"顺应了这一主体哲学思想,由闽、赣、湘、粤、桂、琼、川、黔、滇、港、澳行政长官领衔于香港会展中心的"泛珠三角区域合作与发展论坛"大潮汹涌珠江,一度使美丽的维港日丽风清,高耸的琼楼交相辉映,开创了中国统筹区域协调发展的先河。置于这样大潮下来谋求深、港的合作与发展,其"对接"方略应更具国家的战略性、发展的现实性和合作的贴近性。其基本框架层面当定为:紧紧依托毗邻加快建设中的"中国—东盟自由贸易区和大珠三角"这一新的发展平台,立足各自经贸特质,寻求"连体、互补、双赢、共进"的合作与发展切入点,致力打造深、港经济气质,强化区域经济理念,弱化行政区划约束,整合参与国际竞争力,扫除各自为政的体制性障碍,共同构筑统一贸工、资本、物流、金融各方协调一致的大市场,实现深、港经济发展跨越式的新兴崛起。

这个"对接"方略,体现了以下几个方面的要求。

首先,顺应经济全球化和区域经济合作的世界潮流,整体推进深、港对外开放,将极大整合"两地"新经济发展力和在国际经济舞台的竞争力。

其次,符合中央提出的全面可持续的科学发展观,深、港为经济发达区域合作,经济产业互补优越,基础良好,有利于尽快开创互利、多赢的局面。

最后,进一步诠释和践行中央关于CEPA的安排,可极大拓展深、港自身发展的边际,有利于深、港区域的繁荣稳定。

(二)"对接"道路

在泛珠三角框架下,比较深、港经济关系,积极探索全方位"零距离"的"对接"道路。

1. 经济互动性道路

以实施中央政府安排的CEPA项目和泛珠三角框架协议为契机,立足实际,独立思考,另辟独径,把中央政府和泛珠三角赋予深、港的各种资源用足、用活、用好。

2. 产业互补性道路

从做强做大深、港各自经济产业出发,依照区域经济功能定位和分工,深、港产业经济特征明显,深经济以第二产业为主导,全市2003年规模以上工业总产值

（现价）达到5074亿元，实现工业增加值1501亿元，占全市GDP的52.5%；而香港经济以第三产业的服务业为主体和超强项，占比保持在90%以上，两者可互相弥补经济缺陷。

3. 发展兼容（渗透）性道路

当今世界，经济全球化与区域一体化并行不悖。据世贸组织统计，世界上有100多个区域性贸易组织和协议，欧盟、北美自由贸易区更是世界公认的区域一体化成功范例。深、港双方可面向长远，选择一批具有前瞻性、关联性、战略性、世界性的经济与公共项目，共同开发，合作发展，互惠互利，以此致力建立深、港局部一体化自由贸易联盟，变"各自为战"为"握指成拳"。

（三）"对接"领域

面对未来激烈的现代竞争，本着建立深、港学习型社会的时代要求，深、港经济社会的各个领域应该全面地融合与"对接"，以期达到"你中有我、我中有你"的长期合作伙伴关系。梳理目前深、港经济发展现状，以下几个领域值得重点拓展合作。

1. 交通"对接"是合作的基础条件

蜿蜒珠江，一水相牵，其东岸，港、深、莞、惠四城连片，经贸合作交往必须交通先行，路通民富，一路兴。因此，加快兴建港深西部通道、地铁对接以及新增海、航线路无不成为"对接"领域的重中之重。

2. 产业"对接"是合作最实在的内容

区域内统一市场的建立，既可增进区域成员经贸合作，促进货物、服务和资本自由流通，又可在市场互补中提升区域板块的商业竞争力，增强投资者对整个区域经济发展的信心。深、港应当紧紧把握中央政府实施CEPA的良机，努力在工贸、金融、服务、旅游诸多领域拓展联系与合作。

（1）"前店后厂"式的第二与第三产业"对接"。把深、港各自优势的产业链延伸扩展，形成更大的二、三产业经济区域协作力和辐射力。

其一，从第二产业出发，至2003年年底，深圳拥有500万元以上规模企业2300多家，销售收入20亿元以上企业39家，已形成以IT产业为主导（年产值2953亿元，占规模以上工业总产值58.2%），包括电力生产、食品加工、服装、医药等33个行业的现代工业体系。尤其是20世纪90年代后，深圳高新技术产业逐步崛起，2003年全市高新技术产品产值达到2483亿元，占规模以上工业总产值的48.9%，成为深圳工业经济发展的第一增长点。可见，深圳第二产业完全具备深、港联手发展的"后厂"。

其二，从第三产业出发，香港以服务业为主的第三产业占据GDP的85%左右。以旅游业为例，深、港合作空间巨大。2003年年末，全市常住人口557.4万人，其中户籍人口150.9万人，暂住人口406.5万人。自2003年7月28日港澳个人游实施一年来，至2004年7月20日止，香港旅游发展局宣布，共有32个内地城市的260万个人游旅客来港，占香港整体旅客的四分之一，口岸平均每5分钟处理5人过关；人均消费则由过去的4000元增至6100元，为香港带来158亿元的综合经济效益。在香港获得的个人游收益中，大多来自深圳、广州等粤省和邻近香港的省市，调查表明游客43%是以度假为主，三成为专去购物。凡这些都可为地处"桥头堡"的深圳带来发展第三产业的无限商机，它无不可成为链接游港客人的另一观光休闲购物的新旅游点。

（2）"港后花园"式的"零距离""对接"。深圳罗湖享有"香港后花园"的美誉，因其几大口岸快捷便利的交通使得港人购物休闲、置业投资首选罗湖。这一区位优势使得它与CEPA的实施可"零距离""对接"。

一是成为港人购物休闲"第一站"。围绕打造罗湖"服务之都CEPA接口"，应倾力把罗湖东门商业步行街、华润商业中心、人民南口岸经济区三大商圈建成一个超大型的都会购物中心，使深、港神形兼备，成为世界级的零售及娱乐中心和新商业概念的先行官。

二是成为港人置业投资首选。伴随深、港间24小时通关和CEPA协议内容的逐步实施，以及良好的市场投资环境的形成，将会带动大量香港公司到深谋求发展机会，由此则带来香港人口在深圳工作而产生的居住需求。

三是成为港资进军内地的"桥头堡"。在"CEPA元年"，深圳的"桥头堡"作用已凸显。一些大型港商投资项目加快落户深圳，如香港华润在罗湖独立投资40亿港币的"华润象城"，建成后将是深圳最大的购物中心；罗湖区最先允许中小港商置业购楼，最早允许港人独立购买和经营商铺；香港永隆银行、上海商业银行及大新银行等三家银行，在"CEPA"签订之初就获准在深圳罗湖开设分行。在深、港合作中，深方可尽显"桥头堡"本色，把目标锁定港商和以香港为总部的外商、商贸、物流、金融、信息中介、娱乐服务等产业。

（3）"拖一带一式"的物流枢纽"对接"。深、港物流相比，香港是"大哥哥"，深圳为"小弟弟"。从泛珠三角环顾四周，2003年香港机场货物吞吐量高达

254.6万吨,深圳机场的35.4万吨只为其零头。尽管如此,专家预测:"港物流仍有源,10年无忧。"据最新统计表明,香港已成为泛珠三角进出口最重要的口岸。2004年上半年泛珠三角9省区经香港中转出口的货值达238.5亿美元,增长12%。目前,在泛珠三角的广东,物流成本占GDP的20%,而世界发达国家只占10%,香港只占9%;按照广东2003年13450亿元(含深圳)的GDP,其物流产值为2690亿元。若要降低5%,即可增加672亿元的第三方物流营业额。近几年,广东物流业务量都在7000亿左右,预测未来几年广东的物流总量增长将在两位数以上。因此,面对一个巨大的物流市场,一桥相连的深、港以香港为中心,实施"拖一带一"战略具有很强的兼容性和双赢性,共同把蛋糕做大,树立"集群"理念,从"港口群""机场群"的角度来思考更大范围的竞争,以期实现深、港物流合作上的"一拖一"顺位发展,共同建立立足大珠三角、辐射泛珠三角、影响东南亚的世界级物流圈。具体见表4。

表4　　　　以广东为主泛珠三角经往深、港各口岸集装箱预测　　　　单位:万TEU

年份	2000年实绩	2003年深圳实际吞吐量	2010年预测	2020年预测
(1)口岸集装箱总量	1398	9762	3100	4700
腹地生成量	1200	8078	2500	3700
省内其他量	99	898	350	550
外省过境量	60	785	150	300
境外中转量	39		100	150
(2)港口直线量	273	673	1200	1900
公路	273		800	1000
珠江内河量		673	400	900
(3)通过香港转运量	1125	785	1900	2800

其中:公路　　681　　　　　　　　　1000　　　　　　1200
　　　海运　　183　　　　　　　　　 300　　　　　　 700
　　　珠江
　　　水系　　260　　　　　　　　　 600　　　　　　 900
　　　内河

3. 机制体制"对接"是区域合作的灵魂

在泛珠三角经济框架中,深、港合作不仅是一个地缘经济板块的紧密合作,更是深、港1238万人民共同的家园和福祉。世界性的区域联盟或集团一体化发展表明：建一套超越国家的共同机构，设立一系列具有超国家权力的共同协调机制，联盟或集团成员在共同机构和共同协调机制的作用下，适应和服从区域的整体利益，推行共同的经济发展目标，对外作为一个整体统一行动，统一决策，统一受益，由此能既快又好地统筹区域经济协调发展。同理，在泛珠三角协作发展中的深、港经济关系，更有条件更快地向一体化方向迈进。尤为深方须积极勇敢地向港方学习其经济体制与机制的先进科学内核，进一步加快政府职能转变，深化体制改革，全面推进经济机制体制与香港的接轨和互动。

四 "对接"的有效途径及保证机制

在中央政府CEPA的安排和泛珠三角经济框架下，深、港合作既千头万绪，非一蹴而就，而又任重道远，潜力无限。好在中央有"统筹区域发展"的明确指导思想，又加之有泛珠三角"9＋2"清晰合作框架，更为可贵的是深、港政府已顺应这一经济潮流和区域经济规律，于2004年6月双方签署了"1＋8"的广宽合作文本和备忘录，迈开了实质性合作步履。深、港在今后实践"1＋8"互惠互利、互动共赢的合作框架中，可进一步探索并不断完善"对接"的有效途径。

（一）联手拓展市场"对接"，建立区域统一市场体系，促进特区活力优势与本港外向优势相互整合，实现区域内贸易"对接"便利化

一是构筑畅通高效的商贸平台。

二是建立便捷互联"信息高速公路"。

三是打造资金资本融通体系。

四是开展合作区域内现代物流立体网。

（二）推进产业"对接"，以更加优惠资政、优质服务、优化环境，"对接"两地，双方主动承接两地产业转移和延伸，形成区域经济上中下游链接，提高经济整合力

一是第二产业合作的制高点在高科技，高科技的关键在于自主知识产权的孵化，致力于联合核心技术的突破，"几何式"地提高工业增加值率。

二是第三产业合作的大平台在创品牌，创品牌的目的在于拓展市场，以此提高附加值，增强辐射力，共建无壁垒大市场。

（三）联手进军东盟走向国际，增加国际舞台新亮点，促进深、港区域经济进一步融入国际经济大循环

一是进一步巩固和发展深、港"两头"在外企业，把内外源经济"整活"。

二是紧紧把握中小企业板上市的机遇，积极拓展国际金融证券业。

三是以绿色GDP为核心指标，推进与建立国际化城市和都市相匹配的现代综合指标评价体系。绿色GDP指的是一个国家或地区在考虑了自然资源与环境因素之后经济活动的最终成果。一般来说，绿色GDP分为总值和净值：总值，即绿色经济GDP（Green Economic GDP，缩写为GEGDP），它等于GDP扣减具有中间消耗性质的自然资源耗减成本；净值，即经资源环境核算调整的国内生产净值（Environmentaly Adjusted Net Domestic Product，缩写EDP），它等于GEGDP减去固定资产折旧和具有固定资产折旧性质的资源耗减和环境降级成本。

（四）联手打造经济人才良港，贯通人才绿色通道，以市场为导向，优化结构，提升质量，形成深、港人才资源互动互补一体化的格局

1. 建立人才与智力互动的架构

回顾发生在深圳河两岸的20多年人才互动历史，不啻一幅"春江水暖鸭先知"的景观。河这头，因改革开放的先发优势和具备朝发夕归的地理条件，使得深圳在引进港资的同时集聚了大批的港才。统计表明，目前有50多万港才活跃于内地，其中六成在泛珠三角，而深圳又占泛珠三角近半壁江山。岸那边，香港经济转型，由转口贸易发展为加工贸易，再发展为现代服务业和资讯科技，其所需的大量专业人才，大多是跨过罗湖桥，从深圳出发。而今，面对深、港合作战略机遇期的经济人才新抉择，"两地"人才互动已由"水暖鸭先知"向"楼台先得月"转变。由此，深、港人才互动也应由过去以民间层面、市场导向为主的单一方式，转为建立"政府作为＋市场行为"两轮齐驱的新格局。正基于此，深圳首次政府组团于2004年8月赴港揽才，300多家单位报名招聘，3600多个职位虚位以待，上至公司CEO，下至酒楼大厨，涵盖金白蓝领，规模之大，范围之广，堪称深圳历次海外揽才之最。

2. 达到经济与资源整合基础上的人才融合

重新搭起一座人才互动、智力对流的新"罗湖桥"，真正达到"北上先一步，机会握手中""深、港齐携手，人才创未来"的渔歌互唱、山水相连的深、港人才大融合。

（五）联手加大公共基础设施投入，走深、港可持续合作与发展道路，为全方位"对接"营建良好的硬件环境

1. 拓展合作开发领域

全面加强在能源、高速公路、铁路、航运专线、城市基础设施等领域的开发，构筑区域合作物质平台。

2. 联合开发深度

分期分批联合开发一批跨深、港两区的重大项目，形成相互贯通的立体通道，达到"以市场为纽带，利益共沾，发展协同"的一体共进目标。

在明确深、港"对接"有效途径后，还须建立有效机制来保证实施、跟踪、修正与再实施。有效机制主要包括以下几个方面。

（1）市场机制

由"两地"民间企业、社团、协会自主按区域协作经济规律进行的合作，应为主体，并积极加以引导、保护与支持。

（2）政府机制

应从联谊、友好往来的最初层面提升为具备行政强制力的区域合作常设机构，成为落实"两地"政府及政府部门签署各项文本、协议、合同以及备忘录的有力助手，确保合作的有效沟通、协调、反馈、督促和到位。

（3）政府与市场混合机制

不断创新"政府搭台、市场运作、业主唱戏"的合作发展方式，搭建适时的、与时俱进的、符合区域经济协作发展规律的平台，实现深、港繁荣而有活力的全面可持续合作发展"对接"。

对深圳市当前经济基本面变化及受国内外经济环境实质影响与积极应对的几点看法

一 从深圳市2008年前9个月主要经济指标完成情况来判断深圳市当前经济基本面

判断经济基本面如何，通常用GDP、工业增加值、财税收入、CPI以及拉动经济"三驾马车"的出口、消费与投资做考量。从这几大指标来看，深圳市当前经济基本面出现经济运行在向上与向下因素交替中以经济下行更多的新变化趋向。

（一）全市生产总值（GDP）经济增长速度不排除在今后出现加大减缓趋势或调头下滑的极大可能

2008年1—3季度全市完成5611.76亿元，同比增长11.5%，经济增长速度由第一季度的增长10.2%、上半年的10.5%，提高到1—3季度的11.5%。这虽是采取经济措施与加强统计后的果实，但也仅仅是增幅较2007年回落的趋势有所扭转的表现，不排除经济增长速度在2008年后几个月或明年将面临出现掉头下滑或加大减缓趋势的极大可能。

（二）工业增加值完成全年计划预期依然非常困难

2008年1—3季度深圳市实现规模以上工业增加值2537.14亿元，虽同比增长11.5%，比前8个月加快0.4个百分点。但月均仅完成281.9亿元。若按全年计划增长14.0%计算，2008年后3个月的月均生产额须达到324.29亿元，完成全年计划预期依然非常困难。

（三）地方财政一般预算收支已现不同步增长

2008年1—3季度全市完成644.02亿元，其增长速度由1—4月的增长50.7%、上半年的41.3%、1—7月的32.9%，下降到1—3季度的增长28.9%，前9个月呈现逐月大百分点回落的向下变化（与1—4月的增长50.7%相比，后5个月平均回落4.4个百分点）。而1—3季度全市地方财政一般预算支出552.52亿元，增长幅度却达50.5%，收支增长已现不同步。

（四）CPI回落与PPI生产价格成本高企依然

2008年1—9月居民消费价格同比上涨6.7%，比前8个月涨幅回落0.3个百分点，其中9月比8月下降0.2%，出现连月回落现象。而1—9月主要工业品出厂价格指数为100.8%；1—9月原材料、燃料、动力购进价格指数为106.0%，仍保持相当的企业生产价格成本，影响了企业产品市场竞争力。

（五）拉动经济"三驾马车"的出口、消费与投资增长动力不足

出口方面，2008年1—9月全市外贸进出口总额2220.12亿美元，增长8.5%，比上年同期回落19.3个百分点；其占全国外贸出口的比重也下降到了12.2%，比2007年的13.8%下降了1.6个百分点。2008年以来，全市出口出现逐月增速大幅回落，如图1所示。

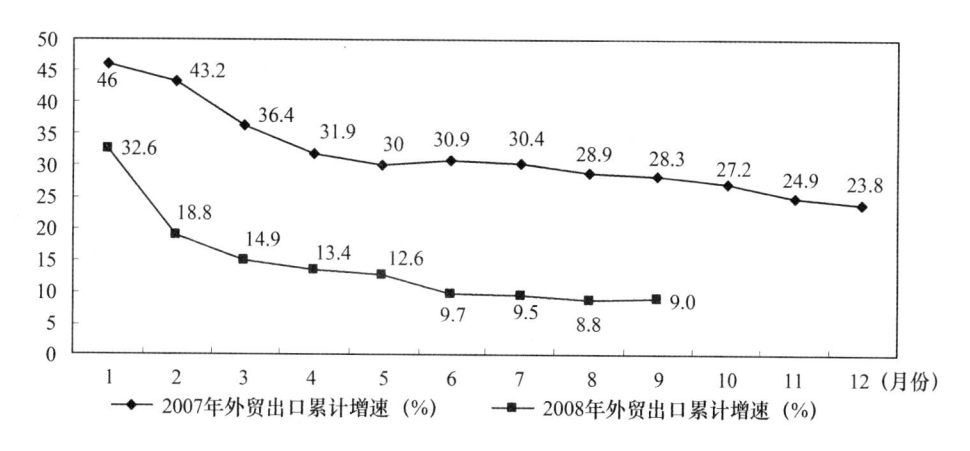

图1 2007—2008年1—9月全市出口总额增长对比

消费方面，2008年1—3季度全市实现社会消费品零售总额1661.96亿元，增长18.6%，没有大幅回落变化，保持相对平稳增长。

投资方面，2008年1—3季度全社会固定资产投资971.09亿元，增长6.4%，其中第二次产业完成投资246.19亿元，下降4.2%；第二次产业中，工业完成投资246.19亿元，下降4.2%，占全社会固定资产投资比重由上年同期的28.1%下降到25.4%，显示出对制造业投资的减缓和生产发展后劲相对不足的影响。

由对以上几项主要经济指标2008年完成情况与走势的简析，不难看出深圳市当前整个经济面不容乐观，复杂多变，与2007年相比，随后回落下行的趋势明显或加剧。

二 国内外经济环境对深圳市当前经济基本面所产生的实质影响

在如何看待与判断当前国内外经济环境复杂多变，以致对深圳市经济基本面所产生的实质影响之前，十分有必要廓清两个重要问题。

一是美国次级抵押贷款危机影响仍将长时间存在。自从2007年初起源于美国的次贷危机以来，国际经济金融出现很大变数，最终演变成世界金融危机（海啸），不仅波及欧洲、日本等发达国家，也波及了大部分新兴和发展中国家，先后影响到信贷市场、资本市场、商品市场，并对一些国家实体经济的影响逐步显现，并有加深的苗头。

由此，世界上多数主流经济学家和主导经济策略的政要在步履这一艰难的经济过程中，似乎达成一种共识：美国次级抵押贷款危机影响仍将长时间存在，已使美国经济发展大为放缓，并出现当前三季度经济的负增长。但迄今为止，这场危机并非所有风险都已显现，这正是美国与世界经济面临的最大风险。

二是深圳特区经济是一个极为特殊的经济体，具体表现为产业结构十分脆弱而带来的或已现或还潜着的风险。深圳特区经济在其特定的发展时期、区位与政策，长期形成了其经济特质。这种经济特质利弊兼容，就看如何对其进行掌控与因势利导。

不管如何，深圳特区经济在客观上存在"外向经济依存度高和制造业以IT为主（约占50%）产业经济发展极不平衡"这两个突出特征，导致其在当前国内外经济形势变化中，会或已更早更快地出现经济增长速度掉头回落势头。

在2008年前3个季度全市生产总值5611.76亿元中,以工业为例,其增加值增长速度比2007年同期回落3.8个百分点,而其中外商及中国港澳台投资企业生产增速明显回落,前9个月外商及中国港澳台投资企业增加值1666.42亿元,增长仅为7.5%,低于全市平均水平4个百分点,占工业增加值的比重65.7%。因工业生产的减速,其连锁效应是以远洋运输为代表的交通运输业的不景气,全市前3个季度交通运输业增加值增长速度比2007年同期回落13个百分点;加上房地产业持续不景气,金融企业特别是证券业业绩大幅下滑,导致全市经济增长速度与2007年对比持续放缓。

与此同时,深圳特区经济的行业发展极不平衡。前3个季度,工业增加值比2007年同期增长11.5%,住宿和餐饮业增加值增长13.7%,金融业增加值增长20.3%,上述三个行业增加值增幅均为两位数,可以说是发展比较快的行业。但值得高度关注的是:金融业出现了大幅下滑,增幅比2007年同期回落18.8个百分点;交通运输业仓储和邮政业增加值增长5.6%,批发和零售业增加值增长7.4%,两个行业的发展和效益均不理想;农林牧渔业增加值下降20.7%,建筑业增加值下降4.7%,房地产业增加值下降9.4%,这三个行业继续维持下降趋势。

有了对前面"两个问题"的认知,我们就不难看到当前国内外经济环境的复杂多变,或已更早更快地伤害到了深圳市经济实体,从而影响到经济基本面的平稳较快增长。

从下面的一系列数据分析中,是否可窥见一斑?

(一)因深圳特区经济外向度高,深圳市最早最直接受伤害的是外向经济与企业

2008年前3个季度,深圳市外贸共出口1309.61亿美元,月均145.51亿美元,同比增长8.5%,受国际市场影响,从2008年的1、2月就开始掉头回落,逐月的回落增长为:32.6%、18.8%、14.9%、13.4%、12.6%、9.7%、9.5%、8.8%、8.5%,正好与2007年逐月保持两位数增长形成鲜明反差:46%、43.2%、36.4%、31.9%、30%、30.9%、30.4%、28.9%、28.3%。可见,若要实现全年计划增长15.0%的目标,2008年后3个月的月均出口额须达到209.46亿美元,压力巨大。

其一,从历史上看,从1999年至今的近10年时间里,深圳市单月外贸出口额从未超过200亿美元,即使在外贸出口形势较好的2006—2007年,深圳市单月外

贸出口额的最高纪录也仅仅为 2007 年 11 月的 168.53 亿美元。

其二，从目前的国际形势来看，美国的次贷危机已经演变为金融危机，对全球经济的影响更加广泛和深刻。随着国际环境恶化，深圳市外贸市场不断萎缩，直接影响了深圳市的外贸出口。可以说，当前的外部环境和出口形势，与 10 年前受亚洲金融危机影响，全市出口大幅回落有些相似，1998 年全市出口仅增长 3.0%，1999 年增长 6.9%。2008 年出口形势严峻，一方面是外需减弱，出口市场面临萎缩风险；另一方面，受人民币升值加快、原材料涨价、利率上调和 2007 年外贸政策调整等多种因素叠加影响，全市出口增速大幅回落。

其三，从出口市场分布看，2008 年前 8 个月深圳出口市场中，中国香港市场占 39.6%，出口增长 5.3%，比上年同期回落 21.8 个百分点；美国市场占 17.5%，增长 8.5%，回落 6.8 个百分点；日本市场占 3.5%，增长 8.2%，回落 10.6 个百分点；欧盟 25 国占 14.0%，增长 25.4%，回落 16.1 个百分点。这四个国家和地区出口额占全市出口总额的 74.6%，其出口增幅全部回落，其中香港市场降幅较大。具体见表 1。

表 1　　　　2007 年 1—8 月及 2008 年 1—8 月深圳出口市场增幅对比　　　　单位：%

出口市场	出口总额比上年同期增长		2008 年 1—8 月出口总额增幅回落百分点
	2007 年 1—8 月	2008 年 1—8 月	
全市出口总额	28.9	8.8	20.1
中国香港	27.1	5.3	21.8
美国	15.3	8.5	6.8
日本	18.8	8.2	10.6
欧盟 25 国	41.5	25.4	16.1

上述出口地区中，中国香港份额最大，但出口中国香港产品大部分复出口美国等地，这表明 2008 年以来由于世界经济明显放缓，相应国家外部需求减弱，使从中国香港转口的深圳产品也有所减少。从贸易伙伴看，美国、日本及欧盟地区对深圳出口影响较大。2008 年以来美国经济增长疲软，日本经济濒临衰退边缘，欧盟是 2008 年以来深圳出口市场中增幅保持较高的地区，这很大程度是由于过去半年人民币对欧元相对贬值，有利出口增长。

（二）因企业出口需求的不断减缓，直接或间接伤害到深圳工业的增长主动力

2008年以来国际市场、汇率以及国家外经贸政策的变化，直接影响深圳工业经济实体，使深圳工业增加值增速陡降，并回落至近20年的低位。

从汇率看，2008年上半年深圳市工业出口企业由于人民币对美元升值，影响全市工业增加值速度约7个百分点，第三季度人民币兑美元升值步伐有所放缓，但其影响并未消除。

从工业出口看，1—9月工业销售产值11257.90亿元，增长14.5%，其中出口交货值6825.29亿元，增长7.1%，低于销售产值的增速7.4个百分点，出口交货值所占比重由上年同期的64.8%下降到60.6%，表明出口产品所占份额减少，出口拉动减弱。

从工业行业看，全市按大类划分的39个工业行业，有33个行业生产出口产品。在这33个行业中，有13个行业的出口交货值负增长，这意味着这些行业出口规模比2007年同期缩小，其余行业的出口交货值增幅也呈现不同程度回落。

以上几组数据表明，深圳工业过分依赖出口，走低技术含量、低附加值、低档次的道路已困难重重，而要大幅提升高新技术的比重与含量，实现内、外市场并重，也并非一朝一夕之功所能达到。

（三）因国内证券市场的深度回调，无法规避对深圳市第三产业的影响

深圳经济中的第三产业已占全市生产总值的"半壁江山"，其在三次产业中的地位越来越突出。而第三产业中，金融业、房地产业以及交通运输、仓储和邮政业，批发和零售业，住宿和餐饮业的发展，对全市经济增长有重要影响。其中，金融业是深圳市第三产业中的最大行业，2007年全年占GDP的比重达11.4%。2008年以来，由于中国证券市场深度回调，随着A股市场股价的大幅下挫，进一步影响了深圳市金融业发展。1—3季度深圳市金融业增加值增幅比上年同期回落了18.8个百分点。与此同时，房地产业增幅连续两年回落，其增加值2007年全年增长6.4%，到2008年1—3季度下降9.4%，全年有可能负增长；交通运输、仓储和邮政业，批发和零售业，住宿和餐饮业三大行业因没有更有力的新增长点，难以对经济增长提供更大推动力，只能保平稳增长。

由此可见，随着国内外经济环境变数的加大，对深圳市当前经济基本面或已产生实质影响。依2008年前3个季度深圳市实现全市生产总值5611.76亿元，月均623.53亿元看，若要实现全年计划增长12.0%的目标，那么后三个月的月均生产

额须达到667.75亿元,月均相差44.22亿元。由于工业、投资、出口增长与本市生产总值的相关度极高(见图2),因此如若工业、投资、出口无法完成全年计划的话,将直接影响本市生产总值全年计划的完成,经济形势不会乐观,时不我待。

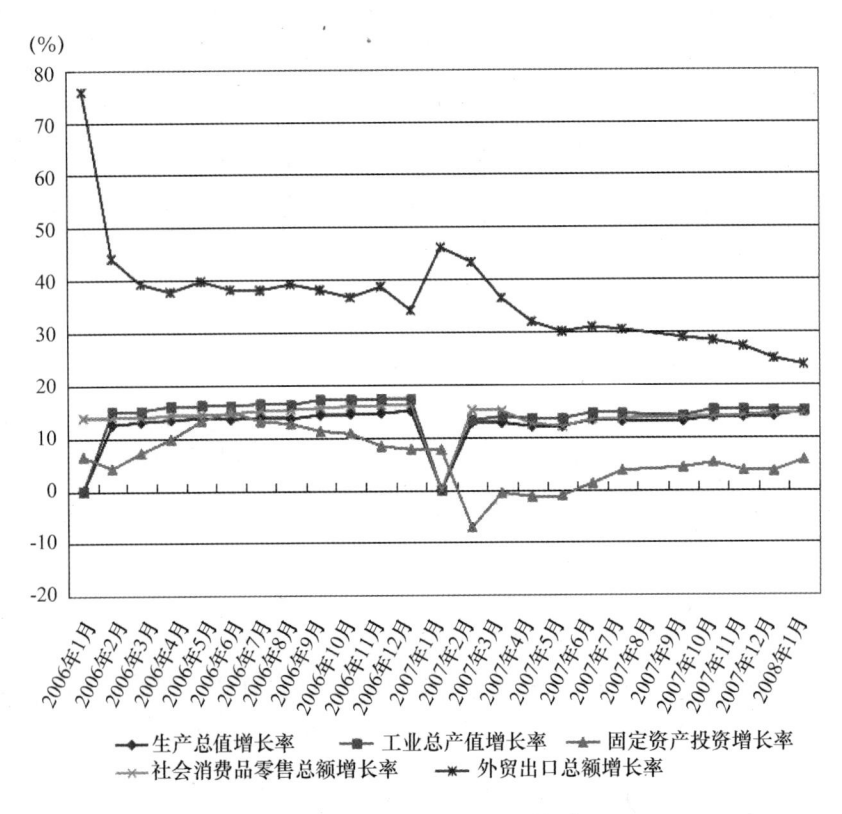

图2 深圳重点经济指标增长率

三 积极应对深圳市当前所面临经济形势的几点看法

冷静理性正视,积极研究采取并落实相关经济措施,尽可能避免或减少国内外经济环境复杂多变对深圳市经济实体的损伤。

(一)以国内外经济环境变化视野,对当前深圳市经济形势做出整体的正确判断,并统一认识

就深圳特区经济而言,与全国经济走势既有区别,又有一样的地方。(1)区别在于：深圳特区经济外向度高和产业结构单一不平衡，受国际影响更直接、更突出，经济面相对有活力，主导不好也十分脆弱，会造成整体经济面的伤害。而全国地域辽阔，内需市场广泛，产业结构相对平衡，抗外影响相对有回旋余地，由美国次贷危机引发出的信贷市场、资本市场、商品市场等问题，可能对中国经济的负面影响会小些。（2）一样的地方在于：就全国而言，由于我国近20年来拉动国民经济增长的主要动力来自第二产业（制造业）和东部沿海发达地区，这两个推动经济增长的强大引擎如果失速，将使我国未来1—2年的宏观经济形势不容乐观，国民经济的下行趋势将进一步显现。改革开放以来，中国出现了两次由于外需放慢带来的经济下滑。第一次发生在1997年的亚洲金融危机之后，中国GDP增长率从1996年的10%下滑到1999年的7.6%。在两次放慢之前，中国经济都出现了不同程度的过热。但两次经济放慢也有着明显的不同。近几年，中国对外需的依赖程度不降反升。出口占GDP的比重从1997年的19.2%上升到2007年的37.5%；净出口占GDP的比重由4.3%升至8.1%，对GDP增长的贡献高达四分之一左右。

可见，本次中国经济继续放慢已不可避免，经济部门和经济工作者应予以正视。特别是在当前金融危机还深不见底的时候，外汇严重缩水，大批中小企业陷入困境和绝境，深圳特区经济策略更应"重在避害，谨慎趋利，正视问题，积极引导"。同时，也应看到危机中存在的机遇，可获得喘息的机会，努力扩大内需，促进深圳经济特区企业的创新、改造、升级，这也将是摆在进一步发展深圳特区经济面前的难题。

（二）以扶持引导深圳特区经济实体发展为"第一经济要务"，逐步摆脱国内外虚拟经济变化带来的对产业经济的负面波及和损伤

从深圳特区经济三次产业结构的角度看，第二产业中的工业增速的回落，对本市生产总值的直接影响是显而易见的。2007年工业增长对本市生产总值增长的贡献率为55.4%，而2008年1—3季度则下降到49.5%，下降了5.9个百分点；分季度看，2007年工业增加值的增长速度均超过本市生产总值的增长速度，而2008年工业增加值的增长速度均低于本市生产总值的增长速度或持平，也显示了工业对本市生产总值增长的影响在下降。由于工业在本市生产总值中所占的比重高达46.6%，因此确保工业的增长是完成全年计划任务的重中之重。

同时，针对企业目前存在生产成本增加、企业融资难、出口退税税率降低和汇率变化等一系列问题，各级政府应进一步加大对企业扶持的力度。强化与金融部门

的协调和配合，加强对企业特别是中小企业金融知识的培训，增强企业运用各种金融工具规避汇率风险的能力，最大限度地减少因汇率波动对其造成的不利影响。还要从拓展市场环节入手，双轮驱动发展国际、国内"两个市场"。在重视大力开发国内市场的同时，不放弃积极开拓非洲、拉美等新兴的国际市场，确保出口的稳定增长，做到内外并重，规避风险，确保工业生产平稳发展。

（三）着眼增强发展后劲，高度重视拉动经济增长的各项经济措施的务实

一是全面推进重大生产项目建设。目前，深圳市重大项目进展不均衡，世纪晶源化合物半导体生产基地、招商局光明科技园等16个年度计划在1亿元以上的项目进展缓慢，计划完成率低于10%。因此，要千方百计采取措施保证每一个重大项目如期完成计划投资。二是合理引导投资向多元化发展。根据建设深圳创新型城市的要求，扩大投资渠道，深入贯彻循环经济指导方针，综合利用有限资源，提升经济在国际产业链中的位置，合理延长产业链，提高投资效益，加大力度培育高端产业投资项目。三是研究房地产市场变化，采取相应灵活措施。房地产投资在深圳市固定资产中占有相当大比重，面对全市房地产市场新变化，要积极研究，施以应策。四是推进特区外城市化进程。加大特区外基础设施投入力度，拓展深圳产业空间，提升产业水平。

（四）勇于面对国际国内经济环境变化，身在特区也应有"举头望明月，低头思'脚下'"的平实心态

眼下在建设深圳国际化城市经济的当头，如果把本次由美国次级抵押贷款危机引发的金融危机，当作新一轮世界经济调整开始的话，各级主管经济的职能部门和领导，更应站在经济调整的大潮头，各司其职，本着"脚踏实地、实事求是"的精神，及时把握全市经济运行中出现的各种态势和苗头，切不可盲目乐观，甚至在"自我感觉、唯我独尊"中发出误导决策层的"经济回升信号"，宁要把困难看得重一些、多一点，做打几年摆脱经济困境的"持久战"准备。当前特别要切实加强经济监测，掌握后3个月经济发展节奏，齐心协力提高应对国内外经济环境变化的能力，进一步提高全市经济运行质量和效益，尽可能减弱减少国内外经济环境不断出现变数对深圳市实体经济的损害。

深圳新发展模式：构建包容性增长和低碳转型社会的路径选择与指标监测方法

深圳经济特区经过上一个30年的快速发展，在国内外城市中已成为一个较为发达的经济体。在下一个30年战略发展构想中，如何紧紧把握在深圳经济特区发展而立之年，中央政府批复经济特区扩容至全市这一重大契机，借鉴国内外先进城市发展经验，转变增长方式，加强区域合作，更加注重公民社会建设，适时创新建立"考量评价包容性增长转型与低碳社会构建主要指标体系"，作为特区建设的行动指南，以进一步谋划未来30年深圳经济特区的新发展，成为执政者在执政方略与发展模式上面临的又一重大战略抉择。

一 从国外发展转换阶段经验看：深圳30年的快速发展与积累，孕育着实现包容性增长转型的重大经济基础与条件

（一）GDP总量持续迅速增长

在深圳经济特区成立之年，深圳市GDP总量为2.7亿元，到2009年，GDP总量达到了8201.32亿元，经济总量位居国内大中城市第4位。从GDP增长速度来看，从1980年至2009年（以1979年为基期），深圳市经济以年均24.7%增速飞速增长，创造了世界经济发展史的一个奇迹。2010年全年GDP突破9000亿元，达到9511亿元，增速12%。2009年深圳市人均GDP地区生产总值从1980年的835元增至106093元，增长了126倍，人均GDP连续多年位居国内大中城市榜首。

（二）一、二、三次产业结构优化显著

1980年，深圳市三次产业结构为28.9∶26.0∶45.1，一次产业所占比重略高于

二次产业比重，农业还是主导产业之一。特区成立5年后的1985年，深圳市工业迅速发展，工业化进程持续快速推进，二次产业所占比重升至41.9%，一次产业所占比重降至6.7%。到2009年，一、二、三次产业结构调整为0.1:47.5:52.4，第三产业所占比重超过一、二次产业占比之和，第二产业保持了平稳增长，一次产业所占比重从1980年的28.9%持续下降至2009年的0.1%。

（三）三次产业贡献率变化更加符合深圳实际

2001年以来，深圳市三次产业对GDP增长的贡献率发生了很大变化。其中，一次产业贡献率一直很小，由2001年、2002年的0.3%到随后年份的负值，说明一产在深圳市经济结构中所占比重极小，总体增长速度慢于GDP的增长；二次产业的贡献率从2001年的49.0%升至2003年的66.1%后，逐步回落到2009年的45.0%，呈倒"V"字形走势，表明二产在经济结构中占重要地位，在多数年份是深圳市经济增长的主动力；2001年起，三次产业贡献率先降后升，从起初的50.7%到2003年最低的34.4%，之后逐步走高到2009年的55.1%，说明三产对GDP的拉动力越来越强，三次产业地位越发重要。

（四）工业增加值凸显巨量支撑作用

30年来，深圳工业从小到大，由弱到强，变"三来一补"为主体到自主创新为主导，特别是大型和国内外知名企业从无到有，创造了世人瞩目的工业发展奇迹。1979年建市时，工业现价总产值只有7128.00万元，到2010年已达到182110.75亿元，年均增长39.8%；工业现价增加值由1979年的2313万元，快速增长到2009年的4092.63亿元，年均增长37.9%，工业的高速增长有力地带动了深圳经济的全面快速发展。

（五）内外销市场变化巨大

在内销市场上，凭借经济特区的迅猛发展和优越的地理位置，社会商品零售总额从1980年的1.96亿元到2010年的3000.3亿元，30年间总量增长了1530多倍，年均增长28.1%。1983年全市社会商品零售总额超过10亿元；不到10年，1992年总额突破100亿元；从100亿元到1000亿元的关口，才用了11年时间；从2005年到2010年，又翻了一番。在外销市场上，进出口总额由1980年的0.18亿美元上升到 2010 年的 3363 亿美元，增长 18683 倍，年均增长 39.9%。

（六）固定资产投资不断拉动

1980—2010 年，深圳市全社会固定资产投资完成额从 1.38 亿元到 1933 亿元，年平均增长速度为 27.3%；其中，1980—1985 年的年平均增长速度最高，达到 89.0%；为深圳经济特区发展奠定重要基础。1990—2010 年，房地产开发投资额从 11.20 亿元到 460 亿元，年平均增长速度为 20.4%，其中 1990—1995 年的年平均增长速度最高，达到 55.9%；之后，随着房地产开发总量的不断扩大和房地产建设用地的不断减少，年平均增长速度逐期下降。

（七）地方财政收入增长迅猛

1980 年，深圳市地方财政一般预算收入为 0.30 亿元，到 2000 年，地方财政一般预算收入突破 200 亿元大关，达到 221.92 亿元。2010 年，深圳市实现地方财政一般预算收入 1106.8 亿元，在国内大中城市中排在北京、上海之后，名列第 3 位。改革开放 30 年来，地方财政一般预算收入保持了 32.9% 的年均增速，占 GDP 的比重除 1985 年达到 16.2%，其他都保持在 10% 左右。

（八）新经济业态的不断出现

总部经济不断涌现，互联网、新能源、生物等新兴战略产业崛起，文化、高新技术、物流、金融等支柱产业成为国民经济亮点。2009 年深圳市认定第一批总部企业 180 家，主要集中在工业、金融业和批发零售业，分别为 39 家、35 家和 28 家，占全部比重的 57.6%。互联网发展方兴未艾，至 2009 年年底资产总额达 2495.5 亿元。2010 年，互联网产业增加值 11690.9 亿元，增长 16.7%；生物产业增加值 141 亿元，增长 23.9%；新能源产业发展迅速，增加值 182.4 亿元，增长 29.1%，呈现高增长势头。2010 年，单位 GDP 能耗 0.513 吨标准煤/万元。与此同时，文化产业实现增加值 602 亿元，增长 6.3%；金融业增加值 1279 亿元，增长 13.5%；物流产业增加值 926.3 亿元，增长 15%；高新技术产业增加值从 1999 年的 251.3 亿元迅速扩张至 2010 年的 3058.9 亿元，增长 32.%，占 GDP 比重也由 13.9% 提高到 31.8%。

二 从国外先进城市社会发展的经验借鉴：实现包容性增长转型与构建低碳社会，是深圳经济特区新发展模式的路径选择

"包容性增长"是译自英文"inclusive growth"的复合名词。从美国大洛杉矶许多城市社会转型发展经验看，包容性增长寻求的是社会和经济协调发展、可持续发展，与单纯追求经济增长相对立。过去30年深圳的发展，在相当程度上得益于其所享有的政策倾斜。时至今日，当初许多政策优惠已不再为深圳独有，这是摆在深圳面前如何进一步发展的一道难题。

通过在美国南加州大学学习和对大洛杉矶许多城市的考察，这里试图从深圳转型低碳发展这一角度，讨论深圳后30年选择发展模式的意义。

（一）深圳建设低碳社会的基本取向

低碳经济是低碳发展、低碳产业、低碳技术、低碳生活等一类经济形态的总称。深圳发展低碳经济就是要以低能耗、低排放、低污染为基本特征，提升深圳发展能效技术、节能技术、可再生能源技术和温室气体减排技术，以促进深圳产品的低碳开发。这是深圳从高碳能源时代向低碳能源时代演化的一种经济发展模式的必然选择。

（二）建设低碳深圳社会的复杂性

从实践上看，深圳建设低碳社会面临着一系列难题，主要表现出以下几个特征。（1）后发性。相对于西欧、北美以及俄罗斯、日本等国家而言，深圳是比较晚进入现代化的。这种后发性使得深圳现代化在很大程度上是以现代化的先行者为榜样的，是一种移植和赶超的现代化。（2）多目标性。由于现代化转型的时序差别，西方社会在不同发展阶段所提出的发展目标，在深圳都成为共时性的目标，诸如经济增长、社会进步、环境保护等，这些都不可能像西方那样按部就班地解决，而需要同时面对。（3）复合性。因为深圳现代化转型的外生性，不同区域、不同行业进入现代化的时序不同，内部发展存在巨大差异。

由此，对推动低碳经济发展、建设低碳社会而言，深圳面临的深层制约主要体现在以下几个困境上。（1）选择困境。由于深圳现代化转型的多目标性，特别是这些目标在很大程度上都需要同时兼顾，分别、分阶段地实现而没有太大回旋余

地。所以，深圳所面临的不仅是所谓鱼与熊掌不可兼得的困境，更是鱼与熊掌以及其他价值物都必须兼得的困境。（2）整合困境。任何社会都有整合的问题。对于建设深圳低碳社会，已有比较强的民意基础，但很多人对于低碳经济、低碳社会还非常陌生，不同行业、不同阶层之间存在巨大差别。如果不能系统地贯彻低碳社会建设的各项政策，实现以低碳为中心的政策整合，就不可能有效地建设低碳社会。（3）持续困境。建设低碳社会不是喊口号，搞运动，它需要有持续的社会经济效果，需要制度重建。没有整合的、有效的制度支撑，低碳社会建设也许可以取得一时一地的效果，但注定是不可推广、不可持续的。（4）突围困境。在创新技术、开发新能源、调整产业结构上实现低碳社会建设的"突围"，事实上面临着很多制约，关键是深圳掌握的低碳技术并不是很充分、很先进，很多技术依赖于发达国家。即使得到技术转让，也要为适应新技术做大量工作，并检验技术的稳定性。

（三）建设低碳社会的深圳优势

深圳人均碳排放水平比较低，存在后发优势，可避免走发达国家的老路，通过加大技术创新和引进力度，可以用较低的成本实现低碳转型。

深圳的优势在于坚持市场经济体制。深圳在实现经济高速增长的同时，单位产值的能源消耗和碳排放有降低的趋势。充分发挥市场机制在有效配置资源和鼓励技术创新中的作用，是深圳低碳转型的一个重要路径。

深圳不仅仅依靠政府来建设低碳社会，更强调通过发挥政府主导作用，形成政府、市场与公民社会的适当关系，共同推动低碳社会建设。深圳在经济发展的基础上，公众社会参与低碳转型的意愿与能力在提升，公民社会力量在成长，深圳低碳转型的前景由此可期。

（四）建设低碳社会要求转变发展方式，这是深圳经济特区新的跨越发展特征

1. 低碳转型发展，成为科学发展深圳经济特区的核心路径

深圳在加快转变经济发展方式上，必须大胆探索、先行先试，保持经济发展的速度、质量和效益相协调，把提高经济发展质量摆在更加优先的位置，以质取胜，赢得未来。

2. 低碳转型发展，是深圳经济特区新时期发展的战略任务

中央对深圳经济特区新要求的根本是坚持科学发展，关键是加快转变经济发展方式，这是深圳经济特区新时期的历史使命和战略任务。深圳在过去30年担当改

革开放排头兵的基础上,必须坚决带头打好加快转变经济发展方式这场硬仗,实现从"深圳速度"到"深圳质量"的跨越,勇当推动科学发展、促进社会低碳转型的排头兵。

3. 低碳转型发展,必然是深圳经济特区未来发展的选择

深圳在快速发展的同时,也遇到了发展环境、生态的刚性约束的瓶颈和难题,土地空间和能源资源愈显紧张,人口承载已近极限,外部竞争日趋激烈,传统发展模式难以为继。深圳必须率先加快转变经济发展方式,破解发展难题,探索发展新路,推动经济进入科技引领、创新驱动、内生增长、低碳绿色的发展轨道,为经济社会发展释放新的活力,创造新的空间。

(五) 确立深圳低碳转型发展的着力点与主要举措

1. 以自主创新推动低碳转型发展

(1)提升核心技术自主创新能力。优化以企业为主体、市场为导向、产学研相结合的技术创新体系,推动从产品输出向技术输出、研发服务延伸。

(2)广聚优质创新资源。加强创新区域合作与国际合作,强化自主创新载体建设,促进各类创新要素的有机结合,增强自主创新推动经济发展方式转变的核心动力作用。

(3)大力引进和培养高素质创新型人才。创新型人才是第一资源,优化人才发展和服务环境,为加快转变经济发展方式提供强大的智力支撑。

2. 以优化产业结构推动低碳转型发展

(1)加快发展战略性新兴产业。按照市场主导、创新驱动、重点突破、引领发展的要求,加快培育和发展战略性新兴产业。

(2)大力发展现代服务业。提升服务业的区域辐射力和影响力。推动制造业向"微笑曲线"两端延伸,实现第二、第三产业在更高层次上协调发展。

(3)增强高技术制造业竞争力。拓展先进制造业的前沿领域,推动"深圳加工"向"深圳制造""深圳创造"转变。

(4)促进传统产业转型升级。坚持品牌化、国际化、集约化的导向,以信息化带动工业化,以高新技术改造提升传统产业,实现传统产业的战略转型。

3. 以深化改革推动低碳转型发展

(1)推进综合配套改革。以加快转变经济发展方式为基本取向,全面深化综合配套改革。

（2）深化经济体制改革。进一步完善市场经济体制机制，努力为加快转变经济发展方式提供制度保障。

（3）加快行政管理体制改革。创新行政管理，提高政府推动经济发展方式转变的能力。

（4）推动社会管理体制改革。

4. 以开放式发展推动低碳转型发展

（1）增强国际竞争力。全面提升开放型经济水平，提高深圳经济特区代表国家参与国际竞争的能力。

（2）深化区域合作。完善全国经济中心城市功能，增强服务区域、服务全国的能力，提高外溢型经济发展水平。

（3）提升国际影响力。

5. 以促进低碳绿色推动发展方式转变

（1）强化节能减排。推进结构节能、技术节能、管理节能，降低经济发展的生态环境代价。

（2）促进低碳生态发展。推进低碳技术研发和低碳制度创新，形成以高技术产业和现代服务业为主的低碳产业结构。

三 从适时监测实现目标轨迹的要求看：须建立一整套衡量评价构建深圳经济特区包容性增长与低碳转型社会的考量和监测并行的指标体系

通过在美国南加州大学学习、研讨与实地考察，不断得到开拓国际当代发展视野，调整转变发展方式的评判立场，借鉴美国加州大洛杉矶地区郡、市、社区发展经验，按照建立公民社会的要求，须建立衡量评价深圳市包容性增长转型与低碳社会构建的主要考量指标体系及要求，以达到适时监测实现科学发展深圳经济特区的目标轨迹的目的。

（一）从包容性增长出发，按照质量速度要求继续完善《"效益深圳"统计指标体系》

1. 继续完善"效益深圳"统计指标体系

"效益深圳"不仅仅是新的经济目标和理念，更是一项扎扎实实的经济运动和过程，因此必须建立和实施相应的"效益深圳"统计指标体系及其长期报表制度，对"效益深圳"进行描述和计量、监测和导向。

2. 进一步明确设置"效益深圳"统计指标体系的总体原则和基本方法

（1）总体原则。要体现"四个性"：一是前瞻性，以"效益"的主题为着力点，突出指标的前瞻性；二是科学性，从效益的基本定义出发，精选最能反映"效益深圳"本质的指标，并能纳入现行国民经济核算体系进行计量和核算，主要指标能与国际指标对接；三是实用性，增加全面调查、抽样调查方法的应用，突出统计数据长期支撑的可操作性；四是简洁性，指标设置宜简不宜繁，既区别于其他相关指标体系，又要突出其独立与简洁性。

（2）基本方法。要多种方法综合应用：一是指数法，须把一系列不能直接相加和不能直接对比的社会经济指标，换算为一定的指数，来进行总体预测和评估；二是关联法，当指标体系中有一个或几个指标无法取得时，可根据关联法用与其类似的指标值来推算该指标；三是权数法，权数决定指标的结构，其作用体现在各组单位数占总体单位数的比重大小；四是其他分类法，包括产业、行业、部类等分类方法。

3. 调整充实"效益深圳"统计指标体系的主体内容

主要从"经济效益""社会效益""生态效益""人的发展"四个方面构建"效益深圳"统计指标体系，形成独具特色的"效益深圳"综合指数。它包括：（1）每平方公里土地产出GDP、万元GDP能耗、万元GDP水耗、年末城镇登记失业率、人均受教育年限、人均可支配收入、空气综合污染指数、污染治理指数、城市污水集中处理率等9个指标；（2）研究与试验发展经费支出占GDP比重、财政性教育经费支出占GDP的比例、高新技术产品增加值占GDP比重、全社会劳动生产率、扣除经济发展所引起的环境损失成本后的GDP占GDP的比率、无形资源开发利用指数等6个指标；（3）工业经济效益综合指数、金融业增加值占GDP比重、物流业增加值占GDP比重、文化产业增加值占GDP比重等4个指标。

（二）从建设公民社会出发，按照福利制度要求制定《深圳市民生净福利指标体系》

从建设公民社会出发，坚持以人为本，关注民生，全面推进和谐社会建设，构建《深圳市民生净福利指标体系》（以下简称《指标体系》）是转型社会发展的重要标志。

1. 明确《指标体系》的主要内容

《指标体系》以福利经济学为理论背景，内容涵盖市民的生活安全、教育质量、健康水平、舒适程度以及自然和社会环境等方面，它力求从收入分配、政府公共产品和公共服务等多环节反映深圳市民的生存、生活和福利状况，从国民收入三次分配、群众能分享到的直接福利和间接福利等角度反映深圳市民公平分享经济社会发展成果的水平。

2. 设置《指标体系》遵循的原则

（1）采用广义概念。从民生净福利的基本内涵出发，对民生净福利在经济学上做广义的理解，根据现实需要进行科学设计。

（2）客观实在。选取最能反映人民群众生存、发展状况的指标，客观真实地反映市民群众分享经济社会发展成果的水平。

（3）可操作性。按有利于实施现有统计报表制度来设计，能实现分区核算，并能通过一定的统计设计、统计调查方式获得可靠数据。

（4）深圳特色。《指标体系》既反映人的生存和发展的一般规律，又反映深圳经济社会发展实际，特别是人口构成的特殊性以及社会整体福利水平的状况。

3.《指标体系》的基本框架

《指标体系》共选用21项指标：（1）居民人均可支配收入增长率；（2）基尼系数；（3）主要农产品质量安全监测超标率；（4）药品安全抽样合格率；（5）达到Ⅰ级和Ⅱ级空气质量的天数；（6）主要饮用水源水质达标率；（7）交通事故死亡率；（8）城镇登记失业率；（9）零就业家庭户数；（10）应届大中专毕业生就业比例；（11）社会保险综合参保率；（12）劳务工工伤保险参保率；（13）劳务工医疗保险参保率；（14）社会保障和就业支出占财政支出比例；（15）社会捐赠款；（16）财政性教科文卫体支出占财政支出比例；（17）财政性环保投资经费占财政支出比例；（18）财政性公共基础设施建设支出占财政支出比例；（19）人均受教育年限；（20）职工在职培训学时数；（21）人均公共图书馆馆藏图书。

（三）从可持续发展出发，按照构建低碳社会要求设置《深圳市转变经济发展方式评价指标体系》

1. 设置转变经济发展方式监测指标的基本原则

（1）本质性。选择的方法和选取的指标能够说明监测对象工作目的的本质要求。

(2) 共性与完整性。监测涉及的各个方面及选取的指标要在各区中有共性，以便具有可比性，以满足公平公正原则。

(3) 协调性，指监测对象发展状况的特征是多方面的表现。

(4) 可综合性。由于设计的是监测方法，所以监测系统中的所有指标要协调一致，最后能得出一个综合概念。这里包括选用的综合方法要科学合理，有说服力。

(5) 可操作性。设计监测方法的目的是为了应用，如果只是理论上可行而无法操作，或者只有专家能使用，普通工作人员无法使用，不具推广性，也违背设计目的。

(6) 动态性。动态性是指认识在不断深化，研究还要不断深入，监测系统要能动态更新。

2. 统计监测方法与设计指标的主体要求

整个人类生存系统以人的再生产为中心、为主线，以生态再生产和经济再生产为条件、为支撑，以科技再生产为进步、为提升，促进人类社会不断向前发展，全面进步。监测指标主要从这四大系统来考虑：（1）生态再生产，主要包括天然环境的保护、环境损害的降低和环境的修复；（2）经济再生产，主要指为满足需求的不同层次而进行的投入产出活动，活动的结果是有用产品，是使社会居民得到实惠，社会福利不断提高；（3）生态再生产和经济再生产是为满足人类生存系统或为满足人类自身再生产的重要和必要条件；（4）科技再生产，人类生存系统要不断进化，要用更高级的手段去改造自然、改造经济、改造社会，这就是科技，这里主要指自然科技。

（四）从打造和谐幸福新特区出发，按照社会建设与经济建设同等重要的基本要求设置《深圳市社会建设评价指标体系》

1. 社会建设考核指标体系的主体内容

一般应包括以下内容：社会结构、社会管理等社会制度的完善；社会公正、社会参与、社会融合等社会机制的健全；以教育、文化、生态环境、公共设施为主要内容的公共服务事业的发展；以社会保险、社会救助为主要内容的社会保障体系的完备；社区、社会中介组织等社会组织的成熟。从建立考核指标体系上讲，社会建设侧重的是主观努力过程，而社会发展侧重的是主客观作用的结果。

2. 选取社会建设考核指标的原则

（1）以人为本原则，分别从人口规模、就业、居家生活、提高自身素质、健康、保障、公共服务产品、社区服务、社会秩序等角度反映市民的生存和发展环境；（2）创新原则；（3）科学性原则；（4）可得性原则；（5）主客观指标相结合的原则；（6）简明性原则。

3. 社会建设考核指标体系的考核方法

由于指标不便于从总体上直接地判断一个区的社会建设状况，应采用指数法编制社会建设指数，用一个数量概念来反映社会建设考核指标体系。编制社会建设指数的步骤如下：（1）确定权数。对不同的指标，根据其在体系中的重要程度，通过专家法赋予相应的权数。（2）计算综合指数。把29个不能直接相加的指标，通过赋予不同的权数，加权计算出社会建设指数。即社会建设指数 = $\sum$（N1 × W1 + N2 × W2 + ⋯ + N29 × W29）× 100%。

4. 建立社会建设考核指标体系的主要借鉴参考内容

（1）ASHA（美国卫生协会指数）、美国PQCI（生活质量指数）、美国ISP（社会进步指数）、联合国HDI（人类发展指数）；（2）国家统计局、省统计局有关社会统计报表制度和全面建设小康社会指标体系；（3）中国人居环境奖基本指标体系，《广东省市厅级党政领导班子和领导干部落实科学发展观评价指标体系及考核评价办法（试行）》；（4）《深圳市城市总体规划（2010—2020）》，深圳市原有的效益深圳指标体系、民生净福利指标体系、文明指数等；（5）北京等地的社会领域指标体系。

深圳市经济开局总体稳进，华为还是那个华为（创新扩张增长），可得悉华为深圳终端今年却要全走

从2016年1—2月主要月度指标统计数据看，深圳市经济开局总体稳进，基本面延续增长态势，主要指标升多降少。经初步测算，全市GDP增长8.1%还略强，投资增长29.4%，社会商品零售额增长8%，出口下降12.7%。从分行业看，"三产"里的金融、地产支撑仍在，金融机构本外币存、贷款余额均增长18%，商品房销售面积增长69.5%，深圳地区证券交易额下降17%；"二产"中的工业和建筑业基本稳住增长，主要骨干大型与科技创新企业保持较好增长，但企业升降面不一，全市规模以上工业增加值增长7.0%，各企业增长存在较大不平衡问题，全市规模以上工业大型企业增加值增长13%，而中型企业下降6.4%；规模以上工业出口交货值企业下降面较大，全市共2173家，占企业数的33.2%，产值下降企业数达3544家，占规模以上企业数的54%。这些相关产业、行业与重点企业指标数据的变化均不可轻视。

鉴于目前全市经济仍需像华为等大型骨干实体企业支撑，这里特别报告一下"一企相撑"的华为公司的一点新情况。

"3·8"当天，是企业上报1—2月数据的重要时间窗口。说它重要，一是这是2016年企业首次报1—2月数据，用它能观测深圳市首季经济"开门红"成色；二是8日这天，是全国企业数据上报关网日，只要错过这个时间，网络一关，什么数据也报不上。

因华为在全市经济地位举足轻重，体量大、占比高、贡献强，从1—2月最新上报数据显示，它对全市规模以上工业的贡献率在80%以上。

为此，这天一早便与工业统计专业人员一起，特别梳理了华为1—2月数据上报情况。从华为初报的1—2月的数据看，华为深圳工业增加值164.6亿元，可比

价增长41.2%，依然保持延续去年以来的高位增长，还是那个"高大上"华为。

尽管华为1—2月开局有着漂亮的数据表现，但我们在与其财务部专业人士沟通中，不经意间发现华为深圳终端数据有异样迹象，疑似有一定规模的数据未上报（今年前2个月，约20个亿）。后经进行东莞关联剔除测算，这部分数据可往下影响华为工业增加值增长5.5个百分点，减少华为占比全市1—2月工业增加值0.7个百分点，由此降低华为对全市工业贡献率1.5个百分点，影响全市GDP增长0.2个百分点。

对此，笔者有些坐不住，立即带专业人员于"3·8"中午赶往华为经营管理部，急请彭求恩总裁安排空隙时间会见，当面恳请华为能在最后时间报上深圳终端数据的紧迫之求。

在随后沟通中，我们除了阐述统计上报"不重不漏"原则与专业技术路径外，同时也表达了市委、市政府无时不对华为发展的深切重视和充满期待。

在获得华为深圳终端上报问题上的暂时共识后，彭总亦直白透露，东莞当地下大力支持华为东莞终端扩张，与华为签订许多支持协议，非常给力。而对于东莞当地如何给予华为支持，在彭总只言片语中并未透出具体细节，但从其洋溢着毫无遮拦的高兴表情，把东莞给予华为的厚重支持明白地写在脸上。

我们与彭总沟通交流氛围虽一直宽松融洽，但他始终表达出一个中心意思：华为深圳终端将要全部移师东莞，而且会在2016年完成。

这是一个令人难安的信号。

若华为深圳终端离开深圳，意味着华为创造的增加值将来一年会移走总产值约500亿元，掏走增加值近100亿元，导致2016年全市工业增速下降1.1个百分点，这将掏空一大块深圳先进制造业的增加值。说实在的，华为深圳终端的一年增加值，约相当2015年4—5个大疆科技（百旺）。

如今得悉这个消息，笔者意识到这是当下深圳经济发展隐忧，它会不会引发深圳大型骨干企业外迁的"羊群效应"？虽不敢断定，但它却扎扎实实又一次让笔者对深圳实体经济产生不安全感。

在深圳统计15个年头，经历了三次全国经济普查，一直号脉深圳产业经济，并与之同心跳，深知深圳经济增长轨迹、周期变化与产业支撑的重要性。而这一次在华为核数，无意悉知其深圳终端将于今年全部转移，必将加剧全市经济产业"空心化"，一定值得我们深圳经济工作者多加琢磨对策，多问几个相关为什么。我们对2015年全市企业外迁对深圳工业影响做了一个统计剔除分析，由于企业外

科学度量 Two

迁对深圳工业年度增速下降影响3.3个百分点左右。

若能按马上就办、办就办好的要求,直面快速加以反映这一问题,真心如同东莞当地不断给力华为,华为还是那个华为,应就会一直在深圳,而不是东莞。

如何引领华为在深圳持续创新扩张发展,这在深圳先进制造业中有较强的风向标和紧迫性。

同朝公干各自把守,有些话可能超越自己部门职责所及,但是依然想说,对当前深圳领跑全国转型升级经济中,如何实现"留住、扩张并引入"这一"三轮并驾"的先进制造业落地,甚而可召开一次全市大力发展高端制造业大会,营造一个大的正能氛围与经济环境,并务实着手构建专属力量,像对华为、中兴通讯、比亚迪、富士康等这样的骨干大型企业,实施"一企一策",不失为当下发展深圳实体经济之急。

关注支持重点大型实体企业根植深圳创新发展,这是当前经济工作的一个切入口。

E. 繁从简，案例分析

少环简约流畅，有人说设计是一个痛苦的过程。

进行统计分析案例亦是如此。培训的过程就是去繁从简，一种认真、严谨的态度。

所谓的专家，无非就是熟悉情况、熟悉现行制度。因此，个案分析须接地气，讲究实用方法做法，解决实际问题与路径。

思维与方法处于顶层，案例分析时要讲清这个。有句话叫读万卷书不如行万里路，还有一句叫千条万条思维方法，顶层总相通。

统计分析既有个性个案分析，又有共性，值得去共享把握。

大道至简，数据案析亦如此。

实用统计分析套路与案例解读[*]

对统计人而言,在统计活动实践中,统计分析既"亚历山大",也是谋生之工具。

一 统计

统计,是人生的一面镜子。

统计一词,广泛而实际,失信而亲近,深奥而简单。

二 统计产品

(一)采集生成数据——基本产品

例如,国家统计局住户调查办公室 2011 年 3 月 11 日 08:26:38 发布的统计产品(案例 1):据 65000 户城镇居民家庭抽样调查资料显示,2010 年全国城镇居民家庭人均总收入 21033 元,比上年增长 11.5%;扣除价格因素,实际增长 8.0%。

(二)发现数据规律和特点——引申产品

例如,同上案例 1 的统计产品:

主要特点:城镇居民收入继续增长,中低收入群体收入增速较快,东部与其他地区间收入差距基本未变。

增长原因:(1)多数地区提高了最低工资标准和最低生活保障标准;(2)国家继续提高企业退休人员基本养老金水平;(3)各地区根据价格上涨情况对部分人群给予补贴;(4)部分地区机关事业单位继续规范津补贴制度,提高津贴标准;

---

[*] 视觉 11·精选 99·善用 66;即使不会写,也会读;不会读,也会看;不会看,也会模。

（5）企业效益好转，企业员工的工资、福利和奖金比上年有明显提高。

（三）应策与建议——高端产品

例如，同上案例1的统计产品：注意全国人均总收入地区间与结构平衡增长问题。

三　统计分析

（一）数据统计结果的应用分析——定位

例如，国家统计局住户调查办公室2011年3月11日08:26:32发布的一项专题调查成果（案例2）：截至2009年，全国外出农民工已达14533万人。同时，农民工内部出现代际更替，1980年之后出生的外出农民工，通常称其为"新生代农民工"。

据2009年对全国31个省的农民工监测调查，新生代农民工达8487万人，占外出农民工总数的58.4%。

（二）描述数据的趋势及变化——核心内容

同上案例2的新生代农民工专题调查，新生代农民工外出从业的特点为：（1）基本不懂农业生产，"亦工亦农"兼业比例很低；（2）主要集中在制造业，从事建筑业的比例较低；（3）外出从业的劳动强度较大，仍然是吃苦耐劳的一代；（4）跨省外出的比例更高，并且更倾向于在大中城市务工；（5）初次外出的年龄更加年轻；（6）收入水平相对较低；（7）在外的平均消费倾向较高。

（三）综合知识与经验的融合应用——并非都能成为达人

分析是一项高技术含量、多视角知识、实用性很强的"活儿"，它兼容了专业业务、网络技术、计算方法、逻辑判断与实际经验的综合应用。

四　统计分析的基础条件

（一）占有大量的统计数据产品

1. 从时间分：报告期与基期，现在与历史

例如，在房地产宏观调控关键时期，国家统计局2012年7月18日09:30:01

公布（案例3）：2012年6月70个大中城市住宅销售价格变动情况。新建商品住宅（不含保障性住房）价格：（1）与上月相比，70个大中城市中，价格下降的城市有21个，持平的城市有24个，上涨的城市有25个。环比价格上涨的城市中，涨幅均未超过0.6%。（2）与上年同月相比，70个大中城市中，价格下降的城市有57个，持平的城市有2个，上涨的城市有11个。6月同比价格上涨的城市中，涨幅均未超过1.2%，涨幅比5月回落的城市有6个。

2. 从类别看：单一与综合，绝对与相对，全面与部分（典型、抽样、非典型）

又如，中国经济景气监测中心2012—07—13 10：00：09发布（案例4）：2012年第二季度企业景气指数为126.9，比第一季度微降0.4点，降幅逐步收窄。

分行业看，按企业景气指数高低排序依次是信息传输软件和信息技术服务业、社会服务业、工业、建筑业、批发和零售业、住宿和餐饮业、交通运输仓储和邮政业、房地产业，企业景气指数依次为148.8、130.8、129.2、128.5、128.5、121.1、118.2和109.2。

从工业内部看，电力、热力、燃气及水生产和供应业，制造业，采矿业的景气指数依次为138.2、129.7和115.3。

分企业注册登记类型看，国有企业、集体企业、股份合作企业、联营企业、有限责任公司、股份有限公司、私营企业、中国港澳台商投资企业和外商投资企业的企业景气指数分别为129.7、115.1、121.3、113.3、123.4、135.6、121.6、125.2和131.5。

分地区看，中部地区的企业景气指数明显高于东部和西部地区，东、中、西部地区的企业景气指数分别为126.3、130.1和123.9。

3. 从对象分：总体与个体，研究对象与同类对象

来自中国统计信息网2011—09—28 10：00：12发布的2010年全国科技经费投入统计公报（案例5）：2010年，我国共投入R&D经费7062.6亿元，比上年增加1260.5亿元，增长21.7%；R&D经费投入强度（与国内生产总值之比）为1.76%，比上年的1.70%有所提高。按R&D人员（全时工作量）计算的人均经费为27.7万元，比上年增加2.3万元。

分活动类型看，全国用于基础研究的经费投入为324.5亿元，比上年增长20.1%；应用研究经费893.8亿元，增长22.3%；试验发展经费5844.3亿元，增长21.7%。其中，代表原创性研究的基础研究和应用研究经费所占比重为17.2%，连续三年保持稳定。

| 科学度量 Two |

分执行部门看，各类企业投入 R&D 经费 5185.5 亿元，比上年增长 22.1%；政府属研究机构投入 1186.4 亿元，增长 19.1%；高等学校投入 597.3 亿元，增长 27.6%。企业、政府属研究机构、高等学校经费所占比重分别为 73.4%、16.8% 和 8.5%。

分产业部门看，R&D 经费投入强度（与主营业务收入之比）最高的行业是专用设备制造业，为 2.04%；投入强度在 1.5%—2% 的有 4 个行业，分别是医药制造业（1.82%）、通用设备制造业（1.59%）、电气机械及器材制造业（1.59%）和仪器仪表及文化、办公用机械制造业（1.50%）。

分地区看，R&D 经费超过 300 亿元的有江苏、北京、广东、山东、浙江和上海 6 个省（市），共投入经费 4136.5 亿元，占全国经费投入总量的 58.6%。R&D 经费投入强度（与地区生产总值之比）达到或超过全国水平的有北京、上海、天津、陕西、江苏、浙江和广东 7 个省（市）。

（二）掌握足够的背景资料、事件信息与特质

来自中国统计信息网 2012—07—13 13:32:10 的国家统计局新闻发言人就上半年国民经济运行情况答记者问（案例6，作者：盛来运）。

第一问由中央电视台记者提出：2012 年第二季度中国经济增速跌破了 8%，您觉得这是否超出预期？这也是去年以来连续 6 个季度经济增速回落。您觉得回落的原因是什么？您如何看待？如果想用一个词来形容目前中国的经济形势，您觉得哪个词比较合适？

新闻发言人盛来运：半年国内生产总值同比增长 7.8%，第二季度增长 7.6%，跌破 8%，这是时隔三年以后经济增长速度又一次回到 8% 以下。大家都很担忧中国经济的走势，有的也很担心中国经济是不是出了什么问题。但是如果我们不过多地纠结于 8%，客观、理性地看待中国经济的国内外形势，从 2012 年上半年的情况来看，中国经济运行总体上是平稳的。

用一句话概括 2012 年上半年经济运行的特点：总体平稳，稳中有进。所谓总体平稳，主要是指增长以及主要实体经济发展的主要指标，仍然运行在目标区间以内，GDP 上半年增长 7.8%，仍然高于年初制定的 7.5% 的预期目标。上半年规模以上工业增加值增长 10.5%，固定资产投资 1—6 月增长 20.4%，社会商品零售总额增长 14% 左右，进出口保持适度平稳增长，这些数据说明主要经济指标仍运行在适度较快增长区间。

刚才问到如何看待经济增速回落，特别是如何看待增长速度回到8%以下这个问题，可以体现这样几层意思。

一是上半年7.8%的速度应该说在世界范围来讲，仍然是比较好的速度。根据英国共识公司最新的一次预计结果，金砖五国中，第二季度印度和俄罗斯的经济增长率在5%左右，巴西的经济增长率在1.2%左右，南非的经济增长率也比较低，发达国家大家更清楚，欧元区预计第二季度要负增长0.3%，美国第二季度的折年率也有回落，在1.6%左右。从世界范围来看，第二季度7.6%的增速虽然说在继续下滑，但在世界范围来讲是一个很不错的速度。

二是实现这样一个速度应该说是非常了不起的。大家知道，今年以来国际形势不仅复杂多变，而且非常严峻，外需不足、内需不旺的矛盾仍然比较突出。所以，党中央国务院应该说及早地预见了这种形势的变化，提出预调微调，先后降低银行存款准备金率和两次降息，应该说为保持经济稳定增长发挥了重要的积极作用。

三是经济增速继续回落，应该说是符合经济规律的。今年经济增速回落的主要原因是国际形势在继续恶化，所以我们的外需不足的矛盾比较突出。再是国内房地产等宏观调控措施还在继续实施，内需有一些趋缓。

还有一个原因，中国经济经过30多年的高速增长，现在处于转型的新阶段。在结构转型期，我们的资源供求关系发生了一些变化，潜在的增长生产率有些下降。这是国际上结构转型期间存在的普遍规律。所以，现在经济增速的下滑一定程度上受到经济结构转型期间潜在增长生产率下滑的影响。

四是7%—8%的速度，应该说有利于我们在结构转型期调结构、转方式，有利于处理资源配置效率低问题，有利于淘汰落后产能。

所谓稳中有进，是指在经济增速回落的过程中，经济运行中出现很多新的亮点、新的变化。从上半年的情况来看，有很多亮点。

第一个比较突出的亮点是农业，特别是夏粮继续获得大丰收，创历史新高。

第二个亮点是结构调整继续取得新的进展，上半年新兴工业、高新技术产业的增加值增速是12.3%，比规模以上工业平均增长高1.8个百分点。我们在调研中发现，凡是结构调整比较快、比较早的企业或行业，抗市场的风险和市场竞争能力都比较强。

第三个亮点是节能减排继续取得新的成效，上半年总的能源消费量增速同比回落。

第四个亮点是就业总体稳定。上半年城镇新增就业岗位是600万个左右，全国农民工在城里面打工6个月以上的外出农民工增长了2.6%。

第五个亮点是物价上涨的势头得到遏制，通货膨胀的压力明显趋缓，所以6月的居民消费价格指数CPI回落到2.2%。

第六个亮点是城乡居民收入继续较快增长，城镇居民人均可支配收入扣除物价以后实际增长9.7%，农村居民人均现金收入实际增长12.4%，还是一个比较快的速度。

所以，从这些亮点和新的变化看，我们得出上半年尽管GDP增速继续在回落，但是总体上来讲，运行平稳，稳中有进。这说明中央关于经济工作所制定的稳中求进的总方针是正确的。

五　统计分析准备

（一）明确目的性

1. 主动型——内需分析

（1）感兴趣领域

例如，《2011年深圳消费品及主要专业市场运行情况与2012年展望》（案例7，作者：杨奕明——社会科学文献出版社ISBN978—7—5097—3302—8）：A. 消费品及主要专业市场运行情况；B. 消费品市场的主要特点与需要关注的问题；C. 2012年走势展望及预测。

（2）学术论文性质

又如：《CPI（居民消价指数）预测模型的应用探微——对选择运用深圳市CPI预测模型的实证分析》（案例8，作者：杨新洪——北京大学光华管理学院EMBA项目论文）。

（3）评定职称需要

再如，A.《成长性中小企业文化软实力结构数量特质研究》——获国家统计局第九届统计科研优秀成果奖博士论文一等奖（作者：杨新洪）；

B.《欧美"再工业化"战略对转型期深圳的启示》——获广东省统计局工交统计分析评比一等奖（案例9，作者：沈宜）。

2. 领受型——被分析

（1）可预见的规定统计分析"功课"

深圳市政府于2010年1月28日（星期四）下午3：00在市民中心B1036，市政府新闻发布厅（案例10，深圳市2009年国民经济运行情况新闻发布会），召开了深圳市2009年国民经济运行情况新闻发布会，深圳市发展和改革委员会、市统计局领导出席并介绍了情况。

主持人（苏会军）：各位记者朋友，下午好！很高兴又与大家见面了。欢迎大家参加深圳市人民政府新闻办公室新闻发布会。今天这场发布会是市政府新闻办今年第一场新闻发布会，在各位大力支持下，去年深圳市新闻发布工作取得很大进步，不但出台并实施了深圳市人民政府新闻发布工作办法，并且全年市政府新闻办召开发布会超过40场。在此代表市政府新闻办对大家支持表示衷心感谢！今天发布的主题是深圳市2009年国民经济运行情况。今天做新闻发布的嘉宾是深圳市发展和改革委员会主任陈彪先生，深圳市统计局副局长杨新洪先生。

2009年面临国际金融危机严重冲击和影响，深圳国民经济平稳健康发展，全年生产总值8201.23亿元，按可比价格计算，比上年增长10.7%，超过年度目标0.7个百分点，分别比全国、全省增速高出2个和1.2个百分点，我们下午首先请深圳市发展和改革委员会陈彪主任介绍2009年深圳市国民经济运行情况。

……

《中国经济时报》记者：想问一下2009年深圳市社会消费品零售总额达到2598.68亿元，其中具体一些结构，包括金银珠宝、汽车奢侈品消费非常旺盛，奢侈品在总体零售总额所占比重是多少？

陈彪：请我们杨局长回答这个问题。

杨局长：谢谢这位记者的提问。过去一年我们GDP整个比较好的增长中，社会消费品零售总额的比重比较大。2009年整个GDP增长10.7%，第三产业拉动是5.8%，这里又有两个大的类别，一是批发与零售业，这个对GDP拉动占了0.3%。二是住宿餐饮业拉动0.3%。所以，经济三驾马车消费的拉动作用是比较显著的。除了这块，我们还有相应的行业拉动也都在加快、加速，一些新兴行业，金银珠宝销售增长2009年达到228.0%增幅，汽车类增长达到83.5%，文化办公类增长72.0%，体育用品增长22.6%，服装鞋帽类增长17.7%，相应通信器材方面有点小幅下降，整体情况大致是这样一个结构。

（2）指令性的统计分析专题作业

《对罗湖区"去工业化"后产业升级的思考与几点建议——时任深圳市委书记、现任湖北省委书记李鸿忠交办件》（案例11，集体作者：深圳市统计局）。A.罗湖产业结构的现状及特点；B.产业升级的困难及挑战；C.对罗湖产业升级的思路与建议。

3. 综合型——两者兼有，动力强大

（1）时间充裕情形

《深圳新发展模式：构建包容性增长和低碳转型社会的路径选择与指标监测方法》（案例12，作者：杨新洪，《深圳经济特区理论与实践》）。A. 从国外发展转换阶段经验看：深圳30年的快速发展与积累，孕育着实现包容性增长转型的重大经济基础与条件；B. 从国外先进城市社会发展的经验借鉴：实现包容性增长转型与构建低碳社会，是深圳经济特区新发展模式的路径选择；C. 从适时监测实现目标轨迹的要求看：须建立一整套衡量评价构建深圳经济特区包容性增长与低碳转型社会的考量与监测并行的指标体系。

（2）极强时效情形

对深圳市当前经济基本面变化及受国内外经济环境实质影响与积极应对的几点看法（案例13，作者：杨新洪）。

尊敬的刘玉浦书记（时任）：

您好！

我是市统计局副巡视员杨新洪，在完成邓平局长（时任）交办由我负责牵头主撰，并经他阅改的《当前我市经济形势的基本情况、主要判断与建议》（想必已报送您）一文后，觉得对经济走势的一些判断意犹未尽，仍有一些话想向您说。当前，国内外经济环境复杂多变，本着"独立思考与求是"的精神，我从更多一点负面影响和把问题看得重一些的角度，对深圳市经济走势又做了深入思考与分析，所得拙见，供您参阅。

市委办公厅的摘要报件（案例14，作者：深圳市委办公厅）：

市统计局杨新洪同志对深圳市当前经济基本面变化及受国内外经济环境实质影响做了较为深入的数据分析和思考，认为：A. 深圳市当前经济基本面出现向上与向下因素相互交替发展，而衍生出不容忽视的以经济下行更多的新变化趋势，后三个月完成全年计划预期目标任务极其艰巨，全市经济增长速度不排除在今后出现加大减缓趋势或掉头下滑的极大可能；B. 国内外经济环境的变数在加大，因深圳经济外向度高和产业发展极不平衡性，或已更早更快地损伤了深圳市经济实体，将影响到全市经济基本面。

针对上述深圳市经济形势面临的新变化，该同志提出了一些看法：A. 须以国内外经济环境变化视野，对当前深圳市经济形势做出整体性的正确判断，并统一认识；B. 以扶持引导深圳特区经济实体发展为"第一经济要务"，尽可能减弱国内外虚拟经济变化带来的对产业经济的负面波及和损伤；C. 着眼增强发展后劲，高度重视拉动经济增长的各项经济措施的务实；D. 及时把握全市经济运行中出现的各种态势和苗头，切不可盲目乐观，甚至发出误导决策层的"经济回升信号"。

（二）挖掘数据

1. 现有数据整理，已有的与非已有的

例如：《基于空间分异的中国文化力实证考量分析》（案例15，作者：杨新洪，《北京数据科学》）。文化力在地理时空分异中，不仅具有很强的动力表现痕迹，而且反映出文化力内在变化的趋势性规律。一方面，它推动一个国家、地区生产力的变化发展，是硬实力发展的推力器；另一方面，它又推动一个国家、地区文化力的自身发展，并内生出原动力，文化力的这两方面有着本质的必然联系。因此，研究当代中国文化力的空间分异状况，具有较高的探索意义。以GDP和文化产业增加值作为衡量中国国力与地区文化力的主要代表指标，按照文化力指标体系及考量范围划分，采集与归类了大量的相关文化力原始数据，列出"2004—2008年全国及主要城市文化力及相关指标总表"，借以展开基于空间分异的中国文化力实证考量分析。

四个部分：（1）中国大陆文化力空间分布状况；（2）中国大陆文化力的趋势相关分析；（3）中国大陆文化力的城市空间分异分析；（4）中国大陆文化力差异的机制分析。

2. 依分析需要，展开业内数据加工与外勤补充调查

例如，《关于提高我市政府统计能力的思考与建议》（案例16，作者：殷勇，深圳市统计局《统计分析》2012年第2期）差距在哪里？

（1）2010年深圳GDP总量在31省（自治区、直辖市）比较中位列第18位，比2008年大约下移1位；与此同时，税收（主要是地税）总量在31省（自治区、直辖市）比较中位列第7位，比2008年大约上移1位。除政策因素外，同样一个地区税收能力与统计能力比较反差如此之大，恐怕全国少见。

（2）深圳市GDP总量大约接近广州市总量（2011年1—3季度差距不到800亿元），但深圳政府统计人员总量按同口径大约是广州市政府统计人员的1/2；深圳GDP总量大约相当于中国香港65%左右（2010年差距4000亿元左右），但政府统计人员总量大概只有香港地区的1/10。虽然这可能说明深圳统计效率高于港、穗，但倒过来考虑，如果哪怕有广州市政府统计人员总量规模相当的统计能力，按投入产出之间的简单算术平均，深圳GDP总量至少不会低于广州市；如果深圳有香港政府统计人员总量规模的1/2，深圳GDP总量的统计工作空间就可能更大。

（3）从2010年开始，国家统计局把限额以上商业个体户（俗称"大个体"）

纳入限额以上全面调查统计。从历史渊源和市场环境看，深圳"大个体"统计对象数量应高于北京、上海，但统计事实却是北京、上海限额以上商业企业比重达80%，而深圳仅52%，相当部分的限额以上"大个体"未纳入统计。从去年开始，市统计局联合部分行业协会对华强北电子市场、水贝珠宝市场、大芬村艺术品市场部分的"大个体"试行限上商业统计，仅此项深圳市全年批发零售额有望增加大约1300亿元。由此可以看到传统服务业统计能力尚有较大的提升空间。

（4）深圳是全国极个别户籍人口与非户籍人口严重倒挂城市，房屋租赁活动非常活跃。据福田区调查，居民人均拥有第二套房0.35套，人均拥有出租房面积27.43平方米。另据市统计局会同市租赁办全面调查，全市房屋出租行业增加值中，按现行统计制度实际真正进入GDP核算只占很少一部分。如此大规模的经济活动竟然绝大部分（大约700亿）不能进入统计，由此可见现行某些制度办法及其统计能力的严重滞后性。

3. 完整时间序列数据，推算空缺（插入法等应用）

在进行统计分析时，有一些久远的年份、月份统计数据残缺，需要用外插入法进一步完善时间序列数据，以便平滑和描述其趋势。

（三）拟定重要执行环节与方向

1. 不断酝酿，思想运动，深入思考

例如，《探索深港在泛珠三角经济力整合中的对接道路和有效途径》（案例17，作者：杨新洪，《南方论丛》）。泛珠三角区域合作构想，自2003年7月由时任中共中央政治局委员、广东省委书记，现任副总理张德江破题后，这一合作构想便引起广泛思索，它不仅击中了区域协调发展的鼓点，顺应了历史发展的潮流，而且触及了区域经济协调发展的普遍规律，得到了南中国地区的积极回应，随之上升为国家层面的发展战略。2004年6月1—3日，"泛珠三角区域合作与发展论坛"在港、澳、穗三地拉开，并最终"9+2"省区签署了《泛珠三角区域合作框架协议》，为推进区域合作建立了制度保证和多层次的合作机制。

由此，通常意义上的珠三角区域便泛指两广（广东、广西）、三南（湖南、云南、海南）、江西、四川、贵州和两个特别行政区（香港、澳门），而深圳、香港作为泛珠三角区域的动感地带，两地经济发展的"一颦一笑"都会牵动人心，举足轻重。尤其是2004年6月泛珠论坛才落下帷幕，深圳市政府李鸿忠市长就率代表团访问香港特首，并同工商界、科技教育界高层人士认真研讨和宽广切磋，旋即签署了一系列利好的分工与合作文本和忘备录，迈开了深港合作的框架性步伐。可见，从深港区域互补互动经济发展的必然规律和生动实践这两个层面来探索求证在南中国泛珠三角区域经济力整合问题，具有很强的现实性和创新性，使我们能从中站在更大的全局上，既从理性的高度，又从新兴崛起的环渤海湾、长三角、泛珠三角的中国板块位置廓清区域发展的重大意义与全新价值。

此分析共四部分：（1）"对接"睹谋深港合作，体现完全遵循市场运作规律；（2）面对深港经济发展实际，廓清"对接"条件与机遇；（3）在新一轮宏观调控下，抉择"对接"方略、道路与领域；（4）"对接"的有效途径及保证机制。

2. 反问自己或指示者，厘清问题，少走弯路

例如，《2012年上半年深圳经济运行情况分析》（案例18，2012年7月23日市委、市政府经济分析会首席发言单位，作者：深圳市统计局）。一个月前准备，反复酝酿，深入调研，不断沟通，几易其稿。主要判断：（1）经济增速总体缓中趋升（总体判断）；（2）产业结构继续优化（主要表现）；（3）发展质量有所提高（具体表现）；（4）当前经济运行中比较突出的问题（发现问题——工业增速低位徘徊、进出口出现起伏波动的迹象、企业利润下降幅度过大）；（5）全年走势预计趋于稳健（预测走势）。

3. 须访问若干关键人物，获取重要信息和判断

例如，《美伊战争对深圳工业经济暂无近忧》（案例19，作者：杨新洪）。美伊战争半个多月以来，战局对深圳工业经济有无影响，影响多深，已成为深圳市关注的热点与重点。据对全市销售收入500万元以上的2232家限额规模工业企业和部分重点企业统计数据调查分析，美伊战争对深圳工业经济暂无近忧。

但是，美伊战争还在持续升级，深圳市工业企业具有技术含量高、外向度大、关联度强等特点。据对深圳市部分重点骨干工业企业统计调查，海湾战争拖延至3个月以上，将较大地影响到工业企业的产、销、存各个环节，预测对工业经济增长影响可达5个百分点左右。

4. 投入时间、人力与物力的计划

例如，《深圳市有效克服大型赛事后投资增长负效应，2012年上半年固定资产投资增速超全省》（案例20，《统计分析》2012年第24期，作者：深圳市统计局投资处）。我国举行大型赛事后的城市一般在一定时期出现固定资产投资增速大幅下滑的负效应。2012年上半年，深圳固定资产完成投资919.13亿元，比上年同期增长11.1%，增速比第一季度快0.5个百分点，增速超全省增幅1个百分点。其中，房地产开发项目投资270.74亿元，增长24.6%；非房地产开发项目投资

648.40亿元,增长6.3%。主要特点有:(1)民间投资增速加快,比重上升;(2)制造业投资带动二产投资快速增长;(3)施工项目、新开工项目个数等先行指标开始好转;(4)前50个项目后续建设亟须加快。

六 统计分析应用主要指标类型与使用方法

(一)指标类型

1. 品质与数量指标

例如,《深圳市物管服务规模大起点高领跑全国》(案例21,《统计分析》2012年第7期,作者:深圳市统计局投服务业处)。总体指标定性:全国物业服务企业十强,深圳占据半壁江山。具体数量指标描述:2011年,深圳市纳入正常统计的物业服务企业1363家;在管物业项目共7936个,在管物业总面积76561万平方米;其中在管本市物业项目5440个,在管本市物业项目总面积41119万平方米。截至2011年年底,物业服务从业人数达到280816人,同比增长11.7%。人均服务面积2730平方米,远高于全国人均服务面积2235平方米的水平。

2011年,深圳市物业服务企业的在管物业项目中,累计获得"国家示范"项目199个,获得"省示范"项目205个。全市共有26家企业进入全国物业服务百强,深圳万科、长城、中海、金地、招商5家企业进入全国物业服务企业十强,仅这5家企业的营业收入合计就达47.53亿元,占全市的16.7%,吸纳就业人员52635人,占全市18.7%。其中,深圳万科物业服务有限公司更在2011年全国物业服务企业百强评比中获得经营规模、服务质量、综合排名三项第一。

2. 绝对与相对指标

例如,2012年1—6月全国规模以上工业企业实现利润同比下降2.2%(案例22,作者:国家统计局2012—07—27 09:30:10发布)。1—6月,全国规模以上工业企业实现利润23117亿元,同比下降2.2%,降幅比1—5月收窄0.2个百分点。6月当月实现利润4682亿元,同比下降1.7%。

2012年1—6月,在规模以上工业企业中,国有及国有控股企业实现利润6905亿元,同比下降10.9%;集体企业实现利润370亿元,同比增长10%;股份制企业实现利润13582亿元,同比下降0.4%;外商及中国港澳台商投资企业实现利润5221亿元,同比下降13.4%;私营企业实现利润6947亿元,同比增长16.5%。

规模以上工业企业实现主营业务收入426001亿元,同比增长11.3%。每百元主营业务收入中的成本为85.25元,主营业务收入利润率为5.43%。

3. 总量与结构指标

例如,同上(案例22,作者:国家统计局2012—07—27 09:30:10发布)。

在41个工业大类行业中,27个行业利润同比增长,13个行业同比下降,1个行业由同期盈利转为亏损。主要行业利润增长情况:石油和天然气开采业利润同比增长0.5%,农副食品加工业增长16.5%,汽车制造业增长10%,电力、热力生产和供应业增长23.8%,化学原料和化学制品制造业下降22.5%,黑色金属冶炼和压延加工业下降56.5%,通用设备制造业下降0.6%,电气机械和器材制造业下降1.5%,计算机、通信和其他电子设备制造业下降2.8%,石油加工、炼焦和核燃料加工业由同期盈利转为亏损。

4. 实际与预测指标

例如,同上案例18,分析2012年上半年深圳经济运行情况,预测全年。总体判断:初步核算,上半年全市生产总值5474.10亿元,比上年同期(下同)增长8.0%,整体呈现出逐季稳健、缓步回升的态势。预计全年走势趋于稳健,其依据:(1)企业景气指数和企业家信心指数仍显示比较乐观;(2)经济先行指数仍在50%的枯荣线之上;(3)受2011年前高后低经济走势以及2012年下半年经济环境改善影响,深圳市今年全年前低后高走势有望形成;(4)与全国以及其他主要城市比较,上半年深圳市回升幅度最大,有助于为实现全年预定目标提振信心。

5. 总体与抽样指标

例如,工资上调有压力,企业应对须给力——深圳工资上调对小微工业企业的影响分析(案例23,国家统计局深圳调查队,第27期「总第201期」,作者:工业调查处刘慧婷)。为了解深圳最低工资标准上调对小微工业企业的影响,国家统计局深圳调查队对367家企业开展相关问卷调查。调查显示,工资上调给企业带来一定压力,经营效益有所下降;但企业整体持积极态度,并努力采取措施寻求发展。被调查的367家企业中,各种类型企业均占一定比重,其中内资企业与劳动密集型企业占比较大,这符合深圳小微企业的经营特征。

在统计分析中,往往多种统计分析指标交替使用,但未必都要用。

(二)指标分析常见使用方法

1. 计划完成程度——监测全年发展进程

例如,《房地产市场调控仍处在关键时期》(案例24,国家统计局2012—07—

18 09:40:30 发布)。70个大中城市房价统计数据显示,2012年6月,70个大中城市房价同比下降城市个数虽继续有所增加,但环比上涨的城市个数也增加较多。对部分城市房价出现的新变化,马晓明高级统计师进行了解读。

马晓明分析说,首先,从同比数据看,大部分城市房价仍然低于2011年同期水平。6月,70个大中城市中,新建商品住宅销售价格下降的城市有57个,比5月增加2个;二手住宅销售价格下降的城市有58个,与5月的下降城市个数相同。新建商品住宅和二手住宅销售价格同比下降的城市个数均超过80%。一线城市中,北京、上海、广州和深圳的新建商品住宅销售价格分别下降了1.3%、1.9%、1.6%和2.5%,二手住宅销售价格分别下降了2.8%、1.5%、1.0%和2.4%。这表明经过艰苦不懈的努力,房价过快上涨的势头总体上得到有效遏制,房地产市场调控取得了明显成效。

2. 同比增长速度——自己比自己看发展

例如,《深圳居民收入分配的特点与问题》(案例25,作者:钟根柔,余红兵)。调整经济利益的分配格局,让劳动者公平分享经济社会发展的成果,是当前改革的重要内容。本文试对深圳居民收入分配的特点与问题进行分析。(1)深圳居民收入分配特点:居民收入水平不断提高,收入和经济增长的协同效应日趋明显;收入绝对额保持全国第一,领先优势逐步缩小;收入分配结构总体稳定,工资性收入继续保持主体地位;收入差距不断缩小,居民内部分配趋于合理。(2)深圳居民收入分配存在的问题:居民收入水平较高,但分享发展的程度依然偏弱;收入的行业差异较大,垄断行业高收入者比例高。(3)促进合理收入分配的政策建议。

3. 同类对象同一指标比较——自己与别人对比看差距

例如,深圳主要经济指标同全国31个省、自治区、直辖市比较情况(案例26,作者:深圳市统计局综合处)。(1)深圳2010年GDP居第18位。全国共31个省、自治区、直辖市,如将深圳作为一个独立的省级单位进行排名,深圳位居第18名,GDP总量超过13省、自治区,即超过广西、江西、天津、山西、吉林、重庆、云南、新疆、贵州、海南、宁夏、青海、西藏。2010年,全国共有17个省市GDP总量过万亿元,广东省以45743亿元位居榜首。深圳的GDP总量占全国GDP总量的2.39%,占广东省GDP总量的20.9%。2010年,深圳的人均GDP约10.6万元(按900万常住人口计算),居各省、自治区、直辖市首位。深圳以全国约0.67%的人口、0.02%的土地面积,创造了全国2.39%的GDP。(2)深圳2010年一般预算财政收入同全国各省比排名第 14 位（实际排名第 12 位）。从现有收集到的数据情况看，全国有福建、安徽、湖南、江西、甘肃五省自治区的统计口径为地方财政收入，其余地区均为一般预算财政收入。地方财政收入的口径大于地方一般预算财政收入口径。因此，如统一按一般预算财政收入口径，深圳在全国省、自治区、直辖市的排名应为第 12 名，比全国 20 个省、自治区及天津、重庆两直辖市的地方一般预算财政收入高。(3) 深圳进出口总额同各省、自治区、直辖市比排名前列。2010 年，深圳进出口总额 3467.49 亿美元，综合排名居广东省、江苏省、上海市之后第四位，多出第 5 名的北京 452.72 亿美元。全国进出口总额超 1000 亿美元的省、直辖市仅 8 个，超 3000 亿美元的仅 5 个，深圳进出口总额占全国的 11.66%，占广东省的 44.2%。

4. 环比指标——应用观察微变化，多用于经济危机、萧条时的复苏差异快慢

例如，《2012 年 6 月 PMI 走势分化、需求收缩堪忧》（案例 27，作者：深圳市统计局工业交通处）。2012 年 6 月制造业 PMI 指数续挫，经济下行风险上升。2012 年 6 月，深圳市制造业 PMI 为 51.2%，与上月相比回落 2.5 个百分点。从 PMI 走势来看，指数在 3 月、4 月维稳后 5 月有所下降，本月再次下跌，跌幅较上月扩大，或预示 PMI 指数开始步入下行通道，制造业整体经济下行风险正上升。

6 月深圳市制造业 PMI 及各分项指数变动主要呈现出四个特点：一是 11 个分项指数"三升八降"，除产成品库存、原材料库存、从业人员指数略有上升外，其余指数均回落。其中，有 7 项指数延续上月回落趋势，4 项指数较上月下调幅度超过预期。二是 11 项指数中 5 项跌破临界点之下。继 5 月原材料库存、从业人员、积压订单 3 项指数跌破至枯荣线以下之后，6 月进口指数又跌破 50% 临界点。三是在 5 项权重指数中，生产和新订单指数降幅明显，均超过 4 个百分点，成为本月 PMI 指数再度下挫的主导力量。四是 6 项非权重指数中，除产成品库存指数外，其余指数均回落，采购量和出口指数回落趋势明显。

6 月 PMI 指数再次下跌，跌幅较上月扩大。从构成因素看，新订单、出口、积压订单等指数的持续下调势必会对制造业经济走势造成长期性影响，叠加要素成本上升和市场需求紧缩对制造业企业投资活动的双向约束尚未得到有效缓解，未来制造业经济下行的风险加大。不过，当前出现的一个积极变化是购进价格持续回落，通胀压力缓解，预示当前经济运行的主要矛盾正由防通胀向稳增长转变。

6 月生产指数为 53.4%，较上月显著回落 4.4 个百分点。本月新订单指数延续上月下降颓势，表明在需求增长相对不足的情况下，工业生产难以保持单边上扬。

从指数运行走势来看,与未来生产扩张紧密关联的新订单、采购量指数本月大幅回落,主要原材料库存指数继续位于临界点以下,表明短期内制造业生产扩张的动能不足。

6月新订单指数为51.2%,较上月显著下降4.7个百分点。从指数运行趋势上看,本月新订单指数下降至自去年12月以来的最低值。作为PMI指数体系中先导性最强、权重最高的指标,本月新订单指数的大幅下降势必会对生产指数、产成品库存指数等关联性指标造成长期性影响。本月进出口指数双双回落,制造业新订单量增长面临出口市场下滑和内需市场不旺的双重压力。在当前制造业市场需求不旺、企业新接订单明显减缓的背景下,伴随新订单指数对生产指数、产成品库存等关联性指标的时滞效应逐步显现,制造业经济下行的压力势必会逐步增大。

又如,《2012年6月70个大中城市住宅销售价格变动情况》(案例28,国家统计局2012—07—18 09:30:01发布)。(1)新建商品住宅(不含保障性住房)价格变动情况。与上月相比,70个大中城市中,价格下降的城市有21个,持平的城市有24个,上涨的城市有25个。环比价格上涨的城市中,涨幅均未超过0.6%。与2011年同月相比,70个大中城市中,价格下降的城市有57个,持平的城市有2个,上涨的城市有11个。6月,同比价格上涨的城市中,涨幅均未超过1.2%,涨幅比5月回落的城市有6个。(2)二手住宅价格变动情况。与上月相比,70个大中城市中,价格下降的城市有19个,持平的城市有20个,上涨的城市有31个。环比价格上涨的城市中,涨幅均未超过1.1%。与2011年同月相比,70个大中城市中,价格下降的城市有58个,上涨的城市有12个。6月,同比价格上涨的城市中,涨幅均未超过2.6%,涨幅比5月回落的城市有8个。

5. 发展速度(累计、定基)——考察对象若干年发展水平与程度

例如,《深圳市主要经济指标综合数据情况汇报》(案例29,作者:深圳市统计局)。综合经济实力跻身全国大中城市前列。30年来,深圳经济获得巨大发展,取得了举世瞩目的成就。2009年深圳市本地生产总值达到8201.32亿元,比1979年增长979倍,年平均递增25.8%。30年中,经过1979—1989第一个10年,GDP总量达115.66亿元,占深圳、珠海、厦门、汕头四个特区GDP总和的比重由10.4%上升为44.5%;到1999年第二个十年结束,深圳GDP达1804.02亿元,占四个特区GDP总和的比重进一步上升为60.7;到2009年年底,深圳经济总量已占四个经济特区总和的68.9%,占广东省GDP比重由1979年的0.9%上升至2009年

的 21.0%。深圳花了 18 年时间使生产总值达到 1000 亿元，用了 13 年时间实现经济总量从 2000 亿到 8000 亿元的跨越，在全国大中城市中仅次于上海、北京、广州，居第四位。2011 年 GDP 总量达到 11502.1 亿元，进入全国 CDP 万亿俱乐部。

6. 结构、比例、强度等相对指标——深入说明对象的特征特点，用于揭示经济运行内在的效果、矛盾与问题

例如，同案例 29 的相对指标应用。强度等相对指标——2009 年深圳人均 GDP 为 92771 元，按现行汇率计算，人均 GDP 达 1.36 万美元，达到国际公认中等发达水平，居全国大中城市首位。结构相对指标——1985 年以前，生产总值年平均递增 52.3%，其中工业年均递增 87.8%，建筑业年均递增 79.8%，第三产业年均递增 57.9%，建筑业增加值占 GDP 比重平均达到 19.8%，是典型的城市建设打基础阶段特征。建立经济特区以来，深圳经济结构在调整中不断优化，三次产业占生产总值的比重由 1979 年的 37.0%、20.5%、42.5%，调整为 2009 年的 0.1%、46.7% 和 53.2%。从劳动力结构看，第一产业劳动者所占比重持续下降，第二、第三产业比重持续稳定提高。1980 年，第一产业劳动者所占比重达到 64.1%，第二、第三产业所占比重分别为 12.0% 和 23.9%，到 2009 年三次产业劳动结构为 0:54.0:46.0。说明从农业中退出的劳动力主要进入第二产业，其次进入第三产业。出口产品结构也在不断优化，2009 年全市机电产品出口达到 1243.56 亿美元，占出口总额比重由 1998 年的 58.2% 提高到 2009 年的 76.8%。高新技术产品出口迅猛增长，2009 年全市高新技术产品出口达 850.48 亿美元，占出口总额比重达到 52.5%，比 2001 年提高了 22.2 个百分点。比例相对指标——30 年来，工业总产值年均增长 38.2%，占广东省工业总产值的比重由 1979 年的 0.3% 上升至 20.9%；工业增加值年均增长 35.4%，占全市生产总值比重不断上升，1984 年开始超过农业，但次于建筑业和第三次产业，2004 年工业占 GDP 比重上升到 48.1%，首次高于第三次产业，2009 年，占 GDP 比重 43.9%，占第二产业比重达到 93.9%，居经济的主体地位。到 2009 年，平均每百户城镇居民家庭耐用消费品拥有量：彩色电视机 126.2 台，电冰箱 97.1 台，移动电话 223 部，组合音响 46.2 套，空调器 210.8 台，家用电脑 102.9 台，家用汽车 32.9 辆。居民居住条件明显改善，2009 年人均住房建筑面积 26.64 平方米。

7. 贡献率、比重、产出率及恩格尔、基尼、弹性系数——应用特殊统计指标，分析特殊经济现象

例如，同上案例 29 与案例 30 的相对指标应用。恩格尔系数——日常消费中，

在吃、穿、用方面的支出绝对数持续增加的同时,其所占比重逐渐下降,相应地,教育、文化娱乐、医疗保健、交通通信、居住等支出比重明显上升。反映城镇居民食品消费在全部消费支出份额的"恩格尔系数",1985年为47.5%,2009年下降为35.0%,而教育文化娱乐服务支出所占比重则由9.5%提高到12.4%。比重相对指标——以往,"三来一补"简单装配成品出口方式占重要地位,出口市场以中国香港地区为主,1990年"三来一补"贸易占出口总额的比重为49.9%,到2009年的这一比重已降低到8.5%,而进料加工贸易出口由32.7%上升到49.0%。1991年,深圳产品对中国香港地区的出口占94.4%,到2009年对中国香港出口所占比重下降到37.8%,对美国的出口由1991年的1.2%上升到2004年的16.2%。高新技术产业进一步壮大,成为工业经济的第一增长点。2009年高新技术产品产值8507.81亿元,占规模以上工业总产值比重55.0%,比1991年的8.1%提高46.9个百分点。拉动率——从2012年1—6月的数据来看,中兴通讯股份有限公司和华为技术有限公司依然是拉动深圳市工业增长的主动力,这两家企业对全市工业增长的拉动率为5.9%;宇龙计算机通信科技(深圳)有限公司对全市工业增长的拉动率为0.4%,也拉动了全市工业增长;比亚迪集团有3家企业(分别为深圳市比亚迪汽车有限公司、比亚迪精密制造有限公司和比亚迪股份有限公司)进入50强名单,受比亚迪汽车生产好转影响,这3家企业合计对全市工业增长的拉动率为0.3%。贡献率——富士康集团有6家企业进入50强名单,分别为富泰华工业(深圳)有限公司、富华杰工业(深圳)有限公司、鹏智科技(深圳)有限公司、群康科技(深圳)有限公司、深圳富泰宏精密工业有限公司和鸿富锦精密工业(深圳)有限公司,受外部需求下降和低端产能转移影响,这6家企业对全市工业增长的拉动率为−2.2%,严重拖累了全市工业增长。此外,中海石油(中国)有限公司深圳分公司6月受台风和油价下跌影响,对全市工业增长的拉动率为−1.4%,也大大拖累了全市工业增长。

8. PMI、企业家信心指数等先行指标——预期经济景气度敏感变化

例如,《深圳市2012年6月制造业PMI走势分化、需求收缩堪忧和深圳市第二季度企业景气分析》(案例31、32,《深圳统计》2012年第22、23期,作者:深圳市统计局工业交通能源处、深圳市统计计算中心)。先行指标——PMI指数,深圳市2012年6月PMI走势分化、需求收缩堪忧。6月制造业PMI指数续挫,经济下行风险上升。2012年6月,深圳市制造业PMI为51.2%,与上月相比回落2.5个百分点。从PMI走势来看,指数在3、4月维稳后5月有所下降,6月再次下

跌，跌幅较上月扩大，或预示 PMI 指数开始步入下行通道，制造业整体经济下行风险正在上升。本月深圳市制造业 PMI 及各分项指数变动主要呈现出四个特点：一是 11 个分项指数"三升八降"，除产成品库存、原材料库存、从业人员指数略有上升外，其余指数均回落。其中，有 7 项指数延续上月回落趋势，4 项指数较上月下调幅度超过预期；二是 11 项指数中 5 项跌破临界点之下。继 5 月原材料库存、从业人员、积压订单 3 项指数跌破至枯荣线以下之后，6 月进口指数又跌破 50% 临界点；三是在 5 项权重指数中，生产和新订单指数降幅明显，均超过 4 个百分点，成为本月 PMI 指数再度下挫的主导力量；四是 6 项非权重指数中，除产成品库存指数外，其余指数均回落，采购量和出口指数回落趋势明显。先行指标——企业家信心指数，据深圳市企业景气调查结果显示：2012 年第二季度深圳市企业景气指数为 136.4，比第一季度提升 5.6 点，高于全国（126.9）9.5 点，说明企业景气状况有企稳回升的趋势。企业家信心指数为 117.3，虽然与第一季度相比回落 10.5 点，低于全国（121.2）3.9 点，但指数仍高于 100。在八大行业中，交通运输仓储和邮政业（142.5）以及住宿餐饮业（149.2）上升到 140 以上的高度景气区间；建筑业（124.7）运行于 120 以上的中度景气区间；工业（119.9）、批发和零售业（118.1）、信息传输软件和信息技术服务业（114.3）和社会服务业（116.6）均位于 120 以下的景气区间；八大行业中，只有房地产业的企业家信心指数位于 100 临界点以下的不景气区间，指数为 85.6。与第一季度相比，八大行业呈现"四升四降"格局：建筑业上涨 6.9 点，交通运输仓储和邮政业与住宿餐饮业分别上涨 21.1 点和 29.2 点，房地产业上涨 37.1 点；工业下降了 10.4 点，批发和零售业小幅下降 4.6 点，信息传输软件和信息技术服务业大幅下降 45.7 点，社会服务业下降 6.9 点，与去年同期相比下降了 15.8 点。

9. 综合指数及单项指数（环比、定基）——主要与生产经营、经济生活息息相关的 PPI、CPI 以及房地产价格指数分析

例如，2010 年地区综合发展指数报告、2012 年 6 月工业生产者价格变动情况、（2012 年 5 月居民消费价格变动情况、案例 33、34、35、36，作者：国家统计局科研所、国家统计局 2011—12—23 17：00：04 发布）综合指数——地区综合发展指数，为客观、全面反映各地区综合发展水平，中国统计学会根据《综合发展指数编制方案》，对 2000—2010 年各地区综合发展指数（CDI）进行了测算。测算结果表明，2000—2010 年各地区综合发展指数稳步提升，东部地区明显高于其他地区，西部地区增速最快，2010 年各地区综合发展指数比上年均有所提高。2000—2010 年期间，中国四大区域的综合发展指数稳步提升，其中东部地区由 2000 年的 44.88% 提升到

2010年的65.32%，中部地区由2000年的35.93%提升到2010年的54.13%，西部地区由2000年的33.72%提升到2010年的52.23%，东北地区由2000年的38.96%提升到2010年的56.35%。综合发展指数由"经济发展"、"民生改善"、"社会发展"、"生态建设"和"科技创新"五大类分项指数组成。2010年，东部、东北、中部和西部地区"经济发展"类指数分别为73.29%、67.49%、57.91%和58.72%；"民生改善"类指数分别为73.21%、63.04%、61.33%和55.54%；"社会发展"类指数分别为67.32%、68.28%、66.93%和66.12%；"生态建设"类指数分别为65.90%、54.52%、57.73%和55.31%；"科技创新"类指数分别为38.37%、15.16%、14.72%和13.54%。单项指数——PPI，2012年6月，全国工业生产者出厂价格同比下降2.1%，环比下降0.7%。工业生产者购进价格同比下降2.5%，环比下降0.8%。上半年，工业生产者出厂价格同比下降0.6%，工业生产者购进价格同比下降0.3%。单项指数——CPI，2012年5月，全国居民消费价格总水平同比上涨3.0%。其中，城市上涨3.0%，农村上涨2.9%；食品价格上涨6.4%，非食品价格上涨1.4%；消费品价格上涨3.6%，服务项目价格上涨1.7%。2012年1—5月，全国居民消费价格总水平比2011年同期上涨3.5%。5月，全国居民消费价格总水平环比下降0.3%。其中，城市下降0.3%，农村下降0.3%；食品价格下降0.8%，非食品价格持平（涨跌幅度为0）；消费品价格下降0.4%，服务项目价格上涨0.1%。单项指数——大中城市住宅销售价格指数：（1）新建商品住宅（不含保障性住房）价格变动情况，与上月相比，70个大中城市中，价格下降的城市有21个，持平的城市有24个，上涨的城市有25个。环比价格上涨的城市中，涨幅均未超过0.6%；与2011年同月相比，70个大中城市中，价格下降的城市有57个，持平的城市有2个，上涨的城市有11个。6月，同比价格上涨的城市中，涨幅均未超过1.2%，涨幅比5月回落的城市有6个。（2）二手住宅价格变动情况。与上月相比，70个大中城市中，价格下降的城市有19个，持平的城市有20个，上涨的城市有31个。环比价格上涨的城市中，涨幅均未超过1.1%；与2011年同月相比，70个大中城市中，价格下降的城市有58个，上涨的城市有12个。6月，同比价格上涨的城市中，涨幅均未超过2.6%，涨幅比5月回落的城市有8个。

10. R&D投入比重、人均水平（收入、教育、医疗、寿命等）——反映经济社会整体水平状况

例如，《2010年全国科技经费投入统计公报和2010年农村居民人均纯收入增长10.9%》（案例37、38，中国统计信息网 2011—09—28 10:00:12 发布，作者：国家统计局科学技术部财政部；国家统计局住户调查办公室 2011—03—10 11:18:46

公布）。R&D投入比重——R&D经费，2010年，我国共投入R&D经费7062.6亿元，比上年增加1260.5亿元，增长21.7%；R&D经费投入强度（与国内生产总值之比）为1.76%，比上年的1.70%有所提高。按R&D人员（全时工作量）计算的人均经费为27.7万元，比上年增加2.3万元。人均水平——农村居民人均纯收入，据对全国31个省（自治区、直辖市）6.8万个农村住户的抽样调查，2010年农村居民人均纯收入5919元，同比增加766元，增长14.9%。剔除价格因素影响，实际增长10.9%，增速同比提高2.4个百分点。分类：（1）工资性收入较快增长；（2）家庭经营纯收入增速大幅提高；（3）财产性收入保持较快增长；（4）转移性收入增速明显下降。

以上10个方面的统计指标分析常用方法，实际应用中是仁者见仁，智者见智，根据需要，各有侧重。

七 统计数据时间序列挖掘数据的常见表现形式

（一）表格化

1. 用表格对比——简明扼要

例如，前案例26中的表格对比。

表1　　　　　　　　2010年深圳GDP总量与全国各省对比

排名	地区	绝对值（亿元）
1	广东	45472.83
2	江苏	40903.34
3	山东	39416.20
4	浙江	27226.75
5	河南	22942.68
6	河北	20197.09
7	辽宁	18278.29
8	四川	16898.59
9	上海	16872.42
10	湖南	15902.12
11	湖北	15806.09
12	福建	14357.12

续表

排名	地区	绝对值（亿元）
13	北京	13777.94
14	安徽	12263.36
15	内蒙古	11655.00
16	黑龙江	10235.00
17	陕西	10021.53
18	深圳	9510.91
19	广西	9502.39
20	江西	9435.01
21	天津	9108.83
22	山西	9088.06
23	吉林	8577.06
24	重庆	7894.24
25	云南	7220.14
26	新疆	5418.81
27	贵州	4593.97
28	甘肃	4119.46
29	海南	2052.12
30	宁夏	1643.41
31	青海	1350.43
32	西藏	507.46

注：深圳GDP总量超过14个省、自治区，人均GDP居首位。

例如，前案例28中的表格对比。

表2　　　　2012年6月70个大中城市新建住宅价格指数

城市	新建住宅价格指数			城市	新建住宅价格指数		
	环比	同比	定基		环比	同比	定基
北京	100.3	99.0	102.1	唐山	100.0	99.7	101.4
天津	100.0	99.0	103.1	秦皇岛	100.0	99.1	106.2
石家庄	100.2	99.6	107.8	包头	100.2	99.4	104.0
太原	100.1	100.1	101.6	丹东	100.0	99.0	107.5

续表

城市	新建住宅价格指数 环比	同比	定基	城市	新建住宅价格指数 环比	同比	定基
呼和浩特	99.8	99.5	104.5	锦州	99.8	99.1	104.7
沈阳	100.1	99.2	105.6	吉林	100.0	99.3	105.4
大连	100.4	100.1	105.7	牡丹江	100.1	99.7	106.6
长春	99.8	99.2	103.3	无锡	100.0	98.5	101.0
哈尔滨	100.0	99.7	103.7	扬州	100.0	98.8	103.3
上海	100.2	98.5	101.0	徐州	100.0	98.2	102.3
南京	100.2	97.6	99.3	温州	99.4	85.1	85.8
杭州	100.6	90.5	91.5	金华	99.5	93.8	97.4
宁波	99.7	92.4	94.3	蚌埠	100.0	99.3	103.1
合肥	99.9	98.8	101.4	安庆	99.9	99.0	102.8
福州	100.0	99.1	103.0	泉州	99.9	99.1	100.0
厦门	100.1	98.9	104.8	九江	100.0	98.1	102.3
南昌	100.2	97.9	105.4	赣州	99.9	99.4	104.7
济南	100.0	97.8	102.2	烟台	100.2	98.2	103.0
青岛	100.0	95.9	100.0	济宁	100.0	99.1	102.9
郑州	100.0	99.0	105.8	洛阳	99.9	99.8	106.3
武汉	100.1	99.1	103.4	平顶山	99.9	99.9	104.2
长沙	100.0	99.3	107.4	宜昌	100.0	98.9	103.3
广州	100.2	98.4	103.3	襄阳	99.9	98.0	104.8
深圳	99.9	97.5	101.9	岳阳	100.0	99.7	106.7
南宁	100.1	98.6	101.1	常德	100.1	99.1	104.7
海口	99.9	98.3	100.9	惠州	100.1	99.5	104.4
重庆	100.0	98.1	102.9	湛江	100.4	100.4	105.7
成都	100.0	98.7	102.2	韶关	99.9	100.4	106.2
贵阳	100.0	100.9	105.3	桂林	100.1	100.0	105.9
昆明	99.9	99.9	105.6	北海	100.0	98.4	101.2
西安	100.2	99.9	104.1	三亚	99.9	99.0	100.6
兰州	100.0	100.0	107.0	泸州	100.2	101.1	102.2
西宁	100.1	101.1	107.7	南充	99.9	99.8	99.3
银川	99.9	100.3	103.3	遵义	100.2	100.3	105.4
乌鲁木齐	100.1	100.8	109.6	大理	99.9	100.4	101.5

注：环比以上月价格为100，同比以2011年同月价格为100，定基以2010年价格为100。

2. 列表排序——反映变化规律

例如，前案例 25 中的列表排序。

表3　　　　　2011年深圳高收入者占所在行业从业者比例　　　　单位：%

行业名称	年收入12万元以上者占所在行业从业者的比例
金融业	53.40
采矿业	28.30
电力、燃气及水的生产和供应业	26.50
科学研究、技术服务和地质勘查业	23.50
教育	19.00
卫生、社会保障和社会福利业	18.90
信息传输、计算机服务和软件业	16.80
公共管理和社会组织	13.00
文化、体育和娱乐业	11.00
租赁和商务服务业	10.10
交通运输、仓储和邮政业	5.40
水利、环境和公共设施管理业	4.70
居民服务和其他服务业	4.00
农、林、牧、渔业	3.50
房地产业	2.70
建筑业	1.90
制造业	1.80
批发和零售业	1.10
住宿和餐饮业	0.20

（二）图形化

1. 方块图——高低

例如，前案例 24 中的方块图。

E. 繁从简，案例分析

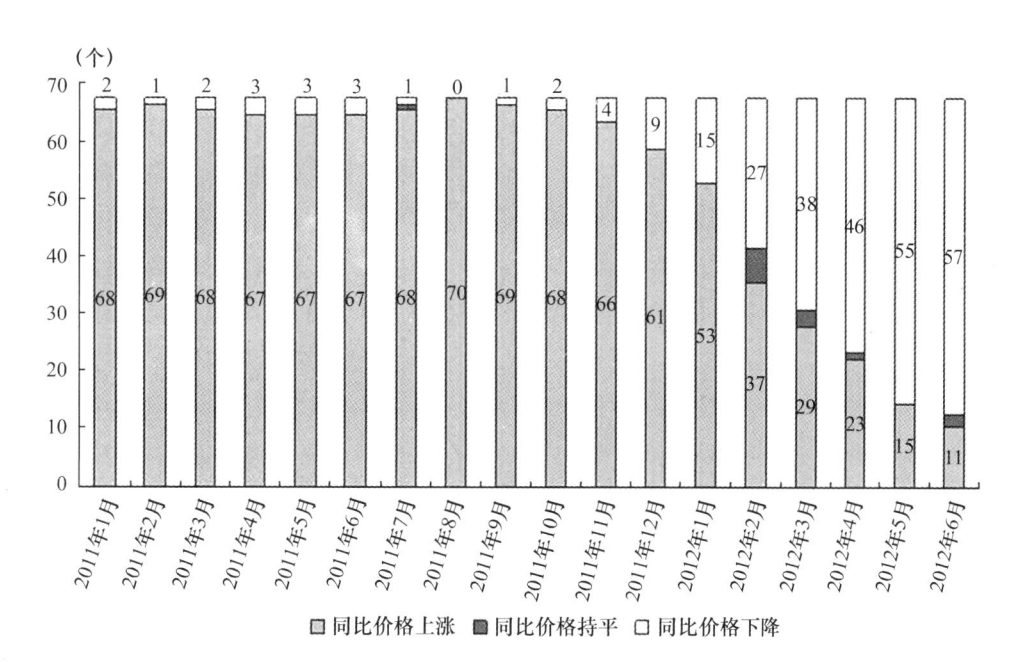

图1 2011年1月至2012年6月新建商品住宅价格同比下降、持平、上涨城市个数

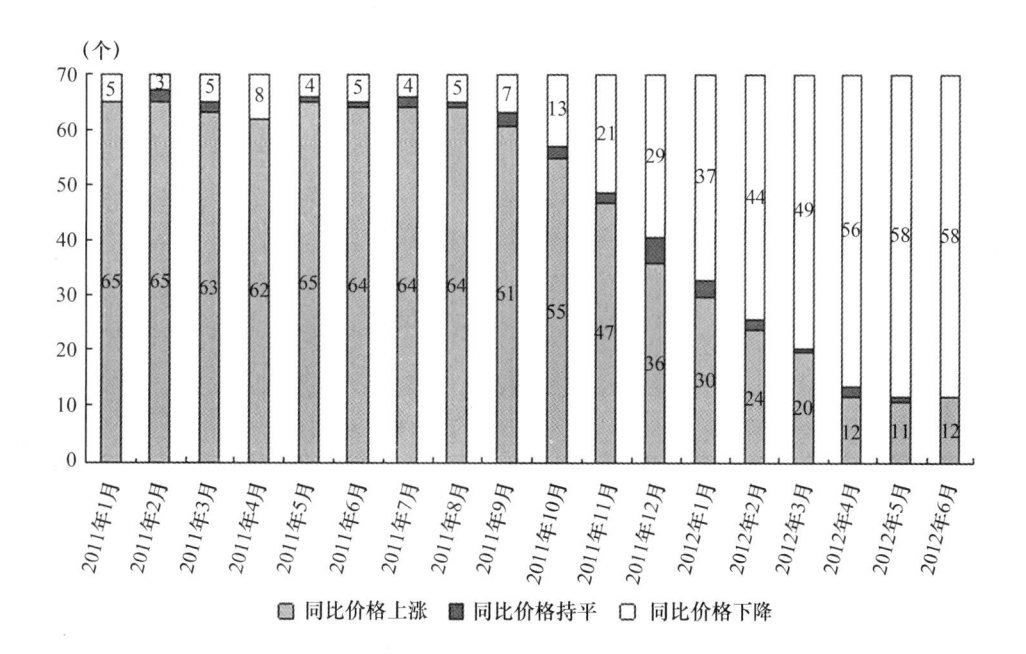

图2 2011年1月至2012年6月二手住宅价格同比下降、持平、上涨城市个数

2. 条状图——大小

例如，前案例 22 中的条形图。

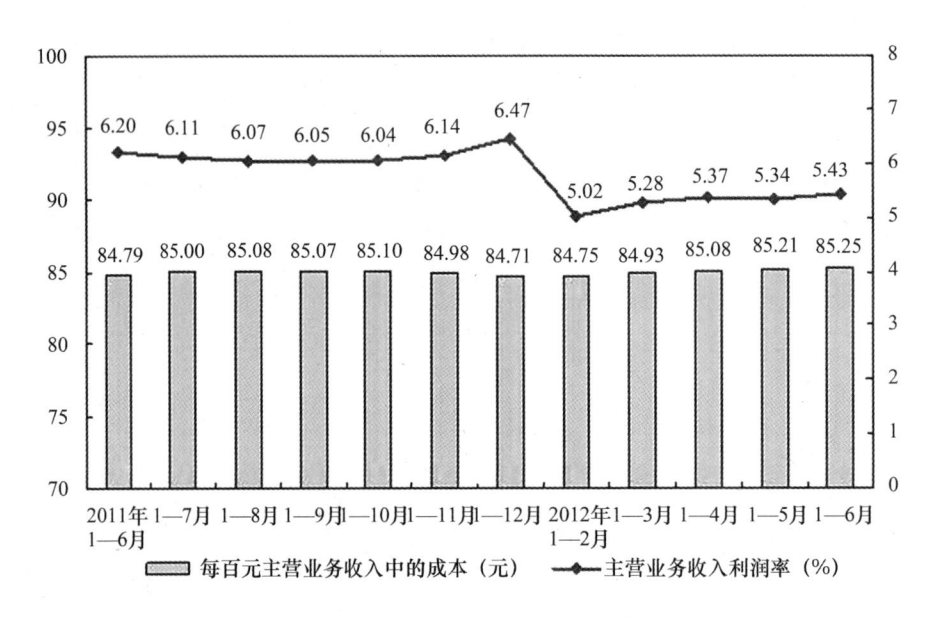

图 3　分月每百元主营业务收入中的成本与主营业务收入利润率

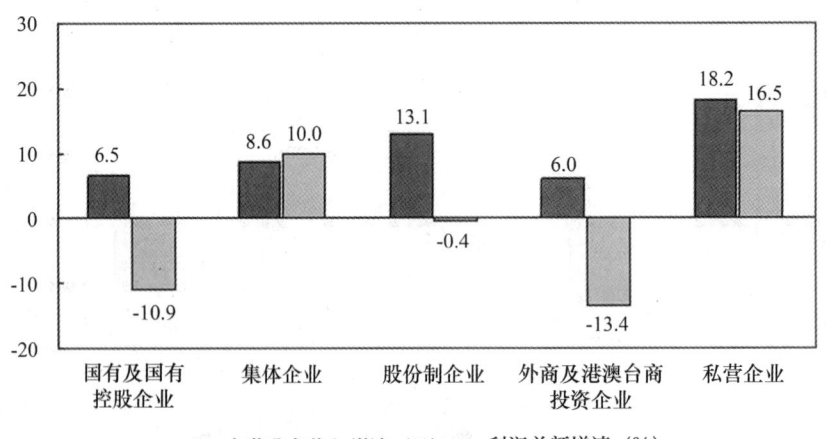

图 4　2012 年 1—6 月分经济类型主营业务收入与利润总额同比增速

又如，前案例33中的条状图。

需要关注的是，全国31个省（区、市）综合发展指数的变异系数，自2004年后呈现逐年缩小的趋势。

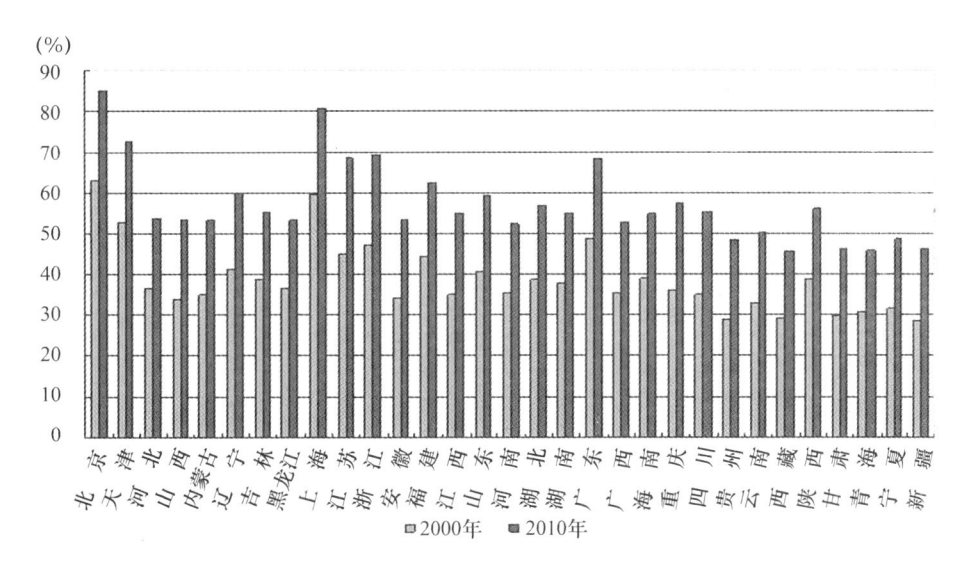

图5 全国31个省（区、市）综合发展指数的变异系数

3. 曲线图——趋势

例如，前案例22中的曲线图。

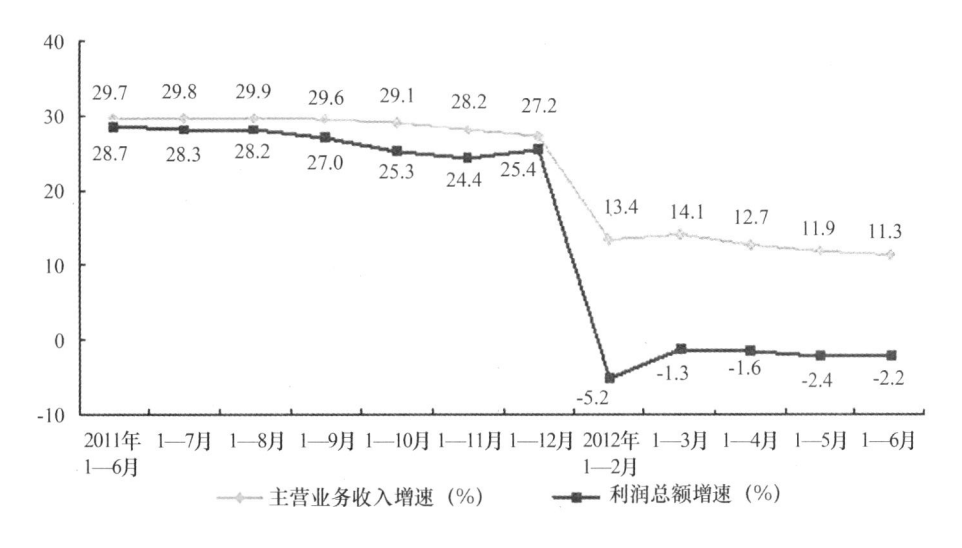

图6 分月主营业务收入与利润总额同比增速

4. 扁形图——结构

例如，前案例 23 中的结构图。

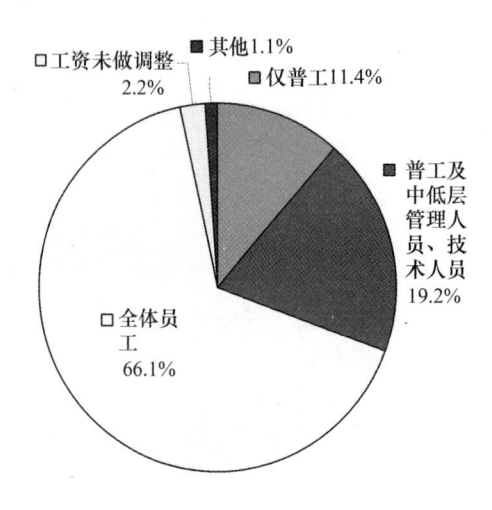

图 7　企业上调工资福利的人员范围

5. 相关图——相关性。

例如，前案例 33 中的相关性图。

若将 2010 年全国 31 个省（区、市）综合发展指数排序结果，与按人均 GDP 的排序结果进行对比可以发现，两者之间有一定的相关性，但个别地区人均 GDP 排位与综合发展指数排位有较大的差异。

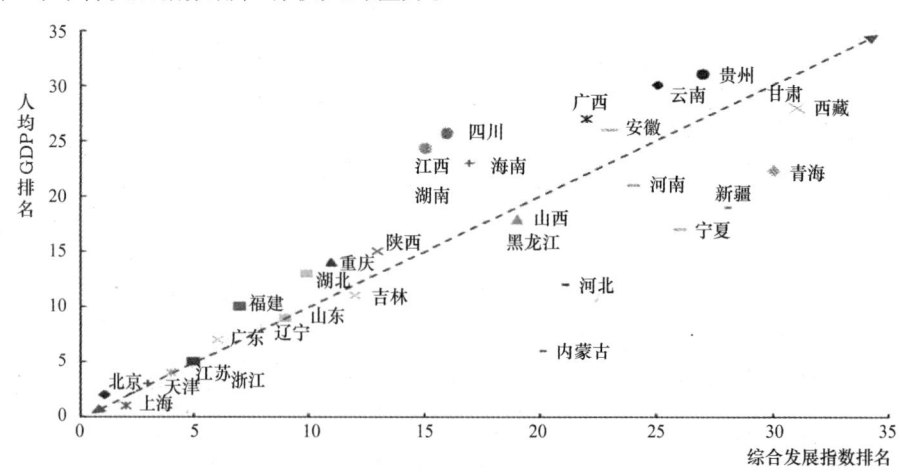

图 8　2010 年全国 31 个省（区、市）综合发展指数排名与人均 GDP 排名相关性

6. 多彩示意图——以颜色区分

2001—2010年,东部、东北、中部和西部地区综合发展指数年均增速分别为3.82%、3.76%、4.18%和4.47%。在四大区域中,西部地区增速最快,中部地区次之。

……

(三) 文字化

1. 数据文字化

这一情况,非常典型地应用在统计调查时点、时期的数据公布上。

例如,《2012年上半年国民经济运行总体平稳,稳中有进》(案例39,作者:盛来运 国家统计局新闻发言人)新闻通稿——初步测算,上半年国内生产总值227098亿元,按可比价格计算,同比增长7.8%。其中,第一季度增长8.1%,第二季度增长7.6%。分产业看,第一产业增加值17471亿元,同比增长4.3%;第二产业增加值110950亿元,增长8.3%;第三产业增加值98677亿元,增长7.7%。从环比看,第二季度国内生产总值增长1.8%。

又如,《第二次全国经济普查主要数据公报(第一号)》(案例40,国务院第二次全国经济普查领导小组办公室 中华人民共和国国家统计局 2009—12—25 10:01:25公报)。单位基本情况——2008年年末,全国共有从事第二、三产业的法人单位709.9万个,与2004年第一次全国经济普查相比,增加193.0万个,增长37.3%;产业活动单位886.4万个,增加204.0万个,增长29.9%;有证照的个体经营户2873.7万户,增加686.9万户,增长31.4%。

2. 文字数据化

这种情形,典型地运用在统计调查定性与定量分析上,需要研究数据基础上的定性判断。

例如,前面案例39的统计新闻稿。开篇描述——2012年上半年,面对复杂严峻的国内外经济形势,党中央、国务院坚持稳中求进的工作总基调,正确处理保持经济平稳较快发展、调整经济结构和管理通胀预期三者的关系,把稳增长放在更加重要的位置,实施积极的财政政策和稳健的货币政策,加大政策预调微调力度,国民经济运行总体平稳,经济发展稳中有进。

又如,《关于我国宏观收入分配的概念界定与核算》(案例41,《中国信息报》,作者:彭志龙)。近来,社会各界对收入分配问题的讨论越来越多。本文侧重讨论宏观收入分配的统计和核算问题,目的是澄清一些容易引起误解的收入分配概念、口径及核算方法。宏观收入分配核算涉及两个大的方面:一是分配主体的界定,即怎样把参与收入分配的主体归成几大类。我国参照联合国等国际组织提出的宏观收入分配主体的划分标准,将收入分配主体分成四大机构部门,即政府部门、企业部门(含金融机构)、住户(居民)部门、国外部门。二是不同收入分配环节的界定,即怎样界定收入分配的起点、初次分配、再分配。

3. 文字、数据与图描交替应用

由上述两种情形相融合,文字与数据出现交替运用的统计分析,是进入一种高层次、高水平境地的体现。

例如,《宏观经济环境趋紧 企业景气指数高位回落——2011年深圳企业景气状况综述》(案例42,作者:国家统计局深圳调查队统计监测处 赵静茹)。受国际经济波动、国内运营成本居高不下、金融政策趋紧等因素影响,2011年深圳企业家信心指数出现较明显的下滑,企业景气指数整体也呈回落态势,低于上年同期,但仍保持在140以上景气区间,浮动相对平缓。

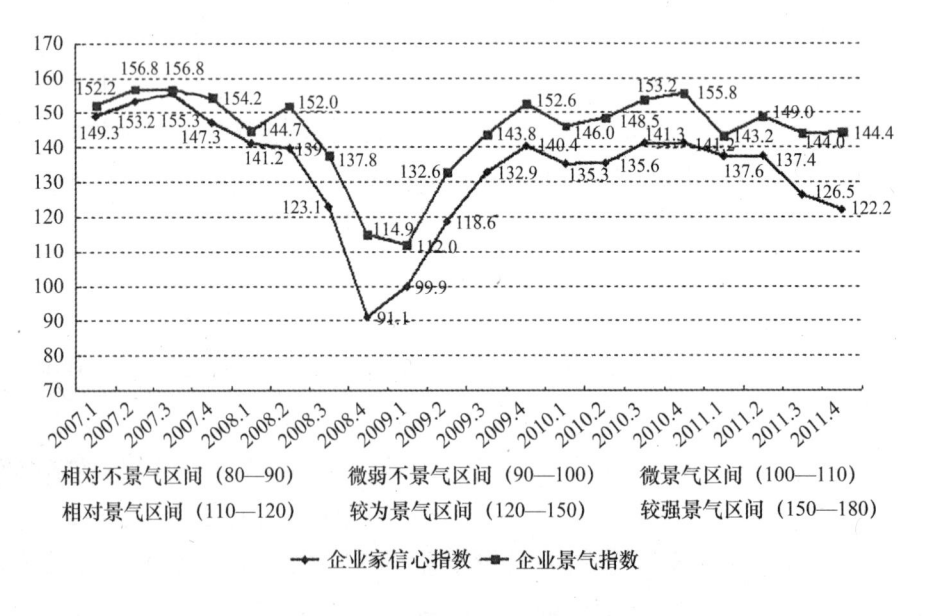

相对不景气区间(80—90)　　微弱不景气区间(90—100)　　微景气区间(100—110)
相对景气区间(110—120)　　较为景气区间(120—150)　　较强景气区间(150—180)

图9　企业家信心指数、企业景气指数走势

E. 繁从简，案例分析

企业家信心主要由两大因素影响，一是宏观经济环境，二是企业具体的经营状况。2011年第一、第二季度，企业虽然面临物价不断上涨的成本压力，但外部的宏观经济环境仍然比较宽松，企业家信心指数仍保持良好态势，分别高于上年同期2.3、1.8点。进入第三季度，国际经济环境不乐观，欧债危机频发，金融危机效应卷土重来。国内融资环境趋紧，企业成本不断上涨，员工流动频繁，诸多不利因素促使企业家渐趋谨慎。对行业宏观环境充满信心的企业家占比不断下降，第三、第四季度企业家信心指数同比分别下降14.8、19.0点。

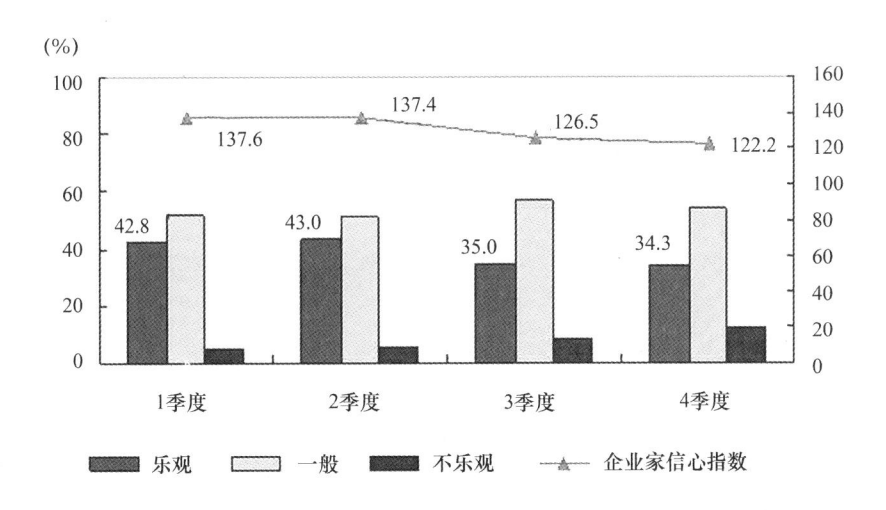

图10 2011年企业家信心指数走势

又如，《对深圳市CPI波动现象的研究》（案例43，作者：国家统计局深圳调查队综合处余红兵）。CPI出现持续性上涨现象是经济运行中非常重要的问题，它会直接影响到一个地区或国家的经济发展、社会稳定及人民生活。

近期深圳市CPI上涨的表现与特点：形态上表现为同比指数趋势向上。2010年1月，深圳市CPI同比为99.8，与上年同月比下降0.2%。进入2月以后，受春节因素影响，同比指数大幅上涨，实现了自2009年2月以来的首次正增长。随后，CPI同比指数相继突破103和104两个重要关口，一路上涨，可谓迭创新高。至11月，深圳市CPI与上年同月比上涨5.1%，再次突破105关口，创年内新高。12月，同比指数涨幅有所收窄，但依然维持在104.8的高位。

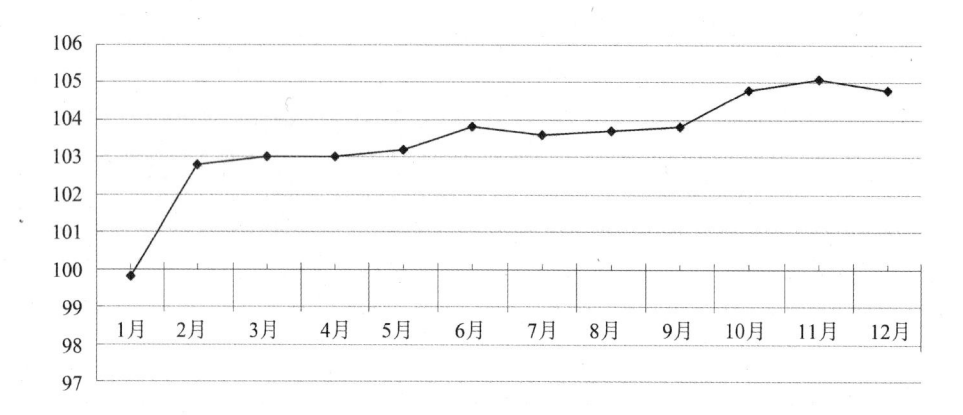

图 11　2010 年各月深圳居民消费价格同比指数

CPI 上涨因素的计量分析。

（1）翘尾因素与新涨价因素。CPI 变动的翘尾因素是指上期商品或者服务价格上涨对下期价格指数的延伸影响，也称滞后影响。可见，翘尾因素是基年遗留下来的，纯粹是统计学上的指数方法本身特点造成，并且大小与报告年中商品或服务的价格上涨因素无关。新涨价因素则不同，受到的影响因素很多。就目前 CPI 上涨情况来看，供需方面造成的因素都可视为新涨价因素。

（2）翘尾因素与新涨价因素的计算方法。目前，尚没有形成对翘尾因素与新涨价因素计算相对权威统一的方法。这里，利用翘尾因素与新涨价因素的内涵，从环比指数与同比指数的数理关系中进行推导。

如果要对本年 M 月进行月同比价格指数计算，可表示为：

$$T_M^1 = P_M^1 / P_M^0 \quad (\text{其中 } 1 \leq M \leq 12) \tag{1}$$

其中，T_M^1 为本年或报告年 M 月月同比价格指数；P_M^1 为本年或报告年 M 月的绝对价格水平；P_M^0 为上年或基年 M 月的绝对价格水平。上标表示年份，下标表示月份。

运用同比与环比的数理关系，可将（1）式变形展开为：

$$T_M^1 = \frac{P_{M+1}^0}{P_M^0} \frac{P_{M+2}^0}{P_{M+1}^0} \cdots \frac{P_{12}^0}{P_{11}^0} \frac{P_1^1}{P_{12}^0} \frac{P_2^1}{P_1^1} \cdots \frac{P_{M-1}^1}{P_{M-2}^1} \frac{P_M^1}{P_{M-1}^1} \tag{2}$$

可见，上式转化后可表述为报告年 M 月月同比价格指数，等于从上年 $M+1$ 月起，到本年 M 月止，12 个月的月环比价格指数的连乘积。

如果用 $H_M = P_M/P_{M-1}$（其中 $1 \leq M \leq 12$）表示月环比价格指数，则（2）式也可用月环比价格指数表示为：

$$T_M^1 = H_{M+1}^0 H_{M+2}^0 \cdots H_{12}^0 H_1^1 H_2^1 \cdots H_{M-1}^1 H_M^1 \tag{3}$$

（3）式等号右边的连乘积根据时间段，可以分为基期和报告期前后两个部分，前一部分是上年或基年的各月，即从 $M+1$ 月到 12 月的月环比价格指数连乘积；后一部分是本年或报告年各月，即从 1 月到 M 月月环比价格指数的连乘积。根据翘尾因素与新涨价因素的内涵，前一部分即为本年 M 月同比价格指数所含的翘尾因素，后一部分则是该月月同比价格指数中所含的新涨价因素。

因此，同比价格指数 T_M^1 可简化表述为：

$$T_M^1 = \prod_{i=M+1}^{12} H_i^0 \prod_{i=1}^{M} H_i^1 = Q_M^1 X_M^1 \tag{4}$$

其中，Q_M^1 表示本年 M 月的月同比价格指数中的翘尾因素，X_M^1 代表本年 M 月月同比价格指数中的新涨价因素。所以，报告期 M 月月同比价格指数等于其翘尾因素与新涨价因素的乘积。

八 统计分析类型

（一）小调研与简明分析

1. 小调研正面信息

例如，《深圳市 2003 年全年工业经济总量可望突破 6000 亿元大关》（案例 44，作者：杨新洪）。截至 2003 年 11 月底的最新统计，深圳市规模以上工业总产值（1990 年不变价）已达 5320.2 亿元，比上年同期增长 28.5%，依此增长速度，今年最后一个月全市工业总产值将达到 680 亿元，届时全年工业总产值 90 不变价将突破 6000 亿元大关，在全国 16 个大中城市中仅次于上海而位居第二位。分析深圳市工业快速增长特点，从今年尤为下半年开始，"三个新"已成为拉动深圳工业经济快速增长的"三驾马车"：（1）新企业，形成强势的工业生产能力，工业投资已成为全市今年固定资产逾千亿元的热点之一，至 11 月底全市年销售收入 500 万元以上的规模企业已达到 2398 家，比年初增加 684 个企业，新增加工业总产值 371 亿元；（2）新技术，成为深圳工业不竭的第一生产力，由新技术带来新产品产值

353.2亿元，1—11月全市规模以上工业企业创造的以电子及通信设备制造为主的高新技术产值2513.1亿元，比上年同期增长29.1%；（3）新举措，营造了工业快速发展的好环境，今年市政府开通大企业便利直通车，以及采取大力培育新兴产业、吸引跨国公司来深采购、实施园区带动战略、利用CEPA吸港前厂后店北上等措施，使得深圳工业对资本的"磁场"效应在增强，尤其先后两批公布的216家大企业及其下属企业、控股公司的工业总量占到了全市工业总产值的70%以上，成为新政下带动深圳工业发展的一支举足轻重的主力军。

2. 小调研藏头问题信息

例如，《深圳市走新型工业化道路面临的矛盾与困难》（案例45，作者：杨新洪）。依统计数据的比重分析，深圳工业欲走新型工业化路子，仍面临着几个难题与矛盾。一是产业结构单一。2002年全市电子信息产业产值2011.90亿元，占了全部工业总产值72.8%，其中投资类的总额达到1924.8亿元，占电子信息产值的71.07%。而非电子信息技术类的高新技术产业、机械装备等现代先进制造业发展则相对落后。二是外向工业增长后劲不足。2002年加工贸易完成进出口总额628.84亿美元，虽然增长了23.65%，占全市外贸进出口的72.09%。但这一增长后面掩盖着它以从事简单加工和组装贸易为主的落后一面，企业自身营销能力与制造能力之间矛盾日益突出。三是产业布局不尽合理。在全市限额以上2134家工业企业中，小型企业有1533家，产值占到43.4%，很显然在限额以上深圳工业中，重型化程度不够，缺乏上规模、上档次、带动强的重大工业项目。因缺乏合理规划布局，一些主导产业群和主要企业群被不合理分割，原料、物流、市场走向相背，阻碍了产业规模聚集。

又如，《深圳市高新技术产业发展须突破三大瓶颈》（案例46，作者：杨新洪）。第二次全国基本单位普查资料显示，2002年深圳市高新技术企业已达442家，实现高新技术产值1709.92亿元（现价），比上年增长29.4%，占全市限额以上工业总产值47.1%，其中高新技术产品出口156.86亿元，比上年增长37.9%，其占制造业的经济份额已相当于发达国家20世纪90年代末发展水平，取得了显著成效，但也存在三个不可忽视问题。

一是增加值率偏低。统计资料表明，占深圳市高新技术比重达90.7%的电子信息产业增加值率仅为21.2%，不仅低于发达国家平均水平14个百分点，而且低于深圳市制造业6.8个百分点。这表明，深圳市的高新技术产业不仅目前不具备高效益特征，而且收益有下降趋势。

二是产业关联效应不高。2002年，在深圳市高新技术产品出口中，来料加工和进口加工所占的比重为79%，具有自主知识产权的高新技术产品产值达到954.5亿元，其占全部高新技术产品产值仅过半。有些高技术产业虽被认定为高技术产业，但实际从事的只是一些劳动密集型的加工组装工作，许多高技术产业产品生产的关键技术或零部件依赖于进口，这一情况必然造成一些高技术产业同其他产业关联效应较差，难以实现通过高技术产业装备与改造传统产业。

三是对外资依赖程度高。2002年外商与中国港澳台商资本金占全部企业资本金的56%，比上一年提高了5个百分点。在全部高技术产品出口中，外商与中国港澳台商投资企业出口额占总数的86%。无论从资本金还是对外出口看，深圳市高技术产业对外的依赖程度已到相当高度，值得关注与应策。

3. 简明调查分析

例如，《"非典"对工业经济渐入影响》（案例47，作者：杨新洪）。2003年4月19—25日，针对"非典"疫情，深圳市组织力量进行全市百家销售收入500万元限额规模以上的工业企业重点调查，其企业数和产值分别占全市规模以上工业企业的5.1%与68%。据统计调查结果显示：在重点调查108家销售收入500万元限额规模以上工业企业中，按受影响程度分，认为未受影响的企业40家，影响轻微的企业36家，影响一般的企业12家，影响严重的企业18家，分别占受调查企业总数的37.8%、33.3%、11.1%、16.7%，影响工业经济增长幅度大小不等，还有2家企业反映由于"非典"带来制药和供水业务的增长。截至4月，预计全市仍可完成工业总产值1281.4亿元（现价），比上年同期增长23.9%，形成增加值364.4亿元，比上年同期增长19.4%。

据百家限额规模以上工业企业受"非典"影响统计调查分析，目前因为"非典"影响全市工业经济总体还属于轻微程度，推算约影响26个亿，占0.5个百分点。但从"非典"持续时间和从企业生产经营全过程分析，预计"非典"影响工业企业要过一段才能显现出来，推测将影响全年工业产值88个亿强，占2—3个百分点。

"非典"具体影响工业经济因素有以下几个方面。

一是直接影响企业的销售收入。在被调查的108家企业中，33.6%的企业反映企业的营销活动受到影响。部分企业反映由于商场人气下降，购买力降低，大大影响企业销售额。钟表行业的企业说，许多国内大宗买断业务因为广东是疫情地区而纷纷取消来深圳进一步参观考察计划，致使企业买断业务成交下降，由此损失1400万元。

二是明显影响企业的出口量。全市限额规模以上企业有2134家，其中出口供货企业有1500家，占70%多。由于"非典"，这些企业在欧洲和美日韩的市场大受影响，像外向业务度高的富士康、科健等企业均有较为强烈的反映。因为"非典"已蔓延世界27个国家和地区，造成全球恐慌，像瑞士当局已正式下令参加"2003世界钟表珠宝展"的中国香港、中国大陆等闭馆，这对深圳市钟表、珠宝行业的订单影响较大。预测受"非典"的影响，外向型企业的接单尤其是下半年的订单将受到较大的冲击。据对皮革行业部分企业的调查，有的企业预测今年的订单和产量将下降50%以上。

三是波及影响企业生产要素的构成。外商到当地商贸洽谈骤减，国外技术人员也推迟来深。富士康反映美国、日本等客户禁止员工到中国大陆，使新产品的认证过程无法进行，预计损失2亿美元订单。科健反映公司本年度推出的系列新产品计划4月在北京、上海等八大城市巡回展示，现因客户谨慎出户，该活动大打折扣，前期投入广告费用损失巨大。鸿兴印刷厂担心"非典"涉及员工发病，政府是否会封厂或限制停产。还有一些老客户要求生产企业提供对产品进行消毒处理的相关证明，尤其是玩具、衣帽鞋类产品。企业间的正常交流、访问、培训也受阻，有的已商洽过的商务活动或项目被无限期推迟。

四是影响企业的投资活动。"非典"对企业招商引资和项目建设也产生了一定影响。科健公司反映其与韩国三星公司合资的CDMA手机项目因韩国驻厂工程师及其家属已全部回国，导致6条SMT流水线无法安装，部分生产线已停工。特发信息公司反映因国外订购设备出现技术质量咨询，国外技术人员不愿前来解决，影响商务合同执行；已进口设备需外方调试，也因"非典"外方均已撤离或拒绝来人，导致巨额进口设备不能正常开工生产。

五是影响企业的经营管理成本增加。为了预防非典型肺炎，许多企业增加了对工厂、员工宿舍的消毒工作，为员工购置口罩、漂白水、消毒液、药品等，无形中加大了企业各项额外费用。如鸿兴印刷厂员工近万人，每天给员工发口罩费用就达万元以上；富士康公司拨出300万元专款用于员工全面体检。

针对"非典"已对深圳市工业企业，尤其是经济外向度和出口依存度很高企业的影响，我们要高度正视，积极采取措施应对。一是增强对企业正面宣传攻势。在媒体定期公布疫情的同时，由各自主管部门会同相关行业协会组织力量召开工业百强、出门大户企业、中国港澳台及重点外资企业通报会，加大政府的权威信息宣传力度，借助同类企业间的信息传递渠道，扩大正确信息的影响范围。二是加强对企业分类指导力度。对不同行业、不同类型企业制订不同的预防方案，并组织小分队深入具体企业督促检查，切实落实预防工作。三是积极拓展电子商务。鼓励企业主动出击，改变营销方式，克服困难，积极开展电子商务，努力通过网上交易等方式促进企业接单和产品销售。四是优化企业服务环境。进一步减轻企业负担，对企业防治"非典"增加"绿灯"，主动服务，稳定各类企业专、高级人才，金融外汇部门要延长企业结汇时间，减轻企业经营压力，提高服务质量。

又如，《深圳市工业经济在抗击"非典"中继续高位增长》（案例48，作者：杨新洪）。2003年5月，深圳市工业在抗击"非典"中坚持"两手抓""两不误"，继续保持快速健康发展，整体运行态势良好。当月完成限额以上工业企业总产值（现价，下同）363.27亿元，累计完成1644.67亿元，比上年同期增长23.3%，增幅虽比上个月回落0.6个百分点，但总体上受"非典"影响不大，仍保持高位增长。其增长之特征表现为：一是工业对GDP的贡献增长依然达到两位数，1—5月全市工业实现增加值460.51亿元，比上年同期增长18.9%；二是工业销售产值达到1617.94亿元，比上年同期增长18.3%，工业产品销售率98.4%，其中出口交货完成948.3亿元，比上年同期增长17.9%；三是内源与外源工业增长快速，在深圳市工业分经济类型中，1—5月内源经济的股份企业共完成工业产值446.81亿元，比上年同期增长33.1%，外商及中国港澳台商企业完成工业产值1481.1亿元，比上年同期增长20.1%。但是，在深圳市工业总体快速增长后面仍有值得关注的问题，由于受"非典"的影响，工业出口增幅放缓，尤其是那些与人们吃喝密切相关的行业如农副食品加工业、食品制造业、饮料制造业出口增速大幅回落。对此，应加以研究应策。

（二）专题与综合分析

1. 专题分析

例如，《从"六普"数据看深圳居民的居住状况——第六次全国人口普查数据分析之五》（案例49，深圳《统计分析》2011年第38期，作者：深圳市统计局综合处）。以2010年第六次全国人口普查数据分析深圳市常住家庭户人口居住状况时，有如下特征。

（1）受城市化建设影响，人均住房建筑面积增长缓慢。2004年年底原特区外的宝安、龙岗两区全面推进城市化，原有的27万农村人口全部完成从"村里人"到"城里人"的身份转换，深圳成为全国第一个没有农村行政建制和社会体制的城市。随着城市化的不断推进，大批外来人口涌进原来农民的房屋租住，原来农户一家居住的房屋目前能住上十几户。受此影响，深圳市人均住房建筑面积与十年前相比没有太大变化。2010年第六次全国人口普查汇总资料表明，深圳市常住家庭户人口人均住房建筑面积为21.60平方米，同2000年第五次人口普查时21.37平方米相比增长0.23平方米。其中，盐田区、宝安区、光明新区人均住房建筑面积低于全市水平。

（2）住房困难户仍占一定比例。尽管全市各区住房平均水平有所提高，但仍有一部分无房户及住房困难户。全市无房户占家庭户总数的0.05%，人均住房建筑面积在8平方米以下的住房困难户占14.56%。特别是光明新区、盐田区人均住房建筑面积在8平方米以下的住房困难户比重分别高达23.72%、20.50%，此情况应引起重视，要继续加大经济适用房建设力度，向低收入家庭提供廉租住房，满足住房困难户的基本居住需求，使之安居乐业仍是当务之急。

（3）五成以上家庭户住房是2000年以后建成。深圳市是经过30年的发展建设成长起来的年轻城市，全市98.37%的家庭户住房是1980年以后建成。其中，54.49%的家庭户居住在2000年以后新建的住房中，这部分住房建筑面积约占全市住房建筑面积的52.14%。分区看，福田区、罗湖区、南山区近50%的家庭户住在20世纪90年代建的住房，南山区、宝安区、光明新区、坪山新区60%以上的家庭户住房是2000年以后建成，龙岗区40%家庭户住在20世纪90年代建的住房，50%家庭户住在2000年建的住房，盐田区家庭户住房是20世纪80年代、90年代和21世纪头10年各占1/3。全市住房质量状况总体良好，钢及钢筋混凝土、混合结构外墙墙体材料的占98.11%，其中钢及钢筋混凝土结构住房占60.97%。全市家庭户3.53%住在平房中，住在7—9层的家庭户占35.66%，住在10层以上高建筑的家庭户有21.90%。

（4）七成以上家庭户居住在租赁房。深圳市从1993年开始进行公有住房的房改工作，至2000年取消了住房的福利分配，住房已全面走向市场化，市民住房已由公房低租金、福利性使用转向住房商品化。人们的居住理念随着住房制度改革的深化而改变，以前那种住房所有权与使用权相分离的状况，已被人们拥有自己的住房所有权和使用权所取代。2010 年，73.42% 的深圳市家庭户无所居住房屋的产权，这意味着大部分家庭住房为租赁房，与深圳外来流动人口占比较大有着密切关系。

（5）住房租赁费用上升较快。从租房户租房费用来看，2010 年全市租房家庭户费用在 200 元以下的占 13.73%，租房户费用在 200—500 元的占 50.44%，租房户费用在 500—1000 元的占 20.08%，租房户费用在 1000—2000 元的占 11.41%，租房户费用在 2000 元以上的占 4.34%。对一些低收入困难户无房户家庭来讲，低住房租金水平有助于解决他们的实际困难。因此，今后既要继续抓好经济适用房建设，又要做好廉租住房建设，积极发展租赁市场，以满足无房户及住房困难户的基本居住需求。

2. 综合分析

例如，《近期深圳市经济运行情况分析》（案例 50，深圳《统计分析》2011 年第 37 期，作者：深圳市统计局综合处）。2011 年 1—10 月，深圳市整体经济保持平稳健康发展，但面对复杂多变的国内外经济环境，经济增长面临的困难和风险不容低估。

（1）关于 2011 年以来深圳市经济运行的总体判断。总体经济平稳健康，GDP →工业→投资→消费→出口；工业是总体经济增长的稳定器；固定资产投资增速有所回落；消费市场比较畅旺；出口保持较快增长。

（2）当前经济发展值得关注的问题。内外经济环境对深圳经济的负面影响加大；工业增长后劲堪忧；第三产业发展存在较大不确定性；企业经营面临的困难加剧。

（三）调查式与论文式

1. 调查式

（1）访问式——难点问题

例如，《深圳彩电企业在逆境中求生存、谋发展》（案例 51，作者：国家统计局深圳调查队统计监测处 李晓兰）。为解决深圳彩电企业经营发展中存在的问题，深圳调查队对相关企业进行了走访调研。调查显示，目前企业发展面临缺乏核心技术、成本上升、经济环境不明朗等不利因素，面对重重生产经营压力，企业通过发展上游产业链，加强产品研究，开拓市场等多种手段积极应对并拓展新的市场空间。

A. 彩电企业发展的制约因素：上游核心技术缺失；经营成本持续上升；市场环境仍难预期。

B. 企业积极应对，困中求变：整合力量发展上游产业链；加强成本控制和优化产销渠道；寻求新的利润增长点；开发产品细分市场。

C. 行业发展仍需政策引导：继续支持骨干企业在上游产业链进行突破；支持引导彩电企业积极进行升级转型；研究细化对中小型彩电企业的政策扶持；发挥本地有关行业协会的积极作用。

（2）典型调查——热点问题

例如，《食品企业发展面临的困境及对策思考》（案例52，作者：国家统计局深圳调查队统计监测处 曾彩虹）。当前食品价格一涨再涨，问题食品时有曝光。如何让食品企业健康发展，让市民减轻因食品涨价带来的经济负担和食品安全导致的精神负担，深圳调查队近期专门对市内数家食品企业进行典型调查，对食品企业发展面临的问题进行了梳理，并对解决问题的对策做了初步思考。

A. 深圳食品企业发展面临的问题：初级农产品的供应和价格不稳定；生产经营成本不断上涨；行业利润率低，企业资金投入有限；监管不力，违法成本低，为劣质食品提供温床；正面宣传少，消费观念存在误区。

B. 解决问题的对策建议：加大对农业的投入，扶持正规食品企业的发展；加强对食品及相关行业的生产规划及指导规范；加大食品安全监管力度，严厉打击违法行为；充分发挥传媒的正面引导作用。

2. 问题与论文式

（1）问题式——提出、分析与解决问题

例如，《2011年深圳市基本单位分布及变化情况分析》（案例53，深圳《统计分析》2012年第20期，作者：深圳市统计局普查中心）。基本单位是构成整个社会经济活动的最基本的社会单元。基本单位的总体状况能反映一个地区的社会经济发展水平和结构特点；而单位的增减变动，则能从一个侧面反映该地区社会经济的活跃程度和发展方向。

A. 基本单位反映的主要问题：第三产业单位数量虽多，但吸纳就业人员的能力相对较弱；大中型企业数量相对较少且增长较慢，后劲稍显乏力。

B. 基本单位的构成和变化特点：单位总量增加较快，结构更趋合理；企业仍然是法人单位增长的主体，社团和民办非企业单位数量也有所增加；传统产业单位比重大，新兴产业和现代服务业单位增长快；宝安区和龙岗区是单位增长幅度较大的区域；民营企业发展迅速，所占比重进一步提高；中小微企业是企业的主体，数量增长较快。

C. 对策建议：采取措施，加大对中小微企业各方面的扶持力度；进一步做好大中型企业和重点企业的跟踪服务工作；加快新兴产业和现代服务业发展，落实产业结构调整相关政策措施。

(2) 论文式——论点、论据、结论

例如，《深圳工业增长特质与新型工业化的必然选择》（案例54，发表中国核心期刊《管理世界》，入选《中国人民大学报刊索引资料》，作者：杨新洪）。深圳工业自从1980年伴随经济特区的成立，它就保持一股锐气，牛气冲天，势不可当，始终在深圳GDP中起着领头羊作用。20多年来，这头不知疲倦的牛怎么样了？今后走向如何？用2002年统计数据来观察其变化，那就是：

A. 快速增长有其特质：特质之一，聚合增长；特质之二，高位增长；特质之三，边际增长。

B. 面临的难题与矛盾：一是产业结构单一；二是外向工业增长后劲不足；三是产业布局不尽合理。

C. 具备的机遇与条件。从机遇来看，全球经济增长放缓带来的全球产业链的重新分配，为深圳工业的进一步快速发展带来新的机遇。这一机遇尽管是全球性的，但对深圳这样一个充满活力与生机的开放城市来说尤为重要。从条件来看，近年来，深圳工业抓住机遇，加快结构调整，产业资源优势逐渐向产业高级方向积聚，工业整体素质不断提高。

D. 深圳工业走新型化的要求与突破。一是着力打造优势产业，大力发展高新技术产业；二是与发展大企业并举，有力推进科技型中小企业发展；三是致力培植新兴产业，构建先进制造业和装备型工业；四是增创体制新优势，勇于破除国企既有利益格局。

(四) 先定性后定量与定量分析

1. 先定性后定量分析

例如，《基于核算角度：2011年第一季度批发和零售业下降的影响及主要原因》（案例55，深圳《统计分析》2011年第14期，作者：深圳市统计局综合处）。

初步核算，2011年第一季度全市生产总值2350.10亿元，比上年同期（下同）增长10.8%，增速同比回落0.3个百分点。其中，第三产业的增速分别比第二产业和整体经济低3.8个和1.6个百分点，比上年同期下降1.3个百分点；占GDP的比重也由上年的55.8%回落到54.7%，减少0.8个百分点。第三产业对全市经济增长的贡献率由上年第一季度的51.3%下降到47.3%，减少了4个百分点，不仅成为全市经济增速放缓的主因，也是深圳市第三产业占GDP比重下降的根本原因。从第三产业内部各行业的分析来看，批发和零售业的下降是造成第三产业增幅放缓的主要原因。

（1）批发和零售业在第三产业中占有重要地位。第一季度，批发和零售业占GDP的比重达11.4%，占第三产业的比重也达到20.8%。在第三产业中，批发和零售业占GDP的比重仅低于其他服务业（占18.9%），略低于金融业（占12.0%），三者合计占第三产业的比重达到42.3%，在第三产业中占有重要的地位。

（2）批发和零售业对GDP的负面影响凸显。从GDP核算的角度看，第一季度全市批发和零售业增加值的增长速度仅有4.3%，低于全市经济增长6.5个百分点，也比第三产业的增速低4.9个百分点。在第三产业中，批发和零售业的增速仅仅比住宿和餐饮业高出0.9个百分点。相较于有两位数增长的交通运输仓储和邮政业、金融业和房地产业来说，则增幅低了6—14个百分点。如果与上年同期相比，批发和零售业增长速度的下降幅度达到了11个百分点。从对全市GDP增长的贡献率来看，批发和零售业是第三产业中贡献率下降最大的行业，其对GDP增长的贡献率由上年同期的16.2%急剧下降到2011年的4.8%，下降了11.4个百分点，其下降幅度远高于居第二位、下降了6.1个百分点的交通运输、仓储和邮政业。

（3）批发和零售业下降的原因分析。从商品销售总额来看，第一季度全市商品销售总额比上年同期增长12.6%，增幅回落了13.1个百分点。其中，批发业销售额同比增长11.9%，增幅比上年同期下降19.7个百分点；零售业销售额同比增长13.6%，增幅比上年同期下降5.2个百分点。批发业销售额占全市商品销售总额的比重为60.8%，零售业销售额占39.2%。从社会消费品零售总额来看，第一季度其增幅下降了2.3个百分点，主要原因是限额以上零售业的下降。2011年第一季度，全市社会消费品零售总额中，限额以下批发和零售业总量增长12.0%，比上年同期提高2.1个百分点；限额以上批发和零售业增长19.9%，比上年同期下降9.5个百分点，而限额以上批发和零售业占全部批发和零售业的比重达到57.0%。

2. 定量解读分析

例如,《深圳本土总部企业发展情况解读》(案例56,深圳《统计分析》2011年第24期,作者:深圳市统计局核算处)。2010年度总部企业统计年报的调查对象,是2009年向本市相关政府部门提出总部企业申报的各类行业企业,经过与相关部门核实,共计180家,在此统称为本土总部企业。经过调查共收回统计年报调查表178份,有2家企业因合并撤销和迁出深圳不再属于调查对象。调查结果显示,2010年178家本土总部企业管理着5528家控股公司、子公司和各类分支机构,从业人员155.97万人,拥有资产达64703.24亿元,利润总额2146.97亿元,上缴各类税金1220.24亿元。相对于2009年本土总部企业的劳动、资本及贡献有较大幅度的增长,企业综合实力进一步加强。

(1)资产规模快速扩张。2010年度178家本土总部企业全部企业资产总计比2009年增加了9659.24亿元,增幅达17.5%。

(2)企业利税大幅提高。2010年度,全部本土总部企业创造利税3367.21亿元,比2009年增长23.6%。从分行业利税增长速度看,住宿餐饮、交通运输、建筑、其他服务业和批发零售是增速较快的行业。

(3)从业人员稳步增长。2010年年末,178家深圳本土总部企业拥有从业人员155.97万人,比上年增长14.6%,大大高于深圳同期社会劳动者的增长幅度,比同期全社会年末职工人数增长幅度高出0.6个百分点。其中,第二产业增长17.7%,第三产业增长13.3%。

九 统计分析撰写

(一)思维与定式——谋篇布局

关键词:思想运动、酝酿消化、逆反思维、求新求变、立意高远、统筹兼顾、环环相扣、路径缜密。

1. 标题:成功的一半

(1)新锐个性

例如,《独一无二的深圳人口年龄金字塔——第六次全国人口普查数据分析之二》(案例57)。人口金字塔,是呈现人口年龄和性别分布状况的图形,它以年龄为纵轴,以人口数为横轴,按左侧为男、右侧为女绘制而成,其形状如金字塔,故称人口金字塔。金字塔底部代表低年龄组人口,金字塔上部代表高年龄组人口。人口金字塔可以反映过去人口的情况、目前人口的结构以及今后人口可能出现的趋势。

人口金字塔可分为三种类型：年轻型、成年型和年老型。

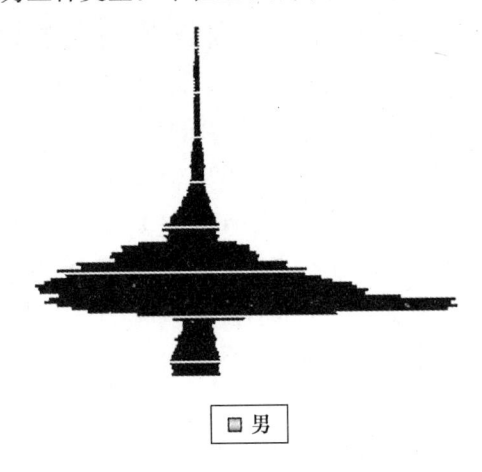

图12　2000年（第五次人口普查）人口金字塔

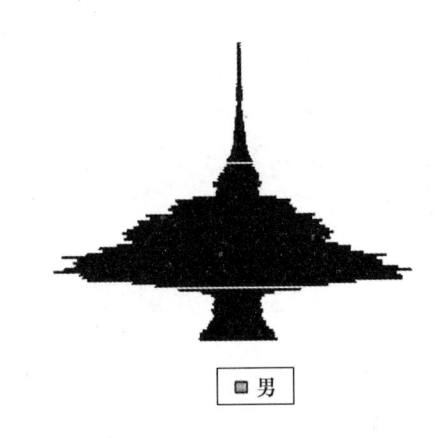

图13　2010年（第六次人口普查）人口金字塔

我们可以看出：深圳市两次人口普查年龄金字塔的共性是塔底窄、塔腰宽、塔顶尖。这一形状不同于全国及国内任何其他城市，具有鲜明的特性，它既不是年轻型特点：塔顶尖、塔底宽；也不是成年型塔顶、塔底宽度基本一致，在塔尖处才逐渐收缩的特性；更不是年老型塔顶宽、塔底窄的形状。

（2）归纳提炼

例如，《深圳市工业发展质量提升，经济效益指数创新高》（案例58，深圳

《统计分析》2011年第30期,作者:深圳市统计局工交能源处)。2010年深圳市规模以上工业企业主营业务收入18336.94亿,同比增长28.5%;经济效益指数188.7%,创全年新高。

(3)突出特点

例如,《上半年我市民营经济发展呈现"四个特点"》(案例59,深圳《统计分析》2011年第30期,作者:深圳市统计局法规处)。2011年上半年,深圳市民营经济增加值总量达到1312.60亿元,同比增长11.5%,增速比同期GDP增速快0.9个百分点。其中,第一产业增加值1.26亿元,同比下降23.6%;第二产业增加值431.12亿元,增长18.4%;第三产业增加值880.22亿元,增长8.5%。民营经济增加值占同期GDP的比重为26.2%,比上年同期提高0.2个百分点。纵观前半年情况,主要呈现出以下几个特点:A. 民营经济单位登记量持续增长;B. 民营经济工业、批发零售业、房地产业三大行业成为拉动民营经济增长的主要动力;C. 私营企业及个体经营单位从业人员有较大幅度的增长;D. 来源于民营经济的税收收入呈现出快速增长的态势。

(4)平铺直叙

例如,《关于深圳市垃圾处理行业的统计调查》(案例60,深圳《统计分析》2011年第33期,作者:深圳市统计局社科处)。随着深圳市人口持续大幅度增长,垃圾排放逐年膨胀,目前深圳市日均生产垃圾已高达13100吨,垃圾生成和处理的矛盾较为尖锐。科学处理垃圾,给市民一个良好的生活和工作环境已成为深圳市社会建设的重要内容之一。为此,我局重点调查了深圳市11个生活垃圾处理厂(场),现将行业情况简要报告如下。

2. 正文

(1)直面问题——开门见山导入,从大量数据中发现问题

例如,《关于我市人均GDP数据变化趋势初步分析和工作建议》(案例61,深圳《统计分析》2010年第1期,作者:深圳市统计局人口调查办,华琼辉)。国务院决定2010年进行第六次全国人口普查,按照本次普查的方法制度,各地2010年的常住人口数据将不再按非普查年份的方法进行测算,而以普查结果为基础来确定。由此,有必要重新审视深圳市今年常住人口以及与常住人口密切关联的人均GDP数据问题。而根据目前掌握的各方面资料数据进行推算判断:深圳市人均GDP数据将面临严峻挑战,换句话说,深圳市一直保持全国大中城市首位的人均GDP数据之地位,有被动摇的直接现实危险。

| 科学度量 Two |

目前掌握的基本数据：A. 户籍人口 260 万人。按照市发展和改革委员会的计划，年底深圳市户籍人口将达到约 260 万人。B. 常住人口约占日常登记人口的 68.2%。4—6 月市人普办以 5 月 18 日为时点在宝安区开展的人口普查综合试点情况显示：普查总人口占社区日常登记人口的 76.1%，普查测算出的常住人口占社区日常登记人口的 68.2%。C. 清查、办证总人口 1460 万人。3—5 月，政法、综治、公安、流动人口和出租屋管理等部门联合开展的全市流动人口信息采集大会战情况显示：截至 5 月 18 日，全市累计登记实际居住的流动人口 1200.55 万人。另从市公安局掌握的数据看：截至 5 月底，全市发放居住证 1150 万人（张），预计年底将达到 1200 万人（张），估计总人口约为 1200 + 260 = 1460（万人）。D. 公安报表总人口 1627 万人。市公安局 6 月 30 日《暂住人口统计报表》显示：全市登记暂住人口为 1366.78 万人，估计总人口约为 1367 + 260 = 1627（万人）。

（2）分析问题——查找原因、厘清关系、追溯本源

例如，《新开工项目拉动工业投资迅速回暖》（案例 62，深圳《统计分析》2010 年第 29 期，作者：深圳市统计局投资处）。2010 年 1—10 月，面对复杂多变的经济形势，深圳固定资产投资迎难而上，有力助推了经济增长。全社会累计完成固定资产投资 1455.61 亿元，同比增长 13.3%，其中工业完成投资 368.88 亿元，同比增长 20.6%。

A. 全社会投资增幅持续上升。1—10 月全社会固定资产投资增幅持续上升，各月累计同比增幅分别是 11.4%、8.3%、9.3%、10.4%、10.3%、11.1%、11.1%、11.5%、12.2%、13.3%。前 10 月月均完成投资额 145.56 亿元，比去年同期月均高出 17.14 亿元。

B. 工业投资增速不断加快，今年第一季度工业投资增速出现大幅下滑，从 1 月增长 9.1% 下滑到 3 月的负增长 34.0%。工业投资增长速度远低于全社会固定资产投资的增速，3 月两者差距达到 43.3 个百分点，4 月工业投资增速得到改善。4—10 月，工业投资增长速度从负增长 21.2% 逐月上升到增长 20.6%。工业增速与固定资产投资增速差距逐月缩小，9 月之后超过固定资产投资增速，10 月超过 7.6 个百分点。

C. 信息产业投资对工业投资增长作用大。工业九大产业（电子信息、电气机械、信息产业等）共完成投资 272.17 亿元，同比增长 53.8%，占工业投资的 73.8%。其中，信息产业完成 202.13 亿元，同比增长 82.3%，占工业投资的 54.8%，比重上升 17.3 个百分点，对工业投资增长起了决定性作用。

D. 新开工工业项目贡献突出。2010 年 1—10 月，有 168 个新工业项目开工建设，其中计划总投资超过亿元的项目有 33 个。新开工工业项目累计完成投资额 140.06 亿元，增长 95.1%；占全社会新开工项目的 54.6%，比重比上年同期上升 13.6 个百分点。平均每个项目完成投资额 8336.90 万元，同比增加 3548.16 万元。

（3）解决问题——由过去看现在，由现在把将来

例如，《规模以上工业划分标准提高后对深圳市工业数据的影响及预测》（案例 63，深圳《统计分析》2010 年第 27 期，作者：深圳市统计局工交能源处）。国家统计局规定，从 2011 年月度开始，工业统计定期报表将规模以上企业划分标准由年主营业务收入 500 万元及以上提高到 2000 万元及以上。根据年报和前 10 月数据初步测算，将对深圳市工业经济数据产生一定影响。其对全口径工业影响不大，但对规模以上工业影响较大，而且规模以上、以下总量比例会发生变化。

这主要表现在以下几个方面。

A. 规模以上工业总量可能有所减少，企业数减幅大。目前，深圳市有规模以上工业企业 8417 家，标准提高后，规模以上工业企业变为 4635 家，企业数减少了 44.9%；产值变化相对较小。1—10 月深圳市规模以上工业实现总产值 14542.84 亿元，执行新标准后，产值变为 14027.74 亿元，总量减少 3.5%；增加值总量减少也有限。1—10 月深圳市规模以上工业实现增加值 3244.37 亿元，执行新标准后，增加值变为 3133.14 亿元，总量减少 3.4%。

B. 规模以上工业经济增速可能有所下滑。总产值增速下调 0.6 个百分点，增加值增速下调 0.5 个百分点。同时，通过与全省近三个月数据的对比观察，初步判断：标准提高后，深圳市规模以上工业在总量（产值和增加值）上会减少 3.5% 左右，增速将下调 0.5 个百分点左右；但与全省的下调幅度相当，不会影响深圳市工业在全省排头兵的地位。另据了解，广州市在标准提高后对总量的影响也在 5% 以下。

C. 工业整体经济总量影响有限，但增速可能稍有下滑。用 2010 年 1—9 月的数据测算，规模以上工业企业划分标准提高后，规模以下工业增加值占全市工业的比重将由 3.5% 提高到 6.9%。如果规模以上工业增加值增速下滑 0.5 个百分点，规模以下工业增加值增速保持不变，那么工业整体经济总量会减少 0.4% 左右，增速会下滑 0.4 个百分点。如果在保持工业整体经济增速不变，规模以上工业增加值增速下滑 0.5 个百分点的前提下，规模以下工业增加值增速要提高 6 个百分点，这个难度是比较大的。所以可以初步断定，规模以上工业企业划分标准提高后，工业整体经济总量会减少 0.4% 左右，增速会有所下滑；并在目前 GDP 结构不变的情况

下,影响全市 GDP 下滑 0.2 个百分点。

针对出现的新情况,为保证数据的平滑衔接,需采取以下主要措施应对变化。

A. 总量方面:有效提高工业增加值率,抓住重点指标,加强对重点行业、重点企业的审核和指导工作;关注规模以下工业企业的样本框变动情况,积极配合市调查队做好规模以下企业样本确定,力求把规模较大、成长性较好的企业纳入样本框;加强与省统计局的沟通联系,争取尽可能有利的规模以下工业分配比例。

B. 速度方面:加强对重点企业的数据质量评估。通过测算,标准提高后,重点企业的贡献率由 67% 上升为 72%。由于重点企业对全市数据有"助涨助跌"的作用,如果明年重点企业发展较好,影响将由"负"转"正";关注企业产品结构调整,对新的产品品种要及时纳入分行业统计,尤其是高增加值率行业的新产品;加强部门间的联动,尤其与工业主管部门保持密切联系,互通信息,借助其他职能部门的优势促进统计工作。

3. 结束语:概述总体结论、对策方向、缺陷与不足

例如,《高增加值率行业带动全市工业增加值增速加快——兼析我市工业总产值与增加值增速背离现象》(案例 64,深圳《统计分析》2010 年第 25 期,作者:深圳市统计局工交能源处)。近两个月深圳市工业增加值增速加快,1—10 月增长 13.9%,比上月提高了 0.1 个百分点,高出总产值增速 0.5 个百分点,出现增加值增速上升、总产值增速下降的背离走势。

总之,从某种意义上讲,相对工业总产值增速,高增加值率行业决定着全市工业增加值增速。如果工业增加值增速快于总产值增速,那么其主导行业必然是高增加值率行业;如果工业增加值增速低于总产值增速,那么其主导行业必然是低增加值行业。鉴于高增加率主导行业对工业增加值增速举足轻重的作用,在提升增加值率的同时,更要特别关注高增加值率主导行业的发展情况。如果高增加值率行业发展不理想,那么将较大地拖累全市增加值增速的提高。

又如,《浅析我市工业增长与用电量数据的差距》(案例 65,深圳《统计分析》2010 年第 6 期,作者:深圳市统计局工交能源处)。深圳市供电局数据显示,2010 年上半年深圳工业用电量为 172.36 亿千瓦时,同比增长 25.4%。与此同时,深圳规模以上工业增加值增长 12.8%。工业增幅低于工业用电量增幅 12.6 个百分点,这个差距如何解释?经研究分析,主要原因:(1)工业增长与用电量趋势同步;(2)工业经济和工业用电量有结构差异;(3)石油和天然气开采业对经济增长数据和用电数据的影响;(4)来料加工和保税贸易出口拉高

工业用电增速；(5) 工业用电含办公空调用电和规模以下企业用电及少量已转换为非工业场所用电。

综上所述，全市工业经济增长和用电量增长数据变化趋势同步，表明两组数据对经济形势的描述是基本一致的。增幅上的差距主要因素来源于工业经济结构和用电结构的差异，以及特殊行业的影响、统计口径不同的影响等。随着深圳市工业经济结构的不断调整，两者的差距还可能继续存在。工业统计数据经过全市规模以上企业全面调查和严谨的科学推算，较准确地反映了全市的工业经济情况。

（二）结构与方法——路径手法

1. 完整版：三段式——论点、论据与论证、结论

例如，《当前深圳经济形势研判——基于GDP核算角度的分析》（案例66，深圳《统计分析》2010年第20期，作者：深圳市统计局核算处）。2010年前三季度，深圳市GDP总量达到6722.03亿元，同比增长11.8%，增速比上年同期提高2.2个百分点，较上半年加快0.2个百分点。其中，第一产业增加值4.54亿元，同比下降15.4%；第二产业增加值3171.96亿元，同比增长14.3%；第三产业增加值3545.53亿元，同比增长9.3%。

（1）论点——关于当前的增长速度

A. 从经济增长周期分析。2010年以来深圳仍处于增速回落的周期中，在没有特殊事件出现的情况下，增长速度将保持平稳态势，因此，当前GDP增长11.8%反映了深圳产业发展现状。

B. 与全国主要大中城市增速对比分析。2010年前三季度，在全国23个主要大中城市中，深圳市GDP增速仅高于北京市、上海市，增速相对落后。通过对比分析，其主要原因是深圳市一些重要指标增速落后于其他城市。例如，规模以上工业增加值增速（13.8%）、社会消费品零售总额增速（15.7%），均排各城市最后；地方财政一般预算收入增速，深圳市（增长18.4%）也仅高于上海市、厦门市，列倒数第三位；进出口总额增速，深圳市（增长28.9%）处于中游位置。所以，从相关指标数据情况看，深圳当前的增长速度与相关指标数据相对而言是匹配的。

（2）论据——当前深圳市经济走势的主要特点

A. 主要经济指标增速逐季走高。首先，是工业生产恢复性增长明显，增速逐季走高，规模以上工业增加值从第一季度增长11.5%，提高到上半年的增长12.8%，前三季度增长13.8%。其次，从对外贸易看，也呈逐季走高的趋势，外

贸进出口总额从第一季度增长20.7%提高到上半年的增长27.5%，前三季度增长28.9%，与工业生产保持相同的趋势。最后，从今年前三季度GDP走势看，第一季度完成1977.83亿元，增长11.1%；上半年完成4215.57亿元，增长11.6%；前三季度完成6722.03亿元，增长11.8%。GDP增速由第一季度11.1%、上半年11.6%稳步提高到前三季度11.8%，呈现逐季走高的特征。

B. 宏观经济效益提高。2010年前三季度全社会劳动生产率为9.33万元/人，比2009年同期提高0.8万元/人，按可比价格计算，增长6.3%。从税收情况看，前三季度国税、地税共完成税收收入2272.12亿元，增长20.2%，其中企业所得税收入474.20亿元，增长34.1%，反映了企业经济效益的提高。从工业企业情况看，也呈现亏损面降低、经济效益提高的趋势。规模以上工业企业亏损面从第一季度的38.3%，下降到上半年的33.2%，前三季度亏损面为28.9%，亏损面进一步降低。前三季度规模以上工业实现利润总额810.64亿元，增长27.4%，高于同期工业增加值的增速，反映了工业经济效益的提高。

C. 产业结构继续保持"三、二、一"的格局。2010年前三季度，深圳市三次产业结构为0.1∶47.2∶52.7，产业结构依然保持第三产业、第二产业、第一产业的顺序，但第二、三产业之间发生此消彼长的变化。其中，第一产业占GDP的比重与上年同期持平，第二产业占GDP的比重比上年同期提高1.1个百分点，第三产业占GDP的比重比上年同期降低1.1个百分点。

D. 第二产业贡献率提高，第三产业贡献率降低。2010年前三季度第二产业增长14.3%，保持了较快增长。其中，工业完成增加值2964.69亿元，同比增长13.9%，增速比第一季度和上半年分别加快2.4个和1.1个百分点；建筑业实现增加值207.28亿元，同比增长23.1%。随着建筑业、工业增速持续提升，对GDP增长的贡献份额大幅提升，前三季度第二产业对GDP增长的贡献率为61.5%，比上半年的54.3%提高7.2个百分点，与第三产业贡献率的差距由上半年的8.5个百分点拉大到23.0个百分点，拉动GDP增长7.3个百分点。

E. 区域发展差异明显。2010年前三季度各区经济发展差异明显，现行的八个区域中，宝安区、光明新区、坪山新区三个区的GDP增长率高于全市水平，福田区、罗湖区、盐田区、龙岗区四个区的GDP增长率低于全市水平，南山区的GDP增长率与全市持平。出现这种状况的主要原因是各区的产业结构影响。今年以来，深圳市经济增长主要靠第二产业拉动，第二产业对GDP增长的贡献率逐季提高，第三产业贡献率则逐季降低。因此，第二产业占比较大的区，受第二产业增长加快的影响，GDP 增长速度较高。南山区虽然是第二产业占比较大，由于个别重点工业企业产品受价格下行因素影响导致产值下降幅度较大，从而影响了第二产业增长速度；而第三产业占较大比重的区，由于全市第三产业增速放缓，而且呈下降趋势，导致 GDP 增长速度放缓，个别区甚至出现回落的趋势。

（3）论证——影响因素分析

A. 工业生产稳步提升奠定了深圳市经济增长的基础。2010 年前三季度完成工业增加值 2964.69 亿元，占 GDP 的比重达 44.1%。全部工业增加值增速由第一季度的增长 11.5%，提高到上半年的增长 12.8%，到前三季度则增长 13.9%。拉动 GDP 增长的贡献率同步持续上升，第一季度、上半年和前三季度工业对 GDP 增长的贡献率分别为 45.1%、50.8 和 57.1%，相应拉动 GDP 增长 5.0 个、5.9 个和 6.8 个百分点，对 GDP 的拉动作用增强。工业生产的稳步提升，奠定了深圳市经济稳步增长的基础。

B. 交通运输、仓储和邮政业恢复性增长明显。今年前三季度，交通运输业务量保持较快增长，全市货运量 1.85 亿吨，增长 16.8%，比上年同期提高 3.8 个百分点，货物运输周转量 1189.44 亿吨公里，增长 51.4%，其中水运货物运输周转量同比增长 63.1%。全市客运量 11.36 亿人次，增长 5.9%，旅客周转量 456.94 亿人次，增长 15.7%。交通运输业务量的快速增长，有效地拉动了增加值的增长。今年前三季度，交通运输、仓储和邮政业完成增加值 306.72 亿元，增长 26.3%，对 GDP 增长的贡献率为 8.1%，拉动 GDP 增长 1.0 个百分点。

C. 金融业增速逐季回落影响深圳市经济增长。受国家政策影响，今年以来银行贷款增速放缓，同时证券市场波动较大（据深圳证监局统计，前三季度深圳地区证券营业部证券交易额下降 14%）。前三季度金融业完成增加值 854.09 亿元，增速从第一季度的 15.4% 回落到上半年的 13.0% 和前三季度的 11.0%。对 GDP 增长的贡献也出现回落，前三季度金融业对 GDP 增长的贡献率为 10.3%，拉动 GDP 增长 1.2 个百分点，低于上半年和第一季度。另外，从市地税局统计的分行业税收收入情况看，前三季度金融业税收收入 106.87 亿元，下降 4.2%；从供电局提供的分行业用电情况看，前三季度深圳金融业用电量下降 35.23%，反映了金融业形势不容乐观。

D. 房地产形势未有明显改善同样影响深圳市经济增长。前三季度全市商品房销售面积下降 44.9%，销售额下降 27.4%，依然延续第一季度和上半年的下降趋势。房地产开发业状况未有明显改善，对房地产业增加值产生较大影响。前三季度房地产业增加值为 370.32 亿元，同比下降 15.6%，但降幅比第一季度、上半年分别收窄 3.4 个百分点和 2.0 个百分点。

(4) 结论与建议——全年形势的判断

虽然 2010 年前三季度深圳市经济保持了较快的增长，但由于深圳市经济受国际经济形势发展趋势影响较大，目前国内外经济环境存在的不确定因素仍然存在，对深圳市未来经济发展产生一定影响，政府各有关部门还须认识到与"标兵"城市和"追兵"城市的差距，加大工作力度，确保各项工作目标的完成。

按照前三季度走势，全年可以实现年初制定的经济增长目标，"十一五"规划制定的目标也可顺利完成，并为"十二五"规划奠定较好基础。GDP 总量有望达到 9400 亿元左右，净增 1200 亿元左右，按可比价格计算，增长 11% 左右。规模以上工业增加值预计超过 4000 亿元，按可比价格计算，增长 13.8%，全社会固定资产投资额 1933 亿元，增长 13.1%，社会消费品零售总额 3000 亿元左右，增长 16.0%。金融业方面，今年下半年以来，银行本外币贷款增速减缓，但由于银行中间业务收入发展较快，中间业务收入已占银行业税前利润近三成，促进了金融业增加值的增长；房地产方面，受国家宏观调控政策影响，深圳市房地产销售面积下降幅度较大，导致房地产增加值下降，但由于深圳市房屋租赁市场保持平稳发展，一定程度上抵消了房地产开发业下降带来的影响。以上各行业的发展情况，将会为完成全年 GDP 增长目标打下坚实基础。

2. 部分版：两段式——问题与解析、解析与方略

例如，《深圳市企业一套表联网直报上报情况分析》（案例 67，深圳《统计分析》2012 年第 10 期，作者：深圳市统计局计算中心）。(1) 2012 年 2 月定报数据报送基本情况。2012 年 2 月 18 日零时，深圳市企业一套表联网直报正式开通。在各级统计部门的共同努力和相关企业的大力支持下，截至 2 月 29 日 17:00 年报数据报送结束，全市共 9339 家企业参加了数据报送工作（因科技报送企业与工业重合，此处应报数统计不包括科技企业），上报率达 100%。紧随而至的 2012 年 2 月定报截至 3 月 3 日 17:00 全市上报率为 99.89%。

分区来看，全市 8 个区都参加了年报和定报的数据报送工作，2011 年报上报率均为 100%；2012 年 2 月定报其中罗湖区、福田区、南山区、盐田区、光明新区、坪山新区的上报率达到了 100%，宝安和龙岗区均超过 99%；2012 年第一季度各区上报率呈现微小差别，其中 5 个区超过 99%，2 个区超过 98%，1 个区为 97.98%。

(2) 2012 年第一季度定报数据报送基本情况。2012 年第一季度定报于 3 月 27 日开通，从 3 月 29 日起统计上报率（4 月 2 日至 4 日为节假日未统计上报

率）全市应报企业数总计9323家（此处应报数不包括劳动工资表报送企业），其数量及分布与2011年报相似。2012年第一季度定报从3月27日开始，截至4月5日17：00全市上报率为99.19%（由于统计时点差异，省公布数据为99.36%）。以2011年试点经验为基础，深圳市正式数据报送工作进展顺利，2011年报、2012年2月定报和2012年第一季度上报率继续保持全省领先的成绩。分区来看，应报数最多是宝安区3249家，最少的是盐田区136家，宝安区仍在较大程度上影响全市上报率。其中光明新区、南山区和宝安区增长较快，罗湖区明显低于全市增长速度。全市最终上报率达到99.19%，光明新区和坪山新区均达到100%，龙岗区以97.98%稍落后。

分专业来看，应报数一向较多的工业继续保持良好的增长态势；建筑业C204-1表前期上报率最高；房地产平稳增长；批零和住餐上报率增长速度慢于全市平均水平，但最终表现较好，上报率分别为99.65%和99.85%；劳动工资202-1表应报单位9254家，是应报数最多的报表，最终上报率98.97%，最大程度上决定了全市上报率统计；建筑业C204-3表和能源205-5表由于截止时间较迟，所以上报率较低，截至4月5日上报率为67.86%和29.41%。

全市最终上报率达到99.19%，由深圳市上报率变化曲线可见，此次季报总体上报率接近均速增长。与2011年报和2012年2月定报相比，平稳的增长态势明显，联网直报数据报送工作趋于成熟稳定。

3. 个性版：单一式——直奔主题，量身定做，特色需求

例如，《"聚成"现象应该引起重视》（案例68，深圳《统计分析》2012年第5期，作者：深圳市统计局服务业处）。（1）聚成公司作为新型企业已经引起上层高度关注。聚成公司成立于2003年6月，注册资本8900万元，经营范围主要包括信息咨询、企业管理咨询，主营业务为向企业提供管理咨询和培训服务。2010年12月，聚成公司完成股份制改造，整体变更为聚成股份有限公司，下辖11家控股公司及26家全资子（分）公司，总部设在深圳市。该公司是目前国内企业管理培训服务业的领军企业，在创新能力上具有较大优势。现有专业培训课程1897门，其中10%以上是自主创建课程。今年2月已获得国家级高新技术企业认证。目前，该公司正筹备中小板上市。该企业情况已引起国家有关部门的高度重视。上周国务院发展研究中心副主任侯云春专赴深圳调研该企业情况，高度评价它是全国服务业新型企业典型。

（2）聚成公司统计数据出入较大的原因分析。据聚成股份公司介绍，2011

年该公司的营业收入为8.4亿元（实际销售收入超过11亿元），净利润9372万元，总资产8.8亿元，净资产2.25亿元。但从深圳市统计报表反映该企业的情况则是2011年营业收入仅为7085万元，营业利润为－1102万元，对比差距很大。据了解，聚成公司在报我局的报表中，只报送了它在深圳市本土经营企业的数据，而未将市外的分公司和控股子公司的数据包括进来。根据统计制度的相关规定，法人企业在报送统计报表时，除了报送企业本部的数据外，还应包括其下属的分支企业和产业活动单位的数据。聚成公司出现上述情况在深圳市绝不是个别现象。该企业虽然不是故意瞒报或者漏报，但是出于一种惧怕上报的统计数据与税收挂钩的心理作崇。实际上类似企业大多经营状况良好，发展前景看好，但在报送统计报表时都存在较大的顾虑。如果聚成企业按照总部经济统计要求，将主要数据合并到深圳总部上报。照此情况，该企业在深圳市新型重点服务业营业收入排名即可进入前30名左右。

（3）统计措施建议。近期，国家统计局开展了服务业重点企业（主要是新型服务业企业）的调查，并正式纳入国家联网直报。今后此类新型服务业统计数据直接进入GDP核算将是大势所趋。如果深圳市众多新型服务业企业上报数据出现类似聚成公司的情况，不仅不能真实反映深圳市产业结构转型升级的情况，而且将给深圳市增加值总量核算带来较大的影响，必须引起高度重视。

建议市、区政府与有关部门：一是高度重视新型服务业的统计调查工作，特别是对近期已纳入国家联网直报的深圳市1100多家以新型服务业为主的企业给予重视；二是结合国家统计局近期开展的服务业重点企业调查，尽快开展新型服务业企业百强的定期排序，以引导深圳市政策资源倾斜，形成重视发展新型业态服务业企业的政策导向；三是针对新型服务业企业成长性较好，但往往因规模较小被忽视，需要由专门力量去发现、去挖掘、去引导。各区在这方面的力量很薄弱，建议参照市政府支持市局设置现代服务业统计处的做法，在各区形成相应力量。

（三）语言与落笔——白纸黑字

因每个统计分析者的思维方式、知识储备、占有信息、语言风格以及撰写习惯的不同，所形成统计分析产品的表现形式也有所不同。

1. 平实风格：有一说一，数据为主

例如，《深圳市社会发展总指数明显提升》（案例69，深圳《统计分析》2011年第6期，作者：深圳市统计局综合处）。近日，省发展改革委和省统计局联合发布了《2009年广东省社会发展水平综合评价报告》，报告根据新修订完善的《广东省社会发展水平综合评价方案》，以人口发展、公共服务、生活水平、社会和谐四大领域33项指标为基础，对2009年全省及21个地级以上市的社会发展水平进行了综合评价，这里对涉及深圳市2009年社会发展水平简述如下。

（1）深圳市总指数发展情况。以2008年为100计算，2009年深圳市社会发展总指数为174.84，远高于全省社会发展总指数106.26的水平，排名位列东莞之后，仍保持全省第2位。从指数增长速度看，深圳市2009年增速明显上升，相对于2008年上升了2.3个百分点。

（2）深圳市在各领域及各指标发展情况。从各领域指数看，深圳市人口发展、生活水平、公共服务和社会和谐指数分别为231.11、243.44、83.27和97.67，在全省21个地级市中分别排名第1、2、10和13位，其中公共服务和社会和谐指数低于全省110.87和102.11的平均水平。

2. 曲线风格：升级平实，归纳提炼

例如，《深圳前三季度消费市场整体向好》（案例70，深圳《统计分析》2011年第35期，作者：深圳市统计局服务业处）。2011年1—3季度，深圳消费市场整体向好。从分行业经营情况来看，1—3季度批发业、零售业、住宿业、餐饮业的商品销售（营业）额增速都是年内最高，呈逐季上升趋势。1—3季度，深圳的社会消费品零售总额增速在全省21个市中居第7位，比上年同期上升12位。消费结构更加合理，三大市场中大个体的表现格外突出。但受外围欧债危机及美国经济不振等因素影响，一些以出口为主的外向型企业（批发行业）所受影响不可小视，大的品牌汽车销售公司还没有走出销售负增长的困境。

（1）社会消费品零售总额占全省比重提高；（2）批发、零售、住宿、餐饮四大行业经营情况均逐季向好；（3）三大专业市场贡献突出（华强北电子、水贝黄金珠宝首饰和龙岗文化产业专业市场）；（4）保值性奢侈品销售成为亮点。

3. 犀利风格：拽住要害，层层剥丝

例如，《第一季度深圳固定资产投资呈现"四大亮点"》（案例71，深圳《统计分析》2011年第35期，作者：深圳市统计局服务业处）。第一季度深圳固定资产投资稳步增长。全市完成固定资产投资294.87亿元，同比增长6.9%，增速较上月同比上升1.9个百分点。深圳固定资产投资分产业看，第一、第二、第三产业分别完成投资0.00亿元、51.32亿元和243.55亿元，同比分别增长0.0%、4.2%和7.5%。第二产业中工业完成投资51.32亿元，同比增长4.2%，增速高于去年同期38.2个百分点。第三产业中房地产业完成投资99.73亿元，其中房地产企业的完成投资86.03亿元，同比上升7.7%，增速较上月上升2.5个百分点。深圳固定资产投资呈现"四大亮点"：(1) 高新技术产业投资持续增长；(2) 市容环境投资创新高；(3) 民间投资信心复苏；(4) 新开工项目支撑作用增强。

4. 清新风格：干净利落，脉络清晰

例如，《香港政府统计的主要特色》（案例72，深圳《统计分析》2011年第7期，作者：深圳市统计局服法规处）。香港政府在统计制度国际化方面在亚洲具有指标性地位，香港现代统计制度设计、运行模式和运作框架为深圳市统计工作国际化提供重要借鉴。

(1) 香港政府统计的组织架构和主要职责。香港政府统计处是香港法定政府综合统计部门，连同设于各政府部门及决策局的统计组共同构成统一的政府统计事务体系与服务网络。政府统计处内设五部（经济统计一、二、三部，社会统计部，综合统计部）、三科（技术支持科、发展科和行政科）。现在共有在编人员近2000人，其中外调统计组近200人。香港政府统计工作的方针是：专业精神、客观中立、成本效益、尊重隐私、与时俱进以及力求卓越。

(2) 香港统计工作主要特色：国际化水平高；广泛使用抽样调查方法；规范统一的政府统计网络；及时、准确、公开、透明统计信息发布。

5. 火箭风格：开门见山，直击问题

例如，《当前几类常见的统计少报行为分析》（案例73，深圳《统计分析》2011年第1期，作者：龙岗区统计局）。近年来，龙岗区高度重视统计执法工作，在执法手段、执法形式上做了大量的探索和尝试，取得了显著成果。为加强深圳市的统计执法工作，现对龙岗区在统计执法实践中发现的几种常见统计少报行为予以介绍分析。

(1) 技术性错误导致少报：成本法计算工业总产值；忽略产成品库存差额。

(2) 技巧性少报：不计、少计材料成本；低报价格，转移利润；以委托加工为名，少计产值；以未开票为名，少计产值。

(3) 故意瞒报：没有固定的招式，手段往往五花八门，查处的难度也较大。

(4) 低估增加值率：为少缴税，少报工资，少报利润。

(5) 利用产业结构调整少报：以工业总产值为度量标准，已无法准确反映企业功能提升的真实状况。

(6) 低估规模以下企业产值：抓大放小，规模以下产值容易被低估。

十 统计分析的"息改"

对一名统计撰写者而言,其完稿形式多种多样,因人而异。

(一)急成式:一气呵成

例如,《快速的发展·稳进的特点·上扬的趋势——2002年深圳市工业经济回眸与2003年展望》(案例74,作者:杨新洪)。

(1)基本情况:快速的发展。继续在高位上的继续快增长。2001年,深圳市已完成工业总产值3934.62亿元(现行价格,下同),比上年增长27.5%。主要表现在:逐季上的环比快增长;产销上的衔接快增长;产业上的协调快增长。

(2)运行状况:稳进的特点。主要表现"三个在":在全市GDP中,工业主导作用凸显,已成半壁江山;在工业总产值中,电子信息产业方兴未艾,高新技术亮点依然。在经济结构中,市场成分多元化,应对能力增强;在主推动力中,百强带动,支撑工业经济快速增长。

(3)新年展望:上扬的态势。展望新的一年,深圳工业经济在过去一年较快较好发展的基础上,仍可望获得更快更好的发展,总体上是一个继续上扬的发展态势,预测增长速度会在25%左右,比2001年提高1—2个百分点。

(二)琢磨式:边写边改

例如,《后数字的文化融合》(案例75,作者:杨新洪)。就像后工业时代刚到来那样,后数字时代的到来也让人应接不暇,使得世界变得更小与神秘。究其原因,文化的融合提升了数字,把数字逐步导入新时代。

(1)后数字的定义:本质上是跨时空的数字文化。其一,从静态到动态;其二,从单一到分散;其三,从传统到异化;其四,从形式到灵魂。后数字化的本质是文化融合,是先进文化的最重要载体,也是现代文化的本质特征。后数字化作为人文精神的新平台,将使人类的未来更加美好。

(2)后数字的特征:表现上是超越的数字丛林。一是数字化为人文精神提供新的语境,呼唤人文精神的更新;二是数字化为人文精神提供新的平台,人文精神可尽情地"自由";三是数字化为人文精神打造新的标准,人文精神变成双重性;四是数字化为人文精神开创隐蔽的纬度,人文精神有了微观场域。

(3) 后数字的张力：内涵上是打造新的数字人文。其一，在于理念上的创新；其二，在于方法上的创新；其三，在于实践创新；其四，在于融合的创新。

最终，我们也可以从人们探求数字化的本意中考究出数字化的人文精神的起点，那就是人类不停追求的美好憧憬。所以，从这个意义上说，后数字化的文化融合真谛就在于：人在数字化时代锲而不舍地追求真善美精神。所以，恪守终极关怀，执着探求超越现实的美好世界和理想人格，是后数字化时代义不容辞的己任。

（三）沉淀式：越改越好

例如，《积极探索深圳"党管人才"新路子》（案例76，作者：深圳市委组织部）。作为深圳特区，随着知识经济的到来，经济与人才的竞争越发激烈，极有必要对自己已形成的人才工作进行深入思考，按"党管干部"的要求应对新的挑战与新的发展。

（1）坚持"党管人才"对建设深圳特区具有特别重要的意义。深圳特区是各种人才汇聚地，坚持"党管人才"可为深圳技术与经济发展提供后发优势；面对国内外人才的激烈竞争，坚持"党管人才"是深圳保持竞争优势的至关制高；深圳要率先实现现代化，坚持"党管人才"是巩固和扩大特区人才队伍的有力保证。

（2）实施深圳人才发展战略的"四个不平衡"发展特征。"不平衡"发展特征之一：人才总量持续大幅度增长，但总量结构增长不平衡；"不平衡"发展特征之二：人才素质不断提高，但整体结构提高不平衡；"不平衡"发展特征之三：人才队伍整体年轻，但其分布特征不平衡；"不平衡发展"特征之四：人才管理体制逐步完善，但人才使用不平衡。

（3）努力创新"党管人才"新路子。其一，从战略思路入手，树立强烈的深圳人才意识；其二，从组织保证入手，形成深圳人才工作新格局；其三，从健全人才工作机制入手，加快深圳优秀人才的集聚；其四，从完善人才市场功能入手，创新深圳人才工作方式、方法；其五，从优化人才环境入手，营造人才集聚的良好氛围。

（四）自杀式：死于腹胎

例如，《紧紧把握实施GEPA中工业无差异化的新发展机遇》（案例77，作者：杨新洪）。2003年6月底，中国政府为促进内地和香港特别行政区（简称双方）经济的共同繁荣与发展,加强双方与其他国家和地区的经贸联系,双方在香港签署了《内地与香港关于建立更紧密经贸关系的安排》(以下简称 GEPA)。GEPA 的签署无疑为中国"非典"之后经贸与服务业的恢复性增长带来无限商机,不愧为一帖加快中国内地与香港建立更紧密经贸关系的催化良剂。

研究 GEPA,联系深圳区位与深圳工业"领头羊"的实际,无不充满机遇、挑战和新的工作空间。(1) GEPA 对内地与香港工业方面的新政规定;(2) GEPA 为深港工业新融合带来"桥头堡"的机遇。

……

十一 统计分析——常见案例解读

(一) 简单版

就事论事,无遮无拦,简单下手。这里,可见一组有关全工业篇小分析。

如之一:2003 年 1—9 月深圳市工业经济呈现"三高"发展态势(案例 78,作者:杨新洪)。"一高":总量增长速度继续攀高。1—9 月,全市共完成规模以上工业总产值 3337 亿元,比上年同期增长 26.8%,创今年以来新高,9 月当月实现产值 424 亿元,也创新高,保持了全市"非典"以来工业生产持续攀高增长的繁荣局面。在规模以上企业中,全市大中型企业仍保持高位增长,1—9 月共实现产值 2602.5 亿元,比上年增长 21.5%。

"二高":质量与效益不断提高。全市规模以上工业企业 2003 年 1—9 月,共实现销售产值 3312.8 亿元,比上年同期增长 22.5%,其中出口交货值累计完成 1989.3 亿元,比上年同期增长 22.7%;全市规模以上工业企业实现产品销售率 99.3%,比上年同期增加 0.6 个百分点。1—9 月,由全市工业创造的增加值达到 934 亿元,比上年同期增长 21.7%,成为拉动全市 GDP 增加的主力。

"三高":新增企业数、电子及通信高新产业和主要大宗工业品产量增长进一步升高。到 2003 年 9 月底,全市规模以上工业企业已达 2395 家,比上月增加 72 家;电子及通信设备制造业 1—9 月实现产值 2946.3 亿元,比上年同期增长 32.8%;1—9 月全市工业在获得质量提升的同时,产量也同步全面增长,尤其大宗工业品产量增长迅猛,电力电缆、家用电热烘烤器具、黑白电视机、中成药增长幅度都在一倍以上,分别达到 164.6%、156.8%、103.3%、103.6%,移动电话、金属集装箱、通讯电缆、微型电子计算机及半导体集成电路的增幅也高达 92.8%、

84.3%、81%、46.6%和45.8%。

如之二：2003年上半年全市工业化"非典"不利为新的增长力（案例79，作者：杨新洪）。2003年上半年全市工业企业在"非典"突如其来下，按照市委、市政府整体部署要求，树立全局"一盘棋"思想，克服市场、生产、生活等诸多不利影响，化不利为动力，千方百计采取电子商务、稳定生产、加强管理等措施，形成了新的工业增长力。1—6月全市限额规模以上工业累计完成产值2057.2亿元（现价），比上年同期增长24.8%。"非典"之后深圳市工业形成了新的增长力，主要表现为：一是出现恢复性生产增长，全市6月当月完成产值412.5亿元，比5月增加了49.2亿元，增长13.5%，由此提高全市工业累计增长速度1.5个百分点；二是新的工业增长点快速发展，至6月底，全市销售收入500万元以上的工业企业已达到2296家，比1—5月增加40家，比去年年底增加162家，形成了全市工业新的增长极，在6月新增企业中，仅深圳富泰宏精密工业有限公司、易拓科技公司两家企业累计完成产值35亿元，占全市工业总量的1.7%；三是高新技术成为增长"硅谷"，始终保持不败领地，1—6月全市以电子为主的高科技企业累计完成产值1808.8亿元，比上年同期增长28.1%，高于同期全市工业平均增长速度的3.3个百分点；四是工业对GDP贡献的增长首次突破20%，比"非典"期间最低时的15.7%高出4.3个百分点，创了工业增加值增长新高。但是，深圳市工业在快速恢复性增长中，还要进一步时刻应策"非典"带来的许多滞后和负面影响，充分利用市场复苏的难得机会，增加订单，扩大生产，提升效益，继续保持工业上扬发展的态势。

如之三：《2003年1—7月我市工业呈现强势增长势头》（案例80，作者：杨新洪）。今年1—7月，全市工业尽管面临"非典"突袭，但仍战胜困难，保持快速强势增长。共完成工业总产值2469.5亿元，比上年同期增长24.9%，其中出口产品产值1469亿元，增长29%，高于平均增长4个百分点。其特点主要是：一是大企业所占的份额大，今年7月市政府公布的183家大企业所生产的工业总产值达到1753亿元，占71%，其中符合国家大型企业标准年销售额30亿以上的企业就达21家。二是各月生产均在高位增长，从1月增长19%开始，逐月增长都在两位数以上，增速不低于20%，在全省乃至全国大中城市中处于领先位置。三是工业经济结构更具活力，1—7月在全部工业产值中，外向工业产值达到1881亿元，占76%，高于内资企业，达到三分天下有其二；重工业产值1619亿元，占全部工业产值66%，也高于轻工业，显示了深圳高科技产业特征。

(二) 专题版

适合在固定时间，做固定的分析，套用模式。这里，可见一组有关先行指标篇分析。

如之一：《2012年6月深圳市消费者信心稳中略升》（案例81，作者：国家统计局深圳调查队消费价格调查处 陈少勇）。2012年6月，深圳市消费者信心指数为100.6，是自去年以来首次回升到100点以上，比3月的99.2高1.4点，呈现小幅回升走势。其中，消费者满意指数和消费者预期指数为98.0和103.2，分别比3月上升0.7个和2.1个点。分类别看，本月除了"宏观经济"和"旅游"满意指数回落外，其余类别都出现不同程度的上升，尤其是长期在低位波动的"物价"和"购买住房"信心指数出现了回升。总体看，消费者信心呈稳中略升的态势。

（1）消费者对"宏观经济"当期信心有所回落，对未来信心小幅上升。消费者对"宏观经济"满意指数为106.1，保持在信心区间，比3月下降3.2点；预期指数为110.5，比3月上升1.2点。当期指数下降说明消费者对目前经济增长回落的担忧继续，无论从国际或者国内看，经济增长放缓是普遍现象，深圳市经济增长也必然受到影响。但面对国际经济不稳定和国内经济增长有所放缓的现状，国家逐步启动各项调结构稳增长的措施，增强了消费者对未来经济增长的信心。

（2）"就业"和"家庭收入"信心有所回升。"就业"满意和预期指数为100.5和103.3，分别比3月上升3.5个和2.8个点；"家庭收入"满意和预期指数为103.4和105.4，比3月上升1.0个和2.6个点。在目前经济增长波动情况下，消费者对这两个指标意向的回升，表明"就业"和"家庭收入"仍保持稳定，而且消费者对经济的探底回升寄于期望。

（3）消费者"物价水平"满意度明显回升。2012年6月"物价水平"满意指数为66.7，比3月的62.8回升3.9点，价格预期指数为81.9，较3月的79.7回升2.2个点。第二季度，深圳居民消费价格总水平出现涨幅波动回落趋势，4月上涨2.9%，5月上涨3.1%，6月上涨2.4%。从5月开始，国际市场石油价格大幅下降，国内汽油、柴油、煤气等价格回落；鱼、肉、蛋等主要食品价格开始逐步回落，消费者对价格持续大幅上涨的预期有所改变。但从实际情况看，物价同比仍在上涨，只是增长速度有所减缓，消费者对物价总体满意度仍然较低（仅为66.7）。因此，如何增加供应，加强管理调控，仍是稳定物价的重要任务。

（4）消费者"购买住房"满意指数持续低位回升。2012年6月消费者购买住房满意指数为81.8,比3月的76.2高5.6个点;购买住房预期指数84.9,比3月高1.8个点。在银行调低存款准备金和利率的情况下,这推动了消费者"刚需"入市的步伐。但由于房价下降幅度不大,仍未达到大多数消费者入市的预期,信心指数只能呈低位波动的走势。

(5)"旅游"满意指数当期回落,预期上升。2012年6月"旅游"满意指数为111.2,比3月的117.9下降6.7个点;预期指数为118.0,比3月的115.5上升2.5个点。6月是旅游淡季,消费者出游减少,而7、8月正值暑假,是旅游旺季,消费者对旅游信心预期相应增加。

如之二:《2012年5月我市制造业和非制造业PMI指数"双双"回调》(案例82,深圳《统计分析》2012年第18期,作者:深圳市统计局工交能源处)。(1)PMI指数回调,显示制造业平稳扩张之下存隐忧。2012年5月,深圳市制造业PMI为53.7%,与上月相比回落1.0个百分点。从PMI走势来看,在2月PMI冲高后连续3个月指数均维持在54%左右,表明本月制造业扩张幅度虽有所回落,但整体仍延续了自2月以来的平稳运行态势。本月深圳市制造业PMI及各分项指数变动主要呈现出4个特点:一是11个分项指数"一升十降",除出口订单指数上升外,其余指数均回落;二是11个分项指数中,有4个指数位于枯荣线以下;三是5项权重指数全面回落,其中原材料库存指数、从业人员指数降幅明显,已降至临界点以下水平;四是6项非权重指数中,积压订单指数和进口指数在上月显著回升后大幅下降,降幅均为3.9个百分点。从PMI综合指标上看,5月深圳市制造业PMI环比虽有所回落,但整体仍处在稳定扩张区间内,表明制造业经济平稳扩张的动力依然强劲。从构成PMI综合指数的各分项指标变动情况来看,5月PMI出现"一升十降"和多项指标下滑至枯荣线以下的现象,显示制造业在扩张趋稳之下尚存隐忧,影响经济走势的不确定因素尚未完全消除。

(2)非制造业PMI指数下调,新订单指数领跌。深圳市2012年5月非制造业PMI指数主要特点为:一是商务活动指数。2012年5月,深圳市非制造业商务活动指数为55.0%,较上月下降3.8个百分点,继续位于临界点以上,表明非制造业经济继续保持增长态势,但增速放缓。其各分类指数除未完成订单、存货和供应商配送时间指数上升外,均有所回落。由于非制造业没有综合指数,通常以商务活动指数来反映非制造业经济总体变化和生产供给状况。二是新订单指数。5月新订单指数为57.9%,环比下降6.0个百分点。报告期内来自客户的新订单数量较上月增加的企业占总样本企业的34.6%,比上月下降13.2个百分点。这表明非制造业市场需求继续保持增长势头,但增速减缓。调查显示,本月出口订单指数为48.6%,环比下降4.7个百分点,跌至枯荣线-50%以下,说明当前从事外贸业务的企业出口压力增加,后期走势值得密切关注。三是中间投入价格指数。5月中间投入价格指数为69.2%,较上月上升0.9个百分点。中间投入价格反映企业所有投入成本的综合评价,衡量企业的成本变化情况。报告期内生产经营过程中主要投入的价格水平较上月上升的企业占总样本企业的42.3%,与上月持平的企业为53.8%。从调研情况来看,价格上涨引致的成本压力是企业目前在生产经营和采购过程中面临的主要困难。四是收费价格指数。5月收费价格指数为48.1%,环比下降1.9个百分点,跌落至临界点以下。有88.5%的样本企业认为本月提供的主要商品或服务的销售价格水平与上月持平,表明主要商品或服务的销售价格与上月相比变化不大。结合样本企业的调研情况,当前出口和国内贸易环境都不甚乐观。企业为维持既有市场份额倾向于保持原价不变,而高涨的中间投入价格可能会进一步蚕食企业的利润空间。五是业务活动预期指数。5月业务活动预期指数为61.5%,环比下降5.2个百分点。报告期内,预计未来6个月内业务活动整体水平比上月增加的企业占总样本企业的34.6%,与上月持平的企业占总样本企业的53.8%。这表明在当前国内外经济形势不甚明朗的情形下,对于未来的发展,企业保持谨慎乐观。

如之三:《深圳市2012年第一季度企业景气初步分析》(案例83,深圳《统计分析》2012年第6期,作者:深圳市统计局计算中心)。深圳企业景气调查结果显示:今年第一季度深圳经济出现下滑,企业盈利水平降低,企业融资困难,受当前国际形势和国家宏观经济形势的影响,企业经营困难有所增加,企业家对经济前景判断趋于谨慎。

(1)企业家对经济形势判断趋于谨慎。在所调查企业中,表示对本行业发展"乐观"的企业占28%,"一般"的占51%,"不乐观"的占21%。与2011年第四季度相比,乐观的比例下降了10个百分点,不乐观的比例上升7个百分点。

(2)企业综合生产经营状况有所回落。调查企业中,表示本企业的综合生产经营状况"良好"的企业占32%,表示"一般"的占56%,表示"不佳"的占12%。与去年第四季度相比,良好的比例下降12个百分点,不佳的比例上升5个百分点。

(3)企业生产经营中面临的问题。2012年第一季度深圳企业总体生产经营情况受国际经济环境影响和国内宏观调控的影响,企业生产经营的难度不断加大,这大大影响到企业家对企业未来发展的信心。

（4）预计下季度企业景气状况将小幅回升。在调查企业中，30%的企业家对下季度行业发展前景表示乐观，22%的表示不乐观。就下季度企业综合经营状况看，35%的企业预计趋势良好，8%的企业则认为趋势不佳。

（三）综合版

反映总体经济社会发展动态变化，指标全面，对整体描述性强，可为决策者提供适时的重要判断和参考。尤其是经济越不景气时，越能体现统计分析的重要性。

如之一：《引起全国新闻媒体炒作的2012年第一季度深圳经济形势分析》（案例84，深圳《统计分析》2012年第11期，作者：深圳市统计局综合处）。2012年第一季度，深圳紧紧围绕科学发展主题和加快转变经济发展方式主线，以建设深圳质量为中心，努力建立"高新软优"现代产业，致力实现有质量的稳定增长和可持续的全面发展。初步核算，全市生产总值2507.37亿元，比上年同期增长5.8%，经济增速有所回落，但总体经济增长仍健康与正常。

（1）经济运行基本情况：总体经济增速回落。初步核算，2012年第一季度全市生产总值2507.37亿元，比上年同期（下同）增长5.8%，同比回落了5.0个百分点。从趋势看，今年第一季度GDP增速延续了去年逐渐回落的趋势。全国经济在2010年大幅恢复性增长后，2011年以来已连续5个季度回落。广东和深圳经济在本轮经济反弹的高点后，也逐渐回落。因此，今年第一季度深圳市GDP增速回落是在全国全省经济放缓大趋势下的回落。第一季度深圳三次产业比重为0.0:44.3:55.7。

（2）经济运行的基本特征。经济回落较金融危机时相对缓和；经济结构和质量进一步优化和提升，第三产业比重进一步提高，先进制造业、高技术制造业比重上升，支柱产业支撑作用提升明显，战略性新兴产业迅速增长，劳动生产率进一步提升，单位能耗进一步降低。

（3）对深圳经济走势初步预计。外部环境趋向改善，将带动深圳出口转好和经济回升；历年前低后高的走势规律，对观察深圳全年经济发展趋势可以提供有益的参考；企业生产经营面临较大困难，值得高度重视和警惕；全年经济运行存在较多不确定性，完成全年经济目标需要付出巨大努力。

如之二：《对由"深圳速度"向"效益深圳"转替战略后的特区经济发展特征与导向力问题研究》（案例85，作者：土言耳）。最早设立于南中国的深圳经济特区，为我国改革开放亮丽的结晶。面对经历了"三天建一层楼"快速发展后的深圳，从当政者到普通深圳人以至关注热爱深圳的仁人志士，都为之谋略下一步发展，乃至现今出现建设"和谐深圳""效益深圳"新举措。而通过大量翔实的数据来论述在建设"效益深圳"下的特区经济发展特征与导向力问题，颇有其价值和借鉴性，它将与人们分享深圳经济特区发展的新观察、新视觉与新结论。

（1）建设"效益深圳"，亮出了特区经济发展的新气质：总体运行特征；结构变化特征；增压特征（总量比较降位、增速比较减缓、结构比较单一）；潜力波动特征；效益强势特征。

（2）在建设"效益深圳"中，凸显工商经济与外贸出口对特区经济发展的导向力：从 GDP 总量看，以工业为主的第二产业在绝对量上主导了深圳经济发展；从产业关联度看，工业产业在高关联度上影响着深圳经济发展；从效益持续增长看，工业企业在主导地位上引导了"效益深圳"发展；从产业链接关键点看，工业在"适度加重"发展和骨干企业"绿色通道"方向上导向着深圳经济；从消费热点迭起看，商业企业也导向了"效益深圳"经济增长；从进出口扩大看，外贸出口进一步导向了"效益深圳"经济结构。

（3）在建设"效益深圳"中，值得关注的问题与应策：值得关注的矛盾与问题，建设"效益深圳"所面临的能源紧缺凸显，建设"效益深圳"所遇到的结构问题突出；主要应策结论，着力提升产业链的技术层次，坚定不移加快工业适度重型化步伐，"效益深圳"离不开夯实基础设施建设，树立"消费经济"新观念，加快城市化，为"效益深圳"营造新环境，切实增强"效益深圳"后劲。

如之三：《半年总量跃上 5000 亿元，经济增长出现新特点》（案例 86，深圳《统计分析》2011 年第 29 期，作者：深圳市统计局核算处）。2011 年上半年，深圳经济继续保持平稳增长的态势，经济总量跃上新台阶，经济增长出现新特点。但从今年前两个季度 GDP 增长趋势看，在欧盟、美国、日本等发达经济体经济复苏出现明显乏力和新兴经济体复苏面临不断升温的通胀风险双重影响下，深圳经济增长呈现不稳定的趋势，可能出现前高后缓的现象。

（1）基本情况和主要特点：经济总量跃上新台阶；产业结构维持"三、二、一"的格局；行业结构出现新变化；第二产业成为今年经济增长的主要动力；现代服务业成为第三产业增长的重要引擎；民营经济成为推动深圳经济增长的重要力量。

（2）需要关注的问题：行业发展不平衡，2011 年上半年，高于 GDP 增速的行业仅有工业和建筑业，分别增长 13.4% 和 12.1%；受外围经济影响较大，因深圳外向型经济的特点，2011 年上半年外贸依存度超过 260%，外围经济对深圳经济产生较大影响。

（四）特色版

如之一：《"十一"黄金周，深圳市民出游凸显六大特点》（案例87，作者：杨新洪）。为了解和掌握深圳市民在2005年"十一"黄金周期间的出游情况，积极引导市民的旅游消费，推动假日旅游健康有序地发展，2005年9月22—25日期间，市假日办与市城调队就深圳市居民"十一"黄金周期间出游意向进行了问卷调查。调查采取随机抽样的方法，共访问了1000位市民，其中特区内700位，特区外300位；户籍人口占72.72%，暂住人口占27.28%。本次调查显示，今年"十一"黄金周深圳市民出游凸显六大特点。

（1）旅游收入持续增长。调查显示，今年"十一"黄金周市民出游率为52.92%，比去年"十一"（54.8%）略有下降。但由于人口统计基数的增长，出游市民较去年仍增长近20万，达到316万（按2004年全市年末常住人口597.55万测算）。调查还显示，"十一"期间，市民旅游消费预算达到人均1716元，据此预测旅游总花费将达54亿元，比去年"十一"（47亿元）增长7亿元。

（2）出境游客中五成奔往香港迪士尼乐园。随着香港迪士尼开园，迪士尼线已成为毗邻香港的深圳市民在"十一"旅游的新亮点。调查显示，"十一"期间，将有7.5%的出游市民出境旅游，其中55.7%将奔往迪士尼乐园游玩。

（3）省内中短线出游比例有所增长，选择长线旅游的比例呈现下降趋势。在"十一"有限的时间内，大多数人需要的是精神和身体上真正放松，但由于长线旅游容易疲劳，达不到身心放松的效果，因此更多的市民（72.5%）将选择在省内周边地区旅游，较去年"十一"（68.9%）增长了近4个百分点。

（4）观光游览、探亲访友依然是旅游主题。利用假日到户外观光游览，到郊外与大自然亲密接触，或是合家欢聚，是许多生活在"水泥森林"中人们的追求。调查显示，今年"十一"期间，36.6%的出游市民将利用黄金周期间外出观光游览，34.8%的出游市民将探亲访友，较去年比例均有较大增长。

（5）自助游继续上扬，旅行社再遭冷落。随着出游观念走向理性和成熟，人们希望旅游能随心所欲地出行，不受时间和线路的限制。调查显示，出游市民中70.3%选择与亲朋结伴而行，22.5%选择个人自助游方式，个人自助游较去年"十一"（14.9%）增加8个百分点。旅行社组织由于约束性太大，拥挤扎堆带来太多苦恼，加上个性化服务不足以及价格方面的因素，出游市民选择旅行社的比例并不高。

(6) 自驾车旅游受抑制，出游改乘汽车、火车。自驾车旅游因其自由和便捷性的特点逐渐在国内兴起，成为老百姓近年来出游的新时尚。但由于受今年油荒问题的影响，加上政府出台的相关调控措施，以及景点停车难等，"十一"期间，出游市民自驾车出游比例只占24.7%，相比去年"十一"的36.0%减少10个百分点。而随着珠三角区域内高速公路网络的建设，加上航空公司纷纷"搭车"涨价的缘故，游客乘坐飞机的比例下降，乘坐火车和汽车的比例上升。

如之二：《收入水平持续增长，生活质量稳步提高》（案例88，作者：深圳市城调队）。深圳特区建立25年，是经济社会高速发展的25年，也是深圳市民生活水平、生活质量不断提高的25年。25年来，深圳市民在市委、市政府的领导下，艰苦创业，在经济社会持续发展的基础上，生活水平得到不断提高，创造了世人瞩目的业绩。2005年，深圳市被国内权威机构评为"生活质量最高的城市"。

主要特点如下。

(1) 市民收入快速增长。特区建立初期的1985年，深圳市家庭人均可支配收入仅1914.84元，到2000年已经达到20905.68元，比1985年增长了9.9倍，到2004年已增加到27596.40元，比2000年增长了32%。1985年到2004年，年均增长率达到47%。

(2) 市民消费由温饱型向享受型发展。住户调查资料显示：1985年，深圳市年人均消费性支出仅1790.4元，2000年为16306.68元，比1985年增长了8.1倍，2004年这一数字增加到19569.6元，又比2000年增长了20%。1985—2004年，深圳家庭年人均消费性支出年均增长率达46%，具体表现为：恩格尔系数变化反映了市民生活水平的提高，2000年为28.2%，比1995年下降10.7个百分点，2004年也保持在31.6%的水平。恩格尔系数的变化，说明市民在总体消费增加的条件下，用于享受方面的支出比例增加，主要反映在市民居住、旅游和文化服务等方面的支出明显增加。从恩格尔系数的变化，说明深圳市城镇居民的生活逐步迈进富裕阶段；居民教育投入增加，仅2000年深圳城镇居民年人均文化教育支出为1111.56元，比1995年增加639.22元，年均增长18.1%。2004年，人均文化教育支出1208.16元，比2000年增长8.7%，总体来看，呈持续增长态势。信息消费日益增长，2000年深圳城镇居民通信方面的支出为1315.8元，比1995年实际增长4.1倍，年均增长速度达38.7%，2004年人均通信方面的支出为1567.68元，比2000年增长19.1%。到2004年年末，深圳市居民家庭平均每百户拥有移动电话

211部、电脑93.5台。住、行质量明显提高,2000年深圳市人均用于购房的消费支出为1339.78元,比1995年的442.01元增长2倍,2004年人均购房支出达2603.16元,比2000年又增长94%。2004年,深圳人均居住使用面积达到22.75平方米,住房成套率达97%以上,私人汽车从无到有,拥有量增加迅速,2004年,深圳市百户汽车拥有量达21.5辆,居民用于交通方面的支出人均达607.8元。旅游成为时尚。市民在旅游方面的支出呈不断增长趋势,仅2004年,深圳市人均旅游消费支出为734.04元,比2000年的349.20元增长110.2%。社会服务性消费程度进一步提高,2004年深圳市年人均服务性消费支出达6836.16元,比2000年的5894.30元增长了16%。这反映出深圳人消费方式的深刻变革。

如之三:《关于深圳市R&D数据有关情况的分析和建议》(案例89,深圳《统计分析》2011年第10期,作者:深圳市统计局社科处)。从国内看,2009年深圳市R&D经费支出279.71亿元(2009年为清查年份,数据更有代表性),占GDP的比重为3.41%(下称研发投入强度),位居全国大中城市第二位。深圳市研发投入强度低于北京市的主要原因是,北京市高校、研究所云集,非制造业R&D经费投入大。仅就制造业而言,2009年深圳市制造业R&D经费支出达259亿元,位居全国大中城市首位。

从国际看,根据我们掌握的现有材料,2007年欧美发达国家只有瑞典、芬兰的研发投入强度超过3%,英国为1.79%,德国为2.54%,法国为2.08%,加拿大为1.88%,比利时为1.87%,荷兰为1.7%,瑞典在2001年达到最高点4.18%后2007年又回落到3.6%。1998—2007年间,美国、日本、芬兰和韩国等公认的创新型国家研发投入强度也都在3%左右。综上所述,深圳市R&D经费支出占GDP的比重已达国际创新型国家水平。这里,须厘清几个问题。

(1)科技活动不等于R&D。R&D(Research and Experimental Development)的中文全称是科学研究与试验发展,指在科学技术领域,为增加知识总量以及运用这些知识去创造新的应用而进行的系统的、创造性的活动,包括基础研究、应用研究、试验发展三类活动。社会上有一种看法,认为科技活动就是R&D,企业也容易把科学研究与试验发展成果应用当作R&D的一部分。但实际上,R&D、科学研究与试验发展成果应用只是科技活动的一部分,科技活动包括科学研究与试验发展(R&D)、科学研究与试验发展成果应用和相关科技服务三部分。R&D最突出的特点是它具有创造性和新颖性,它和其他科技活动有明显的区别,最关键的区别在于R&D活动的成果拥有自主知识产权。R&D活动对于经济社会发展具有重大意义和作用，代表了自主创新，是经济增长的原动力，是新兴产业产生和发展的源泉。

（2）R&D经费支出占GDP的比重不可能逐年一直提高。"R&D经费支出占GDP的比重"是国际上通用的反映一国（地区）自主创新能力的核心指标。一国（地区）R&D经费支出可能会逐年增长，但从理论和实证的角度看，R&D经费支出占GDP的比重在达到一定的高度后就很难持续增长了，领先国家一般在3%左右。

（3）深圳市统计部门R&D经费统计口径大于科技部门统计口径。全国政府R&D经费统计分为政府综合统计即各级统计局统计和部门统计即科技主管部门统计两大部分。自2009年起，深圳市统计部门R&D经费的统计范围是全部规模以上工业企业、有R&D活动的非工业企业和事业单位，即一般习惯上称作的"全社会"口径。据悉，科技主管部门R&D经费的统计范围现在主要是国家和市认定的全部高新技术企业及部分有高新技术产品的企业。目前，深圳市统计部门的统计口径大于科技主管部门的统计口径。

（五）个性版

统计分析应敢于亮剑，突出鲜明个性，但也注意不能以偏概全，要站得住阵脚，以免被诟病。

如之一：《高度重视当回事 积极行动落实效——"数为量、据为质"，努力打造"数据质量"这一调查事业的永恒主题》（案例90，作者：杨新洪）。围绕深圳城市社会经济调查队提出的"追求一个'没有落后的调查'永恒目标"的主题要求，针对调查质量这一生命线，高度重视当回事，积极行动落实效，认真细致做好城调数据质量检查工作，发现问题及时整改，严把源头数据质量关，突出"住户与物价"城调工作主题，主打调查数据质量，收到了良好效果。主要做法和体会是"两个突出"。

（1）突出控制"样本代表性和记账两个质量关"的住户调查质量。扩大样本，进一步严格调查制度；考量代表性，对调查总体样本进行评估验证；针对特点，积极应对非正常换户变化；加大力度，开展自查互查记账质量；对外发布，各方对正式使用600户住户调查数据反映平稳。

（2）突出加强"代表性、权数和台账三个质量关"的物价调查质量。多管齐下，增强消费价格代表性；及时更替，确保工业消费品代表性；顺势采价，确保农副产品价格代表性；抓住主体，确保服务项目价格代表性；抓大放小，确保调查点选择的代表性；科学计算，增强权数的合理性；做细调查，保持原始资料的完整性；措施跟进，及时处理缺价和替换规格品；查摆问题，积极落实应对措施。过硬措施，增强工业品价格代表性；把握样本特征；及时增补样本；推进网上直报；严格执行要求；应对各种变化。突出"四性"，增强固定资产投资价格代表性，具备代表性，确保时效性，达到规范性，落实准确性。

通过实践对城调数据质量的控制，"呼吁调查质量，践行调查质量"，是调查事业生存的第一需要。不用"扬鞭自奋蹄"，若把我们追求"调查质量"比作寒冬里踏雪寻梅的话，愿借用元曲薛昂夫《蟾宫曲·雪》里的两句话，第一句是说："天仙碧玉琼瑶，点点杨花，片片鹅毛。"再借一句做结束："一个饮羊羔红炉暖阁，一个冻骑驴野店溪桥。你自评跋，那个清高，那个粗豪？"

如之二：《深圳市批发零售餐饮业统计存在的问题及其工作建议》（案例91，深圳《统计分析》2011年第40期，作者：深圳市统计局服务业处）。近期，对深圳市批发零售餐饮业中的101家企业开展了重点统计执法检查，检查的内容包括持证上岗情况、2010年年报和2011年上半年定期统计报表数据质量。

（1）情况及问题。这次被检查的101家企业分布在全市6个区。其中，福田区54家，占了被检查企业的五成以上；罗湖区22家，占到两成以上；南山区12家，占到一成多；其余的分布在盐田、宝安和龙岗区。从行业上看，餐饮业的被检查企业最多，有62家，占到六成多；零售业24家，占两成多；批发业15家，占1.5成。

存在统计问题的企业比率高达七成以上。就区域而言，龙岗区的问题最为突出（此分析一经刊出，即引起龙岗区统计局强烈不满，专题来函深圳市统计局，直面质疑所分析样本的代表性问题），被检查的全部企业都存在统计工作方面的问题。其余各区的情况也不容乐观，统计工作存在问题的企业所占比率在五成至七成之间，盐田区的情况最好，但也高达五成。

（2）工作建议：加强统计普法教育，加大统计执法力度；加强统计业务培训；加强研究，明确统计工作中一些需要明确的问题；对深圳全市相关统计数据进行适当调整。

如之三：《"4.8万元"分析事件》（案例92，作者：深圳市城市社会经济调查队）。2005年2月3日，《深圳商报》在"商报经济"版刊发了头条消息"深圳去年人均工薪收入4.8万"（记者李怀金），指明由深圳市统计局城调队公布的最新调查结果显示"2004年，深圳市平均每一名就业者工薪收入48374.16元，同比增长8.5%；人均可支配收入27596.40元，同比增长6.4%，剔除物价上涨因素后，

| E. 繁从简，案例分析 |

实际增长 5.0%（以下口径相同）"。此消息刊登后，在社会上引起部分市民质疑，主要是部分外地打工人员、非深圳户籍员工、个别企业负责人来电，质疑调查结果，表示调查结果与实际不符，不具有代表性，特别是涉及赔偿问题，要求说明调查的对象、范围、方式，并做出解释。

2005年2月3日上午在接到来电反映后，邓平局长立即做了批示："请孔爱玲同志牵头，法规处、综合处、社科处、城调队参加，迅速妥善地处理此事。"2005年2月4日下午5时，邓平局长主持召开党组（扩大）会议。会议就2月3日《深圳商报》编发的"深圳去年人均工薪收入4.8万元"消息引起的部分市民质疑一事。3日下午，市政府新闻办发送2005年第14期《舆情通报》，反映网民点击较多，怀疑报道数据的准确性。

邓平局长接报后，立即决定紧急召开局党组（扩大）会议。在局党组扩大会上，城调队队长陈宗放说明了事情缘由。商报记者采用的消息来自城调队主编的内部刊物《深圳社会经济调查》2005年第2期"2004年深圳居民收入稳步提高 居民消费呈现结构性升级趋势"的调查报告，记者原用标题为"人均可支配收入27590.40元，同比增长6.4%；居民消费呈现结构性升级趋势"。经查询记者称，报纸编辑在审发时改为了现在见报的标题，原用标题变成副标题。邓平局长在听取大家意见的基础上，针对此事件进行了深入的分析，研究处理措施。

（1）高度重视，密切关注事态发展。消息刊登后，主要是打工人员的反响较大，与实际相差甚远，导致心理不平衡，要尽快做好这方面的工作，密切关注事态发展变化，并与新闻办保持联系，请他们进行必要的协调。

（2）采取有力措施，迅速引导和平息社会舆论，防止产生负面影响。立即准备以市统计局新闻发言人答记者问的稿件，在商报显著位置上刊发。

（3）分析原因，总结教训，进一步健全相关制度。一是出现此类事件，问题在内部，责任也在内部。主要责任在市城调队，稿件本身把关不严，缺乏大局观念；违反了市统计局关于统计数据公布的规定；自恃特殊，追求名誉的思想作怪。责成市城调队认真分析原因，深刻检讨，并形成书面报告。二是综合处要再一次检查修订统计系统有关统计数据公布制度。内部程序不完善的环节一定要抓紧完善。三是由综合处、办公室代起草一份有关统计数据发布问题的通知，争取市政府转发。四是针对此次事件的情况，按照行政过错责任追究办法，先查清情况，防止类似问题发生。五是从今天开始，凡属我局各处、室、队、中心须对外公布的新闻稿件，都发通稿。各专业处、室、队、中心发新闻稿件，要经处长、主任、队长严格审核并签字后,送综合处统一审核,统一对外。综合处要安排一名处级干部分管此事,确定一名干部专门负责新闻稿件的审核,严格把关。《统计快讯》《统计报告》属于内部刊物,原文不得随意公开。凡是要对外发布的,都以通稿形式发布,综合处要将这个规定列入统计数据公布办法。违者按行政过错追究办法予以追究。

(六) 新闻版

可见诸报刊的一类简短分析。

例如 2005 年第一季度工业产销价格消长,直接影响深圳全市经济总量增长 7.7%(案例 93,作者:土言耳)。据深圳市统计核算表明,今年第一季度全市国民经济在建设"和谐深圳""效益深圳"中继续保持健康协调发展,全市生产总值累计增长 13.3%。但从工业价格调查数据显示,由于工业原材料、燃料、动力购进价格在高价运行,总水平上涨 8.7%,比去年同期涨幅高出 4.1 个百分点;而工业品出厂价格总水平却与去年同期基本持平,约在 1 个百分点之间徘徊。由此而见,工业成本与成品价格的长消,虽与 GDP 增长无一致对应关系,但因成本价格的居高,无疑增加了单位工业品的生产成本,多了形成 GDP 的中间消耗价值,而在工业品出厂价格未能相应提高时,这就相应地减少了 GDP 总量的形成。这是因价格因素冲抵深圳当前经济总量增长的重头因素,这也是我们在观察深圳当前经济发展速度不可忽视的主因。

又如深圳市二手房市场较为活跃(案例 94,作者:杨新洪)。据 2005 年上半年深圳房地产价格调查资料显示,深圳房价基本稳定,涨幅有所趋缓。上半年深圳房屋销售价格总水平上升 5.7%,在全国 35 个大中城市中,深圳涨幅居 20 位,高于广州(5.4%),低于上海(15.4%)、北京(6.7%)及全国平均水平(8.4%)。在上半年中,第二季度比第一季度,深圳房屋同比销售价格涨幅回落 0.4 个百分点,环比销售价格涨幅回落 0.1 个百分点。与此相应,深圳二手房市场总的交投比较活跃,2005 年上半年二手房交易价格总水平比上年同期上升 7.9%,涨幅高于同期商品房的水平。其中:多层二手房住宅同比价格涨幅为 5.8%,高层二手房住宅同比价格涨幅为 5.1%,非住宅同比价格涨幅为 15.2%,二手非住宅价格上涨幅度高于同期二手住宅的涨幅。二手高层住宅多数分布在关内的繁华和比较繁华地段,且大部分的楼龄比较短,设施配套比较齐全,交通便利,价格高开高走。从上半年分地段的二手高层住宅价格走势看,繁华地段的同比价格涨幅为 6.0%,比较繁华地段的同比价格涨幅为 4.6%。从第二季度比第一季度的环比价格走势看,二手高层住宅价格走势强劲,繁华和比较繁华地段的环比价格涨幅分别为5.1%和3.1%。二手多层住宅分布比较广泛,分别在关内和关外的不同地段,二手多层住宅同比价格涨幅较高的分别在比较繁华和一般的地段,它们上半年的同比价格涨幅分别为5.4%和5.6%,第二季度比第一季度的环比价格涨幅大的是比较繁华地段,涨幅为3.1%。二手非住宅的交易量比较小,从成交的个案看,地段好,楼龄短,卖得好价钱。

如2005年上半年深圳居民收支同步增长,生活质量进一步提高(案例95—1,作者:杨新洪)。据深圳市600户居民(包括户籍与非户籍家庭,下同)抽样调查,今年上半年深圳市居民人均可支配收入10982.40元,同比增长10.4%,剔除物价上涨因素后,实际增长8.4%。居民人均消费性支出8021.76元,同比增长19.9%,剔除物价上涨因素后,实际增长17.8%。

A. 收入稳步增长。从构成可支配收入的四项收入来看,2005年上半年,深圳市居民家庭各项收入均保持一定的增长速度。人均工薪收入7225.14元,同比增长7.6%,人均经营净收入、人均财产性收入和人均转移性收入分别为2784.3元、425.64元和1063.02元,同比分别增长13.7%、24.6%和35.9%。

B. 居民消费呈继续升级趋势。据深圳市600户抽样调查资料显示,上半年,深圳市居民人均消费性支出8021.76元,同比实际增长17.8%。在八大类消费支出中除医疗保健类下降29.2%(主要是药品费、医疗费支出减少)外,其余各类消费呈继续上升趋势。

再如2005年上半年深圳市工业品出厂价格运行平稳(案例95—2,作者:杨新洪)。2005年以来,深圳继续加大工业结构调整力度,宏观调控取得显著成效。1—6月,深圳累计完成工业增加值1107.21亿元,比上年同期增长18.4%。与此同时,反映工业经济运行状况的工业品出厂价格迈入相对平稳阶段,2005年上半年,深圳工业品出厂价格同比轻微下降0.3%。上半年工业品出厂价格运行特点:

A. 轻、重工业产品价格涨跌不一。在调查的全部轻工产品出厂价格中,虽然以农产品为原料的产品价格2005年1—6月同比上升了0.5%,但是,由于受非农产品为原料的产品价格下降1.8%影响,使得整个轻工业产品出厂价格同比下降了1.6%。而在整个重工业产品价格中,由于采掘、原料、加工业的产品价格都有不同程度的上升,特别是采掘业,1—6月上升31.1%,使得重工业产品价格同比上升2.9%。

B. 生产、生活资料产品价格升降互见。在调查的全部工业品出厂价格中,虽然采掘工业和原料工业产品价格2005年1—6月同比分别上升了31.1%和1.8%，但是，由于受权重较大的加工业产品价格同比下降1.9%的影响，使得整个生产资料工业产品价格下降了0.6%。而在生活资料产品价格中，虽然耐用消费品价格1—6月同比下降1.5%，但是，由于食品、衣着、一般日用品价格同比都有不同程度的上升，特别是一般日用品价格同比上升了4.0%，使得生活资料产品价格同比轻微上升0.3%。

C. 分工业部门产品价格升多跌少。在调查的14个工业部门中，有10个工业部门的工业产品价格是上升的，占全部工业部门的71.4%，升幅最大的是石油工业，2005年1—6月同比上升30.4%。其次是冶金工业，1—6月同比上升17.8%。有4个工业部门的工业产品价格是下降的，占28.6%，下降最大的是机械工业，1—6月同比下降了2.7%，其次是纺织工业，1—6月同比下降2.6%。

如2005年上半年深圳市原材料、燃料、动力购进价格涨幅趋缓（案例95—3，作者：杨新洪）。上半年，深圳市原材料、燃料、动力购进价格继续保持上涨势头，但涨幅趋缓。与去年同期比，上半年同比上涨了7.5%，比年初同比涨幅回落了3.43个百分点，比2005年第一季度同比涨幅回落了1.28个百分点。其价格变动主要特点：

A. 化工原料价格继续上涨，但涨幅有所趋缓。今年上半年国际石油价格延续上年的上涨势头，且在高位振荡，从而影响到化工原料价格也在高位波动。与去年同期比，2005年上半年化工原料类上涨了17.57%，比年初同比涨幅回落了6.79个百分点，比今年第一季度同比涨幅回落了3.27个百分点。其中酚醛树脂粉上涨35.28%、磷酸盐上涨33.28%。

B. 钢材价格出现两极分化：建筑用钢材价格大幅回落，其他钢材价格仍在上涨。一是建筑用钢材，由于国家对投资以及房地产等方面的宏观调控措施的实施，2005年上半年深圳市部分建筑用钢材价格出现回落，与去年同期比，普通中型钢材下降了1.76%、普通小型钢材下降了4.47%。二是其他钢材，受炼钢原材料、运输成本等价格上涨影响，2005年上半年深圳市其他钢材价格仍在大幅上涨。与去年同期比，硅钢片上涨了52.13%、中厚钢板上涨了42.36%、普碳冷带上涨28.63%。

C. 铜及铜制品同比价格大幅上涨。受国际有色金属价格持续上涨及需求增加的影响，铜及其制品价格继续上涨。与去年同期比，2005年上半年铜上涨了20.31%、覆铜板上涨43.46%、无氧铜杆上涨33.16%、漆包铜线上涨22.67%。

D. 农产品价格升跌互见。去年以来,国家对农业扶持力度在加大,农民种粮积极性得到提高,种植面积增加,粮食供应量稳定提高,使得今年上半年深圳市大部分农产品购进价同比呈平稳或小幅回落的态势。但也有部分农产品同比价格涨跌仍较大。与去年同期比,2005年上半年涨幅较大的有:鸭脖子上涨了20.39%、标准小麦粉上涨了14.89%、白砂糖上涨了10.83%;降幅较大的有:豆粕下降了11.27%、棉籽下降了18.87%、大豆油下降了19.11%。

E. 工业用燃气、汽油、柴油价格大幅上涨。今年以来,国际市场石油价格一直在高位运行,拉动了国内成品油和工业用燃气价格的上涨。与去年同期比,2005年上半年工业用燃气上涨28.18%、汽油上涨14.27%、柴油上涨12.87%。

F. 农产品价格走势。去年以来,国家加强了对农业的扶持,对主要粮食品种继续实行最低收购价政策,这对今后市场粮价走势有一定的支撑作用。

如深圳市居民消费价格略有上升(案例95—4,作者:杨新洪)。2005年上半年,深圳市居民消费价格承接上年温和上升的势头,继续在上升通道中平稳运行。与上年同期比,居民消费价格(CPI)累计平均上升1.8%,其中:消费品价格上升2.4%,服务项目微升0.6%。商品零售价格上升1.1%。上半年,深圳市居民消费价格上升1.8%,是同深圳市GDP保持平稳快速增长相适应的,这表明深圳市经济运行良好,CPI处于较为理想的波动区间。其主要运行特点如下。

A. 食品类价格涨幅较大。2005年上半年深圳市食品类价格比上年同期上升6.1%,拉动价格总水平上升1.8个百分点。这说明上半年深圳市居民消费价格累计平均上升1.8%,基本是受食品类上升影响所致。如果剔除食品类的升幅,深圳市价格总水平与上年同期比,将是持平。在食品类中,深圳市粮食价格同比仅升4.4%,升幅比上年同期回落了11.2个百分点,目前粮食价格呈现在上年高价位上保持基本平稳的态势。而食油供应充裕,价格比上年同期略降1.8%。干豆、肉禽及其制品、蛋和水产品类受粮食价格居高影响,价格比上年同期仍有一成左右的升幅。鲜活商品中的鲜果价格与上年同期基本持平,但鲜菜类价格有较明显的上升。尤其是5、6月受连续大雨影响,菜价急升,比上年同期分别上升了25.2%和36%。上半年深圳市鲜菜价格同比上升了16.7%,影响食品类价格上升1.6个百分点,影响程度达三成。

B. 油料、燃料价格波动大。2005年上半年深圳市成品油价格受国际市场原油价格变动较大的影响,汽油和柴油平均零售价格分别比上年同期上升了14.2%和15.6%。液化石油气和管道燃气价格也分别上升了7.9%和15.3%。由于今年能源供应仍趋紧张，石油、煤炭价格仍高居不下，油料、燃料价格还存在上涨的动力。

C. 居住类一直在上升通道中运行。受居住类产品价格持续上涨的影响，2005年上半年深圳市居住类呈上升趋势，升幅达3.8%，比上年同期升幅高3.6个百分点。主要是建房及装修材料中的胶合板、涂料、玻璃、油漆等商品价格有不同程度的上升，自有住房类也上升了5.5%。受上年8月居民用水价格上调的滞后影响，今年上半年深圳市居民用水每吨（含排污费）2.4元，比上年同期上升20%。

D. 工业消费品价格降价势头有所趋缓。今年上半年深圳市工业消费品市场商品品种繁多，供应充足，价格仍然降多升少，但多数商品降价的幅度有所减缓。例如：衣着类因受棉花收购价格一直较为坚挺的影响，由上年平均价格下降0.8%，转为今年上半年稳中趋升，比上年同期上升了4.7%。此外，保健器具及用品、室内装饰品、家庭日用杂品类等商品价格也由上年同期稳中略降转为分别上升了1.7%、2.1%和6.2%。

E. 服务项目价格稳中微升。上半年，深圳市价格管理部门对服务项目收费调整较少。服务项目价格比上年同期微升0.6%，主要是受家庭服务中的保姆工资上升15.4%和考取汽车驾驶证学费增加40.7%等因素影响所致。

如2012年上半年深圳市民营经济运行主要特征（案例95—5，深圳《统计分析》2012年第28期，作者：深圳市统计局综合处）。2012年上半年，尽管内外部经济环境复杂而严峻，但深圳市民营经济依然保持稳定增长的势头，经济规模有所扩大，产业结构不断优化，发展水平继续提升。主要表现在以下方面。

A. 增速较快。2012年上半年，深圳市民营经济完成增加值1987.02亿元，同比增长11.0%，虽较上年同期增速（11.5%）回落0.5个百分点，但较一季度增速（6.4%）回升4.6个百分点，且高于上半年全市经济平均增速（8.0%）3个百分点；占上半年全市生产总值（5474.10亿元）比重为36.3%，较上年同期（35.4%）提高0.9个百分点。

B. 结构较优。一是产业间比较，2012年上半年深圳市民营经济三次产业结构为0.1∶33.9∶66.0，与去年同期产业结构（0.1∶35.2∶64.7）和今年上半年全市产业结构（0.0∶45.5∶54.5）相比，第二产业比重分别降低1.3和11.6个百分点，第三产业比重分别提高1.3和11.5个百分点。二是产业本身比较，第二产业增加值占全市第二产业增加值比重27.1%，较去年同期提高0.7个百分点，其中工业增加值占全市工业增加值比重27.7%，较去年同期提高0.8个百分点；第三产业增加值占全市第三产业比重为44.0%，较去年同期提高0.6个百分点。上半年深圳市民营经济第二产业（工业增加值占比95.8%）实现增加值674.22亿元，增长7.7%，较去年同期（18.4%）回落10.7个百分点，较一季度（8.7%）回落1.0个百分点，较上半年全市第二产业增速（5.0%）提高2.7个百分点。第三产业实现增加值1311.39亿元，增长12.7%，较去年同期（8.5%）提高4.2个百分点，较一季度（5.4%）回升7.3个百分点，高于上半年全市第三产业增速（10.5%）2.2个百分点。

C. 后劲较足。上半年，深圳市民营经济完成固定资产投资239.23亿元，增长30.5%，较上半年全市全社会固定资产投资平均增速（11.1%）提高19.4个百分点；占全市全社会固定资产投资比重为26.0%，较上年同期（22.2%）提高3.8个百分点。此外，上半年深圳市民营经济单位个数85.34万户，比上年同期（80.21万）增长5.13万户，增长6.4%。其中，私营企业39.51万户，比去年同期（32.97万）增长6.54万户，增长19.8%。

D. 贡献较大。上半年，深圳市民营企业从业人数544.09万人，增长6.0%，其中，私营企业从业人数287.21万人，增长15.1%。深圳市民营经济实现税收（国税和地税合计）816.18亿元，增长23.7%，其中，私营企业实现税收230.96亿元，增长34.2%。民营经济单位户均创造税收9.56万元，较上年同期（8.23万元）增长16.2%。

又如《深圳市7月PMI齐回升，市场隐现好转迹象》（案例95—6，深圳《统计分析》2012年第29期，作者：深圳市统计局工交能源处）。2012年7月深圳市制造业PMI指数止跌回升，PMI为51.6%，环比微升0.4个百分点。PMI在连续两个月下滑之后本月止跌缓升，表明制造业经济增长低位企稳，隐现复苏迹象，非制造业商务活动指数为57.8%，比上月上升1.5个百分点。显示了非制造业PMI位于临界点之上，且维持上月上扬走势，表明深圳市非制造业经济运行整体平稳。

（七）供决策内部版

例如《经济下行压力初步释放，结构调整效果逐步显现——基于我市上半年GDP运行情况的初步判断》（案例96，深圳《统计分析》2012年第29期，作者：深圳市统计局核算处）。2012年以来，受美国经济复苏缓慢、欧洲主权债务危机持续冲击和国内整体宏观经济下行等各种不利因素的影响，深圳市各级部门在市委、市政府的正确领导下，把稳增长放在更加重要的位置，紧紧围绕"稳增长、调结构"，齐心协力，攻坚克难，在经济下行压力仍然较大的情况下，2012年上半年全市经济社会逐步趋好，实现了经济的趋稳回升。

1. 经济运行的总体基本情况及特点

深圳市经济先于全国筑底回升——深圳市 2012 年第一季度实现地区生产总值（GDP）2507.37 亿元，按可比价格计算同比（下同）增长仅为 5.8%，较去年同期（10.8%）回落 5 个百分点，低于全省第一季度增速（7.2%）1.4 个百分点，低于全国第一季度增速（8.1%）2.3 个百分点，经济运行进入 2009 年金融危机后的低位。进入第二季度以来，深圳市经济运行缓中趋稳，经济形势逐月向好。今年上半年，经广东省统计局核定，全市实现地区生产总值（GDP）5474.10 亿元，同比增长 8.0%，增速较去年同期（10.6%）回落 2.6 个百分点，比金融危机爆发的 2009 年上半年（8.5%）低 0.5 个百分点，但比第一季度高 2.2 个百分点，也高于全国和全省同期增速。从经济增长速度变化情况来看，全国上半年的经济增速要低于第一季度 0.3 个百分点，处于下行通道，而深圳市经济增速从第一季度的 5.8% 低位止跌回升至 8%，先于全国筑底回升，呈现逐步趋好的势头，表明经济下行压力已得到初步释放。

产业结构进一步优化 结构调整效果显现——2012 年上半年，深圳市实现第一产业增加值 2.55 亿元，同比下降 5.9%；第二产业增加值 2489.55 亿元，同比增长 5.0%；第三产业增加值 2982.00 亿元，同比增长 10.5%。二、三次产业结构由去年同期的 46.8∶53.2 调整为今年上半年的 45.5∶54.5。三次产业结构继续维持"三二一"的格局，但第三产业占全市 GDP 的比重较去年同期提高了 1.3 个百分点，产业结构进一步优化，结构调整效果渐显。从产业内部来看，工业占 GDP 的比重由去年同期的 44.1% 下降为 42.6%，比重下降了 1.5 个百分点。第三产业结构内部则是"四升一平两降"，金融业、房地产业、批发和零售业和营利性服务业四个行业占 GDP 的比重达到 42%，较去年同期上升了 1.6 个百分点；住宿和餐饮业占 GDP 的比重与去年同期持平；交通运输、仓储和邮政业，非营利性服务业占 GDP 的比重比去年同期略有下降。

第三产业成为经济增长的主要动力——2012 年上半年，面对占据深圳市经济半壁江山的工业出现增速回落明显的情况，拉动深圳市经济增长的主要动力由第二产业转移到第三产业。从产业增速来看，今年上半年受工业增速比去年同期回落的影响，第二产业增加值同比仅增长 5.0%，较去年同期（13.3%）回落了 8.3 个百分点，低于全市上半年 GDP 增速 3 个百分点；第三产业增加值同比增长 10.5%，较去年同期（8.4%）提高 2.1 个百分点，高于全市 GDP 增速 2.5 个百分点，高于第二产业增速5.5个百分点。在第二产业增速回落的情况下，第三产业成为稳定全市GDP增长的主要动力。从二、三次产业对经济增长的贡献率来看，第二、三产业对全市经济增长的贡献率由去年上半年的56.8∶43.3调整为今年上半年的28.5∶71.5，第二产业对经济增长的贡献率比去年同期降低28.3个百分点，其中今年上半年工业对经济增长的贡献率为24.8%，比去年同期减少了29.0个百分点；第三产业对经济增长的贡献率则较去年同期提高了28.2个百分点，比金融危机爆发时的2009年上半年仍高0.7个百分点，表明今年上半年第三产业对经济增长的贡献好于2009年上半年。从二、三次产业对经济增长的拉动力情况来看，今年上半年第二产业拉动GDP增长2.3个百分点，其中工业拉动GDP增长2.0个点；第三产业拉动GDP增长5.7个百分点，高于第二产业的拉动力3.4个百分点。

转型升级步伐加快　现代服务业助推经济回升——在目前经济运行面临较大困难的情况下，市委、市政府充分利用市场倒逼机制，加快转型升级的步伐，着力构建现代产业体系。从2012年上半年各行业的增长情况来看，属于现代服务业范围内的批发业，金融业，房地产业，信息传输、计算机服务和软件业，其他营利性服务业的增速分别为11.7%、14.1%、16.5%、13.2%和11.2%，分别比第三产业的增速（10.5%）高出1.2个、3.6个、6.0个、2.7个和0.7个百分点。据广东省统计局制订的现代服务业核算方案，今年上半年深圳市现代服务业实现增加值1996.75亿元，同比增长11.0%，高于同期第三产业增速0.5个百分点，占第三产业的比重为67.0%，对第三产业增长的贡献率达69.9%，拉动第三产业增长达到7.4个百分点。

从消费来看，深圳市居民消费意愿稳定——2012年上半年深圳市社会消费品零售总额达到1878.25亿元，按现行价格计算，同比增长15.5%，分别比全国全省增速高1.1个和3.9个百分点。与此同时，深圳市上半年全社会固定资产投资为919.13亿元，同比增长11.1%，高出全省水平1.0个百分点。根据测算，今年上半年最终消费支出和固定资本形成总额对深圳经济增长的拉动力约为4.6个百分点。从进出口数据来看，第二季度进出口增速有所加快。今年上半年深圳市累计外贸进出口总值2118.48亿美元，同比增长5.4%，增幅比第一季度提高2.4个百分点。从当季增速来看，第二季度当季增速为7.5%，较第一季度的3%提高了4.5个百分点。

2. 全年走势初步判断

从2012年上半年数据来看，深圳市经济运行趋于稳健，但是考虑到国内外复杂多变经济形势尚未有根本性的变化,下半年经济运行走势不容乐观,完成全年预期目标仍有较大的压力。

从对深圳市下半年经济发展的不利因素看,一是国际经济形势未有根本性变化,欧洲主权债务危机持续蔓延,美国经济复苏缓慢反复,各种不利因素和波动因素明显增加,外需不足问题短时间内难有实质性的改变。根据深圳市6月当月进出口数据显示,国际市场仍然处在反复和波动之中。根据深圳海关的数据,6月深圳市外贸进出口值自上月403.60亿美元的历史高位回落至382.00亿美元,增速比5月放缓7个百分点;进出口出现5月上涨、6月回落的现象。同时,作为未来出口风向标的加工贸易进口6月出现今年以来再度负增长,同比下降2.4%。根据2011年深圳市GDP初步核实数据,深圳市外贸依存度高达233%,深圳作为一个外向型经济结构的城市,外部经济形势的不明朗和不确定性将极大地影响下半年深圳市工业经济回升情况、水运运输周转量、进出口发展状况,从而影响全市整体的经济运行情况。二是深圳面临着"稳增长"和"调结构"的双重压力,经济运行面临的下行压力未有明显缓解。一方面,主要经济指标增速较年度预期目标尚有一定差距;二是企业受市场需求减少、生产成本增加、生产经营波动性加剧、融资成本难、融资成本高等多重因素影响,出现盈利水平下降、经营效益状况下滑的情况。

从对深圳市2012年下半年经济发展的有利因素看,近几个月,政府在宏观调控的基础上采取了一些经济微调措施,出台了一系列"稳增长"的政策,比如通过降息、降准释放流动性,加大对中小企业的扶持、结构性减税、节能家电补贴和鼓励消费等。预计今年下半年这些政策效应将逐步显现,有助于整体经济运行的稳定回升。从上半年的数据来看,深圳市固定资产投资增速、社会消费品零售总额增速、企业景气指数和制造业采购经理指数(PMI)、居民消费价格指数第二季度数据均要好于第一季度,经济趋好的迹象较为明显。

国际比较(ICP)：与世界零距离

2017年第一天上班，就参加了四场会议，不是在开会的路上就是在开会的桌上，是精彩还是无奈？

深圳期待随着智能化、互联网技术的快速发展，让无会办公、智能办公、在家办公成为现实，减缓全球气候变暖，保护人类生存环境，提高生命质量。

透析当下，才能看清未来。这旨在说明：

● 中国经济的发展趋势如何？

● 怎样看待目前中国的经济发展水平？

● 对美、中、日、俄、印等国的国运分析。

以史为鉴，可以知兴替。中国作为世界经济体中的一员，并没有任何超越经济发展规律的理由。下面我们来看看45个主要国家和地区最近35年的经济发展情况，试图参照各国的发展情况，对世界经济发展趋势有一个大致的、直观的认识。

根据国际货币基金组织（International Monetary Fund，IMF）的统计数据，世界上45个主要国家在1980—2014年的GDP走势虽各不相同，在不同的阶段也都有一定波动；但世界总体是向前发展的，从总体来看，各国经济都保持了稳步向上的态势。[①]

1980—2014年共35年，正是在这35年间，经济全球化趋势不断增强，科学技术日新月异，互联网和信息技术迅速发展，带动了全球经济的快速增长，也导致了全球经济版图的变化调整，全球各经济体的位次也基本确立。

但在这35年间，也发生了东欧剧变、苏联解体、海湾战争、1997年亚洲金融

---

① 数据来源的国际货币基金组织是一个拥有185名成员国的世界组织，其成立宗旨是推动国际货币合作、汇率稳定和有序汇率安排，促进经济增长和提高就业率。国际货币基金组织会定期发布全球及成员国的经济发展报告和宏观经济数据，具有较高的权威性。

风暴、2007年国际金融危机等全球性的重大政治经济事件,对全球经济发展产生了一定程度的影响。

下面说说这45个国家和地区是怎么来的。

在IMF的统计数据中,一共有189个国家和地区的经济数据。我们选取的标准是:GDP总值大于1000亿美元,同时人口大于1000万人。

对一个大国而言,选取的参照物经济规模太小,参考意义并不大;人口数量太少,甚至没有一个大城市的人口多,参考意义也不大。按照这个标准,挪威、瑞典、芬兰、阿联酋等国家被排除在外,其人口数量没有达标,如表1所示。

表1　　　　　　　　　　　　　四国人口数　　　　　　　　　　　　单位:万人

国家	人口数量
挪威	466
瑞典	906
芬兰	525
阿联酋	480

这些国家,还没有深圳市的人口多。而埃塞尔比亚(8524万人)、刚果(金)(6869万人)也被排除在外,因为其经济总量不达标:埃塞俄比亚为523亿美元;刚果(金)为346亿美元。这个经济总量,都达不到我国的二线城市。

按照这个标准,在IMF统计的189个国家和地区中,只剩下45个国家和地区。通过观察可以发现:发展是世界的主旋律。世界上绝大多数国家,无论发达与否,人口多少,面积大小,其经济的发展趋势都是总量不断增长的。在35年中,很多国家的经济规模增加了10倍以上,美国、日本、德国等发达国家的经济规模也实现了好几倍的增长。

图1中也有一些国家的增长曲线比较亮眼,波动比较大,有十几、二十几年的停滞和衰退,与世界趋势格格不入,而波动的原因基本上是因战争、冲突、政权更迭导致的局势动荡。从这些曲线中,我们可以隐约看到历史(见图1至图3)。

还波及多个国家的衰退:1998年亚洲金融危机,韩国、马来西亚、印度尼西亚、菲律宾等国都出现了下跌。2008年波及全球的金融危机,几乎所有国家都出现了下跌,出现2009年的负增长。不过,这些所谓的金融危机,仅持续一年,第二年经济就复苏了,远没有战争造成的十几、二十几年的影响大。

| E. 繁从简，案例分析 |

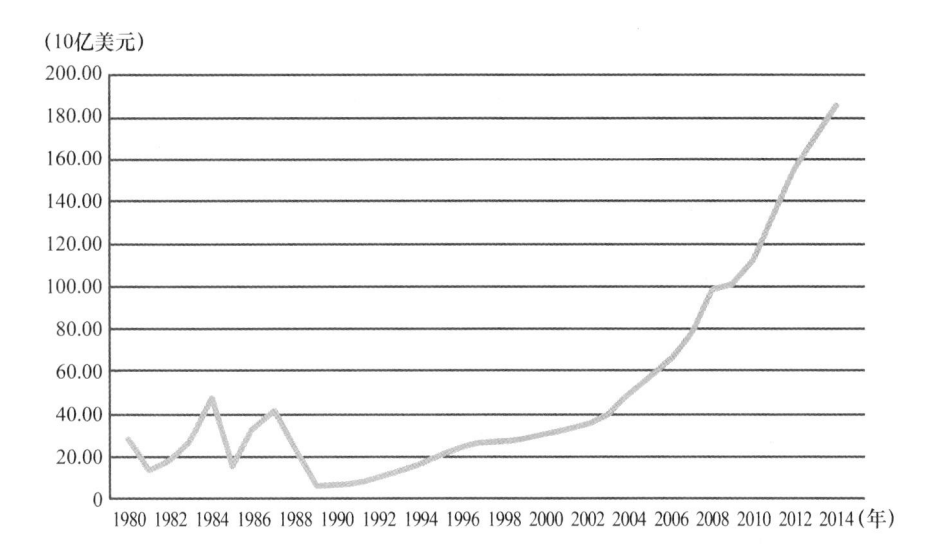

图1 1980—1989年越南的波动：中越战争、柬埔寨战争、美国对越经济制裁

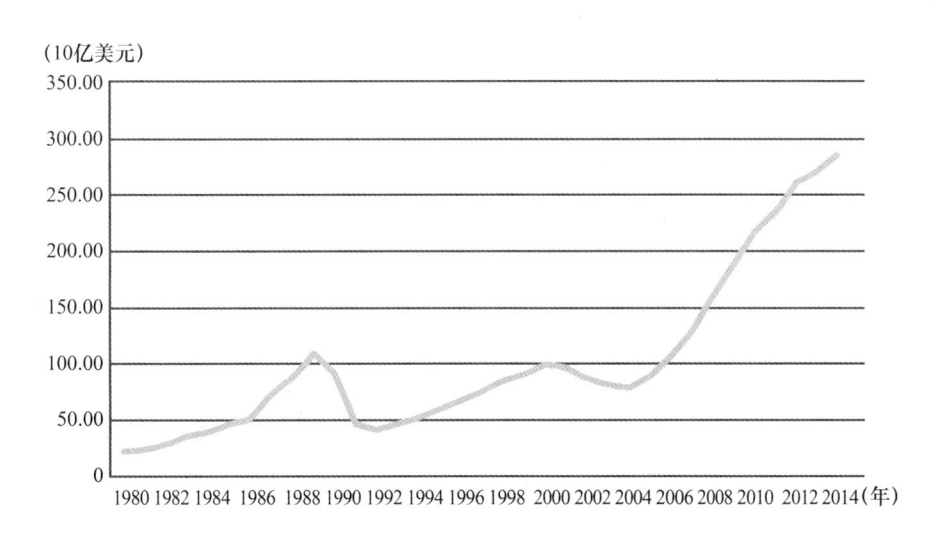

图2 1991年埃及的负增长：海湾战争

观察这些曲线，可以催生出很多问题。

美国为什么能30多年保持持续增长？

日本20年来经济停滞不前，它怎么了？经常说日本经济衰退10年，为何直至现在它都是发达国家？

中国20年来为什么能保持高速增长？

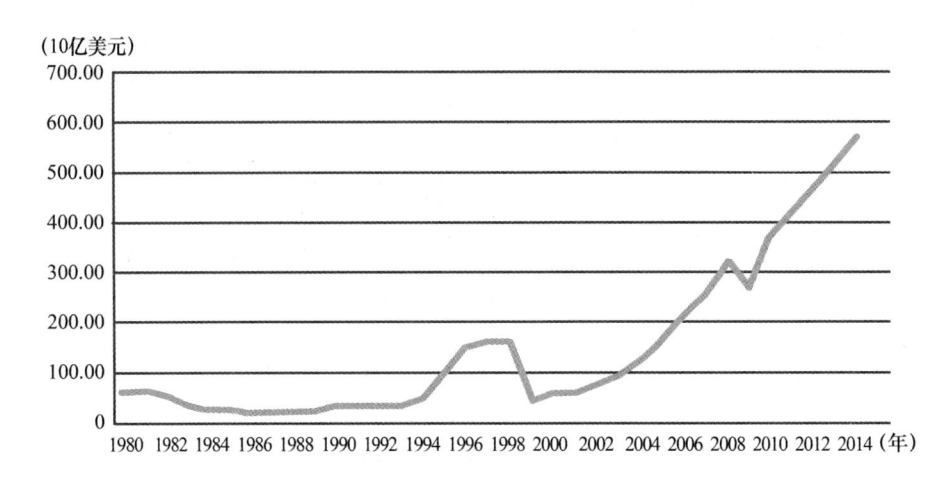

图3　1980—1999年尼日利亚：内乱及政权更迭

有人说印度跟中国一样，具有巨大的潜力，那么印度崛起了吗？

中国台湾、韩国都经历了高速增长阶段，它们的经济是怎样放缓的？对中国是否有参考意义？

阿根廷的GDP居然波动下降，它怎么了？为何会由发达国家变为发展中国家？

战争对一个国家的经济会造成怎样的影响？

……

这些话题，每一个都值得花大篇幅去深入探讨，但本文并不打算去讨论它们，只想说几个我们比较关注的国家。

美国：回顾35年的历史，谁是世界经济的榜样？是美国。美国在过去的35年中，只有2009年出现了负增长，而之前的29年中，美国经济实现了稳定、持续的增长。而中国在1980—1994的15年中，居然有6年是负增长（所有数据是美元计价，可能有汇率变动的原因）。具体见图5。

中国和美国：1986年中美两国差距最大时，美国的GDP为中国的15倍还多。28年后的2014年，美国GDP只有中国的1.7倍，28年间差距在迅速缩小。美国在35年间保持了几乎一致的增长速度，其未来的增长趋势是可以预见的。中国只要能保持接近目前的增长速度，超越美国是15年之内的事情。

中国和日本：1991年中日两国差距最大时，日本的GDP为中国的8.3倍；2014年，剧情出现了急剧的反转，中国的GDP已经是日本的2倍还多。日本经济的长期低迷是中国赶上并反超日本的原因。

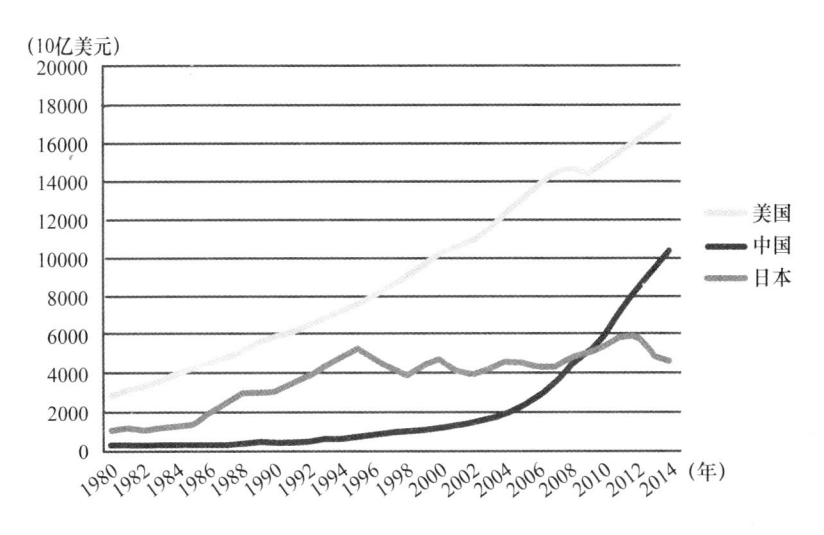

图4 美国、中国、日本经济发展情况

中国和印度：1987年中国和印度差距最小时，中国的GDP只有印度的1.16倍；2014年，差距已经扩大到5倍。

中国与印度：@图灵Don说：据麦迪森推测，公元2030年，也就是再过15年，中国的经济总量可能达到世界的23%，美国为17%，印度为10%，西欧国家合计达世界的13%左右。

印度无疑是一个具有巨大潜力的国家，但是从它几十年来的情况看，其经济增长速度甚至经常比世界平均水平还低。目前其GDP为2万亿美元，占世界总量的2.5%，什么时候能占世界的10%？可以参考一下中国的情况：中国在2011年才达到世界经济总量的10%，而占世界总量的2.5%时，它是在1995年。中国用了16年的时间，把经济总量从占世界2.5%的比例提高到了10%。这16年中，有中国自身经济的增长，还有人民币对美元升值的因素，因此以美元计价的GDP增长率非常高，一些年甚至其增长率达到20%以上。印度要在15年内把经济总量从占世界2.5%的比例提高到10%，就需要比当年中国还要高的增长率。你相信印度能保持这么高的增长率吗？

日本和美国：1995年，巅峰时期的日本GDP达到了美国的69.6%。以前中国常说："我们以世界7%的土地，养活了世界22%的人口。"而那时的日本可以说："我们以世界0.25%的土地，创造了世界17%的GDP！"那时的日本，是怎样一个逆天的存在？然而，经过长达20年的原地踏步，如今日本的GDP只剩下美国的27%。

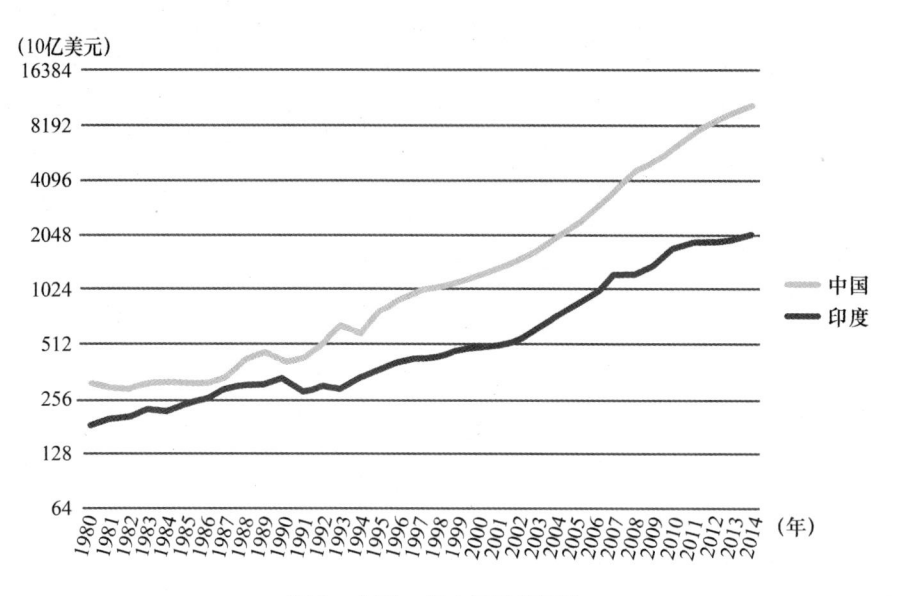

图5　中国、印度经济发展情况

下面对几个国家近20年来的增长曲线做一个小结：

美国：平稳增长，在世界经济中占主导地位。
中国：强力增长，是一头大象，正在崛起。
日本：原地踏步，20年里徘徊不前。
欧洲：曲折中缓慢增长，总量比肩美国，但似乎少些活力。
印度：缓慢增长，也是一头大象，只是还未醒来。
众中小国家：一乱就跌，一稳就涨，跌起来就像过山车。

对各国的GDP发展情况做一个总结就会发现，一个国家只要自己不作死，没有内忧外患，那么这个国家的经济就会向前发展，其背后似乎有股强大的力量在驱使。这股强大的力量是什么？

经济学上，常把投资、消费、出口比喻为拉动GDP增长的"三驾马车"，但请注意，这"三驾马车"可能只对发展中国家起作用，而对发达国家可能无效。

发达国家这个名称，其精髓在一个"达"字，为到达目的之意，指社会的发展基本达到预期，该有的基本都有了，所以发达国家的投资、消费通常会维持一个稳定的水平，投资和消费不再是经济的增长点，而只能维持原有的经济规模。而对于出口，全球市场不是无限大的，也有饱和的时候，出口在增长到一定程度后不会再增加。对一个发达国家，如果这"三驾马车"都达到极限，而又没有其他的增长动力时，经济可能就会停滞不前。日本经济20年来面临的可能就是这个情况。

这难道说明发达国家的经济没法向前发展了？不是，不然美国经济也不会持续30多年的增长。经济增长还有两个原动力：人口增长、科技进步。

增加的人口会带来新的消费需求，这是显而易见的。但是，人口的增长受到物质、空间的制约，不可能无限增长。大多发达国家生育率很低，人口增长缓慢，人口的增加对经济发展的促进作用比较有限。图6是日本几十年来人口的数量变化情况，在最近20年里，日本人口几乎没有再变化过。

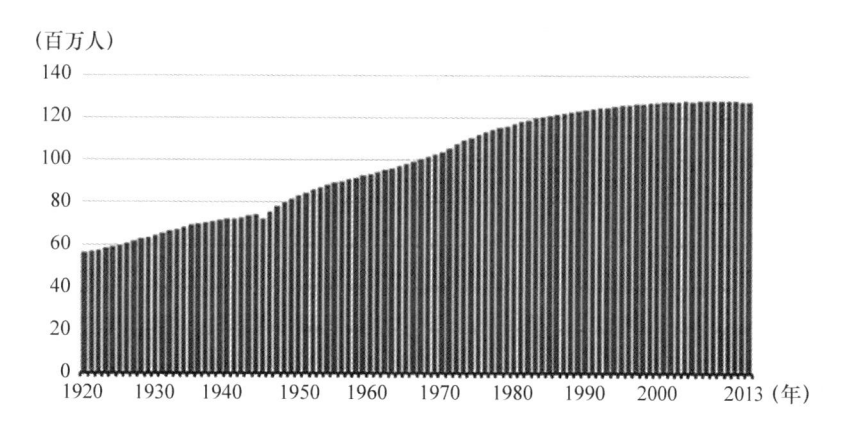

图6　日本人口数量变化情况

美国人口的增长情况如图7所示。

日本人口大约在1995年停止了增长，这正好是日本经济停止增长的开始。美国经济持续增长，很大程度上靠的是人口的增加。这一点是日本没法比的：日本的人口密度是美国的10倍，已经不能再多了。而从世界范围看，地球能承载的总人口有限，人口数量必须受到控制，因而希望通过增加人口来促进经济增长的想法是不可取的。对中国人口问题的担忧也有道理，但是中国的人口数量已经很多，其跟日本类似。中国人口的增长空间也很有限，人口停止增长造成的经济发展放缓，是中国经济无法避免的一个问题，即使痛，也得忍着。这涉及人口密度问题，后面会有探讨。

那就只剩下最后一个经济增长的动力：科技进步。其实，科技进步是最能促

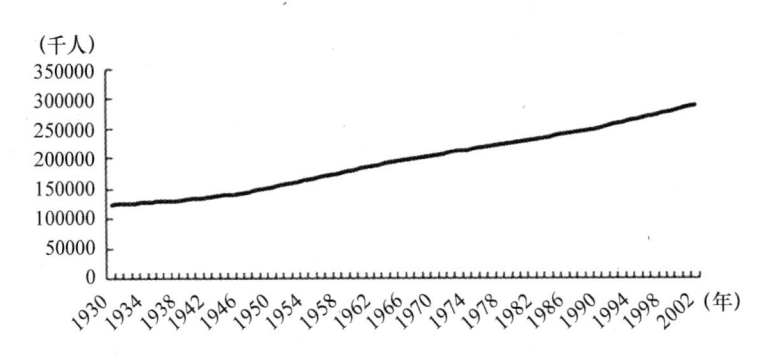

图 7　1930—2006 年美国人口变化

资料来源：美国统计局，兴业证券研发中心。

进经济增长、使社会产生深刻变革的巨大动力。蒸汽机、电气革命、计算机，哪一个不是促使经济规模成百上千倍地增长？化肥、农业机械、新作物、转基因等，没有这些农业科技，如何能保证持续增长的人口免受饥饿之苦？科技进步对经济、社会的促进作用，远远高于前面的"三驾马车"和人口的增长，是促进人类经济、社会发展强大、持久、可持续的动力。继续观察日本，在最近的互联网、智能手机等热潮中，日本似乎没有抓住发展的机会。考察经济发展的 5 个动力，日本在这 20 年的时间里没有一个是可以称道的，这是日本经济停滞不前的原因之一。

上面提到，"三驾马车"对发达国家来说可能已经饱和，无法再促进经济增长，但对发展中国家来说不是这样的。发展中国家的经济、社会发展程度比较低，人们要改善生活，需要投资各种基础设施；丰富物质，需要各类工厂；达到富裕、优质的生活，要购买各种物品。这样投资和消费两辆马车就发挥了作用。对发展中国家来说，这可能是一个从无到有的过程，能对经济产生比较强的促进作用；对发达国家来说，只需要对这些项目进行更新和维护，所以两者是不相同的。一个简单的例子：2011—2013 年这三年里，中国水泥的用量超过美国整个 20 世纪的用量。

对中国而言，三驾马车中，出口已经很高，只需维持现有水平；由于国内人均 GDP 水平比较低，投资和消费还有很大的增长空间。后面的人口和科技进步两项，人口已经不能再增长了，只能依靠科技进步。有人觉得中国就会山寨，怎么配谈科技进步？这是对科技进步的理解有偏差。科技进步，指的是相对原有水平的进步，即便是山寨过来的，只要比原来的管用，就是科技进步。这是发展中国家的后发优势。

对以上的总结就是：发展是世界的主旋律，全世界的经济都在发展，但几十年来中国远高于世界的发展速度是不可否认的。中国的经济还有持续增长的动力，但增长速度肯定会减慢；只要我们能保持比美国高的增长速度，成为世界头号强国指日可待。

一　关于中国人均 GDP 世界排名

有人说，GDP 再高又有什么用，人均 GDP 不还是会低吗？

1949 年，中国人均 GDP 排名世界第 100 位，经过 60 年翻天覆地的变化，2009 年中国人均 GDP 全世界排名成功"上升"到第 106 位……

1960 年，中国人均 GDP 排名世界第 78 位，1970 年排 82 位，1980 年排 94 位，1990 年排 105 位，2001 年排 75 位。由此可见，2001 年中国经济世界地位并不比 1960 年高。

以上的数据，排位是否准确暂且不论，但中国各个经济指标的人均世界排名很低，这几乎是无可争议的事实。为什么中国经过改革开放 30 多年的高速发展，人均 GDP 为什么还是这么低？TG 确实不行了？

既然说到排名，那我们就先看看人均 GDP 排名，见表 2。

表2　　　　　　　　　　各国（地区）人均 GDP 排名

经济体名称	GDP（百万美元）	人均 GDP（美元）	名次
卢森堡	62395	126877	1
挪威	500244	107336	2
卡塔尔	210002	98845	3
瑞士	712050	93636	4
阿拉伯联合酋长国	401647	83703	5
澳大利亚	1444189	67921	6
新加坡	308051	66140	7
科威特	172350	64043	8
瑞典	570137	62931	9
丹麦	340806	61959	10

续表

经济体名称	GDP（百万美元）	人均GDP（美元）	名次
圣马力诺	1786	58897	11
爱尔兰	246438	58631	12
美国	17418925	56700	13
冰岛	16693	54429	14
加拿大	1788717	53415	15
奥地利	437123	53241	16
荷兰	866354	51828	17
芬兰	271165	51648	18
比利时	534672	51340	19
英国	2945146	48192	20
新西兰	198118	47021	21
德国	3859547	46879	22
巴林	33862	46527	23
法国	2846889	44193	24
以色列	303771	41994	25
中国香港	289628	41052	26
文莱	15102	38904	27
意大利	2147952	36953	28
日本	4616335	36327	29
西班牙	1406855	34716	30
韩国	1416949	29210	31
塞浦路斯	23269	29205	32
沙特阿拉伯	752459	26230	33

这是2014年的数据。卢森堡这么小的国家，为何如此厉害？我们可以看看其资料。

国土面积：2586.4平方公里，比深圳市大一点点。

人口数量：49.1775万人，这连国内大城市一个区都不如，深圳南山区108.8万人。

看样子，这榜单似乎有点儿"水分"，那么就把排名中所有国家的人口、面积都拿出来看一下吧，见表3。

表3　　各国（地区）人口 GDP 排名

经济体名称	GDP（百万美元）	面积/万平方千米	人口（人）	人均 GDP/美元	名次
卢森堡	62395	0.25	491775	126877	1
挪威	500244	32.4	4660539	107336	2
卡塔尔	210002	1.1	2124557	98845	3
瑞士	712050	4.1	7604467	93636	4
阿拉伯联合酋长国	401647	8.4	4798491	83703	5
澳大利亚	1444189	774.1	21262641	67921	6
新加坡	308051	0.1	4657542	66140	7
科威特	172350	1.8	2691158	64043	8
瑞典	570137	45	9059651	62931	9
丹麦	340806	4.3	5500510	61959	10
圣马力诺	1786	#N/A	30324	58897	11
爱尔兰	246438	7	4203200	58631	12
美国	17418925	936.4	307212123	56700	13
冰岛	16693	10.3	306694	54429	14
加拿大	1788717	997.1	33487208	53415	15
奥地利	437123	8.4	8210281	53241	16
荷兰	866354	4.1	16715999	51828	17
芬兰	271165	33.8	5250275	51648	18
比利时	534672	3.3	10414336	51340	19
英国	2945146	24.5	61113205	48192	20
新西兰	198118	27.1	423418	47021	21
德国	3859547	35.7	82329758	46879	22
巴林	33862	0.1	757785	46527	23
法国	2846889	55.2	64420073	44193	24
以色列	303771	2.1	7233701	41994	25
中国香港	289628	1.1	7055071	41052	26
文莱	15102	0.6	388190	38904	27
意大利	2147952	30.1	58126212	36953	28

| 科学度量 Two |

续表

经济体名称	GDP（百万美元）	面积/万平方千米	人口（人）	人均 GDP/美元	名次
日本	4616335	37.8	127078679	36327	29
西班牙	1406855	50.6	40525002	34716	30
韩国	1416949	9.9	48508972	29210	31
塞浦路斯	23269	0.9	796740	29205	32
沙特阿拉伯	752459	215	28686633	26230	33
马耳他	10582	#N/A	405165	26118	34
斯洛文尼亚	49506	2	2005692	24683	35
特立尼达和多巴哥	28788	#N/A	1229953	23406	36
中国台湾	529550	3.6	22974347	23050	37
阿曼	77755	21.2	3418085	22748	38
赤道几内亚	14308	2.8	633441	22588	39
希腊	238023	13.2	10737428	22168	40
葡萄牙	230012	9.2	10707924	21481	41
捷克	205658	7.9	10211904	20139	42
爱沙尼亚	25953	4.5	1299371	19974	43
斯洛伐克	99971	4.9	5463046	18299	44
乌拉圭	55143	17.7	3494382	15780	45
智利	257968	75.7	16601707	15539	46
巴巴多斯	4348	0.04	284589	15278	47
拉脱维亚	31970	6.5	2231503	14327	49
波兰	546644	32.3	38482919	14205	50
匈牙利	137104	9.3	9905596	13841	51
哈萨克斯坦	212260	271.7	15399437	13784	52
立陶宛	48232	6.5	3555179	13567	53
俄罗斯	1857461	1707.5	140041247	13264	54
阿根廷	540164	278	40913584	13203	55
巴拿马	43784	7.6	3360474	13029	56
帕劳	269	#N/A	20796	12935	57

续表

经济体名称	GDP（百万美元）	面积/万平方千米	人口（人）	人均GDP/美元	名次
克罗地亚	57159	5.7	4489409	12732	58
马来西亚	326933	33	25715819	12713	59
黎巴嫩	49919	1	4017095	12427	60
巴西	2353025	854.7	198739269	11840	61
墨西哥	1282725	195.8	111211789	11534	62
加蓬	17182	26.8	1514993	11341	63
哥斯达黎加	48144	5.1	4253877	11318	64
苏里南	5297	16.3	481267	11006	65
土耳其	806108	77.5	76805524	10495	66
毛里求斯	13240	0.2	1284264	10309	67
安哥拉	128564	124.7	12799293	10045	68
土库曼斯坦	47932	48.8	4884887	9812	69
罗马尼亚	199950	23.8	22215421	9001	70
阿塞拜疆	74145	8.7	8238672	9000	71
圣卢西亚	1356	#N/A	160267	8461	72
哥伦比亚	384901	113.9	45644023	8433	73
博茨瓦纳	15789	58.2	1990876	7931	74
白俄罗斯	76139	20.8	9648533	7891	75
保加利亚	55837	11.1	7204687	7750	76
委内瑞拉	205787	91.2	26814843	7674	77
伊拉克	221130	43.8	28945657	7639	78
中国	10380380	960.1	1369202232	7581	79
马尔代夫	2854	#N/A	396334	7201	80
南非	350082	122.1	49052489	7137	81
圣文森特和格林纳丁斯	736	#N/A	104574	7038	82
厄瓜多尔	100755	28.4	14573101	6914	83
秘鲁	202948	128.5	29546963	6869	84
多米尼加	64077	4.9	9650054	6640	85

续表

经济体名称	GDP（百万美元）	面积/万平方千米	人口（人）	人均GDP/美元	名次
黑山	4462	#N/A	672180	6638	86
利比亚	41148	176	6310434	6521	87
纳米比亚	13353	82.4	2108665	6332	88
阿尔及利亚	214080	238.2	34178188	6264	89
伊朗	404132	163.3	66429284	6084	90
塞尔维亚	43866	8.8	7379339	5944	91
泰国	373804	51.3	65905410	5672	92
约旦	35765	8.9	6342948	5639	93
伯利兹	1693	2.3	307899	5499	94
马其顿	11342	#N/A	2066718	5488	95
牙买加	13787	1.1	2825928	4879	96
突尼斯	48553	16.4	10486339	4630	97
危地马拉	60422	10.9	13276517	4551	98
斐济	4212	1.8	944720	4458	99
佛得角	1899	0.4	429474	4422	100
巴拉圭	29704	40.7	6995655	4246	101
科索沃	7318	#N/A	1804838	4055	102
东帝汶	4478	1.5	1131612	3957	103
蒙古	11981	156.7	3041142	3940	104
圭亚那	2997	21.5	772298	3881	105
尼日利亚	573652	92.4	149229090	3844	106
汤加	454	0.1	120898	3755	107
萨摩亚	826	0.3	219998	3755	108
瓦努阿图	812	1.2	218519	3716	109
印度尼西亚	888648	190.5	240271522	3699	110
阿尔巴尼亚	13262	2.9	3639453	3644	111
格鲁吉亚	16535	6.9	4615807	3582	112
萨尔瓦多	25329	2.1	7185218	3525	113
玻利维亚	34425	109.9	9775246	3522	114

E. 繁从简，案例分析

续表

经济体名称	GDP（百万美元）	面积/万平方千米	人口（人）	人均GDP/美元	名次
斯里兰卡	74588	6.6	21324791	3498	115
亚美尼亚	10279	3	2967004	3464	116
埃及	286435	100.1	83082869	3448	117
刚果（布）	13502	34.2	4012809	3365	118
斯威士兰	3676	1.7	1123913	3271	119
摩洛哥	109201	44.7	34859364	3133	120
吉布提	1589	2.3	516055	3079	121
图瓦卢	38	#N/A	12373	3071	122
不丹	2092	4.7	691141	3027	123
马绍尔群岛	193	#N/A	64522	2991	124
叙利亚	60043	18.5	20178485	2976	125
菲律宾	284927	30	97976603	2908	126
乌克兰	130660	60.4	45700395	2859	127
巴布亚新几内亚	16060	46.3	6057263	2651	128
洪都拉斯	19511	11.2	7792854	2504	129
乌兹别克斯坦	62619	44.7	27606007	2268	130
赞比亚	26758	75.3	11862740	2256	131
越南	186049	33.2	86967524	2139	132
尼加拉瓜	11707	13	5891199	1987	133
所罗门群岛	1155	2.9	595613	1939	134
摩尔多瓦	7944	#N/A	4320748	1839	135
也门	43229	52.8	23822783	1815	136
苏丹	73816	250.6	41087825	1797	137
印度	2049501	328.8	1166079217	1758	138
老挝	11676	23.7	6834942	1708	139
喀麦隆	31669	47.5	18879301	1677	140
科特迪瓦	33956	32.2	20617068	1647	141
毛里塔尼亚	5079	102.6	3129486	1623	142
加纳	38648	23.9	23832495	1622	143

续表

经济体名称	GDP（百万美元）	面积/万平方千米	人口（人）	人均GDP/美元	名次
肯尼亚	60770	58	39002772	1558	144
巴基斯坦	250136	79.6	176242949	1419	145
吉尔吉斯斯坦	7402	19.9	5431747	1363	146
乍得	13947	128.4	10329208	1350	147
缅甸	62802	67.7	48137741	1305	148
塔吉克斯坦	9242	14.3	7349145	1258	149
津巴布韦	13672	39.1	11392629	1200	150
孟加拉国	185415	14.4	156050883	1188	151
坦桑尼亚	47932	94.5	41048532	1168	152
柬埔寨	16551	18.1	14494293	1142	153
塞内加尔	15584	19.7	13711597	1137	154
莱索托	2159	3	2130819	1013	155
贝宁	8701	11.3	8791832	990	156
海地	8711	2.8	9035536	964	157
科摩罗	717	0.2	752438	953	158
马里	11915	124	12666987	941	159
乌干达	27616	24.1	32369559	853	160
布基纳法索	12503	27.4	15746232	794	161
塞拉利昂	5033	#N/A	6440053	782	162
莫桑比克	16684	80.2	21669278	770	163
卢旺达	8012	2.6	10473282	765	164
多哥	4604	5.7	6079877	765	165
尼泊尔	19637	14.7	28563377	687	166
厄立特里亚	3858	#N/A	5647168	683	167
几内亚比绍	1024	3.6	1533964	668	168
几内亚	6529	24.6	10057975	649	169
埃塞俄比亚	52335	110.4	85237338	614	170
阿富汗	20312	65.2	33609937	604	171

E. 繁从简，案例分析

续表

经济体名称	GDP（百万美元）	面积/万平方千米	人口（人）	人均GDP/美元	名次
利比里亚	2028	11.1	3441790	589	172
尼日尔	8025	126.7	15306252	524	173
马达加斯加	10595	58.7	20653556	513	174
刚果（金）	34677	234.5	68692542	505	175
冈比亚	825	1.1	1782893	463	176
中非	1786	62.3	4511488	396	177
布隆迪	3094	2.8	8988091	344	178
马拉维	4263	11.8	14268711	299	179
波斯尼亚	17977	#N/A	#N/A	#N/A	
南苏丹	12833	#N/A	#N/A	#N/A	
圣基茨和尼维斯	841	#N/A	#N/A	#N/A	
多米尼克	526	#N/A	#N/A	#N/A	
圣多美和普林西比	341	#N/A	#N/A	#N/A	
密克罗尼西亚联邦	315	#N/A	#N/A	#N/A	
基里巴斯	181	#N/A	#N/A	#N/A	
巴哈马	8657	1.4	#N/A	#N/A	
塞舌尔	1420	0.1	#N/A	#N/A	
格林纳达	862	0.03	#N/A	#N/A	

你会发现：世界人均GDP排名靠前的国家，大部分是人口几十万、几百万的弹丸小国，甚至还有人口仅仅3万多的圣马力诺。那么，这份排名有多大意义？能说明什么问题？它说明不了什么。小国船小好掉头，只要抓住几个经济增长点，经济就很快地上去，把一些大国都甩在后面。但是小国再多，也就那么点人，根本代表不了全世界。我们需要一个简单但行之有效的方法，来判断中国的人均水平在世界上到底排在什么位置。

世界上那么多个国家，无非分成三类：人均GDP比中国高的国家、中国自己、人均GDP比中国低的国家。这样我们就不再按照国家数量算了，直接按照总量来算：2014年人均GDP高于中国的78个国家中，人口总数是19.2亿人；除去中国13.7亿人，世界上70亿人中剩余的37.1亿人的人均GDP小于中国。

· 863 ·

做一个比较形象的比喻，中国人均 GDP 在世界上的位置相当于：在 7 个人的队伍中，有 2 个人排在我们前面，4 个人排在我们后面。

这么说，我们比世界上大多数人富裕？没错！

可是，为什么我们的人均 GDP 比世界平均值低那么多（2014 年世界 GDP 总量 77.36 万亿美元，总人口 70 亿人，人均 GDP 11051 美元）？这是因为世界经济发展极度不均衡——不是不均衡，而是极度不均衡。在前面提到的人均 GDP 高于中国的 19.2 亿人中，前 10 亿人的人均 GDP 高达 47469 美元，包括从第一名卢森堡到第 37 名的中国台湾；剩下的 9.2 亿人，人均 GDP 只有 12036 美元。这是多么巨大的差距。而世界上最贫困的 10 亿人，人均 GDP 只有 1050 美元！

回到刚才说的 7 个人的队伍，假设排在最前面的那位有 4.7 米高，排在第二位的只有 1.2 米高，第三位中国只有 75 厘米，最后一位兄弟只有……10 厘米，一巴掌那么高。

不是只有中国人民被国家统计局平均了，全世界都被发达国家平均了。这到底是谁这么厉害，能把全世界都给平均了？上面提到的卢森堡之类的小国，肯定是不行的，10 个卢森堡才 545 万人，对 70 亿的世界人口来说，简直是九牛一毛，必须要人口规模足够大才行，前面分析 45 个主要国家用的筛选标准就是：GDP 总值大于 1000 亿美元，同时人口大于 1000 万人。

那么，那些把全世界都给平均了的应该就在这 45 个国家中吧。

我们把这几个国家按人均 GDP 从高到低列出来，前 10 个如表 4 所示。

表 4　　人均 GDP 排名前 10 位的国家与地区

国家	GDP（百万美元）	人口（人）	面积（万平方千米）	人均 GDP（美元/人）	人口密度（人/平方千米）
澳大利亚	1444189	21262641	774.1	67921	3
美国	17418925	307212123	936.4	56700	33
加拿大	1788717	33487208	997.1	53415	3
荷兰	866354	16715999	4.1	51828	408
比利时	534672	10414336	3.3	51340	316
英国	2945146	61113205	24.5	48192	249
德国	3859547	82329758	35.7	46879	231
法国	2846889	64420073	55.2	44193	117

续表

国家	GDP（百万美元）	人口（人）	面积（万平方千米）	人均GDP（美元/人）	人口密度（人/平方千米）
意大利	2147952	58126212	30.1	36953	193
日本	4616335	127078679	37.8	36327	336

可以发现，清一色的老牌发达国家，里面有几个GDP总量极大、人口极多、人均GDP极高的国家：美国、日本、德国。这三国的GDP之和高达25.89万亿美元，总人口为5.166亿人。假设除去这三个国家，世界上其他国家的GDP总和为51.47万亿美元，总人口64.8亿人，人均GDP 7943美元，和中国目前的人均GDP相差无几。也就是说，仅凭美国、日本、德国这三国之力，就把世界人均GDP抬高了3108美元。

这其中尤以美国最甚，美国3亿人口人均GDP高达56700美元。如果除去美国，世界上剩下的67亿人的人均GDP只有8956美元。

就是美国经济可以把整个世界吊着打。美国把整个世界都远远甩在身后，除了美、中、日、德、法等国，其他国家的GDP增长曲线低到几乎无法识别的程度。

在这35年间，美国第一大经济体的地位仍旧稳固；中国改革开放后经济快速增长，2010年GDP超过日本，成为世界第二大经济体；欧洲、日本经济的地位仍不可忽视；金砖国家、亚洲四小龙等也成为世界经济体中的重要力量。

美国1980年国内生产总值为28573.25亿美元，2014年为175217.5亿美元，2014年是1980年的6.13倍，年均增长5.5%，牢牢占据世界第一大经济体地位。

中国1980年国内生产总值为3053.48亿美元，2014年为105345.26亿美元，2014年是1980年的34.50倍，年均增长11.0%。中国GDP于2010年超过日本成为世界第二大经济体，2014年中国GDP为日本的2.17倍，为美国的60.1%。

日本经历了衰落的10年，但2014年是1980年的4.39倍，年均增长4.45%，但从2012年开始，甚至连续三年负增长。

西欧的德国2014年的国内生产总值是1980年的4.59倍，年均增长4.58%。

亚洲四小龙中的韩国1980年国内生产总值为649.81亿美元，2014年为14113.34亿美元，2014年是1980年的21.72倍，年均增长9.48%，增长势头迅猛。

科学度量 Two

金砖四国中的巴西 1980 年国内生产总值为 1457.67 亿美元，2014 年为 24561.71 亿美元，2014 年是 1980 年的 16.85 倍，年均增长 8.66%，增速也十分可观。

由此可见，这是一个发展极不均衡的社会，仅比较平均数是不够的。平均数并不一定能反映真实的社会，按照惯例应该再比较一下中位数。这里的中位数是指：把世界各国的人均 GDP 从大到小排列，处于包含世界人口一半的地方附近的人均 GDP 值。经统计，世界人均 GDP 的中位数的范围是 6000—6500 美元之间，有一半的世界人口的人均 GDP 值低于 6000—6500 这个范围。那到底是哪些国家的人均 GDP 低于这个中位数，人数真的有那么多吗？

下面列出了人均 GDP 低于 6000 美元的人口大国：

尼日利亚，人口 1.49 亿，人均 3844 美元；

印度尼西亚，人口 2.4 亿，人均 3699 美元；

菲律宾，人口 9797 万，人均 2908 美元；

越南，人口 8696 万，人均 2139 美元；

印度，人口 11.66 亿，人均 1758 美元；

巴基斯坦，人口 1.76 亿，人均 1419 美元；

孟加拉国，人口 1.56 亿，人均 1188 美元；

埃塞俄比亚，人口 8523 万，人均 614 美元。

仅以上列举的 8 个国家，人口总和将近 22 亿人，人均 GDP 大约是 2070 美元。

一看这国名，我们会很惊讶：我们怎么也不会和这些国家相比。当我们谈到"外国"的时候，我们通常不会想到韩国、希腊、葡萄牙这些人均 GDP 2 万多美元的地方，也不太会想到波兰、匈牙利、俄罗斯、阿根廷、马来西亚这些人均 GDP 1 万多美元的地方，也不太可能想到上面说的 8 个国家。当我们谈到"外国"的时候，通常想到的是人均 GDP 四五万美元的"西方发达国家"。

表 4 中的 10 个国家，除去人口仅 1000 多万的荷兰、比利时，剩下的 8 个国家无一不是经过一两百年的持续发展才建立起来的领先优势，这不是一两代人就能完成的。这些国家，就是中国社会发展的榜样。

有人说，西方国家已经不行了，德国就是个大农村，英国还要向我们购买高铁，日本 20 年一直处于半死不活的样子……那我们就看看这几个国家里人均 GDP 最低的日本（见图 8）。

(10亿美元)

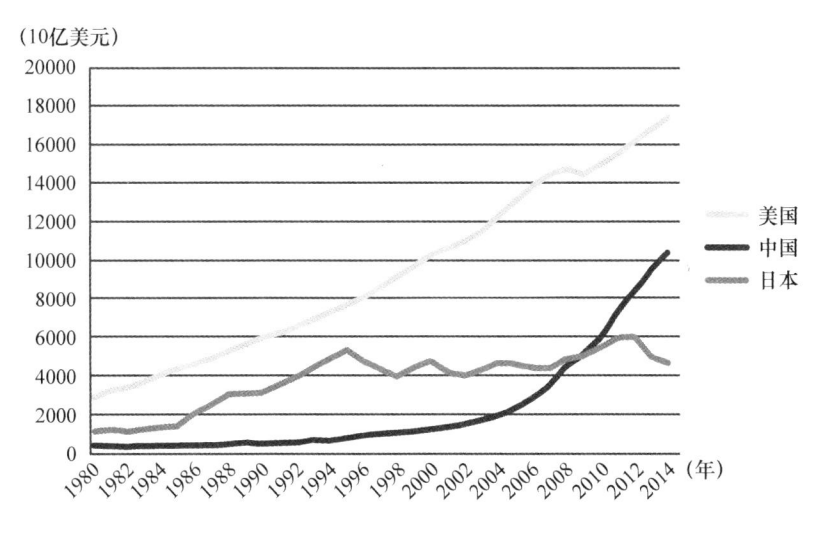

图8 美、中、日三国的GDP增长情况

日本经济在1995年达到顶峰之后，在长达20年的时间里一直徘徊在这个水平。日本站在原地不动，而中国花了20年的时间，好不容易才在经济总量上赶上日本，可是人均GDP依然差日本一大截：2014年，中国人均GDP 7581美元，而日本是36327美元。

日本说：它再等你20年，你还是赶不上它。而中国在人均上赶上美国，100年内是不可能的。

在人均GDP水平上，一个简单的总结就是：我们过得并不比世界上大多数人差；我们离想要的生活水平（发达）还很远。

二 人口密度

上面提到人口增长对经济发展的影响，涉及一个国家人口分布的重要指标：人口密度。人口密度直接关系到一个国家和地区未来的人口、经济增长潜力。大量人口可以带来繁荣，超出土地承受能力的人口也能带来灾难。当一个国家、地区的人口密度已经达到非常高的水平时，它就不能再通过人口的增加来促进经济增长，也就是说，这个国家、地区的经济增长潜力已经受到人口的制约。

我们先看看前面选出的45个国家中，人口密度最大的几个国家的情况，如表5所示。

表5　　　　　　　　　　　　　　国家的人口密度

国家	GDP（百万美元）	人口（人）	面积（万平方千米）	人均GDP（美元）	人口密度（人/平方千米）
孟加拉国	185415	156050883	14.4	1188	1084
中国台湾	529550	22974347	3.6	23050	638
韩国	1416949	48508972	9.9	29210	490
荷兰	866354	16715999	4.1	51828	408
印度	2049501	1166079217	328.8	1758	355
日本	4616335	127078679	37.8	36327	336
菲律宾	284927	97976603	30	2908	327
比利时	534672	10414336	3.3	51340	316
越南	186049	86967524	33.2	2139	262
英国	2945146	61113205	24.5	48192	249
德国	3859547	82329758	35.7	46879	231
巴基斯坦	250136	176242949	79.6	1419	221
意大利	2147952	58126212	30.1	36953	193
尼日利亚	573652	149229090	92.4	3844	162
中国	10380380	1369202232	960.1	7581	143
泰国	373804	65905410	51.3	5672	128
印度尼西亚	888648	240271522	190.5	3699	126
波兰	546644	38482919	32.3	14205	119
法国	2846889	64420073	55.2	44193	117
葡萄牙	230012	10707924	9.2	21481	116

孟加拉国以惊人的1084人/平方公里排在第一位，这是一个人口比日本、英国、德国等国家多，却几乎没有任何存在感的国家，其1.56亿人都在默默地生活着。

乍一看，中国143人/平方公里的人口密度并不起眼。到底怎样才算人口密度高呢？按照惯例，我们先看看世界平均水平。除去南极洲，地球陆地面积1.35亿平方千米，生活着70亿人，平均值是52人/平方公里。表5中所有20个国家的人口密度都高出这个平均值，中国143人/平方公里的人口密度已经高出世界平均值非常多了。

然而，中国有广袤、人烟稀少的大西北。西北的大，是超出我们想象的：仅新疆、西藏、内蒙古、青海，总面积就有470万平方公里，占中国面积的49.5%。如果加上甘肃、四川、云南的西部，那可是大半个中国。而新疆、西藏、内蒙古、青海的总人口只有5500万人。若抛开西部不算，你会发现中国的人口密度直接翻倍。

我们直接看看分省统计的人口密度（见表5）。

表6　　　　　　　　中国各省、自治区、直辖市人口密度

省份	面积（平方千米）	人口（千人）	人口密度（人/平方千米）
澳门	27	636	23556
香港	1101	7130	6476
上海	6306	23019	3650
北京	16370	19612	1198
天津	11606	12938	1115
江苏	100952	78660	779
台湾	36136	23373	647
山东	153422	95793	624
广东	177084	104303	589
河南	165600	94024	568
浙江	102045	54427	533
安徽	140397	59501	424
河北	187045	71854	384
重庆	82539	28846	349
湖南	212418	65684	309
湖北	186163	57238	307
福建	121894	36894	303
辽宁	145260	43746	301
江西	167302	44567	266
海南	33979	8672	255
山西	156381	35712	228
贵州	176252	34746	197

续表

省份	面积（平方千米）	人口（千人）	人口密度（人/平方千米）
广西	236811	46027	194
陕西	205900	37327	181
四川	484310	80418	166
吉林	190541	27462	144
宁夏	51853	6301	122
云南	383978	45966	120
黑龙江	450076	38312	85
甘肃	404955	25575	63
内蒙古	1145156	24706	22
新疆	1633280	21813	13
青海	715587	5627	8
西藏	1204501	3002	2

我们会发现，东部地区的人口密度可比发达国家高很多，能达到世界平均人口密度的 10 倍以上。人口密度过高意味着人均土地/耕地面积少，在灾年可是有饥荒的危险。"三年自然灾害"才过去 50 多年，我们不能简单地认为中国人口密度低，人口还可以随便再涨。

那么，孟加拉国为什么能保持那么高的人口密度呢？首先，孟加拉国面积不大，只相当于中国的辽宁省，并且境内绝大部分是平原，耕地面积有保证。其次，孟加拉国属于热带季风气候，农作物的生长速度迅速。同为热带的海南省，农作物可以一年三熟。最后，孟加拉国如此高的人口密度，并不是不存在风险。事实上，孟加拉国在历史上多次发生大饥荒。而且，其 2014 年的人均 GDP 仅仅 1188 美元，是世界上最贫穷的国家之一。所以，孟加拉国不能成为我们的榜样。

那么，中国东部地区具有如此高的人口密度，中国是否有足够的资源可以支撑这么多人口的发展需求？可以发展到什么程度？世界上是否有哪个国家可以提供经验？是否有哪个国家同时满足人口极多、人口密度极大、人均 GDP 极高这三个条件？满足人口极多这个条件的国家本身就不多，我们可以把所有人口超过 5000 万的人口大国都看一遍（见表 7）。

表7　　　　　　　　　　　　人口超过5000万的国家

国家	GDP（百万美元）	面积（万平方千米）	人口（人）	人均GDP（美元）	人口密度（人/平方公里）
中国	10380380	960.1	1369202232	7581	143
印度	2049501	328.8	1166079217	1758	355
美国	17418925	936.4	307212123	56700	33
印度尼西亚	888648	190.5	240271522	3699	126
巴西	2353025	854.7	198739269	11840	23
巴基斯坦	250136	79.6	176242949	1419	221
孟加拉国	185415	14.4	156050883	1188	1084
尼日利亚	573652	92.4	149229090	3844	162
俄罗斯	1857461	1707.5	140041247	13264	8
日本	4616335	37.8	127078679	36327	336
墨西哥	1282725	195.8	111211789	11534	57
菲律宾	284927	30	97976603	2908	327
越南	186049	33.2	86967524	2139	262
埃塞俄比亚	52335	110.4	85237338	614	77
埃及	286435	100.1	83082869	3448	83
德国	3859547	35.7	82329758	46879	231
土耳其	806108	77.5	76805524	10495	99
刚果（金）	34677	234.5	68692542	505	29
伊朗	404132	163.3	66429284	6084	41
泰国	373804	51.3	65905410	5672	128
法国	2846889	55.2	64420073	44193	117
英国	2945146	24.5	61113205	48192	249
意大利	2147952	30.1	58126212	36953	193

在上面23个人口超过5000万的国家中，高收入国家只有美国、日本、德国、法国、英国和意大利，同时满足人口极多、人口密度极大、人均GDP极高三个条

件的国家只有一个：日本。

日本是一个面积狭小、资源匮乏、人口众多的国家。就是这样一个国家，在120多年前打败了大清帝国之后，晋升为世界强国；100年之后，仅用37.8万平方公里的土地，把1亿多人带入富裕社会，其经济规模发展到了几乎可以比肩美国的程度，这不能不说是一个奇迹。日本人对人类文明发展有哪些贡献？

如今，日本的人均GDP数字看起来比其他发达国家不那么好看，但要知道，这可是日本经济停滞了20年才逐渐被欧美发达国家超过的。日本如何发展起来的？又是如何停滞不前的？我们如何避免类似情况的发生？这些问题值得中国好好借鉴和思考。

"日本可不是什么小国家。"对欧洲发达国家来说，这是对的。但是仅论国土面积，从世界范围来看，不仅日本，欧洲所有发达国家都是小国。地球上有29个国家的面积超过100万平方公里，日本37.8万平方公里的面积只能排在第60位。中国东部地区的人口密度与日本相仿，人口数、面积大约相当于日本的10倍，这个数字可能是中国经济相对日本所能达到的上限。

前面说过，日本不能再通过增加人口来促进经济增长，但是美国能。美国人口密度只有33人/平方公里，是日本的1/10，离世界平均值52人/平方公里还差一大截。中国虽然可能在今后的15年内在经济总量上超过美国，但美国依然是世界上最强大的经济体之一。从更长远的时间看，在今后50—100年的时间里，中国的经济可能出现增长乏力而人口又不允许再增加的情况。而美国按照目前的条件，可以允许其人口以目前的速度保持100年持续增长。所以，美国的日子始终比中国好过很多。而日本，这个充满恩怨的邻居，会走向何方，我们只能拭目以待。

三　再论人均世界排名

前面说到，中国与卢森堡之类的小国的体量相差太大，所以单纯看世界排名并不能反映实际情况。那么，世界各国之间的各项指标相差有多大？我们来看看人口、面积、GDP、人均GDP这四项指标，世界最高的10个国家和世界最低的10个国家的差距。

人口：人口最多的是10亿级别，最少的是1万级别，相差5个数量级，100000倍。

E. 繁从简，案例分析

表8　　　　　　　　　人口最多和最少的10个国家/地区　　　　　　　单位：人

人口最多的10个国家/地区		人口最少的10个国家/地区	
国家	人口	国家	人口
中国	1369202232	帕劳	20796
印度	1166079217	瓦利斯和富图纳群岛	15289
美国	307212123	安圭拉岛	14436
印度尼西亚	240271522	瑙鲁	14019
巴西	198739269	图瓦卢	12373
巴基斯坦	176242949	库克群岛	11870
孟加拉国	156050883	圣赫勒拿岛	7637
尼日利亚	149229090	圣巴泰勒米岛	7448
俄罗斯	140041247	圣皮埃尔和密克隆	7051
日本	127078679	蒙特塞拉特岛	5097

面积：面积最大的是1000万级别，最小的是1000级别，相差4个数量级，10000倍。

表9　　　　　　　　　面积最大和最小的10个国家/地区　　　　　　　单位：万平方千米

面积最大的10个国家/地区		面积最小的10个国家/地区	
国家	面积	国家	面积
俄罗斯	1707.5	毛里求斯	0.2
加拿大	997.1	新加坡	0.1
中国	960.1	塞舌尔	0.1
美国	936.4	关岛	0.1
巴西	854.7	巴林	0.1
澳大利亚	774.1	汤加	0.1
印度	328.8	安提瓜和巴布达	0.04
阿根廷	278	巴巴多斯	0.04
哈萨克斯坦	271.7	格林纳达	0.03
苏丹	250.6	马耳他	0.03

GDP：GDP最高的是10万亿级别，最低的是亿级别，相差5个数量级，

| 科学度量 Two |

100000 倍。

表 10　　　　GDP 最高和最低的 10 个国家/地区　　　　单位：百万美元

GDP 最高的 10 个国家/地区		GDP 最低的 10 个国家/地区	
国家	GDP	国家	GDP
美国	17418925	圣文森特和格林纳丁斯	736
中国	10380380	科摩罗	717
日本	4616335	多米尼克	526
德国	3859547	汤加	454
英国	2945146	圣多美和普林西比	341
法国	2846889	密克罗尼西亚联邦	315
巴西	2353025	帕劳	269
意大利	2147952	马绍尔群岛	193
印度	2049501	基里巴斯	181
俄罗斯	1857461	图瓦卢	38

人均 GDP：人均 GDP 最高的是 10 万级别，最低的百级别，相差 3 个数量级，1000 倍。

表 11　　　　人均 GDP 最高和最低的 10 个国家/地区　　　　单位：美元

人均 GDP 最高的 10 个国家/地区		人均 GDP 最低的 10 个国家/地区	
国家	GDP	国家	GDP
卢森堡	126877	埃塞俄比亚	614
挪威	107336	阿富汗	604
卡塔尔	98845	利比里亚	589
瑞士	93636	尼日尔	524
阿拉伯联合酋长国	83703	马达加斯加	513
澳大利亚	67921	刚果（金）	505
新加坡	66140	冈比亚	463
科威特	64043	中非	396
瑞典	62931	布隆迪	344
丹麦	61959	马拉维	299

E. 繁从简，案例分析

国与国之间的差距，不仅仅只有几倍、几十倍，而是能达到上千倍、上万倍，甚至十万倍。把这些大小不一的国家排在一起，其实是不科学也不公平的，因为它们的权重不一样。一个人口几亿人的国家，和人口几万人的国家，有可比性吗？因此，凡是涉及"人均"的东西，弄出一个"世界排名"出来，是没有什么用的。这是因为差距过大，排名反映不了真实的差距，还不如直接看实际数值实在。

造成这种结果是因为：国家是政治单位，是人为划分的。因此，当从世界范围来考察一项指标时，通常需要剔除政治因素。

当我们想考量一个国家的某个指标在整个世界中所处的位置时，世界排名的意义并不大，更应从占世界总量的份额去衡量。比如，有人说的中国人均GDP世界排名不增反降的问题，我们可以看看中国GDP占世界的总量：1990年大约占全世界的1.8%，而2014年中国GDP占世界的总量达到13%。如果说中国反而变穷了，你信吗？

还有其他一些指标可以衡量当前的中国经济在世界上的地位，比如：

钢产量：2014年中国粗钢产量达8.227亿吨，占世界的一半；

水泥产量：2014年中国水泥产量24.76亿吨，占世界的约60%；

煤炭产量：2014年中国煤炭产量38.7亿吨，约占世界一半；

石油消耗量：2013年中国石油消费量5.1亿吨，占世界石油总消费量的12.1%；

发电量：2014年中国总发电量5.5万亿度，居世界第一，同年美国是3.88万亿度；

港口吞吐量：2014年全球货物吞吐量最大的10个港口，有8个在中国；

……

这些重要的经济指标，占世界如此高的份额，怎么说都不会混得太差吧？

财富是需要积累的，西方发达国家经历了高速发展时期，是经过几十年、上百年的发展才成为了发达国家。中国经济已经占据世界总量相当大的份额，但是同样需要保持这个增长态势几十年以上，才能成为发达国家。因此，对中国当前的经济水平，我们需要理性看待，不卑不亢。

上面说到了，世界上国与国之间的差距非常大，不仅是人口、面积的差距，还

有资源的差距。有些国家的资源不仅含量丰富,而且易于开采,相对别的国家具有非常大的优势,比如:

  波斯湾地区的石油储量占世界总储量的近一半,油井多为自喷井,而且石油品质高;
  澳大利亚、巴西的铁矿储量分别占世界的20.6%、17.1%,铁品位(含铁量)高,很多可以露天开采;
  智利的铜矿储量占世界的30%;
  中国的钨储量约占世界的一半;
  ……

  这些资源,相对别的国家有着巨大的优势。世界上没有哪个国家拥有满足自身发展需要的所有资源。一个国家要发展,就需要与别的国家进行贸易,进口本国稀缺的资源。但是不能光进口,还需要出口。进口需要花钱把东西从别国买过来,钱从哪里来?是把本国的优势产品卖出去换来的。进口和出口需要平衡,如果进口持续大于出口,就相当于把国内的财富变换成外汇流失国外,这就会造成国内经济、生活水平的下降。

  一个国家如果不进口这些稀缺资源,就会因为缺少资源而发展缓慢;别的国家都在进口,经济发展上去了,唯独自己发展缓慢,就会越来越落后。所以当今世界,如果一个国家闭关锁国,这个国家就不可避免地落后于世界。一个国家的经济要发展,国际贸易是必需的。

  从本质上讲,一个社会的发展,需要人口、物质(资源)、能源(资源)这三个要素。没有资源,那就用其他产品(如高科技产品)来换。

  前面多次提到,小国和大国不能相提并论,大国不能参照小国的发展模式。比如,澳门经常以独立经济体的身份被放到各种排名中。澳门的支柱产业是博彩业,2014年规模达到400多亿美元,人均GDP接近90000美元,远远高于世界上大多数国家,和卢森堡不相上下。可是,澳门对中国大陆没有借鉴意义:我们不能把每个地方都发展成赌城。再如挪威,本身国土面积不小(比英国还大),人口稀少(466万人,不到英国的1/10),又有不少石油。仅靠石油工业一项,它就穷不了,养活466万人不在话下。但是对一个大国而言,仅靠单一的支柱产业是不能支撑起整个国家的。比如,中国不可能单靠汽车、石油等行业就发展起来,而是需要几乎所有工业门类都处于一个较高的水平,才有可能富得起来。

日、德、法、意等国,面积比较小,自然资源也不丰富,自身发展需要的很多资源需要进口,而它们也需要出口相应的优势产品来换取外汇。没有资源,怎么办?那就出口高科技产品。这些产品必须有足够的科技含量或者成本优势,能够领先其他国家,其他国家才会从它们这里买。一旦这些国家的技术不再具有领先优势,它们的产品就不那么好卖了,这意味着外汇收入减少,能用来进口的钱也少了。这时,它们有三种选择。

(1) 降低产品售价。这意味着产品利润的降低,在数量不变的情况下,出口额将降低。出口少了,进口也会相应地减少,这个国家的经济将会萎缩。

(2) 把本国没有优势的产品贱卖。这直接导致这些产品在国内成为更稀缺的资源,国内的经济和生活压力将会上升。

(3) 干脆就不进口了。自身没有资源,还不进口,自身发展更为受限,可能陷入更大困境。

因此,具备科技领先优势是日、德、法、意这些国家的产品能持续出口的保证,一旦它们的科技领先优势不再,无论做出何种选择,这些国家都将不可避免地衰落下去。日、德、法、意等资源小国,想要保持高度发达的状态,就要通过保持科技水平的领先状态来保证稳定的出口。这些国家会想方设法提高科技水平,发展科研,而且害怕自身的高科技泄露到国外。他们的很多高科技产品禁止出口到中国。

而澳大利亚、沙特阿拉伯、阿联酋等国家,坐拥丰富的资源,只要把铁矿、绵羊、石油卖出去就吃穿不愁了。这是澳大利亚的出口商品构成,矿石和农产品占了一大半,这是澳大利亚人均GDP能高过美国的原因。

埃塞俄比亚、孟加拉国等没有资源、没有技术,农产品倒是有一些,但只能保证国内能填饱肚子。所以,这些国家基本上没有多少能出口的东西,也就没有钱进口需要的资源、技术。它们不仅现在很穷,而且可能会一直穷下去。

以上或许就是所谓"世界经济的秩序"吧。

最后,我们分别来具体地分析一下主要国家的国运。

1. 美国

美国其实跟中国很像,拥有巨大的国土面积、大量的人口(美国有3亿人口,仅次于中国和印度)、相似的气候、极为丰富的资源。

人口:美国拥有巨大的国土面积,耕地面积比中国还大,至少可以承载和中国同等规模的人口。而美国目前人口数量不到中国的 1/4，有非常大的增长空间。

资源：美国本身就有极为丰富的自然资源，煤、天然气、铀矿、太阳能、风力资源等，均居世界前列。而且背靠加拿大这个面积世界第二、资源同样极为丰富且人口稀少的国家，这相当于美国的后院，使其不愁资源。唯独石油一项，美国跟中国真的是难兄难弟。石油储量连面积只有它们 1/500 的科威特都不如。不过，美国的邻居加拿大石油非常多，储量接近中国的 10 倍。

美国有农产品、有资源、有发达的科技水平，这成就了美国超级大国的地位。

总结：美国拥有巨大的人口增长空间，极为丰富的自然资源，极为发达的教育、科技水平。在可预见的未来，美国经济将保持稳定、持续的增长。就像 @ Xiuquan Yu 说："就算哪天彻底被排挤出旧大陆，守着美洲一亩三分地，美国也有数百年好日子过。"

2. 中国

人口：中国相比美国，最大的劣势就是人口太多。除非未来科技有了翻天覆地的变化，否则中国人口的增长空间不大。

资源：中国的资源也非常丰富，几乎拥有所有种类的矿产资源，而且很多矿产的储量居世界第一，但是石油、天然气、铀、铁、铜、铝、太阳能、风能等重要资源，相对世界储量来说比较少。这些资源，未来中国可能会严重依赖进口（太阳能、风能除外）。从整体上看，中国的资源总量不如美国多，相比巨大的人口数量和资源需求量，中国是一个资源小国。相比美国，我们更应该参照同为人多、资源少的日本的发展模式。

未来中国的大多数资源依赖进口。为保证进口，中国需要稳定的出口。中国并不满足于出口低端工业产品、劳动密集型产品，要改变这个现状，必须增加出口产品的科技含量，提高产品的附加值。因此，中国需要提高自身的科技水平，需要重教育、重科研。中国的竞争对手、学习榜样是美国、日本、德国等科技发达国家。在中国的各种基础设施建设基本完成之后，经济的发展主要依靠科技水平的提高。科技水平的提高不是一朝一夕的事情，而是需要长期的坚持和积累。因此，未来中国追赶发达国家经济、生活水平的脚步将会变慢。另外，中国的发展将会挤占发达国家的资源和出口市场，发达国家的经济、生活水平会因此有所降低。

总结：中国人口众多，资源消耗量大，需要大量进口。中国要发展，需要缩小与发达国家科技、工业水平的差距。在各种基础设施建设基本完成之后，中国的经济发展速度将会放缓，这时中国的经济总量已经超过发达国家，但人均水平还有很大的差距。这个差距,需要靠提高科技水平来缩小,这将是一个十分漫长的过程。

3. 日、德、法、意等资源缺乏的发达国家

这几个国家国土面积不大,人口密度比较高,又处于发达状态,人均 GDP 水平很高。因此,它们几乎没有可能再高速增长,目前其 GDP 增速比较低。

因缺乏资源,这几个国家的发达状态是建立在高科技产品的出口之上的,这是它们的最好选择。出口一旦下降,其生产所需的能源、资源的进口、供应就没有了保证,这有可能导致恶性循环。这些国家需要建立科技的领先优势来保证出口的稳定。但是,日、德、法、意这几个国家的科技领先优势正遭受中国大陆、韩国、中国台湾等国家和地区的挑战,虽然绝对优势还在,但是出口市场被慢慢蚕食。最终的结果就是,日、德、法、意等与中国大陆、韩国、中国台湾之间的差距越来越小。它们的未来,恐怕不那么明朗。

4. 俄罗斯

俄罗斯是世界上面积最大的国家,也是自然资源最丰富的国家之一,是能源出口大国。但是,俄罗斯有 1.4 亿人口,仅靠能源出口不能养活这么多人。这不是最要紧的,最要紧的是:俄罗斯太冷了!

俄罗斯所处的纬度很高,基本上在我国黑龙江以北,又处于内陆,冬季漫长(将近半年)而寒冷。俄罗斯的西部,也就是欧洲部分如莫斯科、圣彼得堡的气候算好的,然而这个"好"是这样的:

莫斯科:积雪期 146 天;1 月平均气温 -10.2℃(最低 -42℃);

圣彼得堡:积雪期 132 天;1 月平均气温 -8℃。

一年有 4—5 个月的积雪期,这在俄罗斯已经算好的,其气候可想而知。受气候影响最大的是农业,气温冷、积雪期长,农作物的生长时间、生长速度都会受到限制,所以粮食的单位面积产量很低。俄罗斯拥有比肩中国的耕地面积,但是粮食总产量远不能与中国相比,结果就是:俄罗斯的总人口上限比较低,土地允许的人口密度也比较低,加上国土面积太大,导致人口非常分散。人口聚集,才能带来繁荣;人口分散,会造成内部的流通成本变高,不利于经济发展。

气候过于寒冷,还会对工业生产造成直接影响。汽车、机械、电子、电气产品的性能会因为低温造成性能降低,在俄罗斯发展工业,相对来说没有什么优势。现在的俄罗斯,除了军事、宇航和其他一些重工业外,拿得出手的东西并不多,工业

市场上极少能看到俄罗斯的产品。目前，俄罗斯的人均 GDP 只有 13264 美元，跟阿根廷、马来西亚一个水平，恐怕连发达国家都算不上。

总结：气候问题是俄罗斯最大也是唯一的问题，但是这个问题无解。俄罗斯不会穷到哪里去，但是很难富起来。

5. 印度

人口：印度人口有赶超中国之势，人口问题同样是印度最大的问题。印度的人口密度与日本接近，但气候比日本好，人口还有进一步发展的空间。但若不把工业发展起来，人口却越来越多，那印度人民的日子会越来越不好过。

资源：印度除了煤、铁、铝土、云母，自然资源并不多，没有资源优势。但是印度人口多，市场潜力大，内需是印度未来经济增长的一大动力。印度人口多，劳动力多，有可能成为继中国之后新的"世界工厂"。这需要一个完整的工业体系。印度还有不少路要走，而且因为缺少资源，所以发展起来恐怕没有中国那么顺利。

总结：印度目前跟中国至少有 10—25 年的差距，而且这个差距还在扩大。印度具有经济增长的巨大潜力，这个潜力目前还没有爆发出来。印度在今后的很长一段时间里，还是一个贫穷落后的国家。

6. 巴西

人口：巴西人口已经超过 2 亿，而且国土面积 854 万平方公里，是一个可以和中国、美国匹敌的国家。而且，巴西的气候条件优越，大部分国土位于热带，属于平原地区。巴西高原海拔低，地势平坦，有准平原的特征。因此，巴西的耕地、人口的增长潜力巨大。不过根据联合国的预测，巴西的人口并不会大幅增长。

资源：巴西的资源也很丰富，目前铁矿正在大量出口。但是仅靠出口自然资源同样养不活巴西。巴西想要富裕，同样需要走工业化的道路，最后拼的是科技实力。

目前巴西的人均 GDP 有 11000 多美元，与俄罗斯相差不大，比世界平均水平高一点。

总结：巴西很有发展成强国的潜力，能否由大国发展成强国，就要看巴西今后的科技实力。

7. 澳大利亚、加拿大

这两个国家国土庞大，资源丰富，人口稀少，人均耕地面积多，基本上是靠出口农产品和矿产资源支撑的，这足以让他们过上十分富裕的生活。人家就是坐拥资源，轻轻松松富起来了，别的国家眼红也没用，其今后的日子也不会差。资源总有用完的时候，这两个国家需要在资源用完之前发展其他优势产业，至少还有几十年的时间。

以上就是自己对几个国家国运的一点分析。看完这些我们可能会觉得，美国、加拿大、澳大利亚太轻松了，这些国家真是躺着挣钱。其实正好相反，中国东部地区绝对是世界上最适合人类生存的地方之一：气候温暖湿润，雨热同期，非常适合发展农业；广阔的土地下蕴藏着丰富的资源。因此，中国这片土地几千年来就是世界上人口最密集的地方，繁衍出现在十几亿的人口。然而也正是这个原因，导致现在中国的人口过多，如何让这十几亿人富裕起来就成了一个世界难题。如果中国人口像澳大利亚、加拿大那样，只有 2000 万人、3000 万人，那中国可能就是世界上最大的农产品出口国、资源出口国。现在，13 亿人口摆在这里，我们唯一能做的就是接受现实。上帝为你打开了一扇门，却同时把另一扇门关上了。

F. 七彩人，青涩统计

一位学者曾说，统计改变了世界。

反过来，从某种程度上说，更是世界改变了统计。这个可从中国供给侧改革时代窥见一斑，产能过剩是个普遍存在，须以需求和问题为导向励精图治，革故鼎新。处于反映世界潮流变化的统计也是如此，既浩浩荡荡，也青青涩涩。

统计是个大舞台，统计人员是舞者，舞出人生的酸甜苦辣，唱出人生的喜怒哀乐，唤出一段段真诚友谊。

其实，我的样子就是你的样子，照亮了统计人前进的道路，铸就了统计人成长的阶梯。不知不觉，曾几何时，我们变成数海中倒影成双的航帆，你是帆，我是影，相伴而行的样子。

统计描述世界变化，诉说人生苦乐得失。

拿什么来"拯救"

——一年四季

一 引子

启借一句，苏泂《长江二首》最后一句："白头更世事，青草印禅心。"

（一）本叙说之季，非自然季，而是一年以季相转的特定季与经济季

执行季度经济形势分析"例排"，是市场经济"无形之手"的另一只"有形之手"的中国方案，也为一个地方适时研判经济走向的"盛宴"。"盛宴"的主人为最高决策者，由其召集各方经济大吏与管理层幕僚，各自把脉经济，决策本季经济大局方向。

在2015年的春夏之交，自己开始接力深圳这座城市统计局局长之职。

我由此小跑着走进炎炎夏季，首先面对经济形势分析的第一季，而即将成为一位名副其实、有职有责的"经济号手"。

从那时起，一晃间，逐季而至，月月相扣，季行浪高，已有一个年。

初夏秋爽，暖冬春来。我这个"经济号手"，跌跌撞撞，不经意间走过一年四季。

（二）回应这四季，非完年之季，而是跨年之季

它串联着"十二五"收官与迈向"十三五"开启双年，意义非凡。

每每进入经济分析季度，同朝异岗各位"号手"都高度重视，十分在乎，做足功课，迎接最高决策者之大考。

大考之说，并非空穴来风。

科学度量 Two

2015年，对南中国这座正在崛起的现代移民城市深圳而言，与全国一样处于每五年时间交替年，经济发展启前启后；不同的是，这个城市还处于五年换届周期，来了一个一位科学家级别的"掌门人"，扑面而来一股强劲强势发展清风，为这四季如春的城市带来辣热的经济季。

这位"掌门人"身居南粤，位重中央委员、省委副书记、市委书记，有着科学家的缜密思维、企业家的实业精神、实干家的踏实作风，让每次全市经济形势分析场面直奔主题，惊涛骇浪，险象环生，令我提心吊胆。

每一季都让我不敢偷懒懈怠，不断积聚正能，用履冰之心，以战兢之举，释放思想之光，峥嵘四季之芒。

每次每一季经济会之后，我的心情总是跌宕起伏，掩卷久久沉思。

这为的是消化好季节要求，从那一刻起去迎接下个经济分析季的到来。读书和思考是统计数据分析与解读能力的培养和长进过程。

当不停地独立思考成为自己的思维习惯时，努力就不分昼夜，绵绵用力，久久为功。

如同置身于2015年冬季那场覆盖着冰雪、两旁的山巍巍峨峨、山上白雪皑皑的景色中，而为深圳常住人口数据午夜奔走深广之间时，四周是那样静寂，除了细哗的水流，万籁无声。

统计不只是苟且，还有诗和远方。

（三）耕耘统计，无声无息

与统计数据融为一体的乏味不可或缺，但凡干过综合统计专业，有谁不知？

以自己在深圳统计坚守15个年头观察，如果经历了若干年持续的艰苦、寂寞、危险，仍然在岗热爱，那一定对这份事业爱到了骨子里，且爱得有情怀、有定力。

不做那种不学无术的领队人，也不做庸庸碌碌的事务主义者，而要做一个有学识、有头脑、有远见、有科学态度和求实精神的带头人。

从担任局长的那一天开始，我便下决心继续努力钻研专业技术，绝不放松抓紧每一个工作间隙，不放松每一个星期天。检讨性思考，成为自己的一种律己选项和家常便饭的常态。

而这个选择，一直持续至今。

红五月，初夏之季。

(四) 红五月,是我的幸运月

尽管来得有点迟,但恰到好处。自己清楚每个人起点不一,有的贵族名门,可以领先别人几个台阶起步。而我出身贫寒平民,起步平淡平凡,人生路径选项勤能补拙,以干得助。干,需要时间沉淀成色,需要耐力检验心态。人如茶,不过"两种姿态":浮、沉;饮茶人不过两种姿势:拿起、放下。

人生如茶,沉时坦然,浮时淡然,拿得起也需要放得下。留一个空间给自己,听一曲静心古乐,品一盏香茗,在旋律与馨香中感受澄心之境。

即便如此,放平心却非易,须真切。

我以此为主线,进入第一季。

"最深刻的关系是懂得彼此的痛苦。"

我不断对自己说,可红五月之初,那时我几乎找不到方向,没人知道我的苦楚。

一切未知,不确定之中前行,难之又难。

内外交困,只能放平心态,虽无法高调砥砺干事,却可随遇而安,以干得助。

二 做一个大气统计之人

无论一个人的地位是高是低,事业是大是小,身份是显是微,一个人的魅力如何,关键看"大气"与否。大气是一个人做人做事的风范、态度、气质、气度,是一个人综合素质外散发的一种无形的力量。大气是一种纳百川、怀日月的气概,一种从容大方、自然天成、胸有成竹的气量,一种成熟宽厚、宁静和谐的气度。

(一) 大气之人,智慧超脱

大气做人,对事要超脱,不要深陷各种情感、得失的纠葛之中。人的一生碰到的事太多了,几乎眼睛一闭一睁,碰到的都是事。猝不及防的打击,始料未及的挫折,从天而降的好处,唾手可得的利益,随时发生。事无论大小,不管好坏,都不要太在意、太当回事儿。切莫一见好事就喜形于色,乐颠颠兴奋得不得了,一遇坏事就愁眉苦脸,霜打茄子一样蔫头耷脑。遇事不敢担当,怎能成大器?

对己对人,要豁达,不要小肚鸡肠。一个人生活在现实社会中,吃亏、受委屈、想不通,常有的事。同事出言不逊轻慢了你,单位办事不公伤害了你,领导举止言谈没给你面子,这都算不得什么,都要豁达以对,淡然处之。倘若整天围着自己那点儿小九九打转转,时时算计自个儿的利害得失,甚至以一己得与失作为好与坏、喜与忧的标准,心胸如此狭窄,怎能成大器?

(二) 大气之人,正大光明

大气做人,首先要正道直行,做事光明磊落。古人有云:"仰不愧于天,俯不怍于人。"做人做事,一定要光明,不要背地里损害他人利益。

正大光明,还要敢于直面自己的错误。掩饰自己的错误,是大多数人会犯的错误。但圣人早就告诉我们,不要掩盖自己的错误,要积极改正。君子之过也,如日月之食焉。过也,人皆见之;更也,人皆仰之。君子的过错就像日食和月食,犯错了,人们都看得见,改正了,人们都还敬仰他。

君子光明正大,处世磊落,犯错乃无心之错,处在光天化日之下,人们都可以看得到,不像一般人背地里偷偷摸摸地干坏事,人们难以发现。

(三) 大气之人,光而不耀

威而不猛,光而不耀,这是一种大成熟。大气的人,既庄重又温和,所以有威严而不凶猛。大气的人,有自己独特的性格和发光点,但与人相处绝不会盛气凌人,让人觉得有光辉又不耀眼。

威而不猛,光而不耀,这是一种成熟的人格美。要做到这一点,我们必须除去身上的骄矜与浮夸。尊重每一个微不足道的人的正常权利,还要长存谦卑之心,谦谦君子,卑以自牧。越是有成就的人,越是谦卑。

(四) 大气之人,从容果断

大气之人心态阳光看得开,拿得起放得下,当进则进,当退则退,稳重沉静,坚忍不拔,泰山崩于前而面不改色。

大气之人淡定从容,遇事沉稳,积极果断,老练里却又重视有佳,胜不骄,败不馁。淡定形容一种勇气,行事放松自如,从容冷静,闲看庭前花落,轻摇羽扇城头。淡定形容一种原则,展示出对人对事不急不躁、不温不火,亲而有度,顺而有持。

古人云:"三思方举步,百折不回头。"大气的人,很少扭捏举棋不定。凡事都会思考充足,然后立即付诸心动。一个大气的人,必定细心、从容、果断,富于实干精神。

（五）养气概、纳气量、蕴气度，做一个大气统计之人

大气是一种纳百川、怀日月的气概，一种从容大方、自然天成、胸有成竹的气量，一种成熟宽厚、宁静和谐的气度。大气之人，智慧超脱；大气之人，正大光明。正道直行，做事光明磊落；敢于直面自己的错误，过则改之。大气之人，光而不耀。既庄重又温和，与人相处绝不盛气凌人；除去身上的骄矜与浮夸，长存谦卑之心。大气之人，从容果断。心态阳光看得开，拿得起放得下，当进则进，当退则退，稳重沉静，坚忍不拔，泰山崩于前而面不改色；淡定从容，遇事沉稳，积极果断，老练里却又重视有佳，胜不骄，败不馁。

三 对年轻统计人说：不是青春在哪，而是希冀在哪

青春是一路颠沛流离，是一路呼啸而过，从来没有对与错，度量全在内心。但是我也知道，人的内心一旦拥有了希冀，平凡的自己将如同初晨的阳光，漫射在薄雾轻轻覆盖的原野，散发出金色而耀眼的光芒。

（一）低头拉车的青春

初识统计人，"青春都一饷，忍把浮名，换了浅斟低唱"。他们默默无闻，平凡务实，工作在最前线。在日常工作中，下乡下村是常态，上山上坡是定态，他们中很多人过着上午进村入户，下午钻巷入企，晚上加班录表的日子。在这期间，你听不到他们有什么怨言，也听不到他们对工作有什么不满，他们将自己的人生化作对党忠诚、对人民负责的态度，化作对数据审录一丝不苟的责任，化作对逻辑趋势孜孜以求的担当。他们在平凡的岗位上，辛勤地工作，创造出出彩的业绩。

在他们的感染和帮助下，我融入了这里，从最简单的数据筛选、汇总开始学起，慢慢开始接触到收表、审表、报表，接触到其他业务工作，逐渐地在统计战线上扎下了根，变得兢兢业业、一丝不苟，变成哪里需要就往哪里搬的"砖"。但随着时间的推移，我逐渐地发现自己变得有些麻木，浮躁的情绪在心中蔓延，对待事物变得不那么耐心。在面对报表、资料时，我滋生了倦怠情绪，不止一次地问自己："这难道就是我的生活吗？做了很多事，却没有一点成绩，做了很多工作，却

感觉徒劳无功。"我不禁陷入沉思。

(二) 抬头看路的希冀

青春是忙碌的，是坚持不懈、埋头苦干的，之所以自己会出现状况，或许是因为自己缺少理想信念，缺乏对统计工作的正确认识。

诚然，统计调查工作在当前取得了一定成绩，逐渐得到社会的认可，但是社会的浮躁，信息的快速传递，给统计工作带来一定的难度和负面影响。"统计是弱势群体""没权没钱""事多钱少离家远、位轻权低责任重"诸如此类的话语，也逐渐在老实的统计人心中烙下深刻的印记，逆来顺受、任劳任怨被当成他们的本分。可是站在时代的肩膀上，我们要对统计工作有一个恰如其分、客观真实的评价。统计担负的是民族的希望，面对繁杂的社会现象，运用具有公信力的数据，科学地体现出现象的发展规律、根本变化，从而找出决策的根本依据，其根本目的是为了社会经济的发展，为了人民的民生福祉。因此，中国统计从诞生之初，便自觉承载了这种担当，承载了民族振兴的希望。统计背负的是祖国的脊梁。统计数据来自各行各业、国内国外，通过对统计数据的环比、同比、波动幅度、增长速度等，能找出数据背后的规律，从而判断一定时期内的经济走向和发展规律，探测存在的问题和解决问题的关键，以此作为国家发展政策性变动的重要依据。统计数据的好坏，直接关系到发展的前进方向。

统计肩负的是人生的舞台。人生如同统计报表，有升有降，重要的是自己如何去把握。在统计这个平台上，我们能学到的确实有很多——在数据的收集中，我们要学会运用统筹协调、与群众打交道的能力；在数据的分析中，我们要学会运用数学、经济学、统计学、会计学等相关原理；在分析文章的撰写中，我们要学会运用文学、逻辑学、管理学等专业知识；在对问题的归纳总结中，我们要学会运用心理学、社会学等相关知识……可以说，统计工作是融合各类学科、各类知识的集大成者。作为统计人，在这么大的舞台中，自身才华具有很大的施展空间。

青葱岁月，悄然而逝，我很庆幸在这大好年华来到了统计大家庭。在这温婉如水的岁月里，统计带给我的不仅是一份报表、一份生活，更多的是新的思维方式和思考模式，带来了内心的安定。梧桐不甘衰谢，树叶迎风有声。我坚信，只要自己心怀理想，认清方向，鼓足勇气，就一定会在统计之路、人生之路坚定而踏实地走下去。

美在低处

——低谷爬行与统计轨迹

山谷中苍劲挺拔的大树，是因它在低处汲取着大地的营养，托举着昂扬向上的蓬勃生机。看到辽阔壮观的大海，是因它在低处接纳着无数大江小河，汇聚成奔涌向前、气势磅礴的强大力量。

由此，不能不赞美那些成功而高洁的人生，因为他们居高而不傲，始终身处"低处"坚守着信念，保持着本真，涵养着超凡脱俗的人格魅力。正所谓：树低成材，地低成海，人低成王。

低处的高度，只属于智者。

低处的谦卑最受益。这个世界上少有笨人，三人行必有我师。有再高的文化水平、再强的工作能力，也别自我感觉良好。不夸夸其谈，不自以为是，不随意贬低非议他人，以求教的姿态、商量的口吻说话，总会有意外的收获。古希腊伟大的思想家、哲学家苏格拉底有过一句名言："我只知道一件事：我一无所知。"果真如此吗？当然不是。他是以谦逊的姿态向别人请教，汲取别人的智慧。他的一生大部分时间是在街头、广场、运动场、商场度过的，向人们提出各种各样的问题，从中得到启发和教益，从而形成自己的见解。

低处的谨慎最安全。获得任何成功，威不可耍尽，福不可享尽，一切以小心谨慎为妥。更何况，成功之得，固然与本人的天赋与努力有关，更与组织培养和环境、机遇有关。作为党员干部，认识到这一点尤为重要。越是春风得意，越要放低身段，勤勉为事。南宋吕本中在其著作《官箴》中说："当官之法，惟有三事：曰清、曰慎、曰勤。知此三者，可以保禄位，可以远耻辱，可以得上之知，可以得下之援。"至理之言，值得谨记践行。

低处的宽容最强大。多看他人的长处，多看自己的短处，可以取长补短，广结人缘。不斤斤计较，不争强好胜，不争名夺利，不四面树敌，可以保持心态平和，

科学度量 Two

自得其乐。即使对有不同意见的人、反对过自己的人，也未必非要针锋相对、一决雌雄，而可用宽容之心化解恩怨。美国前总统林肯在任时，曾与他的政敌交朋友，引起有关官员不满，认为总统应该运用权力去消灭他们。林肯却十分温和地说："当他们成为我的朋友时，难道我不是在消灭我的敌人吗？"宽广的胸怀和高超的策略，正是他成功的秘诀之一。

低处的隐忍最聪慧。木秀于林，风必摧之；堆出于岸，流必湍之。有知识而不显摆，有才华而不张扬，该内敛时则内敛，该出手时就出手，方为明智之举。清代诗人沈德潜才华横溢，盛名远播，深得乾隆皇帝恩宠，每有诗作必请其润色。但他好炫耀、爱虚荣，常对他人宣称乾隆哪首诗是他修改的、哪首诗是他代写的，甚至把代写的诗收入自己的诗集。后来有人告发，乾隆闻知大怒，虽沈已去世几年，仍亲笔降旨追夺其官衔，还把他从坟里挖出来鞭尸。其可悲可怜，足以让世人警醒。

习惯"低处"的站位，反而显高；习惯"高处"的站位，反而显低。做人是这样，当秘书是这样，当领导也是这样。当然，低调不能流于做作、伪装。一切出于内心的净化和修炼，持一颗平常心、感恩心、进取心，低调做人，踏实做事，才能抵达光辉的顶点。在党员干部队伍中，这样的人和事不胜枚举。在基层党政机关工作的秘书，也耳闻目睹了许多这种保持平民本色的动人故事。

我曾服务过的一位地委书记就属于这种人。不摆架子、平易近人、和蔼可亲等也许算不上特别，"特别"的是他的生活举止显得有点"另类"。本来像开车门、撑雨伞、提包拎杯这类杂事都是由秘书做，但他一直坚持自己做；起草讲话稿，他一般都是自己动笔写，或拟个提纲然后现场发挥；他不喜欢别人盛饭夹菜、不喜欢前呼后拥、不喜欢迎来送往等，处处呈现出讨厌繁文缛节、不愿被人伺候的鲜明个性。当被问及为何这样做时，他淡淡一笑："这有什么？本自百姓来，还回百姓去，没什么好显摆的。"他这样做或许只是性格使然，但反映出一名党员领导干部骨子里的朴实与真诚。难怪群众会这样评价：当官不像官，百姓最喜欢。

是的，这是领导干部应有的本色。当年，在我国新民主主义革命登上"高处"、伟大的中华人民共和国即将横空出世的时候，发自西柏坡的"两个务必"——务必继续保持谦虚、谨慎、不骄、不躁的作风，务必继续保持艰苦奋斗的作风，像一声响亮的警钟，穿越茫茫时空，震彻千山万水，一直鸣响在中国共产党人的心头。

也有人遗忘，因遗忘而迷失。居地位之高，行品位之低：或目空一切，盛气凌人，惯要老爷作风，骑在人民头上作威作福；或狂妄自大，唯我独尊，老子天下第一，听不进不同意见；或骄奢淫逸，挥霍浪费，甚至见利忘义，化公为私；或哗众取宠，争名夺利，抬高自己，压低他人……其结果不仅自损形象，败坏风气，而且爬得越高，摔得越惨。这就应了联邦德国前总理舒尔茨的一句话——当被记者问及从前当泥瓦匠和如今当总理有何异同时，他答道："二者职责不同，但有一点是共同的，那就是：站在高处，不能头晕。"

　　说得多好。高处头晕，就会有粉身碎骨的危险。

《易经》中讲的三个字：上、止、正

　　《易经》广大精微，无所不包。"其大无外，其小无内"（《吕氏春秋》），这两句话大家非常熟悉。大到没有外面，够大的吧！小到没有里面，够小了吧！这样广大精微的一本书，很多人会觉得很难读、难记、难懂、难应用。其实，整部《易经》，可以用三个字来理解。

　　第一个是"上"，上下的"上"，跟上梁的"上"是同一个字。

　　一个人，不管做什么事情，一生都不要忘记，要不停地求上进。这个上进，就是往上梁的方向去迈进。所有中国人没有一个不从小就求上进，全世界找不到像我们一样，不管到哪里都是求上进的。请问，中国人为什么那么命苦，一定要求上进？就是中国人太势利。今天你是总经理，有权有势，谁看见你都恭恭敬敬。哪一天你离开了，没钱没势，大家只做一件事，就是看见你也装作没看见。这就叫作"总不理"，就差一个字而已。所以，凡事有得必有失，有利必有弊。

　　千万记住道永远有两面性。当人家对你笑的时候，你不要开心，说不定当中有什么问题；当人家对你不笑的时候，你更要提高警觉，这当中一定有什么问题。有人说这样做人不是很累吗？不会累。因为脑筋越动越灵活，怎么会累呢？

　　其实，只要我们牢牢记住，凡事都有两面性，有一利必有一弊，同样有一弊必有一利。所以，遇到"好事"别得意，遇到"坏事"别沮丧。如果真能做到全面地看待事物和问题，那我们的人生将会少一些苦恼，多一些快乐。

　　"上"，经常要加一个竖，叫作"止"，适可而止。

　　任何事情在求上进的过程中，都要适可而止。这个止非常重要，因为止不住冲过头，那就完了。人的寿命是有限的，一路求上进，有足够的时间吗？有足够的精力吗？

　　什么叫作止？其实很简单，为人君，止于仁；为人臣，止于敬；为人子，止于孝；为人父，止于慈；与国人交，止于信。今天你是最高领导，你要掌握"仁"

字。你看就连义都不是你首先要做的事情，仁与义是不一样的，仁就是凭良心，义就是合理，怎么合理？那是下面人的事情，不是我的事。

为人父，止于慈；为人子，止于孝。这个"孝"字是两个字合起来的，上面这个叫作老，下面这个叫作子，就是处理好老少父子两代的关系就叫孝。其实，我们今天用人不管用什么指标考核，最重要的是要看这个人的人品，我建议直接到被考核人的家里面去看一看，看他跟老人的关系处得怎么样，这才是一个重要的参考项目。因为自古以来我们都知道，忠臣出于孝子之门。在家对二老都不孝，还能够对长官好吗？那是很多问号。但是我们受西方的影响，什么都注意，就是这个不管。因为西方是公、私分开的，我只管你的公事，私事我不管。其实，公、私是永远分不开的。

止中有上，上中有止，然后终结就是一个"正"字。

这个正就叫作道。我们说一个人很上道，就是从上到道。但是这当中经常会出差错，走上偏道，所以要及时调整，不断拉回来，这就叫人生。

"上""止""正"，这三个字，都只差一点点而已，"上"加一竖就变"止"，"止"上面再加一横就叫"正"。凡是中国字，有上面一横下面一横的，都告诉我们，上面那一横叫作顶天，下面这一横叫作立地。

做一名"有风骨、有气节、有担当、有肝胆与爱羽毛"之士

士者，士人也。士人的特点，就是有风骨、有气节、有担当、有肝胆，再加"爱羽毛"。

一　士与知识分子

认真来说，士或士人，作为概念或称呼，已经是历史了。今天没有"士"，只有"知识分子"。所谓"知识分子"，又有广义和狭义两种。广义的指"有较高文化水平，从事脑力劳动的人"，狭义的特指"社会的良心与良知"。这两种，都与"士"有关。

广义的知识分子，是士人身份的现代化。古代的士，原本就是一种"社会分工"和"职业身份"。所谓"士农工商"，即意味着农是庄稼人，工是手艺人，商是生意人，士是读书人。要求最严的时候，士人除了读书，以及因为读书而做官，不能从事别的行业。当然，躬耕陇亩，是可以的。但耕是副业，读是主业。耕读为本，是因为国家重农；诗书传家，才是命脉所系。亲自到地里干活，带有"体验生活"的性质。

所以，士人可以不耕，不能不读。开作坊、做生意，就更不行。刘备卖履，嵇康打铁，当时便都算"出格"。读书做官，则理所当然。做官以后，也还要读书，有的还写写诗，做做学问。这就叫"仕而优则学，学而优则仕"（《论语·子张》）。

可见，古代的士就是读书人，而且是"职业读书人"。或者说，是在读书与做官之间游刃有余的人。因为"仕而优则学，学而优则仕"的"优"，是优裕的意思。也就是说，做官轻松自如，就做点学问；治学精力过剩，就当当官员。这是古

代士人的最佳状态。能做到这一点的，就是典型的士大夫。

这样的人，今天恐怕不多。今天受过高等教育的，即广义的知识分子，其实未必都读书。教科书当然是要读的，但那叫"学习"或"上课"，不叫"读书"。毕业以后，也未必都要做官，更很少有人再去务农。他们可以当白领、做律师、办企业、搞艺术、成为科学家，正大光明，自由平等，读书则只是业余爱好。因此，我们很难从职业身份来认定谁是士，谁不是，甚至读不读书，也不足为凭。要知道，就连文人，也读书的。

不看职业，也不看读书，那看什么？看精神。实际上，士或士人在古代，既是一种"职业身份"，又是一种"文化精神"。狭义的知识分子，则是士人精神的再传承。因此，本文所说的士人，也包括其他，是指某种精神类型、气质类型或人格类型，甚至只是一种"文化符号"。比如梅兰芳，职业虽是艺人，却不但成就极高，更在抗战时期表现出传统士大夫的精神气质。因此，文化界普遍视他为士人，要尊称"梅先生"。

那么，士人的精神、气质和人格特征是什么？

二　担当与担待

我认为，就是有风骨、有气节、有担当。富贵不能淫，贫贱不能移，威武不能屈（《孟子·滕文公下》），是有风骨；穷不失义，达不离道（《孟子·尽心上》），可杀不可辱（《孔子家语·儒行解》），是有气节；仁以为己任，死而后已（《论语·泰伯》），有担当。

担当是广义的，包括"好汉做事好汉当"，自己的事情自己负责。有此一条，即可无愧为"士"。但严格意义上的"士"，还得有"天下之担当"。这种担当，古之士人，一般都有；后之士人，也"可以有"。但如果是"国士"，则"必须有"。刘备寄居刘表时，就曾当面痛斥一个名叫许汜的人，说他明知天下大乱国难当头，却居然"求田问舍，言无可采"，真是徒有国士之名，当为士林不齿（《三国志·陈登传》）。

可见古人心目中的国士，必须像《毕业歌》所云，能够"担负起天下的兴亡"。至于"无双国士"，则恐怕只有像诸葛亮那样才行。可惜这样一位难得的士人，却被《三国演义》歪曲为自命清高、忸怩作态的酸腐文人，做够了秀才出山，实在让人忍无可忍。

诗人和学人，则可以不必有此担当。真正的诗人，当然也都是与国家民族同呼吸共命运的。他们的作品，也一定是人民的心声。但这是"反映"，不是"担当"。同样，学人也可以撰写时评，发表政见，以天下为己任，但这时他已经是士人了，或者说是具有士人精神的学人。纯粹的学人，完全可以"两耳不闻天下事"。正如纯粹的诗人，完全可以"每有闲情娱小我"。天下和国家，是可以管，也可以不管的。只要为社会和人类提供了高质量的学术成果和艺术作品，就是真正的学人和诗人。

至于文人，则是没有担当的，也别指望他们有。帮闲和帮腔，要什么担当呢？有"眼色"，能"揣摩圣意"即可，至多有点儿"担待"。比如，皇帝或上级犯了错误，便挖空心思替他们擦屁股、打补丁。2007年，陈水扁夸人时误用"罄竹难书"一词，舆论哗然。历史学家出身的"教育部长"杜正胜，便硬说这成语没有贬义，用在哪儿都行。看来，替主子文过饰非，也是古今如一，两岸皆同，而且"驾轻就熟"。

如果实在打不了圆场，主子又不想认账，文人便或自愿或被迫，或半自愿半被迫地去当替罪羊。还有，揣摩失误，站错了队，表错了情，得自认倒霉。赖得一干二净的也有。哪怕白纸黑字写着，众目睽睽看着，当事人都还活着，也不承认。但你可以不认错，不能不认账。账都不认，哪有担当？连担待都没有！

这就是士人与文人的区别之一。士人有担当，文人得担待。担当是对天下的，担待是对领导的；担当是自觉的，担待是无奈的；担当是对自己负责，担待是帮别人赖账。所以，士人也包括诗人和学人，都能文责自负。文人，则只要有可能，一定推到别人头上。而且，那"别人"也一定不是皇帝或上级。除非那上级，是上上级正好要收拾的人。

三 傲骨与傲气

没有担当，也不会有气节。何况帮腔与帮闲者，原本就没有什么需要坚守。因此，文人不讲"气节"，只讲"节气"。到什么季节，就开什么花；刮什么风，就使什么舵。名为"与时俱进"，实为"与势俱进"。哪边得势，或可能得势，就往哪边靠。

所以，文人的"风骨"，极其靠不住。就算有，也一定是"做"出来，不是"长"出来的。就连他们的"反骨"，也不过"另一副嘴脸"，后面还要讲到。除非，他反躬自省，大彻大悟，又做回了士人。但这是"返祖现象"，而且也不能叫"文人风骨"。

风骨一定是士人的。因此，看一个人是不是士，就看他能不能"说大人则藐之，勿视其巍巍然"（《孟子·尽心下》）。哪怕"千首诗傲万户侯"，或者"天子呼来不上船"，也算诗人或文人，有士人的风骨。这仍然与职业身份无关。比如，某些教授、博导、学术带头人，见了当官的就点头哈腰，满脸谄媚；或者领导"放个屁"，就马上提供"数据支持"，还说得头头是道。请问，这还能算是学人吗？

真正的学人，一定有士人的风骨。其表现，就是坚持学术的标准，坚守学者的良知与良心。这就像真正的诗人，面对灾民和冤魂，绝不会说什么"纵做鬼，也幸福"。

或许有人会问：文人，就不傲吗？傲，而且傲气十足。他们往往目空一切，谁都不放在眼里，最看不起同行，故曰"文人相轻"。但这是傲气，不是傲骨。有人一见文人的傲，就觉得他厉害，钦佩不已，这其实是脑子进了水，一辈子都没甩干。

傲气与傲骨，有什么区别？傲骨是因为自己，傲气是因为别人。坚信自己站得住，不肯趋炎附势、同流合污，所以有傲骨；生怕别人看不起，又要出人头地、体面风光，所以有傲气。傲气，是秀出来的。真正的士人，有傲骨无傲气；地道的文人，则有傲气无傲骨。傲骨还是傲气，是区分士人与文人的紧要之处。

士人有傲骨，并不奇怪。要知道，士在秦汉以前，是最低一等的贵族（以上三等是天子、诸侯、大夫）；秦汉以后，是最高一等的平民（以下三等是农、工、商）。但无论哪种，士都是有知识、有文化、有思想、有智慧的。因此，士人往往有高贵感。这种高贵，是精神上的，故曰"精神贵族"。他们也许在经济上一贫如洗，在事业上一事无成，但在精神上，却富有得像个国王，可以把一切权贵都不放在眼里。故士人之傲骨，就是风骨。

四　侠义与清高

士人不但有傲骨，还往往有侠骨。傲骨是对权贵的，侠骨是对朋友的。所谓"士为知己者死"，即此之谓。至于是"红颜知己"，还是"知遇之恩"，则无所谓。但可以肯定，成为士人的知己，极难。故云：人生得一知己足矣，斯世当以同怀视之。

这同样不奇怪。因为在先秦，士原本包括文士和武士。后来，文士变成了儒，武士变成了侠，都为专制不喜。韩非就说"儒以文乱法，侠以武犯禁"（《韩非子·五蠹》），统统应该消灭。只不过汉武以后，统治者的办法是恩威并重，软硬兼施，两手都用。对儒，主要是"抚"（封官许愿），兼之以"剿"（以言治罪）；对侠，则主要是"剿"（武力镇压），兼之以"抚"（诱降招安）。后世之士多不如先秦之士，这是一个重要原因。

但统治者能够消灭侠，却消灭不了侠义。形式上或职业的侠没了，侠就会变成精神和风气，渗透于骨血，弥漫于天下。它在民间，为"义气"；在士人，为"肝胆"。不过，仗义每多屠狗辈，负心常是读书人。毕竟，文士是统治者收买拉拢的重点，草根反倒少受污染。故前贤有云：与有肝胆人共事，于无字句处读书。

但真正的士人，总归是有肝胆的。肝胆相照，则意气相投；同声相应，则同气相求。所以士人有自己的圈子。士人的圈子，就叫"士林"，也叫"清流"。他们的声誉，则叫"清誉"；他们的品性，则叫"清高"。总之，士人最为看重的是"清"，不仅是清廉，也是清白、清纯、清淡、清静、清朗、清明、清雅、清正。为此，他们甚至甘于清贫。故士人发表的时评，就叫"清议"。他们的圈子，也当然"清一色"。闲杂人等，根本别想混入。

这是士人的又一特点：爱惜羽毛。表现之一，是不但不肯"同流合污"，甚至连一般的世俗也会拒绝。比如，反对白话文，拒绝上电视。前者是极端的清高，后者是特别的谨慎。因为一怕做"规定动作"，被"喉舌化"；二怕为了收视率，被"娱乐化"；三怕主持人问一堆愚蠢问题，被"弱智化"。这可有碍清誉，不能"一失足成千古恨"。总之，士人的特点，就是有风骨、有气节、有担当、有肝胆，再加"爱羽毛"。

然而，众所周知，文人也很清高，这话又怎么讲？也只能说，士人的是真，文人的是假，因为清高只能来自风骨。风骨靠不住，清高又岂能是真？就连他们的"侠义"，当然也假。

一抹阅读：独门独户的精神家园

阅读的最高意义，在于养成精神贵族。

一　为什么

书籍是思想的延伸。如果没有书籍，那么所有的世界都得自己去拿脚步走一遍才能了解，所有的历史都只能靠自己挖坟才能了解。还没走完所有的角落，也还没挖完所有的坟，估计生命就要结束了。世界太大，靠脚走生命太短暂，只能靠思想去驰骋。

通过别人的思想延伸自己，这是一个捷径。如果因此而把自己埋葬在别人的思想里，又是一个不幸。既知道捷径可用，也知道不幸可避，才能踏着别人铺就的台阶，在有限的生命里更好地成就自己。

阅读的变现是无形的。常听人说，走了这么多路，读了这么多书，还是活不明白。也有人说，读了这么多书，又有什么用呢？不是说，这边读完一本书，那边就马上会有对应的产出。这样把阅读当成饲料的读法，营养只能是饲料层次的了。书的营养不在于吃，而在于通达，在于心领神会。阅读真正改变的是一个人的气韵，更具象和实际的，是改变一个人的心智结构。不阅读，是一个人，阅读了很多书，则又会变成另一个人。阅读是通过改变一个人的根本心智，并驱动他去走向另一番人生，如果是增益自身修为的阅读，那么显然这个变现，即脱胎换骨本身。

最终还是要成为自己。做个思想实验。一个星际空间站上，泡在营养液中插管子培养出来的婴儿，长大后，什么都没有接触过，那么他的自我认知会是什么样的？可以肯定，他没有"自我意识"，因为他缺少一个文化模因和地图。

自我认同的形成，是后天的。它的关键，是文化模因和地图。所以，阅读就是一种建构。你钦佩欣赏什么人，读他们的书，慢慢地就会构建出来与之相应的人格和自我认同。读圣贤书的人，就会正气浩然心怀天下。读畅销书的人，就会市侩庸俗小布尔乔亚。书都不读，只能读图的人，就只能一直处于心智低幼状态。

成为什么样的人，关键在于自我认同这种文化人格的构建。而书籍和书籍里的那个人的气韵，则是构建自我的基本素材。

有意义的理解力操练很重要。为什么儿童只能读图，不能读字，是因为理解力跟不上。如果一个儿童，一直不读书，长大了之后，他的智力发育是不完全的。因为该长脑子的时候，没有进行适应性训练。

而理解力的低下，则是一生的缺陷。别人能通达的世界，自己看都看不见，别人能通透的现象，自己怎么想也不明白。不学，不思，不读，浑浑噩噩地度过了一生。快乐的猪，真的快乐吗？那只是动物性的本能，只是一种俗乐。

快乐是一种能力，这种能力是比理解力的操练更难的事情。能通了之后，才能达，能达了之后，才能乐观：观世界了然于胸，倏然而往，倏然而来，这才是真正的快乐：至乐。

二　意义何在

读书，是为了了解别人是如何理解与认知这个世界的，并通过别人的理解，来构建自己对世界的理解和心智图景。也就是说，读书的目的，不是在于记忆，而是在于理解。每一次阅读，都是一次对话，和作者的对话。真正有思想的智者，他们讲的是关于这个世界的"关键"。如果能心领神会，就可以通过这样的智者，拿到理解世界的钥匙。任何事物，只有理解了它，才能驾驭它。反之，则被世界碾压。

这样真正有智慧的作者，他们的书有一个共同之处：简洁。反之也成立，但凡繁复冗沉之作，肯定没什么智慧可言。

契诃夫说：简洁是天才的妹妹。

《黄帝内经》说：知其要者，一言而终。不知其要，流散无穷。是不是简洁，是鉴别一本书值不值得读、书中作者值不值得交谈一番的重要条件。

反面教材，有些书只看看封面，看看目录，就可以不用看了。还有的书，如果打开正文，看了五分钟还没发现这个人手里有钥匙，也可以不用看了。

丁肇中说过一句话，任何书，任何思想，都可以用一句话来概括和表达。如果做不到，那就是没理解透彻。但也有可能，有些书，作者自己都不知道自己在表达什么，在说什么。他关于世界，并没有理解，也没有钥匙，只是在那里絮絮叨叨地没完没了。这种人写的书，特点就是流散无穷，毫无价值。

书不尽言，言不尽意。意不尽象，象不尽道。所以，纯粹刻意地记忆背诵书籍里的文字，没什么意义。真正有些书有些句子，读一遍，让人一辈子想忘也忘不掉的，那才真正是你正在寻找的"关键"。

当然，很多人读书不是为了理解世界，而是单纯地为了消遣，为了取悦自己。实际上，真正摄人心魄的纯文学作品，它在审美上的巅峰，就是对世界的理解。

例如曹雪芹、李商隐、博尔赫斯、品钦、穆齐尔、贝克特、卡夫卡、普鲁斯特……如果他们只是一众无脑畅销书作者，写的全是迎合庸俗市侩的浅薄贫瘠的东西，又怎么可能摄人心魄？

浅薄的东西，不值得审美。就好像一张抹了几百层化妆品的脸一样，给人的感觉，就是腻、就是脏。

阅读这条路，一旦走上去，想一直浅薄下去，也挺难的。除非是一个恶趣味的读者，一直追逐着无数恶品味的作者。

当一个人构建了自己的天地，安了身，立了命，不再浅薄的时候，品味和气质就会出来。这就是阅读的最大意义。

读了那么多的书，都忘掉了。但是，你通过阅读而形成的品位和气质，则是令人忘不掉的。

三　一个人有文化多么重要

文化，并非一种类似于相亲中的"条件"这种硬性的东西，它不属于硬件配置，而更多地体现在软件属性上。读很多书和有文化之间，并不是简单的线性关系。有的人，读了很多书，也不见得有什么文化，有的人没读什么书，也会具有非凡的气度和修为。

所以，我理解的有文化，并不是单纯读了多少书，去过多少地方，经历过多少故事，也不是有多高的学历。学历这东西，比较唬人，很多高学历的人，其实人格都不健全，又哪里谈得上有文化呢？复旦投毒案、清华投毒案、海外留学生两个博士男生大庭广众之下把女生头割下来等，这些年轻人虽然读了很多书，学历也很高，但是算不得有文化。文化，到底是什么？教养。这是有文化的最基本的特质。斯文，文质彬彬，温文尔雅，这些词在古代都是用来形容读书人的，有文化的人。古代人的基础教育就是"四书五经"那些经典，这些书读完，对人格的塑造和现在教育里重功用而不重修身的纯粹知识性教育培养出来的人完全不一样。

虽然现代教育重实效和功用方面的培养，但是如果一个人读了很多书，上了很多年的学，却连怎么做人的起码礼貌教养都没有，只能说人格不健全，对他人和社会的破坏性会越来越大。教养良好的本质，是一个人气是平和的。气和而有悦色，有悦色则有婉容，这就是教养背后的东西。气和，则神气舍心，笃定内敛，根本就不会想到去侵凌别人。

一个没教养的人，则相反，他的心不平，气也不和。气不和的人，不弄点事出来，不折腾别人，就浑身不舒坦。缺乏教养的人，整个人的气息不仅是混乱的，而且是向外扩张的，偏盛之气，扑到别人身上，就会给人一种侵凌之感，不舒服，这就是盛气凌人，粗野得令人生厌。

气度，这就是比教养提升了一个境界的特质。腹有诗书气自华，浩然正气，器宇轩昂，玉树临风，风度翩翩，卓尔不群等，这些词都是用来形容一个有文化的人散发出来的气质。

有了笃定而内敛的和气，继续升华，继续积淀，这团气甚至可以透过身体，散发出神采和光芒，让人看上去，就觉得这个人气度非凡。这个特质，不是装出来的，也不是能演出来的，只能是日日积淀修养出来的。

现代的人，不怎么注重修养身心，多在外部世界做文章，专注于社会属性，而遗忘了自己的精神属性。太过于专注社会属性，就会认为气度就是你开的车比别人好，吃的穿的比别人好，什么条件都比别人好，这就是气度非凡。其实，完全弄反了。超跑男和烧烤摊上的金链汉子，本质上也没什么区别。内在的贫瘠，需要外在的装饰。

外在的装饰越繁复，则内在的气度越廉价：没有任何文化上的积淀，社会属性上的显贵和一个人的精神属性，有时是负相关关系。庄子说过，其奢欲深者，其天机浅。

关怀，一个气度非凡的人会自然而然地继续自行升华。他在和外部世界、他人发生关联的时候，是用一团和气去应对别人。因为一团正气积淀在他的身心里面，所以他对外部的社会和他人，也是充满友爱和热忱的。这样的人，或多或少都是热心肠。

古道热肠，待人诚挚，颇有古君子之风，就是形容的这种人。这不是思想品德教育出来的，也不是社会道德熏陶出来的，而是当一个人气和神定，静笃内敛，正气充体，他必然会表现出对人对物对社会的关怀。

抱负。一个对社会、对他人、对世界有关怀心的人继续升华，到了最高的境界，那就是产生了远大的抱负。这也是油然而生的。一个人，有没有远大的抱负和志向，其实并不是打鸡血打出来的，而是一步步升华使然。

他积淀了那么多的精气神，突然有一天，就像恒星一样，点燃了自己。整个人燃烧了起来，他的光芒开始照耀别人，照亮了整个社会。

一个人的抱负，并不是靠励志而催化出来的，而是一步步从尘埃变成恒星的过程，是从内在里把自己点燃了起来。恒星本来也不过是星际尘埃，越聚越多，积淀的质量越来越巨大，突然有一天，就把自己点燃了，从尘埃变成恒星，亮彻太空。

靠励志或者兴趣驱动而来的志向，也就是通常说的理想、梦想，和这样的因为积淀了太多而被从内部点燃起来的恒星式的人不一样。被外在世界驱动的抱负，大多只是关乎一己之身的奋斗，并没有超乎一己之身的关怀。

神奇，有文化有多重要？它能把一个平凡的人、普通的人，从尘埃变成恒星，化庸俗为文雅，化腐朽为神奇，化浑噩为灵气，化浅薄为深邃，化窝囊为伟岸。

有文化这条路，其实真正的一开窍，后面各个境界的不停升华都是自动的，根本停不下来。

四　有知识的思想

有思想的人和有知识的人，是不一样的。

有知识的人，只是像集邮一般往自己脑子里划拉东西。对这些东西怎么来的，为什么这些东西会是这样，它们之间又是怎样的关系，从来不关心。他们甚至几乎不思考，只是不停地在集邮。这是个什么，看见了，就装进了脑子。他们只关心"是什么"的问题。

这种人，就是被尼采讽刺为钟表的学者，或者就是福科在《词与物》一书里面讥讽的知识分类学家。他们收集的知识越来越多，给自己造了很多房子，住在里面，认为这些房子就是他们的思想。这种人最登峰造极的成就，就是成为一个学者。

尼采是这样评价学者的：他们是上等的钟表装置，只要给他们上紧发条，他们就会准确无误地报告时刻而发出谦虚的滴嗒声。

另一个阵营则不怎么关心是什么的问题，更厌恶集邮把自己搞成一个"人肉硬盘"，他们只关心"为什么"的问题。这就是有思想的人要走的路。

有思想的人，可以进一步分成不同流派和层次。有的人思考一番，得出一个结论，认为自己找到了答案，赫然一代宗师、思想家光环加身。这是面对表象的初级思想家。他们是构建主义者。这一群里面又可以细分很多种，这里不做详述。

再一步升级，变得更高级的思想家发现，以上思想家都是错的，他们虽然比那些集邮党进步了，但是得出的答案各不相同，而世界不可能有两个不同的答案，又同时都对。有没有可能，他们都不对呢？考察一番发现，果然他们都不对。那些集邮的"人肉硬盘"，活在知识堆里，这些初级思想家则是吹了个玻璃瓶子，把自己装起来。于是，高级思想家把上面的那些初级思想家的玻璃瓶子都打碎了。这种思想家，叫解构主义者。

所有的瓶子都被打碎了。对世界，人们失去了答案，之前还能钻在玻璃瓶子里活在幻想里，现在赤条条地直面洪荒，人类的理性和智识那点尊严被剥得一丝不挂。这真的让人心碎。这类人喜欢把人们都扒光腚看着他们心碎哭泣，叫虚无主义者。虚无主义，就是解构完成的必然产物。

喜欢思考为什么的人，尤其不喜欢和喜欢集邮的人交流和辩论，内心里对他们充满鄙夷。试想，换你你会和一块硬盘聊天吗？而硬盘却老喜欢在喜欢问为什么的人面前卖弄，针尖上能站多少天使在跳舞这种所谓的专业问题，各种不欢而散。思想家觉得这种人太蠢了，蠢得不可理喻，竟然把各种未经省察的废话当成理所当然的事实和前提。

是什么，为什么，其实也没最终解答最根本的问题。很多人顿时感觉世界暗无天日，人类理智的尊严无处安放。

不要紧，这时又出来一群人救场。他们说，是什么的这一群，把自己活成一个硬盘，是多么悲惨的事。问为什么不能得到终极解答的人，又活得那么痛苦。其实，他们都不对。

他们认为正确地处理人和世界的关系，应该以"做什么"为立足点和出发点。活成硬盘的是攒了太多垃圾无用的知识，活成痛苦的思想家的人，是问了太多垃圾无用的为什么。如果知道自己要做什么，然后找出最优解、最优路径，这样的生活才最美好，不累也不痛苦。思想家这一脉，到这里就算剧终了，这群人叫实用主义者。

这事就这么完了吗？还没有。

这时候，来了一个叫孔子的人，说那些问是什么的，是学而不思则罔。那些喜欢问为什么，被自己发明出来的问题折磨得痛不欲生的人，则是思而不学则殆。

实用主义者问孔子,那他呢。孔子说,你这样的情况,属于谋事不谋道。虽然不痛苦,但是人生不完整;虽然活得坦然,但是也跟没活过一样。实用主义者听闻,吐血,卒。那"道"到底是什么,孔子说,这个要问老子。

老子说,道,听不见,看不见,摸不见,不可说,不可名,不可欲,不可捉摸。

那你是怎么知道的?道到底是什么?

老子说,用其光,则见其明,涤除则能玄览。他就是这样看见道的,说了你也不懂。他写了一本书——《道德经》,里面一直都在说什么是道,可惜没人看得懂。

五　超越时文之经文

清朝有个叫徐大椿的名医,他可能是中医历史上天赋可以排进前十名的人物。他从小就非常聪明,读了很多书,很快就把当时的一些畅销书作家的思想都弄明白了。这时候,他才14岁,他的同龄人还在为青春期而烦恼,他已阅尽那个时代的文采风流。

徐大椿觉得,人生好无趣,该读的书都读完了,后面还能做什么,就去问自己的老师。老师说,时文很容易有止境,所以这些东西自然难以满足你。如果你有志于追求没有穷尽的大道,那就应该去读经文。徐大椿被老师一语惊醒,从时文的小溪中,跳进了经文的汪洋,开始了他的入道之路。他读《易经》,没有人教他;他读《道德经》,也没老师教他;他读《黄帝内经》,也没老师教他,全是自学的。

真正能把易道医弄通透的人很少,徐大椿算是其中一个。他的时代,整个社会的智识天花板就那么高,他还没起跳,就开始碰头了。没有人有资格做他的老师。所谓的江湖习气的那种师承,在他眼里,就是个笑话。

以道为宗,以天地为依,以圣人为师,以经文为学。只有这样,才能不碰头,才能没有止境。

读时文,就如同下雨,有的雨下得小,很快就干了,有的雨下得大,过几天也会干涸。而读经文则不然,它相当于找到了一个万江之源,会永久地源源不断,绵绵不绝,川流不息。

经,是一个很神圣的字,能够传万世的书,才可以称为经,因为它讲的是道,只要地球和太阳的关系没有变,那么它讲的道理依然都是有效的,并不会因为时境变迁而失灵。时文则不然，它只是当下时代的产物，它讲的道理过了这个时代，下个时代就不能用了。

后来一些蛮夷文化入侵，把一些满嘴跑火车的书，都自称为经，还把自己的一些马戏团理论自称为道，自大自高，蒙惑愚蠢，这是很好笑的。它们既不是经，也不是道，就是一群大马猴。

经文，都是谁写的，圣人观天之道，为天地立言而成书。这是中国文化的一个很重要的特点，要先有真人，后才有真言。时文为什么不可能超越它的时代，是因为它们并非真人真言。

六　筑独门独院的精神家园

世界上大多数文明和民族，它们的知识和文化都掌握在祭祀阶层手里。而中国文化则和其他文明和民族完全不同。中国的文化在源头上，圣人和君王是重叠在一起的，他们既是文化的创立者，也是知识的掌握者，更是文明进步的革新力量。

三皇五帝、文王周公，他们都既是圣人，也是君王，更是掌握民族最高文化和知识的人。华夏文明为什么长期以来，有牢不可破的文化贵族意识，这是根子，因为我们的文明是皇帝创立并流传下来的。其他民族几乎都不是这样。反过来看，当前世界上主流的其他几大文明，有的是给寡妇倒插门的人创立的，有的是住在树林子里要饭的创立的，有的是万年奴隶民族的放羊佬和打鱼佬创立的。所以他们宣扬的思想，也不怎么健康，如奴隶民族，要解放自己，宣扬怨恨；倒插门的那个，宣扬的则是暴力；要饭的那个，宣扬的则是歹毒。

天下乃天下之天下，有道者居之。是不是有道，是一个社稷是不是正统的唯一判准。无道，就要被换下去。所以，治理天下，中国文化里对最高统治者的要求就是要有道。有道，要求皇帝是一个圣人。当皇帝成为圣人之后，就要以道立教，教化百姓，这要求皇帝是一个王。这便是内圣外王。

内圣外王，并不是始于儒家，而是始于伏羲。儒家只是道的流末，失道亡德而后有仁义，才出现了儒家来救场。以道立教，根本不是什么人们所理解的道教，现在人们看到的道教，只是一个文化硬盘，跟古之圣王以道立教，没有什么关系。无圣无王，何以为教？

圣人以道立教，以道正天下。君子以道立身，以道正己。这就是华夏文化中精神贵族的文化根源。而对那些失道的人，无道的人，害道的人，伤天害理的人，则会被精神贵族贬斥为精神贱民，把他们称为小人、独夫民贼、奸佞之徒、乱臣贼子等。

有道和无道的区别在哪里，在于一个"正"字。弄明白了这个"正"字，基本上就可以理解中国文化的主旨。中国人的文化，对世界的理解，都是以天地为锚，以天地为根。所以荀子说，天下无二道，圣人无二心，因为天地运行的规律，天地造化万物的规律，不可能有两套道理，还同时都对。

"正"，立于地，止于天。正了，与天相合，才能有常。以天地为行为判准，有常了才能久。这是有道者的精神贵族之路。反过来，以妖异思想为立身之地，以所崇拜的偶像为行为判准，那么就不正。不正就不能常，不常就不能久，不能久就会很快灭亡。

如果孟子、荀子和韩非现在还活着，我们目前所接触到的各种思想，在孟子看来都是禽兽理论，在荀子看来都是变着花样说废话的弱智言论，在韩非看来都是毒虫思想，迫切需要被消灭。

要理解世界，就会必然地踏上向道之路。踏上这条路，道显，隐没的那个贵族精神就会觉醒。觉醒的精神贵族，会一直往回走，走到未始有物的地方，走到道生万物的地方。走到那里，看宇宙，就像看自己。老子说，吾何以知众甫之状哉？以此。

这个时代很奇怪，很多人想试图理解世界，想试图理解未来，人人都在讲战略，人人都在讲谋略，可是很少有人知道答案在哪里。要获得洞察力，站在太空看地球，这个答案就在先圣的经文里。

与先圣以神相交，那种文化上的贵族精神，才会苏醒。苏醒了，才能有道，有道了，才能不出户知天下。宇宙万物，它只对精神贵族敞开心扉。我们要想理解它，就需要先成为精神贵族。

人生路上，一直构筑自己的一抹精神独院，重要而有意义。

执行力不到位，一切等于零

执行力不到位，强调客观困难等问题，重抓执行力，关注细节，才是创新的最佳举措。

一　有工作没努力等于零

对于每个人来说，一定要学会珍惜，学会感恩，珍惜当前的机会。千里之行，始于足下，懂得把握机会的人才会笑到最后，有了工作如果不加以珍惜，金饭碗也会变成泥饭碗。

二　有能力没表现等于零

每个人都有自己的长处，知晓自己的长处并通过实践让自己的价值得到他人认同，才能获取更大的发展空间。所以，如果自认为是匹千里马，请先日行千里路，在展现自己能力的同时，伯乐也会出现。千万记住：潜在优势只有发挥出来才能成为优势，否则就会变成包袱。

三　有计划没行动等于零

计划只是执行的前提，而行动才是执行的真谛。如果计划不能通过行动去实践与总结，任何完美的计划都只能是一个永不能实现的童话。所以，企业创新的关键不是制订多么完美的方案，而是即刻行动。

四　有机会没争取等于零

授之以鱼，不如授之以渔。工作绝不仅仅是一份薪水，工作中涌现的种种机会，同时是培养和锻炼自己能力的一个良机，争取机会，把握机会，只需要比别人多想一点、多做一点。

五　有布置没监督等于零

工作要有布置、有落实，还要有监督。他们不能代替监督，只有通过监督总结，才可能从监督总结中发现问题、处理问题、总结经验、汲取教训，才可能在最后把工作开展得更好。在这一点上，PDCA 循环系统是每个人必须面对和思考的问题。

六　有进步没持续等于零

每个人都积极谋求进步，团队才能进步，持续的进步将使团队不断成长，"无功就是过，功小也是过"。如果进步没有持续，或有一点小进步就原地不动，最终的命运只能是末位淘汰。

七　有发现没处理等于零

面对瞬息万变的现实状况，任何计划在实施过程中都有可能因小小的疏忽而导致整个行动的失败。所以，除了完美的计划、细节的把握和及时的实施外，还需要对过程中发现的每一个小问题进行处理、弥补，以防"千里之堤，溃于蚁穴"。

八　有操作不灵活等于零

运营重在创新，人无我有，人有我优，切忌生搬硬套、经验主义。任何流程操作只有灵活掌握，面对易变的市场，才有可能无差异制胜。

九 有价值没利用等于零

必须有一个会算账的好管理者：产品结构的合理性是价值，甚至公司价值也是价值，只有合理利用价值，充分发挥每个人、每件物品、每一分钱的价值，甚至从无价值中挖出价值来，才算是合格的。

创新的关键在于把每一个细节执行到位，执行是基础，细节是关键。

安　　详

我很喜欢、向往的一种状态，叫作——安详。

活着是件麻烦的事情，焦灼、急躁、愤愤不平的时候多，而安宁、平静、沉着稳定的时候少。

常常抱怨不理解自己的人糊涂了。人人都渴望理解，这正说明理解并不容易，被理解就更难，用无止无休的抱怨、解释、辩论、大喊大叫去求得理解，更是只会把人吓跑。不理解本身应该是可以理解的。理解"不理解"，这是理解的初步，也是寻求理解的前提。你连别人为什么不理解你都理解不了，你又怎能理解别人？一个不理解别人的人，又怎么要求旁人的理解呢？

不要过分地依赖语言，不要总是企图在语言上占上风。语言解不开的事实可以解开。语言解开了而事实没解开的话，语言就会失去价值，甚至只能添乱，动辄想到让事实说话的人比起动不动就想说倒一大片的人更安详。

不要以为有了这个就会有那个，不要以为有了名声就有了信誉，不要以为有了成就就有了幸福，不要以为有了权力就有了威望，不要以为这件事做好了下一件事也一定做得好。

有人崇拜名牌，有人更喜欢挑剔名牌。有人承认成就，更有人因为旁人的成就而虎视眈眈。有人渴望权力，也有无数双眼睛盯着你的权力运用。

一个成功可以带来一连串成功，也可以因你的狂妄恣肆而大败特败。没有这一面的道理，只有那一面的道理，就没有戏看了。

安详属于强者，骄躁流露幼稚；安详属于智者，气急败坏显得可笑；安详属于信心，大吵大闹暴露了其实没有多少底气。

安详也有被破坏的时候，喜怒哀乐都是人之常情。问题是，喜完了、怒完了、哀完了、乐完了，能不能及时回到安详状态上来。如果动不动就闹腾，就要拽住每一个人，论述自己的正确；如果要求自己的配偶、孩子、下属无休止地论

科学度量 Two

证自己是多么好；如果看到花没有按自己的意愿结果、没有按自己的尺寸长就伤心顿足，您应该寻求心理医生的帮助。安详方能静观，观察方能判断，明断方能行动。有条有理，不慌不乱，如烹小鲜，庶几可以谈学问矣。再来说说如何才能活得安详。

为了安详，王蒙的经验是"八多"。

多接触、注意、欣赏、流连大自然。高山流水、大漠云天、海潮汹涌、湖光如镜、花开花落、月亏月盈、四季消长、三星在天，万物静观皆自得，世事"动观"亦相宜。到了对大自然无动于衷，只知道斗斗斗的时候，您的细胞就要出麻烦了。

多欣赏艺术，特别是音乐。能不能听得进音乐去？这大体上是您需要不需要请心理医生咨询的一个标志。

遇事多想自己的缺点，多想旁人的好处。不要钻到一个牛角尖里不出来，不要越分析自己越对，旁人越错。不要老是觉得旁人对不起自己，不要像一个钻头一样地钻了一个眼就以为打通了世界，更不要把风钻的所有的螺丝钉焊得死死的。那样的话，您能不碰壁么？

不管您是不是有一点点"伟大"，您一定要多弄清楚。其实您与常人无异，您的生理构造与功能和常人无异，您的语言文字与国人无异，您的喜怒好恶大部分与旁人无异。您发火的时候也不怎么潇洒，您饿极了也不算绅士。人们把您当成普通人看，是您的福气。您把别人看成与您一样的人，是您的成熟。越装模作样就越显出小儿科。再别这样了，亲爱的。

多注意劳逸结合。注意大脑皮层兴奋作用与抑制作用的调剂，该玩就玩，该放就放，该赶就赶，该等就等，永不气急败坏，永不声嘶力竭。

多幽默一点。要允许旁人开自己的玩笑，懂得自嘲解嘲。有许多一时觉得急如星火的事情，事后想起来不无幽默。幽默了才能放松，放松了才可以从容，从容了才好选择。不要把悲壮的姿势弄得那么廉价，不要唬了半天旁人没成，最后吓趴了自己。

小事情上多傻一点。该健忘的就健忘，该粗心的就粗心，该弄不清楚的就不清楚，过去了的事就过去了。如果只会记不会忘，只会计算不会大估摸，只会明察秋毫不会不见舆薪，只会精明强悍不会丢三落四……您的心理功能不全——比二尖瓣不全还麻烦，您得吃药了。

也是最重要的，要多有几个"世界"，多有几分兴趣。可以为文，可以做事，

· 914 ·

F. 七彩人，青涩统计

可以读书，可以打牌，可以逻辑，可以形象，可以创造，可以翻译，可以小品，可以巨著，可以清雅，可以不避俗，可以洋一点，可以土一点，可以惜阴如金，可以闲适如土，可轻可重，可出可入，可庄可谐，尊重客观规律，要求自己奋斗，失之桑榆，得之东隅。您还要怎么样呢？

风骨是男人的灵魂

　　一个真正意义上的人，不论身居何处，不论地位如何卑微，当坎坷和不如意袭来之时，只要不屈从于失败和惧怕磨难，敢于坦然面对，就已经完善了活着的意义。这便是男人的风骨。男人之所以称为男人，是因为男人具有男人的风骨。男人的风骨不是柔软的垂柳和傲慢的自以为是，而是陡峭的山崖，笔直的青松。他是遇上风浪而不退却的水手，他是四面临箭而不颤抖的勇士。

　　男人可以没有风度，但不可以没有风骨。没有风骨，狂风乱作之时便会甘愿趴倒，有风骨的男人虽然跌倒一时，但却可以站立男人的风骨一世。有风骨的男人是壮美的，风骨乃刚正的气概，顽强的风度、气质。男人可以没有多少钱财，但不可以没有风骨。

　　男人风骨如山，理智沉稳，有担当。这和男人的血性并不相背，更是一种表象矛盾之后的高度结合，是对自我的一种把握，是对社会的责任和考量。男人的风骨如玉！五千年的文化都在"男人如玉"般的灵魂中得以体现：坚毅执着，深沉，朴雅。玉不琢不成器。男人不经生活的打造也非真正的男人。君子德比若玉，无骨不去其身，成为男人写实的格言。男人风骨如韵。如火之有焰，灯之有光。是美酒，历久弥香，抿口便醉；男人气质是意味，男人气质是情味。它是一种挥之不去的情调，是一种风情，一种从里到外的韵律。

　　有风骨的男人肩要宽，让人靠着安稳；有风骨的男人胸怀要阔，能容天下之事旨为原则行事，不与小事拘泥。对他人宽容，对社会宽容，唯独对自己严格。以宽怀仁德之心于世，服人服己。风骨是男人的脊梁，在女人眼中是一道远山。近水的风景，一座传说里坚固的石拱廊桥，含蓄雾里的清晨，坚韧挺拔的青松。男人魅力的最高境界应该是：人性、人格、人生、正义、风骨、品德、才情、胸怀、气质、诚信的灵光荡漾。男人的品德是灵魂的体现。没血性的男人，绝不能称为是一个真正的男人。同时，理智、沉稳冷静，是一个男人应有的品质。这和男人的血性并不相悖，更是一种高度结合，是对自我的一种把握，是对社会的一种责任和考量。一个真正优秀的男人，会用思考来决定他的判断，会用理智来决定他的行动，并拥有把握约束自身的能力，这就是一个真正男人所应该具备的血性与理智融合的优秀品德。

从容看人间，宁静做自我，也是男人应具备的品质。从容，是追求天性的为人境界。它就像一个五味瓶，有酸、有甜、有苦、有辣，但只要你用心去品味，就会感悟到无论哪种滋味，都是一首动人的歌。人生因为有了酸甜苦辣，才丰富多彩，才显得更有意义。

有道是：嬉笑怒骂皆文章，酸甜苦辣铸人生！

人生充满变数，定力往往影响人生走向。所谓定力，实为定心：心静了，生活自然也就安稳了，人生自然也就安定了；反之，无法保持内心的宁静，则容易被情绪所控制，稍不注意就可能误入歧途、贻误终生。

人的一生，既不是我们想得那么好，也不是那么坏。人生的许多困难，只要活着，没有什么是解决不了的，只是需要时间和智慧而已。悲观者让机会沦为困难，乐观者把困难铸成机会。

如果不肯从昨日的阴影走出，就永远看不到面前的阳光。只要我们努力，就能够以平常心对待纷杂的世事和漫长的人生，并跨越人生的障碍。

人生如秋风吹皱的悠悠岁月，飘荡着几多惆怅，几多烦恼。行走在斗转星移的人生之旅上，难免会遇到磕磕绊绊、争争吵吵。

遇到了不必针锋相对，伤人伤己，要学会变通，切勿意气用事。忍一时风平浪静，退一步海阔天空。想开了，自然微笑；看透了，肯定放下，这样才能在"风雨人生路上，逍遥任我行"。

遇到好看的风景，不妨驻足欣赏，一旦错过，也许我们错过的不只是一个春天，而是我们整整一生。

于你，于我，于事，于物，我们不妨从容。

G. 开明开放，与统计同行

开明，不仅是一位智者的选择，也是统计人的天然之聪。

作为一名统计工作者，需要开放思维，与时俱进，解放思想，不断改革创新，才能适应"新经济"的变化要求；需要开放方法，增加透明度，完善数据的采集方法，更加精准地反映广东经济社会发展的客观实际；需要开放结果，增强公信力。统计工作者辛勤统计的结果汇集成千万指标背后的数据，这是一座"金矿"，需要将其打开，实现开放共享，才能使数据经得起解读和检验，才能增强数据的公信力。要使每一位统计工作者都成为数据背后重要的解读者。

深圳作为改革开放的前沿，广东作为全国第一经济大省，只有统计强市、强省，方可与其经济地位相匹配，使广东统计站在中国统计改革开放的最前沿，为全国统计提供更好更强的标准和实践经验。

我以为，开明开放，将会一直伴随统计前行。

统中人

向大地借一个春天，素二月，暖三月
四月的黄昏有草香浮动

向春天借一场风，有风在东，万物初生
有风在南，漫草于坡。有新鲜的野花
暗暗开合于河谷两岸

向空山借一座庭院，就在水边前庭置方形照壁、花坛、鱼缸、荷叶正连连
后堂置小路、厢房、寂静深几许

向庭院借一件旗袍，绢纺为料，释伽结为扣
绣凤凰来仪，绘仙鹤现瑞

向江南借一名女子，让她颜如花，人似月
不弹琴，也不抱琵琶

如此，穿旗袍的女子，空坐着，容颜里有小小的离愁
如此，穿旗袍的女子，空坐着，让一幅画微尘渐生

正如莎士比亚在《暴风雨》里写道："凡是过去，皆为序章。"

核损：48小时

——刻记一年零三天前的"12·20"难忘时光

1. 在又到"12·20"
因巡查安全
我想起了
去年这个时候
一个休息日午后的慵懒时光
总值班室
来了电话
不容分说
要我即刻出发
到举世瞩目的光明
受纳渣土滑坡
现场

2. 等我
带着一个团队
到场总指挥部时
已满满一屋首首脑脑
我像一个小媳妇儿
坐在无靠背的小板凳上
又被召唤入坐里圈

3. 主题
简单直接

我收到的 1 号
指令信号
信、快、准
立即组织
立刻行动起来
时不我待
快优

4. 会连会
明任务抓主要
分工分头
步步紧逼
一声吼
不等闲
不扯淡
不比谁
不论职务多高
不管多焦虑
专业职业

5. 制表
请专业机构
查询依据
掷地有声，雷厉风行
独当一面，分工不分家
有条不紊
高效运转，争分夺秒
非我莫属

6. 聚合
更夜之间

| 科学度量 Two |

有三坚
坚守专业
坚持职业
坚定操守
驱赶干扰
换来真正与真实
守候本来
守住底线
守望相助

7. 无眠
东方之白
小憩片刻
继续行走迎宾馆
中央与政治局委员
把关与审视之间
交织
智商 & 情商
胜似
未果有果

8. 辗转难忘
中心、现场、中心
签、签、签
代言代发
红头
不再是一个人走进
呈出
日落西山
学苑宾馆半头
第一时间

G. 开明开放，与统计同行

实现
48 小时
报

48 小时之后，很多很多，没有因此成为传说，而是深圳统计的一个传奇。

此时，我很希望自己是一棵树，守静、向光、安然，敏感的神经末梢，触着流云和微风，窃窃地欢喜。脚下踩着最踏实的泥土，还有每一天都在隐秘成长。

48 小时的惊心，说多了，都是泪。

理学博士、国家统计科研鉴定专家杨新洪受邀参加桂林联合国世界数据论坛全球预备专家研讨

桂林联合国世界数据论坛主题鲜明，面向全球，国际化氛围浓厚。联合国及其儿童基金会、全球脉动计划雅加达中心、亚太地区经济与社会委员会统计司、人口基金驻华代表处与统计司、世界银行及孟加拉、喀麦隆、柬埔寨、丹麦、厄瓜多尔、德国、印度、意大利、老挝、马来西亚、墨西哥、缅甸、菲律宾、新加坡、南非、坦桑尼亚、泰国、越南、俄罗斯、美国、中国澳门等国家和地区及国际组织的代表皆来参会。

联合国经济社会事务副秘书长吴红波先生到会致辞，他指出此次论坛为南非开普敦第一届世界数据论坛于2017年1月的召开做了准备，把全球数据研究专家召集在一起，共议数据的价值。

来自世界20多个国家和地区的政府与研究机构的专家，一起研讨公民社会数据的生产、使用与发布，以期得到准确、可靠、及时以及细分的数据。他呼吁NSO的统计机构产生的数据，应遵守国际标准，增强人员的统计能力，尤其是要增强官方统计机构的能力，各国国家统计局肩负重任。

中国国家统计局副局长郑京平先生代表中国国家统计局党组书记、局长宁吉喆，欢迎大家的到来，指出要积极推进，努力完成2030年全球可持续发展议程，官方统计要进行一场数据革命。只有1/3的指标有数据有方法，加快现代统计能力建设。全球数据专家集聚桂林，必有各种数据思维、方式与方法的世界碰撞。

广西壮族自治区人民政府副主席黄世勇先生也发表了热情洋溢的致辞。他说广西人口5000多万，人民生活幸福，为中国长寿之乡，这次借机向各国数据专家学习收集数据经验。

郑京平作为统计学家也做了主旨演讲，主题是如何面对大数据浪潮的巨大冲击

与政府统计供需不平衡形成的巨大数据鸿沟。数据革命正在到来,应正确认识,勇敢迎接,统一编码系统和登记记录系统。对于如何实现2030的可持续发展议程,各国官方统计机构应通力合作,攻克难关。政府统计数据也怕"酒香巷子深",须对统计产品进行宣传、解读。

联合国统计司斯特芬·施万斯特先生在高级别小组主持了"变革视角下的可持续发展数据"专题发言。南非国家统计局局长 Mr. Pali Lehohla 高水准地做了本专题的第一个世界数据全球预备论坛交流。

深圳市统计局局长、高级统计师杨新洪,在本次世界数据论坛全球预备研讨中做了"深圳数据与世界零距离"专题报告,并积极参与论坛活动,与数据专家进行高峰交流研讨,获得很好的交流经验、重点关注与收获启迪。

9月7日，杨新洪博士受邀参加第九届金砖国家统计局局长会

9月8日9时整，金砖五国闭门国家统计局局长会如期在黄龙珍珠厅召开，由总经济师盛来运主持，局长宁吉喆致辞，副局长鲜祖德出席到会。他说，本次为第九届会议，共商新经济新动能及统计问题，落实金砖国家厦门宣言统计行动，2016年五国占世界GDP的22.5%，全球经济增长一半来自五国。世界经济发展基础尚不稳定，应共同探讨统计合作，搭建新平台，为此提出四点建议：一是完善合作机制，闭门与开门会议相结合，开门纳谏；二是编好金砖国家联合统计手册，成为合作的实际内容，本次增加16个可持续发展指标；三是开展新经济新动能统计，准确揭示GDP新特征，展示新动能新产业新统计；四是加强双边和多边交流，进一步加强数据合作机制与人员交往，谋求金砖国家统计发展新篇章。

巴西地理统计局局长代表吴大猷文献和传播中心总协调官发言，指出应加强指标监测，各国发展情况不同，要在发展中寻求统计标准。俄罗斯统计局局长代表伊丽娜·马萨科娃副局长（女）表示，中国统计为这次会议付出努力，尤其是统计手册，体现了各国特色，应注意新经济与数据的统计。

随后，印度统计和项目实施部印度统计总长代表、印度中央统计局经济统计司司长普拉文·期里瓦斯塔瓦，与下届主办国南非统计局局长帕利·雷霍拉，都表示要加强金砖国的统计合作，及时反映新动能新产业发展状况。

闭门会转入第二阶段，先由国际统计信息中心主任王军博士介绍"金砖五国联合统计手册"基本情况，帕利·雷霍拉祝贺中国国家统计局成功举办此次会议，用方法论继续做好统计手册，把中国的大门打得更开，明年会选在乡村顶级自然保护区召开，我有幸加入6次手册编制，希望各国能提供电子数据。印度代表斯塔瓦指出，印度有十几个帮，采集SGD可持续发展指标有一定的困难，希望得到金砖各国帮助。

宁吉喆局长做了闭门会议小结,肯定了金砖各国代表发言直奔主题,观点鲜明,富有成效,定将推动金砖各国统计标准更好地合作、交流,并展望了未来应做好"四个一":一年至少开一次会,成为一种习惯与制度;一年至少编一本联合统计手册,创新形式;一年研究一个课题,为全球可持续发展指标服务;一年进行多次交流,开展双边交流。

9月8日下午,金砖国家统计局局长会进入开门会,由鲜祖德副局长主持。浙江省委常委、常务副省长致辞说,浙江省2016年规模相当全球第17位,新经济占GDP 22.3%。统计是反映经济的"晴雨表",也是研判经济的"指示器",是新经济的"测量仪""风向标",要落实习近平总书记在浙江工作时对统计"求真求精求深"的重要要求。

宁吉喆局长做了主旨演讲,指出:一是世界经济之所以能够企稳回升,缓慢回升,一个非常重要的原因是各国都在培育经济新动能新产业。创新是引领经济发展的第一动力,新一轮科技革命、工业革命正在蓄势待发。二是经济发展新常态下中国新旧动能加快转换。2017年以来稳中向好态势,国际收支改善,就业稳定,这与中国政府持续推进经济结构调整、加快新旧动能接续转换分不开。这主要表现为信息产业快速崛起,智能制造、新产业新业态新商业模式开启。分享、线上线下快速融合,消费对GDP的贡献率达到64%,成为经济增长的压仓石。三是中国统计积极测度新动能,反映新发展。初步建立起能够反映新动能新产业的统计体系,以新兴经济活动为对象的增加值核算方法,2015年全国达到14%。应采用综合指数法构建新动能指数体系。中国国家统计局在本届会上发布了《2017新动能新产业发展报告》,其中"创新驱动市场经济走向成熟"中,描述了深圳先于全国率先完成以科技创新为先导的新旧动能转换。

联合国统计司司长斯特芬·施万斯特先生说,金砖各国要有统一的统计语言和工具,就业与环境指标评价中,数据质量也十分重要,发挥领先的作用。

国内企业界代表、阿里巴巴蚂蚁金服首席战略官陈龙指出,金融改变了我们的生活;神州数码控股有限公司董事会主席郭为展示三农大数据指挥舱,认为政府与社会更依赖统计工作;腾讯研究院副院长孟昭莉,在数字经济中的数字中国,要挖掘数字背后的新动能,万亿量级交易量,全面步入数字经济时代,新旧动能转化的关键,并从一线城市向三、四线城市下沉;海尔集团执行副总裁谭霞认为,用户赋能带来的新动能,从产销分离至产销合一,没有成功的企业,只有时代的企业;麦肯锡全球研究院中国副院长成政珉(韩),如何评估消费剩余与衡量数字经济对劳动市场的影响；摩根大通研究部中国首席经济学家朱海斌，从宏观解析中国经济结构的转型，制造业与服务业增长出现分化，2014年以前中国经济主要由制造业驱动。

清华大学中国经济社会数据研究中心主任、全国著名核算专家许宪春提出了新兴经济的统计分类问题及价格指数编制方法面临的挑战，互联网创造了新一类的经济活动，探索解决分享经济与居民闲置用品的核算方法，可能是大数据办法；北京大学中国社会科学调查中心主任李强的中国家庭追踪调查，阐述了新经济与大数据以及数字金融发展指数；中国人民大学统计学院院长赵彦云，提出新动能与广义统计，面临新动能五力（生产、竞争、协调、知识、生命力）与新设施统计模式的挑战，"科学量化、一统天下"；清华大学经济管理学院教授陆毅，大数据在政策评估中的作用是从微观上观测大量与频率，给定政府支出不变下如何进行大数据评估。

国家政府部门统计代表，商务部综合司副司长李继刚，电子商务成为新的投资热点，跨境电商成为新的领域，成为新经济的重要内容，而统计滞后，没有全面统计的标准，细分不够不利于比对，互相渗透如何反映，收集电商存在很大的困难，电商的统计科学化，加强部门统计与指标体系建设，与金砖国家合作交流，运用人工智能与大数据预测预警。

地方政府统计代表、杨新洪博士做了题为"开放·包容·多样，推开'新经济·新统计与深圳同行'另一扇门"的报告，受到各方追捧、关注。

大数据带给新生活新经济的变化，也带来了统计的挑战与实践。大数据取代不了统计，而统计要有大数据思维。

杨新洪参与第八届中国统计开放日活动，解读深圳"三新"统计探索实践

9月20日，主题为"统计新动能，服务新常态"的第八届"中国统计开放日"活动在北京成功举办。国家统计局局长、党组书记宁吉喆，国家统计局党组成员、副局长鲜祖德，国家统计局党组成员、总经济师盛来运等领导参加了活动。

作为唯一受邀参与活动的地方统计部门负责人，深圳市统计局党组书记、局长杨新洪与活动承办方北京市统计局、国家统计局北京调查总队负责人一道，上台接受北京电视台采访，共话两地"三新"统计探索实践。

杨新洪指出，深圳作为中国改革开放的前沿阵地，经济与统计有一个共同的基因，都是用改革推开、由开放带来的。深圳特区经济因其特定地理、特别市场环境，新的经济业态也相对于全国早出现，有着"新、优、特"的发展。根植于这一经济沃土上，既有一批科技创新的华为、中兴通讯、腾讯与大疆科技国际公司与企业，也有供应链生产经营与市场紧贴、物流配送与金融服务并行的特殊行业企业，还有成长优而快的优必选、柔宇科技、华大基因、光启研究等企业。他表示，这些新经济业态构成复杂，发展迅猛，需要统计直面挑战，推开开放大门梳理、分类，变"抓不住、分不开"为"抓大放小"，通过方法机制的革故鼎新，达到真实准确较为全面的统计描述和反映。深圳新经济、新动能、新产业、新统计得益于这片不断发生变化的特区经济，改革起步较早，从2011年开始，经历"高新技术、物流、金融与文化"四大支柱产业统计，到新一代信息技术、节能环保、新材料等七大战略性新兴产业统计，再到新增的"航天航空、机器人可穿戴设备、生命健康、海洋生物"四个未来产业统计。随着经济的不断转型升级，深圳统计的改革创新能力也在不断提高，开放程度不停地打开，充分体现了"早、实、深"的深圳统计自我变革精神。

杨新洪代表深圳统计感恩国家统计顶层的厚爱与支持。他指出，宁吉喆局长赋予深圳统计改革"上不封顶"，目前国家层面提出的统计改革创新，有17项落地

| 科学度量 Two |

深圳,每一项宁吉喆局长均有批示批注,指导推动统计改革开放;鲜祖德副局长深入深圳面对面指导,给予"灵丹妙药";盛来运总经济师也厚爱有加,给予关心支持。他强调,深圳统计改革如同特区经济一样,有着鲜明的时代烙印,彰显"敢为天下先"的特质,也留下了深圳统计人的深深脚印;凝聚着上下双层设计与努力的结果,体现了顶层对深圳统计的心血与寄望。这些都将引领着特区统计跟进新经济,以特别改革开放姿态,实现统计新动能,服务新常态。最后,他充满深情地谈到,统计与经济如影随形,不断推进深圳统计改革,也是加强开放统计能力的根与魂,这一直会在路上。深圳统计将脚踏实地,砥砺前行,求变求新,科学考量,让"9+n"中国统计改革落地深圳成为常态,一步一个脚印地"种好改革试验田,当好改革排头兵"。

第八届中国统计开放日活动圆桌访谈

【主持人】无所不包的手机 App，正在塑造一个更懂你的生活模式；小小的机器人，蕴含着人工智能的大智慧。透过前面几位嘉宾的讲解，我们感受了新经济的蓬勃发展，更了解到国家推动"三新"统计的努力和成效。我想，像京沪广深这样的大城市，"三新"发展的脚步一定更快，这是否会带来别具特色的"三新"统计实践呢？今天，我们非常高兴邀请到北京和深圳统计部门的主要负责人，下面有请北京市统计局局长蒋力歌、国家统计局北京调查总队总队长王尔淳、深圳市统计局局长杨新洪上台，与大家聊聊"三新"统计的地方经验。

【主持人】蒋局，我们知道北京三产的占比已经超过80%，服务型经济占主导地位，这在全国是十分突出的。那么，在进行"三新"统计的时候，有没有体现一些北京特色，取得了哪些成果？

【蒋力歌】对，正像主持人所说，北京已率先进入经济发展新常态，结构调整持续推进，新动能不断积蓄，这就要求我们必须大力推动统计改革，以更好地把握新变化，迎接新经济。近两年，通过不断的探索实践，我们在国家"三新"统计监测制度基础上，建立了突出反映北京地方特点的《北京市新经济统计监测制度》。这一制度在满足国家需求基础上，拓展了统计范围，充分体现了北京特色：一是围绕北京城市战略定位和经济发展特点，重点反映科技服务业、文化创意产业、设计产业、旅游等高端产业聚集发展实力和水平；二是围绕首都信息技术进步，重点反映互联网创新成果与经济社会各领域深度融合的情况；三是围绕"大众创业、万众创新""互联网＋"，开展专项调查，重点反映不同主体创新创业的发展情况。

我们还结合北京新经济发展实际，构建了新经济统计监测指标体系。目前，北京统计部门已经实现定期组织开展新经济各领域和综合监测分析。同时，我们还充分利用现有统计调查数据,开展了新经济增加值测算并向社会发布。最新发布的报告显示,2017年上半年,北京新经济实现增加值为4147.8亿元,占GDP的比重已达三分之一。我们的监测数据显示,目前北京的新产业、新业态、新模式保持着较快的发展态势,创新驱动作用增强,经济发展新动能正在不断壮大。

【主持人】谢谢蒋局。一提到深圳,我们首先会想到经济特区,想到腾讯、华为这些走在潮流前沿的大企业。我想问问杨局,深圳的"三新"新在哪里,深圳"三新"统计的主要做法是什么?

【杨新洪】深圳"三新"与北京一样,都扎根和立足于地区经济发展变化实际。深圳"三新"经济形态在全国范围内是最早出现的,构成复杂,发展迅猛,呈现四个特点:"先",经济新个类涌现,且多数处于爆发式增长中;"特",供应链企业发展迅猛,连通经济发展上中下游;"外",公海上出现多视觉立体式产业,本地企业积极耕耘"一带一路";"新",新材料新科技、大众创业、众筹以及现代服务业通过创新不断抢占制高点。上半年,深圳"三新"经济实现增加值4237.83亿元。

从2011年年底起,深圳统计就在国家局的指导下主动开展了新经济统计相关研究,积极探索出"试点、试行"的"两试"方法,创新建立统计专业委员会工作机制,整体工作扎实有效。一是新产业统计起步早,联手部门统计做实抓好。在标准认定和范围界定上,由相关职能部门提供。在数据来源上,立足"四上"一套表企业数据库提取。在质量控制上,与部门指标比对修订调整。二是新业态统计措施实,聚焦经济"新秀"。电子商务统计方面,按季度常态化开展,参考市电商中心"第三方电子商务平台"交易额推算相关指标,力求统准统全。供应链企业统计方面,分别在规模以上服务业、批发和零售业报表制度中对供应链企业进行统计。三是新商业模式统计见成效,坚持应统尽统。城市商业综合体统计方面,按季度常态化开展,整体环节日渐完善。"大个体"统计方面,创新机制购买服务,制定指引确保数据质量,整体工作更趋规范。

【主持人】谢谢杨局。听了北京、深圳"三新"统计的介绍,确实让我感到统计能够帮助我们更好地认识纷繁复杂的经济现象,把握新经济的脉动。王总,我们知道国家统计局直属的调查总队的一个重要职能是组织专项调查,快速反映社情民意。您能不能分享下总队是如何在"三新"统计工作中发挥"调查轻骑兵"作用的？

【王尔淳】"三新"发展呈星（新）火燎原之势，作为"轻骑兵"，我想从三个方面简要介绍一下我们在统计调查方面所做的探索。一是大处着眼，小处着手。新经济这个命题很大，结合调查队系统的业务特点，我们除了按照全国统一部署，定期开展规模以下企业创新调查以外，还在创新活跃的西城、海淀、朝阳等区对小微企业创新活动开展监测，及时反映北京小微企业创新活动特点。二是植根京郊大地，着力摸清北京"三新"农业现状。2017年5月，我们联合市统计局对北京的"三新"农业进行了摸底调研，了解基本情况。我们有位搞住户调查的同志，前两年到怀柔担任驻村"第一书记"，帮助当地建立电商平台销售板栗，效果不错。三是开展快速调查，了解网购群体消费习惯和大学生创新创业情况，丰富"三新"调查内容。住户调查显示，目前北京四成多家庭网购，大学生创业也很时髦。为了解这些新经济活动现象，我们定期开展网购用户网上消费习惯调查和大学生创新创业意愿调查，来监测追踪这些新经济活动的发展变化，为决策提供参考。

【主持人】谢谢。"三新"发展方兴未艾，"三新"统计任重道远。最后，我想请三位嘉宾各用一句话概括你们对"三新"统计工作的认识或下一步的想法。

【蒋力歌】潮起正是踏浪时，北京将坚定不移地当好国家重大统计改革创新的"试验田"，继续充实和完善新经济统计，为首都北京更加积极主动适应经济发展新常态提供强有力的统计支撑。

【王尔淳】北京调查队将根据国家统计局的统一部署，充分发挥调查队系统的"轻骑兵"特点，加强"三新"统计调查业务探索，切实反映北京"三新"业态和"双创"成果。

【杨新洪】新经济、新统计，与深圳同行！深圳统计将一如既往、脚踏实地、砥砺前行，科学度量地方经济社会发展变化，为国家统计方法制度改革创新提供鲜活可用的经验。

【主持人】谢谢三位嘉宾的分享，让我们对"三新"统计的未来充满期待。我们相信，随着新经济的快速发展，统计成果也将更加丰富，大家在新经济的发展中也将更有获得感。

H. 承上启下，脚踏实地统计再向前

坚持真理、修正错误、实事求是是统计工作者的己任。

同时，也要根据变化具有扬弃精神，以创新的思路和办法破解难题，突破统计发展的瓶颈制约。

数据质量是统计工作的生命线，统计工作者需以问题为导向，树立全面的实事求是"数据观"。

统计工作的价值在于对数据的诠释与解读，需树立服务、效率、作为和结果意识，全面提升统计能力落点在数据综合运用，包括数据采集、使用、转换、解读和应对能力。

作为一名称职的统计人，要甘于平淡，默默无闻，甚至委曲求全，不断深入挖掘统计数据价值，寻找数据背后的经济逻辑，提供优质统计产品，为数据需求者服务。

唯以脚踏实地，才能在数海前行。

关于多维视角解构深圳经济增长"四象限"与"五方指标"为"抓手"的几点建议

2017年,初步核算并经广东省统计局核定,全市生产总值22438.39亿元,按可比价格计算,比上年增长8.8%,占全国、全省比重分别达到2.7%和25%。在全国31个省份中,深圳市GDP总量居第15位,在内地大中城市中继2016年超广州后继续居第3位;GDP增速高于全国全省,在全国31个省份中居第6位,在GDP总量前15位省份中居第1位,在前6位城市中仅低于重庆(9.3%),在全省21个地市中居珠海、汕头后第3位。

深圳GDP数据之所以能与全国、全省及其他城市进行对比,源于都在国家统一的国民经济核算框架下,也就是"制度经济"的总量。随着新产业、新业态、新模式、新产品、新服务等新经济快速成长,新旧动能转换逐步显效。新经济在推动经济发展的同时,也对政府统计带来新问题、新挑战,其中包含了对GDP核算方法方面的挑战。因此,从GDP及相关指标观察经济运行,既要充分认识新经济带来的各个领域的新变化,也须回归至制度的框架中。

一 解构深圳经济增长的"四个象限"

2017年,全市实现地区生产总值22438.39亿元,同比增长8.8%。从经济方面进行解构,可以分为"四个象限":一是实体经济(不含R&D),总量14803.88亿元,占GDP比重66.0%;二是金融地产,总量4942.08亿元,占GDP比重22.0%;三是非营利性服务业(不含R&D),总量2043.50亿元,占GDP比重9.1%;四是R&D支出,总量648.93亿元,占GDP比重2.9%。具体解构见图1。

分产业看,全市生产总值由第一产业18.54亿元、第二产业9266.83亿元和第三产业13153.02亿元组成,一、二、三次产业的增速分别为52.8%、8.8%、

金融地产	实体经济（不含R&D）
总量：4942.08亿元	总量：14803.88亿元
占比：22.0%	占比：66.0%

22438.39亿元，增长8.8%

非营利性服务业（不含R&D）	R&D支出
总量：2043.50亿元	总量：648.93亿元
占比：9.1%	占比：2.9%

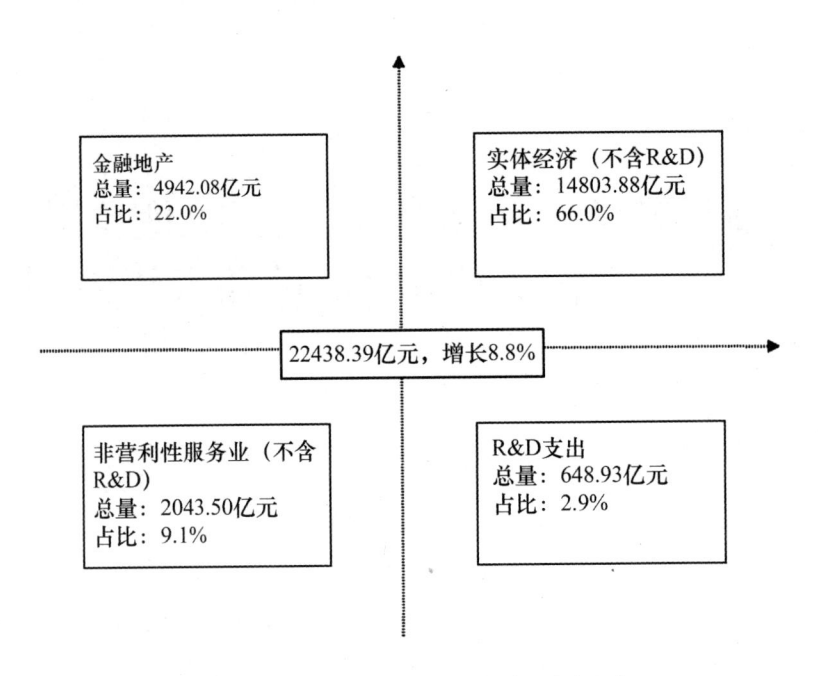

图1　2017年全市经济增长的"四个象限"

8.8%，对GDP增长的贡献率分别为0.4%、42.4%、57.2%，分别拉动GDP增长0.1个、3.7个、5.0个百分点。具体见表1。

表1　　深圳市2017年1—12月地区生产总值情况（含R&D）　　单位：亿元

指标	总量 本年累计	总量 上年同期累计	构成（%）本年累计	构成（%）上年累计	增长速度（%）	贡献率（%）	拉动点数（%）
地区生产总值	22438.39	20119.30	100.0	100.0	8.8	100.0	8.8
农林牧渔业	19.37	14.99	0.1	0.1	50.7	0.4	0.1
工业	8688.26	7821.93	38.7	38.9	9.1	40.9	3.6
建筑业	596.50	528.76	2.7	2.6	5.1	1.6	0.1
批发和零售业	2324.35	2177.23	10.4	10.8	5.2	6.4	0.6
交通运输、仓储和邮政业	722.32	627.11	3.2	3.1	10.5	3.6	0.3
住宿和餐饮业	380.06	360.16	1.7	1.8	0.9	0.2	0
金融业	3059.98	2811.53	13.6	14.0	5.7	9.2	0.8

续表

指标	总量 本年累计	总量 上年同期累计	构成（%）本年累计	构成（%）上年累计	增长速度（%）	贡献率（%）	拉动点数（%）
房地产业	1882.10	1778.72	8.4	8.8	1.7	1.5	0.1
其他服务业	4765.45	3998.87	21.2	19.9	16.2	36.3	3.2
营利性服务业	2689.57	2260.63	12.0	11.2	17.5	22.5	2.0
非营利性服务业	2075.88	1738.24	9.3	8.6	14.4	13.8	1.2
第一产业	18.54	14.20	0.1	0.1	52.8	0.4	0.1
第二产业	9266.83	8334.55	41.3	41.4	8.8	42.4	3.7
第三产业	13153.02	11770.55	58.6	58.5	8.8	57.2	5.0

（一）实体经济，工农商服建交企业占66.0%（不含R&D）

实体经济是支撑和引领全市经济发展的坚实基础。工业、营利性服务业、商业、建筑业、农业、交通运输业构成的实体经济实现增加值14803.88亿元，增长9.6%，高于全市GDP增速0.8个百分点，占GDP比重66.0%，对GDP增长的贡献率为72.6%，拉动GDP增长6.4个百分点。其中，工业增加值8688.26亿元，增长9.1%，占GDP比重38.7%，对GDP增长的贡献率为40.9%，拉动GDP增长3.6个百分点；营利性服务业增加值2689.57亿元，增长17.5%，占比12.0%，对GDP增长的贡献率为22.5%，拉动GDP增长2.0个百分点；批发和零售业增加值2324.35亿元，增长5.2%，占比10.4%，对GDP增长的贡献率为6.4%，拉动GDP增长0.6个百分点；交通运输、仓储和邮政业增加值722.32亿元，增长10.5%，占比3.2%，对GDP增长的贡献率为3.6%，拉动GDP增长0.3个百分点；建筑业增加值596.50亿元，增长5.1%，占比2.7%，对GDP增长的贡献率为1.6%，拉动GDP增长0.1个百分点；住宿和餐饮业增加值380.06亿元，增长0.9%，占比1.7%，对GDP增长的贡献率为0.2%，拉动GDP增长0个百分点；农林牧渔业增加值19.37亿元，增长50.7%，占比0.1%，对GDP增长的贡献率为0.4%，拉动GDP增长0.1个百分点。

企业是地方经济的基础和支柱。全市一套表联网直报"四上"企业是深圳市经济主体，是各专业定期统计报表的基础，也是深圳市GDP核算和分行业增加值核算的主要数据来源。当前深圳市一套表联网直报"四上"企业数量23917家，位列全省第一。其中，2017年"四上"企业新增入库6466家，位列全省第一，东莞市以新增3941家位列第二，广州市新增3659家，佛山市新增2823家，分别位列全省第三和第四位；2017年，深圳市实际净增4805家，位列全省第一，东莞市以净增3228家位列第二，佛山市净增2322家，广州市净增1267家，分别位列全省第三和第四位。

（二）金融地产，银行证券保险房地产企业占22.0%

2017年，金融业与房地产业共计实现增加值4942.08亿元，占GDP比重为22.0%，对GDP增长的贡献率为10.7%，拉动GDP增长0.9个百分点。其中，金融业实现增加值3059.98亿元，同比增长5.7%，占GDP比重为13.6%，对GDP增长的贡献率为9.2%，拉动GDP增长0.8个百分点；房地产业实现增加值1882.10亿元，同比增长1.7%，占GDP比重为8.4%，对GDP增长的贡献率为1.5%，拉动GDP增长0.1个百分点。增加值排名前20名的房地产开发经营企业共计实现增加值311.88亿元，占房地产业的增加值比重为16.6%。

由于金融监管与房地产调控力度不断加强，"房市"与"楼市"火爆现象逐渐降温，直接导致2017年金融业与房地产业增加值占GDP比重较2016年有所下降。2016年，金融业与房地产业共计实现增加值4590.25亿元，占GDP比重为22.8%，其中，金融业实现增加值2811.53亿元，房地产业实现增加值1778.72亿元。

（三）非营利性服务业，财政八项支出形成的产出占9.1%（不含R&D）

非营利性服务业中，"财政八项支出"（即一般公共服务支出、公共安全支出、教育支出、科学技术支出、社会保障和就业支出、医疗卫生与计划生育支出、节能环保支出、城乡社区支出）对非营利性服务业贡献明显。随着教育、卫生、科研等投入力度不断加大，通过采取目标分解、加强预算执行动态和相关项目支出进度监控等得力措施，2017年全市"财政八项支出"3092.43亿元，增长37.7%，保持较快增长态势，成为拉动服务业快速增长的重要力量。全年所形成的非营利性服务业增加值2075.88亿元，增长14.4%，占GDP比重为9.3%，对GDP增长的贡献率为13.8%，拉动GDP增长1.2个百分点。

（四）科技创新，研发（R&D）支出纳入GDP占2.9%

为更好地反映创新对经济增长的贡献，进一步推动我国国民经济核算与国际接轨，国家统计局实施研发支出核算方法改革，将能够为所有者带来经济利益的研究与开发支出不再作为中间消耗，而是作为固定资本形成处理，纳入GDP核算范围。

2017年，全市计入GDP的研发支出648.93亿元，占GDP比重为2.9%。由于研发主体以工业企业为主，研发支出增加值中工业的达到582.60亿元，比例高达90.3%。从近5年的数据看，研发支出增加值及其占GDP的比重均呈增长态势，具体见表2。

表2　　　　　　　　　2012—2017年全市分行业研发支出　　　　　　　单位：亿元

年份 项目	2012	2013	2014	2015	2016	2017
研发支出增加值合计	347.70	406.22	447.47	512.84	588.94	648.93
工业	328.83	370.32	411.31	471.19	531.29	582.60
建筑业	1.90	1.97	1.98	2.20	2.96	3.33
交通运输、仓储和邮政业	0.11	0.47	0.48	0.47	0.64	0.72
信息传输、软件和信息技术服务业	5.72	13.43	13.51	13.31	17.99	快报未细分行业
租赁和商务服务业	3.15	4.79	4.82	4.75	6.42	
科学研究和技术服务业	5.30	11.97	11.86	14.21	20.17	
教育	1.25	1.70	1.93	5.13	7.34	
卫生和社会工作	1.44	1.57	1.58	1.58	2.13	
第一产业	0	0	0	0	0	0
第二产业	329.89	372.29	412.22	472.36	533.16	584.71
第三产业	17.81	33.93	35.25	40.48	55.78	64.21

二　全市经济增长"五方指标"为"抓手"

（一）属地企业经济与效益指标是重要基础，占全市GDP 75%左右

除"财政八项支出"、邮政业务总量、电信业务总量、金融机构本外币存贷款余额、深圳地区营业部证券交易额、保费收入等来自条条部门的数据涉及部分服务业、金融业外，其他行业如工业、建筑业、批零住餐业、交通运输业、房地产业、农林牧渔业等分行业增速乃至增加值均根据企业上报的经济和效益指标计算取得，约占GDP总量75%。因此，各区和相关主管部门抓好企业上报源头的数据质量，就能把握GDP近八成的主动权。

具体到特大型重点企业，全市 G20 企业即市统计局核定的 2017 年对 GDP 总量贡献最大的前 20 家企业实现增加值 5944.93 亿元，占全市 GDP 比重 26.5%。规模以上工业前 30 强实现增加值 3963.83 亿元，占全市 GDP 比重 17.7%；批发业前 20 强实现增加值 194.83 亿元，占 GDP 比重 0.9%；零售业前 20 强企业实现增加值 104.90 亿元，占 GDP 比重 0.5%；交通运输业前 20 强实现增加值 437.58 亿元，占 GDP 比重 2.0%；银行业前 20 强实现增加值 2192.20 亿元，占 GDP 比重 9.8%；证券业前 10 强实现增加值 460.18 亿元，占 GDP 比重 2.1%；保险业前 10 强实现增加值 656.60 亿元，占 GDP 比重 2.9%；房地产开发业前 20 强实现增加值 311.88 亿元，占 GDP 比重 1.4%；建筑业前 20 强企业实现增加值 238.43 亿元，占 GDP 比重 1.1%；信息传输、软件和信息技术服务业前 20 强实现增加值 1191.80 亿元，占 GDP 比重 5.3%。上述相关行业龙头企业 190 家形成增加值 9752.23 亿元，占全市 GDP 比重 43.5%。因此，各区各部门有针对性地以各行业特大型重点企业为抓手，有的放矢开展工作，往往能取到事半功倍的效果，具体见表 3。

表 3　　　　　　2017 年全市前 100 名规模以上工业企业增长情况　　　　　　单位：万元，%

序号	单位名称	增加值	占规模以上工业比重	同比增速	对规模以上工业增长的贡献率	对 GDP 增长的贡献率	所属区划
1	华为技术有限公司	16464622	20.4	20.4	34.8	13.6	龙岗区
2	中兴通讯股份有限公司	5119840	6.3	1.9	1.2	0.5	南山区
3	富泰华工业（深圳）有限公司	3392009	4.2	-6.5	-3.0	-1.2	龙华区
4	中海石油（中国）有限公司深圳分公司	2414118	3.0	-11.4	-3.0	-1.2	南山区
5	深圳供电局有限公司	1016135	1.3	3.4	0.4	0.2	罗湖区
6	深圳市裕展精密科技有限公司	1010511	1.2	14520.7	12.5	4.9	龙华区
7	鸿富锦精密工业（深圳）有限公司	922147	1.1	-12.0	-1.6	-0.6	龙华区
8	比亚迪汽车工业有限公司	846159	1.0	22.5	2.0	0.8	坪山区
9	深圳市华星光电技术有限公司	550812	0.7	33.7	1.8	0.7	光明新区
10	深圳烟草工业有限责任公司	532090	0.7	-0.7	0	0	龙华区
11	深圳富泰宏精密工业有限公司	512189	0.6	81.5	2.9	1.1	龙华区
12	华讯方舟科技有限公司	488448	0.6	18.6	1.0	0.4	宝安区

续表

序号	单位名称	增加值	占规模以上工业比重	同比增速	对规模以上工业增长的贡献率	对GDP增长的贡献率	所属区划
13	深圳市大疆百旺科技有限公司	461130	0.6	55.7	2.1	0.8	南山区
14	广东核电合营有限公司	459700	0.6	11.3	0.6	0.2	大鹏新区
15	深圳创维-RGB电子有限公司	419732	0.5	-3.9	-0.2	-0.1	宝安区
16	岭东核电有限公司	393382	0.5	1.2	0.1	0	大鹏新区
17	深圳迈瑞生物医疗电子股份有限公司	384442	0.5	38.8	1.4	0.5	南山区
18	大族激光科技产业集团股份有限公司	366261	0.5	34.2	1.2	0.5	宝安区
19	比亚迪精密制造有限公司	364325	0.5	16.0	0.6	0.2	龙岗区
20	深圳市沃特玛电池有限公司	363102	0.4	42.7	1.3	0.5	坪山区
21	联想信息产品（深圳）有限公司	357547	0.4	-9.6	-0.5	-0.2	福田区
22	业成光电（深圳）有限公司	324888	0.4	124.0	2.3	0.9	龙华区
23	深圳传音制造有限公司	324053	0.4	—	4.0	1.6	南山区
24	华润怡宝饮料（中国）有限公司	319208	0.4	27.9	0.9	0.4	南山区
25	鹏鼎控股（深圳）股份有限公司	316177	0.4	-11.5	-0.5	-0.2	宝安区
26	普联技术有限公司	308321	0.4	81.6	1.7	0.7	光明新区
27	嘉实多（深圳）有限公司	307870	0.4	20.8	0.6	0.3	南山区
28	欣旺达电子股份有限公司	304074	0.4	61.3	1.4	0.5	宝安区
29	岭澳核电有限公司	301993	0.4	-4.8	-0.2	-0.1	大鹏新区
30	天马微电子股份有限公司	293045	0.4	27.8	0.8	0.3	南山区
31	深圳村田科技有限公司	282630	0.3	44.9	1.1	0.4	坪山区
32	深圳市天珑移动技术有限公司	280297	0.3	20.2	0.6	0.2	南山区
33	深圳市比亚迪锂电池有限公司	275028	0.3	18.7	0.5	0.2	龙岗区
34	广东粤港供水有限公司	270168	0.3	4.5	0.1	0.1	罗湖区
35	华润电力（海丰）有限公司	265733	0.3	21.3	0.6	0.2	深汕合作区
36	比亚迪股份有限公司	257945	0.3	26.2	0.7	0.3	大鹏新区
37	深圳信立泰药业股份有限公司	255491	0.3	11.1	0.3	0.1	宝安区
38	深圳市泰衡诺科技有限公司	252870	0.3	-34.0	-1.6	-0.6	盐田区
39	深圳市长盈精密技术股份有限公司	249090	0.3	9.7	0.3	0.1	宝安区

续表

序号	单位名称	增加值	占规模以上工业比重	同比增速	对规模以上工业增长的贡献率	对GDP增长的贡献率	所属区划
40	深圳市共进电子股份有限公司	247277	0.3	17.4	0.5	0.2	宝安区
41	深圳富桂精密工业有限公司	242047	0.3	—	3.0	1.2	龙华区
42	恩斯迈电子（深圳）有限公司	239240	0.3	26.6	0.7	0.3	宝安区
43	康佳集团股份有限公司	235728	0.3	-0.5	0	0	南山区
44	努比亚技术有限公司	232575	0.3	45.8	0.9	0.4	南山区
45	深圳妈湾电力有限公司	230206	0.3	15.4	0.4	0.2	南山区
46	广东大鹏液化天然气有限公司	230079	0.3	0.5	0	0	大鹏新区
47	深圳欧菲光科技股份有限公司	211318	0.3	37.8	0.8	0.3	光明新区
48	深圳市展祥通信科技有限公司	183627	0.2	—	2.3	0.9	南山区
49	深圳市帝晶光电股份有限公司	178439	0.2	67.6	0.9	0.4	宝安区
50	华生电机（广东）有限公司	178389	0.2	8.0	0.2	0.1	宝安区
51	深圳市德普特电子有限公司	174264	0.2	-14.4	-0.4	-0.1	宝安区
52	维沃通信科技（深圳）有限公司	173823	0.2	—	2.2	0.8	宝安区
53	深圳市威通科技有限公司	170403	0.2	78.3	0.9	0.4	宝安区
54	昊阳天宇科技（深圳）有限公司	162988	0.2	42.5	0.6	0.2	宝安区
55	深圳市兆驰股份有限公司	157941	0.2	92.1	1.0	0.4	龙岗区
56	住友电工电子制品（深圳）有限公司	152314	0.2	-22.0	-0.5	-0.2	宝安区
57	深圳市大疆创新科技有限公司	151986	0.2	62.6	0.7	0.3	南山区
58	三赢科技（深圳）有限公司	146650	0.2	146.5	1.1	0.4	龙华区
59	深圳市兴飞科技有限公司	142439	0.2	8.0	0.1	0.1	宝安区
60	深圳市中兴微电子技术有限公司	138341	0.2	0.3	0	0	南山区
61	艾默生网络能源有限公司	135634	0.2	-14.2	-0.3	-0.1	宝安区
62	伯恩光学（深圳）有限公司	132371	0.2	-3.5	-0.1	0	龙岗区
63	深圳市信维通信股份有限公司	128842	0.2	178.2	1.0	0.4	宝安区
64	周大福珠宝金行（深圳）有限公司	127589	0.2	10.4	0.2	0.1	盐田区
65	深圳赛诺菲巴斯德生物制品有限公司	124723	0.2	107.5	0.7	0.3	坪山区

续表

序号	单位名称	增加值	占规模以上工业比重	同比增速	对规模以上工业增长的贡献率	对GDP增长的贡献率	所属区划
66	高先电子（深圳）有限公司	123327	0.2	-2.1	0	0	坪山区
67	联想系统集成（深圳）有限公司	122758	0.2	-13.0	-0.2	-0.1	福田区
68	深圳市航盛电子股份有限公司	122413	0.2	25.5	0.3	0.1	宝安区
69	爱普生技术（深圳）有限公司	120733	0.1	10.3	0.1	0.1	南山区
70	兴英科技（深圳）有限公司	118968	0.1	4.0	0.1	0	宝安区
71	海能达通信股份有限公司	118030	0.1	24.1	0.3	0.1	南山区
72	深超光电（深圳）有限公司	115248	0.1	67.1	0.6	0.2	龙华区
73	深圳特发东智科技有限公司	112571	0.1	86.9	0.7	0.3	南山区
74	深南电路股份有限公司	111736	0.1	20.9	0.2	0.1	南山区
75	富士施乐高科技（深圳）有限公司	109998	0.1	-2.1	0	0	龙华区
76	深圳市广前电力有限公司	105289	0.1	0.3	0	0	南山区
77	深圳市比亚迪电子部品件有限公司	104949	0.1	36.5	0.4	0.1	大鹏新区
78	深圳市艾维普思科技股份有限公司	104780	0.1	227.9	0.9	0.3	南山区
79	方大集团股份有限公司	104750	0.1	-6.3	-0.1	0	南山区
80	西门子（深圳）磁共振有限公司	104082	0.1	9.2	0.1	0	南山区
81	深圳能源集团股份有限公司东部电厂	102783	0.1	-3.0	0	0	大鹏新区
82	深圳市水务（集团）有限公司	102239	0.1	3.2	0	0	福田区
83	深圳市振华通信设备有限公司	100349	0.1	-6.8	-0.1	0	南山区
84	深圳日东光学有限公司	99799	0.1	35.4	0.3	0.1	光明新区
85	旭硝子显示玻璃（深圳）有限公司	98632	0.1	-4.0	-0.1	0	光明新区
86	新百丽鞋业（深圳）有限公司	97048	0.1	-12.0	-0.2	-0.1	龙华区
87	深圳市海派通讯科技有限公司	96486	0.1	-12.5	-0.2	-0.1	南山区
88	招商局重工（深圳）有限公司	95160	0.1	-27.5	-0.5	-0.2	南山区
89	深圳市万普拉斯科技有限公司	94608	0.1	6.5	0.1	0	南山区

续表

序号	单位名称	增加值	占规模以上工业比重	同比增速	对规模以上工业增长的贡献率	对GDP增长的贡献率	所属区划
90	深圳禾苗通信科技有限公司	94547	0.1	1392.9	1.1	0.4	光明新区
91	深圳市银宝山新科技股份有限公司	94400	0.1	6.6	0.1	0	宝安区
92	深圳市创世纪机械有限公司	93499	0.1	49.2	0.4	0.2	宝安区
93	深圳市兴泰季候风服饰有限公司	93134	0.1	8.9	0.1	0	南山区
94	维达力实业（深圳）有限公司	91535	0.1	-3.7	0	0	龙岗区
95	深圳市三诺电子有限公司	90683	0.1	-9.9	-0.1	0	宝安区
96	惠科股份有限公司	87246	0.1	21.7	0.2	0.1	宝安区
97	深圳市东方亮彩精密技术有限公司	85235	0.1	-15.6	-0.2	-0.1	宝安区
98	深圳赛意法微电子有限公司	84631	0.1	8.5	0.1	0	福田区
99	深圳市鸿合创新信息技术有限责任公司	83772	0.1	210.2	0.7	0.3	坪山区
100	美律电子（深圳）有限公司	83684	0.1	90.4	0.5	0.2	龙华区

除了生产经营重点企业外，房地产企业也是不可忽视的经济总量构成，占比7.4%。努力推进房地产企业转型升级，实现房地产经济从大到强的转变，可促进经济稳定增长。一是加强新项目多层次有效供应，采取有效措施，积极推动中低价、小户型商品住宅项目入市；二是提高办公楼、商业用房的销售比例，清理库存；三是稳定市场预期，引导群众理性看待楼市。房地产企业具体见表4。

表4　　　　2017年深圳市前20名房地产开发企业增长情况

序号	单位名称	增加值（亿元）	占房地产业增加值比重（%）	同比增速（%，现价）	所属区划
1	深圳市朗通房地产开发有限公司	50.52	2.7	27.9	南山区
2	深圳华侨城房地产有限公司	40.40	2.1	41.1	南山区
3	深圳前海卓越汇康投资有限公司	21.01	1.1	-	南山区
4	深圳市万科云城房地产开发有限公司	20.89	1.1	50.1	南山区

续表

序号	单位名称	增加值（亿元）	占房地产业增加值比重（%）	同比增速（%，现价）	所属区划
5	深圳市德瀚投资发展有限公司	19.01	1.0	—	罗湖区
6	深圳半岛城邦房地产开发有限公司	18.02	1.0	16.2	南山区
7	华润置地（深圳）有限公司	17.62	0.9	1366.7	南山区
8	深圳市鸿荣源实业有限公司	15.83	0.8	-45.0	龙华区
9	深圳市龙光骏景房地产开发有限公司	14.07	0.7	—	龙华区
10	壹方置业（深圳）有限公司	9.93	0.5	-25.4	宝安区
11	深圳市东方欣悦实业有限公司	9.56	0.5	—	福田区
12	深圳招商华侨城投资有限公司	9.56	0.5	5611.0	宝安区
13	深圳市万疆城投资发展有限公司	9.10	0.5	171.7	龙华区
14	天基房地产开发（深圳）有限公司	8.47	0.5	—	龙岗区
15	深圳市天荣盛房地产开发有限公司	8.44	0.4	—	光明区
16	深圳市宏发房地产开发有限公司	8.25	0.4	29.9	宝安区
17	深圳市鸿荣源房地产开发有限公司	8.21	0.4	—	龙华区
18	中粮地产集团深圳房地产开发有限公司	7.78	0.4	28.0	宝安区
19	深圳市聚龙湾投资发展有限公司	7.62	0.4	17.7	龙岗区
20	深圳市润科房地产开发有限公司	7.57	0.4	—	宝安区

（二）条条管辖的金融企业是重要构成，增加值占GDP比重13%左右

金融业发展受政策影响明显，在地方层面"一行三局"主要负责金融企业的政策制定及具体监管工作。在国家坚决防范和化解新形势下金融风险的宏观背景下，全年金融业实现金融业增加值3059.98亿元，同比增长5.7%，占GDP比重为13.6%，增速比上年同期下降6.0个百分点，占GDP比重较2016年下降0.4个百分点。

从微观层面看，大型龙头企业对支撑金融业发展具有重要推动作用。增加值排名前20名的金融企业共计实现增加值2838.99亿元，占金融业增加值比重高达92.8%，对金融业增长的贡献率高达159.8%。其中，增加值排名前20名的金融企业中，银行业有13家，共计实现增加值2001.28亿元，占金融业增加值比重为65.4%，对金融业增长的贡献率为139.6%；证券业有4家，共计实现增加值

305.02亿元，占金融业增加值比重为10.1%，对金融业增长的贡献率为2.6%；保险业有3家，共计实现增加值532.69亿元，占金融业增加值比重为17.5%，对金融业增长的贡献率为17.6%。具体见表5。

表5　　　　　　　　2017年深圳市前20名金融企业增长情况

序号	单位名称	增加值（亿元）	占金融业增加值比重（%）	同比增速（%，现价）	对金融业增长的贡献率（%）	所属区划
1	平安银行股份有限公司	399.87	13.1	5.3	8.2	罗湖区
2	中国平安人寿保险股份有限公司	397.23	13.0	21.6	28.4	福田区
3	招商银行股份有限公司（深圳地区）	261.65	8.6	14.0	13.0	福田区
4	中信银行股份有限公司信用卡中心	230.18	7.5	55.0	32.9	福田区
5	中国工商银行股份有限公司深圳市分行	202.48	6.6	27.3	17.5	罗湖区
6	中国建设银行股份有限公司深圳市分行	189.93	6.2	19.8	12.6	福田区
7	平安银行股份有限公司信用卡中心	162.65	5.3	56.2	23.6	南山区
8	中国银行股份有限公司深圳市分行	158.35	5.2	7.2	4.3	罗湖区
9	中信证券股份有限公司	119.03	3.9	-2.0	-1.0	福田区
10	中国农业银行股份有限公司深圳市分行	107.31	3.5	-8.3	-3.9	罗湖区
11	中国平安保险（集团）股份有限公司	84.17	2.8	-1.6	-0.5	福田区
12	招商证券股份有限公司	72.10	2.4	30.0	6.7	福田区
13	中信银行股份有限公司深圳分行	69.13	2.3	33.4	7.0	福田区
14	深圳证券交易所	60.16	2.0	-13.2	-3.7	福田区

续表

序号	单位名称	增加值（亿元）	占金融业增加值比重（%）	同比增速（%，现价）	对金融业增长的贡献率（%）	所属区划
15	中国民生银行股份有限公司深圳分行	58.66	1.9	-7.6	-1.9	福田区
16	深圳前海微众银行股份有限公司	55.70	1.8	182.6	14.5	南山区
17	国信证券股份有限公司	53.73	1.8	2.8	0.6	罗湖区
18	深圳农村商业银行股份有限公司	53.32	1.7	21.3	3.8	罗湖区
19	兴业银行股份有限公司深圳分行	52.05	1.7	62.3	8.0	福田区
20	富德生命人寿保险股份有限公司	51.29	1.7	-33.2	-10.3	福田区

从增加值核算角度看，金融业主要根据金融机构本外币存款余额增速、金融机构本外币贷款余额增速、证券交易额增速、保费收入增速四大指标数据进行核算。其中，金融机构本外币存、贷款余额增速指标数据由深圳人民银行提供，证券交易额增速指标数据经深圳证监局审核后由深圳证券交易所提供，保费收入增速指标数据由深圳保监局提供。同时，2017年2—12月金融业金融机构本外币存款余额增速、金融机构本外币贷款余额增速、证券交易额增速、保费收入增速四大指标数据均呈下降趋势，未来金融业发展将有一定隐忧。具体见表6、图2。

表6　　　　　　　　　　2017年分月金融业核算指标　　　　　　　　单位：%

	2月	3月	4月	5月	6月	7月	8月	9月	10月	11月	12月
金融机构本外币存款余额增速（%）	12.0	11.0	10.1	12.2	10.5	8.0	6.9	6.4	1.3	8.7	8.2
金融机构本外币贷款余额增速（%）	22.6	20.0	19.3	18.4	17.8	17.4	16.1	16.0	15.3	15.3	14.3
保费收入增速（%）	46.2	44.0	35.2	30.9	25.6	24.4	24.4	26.1	25.2	24.6	23.4
证券交易额增速（%）	46.2	—	—	26.5	—	6.9	—	—	-2.4	—	—

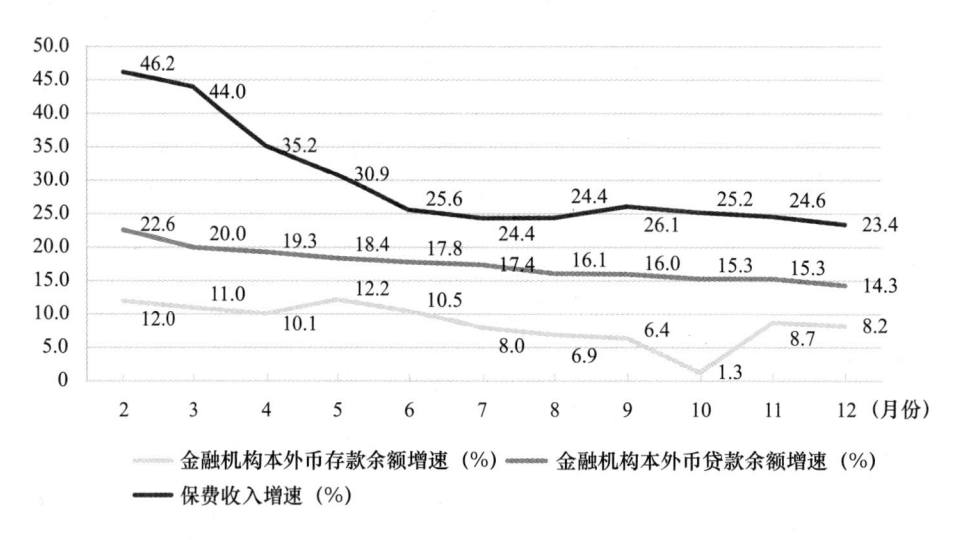

图 2　2017 年 2—12 月金融业相关核算指标走势

因此，要想提高金融业增加值，应在以下四个方面下功夫：

一是不断提高上述所列权重比较大的企业指标增速。在做好防范金融风险的基础上，应更好提升服务企业水平，尤其是精准提升 20 家金融龙头企业服务水平，保证权重较大的金融龙头企业指标增速继续支撑金融业四大核算指标增速。

二是提高金融机构本外币存、贷款余额增速。银行业增加值由金融机构本外币存、贷款余额增速数据核算，而银行业增加值占金融业增加值比重超过六成，因此应不断提升银行收益，有质量地提升银行存、贷款规模，进而推动银行业继续快速发展。

三是着力提高保费收入，继续保持较快增速。深圳市保费收入总量规模与广州市还存在一定差距，保费收入增速也呈回落趋势。

四是发力确保证券交易额增速由负转正。在"股市"萧条背景下，应更好促进债券、基金等行业发展，推动证券业再次发力。通过债券、基金等行业发展，弥补股票市场萧条景象，进而促进证券交易额增速由负转正。

（三）非直接经济因素直接构成经济总量的 R&D 支出与"财政八项支出"，占全市 GDP 12% 左右

经初步核算，2017 年全市计入 GDP 的 R&D 支出 648.93 亿元，"财政八项支出" 2075.88 亿元，共计 2724.81 亿元，占 GDP 总量的 12.1%。

R&D 支出是指为了增加知识储备以及利用这些知识创造新的应用，系统开展的创造性活动的支出。根据 2016 年数据，深圳市研发支出的资本转化率（当年形成 R&D 资产价值与 R&D 内部经费支出的比例）为 69.5%，高于全省平均水平（66.3%）。其中，企业的研发支出在研发支出总量中的占比高达 97.3%，进一步激发市场主体开展研发活动的积极性，引导全社会加大对研发的投入力度，将有效发挥研发对经济增长的支撑作用。

2017 年，"财政八项支出"总额 3092.43 亿元，同比增长 37.7%，对 GDP 增长贡献率为 13.8%，拉动 1.2 个百分点。由此可见，"财政八项支出"是 GDP 核算的重要支撑指标，是新一年经济增长的重要抓手。"财政八项支出"构成具体见表 7。

表7 2016—2017 年"财政八项支出"构成　　　　　单位：亿元

序号	项目	2016 年	2017 年	同比增长（%）
1	一般公共服务支出	214.38	283.58	32.3
2	公共安全支出	207.34	266.94	28.7
3	教育支出	414.73	509.09	22.8
4	科学技术支出	403.52	351.82	-12.8
5	社会保障和就业支出	105.45	239.87	127.5
6	医疗卫生与计划生育支出	201.27	244.23	21.3
7	节能环保支出	140.24	213.04	51.9
8	城乡社区支出	558.49	983.85	76.2
	合计	2245.44	3092.43	37.7

由表 7 分析分解"财政八项支出"结构长短板，应重视以下三类指标支出：

一是保持教育支出、社会保障和就业支出、城乡社区支出等稳定增长的态势。

二是加大对科学技术、医疗卫生与计划生育、公共安全的投入，扭转 2016 年增速下降和总量较小的问题。

三是全力保障一般公共服务支出、公共安全支出等民生支出，改善民生水平。

保持"财政八项支出"稳中求进，有助于推动 GDP 总量增加，进而影响 GDP 增速。

（四）分区直接形成经济重头，占全市 GDP 80% 左右

除航空、铁路、水上、道路运输总周转量、邮政业务总量、电信业务总量、金

融机构本外币存贷款余额、深圳地区营业部证券交易额、保费收入等几项指标属跨区指标外,其余指标都来自各区汇总得到的全市数据。也就是说,分区直接形成全市的经济重头,除交通运输业、金融业和部门营利性服务业以外,占全市 GDP 比重 80% 的其他行业数据都来自 11 区。其中,GDP 总量 3000 亿以上的区有 4 个,从大到小依次为:南山总量 4601.50 亿元(继续稳居全省第一区),占全市比重 20.51%;龙岗 3858.62 亿元,占全市比重 17.20%;福田 3820.56 亿元,占全市比重 17.03%;宝安 3448.36 亿元,占全市比重 15.35%。GDP 增速高于 9% 的区有 6 个,由高到低依次为:深汕合作区增长 17.9%,坪山增长 12.1%,龙岗和光明新区均增长 9.8%,宝安增长 9.2%,南山增长 9.1%,具体见表 8。

表 8　　　　　　　　　　2017 年全市各区 GDP 情况

指标	GDP 总量（亿元）	各区 GDP 占全市比重（%）	各区总量排名	GDP 增速（%）	各区增速排名
全市	22438.39	100.00	—	8.8	—
福田区	3820.56	17.03	3	8.4	10
罗湖区	2161.19	9.63	5	8.6	8
盐田区	585.49	2.61	9	8.5	9
南山区	4601.50	20.51	1	9.1	6
宝安区	3448.36	15.36	4	9.2	5
龙岗区	3858.62	17.20	2	9.8	3
光明新区	850.12	3.79	7	9.8	3
坪山区	605.06	2.70	8	12.1	2
龙华区	2130.15	9.49	6	8.8	7
大鹏新区	330.02	1.47	10	6.8	11
深汕合作区	47.32	0.21	11	17.9	1

可见,全市经济指标的重要支撑来源于各区,明确各区主体经济责任,确保各区抓好辖区内企业尤其是重点企业源头数据质量,抓好辖区内相关指标增长情况,至关重要。

(五)GDP 核算的 23 个指标形成现行"制度经济"总量,占全市 GDP 100%

按照国家统计局《中国国民经济核算体系(2016)》和广东省统计局《广东省

季度地区生产总值核算方案（2016年）》等有关规定，2017年深圳市GDP核算工作严格遵照现行制度下23个核算指标体系规范完成。按照国家统计局和广东省统计局GDP核算制度与规定，为满足季度GDP核算时效性要求，季度GDP核算各行业增加值依赖相关核算指标进行核算。

2017年全市各分行业和23项核算指标对应情况具体如下：由农林牧渔业增加值增速50.7%核算出全市农林牧渔业增加值19.37亿元；由规模以上工业增加值增速9.3%和规模以下增加值增速6.0%核算出工业增加值8688.26亿元，增长9.1%；由建筑业现价增加值增速12.8%核算出建筑业增加值596.50亿元，可比增长5.1%；由批发业商品销售额增速9.1%、零售业商品销售额增速15.6%核算出批发零售业增加值2324.35亿元，增长5.2%；由航空运输总周转量增速9.4%、水上运输总周转量增速15.3%、公路运输总周转量增速16.0%、铁路运输总周转量增速8.4%和邮政业务总量增速35.3%五项指标核算交通运输、仓储和邮政业增加值722.32亿元，增长10.5%；由餐饮业营业额增速5.6%和住宿业营业额增速9.5%核算出住宿和餐饮业增加值380.06亿元；由金融机构本外币存款余额增速8.2%、金融机构本外币贷款余额增速14.3%、深圳地区营业部证券交易额增速－2.4%、保费收入增速24.6%核算出金融业增加值3059.98亿元，增长5.7%；由商品房屋销售面积增速－8.9%、房地产业从业人员增速12.0%、房地产业从业人员劳动报酬增速21.0%核算出房地产业增加值1882.10亿元，增长1.7%；由规模以上其他营利性服务业营业收入增速24.9%、电信业务总量增速82.8%核算出营利性服务业增加值2689.57亿元，增长17.5%；由"财政八项支出"合计增速37.7%核算出非营利性服务业增加值2075.88亿元，增长14.4%。

23项核算指标每增长一个点影响GDP程度根据2017年1—12月数据测算得出，随着各行业同期数、当期增速、相关价格指数等相关指标变化，一个点影响程度每个季度呈动态变化。就2017年来说，影响程度由大到小前5名为：规模以上工业增加值每增长一个点影响GDP增速0.371个百分点，规模以上其他营利性服务业营业收入每增长一个点影响GDP增速0.0574个百分点，金融机构本外币存款余额每增长一个百分点影响GDP增速0.0537个百分点，金融机构本外币贷款余额每增长一个百分点影响GDP增速0.0488个百分点，"财政八项支出"每增长一个百分点影响GDP增速0.038个百分点，具体见表9。表所列23项核算指标一个点影响程度为2017年12月情况，每个季度中，该影响程度是动态变化的。

科学度量 Two

表9　2017年全市GDP各行业和对应的23个核算指标完成情况

行业类别	行业增加值（亿元）	对应的23项核算指标			
		指标名称	2017年绝对值（含单位）	2017年增速完成值(%)	一个点影响GDP程度(%)
实体经济（占68.7%，含R&D）					
工业	8688.26	规上工业增加值增速	8087.62亿元	9.3	0.3710
		规模以下工业增加值增速	593.97亿元	6.0	0.0249
营利性服务业	2689.57	规上其他营利性服务业营业收入增速（错月）	4315.09亿元	24.9	0.0574
		电信业务总量增速	743.70亿元	82.8	0.0089
批发零售业	2324.35	批发业商品销售额增速	26406.09亿元	9.1	0.0318
		零售业商品销售额增速	5080.70亿元	15.6	0.0229
住宿餐饮业	380.06	餐饮业营业额增速	682.21亿元	5.6	0.0070
		住宿业营业额增速	149.91亿元	9.5	0.0018
交通运输、仓储和邮政业	722.32	航空运输总周转量增速	—	9.4	0.0076
		水上运输总周转量增速	—	15.3	0.0066
		公路运输总周转量增速	—	16.0	0.0049
		铁路运输总周转量增速	—	8.4	0.0027
		邮政业务增加值增速	915.46亿元	35.3	0.0024
建筑业	596.50	建筑业增加值现价增速	596.50亿元	12.8	0.0248
农林牧渔业	19.37	农林牧渔业增加值增速	19.37亿元	50.7	0.0004

· 956 ·

续表

行业类别	行业增加值（亿元）	对应的23项核算指标			一个点影响GDP程度（%）
			指标名称	2017年绝对值（含单位）	2017年增速完成值（%）	
金融业（占13.6%）	3059.98	金融机构本外币存款余额增速	69668.31亿元	8.2	0.0537
		金融机构本外币贷款余额增速	46329.33亿元	14.3	0.0488
		深圳地区营业部证券交易额增速（错月）	1058068.27亿元	-2.4	-0.0188
		保费收入增速（错月）	952.75亿元	24.6	0.0127
房地产业（占8.4%）	1882.10	商品房屋销售面积增速	736.53万平方米	-8.9	-0.0183
		房地产业从业人员增速	324981人	12.0	0.0041
		房地产业从业人员劳动报酬增速	1642597万元	21.0	0.0041
非营利性服务业（占9.3%，含R&D)	2075.88	财政八项支出合计增速	3092.43亿元	37.7	0.0380
地区生产总值	22438.39	—	—	8.8	—

可见，23项核算指标形成100%的现行制度经济总量和增速。23项核算指标表现好，全市GDP体现就好；只要抓好23项核算指标，就会抓好全市经济运行情况。各核算指标增长情况目标清晰，相关责任部门狠抓落实，就能保证全年经济总量和增速的双赢。

三 当前值得关注的统计数据

（一）研发支出纳入GDP核算对深圳相关数据影响

研发支出纳入GDP核算，主要对深圳市GDP总量、结构、速度、区域分布有不同程度影响。

1. GDP总量及人均值增加且增幅上升

从近10年的数据来看，各年GDP总量的增加幅度呈上升趋势，年平均增加幅度为2.5%。其中，2016年全市GDP年度调整核实为20078.58亿元，比原口径增加585.98亿元，增幅为3.0%。人均GDP为172444元，比原口径增加8756元（按年平均汇率折算为25961美元，比原口径增加1318美元）。

2. 二产占比提高

研发支出纳入GDP核算后，因研发支出主体以工业企业为主，2016年研发支出中工业的比重高达90.7%，使工业增加值比原口径增加531.29亿元，第二产业占比上升，产业结构有所变化。2016年，深圳市第二产业和第三产业的比例由原来的39.9∶60.1修订为42.3∶57.7，二产比重提高2.4个百分点。

3. 对GDP年度核算影响相对有限

研发支出纳入GDP核算后，由于历年的GDP总量均有所增加，大多数省市对GDP增速的影响有限。从全国来看，调整前后GDP增速的变化不大，有些年份还出现GDP增速略下调的情形。1999年以来，调整后的GDP增速均略高于调整前，反映研发支出逐年增长的态势。1999年以来平均多出0.05个百分点，2008年以来平均多出0.06个百分点，2015年，调整后的GDP增速多出0.04个百分点。深圳作为创新型城市，企业科研投入较多，对GDP增速的影响相对较大，2016年GDP增速提高0.1个百分点。

4. 对GDP季度核算影响较弱

研发支出纳入GDP核算后，按照国家统计局统一规定，对近20年的GDP年报、2016年及2017年四个季度的GDP季报数据进行了修订。从2017年GDP快报来看，GDP 总量增加 648.93 亿元，研发支出纳入 GDP 核算部分占比 2.9%。由于各个季度 GDP 总量都相应有所增加，研发支出占 GDP 比重仍然很小，对 GDP 增速的影响十分有限，提高 GDP 增速 0.02 个百分点。

5. GDP 区域结构影响较明显

研发支出纳入 GDP 核算后，从全国来看，研发投入大的城市如北京、上海、深圳等，GDP 总量变化将大于研发投入少的地区，经济总量排名发生变化。深圳各区也是如此，工业占比大的区，GDP 总量排名提前，如龙岗区、坪山区。

总的看来，研发支出纳入 GDP 核算后，对 GDP 总量影响大于速度影响。

（二）GDP 核算主要经济数据质量

总体来看，深圳市 GDP 核算主要数据真实可信，匹配性良好。

1. 基础数据来源可靠

GDP 核算基础数据首先来自统计系统对全市 2 万多家"四上"企业全面实行联网直报依法采集所得。联网直报是一个统计调查对象直连国家统计局的数据报送通道，不允许中间环节擅自增删改动。此外，GDP 核算有将近一半指标来自银行、证券、邮政、交通、财政等部门，在核算过程中，从国民经济核算制度方法、科学性、可操作性以及各专业统计数据评估等方面，与各部门相关指标比对和做协调性分析，从源头上保证统计源头数据的真实性。同时，深圳统计从法律法规方面在全社会营造了遵守统计法、执行统计法、关心支持统计事业发展的良好氛围，加大统计执法检查力度，保证统计数据的可靠性。

2. GDP 年报、快报比对真实

2015 年、2016 年全市快报 GDP 分别为 17502.99 亿元、19492.60 亿元，同比增长 8.9%、9.0%。R&D 纳入 GDP 以后，全市 2015 年、2016 年年报（含 R&D，不含深汕合作区，下同）GDP 总量分别为 18013.50 亿元、20078.58 亿元，同比增长 8.9%、9.1%。2015 年、2016 年快报 GDP 总量分别为 18013.63 亿元、20078.58 亿元，同比增长 8.9%、9.1%。年报与快报总量几乎无差异，增速完全一致。

3. 与其他主要城市对比，相关指标匹配性好

与深圳市经济体量相当的广州、天津、重庆和苏州等市相比，工业增加值首居全国第一，超过天津；一般公共预算收入远远超过其他四市；进出口总额遥遥领先其他四市，连续 25 年居内地城市首位；金融机构（含外资）本外币存款余额高于其他四市；固定资产投资率五市中最低；国税、地税总收入位居全国第三，仅次于

上海、北京，居五市之首。

（三）前海蛇口自贸片区统计数据

目前，前海蛇口自贸区执行的是自贸区管理系统的统计制度，与深圳市统计局执行的国家统计制度主要有四方面的差异。一是基础数据来源不同，国家统计制度涉及的企业数据主要来源于统计局一套表系统，自贸区企业数据来源于季度调查和其他相关行政部门数据；二是统计口径不同，国家统计制度主要是在地统计口径，自贸区采用的是注册统计口径；三是统计企业范围不同，国家统计制度主要核算"四上企业"，自贸区核算的是注册在自贸区的所有企业；四是采用的核算方法不同，因此计算增加值数据差异很大。据前海蛇口自贸区初步测算，2017年自贸区注册企业增加值2030.26亿元，增长43.4%。

针对这一数据，深圳统计局杨新洪同志于2月9日专题主持召开第112次统计专业委员会，初步核算2017年南山区实现的前海蛇口自贸区在地"四上企业"增加值为816.69亿元，同比增长20.3%，其中前海片区405.19亿元，蛇口片区411.50亿元。鉴于此，对前海蛇口自贸区使用相关数据形成三点建议：一是侧重投入指标反映，淡化注册企业增加值；二是坚持制度可比性，遵循国家统计局"在地统计"原则；三是根据现阶段前海蛇口自贸区发展情况，宜通过多项指标反映自贸区发展成果。

四 几点建议

2017年，全市GDP总量已达22438.39亿元，在全国大中型城市排名第三。在此基础上初步测算，全市GDP增长1个百分点，总量须新增约225亿元，这在2016年能拉动GDP增长1.2个百分点，在2012年则能拉动GDP增长1.9个百分点。可见，GDP总量基数变大对提高增速形成直接影响。2017年要实现全年GDP 8%以上增长，压力不小，挑战因素增加。因此，应未雨绸缪，及早抓落实，一季抓一季，形成全年经济成果。

（一）抓重要，切实重视实体经济

深圳经济的基础仍是占全市GDP比重近七成的实体经济，其稳定增长十分重要。

一是保持工业稳定增长。工业是全市财政的第一大税源，应予以高度重视，着力解决制约工业发展的瓶颈问题。保证工业用地，通过土地整备等腾挪出工业用地，利用现有工业用地建立体厂房。深圳以计算机、通信和其他电子设备制造业行业为主及生产设备体量较小的特征，为设备上楼提供了可能。

二是加大工业投资，特别是工业技改投入，增强工业发展后劲，提高工业R&D占GDP比重。

三是大力发展以信息传输、软件和信息技术服务业为代表的营利性服务业。

四是防止实体经济外迁，鼓励引进实体经济，要求总部企业带实体。

（二）抓重点，精准服务核心企业

企业是经济活动的基本单元，G20企业占全市GDP的25%，对经济增长发挥举足轻重的作用。

一是对工农商服建交行业中排名前20的重点企业采取"一企一策"，加大支持力度，及时了解企业需求，倾听企业心声，精准服务。尤其是全市G20企业及各行业的核心企业，如工业的华为、中兴、富泰华等，批发业的景天勤业、中金岭南、敬业恒泰等，零售业的沃尔玛、天虹商场、百丽等，交通运输业的深圳航空、广深铁路、盐田港等，银行业的平安银行、招商银行、中信银行信用卡中心等，保险业的平安人寿保险、平安保险、富德生命人寿保险等，房地产开发业的朗通、华侨城、前海卓越汇康等，建筑业的中建钢构、华西、广田集团等，信息传输、软件和信息技术服务业的腾讯、中国移动深圳分公司、中国电信深圳分公司等。G20企业具体见表10。

表10　　2017年度深圳市"G20企业"增长情况　　单位：万元，%

序号	单位名称	增加值	同比增速	增速比上季度增减百分点	增速比2016年同期增减百分点	所属区划
1	华为技术有限公司	16464622.00	20.4	3.1	6.2	龙岗区
2	中兴通讯股份有限公司	5119840.00	1.9	0.3	-16.6	南山区
3	腾讯科技（深圳）有限公司	4232542.07	34.7	1.0	-1.9	南山区
4	平安银行股份有限公司	3998728.05	5.3	-8.0	-3.8	罗湖区
5	中国平安人寿保险股份有限公司	3972268.40	21.6	-4.5	33.3	福田区

续表

序号	单位名称	增加值	同比增速	增速比上季度增减百分点	增速比2016年同期增减百分点	所属区划
6	富泰华工业（深圳）有限公司	3392009.00	-6.5	14.7	-0.6	宝安区
7	招商银行股份有限公司（深圳地区）	2616485.09	14.0	10.6	23.7	福田区
8	中海石油（中国）有限公司深圳分公司	2414118.00	-11.4	1.7	-10.1	南山区
9	中信银行股份有限公司信用卡中心	2301815.58	55.0	2.5	2.9	福田区
10	中国工商银行股份有限公司深圳市分行	2024839.80	27.3	12.9	26.2	罗湖区
11	中国建设银行股份有限公司深圳市分行	1899291.79	19.8	19.9	22.9	福田区
12	平安银行股份有限公司信用卡中心	1626457.58	56.2	2.2	-	南山区
13	中国银行股份有限公司深圳市分行	1583470.37	7.2	-5.6	-4.2	罗湖区
14	中国移动通信集团广东有限公司深圳分公司	1277333.57	-0.1	-3.3	-5.0	福田区
15	中信证券股份有限公司	1190339.72	-2.0	1.8	25.1	福田区
16	中国农业银行股份有限公司深圳市分行	1073146.57	-8.3	-17.1	-9.3	罗湖区
17	深圳供电局有限公司	1016135.00	3.4	0.7	-0.1	罗湖区
18	深圳市裕展精密科技有限公司	1010511.00	14520.7	-	-	宝安区
19	深圳航空有限责任公司	1008096.57	14.1	-0.4	-2.4	宝安区
20	广深铁路股份有限公司	994694.87	2.5	0.6	-12.0	罗湖区

注："G20企业"是深圳市统计局核定的2017年度对GDP总量贡献最大的前20名企业。

二是进一步优化营商环境，降成本补短板，为企业发展创造优越条件。

三是积极扶持主动引进未来产业中的重要企业，赋予区级政府更多的自主权，帮助企业在深圳做大做强，为深圳可持续发展奠定基础。

四是鼓励如建筑业中的产业活动单位在深扎根注册,积极跟进企业注册生产情况,及时纳统新增企业。

(三)抓时序,落实关键核算指标责任

23 项核算指标是季度 GDP 核算的基础,其中对全市 GDP 影响较大的核算指标依次为规模以上工业增加值增速、规模以上其他营利性服务业营业收入增速、金融机构本外币存款余额增速、金融机构本外币贷款余额增速、"财政八项支出"合计增速、批发业商品销售额增速,这 6 项指标各增加 1 个百分点,可拉动全市 GDP 提高 0.6 个百分点。

一是落实核算指标到相关职能部门,每月每季跟踪监测,防止指标大幅波动。

二是各区促经济增长宜"扬长补短",发挥各自支撑指标作用,补齐短板指标。第二、第三产相对均衡的南山区、宝安区、龙华区,继续发挥规模以上工业优势,补齐金融机构本外币存贷款、"财政八项支出"、餐饮业等短板指标;二产为主的龙岗区、坪山区、光明新区,保持规模以上工业、建筑业优势,补齐"财政八项支出"、其他营利性服务业等短板指标;三产为主的福田区、罗湖区、盐田区,保持金融业优势,补齐其他营利性服务业、商品房销售面积等短板指标;成长中的大鹏新区和深汕合作区,重点关注农业、建筑业、批发零售业和住宿餐饮业指标。

三是加强条块结合,通过拟建立的 GDP 核算部门联席会议制度,定期与人行、交易所、保监局等直属部门沟通,增加观测相关部门经济指标变化密度,提高核算指标基础数据质量。

"图·表·树"：深圳市经济运行开局稳健

2018年一季度，全市经济在市委、市政府坚强领导下，继续延续2016年增长势头，GDP实现5209.81亿元，增长8.1%，增长分别高于全国、全省1.3个和1.1个百分点，这一成绩单符合"四个走在全国前列"重要要求。全市经济开局总体稳健，呈现"高位过坎、进退见优、脱虚向实"可喜变化，但也存在值得重视的问题。

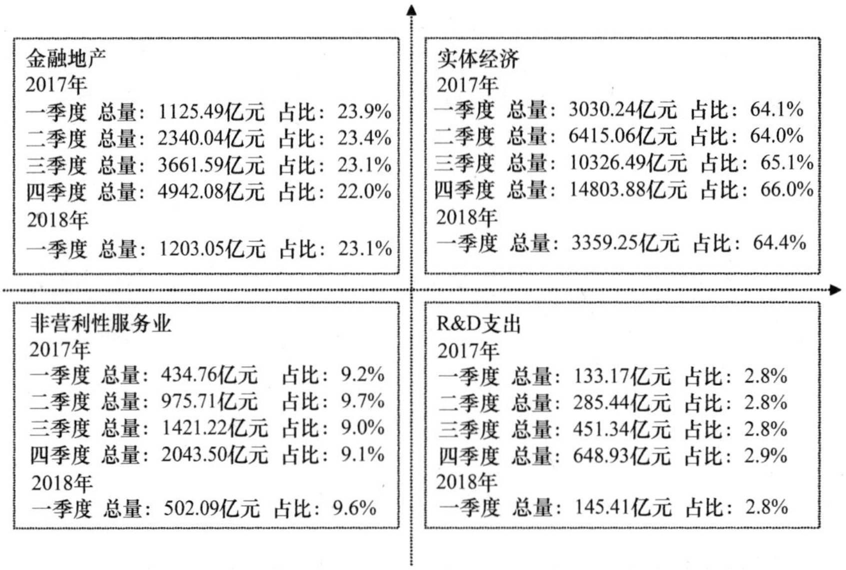

```
金融地产                              实体经济
2017年                                2017年
一季度 总量：1125.49亿元 占比：23.9%    一季度 总量：3030.24亿元 占比：64.1%
二季度 总量：2340.04亿元 占比：23.4%    二季度 总量：6415.06亿元 占比：64.0%
三季度 总量：3661.59亿元 占比：23.1%    三季度 总量：10326.49亿元 占比：65.1%
四季度 总量：4942.08亿元 占比：22.0%    四季度 总量：14803.88亿元 占比：66.0%
2018年                                2018年
一季度 总量：1203.05亿元 占比：23.1%    一季度 总量：3359.25亿元 占比：64.4%

非营利性服务业                         R&D支出
2017年                                2017年
一季度 总量：434.76亿元 占比：9.2%      一季度 总量：133.17亿元 占比：2.8%
二季度 总量：975.71亿元 占比：9.7%      二季度 总量：285.44亿元 占比：2.8%
三季度 总量：1421.22亿元 占比：9.0%     三季度 总量：451.34亿元 占比：2.8%
四季度 总量：2043.50亿元 占比：9.1%     四季度 总量：648.93亿元 占比：2.9%
2018年                                2018年
一季度 总量：502.09亿元 占比：9.6%      一季度 总量：145.41亿元 占比：2.8%
```

图1 全市经济构成"四象限"（2017年1—4季度和2018年第1季度）

由图1观察出2017年以来全市经济运行的"三个一"特点。

（一）一点变化

脱虚入实，经济往实体增强渐现。实体经济占比稳中有升，同比来看，2018

年第一季度实体经济占比有所上升；环比来看，2017年实体经济占比逐季增加。金融地产占比略有回落，且有继续下降的趋势；非营利性服务业及R&D支出均呈稳步增长态势。

一季度实体经济增长支撑十分明显。全市规模以上工业增加值1852.88亿元，增长8.9%，增速比1—2月提高0.8个百分点。分行业看，全市38个工业大类中，24个实现正增长，其中占规模以上增加值比重58.1%的计算机、通信和其他电子设备制造业增长12.4%，比1—2月提高0.9个百分点；分企业看，全市"百强"企业实现增加值1151.71亿元，增长17.4%，比规模以上工业增速快8.5个百分点，占全市规模以上增加值比重由2017年同期的57.4%提高至62.2%，对全市规模以上工业的贡献率达到112.4%。其中，华为、富士康裕展、中兴通讯对规模以上工业的贡献率分别达到23.4%、21.2%和7%。

（二）一个支撑

创新增长高于全市平均增长。从现代产业看，先进制造业和高技术制造业增长较快。2017年度，先进制造业和高技术制造业增加值分别为5743.87亿元、5302.47亿元，分别增长13.1%、12.7%，分别快于规模以上工业增加值增速3.8个、3.4个百分点，占比71.0%和65.6%。2018年一季度，分别为1280.89亿元、1195.06亿元，增长12.7%、11.1%，快于规模以上工业增加值增速3.8个、2.2个百分点，占比69.1%和64.5%。

2017年，全市规模以上服务业营收8330.3亿元，增长21.1%；利润2078.1亿元，增长37.2%。1—2月，全市规模以上服务业营收1548.69亿元，增长22.9%；作为直接核算GDP的其他营利性服务业（3+2行业）3193家企业，实现营收796.58亿元，增长22.8%，高于全省平均增速0.8个百分点，增速比广州高出2.1个百分点。其中，互联网和相关服务业、软件和信息技术服务业实现营收541.33亿元，增长27.7%，对全市3+2行业增长的贡献率达到80%。以腾讯系为代表的重点企业呈现出"大企业快增长"的势头，11家企业营收307.66亿元，增长41.6%。

（三）一种代价

从中高速增长转为质量增长，需要速度相对慢下来。单从经济增长的百分点看，2018年一季度全市GDP增长8.1%，分别比2017年同期和全年慢下来，也可以说分别回落了0.5个、0.7个百分点。但站在2.24万亿基数基础上，回落的百分点并未带来总量流失。相反，2018年一季度每个百分点单位的总量比2017年同期多出近7亿。拿年度来算，2016年GDP超过2万亿元，当年的GDP增长不变价速度每增加一个百分点带来的现价总量，相当2010年GDP超过万亿时的一倍。

所以GDP总量上去需要增速慢下来，这是一种"代价"，也是遵循统计规律的一种增长逻辑。不仅深圳是这样子，北京、上海也一样，甚至速度比深圳下降得更快。北京、上海在GDP总量跨越2万亿之后，增速减缓的现象十分明显。上海GDP总量超过2万亿的前一年度是2011年，当年增速8.2%；2012年跨越2万亿后，增速随之减慢，2012—2017年分别增长7.5%、7.7%、7.0%、6.9%、6.8%和6.9%，2018年一季度增长6.8%；北京2012年、2013年年均增长7.7%，2014年跨越2万亿之后，增速也随之减慢，2014—2017年分别增长7.3%、6.9%、6.7%和6.7%，2018年一季度增长6.7%。在2017年GDP超过2万亿的17个省份中，除北京、上海外，近一半省份一季度GDP增速居于6.5%—7.5%，深圳市GDP增速居东部地区七省（广东7.0%、辽宁5.1%、山东6.7%、江苏7.1%、浙江7.4%、福建7.9%、河北未公布）之首。深圳市经济维持在8%以上增长区间实属不易，这也为下一步继续推动质量增长提供了空间。

表1　　全市经济基本面构成与协同性指数（分产业行业企业与分季）

	指标名称	绝对值（亿元）	增长（%）	构成（%）	构成同比变动（百分点）	对GDP增长的贡献率（%）	对GDP拉动点数（百分点）
	地区生产总值（GDP）	5209.81	8.1	100	—	100	8.1
分产业	第一产业	5.45	9.2	0.1	0	0.1	0
	第二产业	2100.74	8.8	40.3	-0.4	46.6	3.8
	#先进制造业	1280.89	12.7	24.6	—	40.9	3.3
	第三产业	3103.62	7.5	59.6	0.4	53.3	4.3
	#现代服务业	2198.15	8.2	42.2	-0.2	40.8	3.3
分行业	工业	1942.30	8.7	37.3	-0.6	43.1	3.5
	金融业	770.68	1.1	14.8	-0.7	2.1	0.2
	商业	595.93	5.9	11.4	-0.3	8.7	0.7
	营利性服务业	641.75	16.9	12.3	1	24.0	1.9
	#信息传输、软件和信息技术服务业	345.51	22.8	6.6	0.8	16.9	1.4
	房地产业	432.37	7.7	8.3	0	6.2	0.5
	非营利性服务业	510.03	9.2	9.8	0.5	10.1	0.8
	交通运输、仓储和邮政业	148.68	5.7	2.9	0	2.0	0.2
	建筑业	162.45	9.8	3.1	0.2	3.6	0.3
	农林牧渔业	5.61	9.0	0.1	0	0.1	0

续表

协同性评估指数	权重	2017年1季度	2017年2季度	2017年3季度	2017年4季度	2018年1季度
工业增加值增长（可比价）	0.15	7.3	7.6	9.4	9.1	8.7
税收收入增长（可比价）	0.1	18.7	4.4	5.7	7.0	14.0
全社会用电量增长	0.15	1.1	0.8	3.7	3.6	6.7
公路运输总周转量增长（可比价）	0.1	7.9	2.2	3.2	3.7	3.9
贷款余额增长速度（可比价）	0.1	19.7	17.6	15.8	14.1	14.4
一般公共预算支出（可比价）	0.1	168.7	59.5	24.6	9.0	-3.4
全社会固定资产投资增长（可比价）	0.15	23.3	29.3	29.7	22.6	26.4
社会消费品零售总额增长（可比价）	0.1	9.0	9.3	9.0	9.0	8.8
出口增长（可比价）	0.05	7.1	6.0	5.9	5.5	7.7
协同性评估综合指数（修订后方法）		26.6	14.3	11.6	8.9	9.5
GDP增速核定（可比价）		8.6	8.8	8.8	8.8	8.1
评估指数与核定增速差		18.0	5.5	2.8	0.1	1.4

由表1的上半部可见，一季度全市完成生产总值5209.81亿元（含深汕合作区13.47亿元，增长18.2%），同比增长8.1%，进入GDP过2万亿后"高位过坎、进退见优、脱虚向实"良好运行状态。其中，一、二产业增速提高至9.2%、8.8%，高于全市平均速度1.1个、0.7个百分点，体现了实体实业支撑作用增强；相对虚拟经济金融去杠杆缩表后，由此影响全市第三产业增速为7.5%，低于全市平均速度0.6个百分点。

从产业结构看，一产因深汕特别合作区纳入深圳，构成提升为0.1%；二产占比40.3%，其中建筑业占比提高0.2个百分点；三产占比59.6%，其中营利性服务业占比提高1.0个百分点，金融业下降0.7个百分点。

从十大行业看，增速高于、低于全市平均水平的行业各占一半，农林牧渔业、工业、建筑业、营利性服务业、非营利性服务业增速高于全市平均水平，金融业、住宿和餐饮业增速低于3%。其中，工业增速加快，引领作用增强，贡献率提高。一季度工业增加值1942.30亿元，增长8.7%，同比提高1.4个百分点；贡献率高达43.1%，同比提高10.3个百分点；拉动GDP增长3.5个百分点，同比提高0.7个百分点。金融业指标全面大幅下降，拉低全市增长。一季度金融业增加值770.68亿元，增长1.1%，同比下降13.9个百分点；贡献率仅为2.1%，同比下降24.6个百分点；拉动GDP增长0.2个百分点，同比下降2.1个百分点。

从高端产业看，先进制造业、现代服务业表现突出，增长超过全市平均水平及本产业平均水平。一季度先进制造业增加值1280.89亿元，增长12.7%，高于全市4.6个百分点，高于二产3.9个百分点；对全市贡献率达40.9%，拉动全市GDP增长3.3个百分点。一季度现代服务业增加值2198.15亿元，增长8.2%，高于全市0.1个百分点，高于三产0.7个百分点；对全市贡献率达40.8%，拉动全市GDP增长3.3个百分点。

由表1的下半部可见，全市经济基本面依然稳定稳健，有质量有速度，结构趋于合理。R&D纳入GDP后，深圳经济总量过2万亿，跃居全国大中城市第三位，社会各界对深圳的GDP更为关注，也更加敏感。如何看待深圳经济基本面与数据质量，可从2017年到2018年一季度与GDP有关的相关指标协同性与行业数据窥见一斑。

依照全省下发的《关于修订2018年广东省地区生产总值数据质量评估办法的通知》要求，对2017年以来各季全市协同性综合指数进行测算，主要涵盖工业增加值增长、税收收入增长、全社会用电量增长、贷款余额增长速度、一般公共预算支出、全社会固定资产投资增长、社会消费品零售总额增长、出口增长等9项指标。测算结果显示，2017年至今每季度深圳市GDP核定增速均低于协同性综合指数。从2017年第一季度到2018年本季，五个季度从9项指标计算出协同性评估综合指数分别为26.6%、14.3%、11.6%、8.9%、9.3%，同期GDP增速核定数分别为8.6%、8.8%、8.8%、8.8%、8.1%，评估指数比核定增速分别高出18.0个、5.5个、2.8个、0.1个、1.2个百分点。2018年一季度协同性综合指数为9.3%。综合考虑供给端、需求端、宏观部分，深圳市经济发展各项指标与GDP增速协同性良好，GDP数据支撑性良好，表明核算数据质量较高，深圳GDP真实可信。

2017年，深圳GDP达到22438.39亿元，同比增长8.8%，按平均汇率折算，达到3323.32亿美元。根据世界货币基金组织（IMF）最新公布的世界各国和地区GDP数据，深圳相当于在世界各国和地区排名36位（排名前后两位的分别为中国香港3416.59亿美元、爱尔兰3339.94亿美元和丹麦3244.84亿美元、新加坡3239.02亿美元），比2016年提升5个位次。

在一季度全市经济基本面中，新兴产业（七大战略性新兴产业和四大未来产业）取得两位数增长，共实现增加值2136.54亿元（剔重），增长11.6%，高于全市平均增长3.5个百分点，占GDP比重达到41.0%，比上年同期提高0.6个百分点。新一代信息技术、文化创意、互联网增加值占新兴产业比重居前三位，分别为49.9%、24.1%、12.1%。七个新兴产业增加值增速高于平均水平，生物、互联网、新能源、新材料、文化创意、机器人可穿戴设备和智能装备、生命健康分别增长14.4%、18.0%、15.2%、24.6%、17.2%、12.5%、24.1%。数据显示,新兴产业对工业发展支撑作用增强,其中工业占比达到70.1%,占全市规模以上工业80.8%。前20强企业创造增加值996.05亿元,增长25.1%,是全市新兴产业平均增速的2.1倍,占比46.6%,对全市新兴产业增加值增长贡献率接近60%。

按照习近平总书记于3月7日参加十三届全国人大一次会议广东代表团审议时发表的重要讲话精神和4月20日市委小范围经济形势分析会要求,我们根据企业法和行业法对全市战略性新兴产业再次进行分类。

全市5330家战略性新兴产业"四上"企业实现增加值1965.71亿元,增长11.4%,占GDP比重为37.7%(见表2)。分产业看,华为、中兴、裕展精密为代表的新一代信息技术产业增加值932.43亿元,增长13.1%,占全市战略性新兴产业增加值比重为47.4%;腾讯、云中飞、移动为代表的数字经济产业增加值308.19亿元,增长11.2%,占比15.7%;富泰华、维沃、大疆为代表的高端装备制造增加值226.98亿元,增长10.4%,占比11.6%;比亚迪、广东核电、粤港供水为代表的绿色低碳增加值214.98亿元,增长6.5%,占比10.9%;中海油、盐田港、妈湾电力为代表的海洋经济增加值111.07亿元,下降2.1%,占比5.7%;裕同包装、天马微、威通科技为代表的新材料增加值89.03亿元,增长24.3%,占比4.5%;迈瑞、信立泰、合一康为代表的生物医药增加值83.04亿元,增长15.0%,占比4.2%。

表2　　　　　　　2018年一季度深圳市战略性新兴产业情况

指标名称		增加值(亿元)	占比(%)	可比价增长(%)
战略性新兴产业合计		1965.71	100	11.4
1	新一代信息技术	932.43	47.4	13.1
2	数字经济	308.19	15.7	11.2
3	高端装备制造	226.98	11.6	10.4
4	绿色低碳	214.98	10.9	6.5
5	海洋经济	111.07	5.7	-2.1
6	新材料	89.03	4.5	24.3
7	生物医药	83.04	4.2	15.0
全市GDP		5209.81		
战略性新兴产业占GDP比重(%)		37.7		

图2给出了深圳市已出现或未来值得重视的问题和建议。

A.经济下行压力未缓解，须逐月逐季盯紧全年目标不放松。

B.规上工业负增长面及增速回落企业占比有所扩大，须重点关注工业销售产值、出口交货值增速双下行问题。

C.工业百强中传统基础性油电水烟等企业增速环比全面下降，须重视其对全市规上工业增速的影响。

D.规上工业利润降幅虽收窄，但企业亏损面扩大，须正视汇兑损失等财务费用增速高企问题。

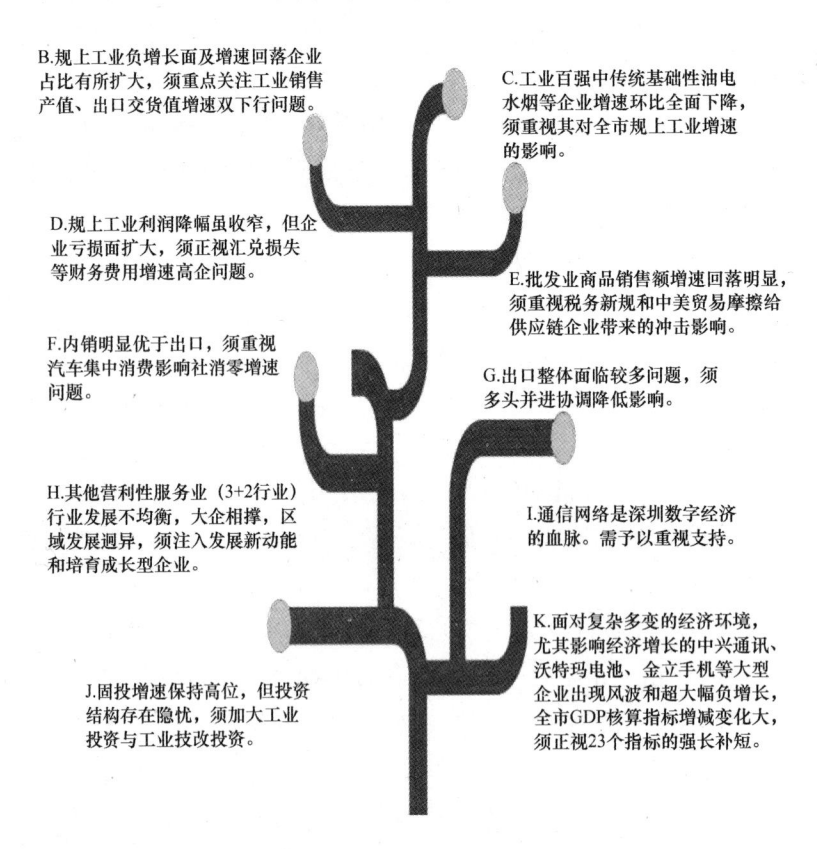

E.批发业商品销售额增速回落明显，须重视税务新规和中美贸易摩擦给供应链企业带来的冲击影响。

F.内销明显优于出口，须重视汽车集中消费影响社消零增速问题。

G.出口整体面临较多问题，须多头并进协调降低影响。

H.其他营利性服务业（3+2行业）行业发展不均衡，大企相撑，区域发展迥异，须注入发展新动能和培育成长型企业。

I.通信网络是深圳数字经济的血脉。需予以重视支持。

J.固投增速保持高位，但投资结构存在隐忧，须加大工业投资与工业技改投资。

K.面对复杂多变的经济环境，尤其影响经济增长的中兴通讯、沃特玛电池、金立手机等大型企业出现风波和超大幅负增长，全市GDP核算指标增减变化大，须正视23个指标的强长补短。

图2 "树"：值得重视的问题与建议（已现与可能出现的因素）

A. 经济下行压力未缓解，须逐月逐季盯紧全年目标不放松。从深圳经济结构及特点看，以往深圳经济均呈现较为明显的前低后高走势，但2017年以来，这种趋势有所弱化。2017年四个季度GDP累计增速分别为8.6%、8.8%、8.8%和8.8%，前低后高走势不明显；从深圳GDP季度分布看，呈现前轻后重，2017年四个季度累计GDP总量占全年比重分别20.4%、43.3%、68.7%和100%。按照一般统计规律，基数越大，增速提升难度越大，要实现全年增长8%以上的目标压力更大。随着贸易保护主义抬头等因素对全球经济持续复苏构成不利影响，特别是在近期中美贸易摩擦不断升级，对深圳市电子通信设备等高科技企业影响加大的情况下，2018年保持前低后高的经济走势压力增大。

B. 规模以上工业负增长面及增速回落企业占比有所扩大，须重点关注工业销售产值、出口交货值增速双下行问题。1—3月，全市规模以上工业企业完成产值6962.71亿元，增长8.0%，比增加值增速低0.9个百分点，较1—2月下滑1.3个百分点。全市7943家规模以上工业企业中，产值负增长3681家，占46.3%；增速比1—2月下滑4061家，占51.1%。1—2月产值负增长企业3312家，占41.7%；增速比2017年1—12月环比下滑2839家，占42.7%。一季度与1—2月比较，产值负增长企业和产值增速环比下滑的企业比重分别扩大4.6个和8.4个百分点，表明目前部分企业发展情况不容乐观。受复杂多变的国内外市场形势影响，一季度全市规模以上工业企业完成销售产值6826.11亿元，增长10.2%，增速比1—2月下降1.3个百分点，自2017年12月以来已连续三个月下滑；出口交货值2828.58亿元，增长12.3%，增速比1—2月下降2.8个百分点。

C. 工业百强中传统基础性油电水烟等企业增速环比全面下降，须重视其对全市规模以上工业增速的影响。1—3月深圳市工业百强中传统油电水烟等基础性企业增加值增速环比全面下降，其中中海油、核电合营和粤港供水三家企业负增长，10家企业增加值增速合计同比增长-0.7%，较1—2月下降4.1个百分点。而上述企业增加值占全市工业增加值比重达8.4%，增速下降整体拉低全市规模以上工业增速0.4个百分点，影响不容小视（见表3）。

表3　　　　　　工业百强中传统的"油电水烟"企业两月增速情况

企业名称	累计3月增加值增速	累计2月增加值增速	下降百分点
中海石油（中国）有限公司深圳分公司	-7.3	-4.9	2.4
深圳供电局有限公司	10.2	14.4	4.2
深圳烟草工业有限责任公司	10.8	22.3	11.5
广东核电合营有限公司	-8.5	-7.5	1
岭东核电有限公司	1.2	8.5	7.3
广东粤港供水有限公司	-14.7	-13.8	0.9
岭澳核电有限公司	2.0	11.6	9.6
深圳妈湾电力有限公司	41.0	62.4	21.4
华润电力（海丰）有限公司	7.5	11.1	3.6
深圳市水务（集团）有限公司	2.9	7.1	4.2
合计	-0.7	3.4	4.1

D. 规模以上工业利润降幅虽收窄，但企业亏损面扩大，须正视汇兑损失等财务费用增速高企问题。1—2月，全市规模以上工业企业实现利润总额52.61亿元，同比增长-0.5%，降幅较2017年同期收窄53.6个百分点，但比2017年全年回落14.1个百分点。分行业利润情况看，全市36个大类行业中，有7个行业出现亏损。其中，受华为亏损影响，计算机、通信和其他电子设备制造业亏损46.6亿元，较上年同期增加3.79亿元。从行业利润增速看，在盈利的29个行业大类中，利润总额实现正增长的行业有16个。从亏损面情况看，7943家规模以上工业企业中亏损企业3044家，占38.3%，比2017年同期提高0.1个百分点，比2017年全年提高18个百分点。从资产负债看，负债率58.27%，比2017年同期提高0.06个百分点。从三项费用情况看，三项费用合计634.53亿元，同比增长8.2%，每百元主营业务收入中三项费用15.45元，同比减少0.67元，表明企业在销售费用和管理费用成本控制上有成效。然而，财务费用增速高达84.2%，同比提高57.2个百分点，自2017年5月以后连续9个月增速超过40%，主要因人民币汇率持续升值使出口型企业承担了较大的汇兑损失（见图3）。

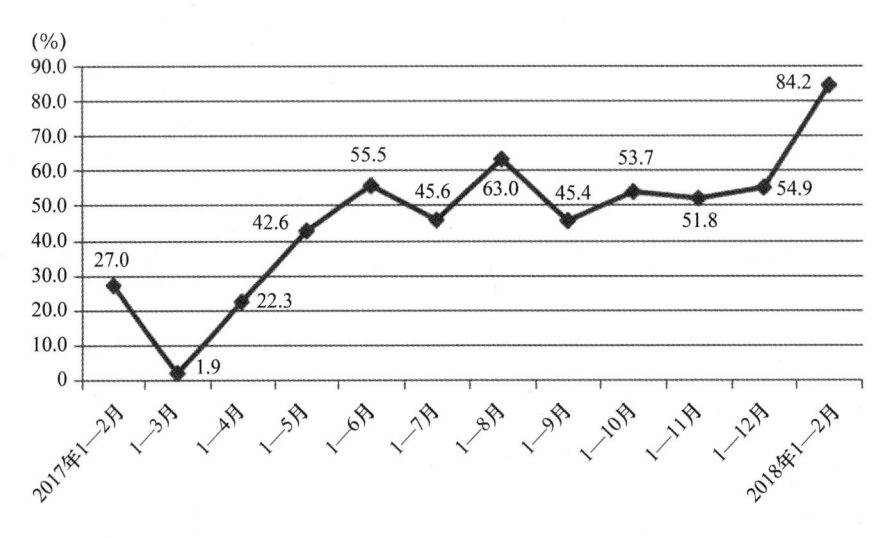

图3　2017—2018年全市规模以上工业财务费用增长情况

E. 批发业商品销售额增速回落明显，须重视税务新规和中美贸易摩擦给供应链企业带来的冲击影响。受供应链企业增速回落影响，一季度全市限上法人批发业商品销售额同比增长15.5%，比1—2月回落7个百分点。全市148家供应链企业商品销售额增长26.2%，比1—2月回落20个百分点，影响批发业商品销售额增速回落3个百分点至4.8%。其中，71家供应链企业增速比1—2月出现不同程度回落，包括规模较大的飞马、富森、华富洋和怡亚通。

F. 内销明显优于出口，须重视汽车集中消费影响社消零增速问题。一季度全市批发业出口商品销售额707.81亿元，占全市限额以上法人批发企业商品销售额13.6%，增长6.0%，贡献率为5.7%；内销商品销售额4481.43亿元，占86.4%，同比增长17.2%，贡献率为94.3%。受汽车类零售额增速回落影响，一季度全市社消零增速同比增长9.0%，增速比1—2月回落1.2个百分点。因元旦、春节促销因素，1—2月汽车类零售额146.40亿元，增长36.7%，拉动全市社消零增长4.7个百分点。3月当月零售额85.82亿元，增速大幅回落至11.2%，拉动社消零增长已下降到4.0个百分点。

G. 出口整体面临较多问题，须多头并进协调降低影响。一是货币升值带来压力。2018年一季度以来，人民币兑美元累计升值超过3.7%，是2008年以来最大季度涨幅，给外贸企业出口带来巨大压力。二是政策洼地效应影响。市外地区加大对外贸政策支持力度，提高海关通关效率，部分外贸企业或将注册地迁出深圳，或将产能移出深圳，很大程度上影响了深圳市外贸出口的增长。伟仕宏业在重庆设立了子公司，联想信息2017年全年向安徽合肥转移产能，理光公司产品主打机型被总部转移至泰国生产。三是企业自身经营因素。当前外贸发展形势存在较强不确定性，部分企业主动缩减一定的业务量以防范风险。主营大疆无人机、电子产品的嘉和兴物流，2017年出口额增长6%，2018年转为暂缓业务开展速度；英捷迅综合出口风险问题，对过往客户风险再次评估，停止与部分存在风险客户合作。四是中美贸易摩擦升温。近期美国贸易保护倾向抬头，全球贸易战风险上升，美对华贸易政策或将对出口前景产生影响。美国是深圳主要贸易出口国，2017年高新技术产品占较大比例。美国公布301调查项下对华拟征税商品清单，对深圳外贸影响主要集中在高新技术产品，尤其是手机移动终端，影响无法准确估计。中美贸易摩擦影响将滞后于二、三季度显现，后续不排除欧盟日韩出台跟进措施，出口形势不容乐观。

H. 其他营利性服务业（3+2行业）行业发展不均衡，大企相撑，区域发展迥异，须注入发展新动能和培育成长型企业。其他营利性服务业（3+2行业）主要受互联网和相关服务业、软件和信息技术服务业拉动，两个行业贡献率达到80%。重点企业保持快增长，1—2月腾讯系11家企业对行业拉动作用明显。南山区出现快速增长,1—2月实现营业收入529.75亿元,占全市总量66.5%,拉动全市其他营利性服务业(3+2行业)增长17.9个百分点。应以国家出台政策大力支持生活性服务业、文化和体育产业发展为契机,做大做强居民服务、修理和其他服务业,文化、体育和娱乐业两大门类行业蛋糕,为其他营利性服务业(3+2行业)贡献新动能。出台一些精准性细分产业优惠政策和措施,扶持引导培育一批成长型企业,减轻未来增速趋缓压力。

I. 电信业务保持高速增长,须抢占数字经济发展高地。通信网络是深圳数字经济的血脉。一季度,全市电信业务总量增长120.1%,比2017年同期提高74.1个百分点;对GDP增长贡献率为10.4%,拉动GDP增长0.84个百分点。三家基础电信企业电信、移动、联通对全市GDP增长的贡献率分别为1.7%、3.7%、5.0%,分别拉动GDP增长0.14个、0.30个、0.40个百分点。深圳市从各方面支持加快5G网络建设,开放公共物业资源,全面光纤化改造,整合资源提升电信业务发展水平。同时,应加快人工智能、大数据、物联网、云计算、智能制造等新兴技术产业化,培育一批具有国际国内影响力的龙头企业,促进深圳市数字经济高质量、集聚化发展。

J. 固投增速保持高位,但投资结构存在隐忧,须加大工业投资与工业技改投资。一季度全市固投完成额900.91亿元,增长28.1%。其中,房地产开发投资390.91亿元,同比增长31.1%,增速比1—2月增加12.9个百分点;工业投资141.42亿元,同比增长16.1%,增速比1—2月回落8.7个百分点;工业技改投资36.60亿元,同比下降4.8%,增速比1—2月大幅减少56个百分点;基础设施投资186.92亿元,同比增长17.5%,增速比1—2月回落16.8个百分点。应高度重视投资结构合理性,优化投资结构,高度重视工业投资与工业技改投资,以吸引企业更多地在深圳投资工业技改项目,特别是重视引入重大技改项目,继续加大基础设施投资力度。

K. 面对复杂多变的经济环境,尤其影响经济增长的中兴通讯、沃特玛电池、金立手机等大型企业出现风波和超大幅负增长,全市GDP核算指标增减变化大,须正视23个指标的强长补短。与2017年同期相比,GDP增速回落0.5个百分点,原因在于三产增速回落1.9个百分点,其中证券交易额(-9.4%)、保费收入(-4.0%)、存款贷款余额增速回落影响金融业增加值增速回落13.9个百分点,"财政八项支出"增速回落97.4个百分点,影响其他非营利性服务业增加值增速回落9.7个百分点。

23 项核算指标增速与 2017 年一季度相比，呈现"11 降 12 升、升降对半"的特征。"11 降"为：贷款余额、存款余额、证券交易额、保费收入、"财政八项支出"、邮政业务总量、房地产业从业人员、水上运输总周转量、铁路运输总周转量、批发业商品销售额、规模以上其他营利性服务业营业收入，增速依次回落 97.4 个、55.6 个、50.2 个、5.2 个、4.5 个、4.3 个、3.4 个、3.0 个、3.0 个、2.1 个、1.1 个百分点；"12 升"为：规模以上工业增加值、规模以下工业增加值、住宿业营业额、航空运输总周转量、建筑业增加值、餐饮业营业额、公路运输总周转量、零售业商品销售额、房地产业从业人员劳动报酬、农林牧渔业增加值、商品房屋销售面积、电信业务总量，增速依次提升 1.3 个、3.0 个、3.0 个、3.2 个、4.1 个、6.5 个、6.8 个、6.9 个、11.6 个、12.6 个、34.4 个、74.1 个百分点。

受证券交易额、保费收入、存款贷款余额增速不利影响，全市金融业增速降到自 2013 年以来历史最低水平（见表 4）。

表 4　　　　　　　　　近五年深圳市金融业增加值增长情况　　　　　　　　　单位：%

	2018 年	2017 年	2016 年	2015 年	2014 年	2013 年
一季度	1.1	15.0	10.9	16.5	10.6	17.1
上半年	—	12.1	10.0	18.7	10.3	15.2
三季度	—	7.2	15.2	16.9	11.4	13.7
全年	—	5.7	14.6	15.9	13.8	15.0

GDP 增速与 2017 年全年相比，回落 0.7 个百分点，其中工业、交通运输业、金融业、非营利性服务业回落 0.4 个、4.8 个、4.6 个、5.2 个百分点。

与 2017 年全年相比，23 项核算指标增速呈现"14 降 9 升、跌多涨少"的态势。"14 降"为：农林牧渔业增加值、保费收入、水上运输总周转量、"财政八项支出"、公路运输总周转量、证券交易额、铁路运输总周转量、零售业商品销售额、规模以上其他营利性服务业营业收入、航空运输总周转量、住宿业营业额、存款余额、房地产业从业人员、规模以上工业增加值，增速依次回落 41.7 个、28.6 个、21.2 个、19.5 个、12.1 个、7.0 个、5.7 个、2.4 个、2.1 个、1.6 个、1.6 个、1.5 个、0.7 个、0.4 个百分点；"9 升"为：贷款余额、规模以下工业增加值、餐饮业营业额、批发业商品销售额、建筑业增加值现价、邮政业务总量、房地产业从业人员劳动报酬、商品房屋销售面积、电信业务总量，增速依次提升 0.5

个、0.5个、4.0个、5.1个、6.4个、7.0个、7.4个、19.2个、37.3个百分点。

2018年，"工、商、服、建"新增入库企业数量居全省第一，这些企业成长性良好，增长速度较快，既是全市新经济的重要来源，也是全市经济的新支撑力量。但从一季度核算GDP的基础指标看，仍有7个指标增速既低于2017年一季度，又低于2017年全年，须引起特别关注：存款余额、证券交易额、保费收入、"财政八项支出"、水上运输总周转量、规模以上其他营利性服务业营业收入、房地产业从业人员；非营利性服务业、金融业、房地产业仍然是全市经济短板。经济脱虚向实转变需要以一定速度下行为代价，新旧动能转换面临多重矛盾，主要经济指标下行回落压力依然存在，个别指标可能会出现巨大的回落压力。

一是商品房屋销售面积和房地产从业人员增速面临回落。受楼市调控政策进一步收紧影响，虽然一季度全市商品房屋销售面积转负为正增长，但该指标仍存在较大下行风险。与此同时，房地产从业人员增速既低于上年同期又低于2017年全年，目前仍处于持续下滑态势。多家店铺纷纷关门，裁员和离职员工较多，仅方益、美联、长城三家物业公司就减少了3802人。预计全年房地产业走势可能进一步放缓，成为"拖后腿"行业。

二是"财政八项支出"增速面临回落。受全年财政预算支出总盘子紧缩的影响，据初步了解，"财政八项支出"全年预计增长仅百分之零点几。由于参考"财政八项支出"增速的非营利性服务业增加值占全市GDP比重近10%，"财政八项支出"增速下降将影响该行业增速下降，从而较大地拉低全市GDP增长。

三是保费收入面临加深负增长。众多保险公司在严监管政策下，面临转型寻求出路，影响保险业务收入的增长。1—2月全国保险费用负增长18.5%，而深圳市同期负增长4.0%，这一下行趋势可能会加剧。

在23项GDP核算指标中，因宏观政策环境和各种因素变化导致相关指标回落和负增长，必将影响全年GDP增长8%以上目标要求的实现。由此产生的全市经济缺口，仍需"工、商、服、建"企业等实体经济站出来，作为支撑全市经济的稳定器，逐月逐季采取针对性措施，进一步促进深圳市优化营商环境20条措施的落地，让实体经济真正强大，以实现强长补短各项经济指标，完成全年经济增长目标要求。

作为科学的统计(代后记)

作为科学的统计,在吴喜之教授的《复杂数据统计方法:基于 R 的应用》引言中得以发现。

统计是科学(science),而科学的基本特征是其方法论。

对世界的认识源于观测或实验的信息,或者数据,总结信息时会形成模型,亦称假说或理论。模型会指导进一步的探索,直至遇到这些模型无法解释的现象,这就导致对这些模型的更新和替代,这就是科学的方法。只有用科学的方法进行的探索,才能称为科学。

科学的理论完全依赖于实际,统计方法则完全依赖来自实际的数据。统计可以定义为"收集、分析、展示和解释数据的科学",或者称为数据科学(data science)。统计几乎应用于所有领域。人们现在已经逐步认识到,作为数据科学的统计,必须和实际应用领域结合,必须和计算机科学结合,才会有前途。

统计的思维方式是归纳(induction),也就是从数据所反映的现实得到比较一般的模型,希望以此解释数据所代表的那部分世界。归纳和以演绎(deduction)为主的数学思维方式相反,演绎是在一些人为的假定,比如在一个公理系统之下推导出各种结论。

在统计科学发展的前期,由于没有计算机,不可能应付庞大的数据量,只能在对少量数据的背景分布做出诸如独立同正态分布之类的数据假定后,建立一些假定的数学模型,进行手工计算,并推导出一些由这些模型所得结果的性质,诸如置信区间、假设检验的 p 值、无偏性及相合性等。在数据与数学假定相差较远的情况下,人们又利用诸如中心极限定理或大样本定理得到当样本量趋于无穷时的一些类似的性质。统计的这种发展方式,给统计打上了很深的数学烙印。

统计发展的历史痕迹体现在很多方面,特别是流行"模型驱动"的研究及教学模式。各统计院系的课程大多以数学模型作为课程的名称和主要内容,一些数理统计杂志也喜欢发表没有数据背景的关于数学模型的文章。很多学生毕业后只会推导一些课本上的公式,却不会处理真实的数据。一些人对于有穷样本,也假装认为是大样本,并且堂而皇之地用大样本性质来描述从有穷样本中得到的结论。至于数据是否满足大样本定理的条件,数据样本是不是"大样本"等关键问题尽量不谈或少谈。按照模型驱动的研究方式,一些学者不从数据出发,而是想象出一些他们感觉很好的数学模型,然后在世界上到处寻求"适合"他们模型的数据来"证明"自己的模型的确有意义。这种自欺欺人的做法绝对不科学。

以模型而不是数据为主导的研究方式导致统计在某种程度上成为自我封闭、自我欣赏及自我评价的系统。故步自封的后果是,30多年来,统计丢掉了许多属于数据科学的领域,也失去了许多人才。在现成数学模型无法处理大量复杂数据的情况下,计算机领域的研究人员和部分概率论及统计学家开发了许多计算方法,处理了传统统计无法解决的大量问题,诸如人工神经网络、决策树、boosting、随机森林、支持向量机等大量算法模型的相继出现宣告传统数学模型主导,如果不是垄断的话数据分析时代的终结。这些研究最初根本无法刊登在传统统计杂志上,因此大多出现在计算机及各应用领域的杂志上。

模型驱动的研究方法在前计算机时代有其合理性。但是在计算机快速发展的今天,仍然固守这种研究模式,就不会有前途了。人们在处理数据时,首先寻求现有的方法,当现有方法不能满足他们的需求时,往往会根据数据的特征创造出新的可以计算的方法来满足实际需求。这就是统计科学近年来飞速发展的历程。创建模型的目的是适应现实数据。统计研究应该是由问题或者数据驱动,而不是由模型驱动。

随着时代的进步,各个统计院系现在开始设置诸如数据挖掘、机器学习等课程,统计杂志也开始逐渐重视这些研究。这些算法模型大多不是用封闭的数学公式来描述,而是体现在计算机算法或程序上。对于结果的风险,也不是用假定的分布或渐近分布所得到的 p 值来描述,而是用没有参加建模训练的测试集的误差来描述。这些方法发展很快,不仅因为它们能够解决问题,还因为那些不懂统计或概率论的人也能够完全理解结果，这也是某些有"知识垄断欲"的传统统计学家不易接受的现实。

现在，无论承认与否，多数统计学家明白，如果不会计算机编程或者不与编程人员合作，则不会产生任何有意义的成果。

作为应用科学的统计，因此而存在。

冞充十

2019 年 6 月